U1012450

QIYE KUAIJI GANGWEI
GONGZUO ZHINAN

企业会计岗位

工/作/指/南

陈智光　主编

中国财经出版传媒集团
中国财政经济出版社
·北京·

序　言

马克思曾说过："过程越是按社会的规模进行，越是失去纯粹个人的性质，作为对过程的控制和观念总结的簿记就越是必要。"在经济高度全球化的今天，会计作为国际通用的商业语言，其意义和作用越来越显著。通过利用会计信息，人们可以了解企业的财务状况、经营成果和现金流量，从而做出更为明智的经济决策。

广泛地说，会计学既包含财务会计的确认、计量、记录和报告，也包括管理会计的预测、决策、规划、控制、评价和考核等项内容。对于会计或相关专业的学生以及会计从业者来说，要想学好后续相关课程，掌握专业理论知识、相关政策法规和工作技能，塑造初级、中级、高级会计不同职称所必需的专业素养，必须学好"会计学"这门课程，为后续学业的提升和发展奠定坚实的基础。

而想要学好"会计学"，一本好的教材必不可少。尽管当前出版的会计学教材已是琳琅满目，但仍然普遍存在一些问题，绝大多数教材过多地关注会计的理论学习，而忽视了学生的实践训练，导致理论与实践的脱节。现实生活中我们经常会发现一些在校学习成绩不错的会计专业大学生并不能将学到的知识很好地应用到会计实务工作中。还有相当数量的教材编写比较滞后，没有将《企业会计准则》最新变化和要求及时更新到教材中，部分教材中的案例、数据、账务处理示范等也没有进行及时的更新。很多教材并没有做到深入浅出，循序渐进，部分理论知识的阐述过于深奥，增加了学生学习的难度，往往导致部分学生学无兴趣、学无所获等等。此外，当前企业管理中信息化程度日益提升，已经成为企业发展和竞争的基本要求。计算机技术、网络技术、信息技术、人工智能的发展和应用对传统手工会计实务体系产生着深远的影响。会计电算化信息系统的基本理论和原理以及会计软件的应用已经成为当前会计专业学生必备的知识和技能。而当前大多数教材缺少对会计人工智能"数字经济"等最新知识或内容的介绍，不能做到与时俱进。

本教材作者在讲解会计基础理论知识的同时，重视会计知识在会计实务与实操中的应用，有针对地培养学生、会计从业人员的实际操作技能，使学生、会计从业人员掌握的会计知识可以更好地满足企业的实际需求。在编著的过程中，作者还参考了最新的《企业会计准则》和相关法律法规，对会计内容的更新较为及时，有助于学生、会计从业人员更好地了解最新的会计知识。从教材的整体内容来看，在总论及会计基础等理论部分讲解完后，教材围绕出纳、存货会计、固定资产会计、成本费用会计、销售会计、往来核算会计、税收筹划、总账报表、全面预算、会计稽核、档案管理、会计主管、财务经理、财务总监等主要会计岗位逐步展开，相较大多数现有教材按照“财务报表项目”的方式进行编撰而言，这也是本书的特点和创新点。教材更加注重理论知识在会计实务中的应用，加强了对会计主管、出纳、税务筹划等会计岗位实操要领及相关实务知识的介绍与运用。作者对于章节的布局遵循“会计实务工作字典”理念，注重理论性和实践性相结合，在系统地帮助会计专业学生、会计从业人员掌握会计基本理论与方法的同时，也能增强他们分析问题、解决问题和实践操作的能力，提升了他们后续专业课程学习的理解和领悟能力。特别值得一提的是，作者在教材中加入了“数字经济”等相关内容，并从会计人工智能化、会计演变历史、会计电算化、人工智能会计等内容作了分析与知识梳理，这部分内容和数字经济时代会计的实际工作紧密相关，完善了会计课程的知识体系，也为培养综合性的会计人才、提高会计学生的职业素养奠定了坚实的基础。

非常有幸为本教材作者陈智光先生撰写的此书作序，以上便是我读了这本教材的一些感想。总之，读罢此教材，觉得它会对会计学专业的学生、会计从业人员以及一些对会计实务操作感兴趣的读者大有益处，我想这不仅是作者撰写此书的初心！为此，我郑重地把这本教材推荐给大家。

钱爱民

2024 年 4 月于北京

钱爱民，对外经济贸易大学国际商学院会计学教授，博士生导师，公司治理研究院副院长。入选教育部“新世纪优秀人才”和财政部“会计名家”培养工程，北京市教学名师，现任全国会计专业学位研究生教育指导委员会委员、中国会计学会会计教育专业委员会委员。

前　言

会计的历史源远流长，在文字出现之前，我们就用符号、图画记录狩猎的收获。会计是随着人类社会生产的发展和经济管理的需要而产生、发展并不断得到完善的。在我国历史上的很长一段时间内，会计主要用来管理国家层面上的财政收入与支出，而民间所进行会计活动一直是比较简单的。直到元朝会计活动在民间才达到可观的程度。自新中国成立以来，我国会计事业经过了若干个发展阶段，取得了历史性成果。特别是2001年随着我国加入世界贸易组织（WTO），我国全面参与会计国际治理，持续深化会计国际合作。在此期间，我国紧紧围绕国家改革发展的战略需要，从服务经济社会发展大局、财政中心工作和会计改革发展的实际需要出发，持续推进企业会计准则国际趋同和等效认可，积极参与会计国际治理，不断深化会计对外交流合作，会计国际化进程取得新的突破，在国际会计舞台发挥着更为重要的作用。

我国会计事业随着国民经济的发展而不断发展提升，在社会经济生活中发挥着越来越重要的作用。目前，我国《企业会计准则》和《政府会计准则》等会计准则体系逐渐构建并不断完善。在此背景下，社会各界对财务会计工作的要求也不断提高，对会计教学的需求也日益增强。而会计学是一门应用性很强的学科，如何将学校所学的理论知识应用到会计实务工作中去，解决好会计理论知识转化为工作成果的"最后一公里"，培养学生的会计实务"动手"能力，一直是理论界和实务界不断探讨和实践的重要课题。鉴于此，本书在结合传统会计理论和教学规律的基础上，在遵循《企业会计准则》体系的前提下，根据会计工作实际情况对各个会计岗位的划分来设计和编写整本教材，旨在介绍现代会计学的基本理论、基本方法及其在典型经济业务实例中的应用，为学习会计专业其他课程奠定良好的会计基础。本书在章节安排上主要根据会计工作的具体工作岗位来进行设计，着重对各类会计要素及相关会计科目在实际会计核算中的运用进行了深入广泛的讲解和阐述，重在将理论知识和实践训练相结合，在服务在校会计专业学生的同时，也可以为刚入职进行会计实务工作的会计人员提供专业指导，能充分调动学生、会计从业人员学习会计知识的积极性，充分激发学生、会计从业人员的兴趣，达到强化和巩固学习效果，体现教、学、做一体的教育理念。本书的重点在于培养学生、会计从业人员按照《企业会计准则》等政策法规，对企业日常会计实务的会计处理能力、协作能力以及会计职业判断能力，使学生、会计从业人员具备学习后续课程的专业基础能力和可持续发展能力。同时，使会计专业学生学习和掌握企业的会计核算程序，掌握企业发生的主要经济业务的会计处理，达到熟练运用所学知识处理和解决会计实务的能力，使会计及相关专业学生在通晓会计基本理论与方法，更深层次进行理论与实践相结合的学习，拓宽视野，增强实践操作和理论研究的能力。与此同时，各章均安排了自测题，提高和巩固本书使用者对各章节知识的掌握和应用能力，为之后的学习、会计实务工作做准备。

本书的设计理念主要是“会计实务工作的指南和工具书——会计实务工作字典”。众所周知，字典是一种工具书，可以帮助我们识字、认字、学习成语、理解词义、增加我们的词汇量，可以更好地学习语文知识，所以学会查字典很重要。而本书的重要功能也是“会计实务工作字典”，全书结构新颖、内容适度、通俗易懂，是一本便于高等院校教学且具有较强可读性的教材，更是一本初入会计职场会计从业人员的会计工作指南，也可作为各级经济管理人员、各类成人院校、企业职工的培训教材以及在职工作人员提高会计知识与应用能力的参考资料。

由于时间仓促且编者的学识与水平有限，尽管编者付出了很大的努力，但书中内容安排与语言表述仍会存在不当之处，恳请读者和同行批评指正。

作者

2024 年 4 月于福州

目　录

第一章 总 论

本章导读

本章主要介绍了会计的产生及发展历史，并从会计职业角度，对会计角色、定位、分类以及实践工作中会计岗位的分类及职业前景作了详细的阐述与介绍。

学习目标

1. 了解会计的产生和发展、定义及其岗位分类。
2. 掌握会计的职能及其作用。
3. 掌握会计的职业特点。
4. 了解会计职业发展路径及其前景分析。

第一节 会计的概述

一、会计的产生和发展

会计作为核算和监督生产过程的一种管理活动，是人们管理生产过程的客观需要。人类要生存，社会要发展，就要进行物质资料的生产。会计就是为适应管理生产过程的客观需要而产生，随着生产的发展而发展的。随着生产的日益发展和管理的日趋复杂，会计经历了一个由低级到高级、由简单到复杂、由不完善到逐渐完善的发展过程。

在我国，早在原始社会，人们为了计算生产成果和生活所需，逐步产生了计数和计算的要求。随着生产力的发展，人类社会进入野蛮时期，出现了人类社会的第一、第二次社会大分工，由于生产力的发展，劳动产品增多，交换也频繁起来，于是出现了早期的“结绳记事”方法。到了原始社会后期，出现了书契计量，即用文字、数码刻画的简单登记和计量方法。

随着生产力的进一步发展，原始社会解体，进入奴隶社会。西周王朝（公元前

1046 至前 771 年）是奴隶社会鼎盛的时期，当时出现了“会计”一词，同时会计的职务也产生了。“司会”就是西周朝廷中设置的专门管理全国钱粮赋税、从事会计工作的高级官吏，而“参互”“月要”“岁会”则相当于现代的日报、月报、年报等会计报表。这时的会计，已有记录、计算、考核和监督的内容，并且还出现了会计制度的简略轮廓。可见，西周时期会计方法已有一定的发展。

到了封建社会，由于生产力发展到了一定的水平，在我国西汉时期，出现了名为“簿书”的账册，如西汉“官厅会计”、政府会计设置的“钱谷簿”、地主私人设置的“田租簿”等，成为我国会计账簿的雏形。到唐宋时期，出现了“四柱清册”的会计核算方法，即在会计账册和报表中并列“旧管”“新收”“开除”“实在”四柱，其含义分别相当于现代会计中的“期初结存”“本期收入”“本期支出”“期末结存”。四柱之间的结算关系可用会计方程式表示，“旧管＋新收－开除＝实在”。“四柱”分别反映着一定的经济活动内容，它们之间相互联系、相互制约，形成统一的整体。“四柱清册”的创建和运用，是我国会计理论和技术的重大发展，它为我国其后通行数百年之久的收付记账法奠定了理论基础，同时也把账簿格式的设计以及结账、报账工作提高到一个新的水平，从而使中式记账得到进一步的完善。明朝时期，开始以货币量度作为统一计量标准，即对一切实物都要按照规定折合成金额，这在会计的计算技术上是一个显著的进步。继而又确定了年终盘点制度，并采用了一定形式的盘点表册，这就进一步充实和完善了会计的理论和方法。明末清初，为适应商品货币经济迅速发展的需要，会计核算方法出现了“龙门账”，即把全部账目分为“进”“缴”“存”“该”四大类，其含义分别是收入、支出、资产、负债，四者之间的逻辑关系可用会计方程式表示：“进－缴＝存－该”。年终结账时，分别编制“进缴表”和“存该表”，两表各自计算出的差额应该相等。“龙门账”中的“进缴表”和“存该表”分别与现代会计中的“损益表”和“资产负债表”的意义和作用相似。清朝中期以后，出现定额管理制度。中式会计的发展，随着生产的发展，在原有基础上更加完善。此后，由于商品货币经济又有了进一步的发展和外国资本主义的侵入，我国产生了资本主义萌芽，封建制度开始崩溃瓦解，并传来了西方会计方法。

在国外，会计同样有着悠久的历史。根据文献记载，远在古代就曾出现过在陶土、石头或木块上刻划符号记事的原始计量、记录行为。马克思对古印度的研究中发现，在印度远古的共同体里，农业中已有“一个记账员，登记农业账目，登记和记录与之有关的一切事项”。在中东，公元前 2000 多年，出现了简单的数量刻记。在希腊，公元前 5 世纪就有简单的会计制度。到公元 12～13 世纪，意大利的佛罗伦萨、热那亚、威尼斯等沿地中海城市，由于各国之间的贸易集中该地，商品货币经济比较发达，促使封建主义发生瓦解，资本主义开始萌芽，最早出现了借贷复式簿记。1211 年，意大利佛罗伦萨银行开始采用借贷记账法记账，当时人们把这种记账法称为“威尼斯簿记法”。1494 年，意大利数学家、修道士卢卡·帕乔利在其所著的《算术、几何、比及比例概要》一书中，结合数学原理，将复式簿记从理论上加以系统论述和概括，这是借贷复式记账法形成的重要标志，是近代会计发展具有划时代意义的里程碑。

借贷复式记账法的产生，有着极为深远的意义和影响。在借贷复式记账法出现之前，会计账簿设置和记账方法缺乏科学性。会计作为一门科学，是在借贷复式记账法出现以后逐渐形成的。1581 年，威尼斯建立了“会计学院”。借贷复式记账法经过不断改进，形成一种科学的、系统的、全面的核算和监督生产过程的方法体系，它可以全面、系统地记录各项经济业务，也便于核对账簿记录是否正确，借以进行成本计算和编制会计报表，是近代会计广泛采用的一种记账方法。它把企业作为会计主体，在核算上把企业同企业所有者分离开来，对企业的经营成果进行单独的考核和评价。这对企业加强经营管理，促进生产发展起了很大作用。

19 世纪中叶，由于英国产业革命的影响，生产规模日益社会化，竞争越来越激烈，股份公司纷纷成立。1854 年，苏格兰成立世界上第一个会计师协会——爱丁堡特许会计师协会，这是近代会计发展的又一个里程碑，标志着“会计”这一职业的出现。会计师协会的成立，引发了会计的重大改革。首先，会计服务对象扩大了，会计由仅为某一个企业服务扩大为整个社会服务；其次，会计的内容发展了，会计由过去以记账和算账为重点，发展到以报账、用账（检查、分析）为重点；最后，账目公开了，原来会计账目是企业内部的私事，变成会计师协会可以接受委托去查账，而企业本身为了提高信誉、吸收投资、提高竞争能力也主动请求具有公证人身份的会计师查账。

19 世纪中叶到 20 世纪初期，由于生产力发展迅速，因而会计也得到很大的推进。当时工业生产的发展，导致固定资产投资日益增多，资本构成也日益庞杂，在会计上产生了固定资产折旧的新概念；在英、美等国家实现了工业化之后，引起了成本会计的发展。成本计算方法如简单法、分批法、分步法得到了普遍的运用和发展，并且出现了标准成本法；由于银行加强了对企业的控制，产生了会计报告分析，并在此基础上发展为企业经济活动分析。与此同时，审计也有了很大的发展。

二、会计的定义

自人类进入经济社会，就有了会计这个萌芽，随着时间的推移，慢慢地产生了会计。人们最早认识会计就是源于“账房先生”这个词。一听到“账房先生”，马上映入大多数人脑海里的往往是一个戴着酒瓶底厚的眼镜，穿着灰色衣服，头戴蓝色西瓜帽，一手拿着算盘，一手拿着账簿的瘦老头。从会计一词来说，可以从四个方面去正解它。第一，代表一种职业。它表示为企事业单位、行政单位、个体工商户以及其他社会组织进行经济业务核算的一种职业。第二，代表一门学科。它是指在三百六十行中特定的一门专业和学科。第三，代表一个称谓。它是指对从事财务管理与会计核算这一个特定人群的总称。第四，从行为上来说，会计是以货币为主要计量单位，反映和监督一个单位经济活动过程的一种经济管理工作。

会计的产生是基于管理社会生产生活的需要；会计的不断发展和完善，是社会生产力水平日益提高、社会经济生活日益复杂的结果，更是人们追求少费多得、提高经济效益的结果。经济越发展，会计越重要。正是基于此，会计作为生产职能的附带部分，从生产职能中分离出来，成为特殊、专门的独立职能。在商品货币经济环境下，会计主要采用货币计量尺度，运用其独特的技术方法向有关关系人提供社会经济生活所需要的经济信息；同时，还将利用所掌握的信息参与经营管理，尽量少费多得，以最大限度地提高效益。为此，会计理论界根据会计的作用和功能，结合现实经济生活，对会计给予定义，形成了会计的概念：会计是以货币为主要计量单位，采用专门方法和程序，对企业和行政、事业单位的经济活动进行完整的、连续的、系统的核算和监督，以提供经济信息和反映受托责任履行情况为主要目的的经济管理活动。

三、会计工作岗位的分类

岗位是组织要求个体完成的一项或多项责任以及为此赋予个体的权力的总和。职位是随组织结构定的，而岗位是随事定的，也就是我们常说的因事设岗。一份职位一般是将某些任务、职责和责任组为一体，而一个岗位则是指由一个人所从事的工作。岗位与人对应，通常只能由一个人担任，一个或若干个岗位的共性体现就是职位，语义拓展则代表职务，即职位可以由一个或多个岗位组成。例如，制造型企业生产部门的操作员是一个职位，这个职位由很多岗位的员工担任。如果具体到某个工序的，就是岗位了。会计工作岗位是指一个单位会计机构内部根据业务分工而设置的职能岗位。会计人员的工作岗位一般按具体从事的工作内容或经济业务性质可以分为以下几类：

1. 出纳岗位，其是指按照有关规定和财经制度，办理本单位的现金收付、银行结算及有关账务，保管库存现金、有价证券、财务印章及有关票据单据等工作的岗位。

2. 存货会计岗位，其是指负责单位各类存货的管理与核算及简要分析工作，确保单位存货及相关财产物资的收入、发出、结余核算的准确性、可靠性的岗位。

3. 固定资产会计岗位，其是指主要负责对单位固定资产进行管理，完成固定资产的折旧计提、分类登记等工作，确保单位固定资产核算的准确性、可靠性的岗位。

4. 成本费用会计岗位，其是指主要负责单位各项成本费用核算及简要分析工作，确保单位成本费用核算的准确性、可靠性的岗位。

5. 销售会计岗位，其是指主要负责本单位销售业务的管理和会计处理，包括销售收入、费用等明细账的核算，产品销售成本核算，以及销售税金等的核算，确保单位销售业务相关账款核算的准确性、可靠性的岗位。

6. 往来款核算会计岗位，其是指主要负责单位在开展经营活动过程中，与客户、供应商、个人发生的债权债务关系的管理与业务核算及简要分析工作，确保单位往来账款核算的准确性、可靠性的岗位。

7. 稽核会计岗位，其是会计机构本身对于会计核算工作过程进行的一种自我检查或审核的工作岗位。

8. 总账报表岗位，其主要负责登记总账，编制资产负债表、利润表、现金流量表等有关财务会计报表、管理会计凭证和财务会计报表，并做好财务报告的岗位。

9. 合并报表会计岗位，是企业集团（或总部）会计岗位中重要的一环，它是应用专门的规定和技术，来保证企业总部财务信息的真实性和完整性、提高财务管理的效率和质量的工作岗位。

10. 全面预算管理岗位，其是通过对单位内外部环境的分析，在预测与决策基础上，调配相应的资源，对单位未来一定时期的经营和财务等做出一系列具体计划的岗位。

11. 税收筹划岗位，是指工作人员根据实际情况，协助企业进行税收方案和策略的规划和设计，以达到降低企业税负、提高税收收入等目的，同时还要确保企业的税务合规性和合法性，通过对单位的涉税业务进行策划并制订一整套完整的纳税操作方案，从而达到避税节税目标的岗位。税务筹划岗位是当代税务领域中最具挑战性的一个职位。随着税收体系的转型升级，税务筹划在税收领域的重要性越来越受到重视。

12. 会计档案管理岗位，是指在对单位进行会计核算等过程中接收或形成的，记录和反映单位经济业务事项的，具有保存价值的文字、图表和影音等各种形式的会计资料进行管理的岗位。

13. 会计主管岗位，其是指从事负责单位会计机构或主管单位会计技术工作对各单位会计工作具体领导牵头和组织的岗位。会计主管，又称财务主管，是指单位会计机构的负责人或主管单位会计工作的技术负责人，是各单位会计工作的具体领导者和组织者。

14. 财务经理岗位，其是指负责企业财务和各部门工作，侧重于企业财务部门的统筹及部门员工管理的工作岗位。财务经理的职能绝不仅仅是做好财务核算，提供财务分析报告，编制预算、成本和资金，更需要对企业的全面运营管理甚至是战略决策提供强有力的支持。

15. 财务总监（CFO）岗位，其是指负责企业财务活动及财务内容分析工作，受董事会委托，监督总经理向所有者或董事长负责的工作岗位。财务总监一词的用法和含义在中国很不统一。许多人直接将 CFO 称为“财务总监”。在这个意义上，财务总监实质上是所有者委托的监督代表。在中国各级地方政府、国有控股公司执行财政部，还有人认为，财务总监是指由企业的所有者或全体所有者代表监察部的《关于实行会计委派制度工作的意见》后，财务总监也作为派出机构向下属（下级）单位委派的履行管理、监督职能的会计人员的专门术语使用。从习惯和字面上解释，财务总监的职能应更多地理解为监督、监察。这与国际通行的首席财务官的职能有很大的区别。

16. 财务 BP（business partner）岗位，财务 BP 是业务伙伴的意思。财务 BP 是指连接财务与业务两个部门之间的关键纽带，负责这个岗位的人既要懂财务，又要懂业务，做到业财融合。总的来说是把公司里的财务岗和业务岗融合，成为一名懂业务的财务，结合业务视角进行数据分析、流程设计为公司提供价值的工作岗位。作为财务组织模式的创新形式，其不仅是财务转型的模式之一，同时也是新模式下的一个新兴财务岗位。其作为企业走向现代化管理运营的重要环节过程中，解决传统财务管理所不能解决或无法发挥功能的岗位。在互联网的飞速发展下，信息化智能化的高速发展，让社会信息更加透明，导致部分公司发展受限。部分公司为了谋求生存和发展，就必须实行精细化的管理，严格地控制成本。这就催生了财务 BP 岗位的出现。对于财务 BP 这个岗位来说，他们需要了解财务工作的各个模块，用财务专业帮助业务部门解决问题。此时的财务工作，已经不再是之前的“铁饭碗账房先生，事后诸葛亮”，而是要参与到业务开展的各个环节，充当业务合作伙伴，为其出谋划策。从产品的可行性分析，到合同签订审核，再到后期的款项支付，无时无刻都有财务的身影。帮助业务做好经营预测、分析业务环节中的问题，将会变成常态。具备业财融合思维，已经成为新时代财务人实现职场晋升必需的能力。从目前来看，财务 BP 岗位相对比较少，主要集中在大中型互联网公司。因为只有机构冗杂到一定程度才会需要这么一个岗位，此岗位薪资水平相对较高，主要都是经理级别的人担任。

17. 会计人工智能岗位，是指以电子计算机为主，将当代电子技术和信息技术应用到单位会计业务处理全过程的工作岗位。人工智能（学科）是计算机科学中涉及研究、设计和应用智能机器的一个分支。它的近期主要目标在于研究用机器来模仿和执行人脑的某些智能功能，并开发相关理论和技术。人工智能（能力）是智能机器所执行的通常与人类智能有关的功能，如判断、推理、证明、识别、感知、理解、设计、思考、规划、学习和问题求解等思维活动。会计人工智能属于商务智能的一种，主要指利用人工智能技术与大量企业电子化财务数据，为传统财务分析模型设立计算机模型，从而得出对企业经营分析诊断报告。

18. 其他会计工作岗位，主要包括破产会计、租赁会计、纳税会计、经营决策会计和财务结算中心等会计工作岗位。

以上这些岗位可以一人一岗、一人多岗或一岗多人，各单位可以根据本单位的会计业务量和会计人员配备的实际情况具体确定。

第二节 会计的职能和作用

一、会计的职能

会计的职能是指会计在经济管理过程中所具有的功能，是会计本质的外在表现，包括会计核算、会计监督、预测经济前景、参与经济决策、评价经营业绩等职能。作为“过程的控制和观念总结”的会计，具有会计核算和会计监督两项基本职能，还具有预测经济前景、参与经济决策以及评价经营业绩的3项衍生职能。

（一）会计的基本职能

1. 会计核算职能是指以货币为主要计量单位，通过确认、计量、记录、计算、报告等环节，对特定主体经济活动进行记账、算账、报账等工作，从而提供连续、完整、全面会计信息的功能。会计核算的内容主要包括：款项和有价证券的收付；财物的收发、增减和使用；债权、债务的发生和结算；资本、基金的增减；收入、支出、费用、成本的计算；财务成果的计算和处理；以及需要办理会计手续、进行会计核算的其他事项等。

2. 会计监督职能是指对特定主体的经济活动的合法性和合理性进行监督的功能。会计监督职能通过预测、决策、控制、分析、考评等具体方法，促使经济活动按照规定的要求运行，以达到预期的目的。

（二）会计的拓展职能

1. 预测经济前景。根据财务报告等提供的信息，定量或者定性地判断和推测经济活动的发展变化规律，以指导和调节经济活动，提高经济效益。

2. 参与经济决策。根据财务报告等提供的信息，运用定量分析和定性分析方法，对备选方案进行经济可行性分析，为企业经营管理等提供相关的决策信息。

3. 评价经营业绩。其是指利用财务报告等提供的信息，采用适当的方法，对企业一定经营期间的资产运营、经济效益等经营成果，对照相应的评价标准，进行定量及定性对比分析，作出真实、客观、公正的综合评判。

二、会计的作用

会计的作用是指会计职能发挥的作用，主要通过会计提供的信息来发挥。会计信息是经过会计独特的一套程序和方法进行加工后取得的，具有特殊的意义。会计的作用可以从宏观和微观两个层面来加以认识。

（一）宏观层面的作用

1. 有助于政府相关部门制订或完善宏观经济政策。财政部、国家税务总局、国家市场监督管理总局、国有资产管理委员会、审计署等政府相关部门，通过汇总和分析企业提供的财务报表和相关财务信息，可以充分了解各地区、各行业经济发展状况，验证各项宏观经济政策对企业的影响，以便及时调整政策，优化资源配置，促进企业发展，保证国家经济处于健康运行的状态。

2. 有助于加强国家税收征管工作。虽然会计提供的利润数据与税务部门的计税基础不同，但可以帮助国家税务部门及相关部门及时了解企业税负高低、税收执行等情况，从而更好地加强和完善税收征收和管理工作，促进市场有序、高效、健康的发展。

3. 有助于我国资本市场的发展和完善。证券市场是资源配置的市场，资金的逐利性会使其流向回报高的行业，会计信息在一定程度上促进资源的优化配置，提升会计信息质量，有利于促进市场的透明度，便于人们参与资本市场并作出科学合理的经济决策，最终促进我国资本市场的发展和不断完善。

4. 有助于加强金融监管工作。人民银行及各商业银行等金融机构可以通过企业提供的会计信息来判断企业的偿债能力。企业的偿债能力是银行进行贷款发放的主要依据，是否向一家企业发放贷款，发放多少贷款，贷款时间多长，贷款利率多少，都需要企业提供的财务数据来协助判断。

5. 有助于国际资本的流动与投资。会计是一门通用的商业语言，是连接国际间资本、商贸的“桥梁”，促进资本在全球范围内流动。高质量的会计信息有利于国际资本进行科学合理的经济决策与投融资判断，从而促进国际资本的流动。

（二）微观层面的作用

1. 有助于提高企业经济效益。会计信息可以向财务报告使用者提供企业财务状况、经营成果和现金流量等有关的会计资料和信息，反映企业管理层受托责任履行情况。企业的每一分钱从哪里来，又用到了哪里以及成本的高低和使用的效果，全部登记在会计账中，会计可以利用这些数据，提出有针对性和建设性的意见和建议，帮助企业完善每一个细节和流程，节约资金，提高经济效益。

2. 有助于为企业或个人投资决策提供参考。会计资料及会计信息的使用者既包括企事业单位的内部使用者，又包括外部使用者，主要包括投资者、债权人、政府及其有关部门和社会公众等。满足投资者的信息需要是企业财务报告编制的首要出发点，企业编制财务报告、提供会计信息必须与投资者的决策密切相关。目前上市公司的会计信息是公共信息，任何人都可以很方便地获取企业的财务报告，分析企业的盈利水平，预测企业的发展前景等，帮助投资者和潜在的投资者作出是否投资、投资多少、是否追加或减少投资的决策。

3. 有助于促进人们之间的经济交往。现在大家习以为常的资产、负债、资本、收入、成本、费用、利润等会计词汇和会计信息提高了人们对财经世界活动的认知水平。会计活动以及会计活动产生的会计信息还是人与人之间建立信任的纽带、自证清白的工具。在日常经济交往中要取得经济上的信任，会计活动产生的会计凭证和账簿是最好的证据。例如，张三和李四合伙创业，两个人都对最终的经营结果感兴趣，如果张三或者李四对对方加以隐瞒，则合作便无法进行下去。因此，必须对合伙企业的经济活动进行会计记录，并且对一段时间的经济活动结果进行总结，提高双方经济交往的认可度。

第三节 会计职业的特点

会计职业作为三百六十行社会职业中的一行，有其鲜明的特点：

1. 社会性。会计工作是对特定的主体经济活动进行记账、算账、报账，从而提供科学、准确的会计信息的一种活动。而这些活动是置身于整个社会经济活动大环境之中的，是与整个社会经济运转相联系的，只要有经济活动，就会产生会计，因此，会计职业具有广泛的社会性。

2. 专业性。会计专业是一门学科，是应用专门的会计核算工具，依据《中华人民共和国会计法》及相关法律法规对经济业务进行核算、汇总、分析、报送的过程，具有很强的专业性。会计工作的专业性要求客观记录和反映企业的经济业务，不受主观意识和个人喜好的影响。会计要求准确记录和反映企业的经济业务，确保财务信息的真实性和可靠性。会计要求对企业的经济业务进行专业性的综合记录和反映，以便于综合评价企业的财务状况和经营成果。而且会计工作还要求对企业的所有经济业务进行记录和反映，不允许漏报、错报或遗漏。

3. 政策性。会计要求符合法律法规和会计准则的规定，确保企业的财务信息合法合规。其工作的每个环节都必须依照国家财经法规、财经制度进行；如果不掌握这些政策法规，不按照政策法规办事，就会违反财经纪律甚至违法。

4. 时效性。会计要求及时记录和反映企业的经济业务，以便于及时掌握企业的财务状况和经营成果。例如，何时发放工资、核定预算、结算、算账、结账等，都有较严格的时间要求，因此，会计人员都要有个时间表，及时办结各项工作，保证会计成果质量。

第四节　会计职业分类和发展前景分析

一、会计职业分类及发展路径

1. 会计职业按工作内容大体可分为以下四大类。

第一类是“做会计的”，通俗说“做账的”，是指根据《中华人民共和国会计法》的规定，在国家机关、社会团体、企业、事业单位和其他组织（以下统称单位）中从事会计核算、实行会计监督等会计工作的人员。会计人员包括从事下列具体会计工作的人员：出纳；稽核；资产、负债和所有者权益（净资产）的核算；收入、费用（支出）的核算；财务成果（政府预算执行结果）的核算；财务会计报告（决算报告）编制；会计监督；会计机构内会计档案管理；其他会计工作。担任单位会计机构负责人（会计主管人员）、总会计师的人员，也属于会计人员。

第二类是“查会计的”，通俗说“查账的”，也就是通常所说的审计人员。审计是由国家授权或接受委托的专职机构和人员，依照国家法规、审计准则和会计理论，运用专门的方法，对被审计单位的财政、财务收支、经营管理活动及其相关资料的真实性、正确性、合规性、合法性、效益性进行审查和监督，评价经济责任，鉴证经济业务，用以维护财经法纪、改善经营管理、提高经济效益的一项独立性的经济监督活动。从事这类工作的人员主要包括政府审计部门、注册会计师以及企事业单位内部审计部门的审计人员。

第三类是“管会计的”，通俗说“当官的”，这类人员包括与会计管理有关的财政、税务部门工作人员、其他政府相关部门或非营利组织内部从事会计人员管理与监督工作的工作人员。《中华人民共和国会计法》规定，国务院财政部门主管全国的会计工作，县级以上地方各级人民政府财政部门管理本行政区域内的会计工作。另外，军队财务会计工作人员接受的是中国人民解放军的相关管理规定的管理与约束。中国人民解放军总后勤部可以依照《中华人民共和国会计法》和国家统一的会计制度，制订军队实施国家统一的会计制度的具体办法，报国务院财政部门备案。

第四类是“教会计的”，通俗说“当会计老师的”，这类人员主要是指在全国普通高校以及其他科研机构中从事会计教学和理论科研的工作人员。这些人员一般需要很高的理论研究水平，大多还需要取得博士学位。

2. 会计人员的职业发展路径。

第一类专业技术职称的发展路径：初级会计师、中级会计师、高级会计师、正高级会计师等4档。会计人员各级别职称分别与事业单位专业技术岗位等级相对应。正高级对应专业技术岗位一级至四级，高级对应专业技术岗位五级至七级，中级对应专业技术岗位八级至十级，初级对应专业技术岗位十一级至十三级。

第二类会计工作岗位及职务的发展路径：出纳、会计、主办会计、会计负责人、会计主管、财务经理、财务总监等。在企业任职是大多数会计人选择的路线，每个企业都需要财务人员，就业机会多，发展空间大。

第三类高校及会计教学研究的发展路径：助教、讲师、副教授、正教授等4档。助教主要任务为协助教学；讲师能够独立开设一门或一门以上课程的大学教师；副教授不仅具有开课的能力，对本学科的整体情况有充分的了解，自己主持研究项目，而且能把最新的研究用学术研讨会等多种形式不断推广传播；教授是正高级职称，在会计教学和科研方面发挥着重要的作用，教学和科研的主导性工作是一般是由教授承担的。

二、会计职业前景分析

1. 公务员、教师。

职业状况：收入稳定，论资排辈。会计专业的学生或从业人员考上公务员或被招进高校做老师，与其他专业的人从事这些职业一样，有工作稳定、压力较小的优势，但是职业发展上比较缓慢。

职业前景：稳定有余，待遇好。

2. 国有及民营企业。

职业状况：新就业人员月薪一般不会太高，往后则取决于个人能力。一般来讲，国有企业的福利待遇相对较高一些，发展空间也大，但受限于人事管理的相关规定要求，国有企业对会计人员的需求一般有限；民营企业对会计人才的需求是最大的，也是目前会计毕业生的最大就业方向。国内很多中小微企业特别是民营企业，对于会计岗位他们需要找的只是“账房先生”，不是具有财务管理和分析能力的专业人才，而且，此类企业大多财务监督和控制体系有待完善。因此，在创业初期，此类企业的会计工作一般都是掌握在自己的“亲戚”手里；到企业做大、财务复杂到“亲戚”无法全盘控制时，才会招聘“外人”记账。

职业前景：需求量大，提升相对较快。

3. 外资企业。

职业状况：大部分外资企业的同等岗位待遇都远在内资企业之上。更重要的是，外资企业财务管理体系和方法都比较成熟，对新员工一般都会进行一段时间的专业培训。新员工的薪资比较合理，绝大部分外企能解决员工的各种社会保险以及住房公积金等。外企会计工作分工细致，但分工细致使我们在所负责岗位上只能学到某一方面的知识和技能，尽管这种技能非常专业，但对整个职业发展过程不利，因为难以全面获得财务核算与财务管理体系系统性的各方面经验。后续培训机会多是外企极具诱惑力的另一个原因。财务管理也是一个经验与知识积累越多越值钱的职业，而企业提供的培训机会不同于在学校听老师讲课，它更贴近实际工作，也更适用。

职业前景：待遇好，专业性强。

4. 会计师事务所。

职业状况：大多数会计师事务所工作都有一个特点——工作压力比较大，工作强度较高，但能学到很多会计专业技术。其区别在于，很多小型会计师事务所待遇稍微低一些，而大型会计师事务所，如普华永道等则待遇好很多，但从某种方面来说，他们的工作任务更繁重，加班更是家常便饭；著名的“安达信日出”就是指员工经常加班后走出办公楼就能看到日出。但在会计师事务所确实能学到很多东西。特别是在中小会计师事务所，因为人手的问题，对于一个审计项目，必须从头跟到尾，包括与送审单位的沟通等，能充分锻炼能力。大所则是对团队合作以及国际会计准则、专业性、意志力等方面都给予地狱般的磨炼。另外，在薪资待遇方面，小型会计师事务所与大型会计师事务所待遇差别较大。

职业前景：能迅速积累大量从业经验，工作能力提升快，个人发展空间大。

5. 管理及理财咨询企业。

职业状况：现在对个人理财咨询职位的招聘需求量正在慢慢放大，而且，由于社会投资渠道的增多和保障制度的改革，理财咨询服务必将走进更多城市白领的生活。此类人才的需求增长点应在社会投资理财咨询服务机构。银行个人理财咨询师的待遇因区域不同而有差异，随着经验的增长，收入也必将随之增长。

职业前景：方兴未艾的阳光职业。

本章小结

通过本章的学习，了解会计的产生和发展过程，明确了会计的定义及其岗位分类；系统阐述了会计的职能及其作用；阐明了会计的职业特点；简要介绍了会计职业分类和发展路径、发展前景等相关内容。

关键术语

会计核算　　　　会计监督

— 自测题 —

第二章　会计基础

本章导读

本章重点介绍了会计基本假设、货币计量与会计要素、会计科目与会计账户、会计记账方法及会计凭证填制和使用等会计基础理论知识，为以后各章的学习打下了良好的基础。

学习目标

1. 掌握会计的四大基本假设。
2. 掌握提高会计信息质量的要求。
3. 掌握反映企业财务状况和经营成果的会计要素。
4. 了解会计科目的定义及其设置的原则和方法、会计账户的定义及其基本结构。
5. 了解会计的单式记账法，掌握复式记账法和借贷记账法。
6. 掌握会计凭证的定义、分类、作用、填制原则以及摘要的填制。

第一节　会计的基本假设

面对错综复杂且千变万化的经济业务，会计人员需要从空间范围、时间界限、计量方法上做合理设定，这些规定和判断就是会计核算的前提和条件。因为这些设定都是为了达到会计核算目的而进行的一种推断设定，所以又称会计的基本假设。它是确定会计原则、选择会计核算程序和方法的基础和前提。按照我国会计准则的规定，会计核算的基本前提包括：会计主体、持续经营、会计分期和货币计量等四个方面。

（一）会计主体

会计主体，是指会计工作服务的特定对象，是企业会计确认、计量和报告的空间范围。为了向财务报告使用者反映企业财务状况、经营成果和现金流量，提供对其决策有用的信息，会计核算和财务报告的编制应当集中反映特定对象的活动，并将其与其他经济实体区别开来。在会计主体假设下，企业应当对其本身发生的交易或事项进行会计确认、计量和报告，反映企业本身所从事的各项生产经营活动和其他相关活动。

（二）持续经营

持续经营，是指在可以预见的将来，企业将会按当前的规模和状态继续经营下去，不会停业，也不会大规模削减业务。在持续经营假设下，会计确认、计量和报告应当以企业持续、正常的生产经营活动为前提。

（三）会计分期

会计分期，是指将一个企业持续经营的生产经营活动划分为一个个连续的、长短相同的期间。会计分期的目的在于通过会计期间的划分，将持续经营的生产经营活动划分成连续、相等的期间，据以结算盈亏，按期编报财务报告，从而及时向财务报告使用者提供有关企业财务状况、经营成果和现金流量的信息。

（四）货币计量

货币计量，是指会计主体在会计确认、计量和报告时以货币计量，反映会计主体的生产经营活动。货币是商品的一般等价物，是衡量一般商品价值的共同尺度，具有价值尺度、流通手段、贮藏手段和支付手段等特点。选择货币这一共同尺度进行计量，能够全面、综合反映企业的生产经营情况。

第二节 会计信息质量要求

会计信息质量要求是对企业财务报告中所提供会计信息质量的基本规范要求，是使财务报告所提供的会计信息对投资者等信息使用者决策有参考价值、决策价值。其应具备的基本特征主要包括：可靠性、相关性、可理解性、可比性、实质重于形式、重要性、谨慎性、及时性等。

（一）可靠性

可靠性要求企业应当以实际发生的交易或者事项为依据进行确认、计量和报告，如实反映符合确认和计量要求的会计要素及其他相关信息，保证会计信息真实可靠、内容完整。可靠性是高质量会计信息的重要基础和关键所在。如果企业以虚假的交易或者事项进行确认、计量和报告，不仅会严重损害会计信息质量，而且会误导投资者，干扰资本市场，导致会计秩序、财经秩序混乱。

（二）相关性

相关性要求企业提供的会计信息应当与投资者等财务报告使用者的经济决策需要相关，有助于投资者等财务报告使用者对企业过去、现在或未来的情况作出评价或预测。相关的会计信息应当能够有助于使用者评价企业过去的决策，证实或者修正过去的有关预测，因而具有反馈价值。相关的会计信息还应当具有预测价值，有助于使用者根据财务报告提供的会计信息预测企业未来的财务状况、经营成果和现金流量。

（三）可理解性

可理解性要求企业提供的会计信息应当清晰明了，便于投资者等财务报告使用者理解和使用。企业编制财务报告、提供会计信息的目的在于使用，要想让使用者有效使用会计信息，就应当让其了解会计信息的内涵，弄懂会计信息的内容，这就要求财务报告提供的会计信息应当清晰明了，易于理解。只有这样，才能提高会计信息的有用性，实现财务报告的目标，满足向投资者等财务报告使用者提供决策有用信息的要求。

（四）可比性

可比性要求企业提供的会计信息应当相互可比，主要包括两层含义：（1）同一企业不同时期可比。即同一企业不同时期发生的相同或者相似的交易或者事项，应当采用一致的会计政策，不得随意变更。但是，如果按照规定或者在会计政策变更后能够提供更可靠、更相关的会计信息，企业可以变更会计政策。有关会计政策变更的情况，应当在附注中予以说明。（2）不同企业相同会计期间可比。即不同企业同一会计期间发生的相同或者相似的交易或者事项，应当采用规定的统一会计政策，确保会计信息口径一致、相互可比，以使不同企业按照一致的确认、计量和报告要求提供有关会计信息。

（五）实质重于形式

实质重于形式要求企业应当按照交易或者事项的经济实质进行会计确认、计量和报告，不仅仅以交易或者事项的法律形式为依据，即经济实质重于法律形式。在实际工作中，交易或者事项的外在法律形式并不总能完全反映其实质内容，企业发生的交易或者事项在多数情况下，其经济实质和法律形式是一致的。但在有些情况下，则会出现不一致。例如，以融资租赁方式租入的资产，虽然从法律形式来讲企业并不拥有其所有权，但是由于租赁合同规定的租赁期相当长，往往接近于该资产的使用寿命，租赁期结束时承租企业有优先购买该资产的选择权，在租赁期内承租企业有权支配资产并从中受益等，从其经济实质来看，企业能够控制融资租入资产所创造的未来经济利益，在会计确认、计量和报告时就应当将以融资租赁方式租入的资产视为企业的资产，在企业的资产负债表中进行反映。

（六）重要性

重要性要求企业提供的会计信息应当反映与企业财务状况、经营成果和现金流量有关的所有重要交易或者事项。在实务中，如果某会计信息的省略或者错报会影响投资者等财务报告使用者据此作出正确决策，该信息就具有重要性。重要性的应用需要依赖职业判断，企业应当根据其所处环境和实际情况，从项目的性质和金额大小等方面加以判断。

（七）谨慎性

谨慎性要求企业对交易或者事项进行会计确认、计量和报告应当保持应有的谨慎，不应高估资产或者收益、低估负债或者费用。在市场经济环境下，企业的生产经营活动面临着许多风险和不确定性，会计信息质量的谨慎性要求，需要企业在面临不确定性因素的情况下作出职业判断时，应当保持应有的谨慎，充分估计到各种风险和损失，既不高估资产或者收益，也不低估负债或者费用。例如，企业对售出商品可能发生的保修义务确认预计负债、对可能承担的环保责任确认预计负债等，就体现了会计信息质量的谨慎性要求。

（八）及时性

及时性要求企业对于已经发生的交易或者事项，应当及时进行确认、计量和报告，不得提前或延后。在会计确认、计量和报告过程中应贯彻及时性要求，一是要求及时收集会计信息，即在交易或者事项发生后，及时收集整理各种原始单据或者凭证；二是要求及时处理会计信息，即按照会计准则的规定，及时对交易或者事项进行确认或者计量，并编制财务报告；三是要求及时传递会计信息，即按照国家规定的有关时限，及时地将编制的财务报告传递给财务报告使用者，便于其及时使用和决策。

第三节　会计要素及其确认

会计要素是根据交易或者事项的经济特征所确定的财务会计对象和基本分类。会计要素按照其性质分为资产、负债、所有者权益、收入、费用和利润，其中，资产、负债和所有者权益要素侧重于反映企业的财务状况，收入、费用和利润要素侧重于反映企业的经营成果。

一、反映企业财务状况的会计要素

（一）资产

1. 资产的含义。

资产是指企业过去的交易或者事项形成的、企业拥有或者控制的、预期会给企业带来经济利益的资源。

这个定义决定了资产有以下特点：

（1）必须由企业过去的交易或者事项所形成。只有过去发生的交易、事项才能增加或者减少企业的资产。不能根据谈判中的或者计划中的经济业务来确认一笔资产。例如，A 企业和 B 企业达成了交易意向，A 企业准备在下个月中旬购买一批 B 企业的某种产品。对于 A 企业而言，这笔交易尚未完成，属于未来的经济事项，不符合资产的定义，A 企业不能将这批产品作为企业的资产。

（2）必须由企业拥有或者控制。拥有是指企业对某项资产拥有所有权，或者即使不能为企业所拥有，也应该是企业所能控制的。企业拥有资产，从而就能够从资产运用中获得经济利益；有些资产虽然不为企业所拥有，但是企业能够控制并支配这些资产，同样能够从资产的使用中获得经济利益。例如，甲企业需要两台设备，A 设备从乙企业以经营租赁方式获得，而 B 设备以融资租赁方式从丙企业获得，两台设备均已投入使用，请问 A 设备是否为甲企业的资产？对本例中的 A 设备属于经营性租赁，甲企业对该设备只有使用权，没有所有权也没有实际控制权。因此，A 设备不应该确认为甲企业的资产。而本例中的 B 设备，企业虽然不拥有所有权，但由于租赁合同中条款规定的租期相当长，且根据融资租赁的定义，享有与所有权相关的风险和报酬的权利，即拥有实际的控制权。因此，应将 B 设备视为企业的资产予以确认、计量和报告。

（3）预期能够为企业带来经济利益。所谓带来经济利益也就是能够在未来直接或间接流入企业的现金或现金等价物。例如，货币资金可以用于购买所需要的商品或用于利润的支付；购买的厂房机器、原材料等用于生产经营过程，制造出的产品出售后收回货款，货款即为企业所获得的经济利益。因此，这里的货币资金、厂房机器、原材料都可以确认为企业的资产。

2. 资产的分类。

第一，按实物形态来分类。资产可以具有实物形态，如房屋、机器设备、现金、商品、材料等；也可以不具备实物形态，如以债权形态出现的各种应收款项，或以特殊权利形态出现的专利权、商标权等无形资产。

第二，按流动性来分类。资产按其流动性可分为流动资产和非流动资产。

（1）流动资产。流动资产是指企业在一年或者超过一年的一个营业周期（大型造船业所制造的船舶产品，一个营业周期往往超过一年）内变现或耗用的资产，包括库存现金、银行存款、应收账款、其他应收款、预付账款、存货（主要包括原材料、低值易耗品、包装物、在产品、库存商品）等。

（2）非流动资产。非流动资产是指企业不能在一年的一个营业周期内变现或者耗用的资产，主要包括持有到期投资、长期股权投资、长期应收款、固定资产、工程物资、投资性房地产、在建工程、无形资产、可供出售金融资产及长期待摊费用等。

3. 资产的确认。

我国《企业会计准则》规定，凡是符合资产定义并且满足以下两个条件的资源，均可以确认为是属于该企业的资产：（1）与该资源有关的经济利益很可能流入企业；（2）该资源的成本或者价值能够可靠地计量。

（二）负债

1. 负债的含义。

负债是指企业过去的交易或者事项形成的、预期会导致经济利益流出企业的现时义务。负债的具体特点主要从以下几个方面来理解：

（1）负债是企业由过去的交易或者事项形成的现时义务。例如，A企业上个月向银行借入一笔款项，贷款期限为半年，这项借款发生在“上个月”，表示为过去发生的事项。再如，甲企业本月月初向乙企业购进一批材料，款项尚未支付，这样甲企业就欠乙企业一笔货款，“本月月初”既基于当前也属于过去。因此，所举事例中A企业和甲企业就分别形成了对银行和乙企业的一项负债，这项负债对于A企业和甲企业而言，是一项现时的义务，归还贷款或货款的义务。

如果说A企业准备下个月才向银行贷款或者说甲企业仅与乙企业签订了购销合同而没有发生实质的购销活动，则对于A企业或甲企业来说，就不存在负债的产生，当然也就没有归还贷款或货款的义务了。因此，企业预期在将来要发生的交易或者事项可能产生的债务不能作为负债。

（2）企业偿还负债会导致经济利益流出企业。为了清偿债务，企业往往需要在将来转移资产，如用库存现金、银行存款偿还，也可以用实物资产进行偿还，或者通过提供劳务来偿还，当然也可以将债务转化为所有者权益，所有这些业务都会导致企业经济利益的流出。

2. 负债的分类。

负债按照偿还期限的长短，一般分为流动负债和非流动负债。

（1）流动负债。流动负债是指企业在一年或者超过一年的一个营业周期内偿还的债务，包括短期借款、应付账款、预收账款、应付职工薪酬、应交税费、应付股利、其他应付款等。

（2）非流动负债。非流动负债是指偿还期在一年或者超过一年的一个营业周期以上的债务，包括长期借款、应付债券、长期应付款等。

3. 负债的确认。

我国《企业会计准则》规定，凡符合本准则规定之负债定义的义务、在同时满足以下条件时，应该确认为该企业的负债：（1）与该义务有关的经济利益很可能流出企业；（2）未来流出的经济利益的金额能够可靠地计量。

（三）所有者权益

1. 所有者权益的含义。

所有者权益是指企业资产扣除负债后由所有者享有的剩余权益，又称为净资产。企业的所有者权益又称为股东权益。

所有者权益包括实收资本（或股本）、资本公积、盈余公积和未分配利润。实收资本（或股本）是投资者（或股东）按照企业章程或合同实际投入企业的资本。资本公积是指归所有者所有非收益转化而来的资本。

所有者权益具有以下几个特点：

（1）所有者权益不同于负债需要偿还，除非发生减资、清算，否则企业不需要偿还所有者权益。

（2）企业清算时，负债往往优先清偿，而所有者的投资只有在清偿所有的负债之后才会返还给所有者。债权人和投资者虽然对企业的资产都拥有要求权，但两者在企业中享有的权利是不同的。按照法律规定，为了保证债权人的利益不受损害，负债具有优先偿还权，如有剩余，再返还给投资者。

（3）所有者权益能够分享利润，而负债却不能参与利润的分配。债权人无权过问企业的生产经营，也无权参与企业的利润分配，只享有到期收回债权本金和利息的权利；

而所有者不但能够参与企业的利润分配，还有权利参与企业的经营决策及其他权利。

2. 所有者权益的分类。

所有者权益按其来源可分为所有者投入的资本、直接计入所有者权益的利得和损失、留存收益等。

（1）所有者投入的资本。投入资本是指投资者（或股东）实际投入企业的资本部分，它既包括构成注册资本或股本部分的金额，也包括投入资本超过注册资本或股本部分的金额，即资本溢价或股本溢价，在我国企业会计准则体系中这部分计入资本公积，并在资产负债表中的资本公积项目进行反映。

（2）直接计入所有者权益的利得和损失。直接计入所有者权益的利得和损失，是指不应计入当期损益（收入和费用）、会导致所有者权益发生增减变动的、与所有者投入资本或者向所有者分配利润无关的利得或者损失。利得是指由企业非日常活动所形成的、会导致所有者权益增加的、与所有者投入资本无关的经济利益的流入。损失是指由企业非日常活动所发生的、会导致所有者权益减少的、与向所有者分配利润无关的经济利益的流出。直接计入所有者权益的利得和损失包括可供出售金融资产的公允价值变动额、现金流量套期工具公允价值变动额等。

（3）留存收益。留存收益指企业从历年的利润中提取或留存于企业的内部积累，它来源于企业生产经营活动所实现的净利润，包括企业的盈余公积和未分配利润两个部分。盈余公积是指企业按照规定从净利润提取的各种公积金，包括法定盈余公积和任意盈余公积。盈余公积可以用于弥补亏损、转增资本以及分派现金股利。未分配利润是指企业留待以后年度分配的利润。从数量上看，未分配利润是期初未分配利润加上本期实现的净利润，减去提取的各种盈余公积和利润分配后的余额。

3. 所有者权益的确认。

根据所有者权益的定义，所有者权益就是所有者在企业资产中享有的经济利益，也就是企业的所有者对企业净资产享有所有权。净资产就是资产总额减去负债以后的余额，它不能像资产、负债那样可以单独确认，其确认须依附于资产、负债的确认。资产、负债的确认标准即为所有者权益的确认标准。

二、反映企业经营成果的会计要素

（一）收入

1. 收入的含义。

收入是指企业在日常活动中形成的、会导致所有者权益增加的、与所有者投入资本无关的经济利益的总流入，是企业销售商品、提供劳务或者让渡资产使用权等所形成的经济利益的总流入。可以从以下几个方面来理解收入的含义：

(1) 收入是企业在日常活动中形成的。企业的日常活动主要包括企业销售商品（如把自己企业生产的产品卖出去或转售商品）、提供劳务（如提供运输劳务）以及让渡资产使用权、出售不需用的材料等，这些活动会导致企业收入的产生。有些交易或事项尽管也能为企业带来经济利益，但由于不是从企业的日常活动中产生的，就不属于企业的收入，而作为利得。例如，出售固定资产、处置无形资产等所取得收益就不能作为企业的收入，应当确认为营业外收入。

(2) 收入可以导致所有者权益的增加。企业有收入产生，意味着资产的增加或负债的减少，或两者兼而有之，会导致企业产生利润。企业是所有者的企业，因此产生的利润也是属于所有者的，这样就会导致所有者权益的增加。

(3) 收入取得的利益与所有者投入资本无关。所有者对企业投入资本可以导致企业经济利益增加，这是众所周知的。但是，这里提到的收入与所有者投入资本无关，它纯粹是指日常经营活动所产生的利益流入。

2. 收入的分类。

收入有广义和狭义之分。我国《企业会计准则》采用的是狭义的收入。

(1) 广义的收入。广义的收入是指那些能导致企业经济利益流入的所有收入。广义的收入包括销售收入和营业外收入。

(2) 狭义的收入。狭义的收入仅指企业在销售商品、提供劳务及让渡资产使用权等日常活动中所形成的经济利益的总流入。也就是人们习惯上所指的营业收入。营业收入按照在企业盈利中的重要性，可以分为主营业务收入、其他业务收入和投资收益。收入不包括为他人代收的款项。

主营业务收入是指企业经常性发生，主要经营业务所创造的收入；而其他业务收入则是指企业非经常性发生、兼营的业务创造的收入，如工业企业出售不需用的材料、出租包装物、对外转让无形资产使用权等；投资收益是指企业对外投资取得的收益减去发生的投资损失后的净额。

3. 收入的确认。

我国《企业会计准则》规定：除了符合收入的基本定义以外，还必须满足下面两个条件才能够确认为收入：(1) 该经济利益很可能流入企业，从而导致企业资产增加或者负债减少；(2) 经济利益的流入额能够可靠地计量。

（二）费用

1. 费用的含义。

费用是指企业在日常活动中发生的、会导致所有者权益减少的、与向所有者分配利润无关的经济利益的总流出。

费用具有以下几个特点：

（1）费用是企业日常活动中发生的经济利益的流出。这里的企业日常活动是指企业发生的销售商品、提供劳务的行为。费用与收入是相对应的概念，也可以说是企业为取得收入而付出的代价。费用是企业在日常活动中所发生的一种利益流出，表现为企业收入的一种扣除。

（2）费用会导致企业所有者权益的减少。与费用相关的经济利益流出会导致企业所有者权益的减少，不会导致所有者权益减少的经济利益的流出不符合费用的定义，不应该确认为费用，如用银行存款购买原材料。

（3）费用是与向所有者分配利润无关的经济利益的总流出。费用的发生会导致企业经济利益的流出，从而导致资产的减少或者负债的增加，其表现形式包括现金或现金等价物的流出。鉴于企业向股东分配股利，分配股利会导致经济利益流出企业，但是这种经济利益的流出，是不能作为费用的，因为它不是企业为取得收入而付出的代价。

2. 费用的分类。

费用按其与收入的关系，可以分为主营业务成本、其他业务成本、期间费用、生产成本。

（1）主营业务成本。主营业务成本是指企业销售商品、提供劳务等经营性活动所发生的成本。企业一般在确认销售商品、提供劳务等主营业务收入时，会在月末将已销售商品、已提供劳务的成本转入主营业务成本。企业应当设置“主营业务成本”科目，按主营业务的种类进行明细核算，用于核算企业因销售商品、提供劳务或让渡资产使用权等日常活动而发生的实际成本，借记该科目，贷记“库存商品”“劳务成本”等科目。期末，将主营业务成本的余额转入“本年利润”科目，借记“本年利润”，贷记该科目，结转后，“主营业务成本”科目无余额。

（2）其他业务成本。其他业务成本是指企业确认的除主营业务活动以外的其他日常经营活动所发生的支出。其他业务成本包括销售材料的成本、出租固定资产的折旧额、出租无形资产的摊销额、出租包装物的成本或摊销额等。采用成本模式计量投资性房地产的，其投资性房地产计提的折旧额或摊销额，也构成其他业务成本。企业应当设置“其他业务成本”科目，核算企业确认的除主营业务活动以外的其他日常经营活动所发生的支出。企业发生的其他业务成本，借记本科目，贷记“原材料”“周转材料”“累计折旧”“累计摊销”“应付职工薪酬”“银行存款”等科目。“其他业务成本”科目按其他业务成本的种类进行明细核算。期末，“其他业务成本”科目余额转入“本年利润”科目，结转后，“其他业务成本”科目无余额。

（3）期间费用。期间费用主要是指不能够直接计入产品成本或劳务成本的，应当由企业某一会计期间所承担的直接计入当期损益的费用，主要包括销售费用、管理费用和财务费用。

（4）生产成本。生产成本也称制造成本，是指生产活动的成本，即企业为生产产品而发生的成本。生产成本是生产过程中各种资源利用情况的货币表示，是衡量企业技术和管理水平的重要指标。其包括直接材料费、直接工资、其他直接费用以及分配转入的间接费用；贷方登记转入“库存商品”账户的完工产品的制造成本。期末借方余额表示生产过程尚未完工产品的成本，即期末在产品成本。该账户的明细分类账应按产品品种分别设置。

3. 费用的确认。

我国《企业会计准则》规定，除了符合费用的基本定义以外，还必须满足下面两个条件才能够确认为费用：

（1）该经济利益很可能流出企业，从而导致企业资产减少或者负债增加；

（2）经济利益的流出额能够可靠地计量。

（三）利润

1. 利润的含义。

利润是指企业在一定会计期间的经营成果，是企业经营效果的综合反映，也是其最终成果的具体体现。利润包括收入减去费用后的净额、直接计入当期利润的利得和损失等。利润的实现，会相应地表现为资产的增加或负债的减少，其结果是所有者权益的增加。利润具有以下几个特点：

（1）利润是企业在一定会计期间的经营成果。利润的计算是以一定的会计期间（如月度、季度或者年度）作为计算时段的。企业的产出与投入之间的对比所获得的结果也就是经营成果就是利润。

（2）利润是收入减去费用后的净额以及直接计入当期利润的利得和损失等。利润在会计上可以用“收入－费用”来计算，即“利润＝收入－费用”。这个结果可以为正数，也有可能为负数，若为正数，就表示盈利；若为负数，就表示亏损。

2. 利润的分类。

利润主要包括营业利润、利润总额和净利润。

（1）营业利润。营业利润是企业在日常活动中产生的经营成果。其计算公式如下：

营业利润＝营业收入－营业成本－营业税金及附加－销售费用－管理费用－财务费用－资产减值损失＋公允价值变动损益＋投资净收益

（2）利润总额。利润总额是指企业在一定会计期间内取得的各种经营成果的总和。其计算公式如下：

利润总额＝营业利润＋营业外收入－营业外支出

（3）净利润。净利润是指利润总额减去所得税费用后的金额。其计算公式如下：

净利润 = 利润总额 − 所得税费用

3. 利润的确认。

利润是企业的各项收入抵减各项耗费后的余额。利润也不能像收入、费用那样单独确认，它的确认只能依附于一定期间的收入和费用的确认。收入、费用的确认标准，即为利润的确认标准。

第四节　会计科目及会计账户

一、会计科目的定义

会计要对企业日常发生的纷繁复杂的经济业务进行全面、连续、系统的核算，首先要做的工作就是对会计核算的对象进行全面、系统地分类，由此便产生了会计要素。尽管前面已讲过会计要素对会计核算对象进行的基本分类，但显得过于粗略，不能满足会计核算的具体需要，也不能满足各有关方面对会计信息的需求。因此，还需要在会计要素基础上作进一步的分类和细化，由此也就产生了下面讲述的会计科目。

会计科目是指对会计要素的具体内容进行分类核算的项目名称。有了会计科目，便可在日常会计核算中，对发生的经济业务所涉及的内容通过会计科目分别进行反映。

二、会计科目设置的原则及方法

会计科目作为反映会计要素的构成及其变化情况和为投资者、债权人、企业经营管理者等提供会计信息的重要手段，在其设置过程中，应努力做到科学、合理、适用，并满足下列原则。

（一）会计科目设置的原则

1. 全面性。会计科目是对会计对象的科学分类，因此，设置会计科目必须从会计对象出发，全面反映会计对象的各个方面。全面性有两层含义：第一，设置的会计科目要全面，使会计对象的任何一个方面和过程都能通过会计科目得到正确反映；第二，每个会计科目的核算内容要全面，不能有遗漏，但也不能重复。会计科目的设置要保持会计指标体系的完整和统一，要在会计要素的基础上对会计对象的具体内容作进一步分类，达到全面且满足国家宏观经济管理的要求和企业内部经营管理的需要，以及有关方面信息使用者了解企业财务状况、经营成果和现金流量的需要。

2. 通用性。会计科目的设置应适应宏观经济管理和微观经济管理的需要。会计核算指标是国家对国民经济进行宏观经济调控的依据之一，因此，会计科目的设置应尽可能与统计指标相衔接、相配合，以满足国家宏观经济管理的需要，并满足有关各方了解单位的财务状况和经营成果的需要，同时，还要满足企业内部加强经营管理的需要。会计科目应按国家规定的会计制度统一编号，以便编制会计凭证、登记账簿，查阅账目。

3. 可操作性及稳定性。各单位设置的会计科目，其核算内容和核算方法的规定要具体、简明通俗，便于实施，并注意设置的会计科目应相对稳定，使不同时期的核算指标具有可比性。企业在不影响会计核算的要求和会计报表指标的汇总，以及对外提供统一的财务会计报告的前提下，可以根据实际情况自行增设、减少或合并某些会计科目和明细科目。

4. 明确性。会计科目名称力求简明扼要，内容确切。每一会计科目，原则上反映一项内容，各会计科目之间不能互相混淆。企业可以根据本企业具体情况，在不违背会计科目使用原则的基础上，确定适合于本企业的会计科目。

（二）会计科目设置的方法

设置会计科目是以企业经济业务分类为原则来进行设置的，其基本方法有：

1. 修订补充法。即，在现行会计科目的基础上，结合经济管理的新要求、业务的新变化加以修订补充，使会计科目具有新的内容。这种方法多适用于对已有会计制度的科目进行修订补充。

2. 参照设计法。即，参照其他相关单位或部门的会计科目进行重新设计。这种方法多适用于新成立单位或部门的会计科目设计。

3. 归纳合并法。即，在分析原有会计科目体系的基础上，对相同或相近的会计科目加以归类合并，进而设计出新的会计科目体系。这种方法适用于企业合并或企业改制后重新设计会计科目。

三、会计账户的定义

所谓会计账户，是对会计要素的具体内容所作的进一步分类，是依据会计科目开设的，具有一定格式和结构，用来序时、连续、系统地记录和汇总各项经济业务，反映各项会计要素具体内容的增减变化情况及其结果的一种记账载体。

会计账户与会计科目既相互联系，又有所区别。会计账户是对会计事项进行分类核算的工具，每个会计账户都应反映一定的经济内容，会计账户的名称就是会计科目。会计科目与会计账户的共同点在于，它们都分门别类地反映某项经济内容，即两者所反映的经济内容是相同的。会计科目与会计账户的主要区别是，会计科目通常由国家统一规定，是各单位设置会计账户、处理账务所必须遵循的依据，而会计账户则由各会计主体自行设置，是会计核算的重要工具和载体；会计科目只表明其项经济内容，而会计账户不仅表明相同的经济内容，而且具有一定的结构、格式，并通过其结构反映某项经济内容的增减变动情况。由于会计账户是根据会计科目设置的，并按照会计科目命名，即会计科目是会计账户的名称，两者的称谓及核算内容完全一致，因而在实际工作中，会计科目与会计账户常被作为同义语理解，互相通用，不加区别。设置会计账户是会计核算的一种专门方法，是会计核算的重要环节，也是运用复式记账的前提条件，各单位在会计核算工作中必须依据会计科目开设会计账户。

四、会计账户的基本结构

会计账户是在会计要素具体分类的基础上登记经济业务事项的工具和载体。这就决定了它必须具有合理的结构。对于一个会计主体来说，尽管经济业务种类繁多，但从数位上不外乎两种情况“增加”和“减少”。因此，账户也需要相应地分为两方，即左方和右方。一方用于登记增加额；另一方用于登记减少额。这就是会计账户的基本结构。

一个完整的会计账户结构应包括：①账户名称，即会计科目；②会计事项发生的日期；③摘要，即，经济业务的简要说明；④凭证号数，即，表明会计账户记录的依据；⑤金额，即，增加额、减少额和余额（见表2－1）。

为了便于理解和学习，会计实务中，如果规定在左方记录增加额，那么就应该在右方记录减少额；反之，如果在右方记录增加额，则就应该在左方记录减少额。具体账户的左、右两个方向中究竟哪一方记录增加额，哪一方记录减少额，一般取决于账户所记录的经济业务内容和所采用的记账方法。每个会计账户一般有四个金额要素，即期初余额、本期增加发生额、本期减少发生额、期末余额。会计账户的余额一般与记录的增加额在同一方向。账户中记录的四个要素之间的关系为：期末余额＝期初余额＋本期增加发生额－本期减少发生额。

账户本期的期末余额转入下期，即，为下期的期初余额。

表2－1 ________**明细账**

账户名称：

××××年		凭证		摘要	增加额	减少额	借或贷	余额
月	日	种类	号数					
				期初余额				
					本月增加			
						本月减少		
							借或贷	期末余额

第五节 会计记账法

一、单式记账法

（一）单式记账法的定义

单式记账法是指对每一项经济业务的发生只在一个账户中进行记录的记账方法。单式记账法只是着重记载现金、银行存款的收支、债权、债务的事项。例如，用支票购买材料，只在银行存款账户中登记因购买材料而支付的金额，至于材料的增加则不予以单独记录，这种方法相当于日常生活中的流水账，买东西只在一个本子上加以记录，这个本子实际上是一本现金账，所买物品均在此本上记录所支付的金额，至于买来的商品、物品则并不在其他本子上加以记录。

（二）单式记账法的特点

单式记账法手续简便，但会计账户的设置不完整，而且无法反映发生经济业务涉及的会计账户之间的关系，无法反映经济业务的来龙去脉，缺乏平衡关系，因而不能全面、系统地反映经济业务，也不便于检查、复核会计账户记录的正确性和完整性。目前在我国企事业单位中都不采用单式记账法，而采用复式记账法。

二、复式记账法

（一）复式记账法的定义

复式记账法是以资产与权益平衡关系作为记账基础，对于每一笔经济业务，都在两个或两个以上相互联系的会计账户中进行登记，系统地反映资金运动变化结果的一种记账方法。即对发生的每一笔经济业务都要以相等的金额同时在相互联系的两个或两个以上的会计账户中进行登记。例如，用支票5 000元付款购买材料，则既要在银行存款账户中登记减少5 000元，同时还要在材料账户中登记增加5 000元。

目前，借贷记账法是世界各国普遍采用的复式记账方法。以前我国除了借贷记账法外，还采用收付记账法、增减记账法的复式记账法。1992年11月颁布的《企业会计准则》规定，从1993年7月1日起我国境内的所有企业一律采用借贷记账法。1998年实施的《事业单位会计准则》《行政单位会计准则》等也规定行政、事业单位一律采用借贷记账法。这样，在记账方法上我国与世界各国统一起来了，增减记账法和收付记账法也就退出了我国会计领域的历史舞台。

（二）复式记账法的应用

复式记账就是对任何一笔经济业务，都必须用相等的金额在两个或两个以上有关的账户中相互联系地进行登记的专门方法。之所以如此，是因为任何一笔经济业务的发生，对会计等式的影响都会引起资产和权益发生增减变化，但其变化结果是资产总额永远等于权益总额。即资产 = 负债 + 所有者权益。

各种经济活动引起资产和权益的变化。这些经济活动在会计上称为“经济业务”或“会计事项”。虽然经济业务的发生影响资产和权益，但无论它们怎样变化，都不会破坏会计的基本等式，不会破坏资产和权益之间的平衡关系，该式反映了资产、负债和所有者权益之间的基本数量关系，是复式记账的理论依据。

（三）复式记账法的特点

1. 复式记账法作为一种科学的记账方法，它不仅要对每一笔业务进行全面、系统的反映，而且对会计主体所发生的全部经济业务进行记录，因此，需要设置完整的账户体系，用来反映各种各样的经济业务。例如，要设置反映资产和负债类的账户，又要设置所有者权益类、成本类和损益类的账户。

2. 复式记账法必须对每一笔经济业务进行核算和监督。这既有必要，又有可能。其必要性在于复式记账要求全面反映企业的经济活动；其可能性在于复式记账具有完整的账户体系，也就是具有全面反映记录经济业务的条件。

3. 复式记账法对每笔经济业务，都要反映其来龙去脉两个方面，而且也只有通过复式记账才能了解每一笔经济业务的内容，便于检查每笔经济业务是否合理、合法。

复式记账可对一定时期内所发生的全部经济业务的会计分录进行全部的综合核算。因为运用复式记账法，所有经济业务都要在两个或两个以上的账户中相互联系，以相等金额进行登记，这就保持了账户之间的平衡关系，可以用账簿记录综合计算，试算平衡。

4. 复式记账法下的经纪业务类型。企业的一项经济业务发生后，对会计要素的影响有多种情况，根据对会计等式的不同影响，企业的经济业务可以归纳为以下几种主要类型：

（1）经济业务涉及资产类和所有者权益类的项目同时增加。

（2）经济业务涉及资产类和负债类的项目同时增加。

（3）经济业务涉及资产类和所有者权益类的项目同时减少。

（4）经济业务涉及资产类和负债类的项目同时减少。

（5）经济业务涉及资产类的内部一个项目增加；另一个项目减少。

（6）经济业务涉及负债类的内部一个项目增加；另一个项目减少。

（7）经济业务涉及所有者权益类的内部一个项目增加；另一个项目减少。

（8）经济业务涉及负债类和所有者权益类之间一个项目增加；另一个项目减少。

（9）经济业务涉及资产类和收入类的项目同时增加。

（10）经济业务涉及费用类项目增加和资产类项目减少。

经济业务对基本会计等式的影响见表 2－2。

表 2－2　经济业务对基本会计等式的影响

资产	负债	所有者权益
①增加		①增加
②增加	②增加	
③减少		③减少
④减少	④减少	
⑤一项增加 ⑤一项减少		
	⑥一项增加 ⑥一项减少	
		⑦一项增加 ⑦一项减少
	⑧增加（减少）	⑧减少（增加）

三、借贷记账法

借贷记账法是指以“借”和“贷”为记账符号的一种复式记账方法。借贷记账法起源于 12～13 世纪的意大利。当时，意大利的商品经济特别是沿海城市的海上贸易非常发达，以经营货币资金借入或贷出为主要业务的借贷资本家应运而生。借贷资本家为反映与债权人和债务人的关系，将收进的存款，记在贷方名下，表示自身债务即“欠人”的增加；对于付出的款项，则记在借方名下，表示自身债权即“人欠”的增加。因此，“借”和“贷”最初是从借贷资本家的角度来解释的。

随着社会经济的发展，经济业务的内容日趋复杂，会计账簿中，不仅要记录钱币的借贷，还要记录财产物资、经营损益和经营资本的增减变动；为了求得账簿记录的统一，对于非货币资金的借贷活动，也利用“借”“贷”两字来说明经济业务的变化情况。这样，“借”“贷”两字逐渐失去了原来的字面含义，演变为一对单纯的记账符号，成为会计上的专门术语。1494 年，意大利数学家卢卡·帕乔利在威尼斯出版的

《算术、几何、比及比例概要》一书中，第一次介绍了威尼斯式的复式记账方法，并在理论上给予了必要的说明，推动了借贷记账法的广泛应用，被会计界公认为会计发展史上一个光辉的里程碑。随后，借贷记账法逐步推广到欧洲、美洲等地，成为世界通用的记账方法。

（一）借贷记账法的记账符号

记账符号是会计核算中采用的一种抽象标记，表示经济业务的增减变动和记账方向。根据借贷记账法的含义，借贷记账法的记账符号为“借”和“贷”。任何一个账户均设置“借”和“贷”两个相反的方向，一方用于登记账户的增加额；另一方用于登记账户的减少额。但“借”和“贷”方哪方表示增加，哪方表示减少，不同账户的经济性质是不一样的。

（二）借贷记账法的账户结构

借贷记账法账户的基本结构是每个账户均分为左右两方，左方为“借方”，右方为“贷方”。但究竟“借”和“贷”方哪方用来登记金额的增加，哪方用来登记金额的减少，期初（末）余额在哪个方向，则应根据账户所反映的经济内容即性质来决定。

下面分别说明借贷记账法下的各类账户的结构。

1. 资产类账户的结构。

资产类账户“借方”登记增加额，“贷方”登记减少额，余额在“借方”。资产类账户的基本结构见表2－3。

表2－3　　资产类 账户

摘要	借方	贷方	借或贷	余额
期初余额			借	
	本期增加额	本期减少额		
期末余额			借	

资产类账户期末余额的计算公式如下：

$$\text{资产类账户期末借方余额} = \text{期初借方余额} + \text{本期借方发生额} - \text{本期贷方发生额}$$

2. 负债类账户的结构。

由借贷记账法的理论依据即“资产＝负债＋所有者权益”的会计等式所决定，负债及所有者权益类账户的结构与资产类账户的正好相反，其贷方登记负债及所有者权益的增加额，借方登记负债及所有者权益的减少额；这类账户期末如有余额，通常在贷方。负债类账户的基本结构见表2－4。

表 2－4　　　　负债类　账户

摘要	借方	贷方	借或贷	余额
期初余额			贷	
	本期减少额	本期增加额	贷	
期末余额			贷	

负债类账户期末余额的计算公式如下：

$$\frac{\text{负债类账户}}{\text{期末贷方余额}} = \frac{\text{期初贷}}{\text{方余额}} + \frac{\text{本期贷方}}{\text{发生额}} - \frac{\text{本期借方}}{\text{发生额}}$$

3. 所有者权益类账户的结构。

所有者权益作为资产的来源，登记的方向与资产类账户相反，与负债类账户登记的方向相同。所有者权益类账户“贷方”登记增加额，“借方”登记减少额，余额在“贷方”。所有者权益类账户的基本结构见表 2－5。

表 2－5　　　　所有者权益类　账户

摘要	借方	贷方	借或贷	余额
期初余额			贷	
	本期减少额	本期增加额		
期末余额			贷	

所有者权益类账户期末余额的计算公式如下：

$$\frac{\text{所有者类权益类}}{\text{账户期末贷方余额}} = \frac{\text{期初贷}}{\text{方余额}} + \frac{\text{本期贷方}}{\text{发生额}} - \frac{\text{本期借方}}{\text{发生额}}$$

4. 成本类账户的结构。

成本类账户与资产类账户的结构相似。成本类账户的“借方”登记增加额，“贷方”登记结转额，余额在“借方”。所谓结转额是由于核算上的需要，把已经计入账户中的数据结转出来，然后将其登记到另外一个账户中去。成本类账户的基本结构见表 2－6。

表 2－6　　　　成本类　账户

摘要	借方	贷方	借或贷	余额
期初余额				
	本期增加额	结转额		
期末余额			借	

5. 费用类账户的结构。

费用类账户与资产类、成本类账户的结构相似。费用类账户在“借方”登记增加额，“贷方”登记结转额，也可以理解为减少额，由于结转额与增加额相等，费用类账户期末没有余额。这里所说的费用是广义的费用，费用类账户包括“主营业务成本”“营业税金及附加”“管理费用”“销售费用”“财务费用”“营业外支出”等账户。费用类账户的基本结构见表2－7。

表2－7 **费用类 账户**

摘要	借方	贷方	借或贷	余额
	本期增加额	结转额		
期末余额				

6. 收入类账户的结构。

收入类账户的结构与负债类、所有者权益类账户的结构相似。收入类账户也是在“贷方”登记增加额，收入类账户“借方”登记的是结转额，由于结转额与增加额相等，收入类账户期末没有余额。为了说明借贷记账法账户的基本结构，这里的收入是广义的收入，收入类账户包括“主营业务收入”“其他业务收入”“营业外收入”等账户。

企业在日常的生产经营过程中会随时取得收入，由于不用每天计算利润，因此，平时将取得的各项收入暂时记在收入类相关账户的“贷方”。期末计算利润时，根据核算的需要，分别将已记在收入类各账户中的收入结转出来以确定利润。一定时期计入各账户的收入有多少就转出多少，因此，收入类账户期末没有余额。收入类账户的基本结构见表2－8。

表2－8 **收入类 账户**

摘要	借方	贷方	借或贷	余额
结转额		增加额		
	本期发生额	本期发生额		
期末余额				

7. “本年利润”账户的结构。

在介绍完费用类和收入类账户的结构后，为全面理解会计等式的动态变化如何体现在账户的登记过程中，在此介绍“本年利润”账户的结构。“本年利润”属于所有者权益类账户，其账户的“借方”“贷方”登记的都是结转额。“贷方”登记的是期末转入的各项收入，“借方”登记的是期末转入的各项费用、支出。期末“贷方余额”是收入大于费用的差额，表示累计实现的净利润导致所有者权益的增加额；“借方余额”是收入小于费用的差额，表示累计发生的亏损导致所有者权益的减少额。在进行年终决算时，还应将累积实现的净利润或累计发生的亏损额结转至年终决算账户，结转后年末余额为零。“本年利润”账户的基本结构见表2－9。

表2－9　本年利润　账户

借方	贷方
转入的费用发生额	转入的收入发生额
累计发生的亏损	累计实现的净利润
转出累计实现的净利润	转出累计发生的亏损

（三）借贷记账法的记账规则

在借贷记账法下，按照复式记账原理对发生的每一笔经济业务都要以相等的金额、相反的方向，在两个或两个以上相互联系的账户中进行记录，即按照经济业务的内容，一方面记入一个或几个有关账户的借方；另一方面记入一个或几个有关账户的贷方，并且记入借方与记入贷方的金额必须相等。这就是借贷记账法的记账规则：“有借必有贷，借贷必相等”。

（四）借贷记账法的运用

运用借贷记账法的记账规则登记经济业务时，一般要按三个步骤进行：

1. 必须明确经济业务发生后受影响账户的名称和类别；
2. 确定这些账户的变动方向，是增加还是减少，以及相应的金额；
3. 根据账户的性质，确定应记入账户的是借方还是贷方。

（五）会计分录

运用复式记账法处理经济业务，每笔经济业务所形成的有关账户之间特定的应借、应贷关系，称为账户的“对应关系”，存在对应关系的账户，则称为“对应账户”。由于账户对应关系反映了每项经济业务的内容，以及由此而引起的资金运动的来龙去脉，因此，在采用借贷记账法登记某项经济业务时，应先通过编制会计分录来确定其所涉及的账户及其对应关系，从而保证账户记录的正确性。所谓会计分录（以下简称分录）是指根据每笔经济业务所涉及的账户及借贷方向和金额所编制的一种记录。一笔完整的会计分录主要包括记账符号、账户名称和金额三个部分。

由于经济业务可能会涉及两个或两个以上的账户，因此，编制的会计分录也会有所不同。按照会计分录所涉及账户的多少，可以将其分为简单分录和复合分录两种。简单分录指一项经济业务发生后，只在相互联系的两个账户中进行登记的分录；复合分录则指在经济业务发生后需要在三个或者三个以上相互联系的账户中进行登记的分录，实际上复合会计分录是由几笔简单会计分录所组成的。需要说明的是，会计分录是经济业务本质的反映，一项业务需要编制简单分录还是复合分录，完全取决于每项业务本身。既不能人为地将复合分录拆成几个简单分录，更不允许将几个简单分录合并编制复合分录。将复合分录拆成简单分录，既无法完整地表现经济业务全貌，也很难使所附的原始记录分别对其进行辅助说明；将简单分录合并编制复合分录，则会人为地加大会计分录的复杂程度，使经济业务所涉及的会计账户之间的对应关系不明确甚至造成混淆。因此，在会计实践中，编制会计分录时，为保持清晰的账户对应关系，提倡编制“一借一贷”“一借多贷”或“多借一贷”的会计分录，应尽力避免编制“多借多贷”的会计分录，除非是经济业务所需。

编制会计分录应注意以下几个要点：

1. 在确定了应借记和贷记的会计科目后，具体的记录应先借后贷。借方记录借项并在上；贷方记录贷项并在下。

2. 应先将所有借项记录完毕后，再记贷项。若借项不止一项，每项各占一行，上下对齐。记贷项时，须向右退一格或两格，即借、贷项必须错开位置，不能齐头并进。

3. 借方金额与贷方金额的书写也必须错开位置，不可以写在同一栏。但每一科目的金额，必须与该科目在同一行记录。

（六）借贷记账法的试算平衡

企业日常发生的每笔经济业务都要记入有关账户。由于经济业务内容庞杂、登记账户次数繁多，稍有疏忽就可能会发生重记、漏记、错记等现象，影响财务信息的客观性和真实性，从而影响财务报告信息的质量。因此，有必要对全部账户的记录定期进行试算和检查，以核实其正确性。

1. 试算平衡概念和种类。

所谓的试算平衡，是指根据“资产 = 负债 + 所有者权益”这一平衡原理，按照借贷记账法的记账规律的要求，通过汇总计算和比较来检查和验算账户记录是否正确的一种方法。

采用借贷记账法，由于对任何经济业务都是按照“有借必有贷，借贷必相等”的记账规律记入各有关账户，所以全部账户的借方发生额合计必然等于全部账户的贷方发生额合计。这样，期末结账后，就必然导致全部账户的期末借方余额合计，等于全部账户的期末贷方余额合计。借贷记账法下，账户发生额及余额的试算平衡计算公式分别为：

全部账户借方发生额合计 = 全部账户贷方发生额合计

全部账户借方余额合计 = 全部账户贷方余额合计

2. 试算平衡表的作用和局限。

对所有账户借贷两方本期发生额和期末余额进行试算，可以检查账户记录的正确性，如果借贷两方金额不相等，则表明账户记录已发生错误。如果借贷两方金额相等，则可以认为账户记录基本正确。

（1）试算平衡表的作用。

验证会计记录中计算有无错误，保证会计信息的质量。通过试算平衡可以及时发现账户记录中可能存在的错误，并进行及时改正。

为编制资产负债表和利润表提供依据。试算平衡表是根据各账户借贷方发生额和余额汇总编制的，它提供了企业一定时期内资产、负债、所有者权益、收入和费用的总括信息，为编制报表提供了基本的会计资料。

（2）试算平衡表的局限性。

如果试算平衡表中借、贷两方金额相等，只能说记账工作基本正确，而不能说绝对正确，因为有些记账差错并不影响借、贷双方的平衡。例如，记账时借、贷方同时漏记或重复记一笔会计分录，借、贷双方均少记或多记一笔相等金额，则不会影响双方的平衡；又如，过账时发生串户，将甲账户的金额错记到乙账户中，而方向没错，也不会影响双方的平衡；还有漏编会计分录，过账错误的金额恰巧与另一笔错误金额相抵等，都不会破坏上述平衡关系。此外，会计科目记错或借贷方向记反，这类错误不会影响记入账户的金额，当然也不会影响试算的平衡性。

因为记账工作中的大部分错误往往会使借贷总额相等的关系失衡，所以试算平衡表在验证会计处理正确性方面仍有着重要作用，不失为一种简便、有效的验证工具。但是，如前所述，通过编制试算平衡表并不能保证会计分录编制和过账工作完全没有错误。因此，会计分录的日常复核或定期检查及期末对账就显得非常必要。

第六节　会计凭证

一、会计凭证的定义

会计凭证，是指记录经济业务发生或者完成情况的书面证明，是登记账簿的依据。每个企业都必须按一定的程序填制和审核会计凭证，根据审核无误的会计凭证进行账簿登记，如实反映企业的经济业务。

二、会计凭证的分类

1. 按其反映经济业务数量的不同，分为一次凭证和汇总凭证。一次凭证是指记录单项经济业务发生情况的原始凭证和记账凭证；汇总凭证是指记录同类性质经济业务累计发生情况或经过归类汇总编制的汇总原始凭证和汇总记账凭证。

2. 按其用途和填制程序不同，分为原始凭证和记账凭证。原始凭证是在经济业务发生时立即填制或取得的会计凭证，按其来源的不同，分为自制的原始凭证和外来的原始凭证。记账凭证分为收款凭证、付款凭证和转账凭证。

三、会计凭证的作用

1. 会计凭证是登记账簿的依据。每个企业在生产经营过程中，会发生大量的、各种各样的经济业务。会计部门要及时正确地记录这些经济业务，必须依据会计凭证。

2. 会计凭证可以发挥经济监督作用，审核会计凭证可以更有效地发挥会计的监督作用，使经济业务合理合法。通过会计凭证的审核，可以监督各项经济业务是否符合国家的有关法律、制度、企业目标和财务预算；检查经济业务有无违法乱纪，违反会计制度的现象，有无损害公共财产的行为发生；可以及时发现经济管理中存在的问题和管理制度中存在的漏洞，以改善经营管理，提高经济效益。

3. 会计凭证可以强化并明确日常经营管理上的责任。任何一项经济业务活动，都要由经管人员填制凭证并签字盖章，便于划清职责，加强责任感，并便于发现问题，查明责任，从而有利于加强与改善经营管理，推行经济责任制。

四、会计凭证的填制原则

会计凭证的制作是提高会计信息成果质量的前提条件。认真填制会计凭证应遵循“审核无误，书写正确，分类正确，连续编号”的原则。

1. 审核无误。在对原始凭证审核无误的基础上填制记账凭证。

2. 书写正确。文字摘要简练，经济业务表达准确，金额计算正确，书写要符合相关规范或规定的要求。

3. 分类正确。根据经济业务的内容，正确区别不同类型的原始凭证。

4. 连续编号。各种凭证必须连续编号，便于记账凭证与会计账簿之间的核对，确保记账凭证的完整。

五、会计凭证摘要填制的基本要求

1. 摘要应该和实际的交易事项真实一致。因此，填写摘要应避免可能会因为笔误、对业务错解、因隐瞒业务真相等原因而导致会计凭证摘要与实际业务不符。

2. 格式统一。摘要应该写清楚主谓宾句式，分清楚部门、经办事项、经办人，如“财务部黄某预借差旅费”。会计人员要提高自己的业务素养与语言表达能力，力求使摘要书写标准化、规范化、格式化。

3. 内容简洁明了。每条摘要尽量控制在15字以内，意思要表达明确不能出现其他歧义。例如，销售部员工黄某借款用于出差，就不能写为“销售部黄某借款”，这会让人误解为“黄某个人借款”，正确的写法是“销售部黄某出差暂借差旅费”。

4. 一事一记。会计分录的编制允许一借多贷、一贷多借以及特殊情况下多借多贷的格式。但是针对这些情况要分别撰写摘要，不能一条摘要写到底。

5. 重复发生的经济事项要注明时间，如“2020年6月工行贷款利息”“计提2020年5月房租分摊”。这样记录的目的是防止这些会计业务和事项摘要发生重记、漏记且方便以后查账。

6. 频繁发生的采购等经济事项，要注明数量，如“销售部采购华硕电脑5台”。这样做注明后方便后面原始凭据做统计分析以及账实盘点核对工作。

7. 更正会计分录时，摘要上要说明原错误的凭证号，如“更改2020年5月第20号凭证”。例如，更正错账时没有附件或原始凭证的，摘要要写明更账原因或业务内容，如“更正20号凭证错账：冲减退货进项税额”。

六、原始凭证

（一）原始凭证的定义

原始凭证，又称单据，是指在经济业务发生或完成时取得或填制的，用以记录或证明经济业务的发生或完成情况的原始凭据。原始凭证的作用主要是记载经济业务的发生过程和具体内容。常用的原始凭证有收入凭证（如现金收据）、支出凭证（如付款单据）、发票（如增值税专用发票、普通发票等）、转账凭证（如银行转账凭证、银行存款单）、存货凭证（如产品入库单、领料单）、抵扣凭证（如冲抵凭据）等。

（二）原始凭证的分类

原始凭证可以按照取得来源、格式、填制的手续和内容进行分类。

1. 按取得来源分类。

原始凭证按照取得来源，可分为自制原始凭证和外来原始凭证。

自制原始凭证，是指由本单位有关部门和人员，在执行或完成某项经济业务时填制的，仅供本单位内部使用的原始凭证，如领料单、产品入库单、借款单等。

外来原始凭证，是指在经济业务发生或完成时，从其他单位或个人直接取得的原始凭证，如购买原材料取得的增值税专用发票、职工出差报销的飞机票、火车票和餐饮费发票等。

例如，天津 A 企业从北京 B 企业购买商品，同时取得 B 企业开出的“北京增值税普通发票”的“发票联”，见图 2-1。本例中，A 企业取得的发票联是 A 企业取得的外来原始凭证，B 企业开出并保留的“记账联”是 B 企业自制的原始凭证。

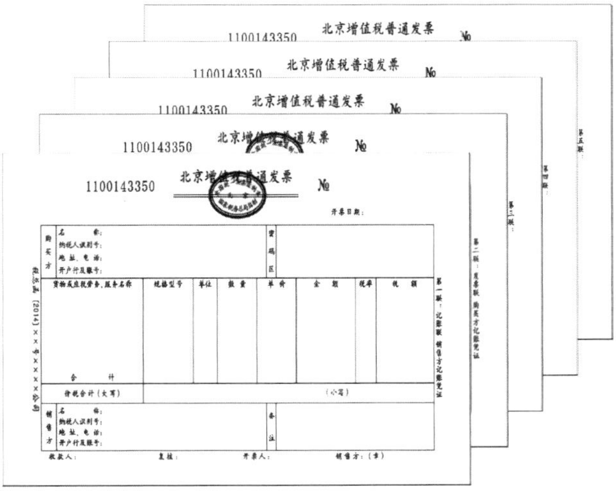

图 2-1 B 企业开出的“北京增值税普通发票”的“发票联”

2. 按格式分类。

原始凭证按照格式的不同，可分为通用凭证和专用凭证。

通用凭证，是指由有关部门统一印制、在一定范围内使用的具有统一格式和使用方法的原始凭证。通用凭证的使用范围因制作部门的不同而有所差异，可以是分地区、分行业使用，也可以全国通用，如某省区市印制的在该省区市通用的发票、收据等；由中国人民银行制作的在全国通用的银行转账结算凭证、由国家税务总局统一印制的全国通用的增值税专用发票等。

专用凭证，是指由单位自行印制、仅在本单位内部使用的原始凭证，如领料单、差旅费报销单、折旧计算表、工资费用分配表等。

3. 按填制的手续和内容分类。

原始凭证按照填制的手续和内容，可分为一次凭证、累计凭证和汇总凭证。

一次凭证，是指一次填制完成，只记录一笔经济业务且仅一次有效的原始凭证，如收据、收料单、发货票、银行结算凭证等。

累计凭证，是指在一定时期内多次记录发生的同类型经济业务且多次有效的原始凭证，如限额领料单。累计凭证的特点是在一张凭证内可以连续登记相同性质的经济业务，随时结出累计数和结余数，并按照费用限额进行费用控制，期末按实际发生额记账。

汇总凭证，是指对一定时期内反映经济业务内容相同的若干张原始凭证，按照一定标准综合填制的原始凭证。汇总原始凭证合并了同类型经济业务，简化了记账工作。

（三）原始凭证的作用

原始凭证的作用主要是记载经济业务的发生过程和具体内容。会计人员可以根据原始凭证，对日常大量、分散的各种经济业务，进行整理、分类、汇总，并进行会计处理，为经济管理提供有用的会计信息。

（四）原始凭证填制的内容

原始凭证编制的内容主要包括：

1. 凭证的名称；
2. 填制凭证的日期；
3. 填制凭证单位名称或者填制人姓名；
4. 经办人员的签名或者盖章；
5. 接收凭证的单位名称；
6. 经济业务内容；
7. 数量、单价和金额。

（五）原始凭证的填制

1. 原始凭证填制的基本要求。

（1）记录真实。经济业务的内容、数字等必须真实可靠、符合实际情况。

（2）内容完整。填列的项目必须逐项填列齐全，不得遗漏和省略。

（3）手续完备。

①单位自制的原始凭证必须有经办单位领导人或指定的人员签名或盖章；对外开出的原始凭证必须加盖本单位公章。

②从外部取得的原始凭证，必须盖有填制单位的公章；从外部个人取得的原始凭证，必须有填制人员的签名或盖章。

（4）书写清楚、规范。文字：字迹清楚、不得使用未经国务院公布的简化汉字。

数字和货币符号的书写要求：

①阿拉伯数字应当一个一个地写，不得写连笔字。特别在要连着写几个“0”时，也一定要单个地写，不能将几个“0”连在一起一笔写完。

阿拉伯金额数字前面应当书写货币币种符号或者货币名称简写，如人民币符号为“￥”。币种符号与阿拉伯金额数字之间不得留有空白。凡阿拉伯金额数字前写有货币币种符号的，数字后面不再写货币单位。

所有以元为单位的阿拉伯数字，除表示单价等情况外，一律填写到角、分；无角、分的，角位和分位可写“00”或者符号“－”；有角无分的，分位应当写“0”，不得用符号“－”。

②汉字大写数字金额，如零、壹、贰、叁、肆、伍、陆、柒、捌、玖、拾、佰、仟、万、亿等，应一律用正楷或行书体书写，不得用一、二、三、四、五、六、七、八、九、十等简化字代替。

大写金额前未印有“人民币”字样的，应加写“人民币”三个字，“人民币”字样和大写金额之间不得留有空白。

大写金额到元或角为止的，之后应当写“整”字或者“正”字；大写金额数字有分的，分字后面不写“整”字或者“正”字。

③凡填有大写和小写金额的原始凭证，大写与小写的金额必须相符。

（5）连续编号。如果原始凭证已预先印有编号的，写坏作废时就应加盖“作废”戳记，不得撕毁。

（6）不得涂改、刮擦和挖补。原始凭证如有错误，应当由出具单位重开或更正，更正处应当加盖出具单位印章。原始凭证金额有错误的，应当由出具单位重开，不得在原始凭证上更正。

（7）填制及时。及时填写、及时送交会计机构、及时审核。

（8）附加要求。

①购买实物的原始凭证，必须有验收证明。

②职工公出借款凭据，必须附在记账凭证之后。收回借款时，应当另开收据或退还借款副本，不得退还原借款收据。

③出纳员办理完收付款业务后，应在原始凭证上加盖“收讫”或“付讫”的戳记，以避免重收重付。

2. 原始凭证填制的附加要求。

（1）从外单位取得的原始凭证，必须盖有填制单位的公章；从个人取得的原始凭证，必须有填制人员的签名或者盖章。自制原始凭证必须有经办部门负责人或其指定的人员的签名或者盖章。对外开出的原始凭证，必须加盖本单位的公章。所谓“公章”，应是具有法律效力和规定用途，能够证明单位身份和性质的印鉴，如业务公章、财务专用章、发票专用章、收款专用章或结算专用章等。

（2）凡填有大写和小写金额的原始凭证，大写与小写的金额必须相符。

（3）购买实物的原始凭证，必须有验收证明。实物购入以后，要按照规定办理验收手续，这有利于明确经济责任，保证账实相符，防止盲目采购，避免物资短缺和流失。实物验收工作应由有关人员负责办理，会计人员通过有关的原始凭证进行监督检查。需要入库的实物，必须填写入库验收单，由仓库保管人员按照采购计划或供货合同验证后，在入库验收单上如实填写实收数额，并签名或盖章。不需要入库的实物，由经办人员在凭证上签名或盖章以后，必须交由实物保管人员或使用人员进行验收，并由实物保管人员或使用人员在凭证上签名或盖章。经过购买人以外的第三者查证核实以后，会计人员才能据以报销付款并作进一步的会计处理。

（4）一式几联的原始凭证，必须注明各联的用途，并且只能以一联用作报销凭证；一式几联的发票和收据，必须用双面复写纸套写，或本身具备复写功能，并连续编号，作废时应加盖“作废”戳记，连同存根一起保存。

（5）发生销货退回及退还货款时，必须填制退货发票，附有退货验收证明和对方单位的收款收据，不得以退货发票代替收据。如果情况特殊，可先用银行的有关凭证，如汇款回单等，作为临时收据，待收到收款单位的收款证明以后，再将其附在原付款凭证之后，作为正式原始凭证。在实际工作中，有的单位发生销货退回时，对收到的退货没有验收证明，造成退货流失；办理退款时，仅以所开出的红字发票的副本作为本单位退款的原始凭证，既不经过对方单位盖章收讫，也不附对方单位的收款收据。这种做法漏洞很大，容易发生舞弊行为，应该予以纠正。

（6）职工公出借款的收据，必须附在记账凭证之后。职工公出借款时，应由本人按照规定填制借款单，由所在单位领导人或其指定的人员审核，并签名或盖章，然后办理借款。借款收据是此项借款业务的原始凭证，是办理有关会计手续、进行相应会计核算的依据。在收回借款时，应当另开收据或者退还借款收据的副本，不得退还原借款收据。因为借款和收回借款虽有联系，但又有区别，在会计上需要分别进行处理，如果将原借款收据退还给了借款人，就会损害会计资料的完整性，使其中一项业务的会计处理失去依据。

（7）经上级有关部门批准的经济业务，应当将批准文件作为原始凭证附件。如果批准文件需要单独归档的，就应当在凭证上注明批准机关名称、日期和文件字号。

（8）发现原始凭证有错误的，应当由开出单位重开或者更正。在更正处应当加盖开出单位的公章。

七、记账凭证

（一）记账凭证的概念

记账凭证，又称记账凭单，是指会计人员根据审核无误的原始凭证，按照经济业务的内容加以归类，并据以确定会计分录后填制的会计凭证，并作为登记账簿的直接依据。记账凭证的主要作用在于反映企业经济业务的发生或完成情况，对经济业务进行归类，并确定会计分录，据以进行账簿登记。

（二）记账凭证的分类

记账凭证按照其反映的经济业务的内容来划分，通常可分为收款凭证、付款凭证和转账凭证。

1. 收款凭证。

收款凭证，是指用于记录库存现金和银行存款收款业务的记账凭证。收款凭证根据有关库存现金和银行存款收入业务的原始凭证填制，是登记库存现金日记账、银行存款日记账以及有关明细分类账和总分类账等账簿的依据，也是出纳人员收讫款项的依据（见表2－10）。

表2－10　　收款凭证

借方科目：　　　　年　月　日　　　　收字第×号

摘要	贷方总账科目	明细科目	记账	金额	
					附
					件
					张
合计					

财务主管　　记账　　出纳　　审核　　制单

2. 付款凭证。

付款凭证，是指用于记录库存现金和银行存款付款业务的记账凭证。付款凭证根据有关库存现金和银行存款支付业务的原始凭证填制，是登记库存现金日记账、银行存款日记账以及有关明细分类账和总分类账等账簿的依据，也是出纳人员支付款项的依据（见表2－11）。

表2－11　　付款凭证

贷方科目：　　　　年　月　日　　　　付字第×号

摘要	借方总账科目	明细科目	记账	金额	
					附
					件
					张
合计					

财务主管　　记账　　出纳　　审核　　制单

3. 转账凭证。

转账凭证，是指用于记录不涉及库存现金和银行存款业务的记账凭证。转账凭证根据有关转账业务的原始凭证填制，是登记有关明细分类账和总分类账等账簿的依据

（见表2－12）。

表2－12

转账凭证

年　月　日　　　　转字第×号

摘要	总账科目	明细科目	记账	借方金额	记账	贷方金额
合计						

附件张

财务主管　记账　出纳　审核　制单

（三）记账凭证的作用

1. 记账的依据。指明会计分录的方向，保证会计信息、原始数据正确合理地分类贮存。

2. 发挥内部控制作用。通过记账凭证的填制和审核，对经济业务的合法、合理性，进一步作实质性的检查。防止弊端、减少差错。

3. 对账户间的转账流向，起着指示作用。在查账中，不少账项在账户间进行一定流向的转账，但这种转账是通过记账凭证搭桥的，要审查某一笔账项，只有先查到记账凭证填制的时间、字号，才能找到对应账户和查明账项的来龙去脉。

4. 对原始凭证起着控制和索引作用。原始凭证是附于记账凭证之后，在记账凭证上注有原始凭证张数，因而需要查找某种原始凭证时只要查阅记账凭证即可找到原始凭证。

（四）记账凭证填制的内容

记账凭证填制的内容主要包括：

1. 填制单位的名称；
2. 记账凭证的名称；
3. 填制凭证的日期；
4. 经济业务内容的摘要；
5. 凭证的编号；
6. 所附原始凭证的张数；
7. 应借、应贷的会计科目（包括一级科目、二级科目或明细科目）和金额；
8. 会计主管、制证、审核、记账等有关人员的签名或盖章。

（五）记账凭证的填制

1. 记账凭证填制的基本要求。

（1）审核无误。即在对原始凭证审核无误的基础上填制记账凭证。

（2）内容完整。即记账凭证应该包括的内容都要具备。应该注意的是，以自制的原始凭证或者原始凭证汇总表代替记账凭证使用的，也必须具备记账凭证所应有的内容；记账凭证的日期，一般为编制记账凭证当天的日期，按权责发生制原则计算收益、分配费用、结转成本利润等调整分录和结账分录的记账凭证，虽然需要到下月才能编制，仍应填写当月月末的日期，以便在当月的账内进行登记。

（3）分类正确。即根据经济业务的内容，正确区别不同类型的原始凭证，正确应用会计科目。在此基础上，记账凭证可以根据每一张原始凭证填制，或者根据若干张同类原始凭证汇总编制，也可以根据原始凭证汇总表填制；但不得将不同内容和类别的原始凭证汇总填制在一张记账凭证上。

（4）连续编号。记账凭证应当连续编号，这有利于分清会计事项处理的先后顺序，便于记账凭证与会计账簿之间的核对，确保记账凭证的完整。

2. 记账凭证填制的具体要求。

（1）除结账和更正错误外，记账凭证必须附有原始凭证并注明所附原始凭证的张数。所附原始凭证张数的计算，一般以原始凭证的自然张数为准。与记账凭证中的经济业务记录有关的每一张证据，都应当作为原始凭证的附件。如果记账凭证中附有原始凭证汇总表，则应该把所附的原始凭证和原始凭证汇总表的张数一起计入附件的张数之内。但报销差旅费等的零散票券，可以粘贴在一张纸上，作为一张原始凭证。一张原始凭证如涉及几张记账凭证的，可以将该原始凭证附在一张主要的记账凭证后面，在其他记账凭证上注明该主要记账凭证的编号或者附上该原始凭证的复印件。

（2）一张原始凭证所列的支出需要由两个以上的单位共同负担时，应当由保存该原始凭证的单位开给其他应负担单位原始凭证分割单。原始凭证分割单必须具备原始凭证的基本内容，包括凭证的名称、填制凭证的日期、填制凭证单位的名称或填制人的姓名、经办人员的签名或盖章、接收凭证单位的名称、经济业务内容、数量、单价、金额和费用的分担情况等。

（3）记账凭证编号的方法有多种，可以按现金收付、银行存款收付和转账业务三类分别编号，也可以按现金收入、现金支出、银行存款收入、银行存款支出和转账五类进行编号，或者将转账业务按照具体内容再分成几类编号。各单位应当根据本单位业务繁简程度、人员多寡和分工情况来选择便于记账、查账、内部稽核、简单严密的编号方法。无论采用哪一种编号方法，都应该按月顺序编号，即每月都从 1 号编起，顺序编至月末。一笔经济业务需要填制两张或者两张以上记账凭证的，可以采用分数编号法编号，如1号会计事项分录需要填制三张记账凭证，就可以编成1（1/3）、1（2/3）、1（3/3）号。

（4）填制记账凭证时如果发生错误，应当重新填制。已经登记入账的记账凭证在当年内发现错误的，可以用红字注销法进行更正。在会计科目应用上没有错误，只是金额错误的情况下，也可以按正确数字同错误数字之间的差额，另编一张调整记账凭证。发现以前年度的记账凭证有错误时，应当用蓝字填制一张更正的记账凭证。

（5）实行会计电算化的单位，其机制记账凭证应当符合对记账凭证的一般要求，并应认真审核，做到会计科目使用正确，数字准确无误。打印出来的机制记账凭证上，要加盖制单人员、审核人员、记账人员和会计主管人员印章或者签字，以明确责任。

（6）记账凭证填制完经济业务事项后，如有空行，应当在金额栏自最后一笔金额数字下的空行处至合计数上的空行处划线注销。

（7）正确编制会计分录并保证借贷平衡。必须根据国家统一会计制度的规定和经济业务的内容，正确使用会计科目和编制会计分录，记账凭证借、贷方的金额必须相等，合计数必须计算正确。

（8）摘要应与原始凭证内容一致，能正确反映经济业务的主要内容，表述简短精炼。应能使阅读的人通过摘要就能了解该项经济业务的性质、特征，判断出会计分录的正确与否，一般不必再去翻阅原始凭证或询问有关人员。

（9）只涉及现金和银行存款之间收入或付出的经济业务，应以付款业务为主，只填制付款凭证，不填制收款凭证，以免重复。

本章小结

本章主要介绍了会计的基本假设及其信息质量要求；系统阐述了反映企业财务状况和经营成果的会计要素；了解了会计科目的定义及其设置的原则和方法、会计账户的定义及其基本结构；阐明了会计的复式记账法和借贷记账法；明确了会计凭证的定义、分类、作用、填制原则以及摘要的填制，有助于会计具体岗位工作人员加强对会计基础性工作的认知。

关键术语

会计主体	持续经营	会计分期	货币计量
会计信息质量要求	可靠性	相关性	可理解性
可比性	实质重于形式	重要性	谨慎性

及时性　资产　负债　所有者权益
收入　费用　利润　会计科目
会计账户　复式记账法　借贷记账法　会计凭证
原始凭证　记账凭证

— 自测题 —

第三章　会计工作机构与规范体系

本章导读

本章重点内容是会计工作机构与规范体系。本章主要介绍了会计机构、会计人员、会计工作交接、会计规范体系、会计执业的法律依据及会计职业道德等相关内容，有助于会计实务工作人员了解和掌握会计工作机构与规范体系。

学习目标

1. 了解会计机构的设置及形式、会计工作岗位的设置。
2. 了解会计机构负责人的任职资格、总会计师的设置及会计人员的专业技术职称。
3. 了解会计工作交接的基本要求及程序、会计工作交接后的责任。
4. 了解会计与会计规范、会计规范的含义及特征、会计规范体系。
5. 了解会计法、会计准则、会计基础规范、其他财经法规与规章、会计档案管理办法等会计执业的法律依据。
6. 掌握会计职业道德的特征及作用、会计职业道德建设的意义以及会计职业道德规范的内容。

第一节　会计机构

一、会计机构的设置

会计机构是各单位办理会计事务的职能部门。会计机构的设置是否合理、分工是否明确，对各单位会计工作能否顺利开展有重要的影响。一般每个企业均应设置会计机构，根据企业经营规模的大小和业务量的多少，设置财务（会计）处、财务（会计）科、会计股、会计组等。

（一）会计机构设置的要求

《中华人民共和国会计法》第36条第1款规定，“各单位应当根据会计业务的需要，设置会计机构，或者在有关机构中设置会计人员并指定会计主管人员；不具备设置条件的，应当委托经批准设立从事会计代理记账业务的中介机构代理记账。”根据业务的需要设置会计机构，体现了实事求是的原则。既不能在业务很少的情况下设置不必要的机构，也不能在业务繁多的情况下不设机构。

会计机构内部应当建立稽核制度，会计稽核制度是指各单位在会计机构内部指定专人对会计凭证、账簿、报表及其他会计资料进行审核的制度，包括经济业务入账以前的审核和入账以后的审核，其目的在于防止会计核算工作上的差错和有关人员的舞弊行为。钱账分管制度是对会计机构内部的又一要求。出纳人员不得兼任稽核、会计档案保管和收入、费用、债权、债务账目的登记工作。凡涉及货币资金和财物的收付、结算和登记等工作，不得由一人负责。

（二）会计机构的设置

会计机构是从事和组织领导会计工作的职能部门，它包括直接从事和组织领导会计工作的机构（即基层单位会计机构和各级主管部门的会计机构）、会计监督机构和会计咨询机构等。这里仅介绍会计工作机构。建立和健全会计工作机构是做好会计工作的组织保证，是会计工作顺利进行、实现会计目标的重要条件。

在我国，由于会计工作和财务工作都是综合性的经济管理工作，它们之间有着非常密切的联系，因此通常把两者合为一体，设置一个财务会计机构，统一办理财务会计业务，所以会计机构通常是指财务会计部门。

1. 各级主管部门的会计机构。

我国在会计工作管理体制上实行“统一领导，分级管理”的原则。《中华人民共和国会计法》明确规定，国务院财政部门主管全国的会计工作，县级以上地方各级人民政府财政部门管理本行政区域内的会计工作。

财政部是负责管理全国会计工作的领导机构，其内部设置会计司，主管全国的会计事务工作。会计司的主要职能是：管理全国会计工作；研究提出会计改革和改前建议，草拟会计法律法规和国家统一的会计制度，并负责全国会计从业资格管理，及全国会计职称管理工作，指导和管理社会审计工作，指导和监督会计电算化工作，负责会计委派制度试点工作等。

各级地方政府财政部门一般设置会计处、科、股等机构，主管本地区所属单位的会计工作。各级业务主管部门会计机构是指各级主管部门执行总预算的会计机构，一般设置会计（财务）司、局、处、科，主管本系统所属单位的会计工作。它们的主要任务是：根据国家统一会计法规、制度的要求，制定适用于本系统的会计法规、制度的实施细则；审核并批复所属单位上报的会计报表，同时汇总编制本系统的汇总会计报表；检查和指导所属单位的会计工作，帮助其解决工作上的问题，总结和交流所属单位会计工作的先进经验；核算本单位与财政机关以及上下级之间有关款项的会计事项，负责本地区、本系统会计人员的培训工作等。各企业主管部门在会计业务上，要受同级财政部门的指导和监督。

2. 基层单位的会计机构。

从有效发挥会计职能作用的角度看，实行企业化管理的事业单位，大、中型企业（包括集团公司、股份有限公司、有限责任公司等），以及财务收支数额较大、会计业务较多的行政单位，社会团体和其他组织，都应设置会计机构，称其为会计（或财务）处、科、股、组等。而对那些规模很小的企业，业务和人员都不多的行政事业单位等，可以不设置会计机构，但应当在有关机构中设置会计人员并指定会计主管人员；不具备设置条件的，应当委托经批准设立从事会计代理记账业务的中介机构代理记账。所谓的“会计主管人员”是一个特指概念，不同于通常所说的“会计主管”“主管会计”“主办会计”等，而是指负责组织管理会计事务、行使会计机构负责人职权的负责人。国有的和国有资产占控股地位或者主导地位的大、中型企业必须设置总会计师，主管本单位的经济核算和财务工作，总会计师要由会计师以上专业技术资格的人员担任，小型企业也要指定一名副厂长行使总会计师的职责。

基层单位会计机构的主要任务是组织和处理本单位的会计工作，如实反映本单位的经营活动情况并及时地向有关部门和人员提供有效的会计信息，参与企业经济管理的预测和决策，帮助制订企业生产经营计划，严格执行国家财经制度，管好、用好资金，尽量降低成本，增收节支，努力提高经济效益。

在一些规模较大、会计业务复杂且量大的单位内部，会计的职能部门要分成若干个职能组，每个职能组配备一定量的会计人员分管会计某方面的工作，在实行逐级核算的单位内部，可根据统一领导、分级管理的原则，设各级、各部门的会计组织或会计核算人员。

二、会计机构的形式

会计工作在会计机构同本单位各部门之间的关系上是分工协作、分级核算的关系，一般可用独立核算和非独立核算两种核算方式，在实行独立核算方式的单位里，记账工作的组织形式又可以分为集中核算和非集中核算两种。

（一）独立核算与非独立核算

所谓独立核算方式是指企业单位对其本身生产经营活动或业务活动过程及其结果进行全面、系统、独立地记账、算账，定期编制会计报表，并对其经营活动进行分析检查等。实行独立核算方式的企业通常都有供生产、经营活动用的资产，在银行中独立开设账户，并对外办理结算业务，具有完整的凭证账簿系统，独立编制计划，独立核算，自负盈亏。有些独立核算的单位会计核算业务不多，也可不单独设置专门的会计机构，只配备专门的会计人员。

所谓非独立核算方式是指企业单位向上级机构领取一定数量的物资款项备用金从事业务活动，不独立计算盈亏，把日常发生的经济业务资料，报给上级集中进行会计核算的一种方式。实物明细账的登记等一系列具体的会计工作企业并不独立核算，自负盈亏，不单独编制会计报表；企业定期将收入、支出向上级报销，并定期将有关核算资料送上级机构，由上级机构汇总记账。实行非独立核算方式的企业单位一般不专门设置会计机构，只配专门会计人员。

（二）集中核算与非集中核算

集中核算就是把整个企业的主要会计工作集中在企业财务会计部门。企业内部的其他部门和下属单位只对其发生的经济业务填报原始凭证，定期将原始凭证或原始凭证汇总表送交会计部门，由财会部门审核，然后据以填制记账凭证，登记总分类账和明细分类账，编制会计报表。实行集中核算，会计部门可以集中掌握有关资料，便于了解企业的全面经济活动情况，减少核算层次。

非集中核算又称分散核算，是相对于集中核算而言的。单位内部会计部门以外的其他部门和下属单位，可以在会计部门的指导下，对其所发生的经济业务填制原始凭证或原始凭证汇总表，然后分别登记总分类账和明细分类账，编制会计报表，并进行其他会计工作。实行非集中核算，可以使各职能部门随时了解本部门的经济活动情况，及时分析问题和解决问题。

一个单位是采用集中核算还是采用非集中核算，主要取决于企业内部经营管理上的需要，取决于企业内部是否实行分级管理、分级核算。集中核算与非集中核算是相对的，在一个企业内部，可以根据管理上的需要对其各个业务，财会部门分别采用集中核算和非集中核算两种形式，集中核算或非集中核算的具体内容和方法也不一定完全相同。但是无论采取哪种形式，企业对外现金收付、银行存款收付、物资供销、应收和应付款项的结算等，都应集中在会计部门进行。在实行内部经济核算制的情况下，各企业、各业务部门可以拥有企业划拨给的一定量的资金，也可以拥有一定的业务经营和管理权。为了反映和考核自身的经营活动，还可以进行比较全面的经济核算，单独计算盈亏和编报各种会计报表。但是，这些业务部门与独立核算单位不同，不能独立对外签订各种交易合同和在银行设立结算账户。

三、会计工作岗位的设置

会计工作岗位责任制是指在会计机构中明确每个会计人员的工作岗位并规定其权限和责任的制度。在会计机构内部和会计人员中建立岗位责任制是正确组织会计工作，加强会计人员的责任感与纪律性，提高工作效率，保证工作质量的前提条件。《会计基础工作规范》规定了设置会计工作岗位的基本原则与示范性要求。

1. 按人员分工的会计工作岗位一般可分为：会计机构负责人或会计主管人员、出纳、财产物资核算、工资核算、成本费用核算、财务成果核算、资金核算、往来结算、总账报表、稽核、档案管理等。各岗位有不同的职责和权限。例如，出纳岗位的主要职责是办理现金收付和银行结算业务，登记现金、银行存款日记账，保管库存现金和各种有价证券，保管有关印章、空白收据和空白支票等。

2. 由于各单位的业务量繁简不一，因此会计人员配备、分工情况也不尽相同，在会计岗位设置上可以一人一岗、一人多岗或多人一岗，但在确定岗位时应贯彻内部控制原则，出纳人员不得兼管稽核、会计档案保管、收入、费用、债权、债务账目的登记工作。在规模较大的企业中，经济业务量大，会计人员较多，可以按经济业务的类别划分岗位；设立若干职能组，如工资组、成本组、资金组、综合财务组等，分别负责各项业务工作。

3. 会计人员的工作岗位应有计划地进行适当轮换，以促进会计人员全面熟悉业务，不断提高业务素质。

第二节　会计人员

会计人员是指直接从事会计工作的人员。配备一定数量和素质相当、具备从业资格的会计人员，是各单位会计工作得以正常开展的重要条件。各单位应根据规模大小、业务需要及会计机构岗位设置的要求，配置适量的会计人员。至于一个单位应配备多少会计人员，要根据单位规模、生产特点及管理要求的实际情况来决定。不同行业的会计工作具体要求不一样，不同单位会计工作的现代化程度和效率不一样，各单位应本着精兵简政的原则，在保证会计工作人员质量的前提下，配备适当的会计人员。

一、会计机构负责人的任职资格

《中华人民共和国会计法》第 4 条规定：“单位负责人对本单位的会计工作和会计

资料的真实性、完整性负责。”这一规定明确了单位负责人为本单位会计行为的责任主体。单位负责人是指单位法定代表人或者法律、行政法规规定代表单位行使职权的主要负责人，主要包括两类人员：一是单位的法定代表人，即依法代表法人单位行使职权的负责人，如国有工业企业的厂长（经理）、公司制企业的董事长、国家机关的最高行政官员等；二是按照法律、行政法规规定代表单位行使职权的负责人，即依法代表非法人单位行使职权的负责人，如代表合伙企业执行合伙企业事务的合伙人、个人独资企业的投资人等。

会计机构负责人（会计主管人员），是在一个单位内具体负责会计工作的中层领导人员。在单位负责人的领导下，会计机构负责人（会计主管人员）负有组织、管理本单位所有会计工作的责任，其工作水平的高低，质量的好坏，直接关系到整个单位会计工作的水平和质量。会计机构负责人（会计主管人员）任用是否得当，对一个单位会计工作的好坏关系重大，对能否保证国家的财经政策等在一个单位正确得到贯彻执行关系重大，对能否有效地维护广大投资者、债权人等的合法权益关系重大。

《中华人民共和国会计法》规定，担任会计机构负责人（会计主管人员）应当“具备会计师以上专业技术资格”或者“从事会计工作3年以上经历”，这是担任会计机构负责人（会计主管人员）的必备条件之一。1996年，财政部制定发布的《会计基础工作规范》对会计机构负责人、会计主管人员应当具备的基本条件作了规定。概括起来，会计机构负责人、会计主管人员的任职资格和条件应当包括政治素质和专业技术资格条件。

（一）政治素质

政治素质指能遵纪守法，坚持原则，廉洁奉公，具备良好的职业道德。财务会计工作是经济工作的基础，国家的许多法律法规，尤其是财经方面的法律法规的贯彻执行，都要通过会计工作来体现，会计人员特别是会计机构负责人如果不能做到遵纪守法，就必将会给国家造成经济损失。

（二）专业技术资格条件

会计工作具有很强的专业性和技术性，要求会计人员必须具备必要的专业知识和专业技能。对会计机构负责人或会计主管人员来讲，要全面组织和负责一个单位的会计工作，对其专业技术方面的要求也就更加必要。目前我国主要是通过设置会计专业职称来进行考核和确认会计人员的专业知识和业务技能。

1. 会计专业职称的种类。会计专业职称是区分会计人员从事业务工作的技术等级。根据2019年1月人力资源和社会保障部及财政部制定的《关于深化会计人员职称制度改革的指导意见》的规定，会计专业职称分为正高级会计师、高级会计师、会计师、助理会计师、会计员。初级、中级、副高级和正高级职称名称依次为助理会计师、会计师、高级会计师和正高级会计师。

2. 工作经历。鉴于会计工作专业性、技术性强的特点，要求会计机构负责人（会计主管人员），必须具有一定的实践经验，修订后的《中华人民共和国会计法》要求“具备从事会计工作3年以上经历”，可以说是对会计机构负责人或会计主管人员的最低要求。

3. 政策业务水平。会计人员必须熟悉国家财经法律法规、规章制度，掌握财务会计理论及本行业业务的管理知识。市场经济是法治经济，在市场经济中，任何单位的经济业务都要直接或间接地受到有关法律、规章的制约。从事财务会计工作，尤其是作为会计机构的负责人（会计主管人员），必须熟悉和掌握国家有关的法律法规、规章制度和与会计工作相关的理论和知识，否则，不但不能很好地完成本职工作，还会使单位的经营管理工作走入法律的“误区”，给单位和个人带来危险的后果。会计工作又是技术性很强的工作，随着我国社会主义市场经济制度的建立，经济改革和对外开放不断深入，经济生活中提出了许多新问题，会计也面临着许多全新的课题，会计理论、会计知识都以前所未有的速度更新。作为一个单位会计机构负责人（会计主管人员），如果没有过硬的会计理论知识和专业业务水平，将很难适应会计工作发展的需要并做好本职工作。

4. 组织能力。会计机构的负责人（会计主管人员），不仅是会计工作的行家里手，更重要的是要领导和组织好本单位的会计工作，因此要求其必须具备一定的领导才能和组织能力，包括协调能力、综合分析能力等。

上述这些条件，是对会计机构负责人（会计主管人员）素质的全面要求，各单位在选配会计机构负责人（会计主管人员）时，应根据各自的具体情况掌握这些条件和标准。

二、总会计师的设置

（一）我国总会计师制度的建立

总会计师是在单位负责人领导下，主管经济核算和财务会计工作的负责人。早在新中国成立之初，我国就借鉴苏联的经验，在一些大、中型国有企业实行总会计师制度，目的是加强经济核算和会计管理。1990年12月，国务院发布了《总会计师条例》，对总会计师的地位、职责、权限、任免与奖惩作了完整、全面、系统、具体的规定，使我国总会计师制度进入了一个全新的发展时期。1999年底修订的《中华人民共和国会计法》要求国有的和国有资产占控股地位或者主导地位的大、中型企业必须设置总会计师。2006年5月12日，财政部颁布的《中央企业总会计师工作职责管理暂行办法》又进一步规定，对于中央企业所属各级子企业，原则上也应当设置总会计师。

（二）总会计师的设置范围

1. 国有大、中型企业必须设置总会计师。1999年底修订的《中华人民共和国会计法》响应国有企业改革的要求并吸收了国有企业改革的成功经验，将“可以设置总会计师”改为“必须设置总会计师”，将设置范围界定在“国有的和国有资产占控股地位或者主导地位的大、中型企业”。同时规定，“总会计师的任职资格、任免程序、职责权限由国务院规定”，为适时修订《总会计师条例》提供了法律依据。

2. 不限制其他单位根据需要设置总会计师。《中华人民共和国会计法》规定国有大、中型企业必须设置总会计师，并没有限制除国有大、中型企业以外的其他单位设置总会计师的范围。其他单位完全可以根据业务需要，视情况自行决定是否设置总会计师。从实际情况看，许多外商投资企业、民营企业等也都设有总会计师。

（三）总会计师的地位、任职条件及任免程序

1. 总会计师的地位。明确总会计师的地位，有利于保证总会计师依法行使职权，发挥总会计师的应有作用。根据《总会计师条例》，总会计师是单位领导成员，协助单位负责人工作，直接对单位负责人负责；总会计师作为单位财务会计的主要负责人，全面负责本单位的财务会计管理和经济核算，参与本单位的重大经营决策活动，是单位负责人的参谋和助手。为了保障总会计师的职权，《总会计师条例》规定，设置总会计师的单位不能再设置与总会计师职责重叠的副职领导。

2. 总会计师的任职条件。按照《总会计师条例》的规定，担任总会计师应当具备以下条件：①坚持社会主义方向，积极为社会主义市场经济建设和改革开放服务；②坚持原则，廉洁奉公；③取得会计师专业技术资格后，主管一个单位或者单位内部一个重要方面的财务会计工作的时间不少于3年；④要有较高的理论政策水平，熟悉国家财经纪律、法规，方针和政策，熟练掌握现代化管理的有关知识；⑤具备本行业的基本业务知识，熟悉行业情况，有较强的组织领导能力；⑥身体健康，胜任本职工作。

3. 总会计师的任免程序。《总会计师条例》规定，总会计师由本单位主要行政领导人提名，政府主管部门任命或离任；免职程序与任命或聘任程序相同。

（四）总会计师的职责和权限

1. 总会计师的职责。根据《总会计师条例》的规定，总会计师的职责主要有：一是由总会计师负责组织的工作，包括组织编制和执行预算、财务收支计划、信贷计划、拟订资金筹措和使用方案，开拓财源，有效地使用资金；建立，健全经济核算制度，

强化成本管理，进行经济活动分析，精打细算，提高经济效益；负责对本单位财务会计机构的设置和会计人员的配备，组织对会计人员进行业务培养和考核；支持会计人员依法行使职权等。二是由总会计师协助，参与的工作主要有：协助单位负责人对本单位的生产经营和业务管理等问题作出决策；参与新产品开发、技术改造、科学研究、商品（劳务）价格和工资以及奖金方案的制订；参与重大经济合同和经济协议的研究、审查。

2. 总会计师的权限。根据《总会计师条例》的规定，总会计师有以下权限：①总会计师对违反国家财经法律法规、方针、政策、制度和有可能在经济上造成损失、浪费的行为，有权制止或者纠正。制止或者纠正无效时，提请单位主要行政领导人处理。单位主要行政领导人不同意总会计师对前款行为的处理意见的，总会计师应当依照《中华人民共和国会计法》的有关规定执行。②总会计师有权组织本单位各职能部门、直属基层组织的经济核算、财务会计和成本管理方面的工作。③总会计师主管审批财务收支工作。除一般的财务收支可以由总会计师授权的财会机构负责人或者其他指定人员审批外，重大的财务收支，须经总会计师审批或者由总会计师报单位主要行政领导人批准。④预算、财务收支计划、成本和费用计划、信贷计划、财务专题报告、会计决算报表，须经总会计师签署。涉及财务收支的重大业务计划、经济合同、经济协议等，在单位内部须经总会计师会签。⑤会计人员的任用、晋升、调动、奖惩，应当事先征求总会计师的意见。财会机构负责人或者会计主管人员的人选，应当由总会计师进行业务考核，依照有关规定审批。

三、会计人员的专业技术职称

为了合理使用会计人才，促进人才的合理流动，调动会计人员的积极性，发挥会计人员在维护社会主义市场经济秩序中的重要作用，国家规定按会计人员的政治表现、学识水平、业务能力以及国家组织的会计人员的专业技术资格考试成绩，评聘相应的技术职称，《会计专业职务试行条例》对不同级别会计专业职务的任职条件（区分专业技能、工作能力、学历，工作经历等）及其基本职责等作了明确规定，分述如下：

1. 正高级会计师。正高级会计师的基本条件是：系统掌握和应用经济与管理理论、财务会计理论与实务，把握工作规律；政策水平高，工作经验丰富，能积极参与一个单位的生产经营决策；工作业绩突出，主持完成会计相关领域重大项目，解决重大会计相关疑难问题或关键性业务问题，提高单位管理效率或经济效益；科研能力强，取得重大会计相关理论研究成果，或其他创造性会计相关研究成果，推动会计行业发展；一般应具有大学本科及以上学历或学士以上学位，取得高级会计师职称后，从事与高级会计师职责相关工作满 5 年。

2. 高级会计师。高级会计师的基本条件是：较系统地掌握经济、财务会计理论和专业知识；有较高的政策水平和丰富的财务会计工作经验；熟练掌握一门外语。高级会计师的基本职责是：负责草拟和解释、解答一个地区、一个部门、一个系统的财务会计法规、制度、办法；组织和指导一个地区或一个部门、一个系统的经济核算和财务会计管理工作，培养中级会计人才。

3. 会计师。会计师的基本条件是：较系统地掌握会计基础理论和专业知识，并正确贯彻执行有关的财经方针、政策和财务会计法规、制度；具备一定的会计工作经验，能管理一个单位或一个地区及部门、一个系统某个方面的财务会计工作；掌握一门外语，会计师资格考试合格。会计师的基本职责是：负责草拟、校对重要的财务会计制度、规定、办法；解释、解答财务会计法规、制度中的重要问题；分析检查财务收支和预算的执行情况；培养初级会计人才。

4. 助理会计师。助理会计师的基本条件是：掌握一般的财务会计基础理论和专业知识；熟悉并能正确执行有关的财经方针、政策和财务会计法规、制度；能担负一个方面或一个重要岗位的财务会计工作；助理会计师资格考试合格。助理会计师的基本职责是：负责草拟一般的财务会计制度、规定、办法；解释会计法规、制度中的一般规定；分析检查某一方面或某些项目的财务收支和预算的执行情况。

5. 会计员。会计员的基本条件是：初步掌握财务会计知识和技能；熟悉并能按照要求执行有关法规和财务会计制度；能担负一个岗位的财务会计工作；助理会计员资格考试合格。会计员的基本职责是：负责具体审核和办理财务收支编制记账凭证，登记会计账簿、编制会计报表和办理其他会计事务等。

第三节　会计工作交接

会计工作交接制度是会计工作的一项重要制度，也是会计基础工作的重要内容。会计人员调动工作或者离职时，与接管人员办清交接手续，是会计人员应尽的职责，也是做好会计工作的要求。办理好会计工作交接，有利于保持会计工作的连续性，有利于明确责任。

一、会计工作交接的基本要求

会计人员工作调动或者因故离职必须将本人所经管的会计工作全部移交给接替人员，没有办清交接手续不得调动或者离职。对于会计人员临时离职或者因病暂时不能工作，需要有人接替或代理工作的，也应按照规定办理交接手续，同样，临时离职或者因病暂时离岗的会计人员恢复工作的，也要与临时接替或者代理人员办理交接手续。

二、会计工作交接的基本程序

（一）交接前的准备工作

会计人员在办理会计工作交接前，必须做好以下准备工作：

1. 已经受理的经济业务尚未填制会计凭证的应当填制完毕。

2. 尚未登记的账目应当登记完毕，结出余额，并在最后一笔余额后加盖经办人印章。

3. 整理好应该移交的各项资料，对未了事项和遗留问题要写出书面说明材料。

4. 编制移交清册，列明应该移交的会计凭证、会计账簿、财务会计报告、印章、现金、有价证券、支票簿、发票、文件、其他会计资料和物品等内容；实行会计电算化的单位，从事该项工作的移交人员应在移交清册上列明会计软件及密码、会计软件数据盘、磁带等内容。

5. 会计机构负责人（会计主管人员）移交时，应将财务会计工作、重大财务收支问题和会计人员的情况等向接替人员介绍清楚。

（二）按照移交清册逐项移交

移交人员离职前，必须将本人经管的会计工作，在规定的期限内，全部向接管人员移交清楚。接管人员应认真按照移交清册逐项点收。其具体要求是：

1. 现金要根据会计账簿记录余额进行当面点交，不得短缺，接替人员发现不一致或“白条抵库”现象时，移交人员在规定期限内负责查清处理。

2. 有价证券的数量要与会计账簿记录一致，有价证券面额与发行价不一致时，按照会计账簿余额交接。

3. 银行存款账户余额要与银行对账单核对相符，如有未达账项，应编制银行存款余额调节表调节相符；各种财产物资和债权债务的明细账户余额，要与总账有关账户的余额核对相符；对重要实物要实地盘点，对余额较大的往来账户要与往来单位、个人核对。

4. 会计凭证、会计账簿、财务会计报告和其他会计资料必须完整无缺不得遗漏，如有短缺，必须查清原因，并在移交清册中加以说明，由移交人负责。

5. 印章、收据、空白支票、发票、科目印章以及其他物品等必须交接清楚。

6. 实行会计电算化的单位，交接双方应在电子计算机上对有关数据进行实际操作，确认有关数字正确无误后，方可交接。

（三）专人负责监交

为了明确责任，会计人员办理工作交接时，必须有专人负责监交。通过监交，保证双方都按照国家有关规定认真办理交接手续，防止流于形式，保证会计工作不因人员变动而受影响；保证交接双方处在平等的法律地位上享有权利和承担义务，不允许任何一方以大压小，以强凌弱，或采取非法手段进行威胁。移交清册应当经过监交人员审查和签名、盖章，作为交接双方明确责任的证件。对监交的具体要求是：

1. 一般会计人员办理交接手续，由会计机构负责人（会计主管人员）监交。

2. 会计机构负责人（会计主管人员）办理交接手续，由单位负责人监交，必要时主管单位可以派人会同监交。所谓必要时由主管单位派人会同监交是指有些交接需要主管单位监交或者主管单位认为需要参与监交。通常有三种情况：

（1）所属单位负责人不能监交，需要由主管单位派人代表主管单位监交，如因单位撤并而办理交接手续等。

（2）所属单位负责人不能尽快监交，需要由主管单位派人督促监交。例如，主管单位责成所属单位撤换不合格的会计机构负责人（会计主管人员），所属单位负责人却以种种借口拖延不办交接手续时，主管单位就应派人督促会同监交等。

（3）不宜所属单位负责人单独监交，而需要主管单位会同监交。例如，所属单位负责人与办理交接手续的会计机构负责人（会计主管人员）有矛盾，交接时要主管单位派人会同监交，以防可能发生单位负责人借机刁难等。此外，主管单位认为交接中存在某种问题需要派人监交时，也可派人会同监交。

（四）交接后的有关事宜

1. 会计工作交接完毕后，交接双方和监交人在移交清册上签名或盖章，并应在移交清册上注明：单位名称、交接日期、交接双方和监交人的职务、姓名、移交清册页数以及需要说明的问题和意见等。

2. 接管人应继续使用移交前的账簿，不得擅自另立账簿，以保证会计记录前后衔接，内容完整。

3. 移交清册一般应填制一式三份。交接双方各执一份，存档一份。

三、会计工作交接后的责任

会计工作交接中，合理、公正地区分移交人和接转者的责任是非常必要的，交接工作完成后，移交人员所移交的会计凭证、会计账簿、财务会计报告及其他资料是在其经办会计工作期间内发生的，应当对这些会计资料的真实性、完整性负责，即便接替人在交接时因疏忽没有发现所接会计资料真实性、完整性方面的问题，如事后发现，仍应由原移交人员负责，原移交人员不得以会计资料已移交而推脱责任。

移交人因病或其他特殊原因不能亲自办理移交手续的，经单位负责人批准，可由移交人托他人代办交接，委托人应当对所移交的会计凭证、会计账簿、财务会计报告和其他有关资料的真实性、完整性承担法律责任。

第四节　会计规范体系的概述

一、会计与会计规范

会计，特别是财务会计是以货币为主要计量单位，提供一个以单位财务信息为主的经济信息系统。在现代市场经济条件下，会计的一般目标是向财务会计报告使用者提供与企业财务状况、经营成果和现金流量等有关的会计信息，反映企业管理层受托责任履行情况，有助于财务会计报告使用者作出经济决策。这些会计信息的使用者不仅包括企业内部管理者，而且还包括投资者、债权人、国家管理部门、企业职工及社会公众等。不同信息使用者对信息的数量、质量、形式等需求是不同的，而且外部的信息使用者与企业存在着信息不对称，势必危害在信息占有中处于劣势的一方，其结果可能使虚假不实的信息充斥市场，不仅损害了他方的利益，还扰乱了正常的市场经济秩序。

二、会计规范的含义及特征

规范就是标准，会计规范就是会计标准。在实践中，会计规范就是一套用于规定、约束会计信息系统的数据加工、处理与信息生成等行为的法律法规和政府规章、会计职业道德和会计惯例的统称。会计规范一般应具备以下特点：

1. 公认性。会计规范应该得到人们的认可，不管这种认可是自发的，还是强制的，也不管这种规范是成文的，还是惯例的。离开了公认的基础，也就无所谓规范了。

2. 倾向性。会计规范与特定的社会制度相联系，总是体现统治阶级的意志，不可避免地带有某种倾向性。

3. 目标性。会计规范所要调整的主要是会计工作和各方面的经济利益关系与社会利益关系，维护现行的社会秩序，因而其价值取向应是会计工作所要达到的基本目标，即，要为建立标准科学规范、内容客观真实、反应迅速及时的会计信息管理体系服务。

4. 普遍性。会计规范的适用对象不是针对特定的人，也不是针对特定的事，而是针对所有的经济业务。

5. 稳定性与发展性。会计规范一经形成实施，在一定时期内应保持相对稳定，不能朝令夕改，随意废弃。但是随着社会政治经济环境和会计理论与实践的发展变化，必然引起会计规范的相应改变，使会计规范适应环境的变化，不断有新的发展。

三、会计规范体系

会计规范是长期以来人们在会计实践活动中，以会计活动为对象所形成的一系列的约定俗成或明文规定的标准、法式，它是评价会计工作质量、会计信息质量的标准和依据，随着社会经济环境和会计的发展变化不断产生、完善，并逐步形成一个具有不同层次结构的相互联系、共同发挥作用的会计规范体系。一般而言，会计规范体系是由会计法律、会计理论、会计道德和国际会计惯例四个方面构成的。

（一）会计法律法规

会计法律法规由国家制定或认可，它体现统治阶级的意志，借助于国家强制力而在会计行为上起强制作用，是一种典型的他律性规范，主要是为维护国家利益和有助于宏观经济的调控而制定的。在我国与会计工作相关的法律法规主要有：《中华人民共和国会计法》《注册会计师法》等会计法律，《总会计师条例》《企业财务会计报告条例》等会计行政法规以及《企业会计制度》《企业会计准则》等部门会计规章等。

（二）会计理论规范

会计理论是人们根据会计实际工作总结提出的会计判断标准和行为准则。这些判断标准和行为准则是理性的、富有逻辑的，符合会计内在规律，可以在人们的已有知识、理性思维的范围内加以理解和说明，是在承认会计法律规范和理性规范的前提下，会计人员对一些出现特殊的会计确认、计量记录和报告问题行使职业判断的重要指南，如财务会计概念框架。

（三）会计职业道德

会计职业道德是由从事会计职业的人们在长期的共同交往和工作中逐步形成的，并以某种习惯和传统等形式固定下来的会计行为准则；是借助于社会评价与个人评价机制而在会计行为上起无形精神力量的作用；是一种他律与自律相结合的规范，主要是为了公正地处理各方面的利益关系，其约束力来自社会舆论、人类良知及传统习俗，而不是国家强制力。遵守会计道德规范对于会计工作人员来说尤其重要，特别是对在全社会形成诚信的良好社会风气更具有重大意义。我国目前的会计职业道德规范包括会计从业人员职业道德规范和注册会计师职业道德规范两部分。

(四) 国际会计惯例

国际会计惯例是经过多国长期实践形成的，广泛被世界许多国家和地区的社会各方所公认的，用于指导会计实务的会计规范。我国所说的国际会计惯例主要是指国际会计准则理事会等国际组织所制订及国际公认的会计准则及其他会计惯例。

上述四个会计规范体系是相互联系、相互补充的。会计法律规范体现会计的国家主权性质，是具体规范会计活动的具体标准，同时也是财务会计生成财务信息的行为准则。会计理论是整个规范体系的核心，它不但是形成其他规范的基础，也是评价其他规范有效性与合理性的重要指南。会计道德是会计人员依据会计法律规范生成高质量的会计信息的保障。借鉴和运用国际会计惯例是改进、发展、充实和完善我国会计规范体系的重要途径，同时也是我国会计走向世界、进行会计国际协调的重要步骤。

第五节　会计执业的法律依据

一、会计法

《中华人民共和国会计法》是我国会计工作的基本法规，是我国会计法规的母法。它于 1985 年 1 月 21 日经第六届全国人民代表大会常务委员会第九次会议审议通过，自 1985 年 5 月 1 日起施行。为了适应我国社会主义市场经济的发展和深化改革的需要，《中华人民共和国会计法》经历了两次修正一次修订，即 1993 年 12 月 29 日和 2017 年 11 月 4 日的两次修正以及 1999 年 10 月 31 日进行的一次修订，当前中国执行的是全国人大常务委员会于 2017 年 11 月 4 日第二次修正的《中华人民共和国会计法》。该法分为总则、会计核算、公司、企业会计核算的特别规定、会计监督、会计机构和会计人员、法律责任、附则等 7 章。现将其主要内容概括如下。

(一)《中华人民共和国会计法》的立法宗旨及适用范围

《中华人民共和国会计法》的立法宗旨是为了规范会计行为，保证会计资料真实、完整，加强经济管理和财务管理，提高经济效益，维护社会主义市场经济秩序。国家机关、社会团体、公司、企业、事业单位和其他组织都必须依照《中华人民共和国会计法》处理会计事务。

（二）单位负责人、会计人员的基本责任

单位负责人对本单位的会计工作和会计资料的真实性、完整性负责；会计机构、会计人员依照《中华人民共和国会计法》规定进行会计核算，实行会计监督。任何单位或者个人不得以任何方式授意、指使、强令会计机构、会计人员伪造、变造会计凭证、会计账簿和其他会计资料，提供虚假财务会计报告。任何单位或者个人不得对依法履行职责、抵制违反《中华人民共和国会计法》规定行为的会计人员实行打击报复。

（三）会计工作的管理体制

《中华人民共和国会计法》规定，国务院财政部门主管全国的会计工作，县级以上地方各级人民政府财政部门管理本行政区域内的会计工作。国家实行统一的会计制度。国家统一的会计制度由财政部根据《中华人民共和国会计法》制定并颁布。国务院有关部门可以依照《中华人民共和国会计法》和国家统一的会计制度，制订对会计核算和会计监督有特殊要求的行业实施国家统一的会计制度的具体办法或者补充规定，并报国务院财政部门审核批准。中国人民解放军总后勤部可以依照《中华人民共和国会计法》和国家统一的会计制度，制订军队实施国家统一的会计制度的具体办法，报国务院财政部门备案。

（四）会计核算

《中华人民共和国会计法》规定，各单位必须根据实际发生的经济业务事项进行会计核算，必须按照国家统一的会计制度的规定填制会计凭证、登记会计账簿、编制财务会计报告。会计核算的具体内容为：（1）款项和有价证券的收付；（2）财物的收发、增减和使用；（3）债权债务的发生和结算；（4）资本、基金的增减；（5）收入、支出、费用、成本的计算；（6）财务成果的计算和处理；（7）需要办理会计手续、进行会计核算的其他事项。《中华人民共和国会计法》同时还规定：会计年度自公历1月1日起至12月31日止；会计核算以人民币为记账本位币；业务收支以人民币以外的货币为主的单位，可以选定其中一种货币作为记账本位币，但是编报的财务会计报告应当折算为人民币；各单位采用的会计处理方法，前后各期应当一致，不得随意变更；会计记录的文字应当使用中文，但民族自治地方、境内的涉外企业和其他外国组织的会计记录可以同时使用当地通用的一种民族文字、外国文字；各单位对会计凭证、会计账簿、财务会计报告和其他会计资料应当建立档案，妥善保管。

《中华人民共和国会计法》在第三章中对公司、企业会计核算还作了两个方面特别的规定：

1. 公司、企业必须根据实际发生的经济业务事项，按照国家统一的会计制度的规定确认、计量和记录资产、负债、所有者权益、收入、费用、成本和利润。

2. 公司、企业进行会计核算的禁止性规定是：(1) 随意改变资产、负债、所有者权益的确认标准或者计量方法，虚列、多列、不列或者少列资产、负债、所有者权益；(2) 虚列或者隐瞒收入，推迟或者提前确认收入；(3) 随意改变费用、成本的确认标准或者计量方法，虚列、多列、不列或者少列费用、成本；(4) 随意调整利润的计算、分配方法，编造虚假利润或者隐瞒利润；(5) 违反国家统一的会计制度规定的其他行为。

（五）会计监督

《中华人民共和国会计法》规定，各单位应当建立健全内部会计监督制度。各单位的会计机构、会计人员对违反本法和国家统一的会计制度规定的会计事项，有权拒绝办理或者按照职权予以纠正；财政、审计、税务、人民银行、证券监管、保险监管等部门应当依照有关法律、行政法规规定的职责，对各单位的会计资料实施监督检查。有关法律法规规定，须经注册会计师进行审计的单位，应当向受委托的会计师事务所如实提供会计资料及有关情况，任何单位或者个人不得以任何方式要求或者示意注册会计师及其所在的会计师事务所出具不实或不当的审计报告；财政部门有权对会计师事务所出具的审计报告的程序和内容进行监督：依法对有关单位的会计资料实施监督检查的部门及其工作人员对在监督检查中知悉的国家秘密和商业秘密负有保密义务。

（六）会计机构和会计人员

《中华人民共和国会计法》规定，各单位应当根据会计业务的需要设置会计机构，不具备设置条件的，可以委托经批准设立的中介机构代理记账；国有或国有资产占控股地位或者占主导地位的大、中型企业必须设置总会计师，同时配备一定数量的、有从业资格证书的、遵守职业道德的、具有专业技术资格的会计人员。因有与会计职务有关的违法行为被依法追究刑事责任的人员，不得再从事会计工作。此外，因违法违纪行为而被吊销会计从业资格证书的人员，自被吊销会计从业资格证书之日起 5 年内，不得重新取得会计从业资格证书。会计人员调动工作或者离职，必须与接管人员办清交接手续。

（七）法律责任

《中华人民共和国会计法》规定了单位、直接负责的主管人员、会计人员及其他有关人员违反本法所应承担的法律责任，主要包括行政责任和刑事责任。根据《中华人民共和国会计法》的规定，实施行政责任的主体应当是：县级以上人民政府财政部门、所在单位或者有关单位。行政责任和刑事责任的承担主体应当是单位、直接负责的主管人员和其他直接责任人员。

二、会计准则

《企业会计准则》是企业会计人员进行会计确认、会计计量、会计报告的基本依据，会计从业人员学好企业会计准则，是做好企业会计工作的根本条件。

《企业会计准则》包括基本准则和具体会计准则。我国企业会计准则体系中，基本准则属于部门规章，是由财政部于2006年2月15日以第33号部长令签发的；具体会计准则、应用指南和解释属于规范性文件；2007年11月16日和2008年8月7日财政部又分别印发了第1号和第2号企业会计准则解释。

我国多年来一直重视会计准则的建设，尤其是改革开放以来，会计制度不断改革创新，从改革开放初期为了吸引外资而建立的外商投资企业会计制度，到后来为了适应股份制改革而建立的股份制企业会计制度，再到后来建立的不分行业、不分所有制的统一的会计制度，即《企业会计制度》《金融企业会计制度》和《小企业会计制度》，适应了我国改革开放和市场经济发展的需要。

1992年，我国发布了第一项会计准则，即《企业会计准则》，之后又先后发布了包括关联方关系及其交易的披露、现金流量表、非货币性交易、投资、收入，或有事项、资产负债表日后事项、会计政策、会计估计变更和会计差错更正、借款费用、债务重组、固定资产、无形资产、存货、中期财务报告等在内的16项具体准则。

之后，为适应我国市场经济发展和经济全球化的需要，按照立足国情、国际趋同、涵盖广泛、独立实施的原则，财政部对上述准则作了系统性的修改，并制订了一系列新的准则，于2006年2月15日发布了包括《企业会计准则——基本准则》（以下简称基本准则）和38项具体准则在内的企业会计准则体系，2006年10月30日，又发布了企业会计准则应用指南，从而实现了我国会计准则与国际财务报告准则的实质性趋同。在2014年、2017年、2018年和2019年财政部陆续对《企业会计准则——基本准则》《企业会计准则第2号——长期股权投资》《企业会计准则第9号——职工薪酬》《企业会计准则第30号——财务报表列报》等内容进行了补充或修订。

我国企业会计准则体系由基本准则、具体准则、会计准则应用指南和解释公告等组成。其中，基本准则在整个企业会计准则体系中扮演着概念框架的角色，起着统驭作用；具体准则是在基本准则的基础上，对具体交易或者事项会计处理的规范；应用指南是对具体准则的一些重点难点问题作出的操作性规定；解释公告是随着企业会计准则的贯彻实施，就实务中遇到的实施问题而对准则作出的具体解释。

三、会计基础工作规范

《会计基础工作规范》（以下简称《规范》）是为了加强会计基础工作，建立规范的会计工作秩序，提高会计工作水平，根据《中华人民共和国会计法》的有关规定而制订的规范。本《规范》于1996年6月17日以财政部财会字19号文件形式发布，同时废止了1984年4月24日财政部发布的《会计人员工作规则》。本《规范》共计六章一百零一条。

（一）指导思想

1. 以法为依据。

《中华人民共和国会计法》是会计工作的基本法，是指导会计工作，制订相应会计法规、规章的基本依据。《规范》在遵循《中华人民共和国会计法》规定的基本原则和各项要求的基础上，对会计基础工作方面的内容进行了具体规范。可以说，《规范》是对《中华人民共和国会计法》中有关会计基础工作方面的内容的具体化，是《中华人民共和国会计法》重要配套规章之一。同时，《规范》吸收了《会计人员工作规则》中科学的、合理的内容，并对部分内容根据新形势的要求作了相应充实和完善。

2. 从会计工作的实际情况和发展需要出发。

《规范》适用于一切有会计工作的单位，为了增强适应性和可操作性，一方面，《规范》尽可能地适应不同类型单位的会计工作要求，只是对会计基础工作的最基本环节作出规定，以兼顾会计工作发展不平衡的实际状况；另一方面，根据经济管理和会计工作的发展要求，对会计工作中正在发展的新情况从会计基础的角度作出规范，如会计电算化等，以起积极引导作用。

3. 突出重点，繁简兼顾。

《规范》针对会计基础工作中比较薄弱的环节，如填制会计凭证、登记会计账簿、编制会计报表等，作出了详细而具体的规定。这些环节是会计最基础的工作，也是最容易出现不规范，甚至混乱的地方，对这些问题进行具体规定，有助于会计人员正确掌握。而对会计基础工作中的其他问题，如会计人员职业道德、单位内部会计管理制度建设等，尽管这些也是当前会计工作中迫切需要强化的问题，但由于对这些工作的管理正在起步之中，需要在实践中探索，以积累经验、逐步推开，因此，《规范》只是作出较为原则的规定，待条件成熟时，可以对这方面的内容进行修订，也可以制订单独规章。

（二）适用范围

《规范》第二条规定：“国家机关、社会团体、企业、事业单位、个体工商户和其他组织的会计基础工作，应当符合本规范的规定。”这是对《规范》适用范围的规定，与《中华人民共和国会计法》的适用范围相一致。

在我国，不同地区、部门之间，不同规模、类型的单位之间，会计基础工作有一定差别，有的差别较大，这对各单位统一执行《规范》增加了难度。为了妥善解决这一问题，《规范》有关规定在内容上尽可能地兼顾了不同单位的实际情况；同时，在第九十九条规定：“各省、自治区、直辖市财政厅（局）、国务院各业务主管部门可以根据本规范的原则，结合本地区、本部门的具体情况，制定具体实施办法，报财政部备案。”目的是允许各地区、各部门在执行《规范》的基础上，可以根据各自的实际情况，对会计基础工作管理中的有关问题作出具体规定，这也是有效实施《规范》、增强其适用性的一个主要方面。

（三）主要内容

《会计基础工作规范》内容包括：会计机构、会计岗位、会计人员、会计职业道德、会计监督检查、会计工作交接、票据与印章、会计科目、会计凭证、会计账簿、财务报告、会计档案、财务信息化等。

会计基础工作是会计工作的基本环节，也是经济管理工作的重要基础。我国十分重视会计基础工作，相应制订了一系列规章、制度，规范会计基础工作。同时，通过加强在职会计人员培训等措施，不断提高广大会计人员的基本业务技能，促进了会计基础工作的改善和提高。

四、其他财经法规与规章

（一）《企业财务会计报告条例》

《企业财务会计报告条例》是国务院于2000年6月21日发布的，自2001年1月1日起实施。它共分六章四十六条，包括：第一章，总则；第二章，财务会计报告的构成；第三章，财务会计报告的编制；第四章，财务会计报告的对外提供；第五章，法律责任；第六章，附则。该条例主要规定：

1. 企业应当按本条例的规定编制和对外提供财务会计报告，但不得编制和对外提供虚假的或者隐瞒重要事实的财务会计报告，其真实性、完整性由企业负责人负责。

2. 财务会计报告由会计报表、会计报表附注和财务情况说明书组成，分为年度、半年度、季度和月度财务会计报告。

3. 财务会计报告应当根据真实的交易、事项以及完整、准确的账簿记录并按照国家统一规定编制，包括要素确认与计量、结账日、财产清查等方面的规定。

4. 财务会计报告应按规定的期限及时向相关报告使用者对外提供，须经注册会计师审计的，应将注册会计师及其会计师事务所出具的审计报告随同财务会计报告一并对外提供。

5. 违反本条例规定，随意改变财务会计报告编制原则与方法、编制或对外提供虚假的财务会计报告的，要承担行政责任或刑事责任。

（二）《总会计师条例》

《总会计师条例》是国务院于 1990 年 12 月 31 日发布的，并自发布之日起施行，于 2011 年修订。它共分五章二十三条。包括：第一章，总则；第二章，总会计师的职责；第三章，总会计师的权限；第四章，任免与奖惩；第五章，附则。

《总会计师条例》明确了总会计师的责任。企业经营管理的现实需要是总会计师岗位存在的前提，而岗位职责的明确是总会计师发挥作用的保障。在条例颁布以前，总会计师从事相关业务没有理论依据，总会计师岗位本身也没有得到应有的重视，阻碍了总会计师在企业经营管理中发挥其应有的作用。条例颁布实施以后，总会计师的岗位职责得以明确，总会计师便可以在条例规定的职责下开展管理工作，融入企业日常的经营管理中。

《总会计师条例》完善了总会计师的职能。总会计师制度是我国经济发展中基于现实需要而建立起来的，随着经济体制改革的深入，总会计师的职能也发生了变化。《总会计师条例》除明确总会计师在财务会计业务主管方面的职责外，还明确了在协助单位主要负责人进行决策和参与其他生产经营管理方面的职责，使总会计师在贯彻国家财政政策和各项企业制度、参与企业经营管理决策、提升单位会计管理水平等诸多方面，发挥了重要作用。

《总会计师条例》培养和壮大了总会计师队伍。《总会计师条例》不仅扩大了总会计师制度适用范围，而且明确了总会计师的专业资格，建立了总会计师奖惩制度，使会计师队伍不断壮大，业务素质得以提高。

《总会计师条例》巩固了总会计师制度。《总会计师条例》是在 1985 年颁布实施《中华人民共和国会计法》的基础上，对总会计师制度的进一步明确和阐述，使我国总会计师制度步入法治化、规范化，并为后续企业经营管理相关规章制度的颁布实施奠定了基础。

（三）《中华人民共和国注册会计师法》

《中华人民共和国注册会计师法》于 1993 年 10 月 31 日经第八届全国人民代表大会常务委员会第四次会议通过，并于 1994 年 1 月 1 日施行，2014 年 8 月 31 日发布第14号主席令给予修改。《中华人民共和国注册会计师法》共七章四十六条。第一章，总则；第二章，考试和注册；第三章，业务范围和规则；第四章，会计师事务所；第五章，注册会计师协会；第六章，法律责任；第七章，附则。该法规定了注册会计师的资格条件、执业范围和维护行业声誉等方面的要求。同时，《注册会计师法》还明确了从业人员的监管和处罚措施，以确保注册会计师的职业道德和工作质量。

五、会计档案管理办法

会计档案包括会计凭证、会计账簿、财务会计报告和采用磁带、磁盘、光盘、微缩胶片等介质存储的会计数据、会计软件资料以及其他会计资料。所以，会计档案是会计工作的重要历史资料和证据，也是国家档案的重要组成部分，它在企业经营管理生产秩序和科研秩序中具有十分重要的利用价值。因此，各单位都应按照我国《会计档案管理办法》的规定，加强对会计档案的管理，做好会计档案的保管工作。会计账簿日常应由各自分管的记账人员专门保管，未经单位领导和会计负责人或有关人员批准，不许非经管人员翻阅、查看、摘抄和复制。会计档案除非特殊需要或司法介入要求外，一般不允许携带外出或借出。

会计账簿和会计凭证、会计报表都是重要的会计档案，各单位必须按照《会计档案管理办法》的保存年限进行保管，不得丢失和随意销毁。对于保存期满可以销毁的会计档案，必须填写清单，按规定程序报经批准后，在专人监督下才能销毁。有关企业会计档案的保管期限（自年度终了后第一天算起）如表3－1所示。

表3－1　单位和其他组织会计档案保管期限

序号	档案名称	保管期限	备注
一	会计凭证		
1	原始凭证	30年	
2	记账凭证	30年	
二	会计账簿		
3	总分类账	30年	
4	明细分类账	30年	
5	日记账	30年	
6	固定资产卡片		固定资产报废清理后保管5年
7	其他辅助性账簿	30年	

续表

序号	档案名称	保管期限	备注
三	财务会计报告		
8	月度、季度、半年度财务会计报告	10 年	
9	年度财务会计报告	永久	
四	其他会计资料		
10	银行存款余额调节表	10 年	
11	银行对账单	10 年	
12	纳税申报表	10 年	
13	会计档案移交清册	30 年	
14	会计档案保管清册	永久	
15	会计档案销毁清册	永久	
16	会计档案鉴定意见书	永久	

第六节　会计职业道德

会计职业道德是指会计从业人员在办理会计业务过程中树立基本道德意识、规范和行为的总和。它本身反映了会计职业中带有规律性和共性的东西是各行各业会计所公认和遵守的。所以，它是从事会计职业所应达到的基本要求。

财政部在1996年发布的《会计基础工作规范》中，对会计人员职业道德提出了原则性规范：爱岗敬业、诚实守信、廉洁自律、客观公正、坚持准则、提高技能、参与管理、强化服务。

2001 年 4 月 16 日，朱镕基总理在视察上海国家会计学院时指出“不做假账”是会计人员最基本的职业道德；同年 10 月 29 日，在视察北京国家会计学院时，朱镕基总理进一步指出：“诚信为本、操守为重、遵循准则、不做假账”是会计人员应该遵守的职业道德。朱镕基总理对会计人员职业道德的要求，在会计界产生了巨大反响。

一、会计职业道德的特征

会计职业道德与会计活动或行为是紧密联系的，它是从社会与经济生活之中的会计活动中提炼出来的，因而会计职业道德的特征与会计职业活动的特征息息相关。具体来说，会计职业道德的特征主要体现在以下几个方面：

1. 自觉性与强制性相结合。在日常会计工作中，会计从业人员的职业道德意识和会计法规往往同时发生作用。前者要求会计人员“应该怎么做”，是一种道德意识的内心信念而后者要求会计人员“必须怎样做”，是一种对禁止性后果的确认，是一种外在的强制力量。会计职业道德通过《总会计师条例》《会计基工作规范》等形式和其他规章制度被固定下来，从而使会计职业道德也具有法律约束性，也就是说，某一会计现象可能既属于道德调整的范围又属于法律调整的范围。这种法律与道德的融合加强了道德力量，增强了法律威严。

2. 经济实践性与广泛社会性相结合。与其他行业道德相比，会计职业道德全面、深入、系统地扎根于社会与经济生活最基层的价值运动中，与社会经济实践活动总是密切地联系在一起。会计职业道德起源于、总结于经济实践，又作用于、运用于经济实践。

3. 规范性与灵活性相结合。会计职业道德很多都是以规范性的文件发布出来的，如1996年财政部在《会计基础工作规范》的第二章第二节规定了我国会计人员应遵循的“会计人员职业道德”。同年，中国注册会计师协会又发布了中国注册会计师职业道德基本准则。同时，会计职业道德有些内容的表现形式是十分灵活的，如“敬业爱岗”是一句口号，无规章的强制规定，也无法律的强制执行。对这些灵活多样的道德内容的表现形式，会计人员易于接受而不会产生被迫感和抗逆心理，推广起来也较为容易。

4. 时效性与程序性相结合。会计工作内在要求强调效率，所以对时效的要求相当严格，否则就会错过良机，给本单位带来损失。但需要注意的是，绝不能因追求效率而忽视质量，必须按照会计的程序性规范进行会计核算，办理会计业务，一方面可以保证工作过程的合法化；另一方面可以避免工作结果的差错。例如，对重大对外投资、资产处理、资金调度等的监督就必须依照《中华人民共和国会计法》的规定，按部就班地、有程序地进行，不能因强调速度而忽视其中必要的监督环节，否则出错率极高，并有导致重大损失的可能。因此，在规定的时间内依照合法的程序完成工作，这才是真正的追求效率与效益。

二、会计职业道德的作用

会计职业道德不但是社会主义物质文明建设的重要思想保证，而且也是社会主义精神文明的重要有机组成部分。会计职业道德的作用具体表现在以下几个方面：

1. 会计职业道德可以调节会计活动，纠正人们的错误会计行为，并指导社会经济实践活动。

2. 在社会经济生活中，会计职业道德指导着人们会计行为的方向，表现出会计职业道德的导向功能。

3. 会计职业道德能通过造成社会舆论、形成会计道德风尚、树立会计职业道德榜样等方式来深刻影响人们的会计道德观念和会计道德行为，培养人们的会计道德习惯和会计道德品质。

会计职业的一个重要特点就是直接涉及物质利益，会计人员稍微有一点私念、贪念就会走上犯罪的道路，同时，他人的一些经济犯罪活动往往也会在会计工作中有所反映。会计职业道德要求会计人员应以客观公正、实事求是的工作态度对待会计工作，使在处理会计业务时能坚持原则，依法办事，预防和制止违纪现象的发生。会计人员拥有良好的职业道德观，不但自身能清白做人，而且还敢于纠正他人的违规行为。

会计职业道德将教育功能和调节功能、导向功能联系在一起，它们之间是相互渗透的。会计职业道德要在社会生活中能调节、引导人们的会计行为。因此，必须重视会计职业道德的教育功能，使会计职业道德在会计人员的思想意识中稳定下来。

4. 会计职业道德具有促使会计人员人格升华以及提高社会道德水准的积极作用。这主要表现在：首先，会计职业道德通过会计人员参加各种社会活动直接影响社会道德；其次，会计职业道德通过会计人员与服务对象的接触和联系，间接地影响社会道德；再次，会计职业道德可以通过会计人员的家庭生活影响社会公德；最后，会计职业道德的促进功能还体现在能够提高经济效益上。

三、会计职业道德建设的意义

会计职业道德建设中的一个重要内容就是运用科学的马克思主义伦理道德理论、先进的现代管理理论和知识，加强对会计人员的会计职业道德教育以提高会计人员的会计职业道德意识。加强会计职业道德建设，能有效地提高会计人员的职业道德水平。

在会计职业道德品质的形成过程中，客观社会条件、会计活动环境、个人的经历虽然起着重要作用，但人是一个自觉的、能动的主体，在会计专业工作中，会计人员如何行动是有自己的认识和选择的。外部环境只有通过人的内因才能发挥作用，形成优秀品质。所以说，一个会计人员道德水平的高低，在很大程度上取决于其会计职业道德修养的自觉程度。与会计法通过强制的、无条件的规定执行不同，会计职业道德是通过内心信念力量的作用，体现为人们自觉的行动，所以，在会计道德评价中，对依照会计职业道德要求自觉遵守某种会计道德原则和规范的行为，与在社会舆论压力下遵守这些会计职业道德原则和规范的行为，两者有所不同。只有前者才是真正的、有道德的行为，会计人员在形成和完善自己会计职业道德品质的过程中，既要解决客观会计职业道德要求和自己主观认识之间的矛盾，又要解决个人思想中反映不同社会影响的会计职业道德观念之间的矛盾。

四、会计职业道德规范的内容

会计职业道德规范，是根据会计这一职业的特点，对会计人员（主要是指会计实务工作者）在社会经济生活中的会计行为所提出的道德要求，它既是会计人员在履行其职责活动中所应具备的道德品质，也是调整会计人员与国家不同利益群体或会计人员相互之间的社会关系及社会道德规范的总和。会计职业道德规范是财经法律法规和制度所不能代替的。非法行为肯定不道德但是合法行为也可能存在着道德还是不道德的问题。

一般地说，会计职业道德规范包括以下几个方面：爱岗敬业、诚实守信、廉洁自律、客观公正、坚持准则、提高技能、参与管理、强化服务。

（一）爱岗敬业

爱岗敬业指的是忠于职守的事业精神，这是会计职业道德的基础。爱岗就是会计人员应该热爱自己的本职工作，安心于本职岗位。敬业就是会计人员应该充分认识本职工作在社会经济活动中的地位和作用，认识本职工作的社会意义和道德价值，具有会计职业的荣誉感和自豪感，在职业活动中具有高度的劳动热情和创造性，以强烈的事业心、责任感，从事会计工作。

（二）诚实守信

诚实是指言行思想一致，不弄虚作假、不欺上瞒下，做老实人，说老实话，办老实事。守信就是遵守自己所作出的承诺，讲信用，重信用，信守诺言，保守秘密。诚实守信是做人的基本准则，也是会计职业道德的精髓。诚实与守信具有内在的因果联系，一般来说，诚实即为守信，守信就是诚实。有诚无信，道德品质得不到推广和延伸；有信无诚，信就失去了根基，德就失去了依托。诚实必须守信。

（三）廉洁自律

廉洁就是不贪污钱财，不收受贿赂，保持清白。自律是指自律主体按照一定的标准，自己约束自己、自己控制自己的言行和思想的过程。廉洁自律是会计职业道德的前提，也是会计职业道德的内在要求。会计人员不仅要遵纪守法，不违法乱纪、以权谋私，做到廉洁自律；而且要敢于、善于运用法律所赋予的权利，尽职尽责，勇于承担职业责任，履行职业义务，保证廉洁自律。

（四）客观公正

客观是指按事物的本来面目去反映，不掺杂个人的主观意愿，也不为他人意见所左右。公正就是平等、公平、正直，没有偏失。客观公正是会计职业道德所追求的理想目标。对于会计职业活动而言，客观主要包括两层含义：一是真实性，即以实际发生的经济活动为依据，对会计事项进行确认、计量、记录和报告；二是可靠性，即会计核算要准确，记录要可靠，凭证要合法。公正就是要求各企、事业单位管理层和会计人员不仅应当具备诚实的品质而且应公正地开展会计核算和会计监督工作，即在履行会计职能时，摒弃单位、个人私利，公平公正，不偏不倚地对待相关利益各方。作为注册会计师在进行审计鉴证时，应以超然独立的姿态，进行公平公正的判断和评价出具客观、适当的审计意见。

（五）坚持准则

坚持准则是指会计人员在处理业务过程中，要严格按照会计法律制度办事，不为主观或他人意志左右。这里所说的“准则”，不仅指会计准则，而且包括会计法律、国家统一的会计制度以及与会计工作相关的法律制度。会计人员在发生道德冲突时，应坚持准则，以维护国家利益、社会公众利益和正常的经济秩序。

（六）提高技能

提高技能是指会计人员通过学习和实践等途径，持续提高会计职业技能，以达到和维持足够的专业胜任能力的活动。作为一名会计工作者必须不断地提高其职业技能，这既是会计人员的义务，也是在职业活动中做到客观公正、坚持准则的基础，是参与管理的前提。会计职业技能包括会计理论水平、会计实务操作能力、职业判断能力、自动更新知识能力、提供会计信息能力、沟通交流能力以及职业经验等。

（七）参与管理

参与管理是指间接参加管理活动，为管理者当参谋，为管理活动服务。对会计工作来讲，参与管理就是要求会计人员积极主动地向单位领导反映本单位的财务、经营状况及存在的问题，主动提出合理化建议，积极地参与市场调研和预测，参与决策方案的制订和选择，参与决策的执行、检查和监督，为领导者的经营管理和决策活动，当好助手和参谋。

（八）强化服务

强化服务就是要求会计人员具有文明的服务态度、强烈的服务意识和优良的服务质量。会计人员待人处世的态度直接关系到工作能否顺利开展和工作的成效。强化服务的结果，就是奉献社会。任何职业的利益、职业劳动者个人的利益都必须服从社会的利益、国家的利益。如果说爱岗敬业是职业道德的出发点，那么，强化服务、奉献社会就是职业道德的归宿点。

本章小结

通过本章的学习，可以了解会计机构的设置及形式、会计工作岗位的设置；明确了会计机构负责人的任职资格、总会计师的设置及会计人员的专业技术职称；熟悉了会计工作交接的基本要求及程序、会计工作交接后的责任；了解了会计与会计规范、会计规范的含义及特征、会计规范体系；系统阐述了会计法、会计准则、会计基础规范、其他财经法规与规章、会计档案管理办法等会计执业的法律依据；阐明了会计职业道德的特征及作用、会计职业道德建设的意义以及会计职业道德规范的内容。

关键术语

会计机构	集中核算	总会计师	会计工作交接
会计法	企业会计准则	会计基础规范	档案管理
会计职业道德			

— 自测题 —

第四章　出纳会计岗位

本章导读

出纳岗位是会计工作的基本岗位，也是关键重要岗位。它有着专门的工作规范和操作规则。为此，本章对出纳岗位及其工作内容、职责以及注意事项进行解读，并对出纳岗位较常发生的错弊行为进行列举、剖析和点评，最后对出纳岗位所涉及的经济业务的账务处理进行归集汇总，帮助读者对出纳岗位有个整体的认识和了解。

学习目标

1. 了解出纳人员、出纳工作以及出纳岗位的相关定义。
2. 了解出纳岗位工作内容、注意事项以及出纳岗位的职责及权限。
3. 掌握出纳岗位库存现金、银行存款及其他货币资金等业务。
4. 掌握出纳岗位实务中经常出现的错误和舞弊行为以及预防措施。

第一节　出纳岗位的定义

一、出纳工作的定义

出纳工作是管理货币资金、票据、有价证券进进出出的一项工作。从广义上来讲，只要是票据、货币资金和有价证券的收付、保管、核算，就都属于出纳工作。它既包括各单位会计部门专设出纳机构的各项票据、货币资金、有价证券的整理和保管，货币资金和有价证券的核算等各项工作；也包括各单位业务部门的货币资金收付、保管等方面的工作。从狭义上来讲，出纳工作则仅指各单位会计部门专设出纳岗位或人员所负责的各项工作。

二、出纳人员的定义

出纳人员，从广义上讲，既包括会计部门的出纳工作人员，也包括各单位业务部门的各类收款员。而收款员从其工作的性质、内容、要求以及他们本身所应当具备的个人素质等方面综合来看，与会计部门的专职出纳人员有很多相同之处。首先，收款员的主要工作是办理货币资金和各种票据的收入，保证自己经手的货币资金和票据的安全与完整。其次，收款员还需要填制和审核许多原始凭证。再次，由于收款员同样是直接与货币打交道，因此除了要有过硬的出纳业务知识以外，还必须具备良好的财经纪律意识和职业道德修养。所不同的是，收款员一般工作在经济活动的第一线，各种票据和货币资金的收入，特别是货币资金的收入，通常是由收款员转交给专职出纳的。最后，收款员的工作过程是收入、保管、核对与上交，一般不专门设置账户进行核算。因此，也可以说，收款员是出纳或者会计机构的派出人员，他们是各单位出纳队伍中的一员，他们的工作是整个出纳工作的一部分。出纳业务的管理和出纳人员的教育与培训，应从出纳工作大的方面综合考虑。在平时的实际工作中所指的出纳人员仅指会计部门的出纳人员。

三、出纳岗位的定义

出纳岗位是按照有关规定和制度，办理本单位的现金收付、银行结算及有关账务，保管库存现金、有价证券、财务印章及有关票据等工作的岗位。出纳岗位主要负责企业的货币资金核算、往来结算、工资核发等工作。出纳不得兼任稽核、会计档案保管和收入、支出、费用、债权债务账目的核算登记工作；不得由一人办理货币资金业务的全过程。

第二节　出纳岗位的工作内容及注意事项

一、出纳岗位的工作内容

（一）报销款项

除了经济业务上的款项支出外，员工成本、费用的报销款和工资发放同样也是出纳工作的内容之一。正常情况下，员工会将经济业务中所获取的票据粘贴在报销单据上，经过该员工的部门负责人、分管领导签认，交由会计审核无误，并经主管领导审批后交由出纳履行报销及支付手续，出纳人员在支付前须对报销单上的经济业务内容与金额进行复核无误后再行支付。出纳工作人员要严格现金收付手续，收入现金必须及时出具合法的收据，并当天解交银行，不得坐交。办理现金收支和银行结算业务，要认真审核原始凭证，按开支标准报销，收付款要当面点清。

（二）管理资金

经济业务上的款项往来，是出纳人员最基本的工作内容之一。出纳人员除了对资金的收付管理外，随着经济业务的发展，出纳人员将对承兑汇票的背书、支票的规范使用与签付等进行管理。

（三）保管物品

出纳人员物品保管主要指两个方面：一是保管库存现金和有价证券。对于现金和有价证券要确保其安全和完整无缺，库存现金的保管不得超过人民银行核定的限额，超过部分要当天即存入银行。不得以“白条”抵充现金，不得坐支现金、挪用现金。如果发现库存现金短缺或盈余，应查明原因，据情做出处理。二是保管印章和票据。出纳人员保管的印章和票据须妥善保管，严格按规定用途使用。出纳人员保管的印章一般有法人章、发票专用章、收讫和付讫章。对于签发支票的多种印章，不得全部交由出纳一人保管。空白支票及收据设专簿登记管理使用，认真办理领用登记注销手续。印章、收据、票据等应存放在保险柜里，保险柜的密码、钥匙应妥善保存，万不可以丢失。

（四）入账核算

出纳人员根据已经办理完毕的经济业务，进行收付凭证核算，并逐笔登记现金和银行存款日记账，并结出余款，做到日清月结，库存现金余额与现金日记账相符；银行存款余额与银行存款日记账及银行对账单相符；月末要编制银行存款余额调节表，使账面余额与对账单余额调节相符。对于未达账项，要及时查询处理。

（五）往来结算

往来结算是指企业与外部之间进行的各类收入、支出往来，包括租金、水电费、交通费等。出纳人员需要建立清算制度，确保往来款项的收付流程规范、有序。出纳人员还需要核实并催收应收的债权，及时清算应付的债务，防止坏账损失。出纳员在处理往来款项时，要特别注意相关财务管理法律法规的规定，确保企业遵纪守法。

（六）发放工资

发放工资是企业内部的一个重要环节。在工资发放时，人事部门同样会将工资发放表经签认审批手续后，交由出纳人员复核无误后，予以发放。出纳人员需要审核工资单据，计算实发工资，组织工资和奖金的发放，并负责工资的核算和数据提供。在工资结算时，出纳人员需要对纳税政策有深入的了解，并确保企业在税务上做到合法合规。同时，还需要深入了解国家相关劳动法规，确保企业在工资发放上符合法律要求。

二、出纳岗位的注意事项

1. 注意保持清廉正直，避免利用职务之便进行不当行为。清廉正直是出纳人员的立业之本，是出纳人员职业道德的首要方面。出纳人员掌握着一个单位的现金和银行存款，若要把公款据为己有或挪作私用，均有方便的条件和较多的机会。同时，外部的一些不法分子也往往会在出纳人员身上打主意，施以小惠，拉其下水。因此，出纳人员一定要立场坚定，原则分明，千万不要因为一时糊涂或者利欲熏心而毁了自己的大好前程。

2. 注意坚持原则，正确处理国家、单位和个人的利益关系。出纳人员肩负着处理各种利益关系的重任，只有坚持原则，才能正确处理国家、单位和个人的利益关系。在工作中，有时需要牺牲局部与个人利益去维护单位或者国家利益，有时需要为了维护法律法规的尊严而去得罪同事和上司。这些都是出纳人员应该坚持和必须做好的，并且也是提倡职业化的今天出纳人员最起码的职业道德和规范。

出纳人员应该时刻记住：在出纳工作中应坚持原则，自觉抵制不正之风，为维护会计工作秩序的正常进行贡献自己的力量。

第三节 出纳岗位的职责和权限

从工作范围来说，出纳人员可以分为会计部门的出纳人员、业务部门从事收款工作的人员。严格意义上来说，收款人员是财务会计部门派出的人员，他们也应该是各单位出纳队伍中的一员，他们的工作应该是出纳工作的一部分。他们应该持有会计从业人员资格证书（初级会计资格证书）方能上岗，但在实际工作中，除财务会计部门的出纳人员之外，其他业务部门的收款人员持证上岗的要求被淡化。出纳岗位非常重要，他们直接与单位的资金打交道，如果出现差错，经济损失的后果就相当严重。因此，明确出纳人员的职责和权限，是作好出纳的首要条件。依据《中华人民共和国会计法》《会计基础工作规范》等法律法规的规定，出纳人员应具备以下职责和权限（本书出纳人员专指会计部门的出纳人员）。

一、出纳岗位的职责

出纳属于专业技术人员。他不仅要具有处理一般会计事项的财会专业基础知识，还要有较高的处理出纳事项的专业知识水平和较强的数学运算能力。《会计基础工作规范》对出纳人员的职责提出以下要求。

1. 负责按照国家规定办理现金收付和银行结算业务。按照国家有关现金管理和银行结算制度的规定，办理现金收付和银行结算业务。出纳人员应严格遵守现金开支范围，非现金结算范围不得用现金支付；要遵守库存限额，超限额的现金按规定及时送存银行；现金管理要严格做到日清月结，每日下班前，应对账面余额与库存现金进行核对，发现问题，及时查对；企业银行存款日记账要与银行对账单核对相符，如有不符，应做银行存款余额调节表予以调节，并及时通知银行调整。

2. 负责核对原始凭证并编制收付款凭证根据。会计制度的规定，在办理现金和银行存款收付业务时，要严格核对有关原始凭证，再据以编制收付款凭证，然后根据所编制的收付款凭证按时间先后顺序逐日逐笔进行登记现金日记账或银行存款日记账，并结出余额。

3. 负责掌握银行存款余额。不准签发空头支票，不准出租、出借银行账户为其他单位办理结算。出纳人员应严格遵守支票和银行账户的使用和管理规定，严格堵住结算漏洞，确保国家经济秩序的安全。

4. 负责建立和维护现金和有价证券的保管制度。做好库存现金和多种有价证券的保管工作。要建立适合本单位实际情况的现金和有价证券的保管制度，确保本单位现金与有价证券的安全完整。

5. 负责办理外汇出纳业务。按照国家外汇管理和结、购汇制度等规定，办理外汇出纳业务。经济越发展，国家间的经济交往日益频繁，外汇业务也越来越重要。所以，出纳人员应熟悉掌握国家外汇管理政策，及时办理外汇结汇、购汇、付汇，从而避免外汇损失。

6. 负责单位印章、空白支票的保管。单位的印章、空白支票的保管十分重要。出纳人员应加强有关印章、空白收据以及空白支票的保管，同时本单位应健全严格的管理制度。单位财务印章和法人章应实行分离管理，交由出纳管理的印章，应严格按用途使用，并做好专簿领用登记和注销手续。

二、出纳岗位的权限

1. 有权管理货币资金，确保资金周转效率。管理货币资金，提高资金使用效率。出纳是本单位直接接触货币资金的人员，因此，应及时有效提供本单位货币资金的使用和周转信息，为单位提出合理安排资金的建议和意见，确保本单位货币资金的周转效率。

2. 有权执行和管理货币资金政策。作为货币资金政策的执行者和管理者，国家对货币资金管理出台了《现金管理暂行条例及实施细则》《支付结算办法》等制度，出纳是与货币资金打交道的人员，应第一时间执行这些法规政策，并用这些法规管理好货币资金。

3. 有权维护财经法律，抵制不法收支和虚假行为。《中华人民共和国会计法》是我国会计工作的根本大法，是包括出纳人员在内的会计人员必须遵循的重要法律。《中华人民共和国会计法》中对会计人员如何维护财经纪律提出具体规定，为出纳人员实行会计监督、维护财经纪律提供了法律保障。出纳人员应认真学习、领会、贯彻这些法规，为维护财经纪律、抵制不正之风作出贡献。

第四节 出纳岗位的实务

一、库存现金业务及账户设置

(一)“库存现金”科目

本科目核算企业的库存现金。

1. 企业增加库存现金。

借：库存现金

　　贷：银行存款等科目

减少库存现金做相反的会计分录。

2. 企业应当设置“现金日记账”并根据收付款凭证，按照业务发生顺序逐笔登记、每日终了应当计算当日的现金收入合计额、现金支出合计额和结余额，将结余额与实际库存现金余额进行核对，做到账款相符。本科目期末借方余额，反映企业持有的库存现金。

（二）设置“库存现金”明细科目

在实际工作中，“库存现金”属于资产类科目，可分为三级明细科目进行核算。一级会计科目为“库存现金”，编号为1001；二级科目为币种，如人民币、外币等，编号分别为100101或100102等；三级科目为具体币种，如美元、欧元、日元、其他等，编号分别为10010201、10010202、10010203和10010204等。

【例】某单位库存现金有人民币、美元、欧元、日元等多币种，则其“库存现金”科目的明细科目分别设置如表4－1所示。

表4－1　“库存现金”科目明细表

编号	会计科目名称	二级科目名称	三级科目名称
1001	库存现金		
100101	库存现金	人民币	
10010201	库存现金	外币	美元
10010202	库存现金	外币	欧元
10010203	库存现金	外币	日元

（三）库存现金管理

根据中国人民银行《现金管理暂行条例》的规定，现金管理制度主要包括以下内容。

1. 现金的使用范围。

企业可用现金支付的款项有：①职工工资、津贴；②个人劳务报酬；③根据国家规定颁发给个人的科学技术、文化艺术、体育等各种奖金；④各种劳保、福利费用以及国家规定的对个人的其他支出；⑤向个人收购农副产品和其他物资的价款；⑥出差人员随身携带的差旅费；⑦结算起点以下的零星支出；⑧中国人民银行确定需要支付现金的其他支出。除以上情况可以用现金支付外，其他款项的支付应通过银行转账结算。

2. 现金的限额。

现金的限额是指为了保证企业日常零星开支的需要，允许单位留存现金的最高款项，这一限额由开户行根据单位的实际需要核定，一般按照单位3～5天日常零星开支所需确定。边远地区和交通不便地区的开户单位的库存现金限额可按多于5天、但不得超过15天的日常零星开支的需要确定。经核定的库存现金限额、开户单位必须严格遵守，超过部分应于当日终了前存入银行，需要增加或者减少库存现金限额的，应当向开户银行提出申请，由开户银行核定。

3. 现金收支的规定。

开户单位现金收支应当依照下列规定办理。

①开户单位现金收入应当于当日送存开户银行，当日送存确有困难的，由开户银行确定送存时间。

②开户单位支付现金可以从本单位库存现金限额中支付或从开户银行提取，不得从本单位的现金收入中直接支付，即不得“坐支”现金。因特殊情况需要坐支现金的，应当事先报经有关部门审查批准，并在核定的坐支范围和限额内进行。同时，收支的现金必须入账。

③开户单位从开户银行提取现金时，应如实写明提取现金的用途，由本单位财会部门负责人签字盖章，并经开户银行审查批准后予以支付。

④因采购地点不确定、交通不便、抢险救灾以及其他特殊情况必须使用现金的单位，应向开户银行提出书面申请，由本单位财会部门负责人签字盖章，并经开户银行审查批准后予以支付。

此外，不准用不符合国家统一的会计制度的凭证顶替库存现金，即不得“白条顶库”；不准谎报用途套取现金；不准用银行账户代替其他单位和个人存入或支取现金；不准用单位收入的现金以个人名义存入储蓄；不准保留账外公款，即不得“公款私存”；不得设置“小金库”等。银行对于违反上述规定的单位，将按照违规金额的一定比例予以处罚。

二、库存现金的主要账务处理

（一）从银行提取现金或将现金存入银行

1. 从银行提取现金时，根据支票存根所记载的提取金额。

借：库存现金

　　贷：银行存款

2. 将现金存入银行时，根据银行退回进账单第一联。

借：银行存款

　　贷：库存现金

（二）因职工出差而引起的现金收支

1. 企业因支付内部职工出差等原因所需的现金，按支出凭证所记载的金额。

借：其他应收款

　　贷：库存现金

2. 收到出差人员交回的差旅费剩余款并结算时，按差旅费报销凭证及缴交回的现金。

借：管理费用、库存现金等科目

　　贷：其他应收款

出差人员回来报销差旅费并冲账，按差旅费报销凭证。

借：管理费用等科目

　　贷：其他应收款、库存现金等科目

（三）现金盘盈或盘亏的处理

1. 每日终了结算现金收支、财产清查等发现的有待查明原因的现金短缺或溢余。

（1）属于现金短缺。

借：待处理财产损溢—待处理流动资产损溢

　　贷：库存现金

（2）属于现金溢余，做相反的会计分录。

借：库存现金

　　贷：待处理财产损溢—待处理流动资产损溢

2. 针对现金短缺或溢余的情况，应分别查明原因。根据不同的原因，进行不同的会计处理。

（1）现金盘亏。

①属于应由责任人赔偿的部分。

借：其他应收款—应收现金短缺（××个人）、库存现金等科目

　　贷：待处理财产损溢—待处理流动资产损溢等科目

②属于应由保险公司赔偿的部分。

借：其他应收款—应收保险赔款、库存现金等科目

　　贷：待处理财产损溢—待处理流动资产损溢等科目

③属于无法查明的其他原因的。

借：管理费用—现金短缺等科目

　　贷：待处理财产损溢—待处理流动资产损溢现金溢余等科目

（2）现金盈余。

①属于应支付给有关人员或单位。

借：待处理财产损溢—待处理流动资产损溢

　　贷：其他应付款—应付现金溢余（××个人或单位）、库存现金等科目

②属于无法查明的其他原因。

借：待处理财产损溢—待处理流动资产损溢

　　贷：营业外收入—现金溢余等科目

【例4-1】华联安业股份有限公司2×18年5月10日，在对现金进行清查时，发现短缺60元。

借：待处理财产损溢—待处理流动资产损溢　　60

　　贷：库存现金　　60

【例4-2】上述现金短缺，无法查明原因，转入管理费用。

借：管理费用　　60

　　贷：待处理财产损溢—待处理流动资产损溢　　60

【例4-3】华联实业股份有限公司2×18年6月15日，在对现金进行清查时，发生溢余80元。

借：库存现金　　80

　　贷：待处理财产损溢—待处理流动资产损溢　　80

【例4-4】上述现金溢余原因不明，经批准记入“营业外收入”科目。

借：待处理财产损溢—待处理流动资产损溢　　80

　　贷：营业外收入—盘盈利得　　80

三、银行存款定义及账户设置

（一）银行存款的定义

银行存款是指企业存入银行或其他金融机构的各种款项。企业应当根据业务需要，按照规定在其所在地银行开设账户，运用所开设的账户，进行存款、取款以及各种收支转账业务的结算。银行存款的收付应严格执行银行结算制度的规定。

（二）“银行存款”科目

本科目核算企业存入银行或其他金融机构的各种款项。银行汇票存款、银行本票存款、信用卡存款、信用证保证金存款、存出投资款、外埠存款等，在“其他货币资金”科目核算。

1. 企业增加银行存款。

借：银行存款

　　贷：库存现金、应收账款等科目

减少银行存款时做相反的会计分录。

2. 企业可按开户银行和其他金融机构、存款种类等设置“银行存款日记账”根据收付款凭证，按照业务的发生顺序逐笔登记。每日终了，应结出余额。“银行存款日记账”应定期与“银行对账单”核对，至少每月核对一次。企业银行存款账面余额与银行对账单余额之间如有差额，应编制“银行存款余额调节表”并调节相符。本科目期末借方余额，反映企业存在银行或其他金融机构的各种款项。

（三）设置“银行存款”明细科目

在实际工作中，“银行存款”属于资产类科目，可分为四级明细科目进行核算。一级会计科目为“银行存款”，编号为1002；二级科目为币种，如人民币、外币、定期存款等，编号分别为100201、100202和100203等；三级科目为所在银行，如工商银行、兴业银行、光大银行等，编号分别为10020101、10020102和10020103等；四级科目为某某银行的所在支行，如总行营业部（人民币）、鼓楼支行（外币）等，编号分别为1002010101、10020203等。

【例】 某单位基本存款账户开户银行设在兴业银行总行营业部，外币存款设在中国银行鼓楼支行，则其“银行存款”科目的明细科目分别设置如表4－2所示。

表4－2　“银行存款”科目明细

编号	会计科目名称	二级科目名称	三级科目名称	四级科目名称
1002010101	银行存款	人民币	兴业银行	总行营业部
1002020203	银行存款	外币	中国银行	鼓楼支行

（四）银行存款管理

企业的存款账户分为4类，即基本存款账户、一般存款账户、临时存款账户和专用存款账户。企业只能选择一家银行的一个营业机构开立一个基本存款账户，主要用于办理日常的转账结算和现金收付业务。企业的工资、资金等现金的支取，只有通过该账户办理。企业可以在其他银行的一个营业机构开立一个一般存款账户，该账户可以办理转账结算和存入现金业务，但不能支取现金。临时存款账户是存款人因临时经营活动的需要开立的账户，如企业异地产品展销、临时性采购资金等。专用存款账户是企业因特别用途需要开立的账户，如基本建设项目专项资金、农副产品资金等。企业的销售款不得转入专用存款账户。

企业不得为还贷、还债和套取现金而多头开立基本存款账户；不得出租，出借账户；不得违反规定为在异地存款和贷款而开立账户。任何单位和个人不得将单位的资金以个人名义开立账户存储。

企业使用的票据结算工具包括银行汇票、商业汇票、银行本票和支票等，信用卡。另外，还有一种国际贸易间采用的结算方式——信用证结算方式。

四、银行存款的主要账务处理

1. 从银行提取现金或将现金存入银行业务。

借：库存现金

　　贷：银行存款

或：借：银行存款

　　　贷：库存现金

2. 月末核对“银行存款日记账”与“银行对账单”企业银行存款账面余额与银行对账单余额之间如有差额，应编制“银行存款余额调节表”并调节相符，如没有记账错误，调节后的双方余额应相等。

平衡公式为：

银行对账单余额 + 企业已收银行未收 − 企业已付银行未付 = 银行对账单调节后余额

企业银行存款科目余额 + 银行已收企业未收 − 银行已付企业未付 = 企业银行存款科目调节后余额

银行对账单调节后余额 = 银行存款科目调节后余额

【例 4－5】 假设长盛公司 2×21 年 5 月 31 日的银行存款日记账余额为 120 000 元，银行对账单余额为 124 000 元，经逐笔核对，发现未达账项有：

①企业于月末将从某单位收到的一张转账支票 2 000 元存入银行，企业已入账，但银行尚未办理有关手续而未入账；

②企业于月末开出转账支票一张 1 000 元，持票人尚未向银行办理转账手续，企业已入账，但银行尚未收到支票而未入账；

③企业委托银行代收销货款 8 000 元，银行已收入账，但企业尚未接到银行的收款通知；

④企业委托银行代付水电费 3 000 元，银行已付入账，但企业尚未接到银行的付款通知。

根据以上资料，编制“银行存款余额调节表”如表 4－3 所示。

表 4－3　　　　**银行存款余额调节表**

2×21 年 5 月 31 日　　　　单位：元

项目	金额	项目	金额
企业银行存款日记账余额	120 000	银行对账单余额	124 000
加：银行已收入账	8 000	加：企业已收入账	2 000
企业尚未入账		银行尚未入账	

续表

项目	金额	项目	金额
减：银行已付入账	3 000	减：企业已付入账	1 000
企业尚未入账		银行尚未入账	
调节后余额	125 000	调节后余额	125 000

五、其他货币资金定义及账户设置

（一）其他货币资金的定义

其他货币资金是指企业除库存现金、银行存款以外的各种货币资金，主要包括银行汇票存款、银行本票存款、信用卡存款、信用证保证金存款、存出投资款、外埠存款等。

（二）“其他货币资金”科目

本科目核算企业的银行汇票存款、银行本票存款、信用卡存款、信用证保证金存款、存出投资款、外埠存款等其他货币资金。

企业增加其他货币资金。

借：其他货币资金

　　贷：银行存款

减少其他货币资金时，借记有关科目，贷记本科目。

本科目可按银行汇票或本票、信用证的收款单位，外埠存款的开户银行，分别用“银行汇票”“银行本票”“信用卡”“信用证保证金”“存出投资款”“外埠存款”等进行明细核算。

本科目期末借方余额，反映企业持有的其他货币资金。

（三）设置“其他货币资金”明细科目

在实际工作中，“其他货币资金”属于资产类科目，可分为三级明细科目进行核算。一级会计科目为“其他货币资金”，编号为1012；二级科目为存款类别，如外埠存款、银行本票存款、银行汇票存款、信用卡存款、保证金存款、存出投资款、在途货币、其他等，编号分别为101201、101202、101203、101204、101205、101206、101207、101208等；三级科目为存款银行名称，如存在工商银行鼓楼支行的外埠存款，编号为10120101。

【例】某单位其他货币资金存款银行名称为中国银行鼓楼支行，则其“其他货币资金”科目的明细科目分别设置如表4－4所示。

表4－4　“其他货币资金”科目明细

编号	会计科目名称	二级科目名称	三级科目名称
10120101	其他货币资金	外埠存款	中国银行××支行
10120201	其他货币资金	银行本票存款	中国银行××支行
10120301	其他货币资金	银行汇票存款	中国银行××支行
10120401	其他货币资金	信用卡存款	中国银行××支行
10120501	其他货币资金	保证金存款	中国银行××支行
10120601	其他货币资金	存出投资款	中国银行××支行
10120701	其他货币资金	在途货币资金	中国银行××支行
10120801	其他货币资金	其他	中国银行××支行

（四）其他货币资金管理

其他货币资金是小企业除库存现金、银行存款以外的其他各种货币资金。其他货币资金不同于银行存款和库存现金之处在于，银行存款和库存现金一般都有专门的用途和特定的存放地点。如银行汇票存款，只能用于银行汇票的结算款项，不能再作其他用途使用，而且这部分存款也不能存放在小企业的基本存款账户之中，因此，在会计上必须进行单独的核算与管理。其他货币资金包括外埠存款、银行汇票存款、银行本票存款、信用卡存款、存出投资款、在途货币资金等。有境外往来结算业务的小企业，发生的国际信用证保证金存款，也属于其他货币资金的范围。

其他货币资金必须按照国家的现金管理制度、银行结算办法及有关规定严格进行管理。为了单独反映其他货币资金的收入、付出和结存情况，应设置其他货币资金账户进行核算。该账户为资产类账户，借方登记其他货币资金的增加数；贷方登记其他货币资金的减少数；期末借方余额，反映其他货币资金的结存数。该账户应按其他货币资金的具体组成内容设置明细账，进行明细核算。

六、其他货币资金的主要账务处理

（一）银行汇票存款

1. 企业填写“银行汇票申请书”，将款项交存银行。

借：其他货币资金—银行汇票

　　贷：银行存款

2. 企业持银行汇票购货，收到有关发票账单。

借：材料采购、原材料、库存商品、应交税费—应交增值税（进项税额）等科目

贷：其他货币资金—银行汇票

3. 采购完毕收回剩余款项。

借：银行存款

贷：其他货币资金—银行汇票

4. 企业收到银行汇票、填制进账单到开户银行办理款项入账手续时，根据进账单及销货发票等。

借：银行存款

贷：主营业务收入、应交税费—应交增值税（销项税额）等科目

（二）银行本票存款

1. 企业填写“银行本票申请书”，将款项交存银行。

借：其他货币资金—银行本票

贷：银行存款

2. 企业持银行本票购货，收到有关发票账单。

借：材料采购、原材料、库存商品、应交税费—应交增值税（进项税额）等科目

贷：其他货币资金—银行本票

3. 企业收到银行本票、填制进账单到开户银行办理款项入账手续时，根据进账单及销货发票等。

借：银行存款

贷：主营业务收入、应交税费—应交增值税（销项税额）等科目

（三）信用卡存款

1. 企业应填制“信用卡申请表”，连同支票和有关资料一并送存发卡银行，根据银行盖章退回的进账单第一联。

借：其他货币资金—信用卡

贷：银行存款

2. 企业用信用卡购物或支付有关费用，收到开户银行转来的信用卡存款的付款凭证及所附发票账单。

借：管理费用等科目

贷：其他货币资金—信用卡

3. 企业信用卡在使用过程中，需要向其账户续存资金的。

借：其他货币资金—信用卡

贷：银行存款

4. 企业的持卡人如不需要继续使用信用卡时，应持信用卡主动到发卡银行办理销户，销户时，单位信用卡科目余额转入企业基本存款户，不得提取现金。

借：银行存款

  贷：其他货币资金—信用卡

（四）信用证保证金存款

1. 企业填写“信用证申请书”，将信用证保证金交存银行时，应根据银行盖章退回的“信用证申请书”回单。

借：其他货币资金—信用证保证金

  贷：银行存款

2. 企业接到开证行通知，根据供货单位信用证结算凭证及所附发票账单。

借：材料采购、原材料、库存商品、应交税费—应交增值税（进项税额）等科目

  贷：其他货币资金—信用证保证金

3. 将未用完的信用证保证金存款余额转回开户银行。

借：银行存款

  贷：其他货币资金—信用证保证金

（五）存出投资款

1. 企业向证券公司划出资金时，应按实际划出的金额。

借：其他货币资金—存出投资款

  贷：银行存款

2. 购买股票、债券等。

借：交易性金融资产等科目

  贷：其他货币资金—存出投资款

（六）外埠存款

1. 企业将款项汇往外地开立采购专用账户时，根据汇出款项凭证，编制付款凭证，进行账务处理。

借：其他货币资金—外埠存款

  贷：银行存款

2. 收到采购人员转来供应单位发票账单等报销凭证。

借：材料采购、原材料、库存商品、应交税费—应交增值税（进项税额）等科目

  贷：其他货币资金—外埠存款

3. 采购完毕收回剩余款项时，根据银行的收账通知。

借：银行存款

　　贷：其他货币资金—外埠存款

【例4-6】华联实业股份有限公司2×18年5月8日，因零星采购需要，将款项50 000元汇往上海并开立采购专户，会计部门应根据银行转来的回单联，填制记账凭证。

借：其他货币资金—外埠存款	50 000	
贷：银行存款		50 000

【例4-7】2×18年5月18日，会计部门收到采购员寄来的采购材料发票等凭证，货物价款46 400元，其中应交增值税6 400元。

借：材料采购	40 000	
应交税费—应交增值税（进项税额）	6 400	
贷：其他货币资金—外埠存款		46 400

【例4-8】2×18年5月20日，外地采购业务结束，采购员将剩余采购资金3 600元，转回本地银行，会计部门根据银行转来的收款通知填制记账凭证。

借：银行存款	3 600	
贷：其他货币资金—外埠存款		3 600

第五节　出纳岗位常见错误和舞弊行为

一、库存现金业务常见错误和舞弊行为

库存现金包括单位的本币现金（人民币现金）和外币现金，其流动性特别强，是单位为满足日常正常运转而准备的零星支付的现金。库存现金在单位资产总额中所占比重不会太大，但单位发生的错弊行为大多与现金有关，因此应予加以重视。

（一）库存现金业务常见错误

1. 坐支现金。

坐支现金是指企业、事业单位和政府组织从本单位的现金收入中直接使用现金支出。根据《现金管理暂行条例》及其实施规定，开户单位支付现金，可以从现金支付的库存或者从银行账户提取，但不能直接从本单位的现金中支出（即坐支）。这主要是因为银行的负担使得银行无法准确掌握现金收入的来源和各单位支出的目的、干扰开户银行对各单位现金收付的管理、是否扰乱国家金融秩序。因此，坐支现金是违反

金融纪律的行为，将会受到财经纪律的处罚。

2. 财务管理制度不规范。

根据国家财务会计制度有关规定，企业的现金收付等管理必须经企业会计人员开具现金首付款凭证，而同时也必须经由出纳人员之手，企业现金领款要经由企业会计和出纳人员共同办理且签名确认。然而实际工作中却有种种问题，因此，部分企业财务管理制度混乱，不按照国家规定的“账与现金分管”的制度办事，账务虚理与现金收付都是由会计人员来执行的，企业领导与会计人员存在随手经过现金，且不与出纳进行账务核对的现象，甚至部分企业还出现了舞弊现象，即私自挪用公款、侵占企业资产等问题。这些问题使出纳人员的工作面临了严重的困难，出纳人员不能明确企业现金的收支状况，在现金收付日记账和银行账的核对中出现不符的状况，导致出纳工作难以维系，不能向企业传达正确的财务信息，最终影响企业的财务管理工作。

（二）库存现金业务的常见舞弊行为

1. 挪用公款。

挪用现金有两种情况，一是出纳人员挪用现金；二是除出纳人员之外的其他人员挪用现金。

前者挪用现金应抽查核对库存现金日记账与总账金额是否一致。如不一致，则应采取进一步的检查措施，在监盘被查单位库存现金时，如发现以白条抵库或金额较大的亏盘时，应通过复查，核对与调查有关会计资料来查证其是否存在挪用现金的情形。后者挪用现金，应查阅“其他应收款”明细账中的相关记录，检查其中有无属于××个人长期转账的现象。一旦发现此种现象，要抽调会计凭证进行账证核对，从而查清是否有挪用现金的问题，必要时还应当跟踪被挪用现金的去向，并向有关人员进行查询。

《中华人民共和国刑法》第三百八十条（挪用公款罪）指出，国家工作人员利用职务上的便利，挪用公款归个人使用，进行非法活动的，或者挪用公款数额较大，超过三个月未还的，是挪用公款罪，处五年以下有期徒刑或者拘役；情节严重的，处五年以上有期徒刑。挪用公款数额巨大不退还的，处十年以上有期徒刑或者无期徒刑。挪用用于救灾、抢险、防汛、优抚、扶贫、移民、救济款物归个人使用的，从重处罚。《中华人民共和国刑法》挪用公款罪数额较大的标准是：5 万元以上（包括 5 万元）；数额巨大的标准是 300 万元以上。

【例 4－9】

案情：2019 年，审计人员对某酒店实施审计，审计中发现，“其他应收款”明细账中有一项拨付备用金 5 万元的记录，审前知悉，某酒店采用的是定额备用金制度，亦即在拨付备用金时不会通过“其他应收款”科目进行账务处理。审计人员怀疑，该笔账务可能存在挪用公款的嫌疑。

查证：审计人员通过调取该笔经济业务记账凭证，发觉记账凭证后附1张原始凭证，原始凭证借款单位为空白，借款人为酒店财务部出纳人员小魏。经查证，财务部出纳小魏长期沉迷于网络赌博，近几个月损失惨重，因常与酒店金钱接触，酒店现金管理又存在管理上的“短板”，促使他动了“借用”酒店备用金的念头，被纪检部门立案，并移送司法处理。

账务调整：对上述违法行为作出收回该笔款项的账务处理。

借：库存现金　　50 000

　　贷：其他应收款　　50 000

【案例点评】本案有三个方面值得商榷：

一是案发人小魏放松了自身世界观、人生观、价值观的修养锻炼，违背了作为一名财务人员应有的职业道德，且沉迷于网络赌博，失去了自我。令人唏嘘的是，小魏是农村家庭，父母亲兄弟姐妹都在农村生活，好不容易培养了一名大专生，而且走出农村来到城市工作生活，是家里的骄傲，也是家里的希望。最后走上违法道路。其所挪用的公款案发后均由其父母向村里一家家借款凑齐归还。

二是本案酒店现金管理制度以及财务管理形同虚设，内部管理过于松散，给案发人员以可乘之机。事后应亡羊补牢，强化内部管理，以及加强制度的刚性执行。

三是审计前，应对被审计单位相关制度予以熟悉，结合制度开展审计工作，一旦发现与制度不相符的经济业务应加以重点排查。

2. 虚列支出，虚报冒领。

虚列支出，虚报冒领顾名思义就是在单位中没有发出这笔经济业务，或虽有发生，但只是部分发生了经济业务；案发当事人为达到侵占单位资金的目的而虚列了一笔经济业务或多列部分经济业务，开具发票，办理报销并冒名领取的一种违规违法行为。

此类案例，首先应审阅该单位的成本、费用、支出明细账以及会计凭证，认真审核凭证的合法、合规、合理性，如存在涂改原始凭证或报销凭证，未经审核或有关签字模糊，报销事项不符合相关规定或无正当理由等，应向有关单位或人员进一步地核实与查证，如存在不符合事项，则应进一步调查是否存在虚报或虚列等情况。

在单位检查中，还应重点对被查单位的工资结算进行检查。做到三必查：一是重点检查工资结算单与单位职工花名册进行核对，以检查是否存在向非本单位人员发放薪金的情况；二是对工资结算单与单位考勤记录进行核对，检查是否存在虚列奖金或津补贴的情况；三是代扣代发款项进行检查，查证其真实情况。必要时，还应当向被检查单位的员工进行询问核实，查证是否存在利用工资结算之机虚设列支出，套取现金的行为。

【例 4 - 10】

案情：2×19 年，审计人员对某省国有企业集团下属某房地产开发公司进行审计，审计中发现，该地产公司不定期向某辉超市公司买大量的办公用品及耗材，特别是逢重要节日，该类经济业务的数目金额都较大，审计人员怀疑，该地产公司可能存在虚列支出，套取现金的嫌疑。

查证：审计人员调查了该地产公司全年该类经济业务的记账凭证，全年一共 5 批次购买办公耗材与用品 350 万元，时间节点主要在中秋和春节两节上；进一步调取记账凭证后附的原始凭证，发现存在套开发票的痕迹。慎重起见，审计人员到供应商某辉超市外调，发现账上报销发票与某辉超市发票存根联有“大头小尾”现象，经问询地产公司财务经理，承认套开发票，全年套领现金 300 万元私设“小金库”的违规行为。

账务调整：对上述违法行为作出收回“小金库”的账务处理。

借：库存现金或银行存款　　3 000 000

　　贷：营业外收入　　3 000 000

【案例点评】审计人员在检查单位账目过程中，除了要了解单位的相关制度规定外，还应对交易事项、结算方式的合理性进行分析判断。如果某笔经济业务存在不合常理、常规的嫌疑，则应对该笔业务予以重点的关注，并给予进一步查证。

3. 现金收入，不入库或少入账。

该类违规违法行为主要有几种类型：第一，截留现金销售收入。在审计单位是否存在经办人员截留现金销售收入这一违规行为时，应将销售收入明细账与库存商品、原材料等明细账进行核对，查找库存商品、原材料等明细账上有销售记录，而销售收入明细中却无对应收入，或者是前者大于后者的情况，若存在此种现象，应当进一步加以查证。第二，截留各种罚没收入，首先了解单位有没有此类业务，再核对单位罚没收据的编号情况是否连续，以查证有否存在撕票、匿票等形式将罚没收入转存为“小金库”的行为。第三，非法侵占出售其他资产收入。审计人员应检查固定资产、低值易耗品等资产明细账，同时检查报废物资残值处理记录，如果账上没有相关记录，即存在将残值收入存入“小金库”的嫌疑，应加以进一步查证。

【例 4 - 11】

案情：2011 年 1 月，审计人员在审查 F 单位现金日记账时，发现 2010 年 12 月 15 日现付字第 23 号有一笔“付拆除××型试验仪器设备劳务费”1 000 元的记账凭证，但是在现金日记账或银行存款日记账上均没有发现有清理收入的记录，存在将清理收入转入“小金库”的嫌疑。

查证：审计人员经查账，发现有两笔经济业务。

（1）第一笔是 2020 年 12 月 15 日现付字第 23 号凭证，后附一张经单位领导签字批准的“支付给张某拆除××型试验仪器设备劳务费1 000元”的白条，会计分录为：

借：管理费用—其他支出　　1 000

　　贷：库存现金　　1 000

（2）第2笔经济业务是2010年12月30日第38号凭证报废××型试验仪器设备的记账凭证，会计记录为：

借：累计折旧　　80 000

　　营业外收入　　120 000

　　贷：固定资产—××型试验仪器设备　　200 000

审计人员经分析，查询仪器设备保管人员王某，得知该仪器设备已被G公司购买。经到G公司核查，该仪器设备从F单位以10万元现金购买，有F单位领导胡某的白条收据。在铁的事实面前，单位财务科长承认，并交出现金10万元。

账务调整：对上述违规操作予以账务调整：

（1）借：库存现金或银行存款　　100 000

　　　　贷：以前年度损益调整　　100 000

（2）借：以前年度损益调整　　100 000

　　　　贷：应交税费—应交所得税　　25 000

　　　　　　盈余公积　　7 500

　　　　　　利润分配—未分配利润　　67 500

【案例点评】每一笔经济业务是不会孤立存在的，审计人员要用联系的思维来分析，判断每一项交易业务，在发生疑点时，要用联系、发展的观点看问题，精准查证，不放过任何一个细节。

二、银行存款业务常见错误和舞弊行为

（一）银行存款业务的常见错误

1. 错误记录。在记账时，出纳员可能出现笔误，如日期、金额、科目等错误。这些错误可能导致账目不平衡，影响银行存款业务的准确性和可靠性。例如，如果出纳员错误地将一笔收入记成支出，或者将一笔支出记成收入，就会导致账目不平衡。

2. 存取款差错。在存款或取款过程中，出纳员可能会出现数额错误，如少存、多存、少取、多取等。这些差错可能会导致账目不平衡，影响银行存款业务的准确性和可靠性。例如，如果出纳员将一笔存款金额错误地输入系统，就可能导致账目不平衡。

3. 银行对账单与账簿不符。在对账过程中，可能出现银行对账单与企业账簿记录不一致的情况，需要仔细核对并查明原因。这可能是由于银行处理错误、出纳员记录

错误或者其他原因导致的。如果不能及时发现和纠正这些错误，就可能导致资金流失和企业声誉受损。

4. 错误处理银行业务。出纳员可能将一笔业务处理成另一笔业务，如将汇款处理成转账，或将收款处理成付款等。这种错误可能是出纳员故意或无意地进行的，但无论如何都会导致账目不平衡和错误的资金流动。

5. 未及时处理银行通知。收到银行通知后，出纳员未及时进行相应处理，可能导致一些业务处理延误。例如，如果银行通知出纳员某笔存款出现问题需要进行调整，但是出纳员没有及时处理，就可能导致存款错误一直存在，影响企业的资金流动和财务情况。

（二）银行存款业务的常见舞弊行为

1. 出租、出借银行账户。

检查企业往来账项和银行存款日记账上记录的业务结算明细是否有正当、今理的理由，检查其有无与不应或不经常发生业务往来关系的单位或个人发生了结算关系等，如有疑点，应当调阅相关的会计凭证，在调查有关人员、单位及相关情况的基础上查证问题。核对银行存款日记账与银行存款对账单，如发现银行对账单有“一收一付”的账目，而银行存款日记账上却没有相应的记录，则可以到其开户行调查了解银行存款结算业务的具体内容，及与被查单位发生结算业务的单位或个人，然后再追查了解该单位或个人，分析他们之间所发生的银行存款结算事项是否合理合法，查明是否存在出租、出借银行存款以转移资金、收取好处费的行为。

如果银行存款日记账与银行对账单上的内容相一致，都有“一收一付”账目，可通过审阅缴款单或收款难知等原始凭证分析该笔款项的来源是否与被查企业有业务往来，是否有模糊不清的业务理由；对于付款事项，可通过审阅付款委托书回单以及相应的采购物资的原始单据，分析此笔款项的去向是否为上述收款事项付款单位，是否为正常的合理的业务往来。将收款事项和付款事项联系起来进行分析检查，能够较容易地查清企业出租、出借银行账户的真伪。

【例 4－12】

案情：20×4 年 12 月，查账人员在审查 D 企业的“银行存款日记账”时，发现当年 9 月 10 日第 10 号收款凭证的摘要记录“存入暂存款”，金额为 80 000 元。9 月 17 日、18 日分别在第 20 号和第 26 号凭证摘要处注明“提现”，金额各为 4 000 元。查账人员怀疑该企业存在出租账户的行为。

查证：查账人员首先调阅 9 月 10 日第 10 号收款凭证，其分录如下：

借：银行存款　　　　80 000

　　贷：其他应付款—丙企业　　　　80 000

所附原始凭证仅有一张“进账单”调阅9月第20号和第26号凭证，支票用途分别为差旅费和备用金。依据这一线索，进一步查阅“现金日记账”，发现9月30日第30号凭证摘要为“付暂存款80 000元”。调阅第30号付款凭证，其分录如下：

借：其他应付款—丙企业　　80 000

　　贷：库存现金　　80 000

所附原始凭证为D企业开具的白条收据，查账人员调阅D企业的账簿记录，并未有80 000元的收入。查账人员在丙企业有关人员的协助下，进一步查阅了商品销售明细账，发现D企业在9月9日销售一批商品，价款为80 000元，与购货方联系，核定款项已付，与银行取得联系，款项已划到被审单位。

至此可以证实被查企业出租账户，非法套取现金80 000元。查账人员查证后，又询问被查企业的会计、出纳和经办人员，他们终于说出了事实真相，三人各得好处费5 000元，事后三人上缴赃款并接受相应的处罚（每人处500元罚款）。

账务调整：对上述违规操作应当进行如下账务调整。

借：银行存款　　16 500

　　贷：营业外收入　　16 500

【案例点评】在查账时，对“暂存款”等类似的“一收一付”账目要予以重点关注，发现此类情况时，很可能表明被查单位存在出租、出借账户的行为，要进一步查明原因，证实情况是否存在。

2. 利用“黑户”隐匿、截留收入和贪污款项。

“黑户”指在正常使用银行账户外，以某种名义在银行开立账户，主要用于收付非法款项或者作为企业的“小金库”。在对“黑户”的存在性进行调查时，可以检查销售收入明细账，查看是否存在退货业务记录：如果存在退货业务，则可以与对方联系，确定退货金额；如果不存在退货业务，则需进一步查明退货款的入账户头是否为企业的“黑户”。

【例4－13】

案情：2×15年2月，查账人员在检查E企业“银行存款日记账”时发现，2×14年7月的第19号凭证摘要为“罚款支出”，金额为50 000元。该笔罚款支出金额较大，但在摘要中无详细记录，查账人员怀疑其中有舞弊嫌疑，于是实施了进一步调查。

查证：调出2×14年7月第19号凭证，其分录如下：

借：营业外支出　　50 000

　　贷：银行存款　　50 000

查阅原始凭证为税务机关的罚款通知书，其中，税款为45 000元，罚金为5 000元，查账人员进而审查“应交税费”明细账，发现该账户余额为0，纳税时间为7月10日，符合规定，为什么会被罚款呢？查账人员进一步审查了7月10日的付款凭证，其分录如下：

借：应交税费—应交增值税 50 000

贷：银行存款 50 000

所附单据为转账支票和纳税申报表各一张。查账人员通过银行查明，该支票的收款为 X 企业而非税务机关。

在事实面前，E 企业的会计人员承认其因为出纳不熟悉相关业务，要求出纳开出一张空白支票，然后与 X 企业相关人员合谋，以支票换取现金，贪污全部税款并编制假凭证，贪污公款 50 000 元，再以未缴款的税单作假凭证，最后通知税务机关主动划走款和罚金。

账务调整：对上述违规操作应当进行如下账务调整。

借：银行存款 50 000

贷：以前年度损益调整 50 000

借：以前年度损益调整 12 500

贷：应交税费—应交所得税 12 500

借：以前年度损益调整 37 500

贷：盈余公积 3 750

利润分配—未分配利润 33 750

【案例点评】在查账时，对一些金额较大而摘要却没有详细记录的异常事项要特别关照，其很可能表明企业存在违规操作问题，应当向相关人员询问并查证问题是否存在。

3. “偷天换日”贪污收入。

检查与销售业务对应的往来账目，如应收账款、其他应收款、应付账款、其他应付款等明细账，调查与对方单位的业务往来是否属实；抽查一定的坏账损失核销业务，检查是否有对已收到欠款的假账、坏账进行贪污的行为。

【例 4-14】

案情：2×15 年 1 月，查账人员在审阅 F 企业“坏账准备”明细账时，发现该企业在 2×14 年 9 月核销的坏账损失明显高于往年同期的核销坏账的金额，其中有一笔核销金额为 100 000 元，金额较大，且经询问相关人员后也未得到合理满意的解释。于是，查账人员决定对“应收账款”明细账进行检查。

查证：在检查“应收账款”明细账时，查到核销的应收账款是应收丁企业的销货款 100 000 元。于是，查账人员决定与丁企业联系以查明相关情况。但是在联系时，查账人员发现丁企业并不存在。经追查，F 企业的财务负责人承认这笔款项实际是戊公司的货款。

2×14 年 7 月对戊公司销售时，F 企业的账务处理如下（不考虑增值税）：

借：应收账款—戊公司　　100 000

　　贷：主营业务收入　　100 000

该笔款项实际上已于2×14年8月收到，但是财务负责人伙同销售经理将该笔款项全部贪污，而应收丁企业的货款实际为虚拟的事项，于是F企业于2×14年9月对这笔应收账款予以核销：

借：坏账准备　　100 000

　　贷：应收账款—丁企业　　100 000

在事实面前，F企业的财务负责人和销售经理供认不讳，退回贪污的销货款并接受了10 000元的处罚决定。

账务调整：对上述违规操作应当进行如下账务调整。

借：银行存款　　100 000

　　贷：坏账准备　　10 000

借：银行存款　　10 000

　　贷：营业外收入　　10 000

【案例点评】 在查账时，查账人员经常会用到比较数据的方法来分析当期数据的异常情况或波动趋势是否合理。当发现存在异常的变动趋势时，查账人员应给予重点的关注和查证，询问相关人员出现异常波动的原因，并对其给出解释的正确性、合理性予以判断，不能完全依赖对方的理由。如果被查企业相关人员给出的解释不能令人满意或信服，则更加表明此处可能存在问题，查账人员应当采取进一步调查措施，证实舞弊问题的存在。

4. 通过假存或少存多记的方法使银行存款日记账与银行对账单余额表面相符的检查。

核对银行存款日记账与银行对账单的各笔明细记录，检查两者是否一致。同时，还应当审查相关记录的原始凭证，检查凭证内容、金额是否与账务记录一致。

【例4-15】

案情：2×14年12月查账人员在检查G企业2×14年11月的“银行存款日记账”和“银行对账单”时发现，在“银行存款余额调节表”中的银行存款调整后的余额与账单调整后的余额相等，但是未达账项的单笔数额存在不一致的现象，其中11月2号凭证（转支230号）的金额为26 650元，但是对账单上230号支票的金额为2 060，银行存款日记账11月第18号凭证存入现金6 000元，在对账单上却没有该笔存款记录，对此查证人员怀疑存在伪造银行存款的问题。

查证：查账人员首先调出第18号凭证，其分录如下：

借：银行存款　　6 000

　　贷：库存现金　　6 000

审查原始凭证时，发现“现金送存簿”没有加盖“现金收讫”字样，即实际上并没有将现金缴存银行，而只是在账面上走了一下过程。然后，查账人员调出第20号凭证，其分录如下（不考虑增值税）：

借：原材料 26 650

贷：银行存款 26 650

审查采购发票时，发现其实际金额为20 650元。经查明，该企业财务人员利用虚存现金的方式使银行存款日记账余额与银行对单余额表面相符，从中贪污银行存款。

账务调整：对上述违规操作应当进行如下账务调整。

借：原材料 6 000

贷：银行存款 6 000

借：银行存款 6 000

贷：库存现金 6 000

【案例点评】在核对“银行存款日记账”和“银行对账单”时，不能只核对调整后的金额，而对其中的各项具体记录金额进行核对落实，发现其中两者存在不一致的地方，很可能表明存在贪污舞弊的嫌疑。

三、其他货币资金常见错误和舞弊行为

（一）其他货币资金常见错误

1. 账户设置不合理。

对于其他货币资金，企业应设置“其他货币资金”总账科目，进行总分类核算，并设置“外埠存款”“银行汇票存款”“银行本票存款”等明细科目，根据这些明细科目并按外埠存款的开户银行、银行汇票银行本票的收款单位等设置明细账。在实际工作中存在着许多未按上述要求设置核算其他货币资金账户的问题。

例如，未按各种其他货币资金的具体形态设置明细科目，或者未按所有的外埠存款的开户银行，银行汇票、银行本票的收款单位设置明细账。未按有关单位或开户银行的全称设置明细账，造成在其名称上不具体、不明确，以至于相互混淆或与其他有关明细账户相混。

2. 未将剩余的或由于其他原因需要退回的专户存款及时结清。

对于未使用完的或由于其他原因需要办理退款手续的外埠款、银行汇票存款、银行本票存款等，应及时足额的办理退款手续。在账务处理上应借记“银行存款”科目，贷记“其他货币资金”（有关明细账户）科目。但是，在实际工作中却存在着许多需要办理退款手续的有关专户存款未及时、足额地予以办理的问题。

（二）其他货币资金的常见舞弊行为

1. 利用银行汇票或银行本票存款的违规操作。

检查银行汇票和银行本票申请书，查明被查企业与收款单位有无业务往来，检查购销合同规定的结算方式是否采用银行汇票或银行本票结算。在分析上算方式是否合理的基础上，分析“其他货币资金——银行汇票存款”“其他货币资金银行本票存款”明细账，审查这些账目是否及时办理了结算，有无长期挂而挪用或侵占款项的情况发生。核对银行存款和银行对账单，审查其款项是否与银行对账单相一致。若不一致，则应分析是否为未达账项。若不是未达账项，则应查明是否收到无效或过期票据。

【例 4－16】

案情：查账人员在审查 G 公司 2×14 年“其他货币资金——银行本票存款”时，发现该账户余额为 5 000 元，保留期为 6 个月。查账人员根据银行本票的结算特点怀疑其中存在挪用公款、贪污舞弊的嫌疑。

查证：查账人员通过逐笔审查“其他货币资金——银行本票存款”账簿明细，发现 2×14 年 4 月第 28 号凭证记录如下：

借：其他货币资金—银行本票存款　　20 000

　　贷：银行存款　　20 000

4 月第 31 号凭证的报销记录如下（不考虑增值税）：

借：原材料　　15 000

　　贷：其他货币资金—银行本票存款　　15 000

再者正好相差 5 000 元，但是在之后记录中并没有查到这 5 000 元差额的去向，因此查账人员更加怀疑其存在贪污银行本票存款余额的行为。该笔报销记录后附约原材料为周某经手的购货发票，收款单位是丙企业，经向丙企业询证后得知该企业已将 5 000元的差额以现金退回，有周某的白条收据为证，注明“收到退回款 5 000 元”经查可以确定是周某贪污了银行本票存款的 5 000 元，事后周某退回了贪污并被处以 500 元罚款。

账务调整：对上述违规操作应当进行如下账务调整。

借：银行存款　　5 500

　　贷：其他货币资金—银行本票存款　　5 000

　　　　营业外收入—罚款收入　　500

【案例点评】对长期挂账的其他货币资金应加以重点关注和检查。

2. 利用外埠存款的违规操作检查。

检查以外埠存款购进的全部商品、材料和其他物品，看其有无超出采购存款的用途；然后审查“其他货币资金——外埠存款”明细账余额，查明其有无长期挂账的现象。若挂账时间过长，则应进一步分析查证企业有无挪用资金或者未及时办理结算的问题。

【例 4 – 17】

案情：查账人员 2×14 年 12 月审查 AB 公司“其他货币资金外埠存款”状况：公司 3 月 12 日第 20 号凭证汇出款项 50 万元，至今尚未报销。经核对 AB 公司业务往来发现很少与汇款所在地有业务往来。查账人员怀疑其可能存在挪用资金行为。

查证：查账人员首先要求 AB 公司提供外埠存款账户资料。发现申请书上的申请理由为“为采购商品需要，在济南开设临时采购户头”。要求提供采购户头对账单时，AB 公司以未收到为名拒绝提供。查账人员调阅第 20 号凭证，其分录如下：

借：其他货币资金—外埠存款　　500 000

　　贷：银行存款　　500 000

上述分录所附信汇凭证注明开户行为工商银行济南东城支行甲地办事处，收款单位某公司采购部，查账人员决定前往该办事处取证。经与该办事处取得联系，核对对账单，发现其存款余额为 100 万元，收款单位和付款单位均为当地证券公司，其中有一笔提取了 8 万元。

查账人员经反复核对证实，甲地办事处为了吸收存款同意 AB 公司设立账户，并以外埠账户为名，实际上允许 AB 公司自由存取款，违反了结算纪律。AB 公司的外埠存实际上是为便于买卖有价证券而开设，通过证券交易赚取收益的，并不反映投资收益，并以此交易收入作为公司“小金库”的资金来源。查账人员取证之后，向 AB 公司指出上述问题，AB 公司供认不讳。

账务调整：对上述违规操作应当进行如下账务调整。

借：银行存款　　1 080 000

　　贷：其他货币资金　　1 000 000

　　　　营业外收入　　80 000

【案例点评】在检查外埠资金存款时，应当关注是否存在长期挂账的款项。如果存在长期挂单的款项，则极有可能表明存在利用外部资金挪用公司款项的违规操作，应当对其进行查证并予以落实。

本章小结

通过本章的学习，了解了出纳人员、出纳工作及出纳岗位的相关定义；明确了出纳岗位的工作内容、注意事项、职责及权限；系统阐述了出纳岗位的库存现金、银行存款及其他货币资金等实务操作；列举了出纳岗位库存现金、银行存款及其他货币资金等业务常见错误及舞弊行为。

关键术语

出纳	库存现金	银行存款	其他货币资金
现金日记账	其他应收款	现金盘盈	现金盘亏
待处理财产损溢	银行存款日记账	银行对账单	银行汇票存款
银行本票存款	信用卡存款	信用证保证金存款	存出投资款
外埠存款	坐支现金		

— 自测题 —

第五章 存货核算会计岗位

本章导读

本章对存货核算会计岗位及其工作内容、职责以及注意事项进行解析，并逐步展开会计实务案例，对存货核算会计岗位容易发生的常见问题进行列举并详细讲解，帮助读者对存货核算会计岗位建立一个整体框架，更好地理解并掌握存货核算的实用技巧。

学习目标

1. 掌握存货核算会计岗位的定义。
2. 了解存货核算会计岗位的工作内容及注意事项。
3. 了解存货核算会计岗位的职责和权限。
4. 掌握存货核算会计岗位的实务。
5. 掌握存货核算会计岗位的常见错误和舞弊行为。

第一节 存货核算会计岗位的定义

一、存货的定义及分类

（一）存货的定义

存货是指企业在日常活动中持有以备出售的产成品或商品、处在生产过程中的在产品、在生产过程或提供劳务过程中耗用的材料、物料等。

存货区别于固定资产等非流动资产的一个比较基本的特征是，企业持有存货的最终目的是出售，不论是可供直接出售，如企业的产成品、商品等；还是需要经过进一步加工后才能出售，如原材料等。

存货不断处于销售和重置或耗用和重置的过程中，一般情况下，其价值一次性转移，随着销售的实现一次性得到补偿，在企业资产中存货的价值占有较大比重。加强对存货的监督和检查，对于维持企业生产经营的进行具有重要的意义。与其他资产相比，存货具有以下特征：一是存货是有形资产；二是存货具有较大的流动性，但其流动性又低于现金等其他流动资产；三是具有时效性和潜在损失的可能性。在企业的正常生产经营期间内，存货能转换为现金或其他流动资产。但是长期不能销售的存货资产，或需要折价销售的存货，将造成企业的损失。

存货的确认要同时满足以下两个条件：一是与该存货有关的经济利益很可能流入企业；二是该存货的成本能够可靠的计量。

（二）存货的分类

为了加强存货的核算和管理，正确计算产品的生产成本和商品的销售成本，应按存货进行合理的分类。

1. 按存货的经济用途分类。

存货按经济用途不同，可分为原材料、在产品、半成品、产成品、商品、包装物、低值易耗品等。

（1）原材料。它是指企业在生产过程中经加工改变其形态或性质并构成产品主要的各种原料及主要材料、辅助材料、外购半成品（外购件）、修理用备件（备品备件）、包装材料、燃料等。

（2）在产品。在产品又称在制品，是指没有完成全部生产过程，不能作为商品销售的产品。

（3）半成品。它是指完成了一个或几个加工步骤，但没有完成所有的加工步骤，仍需要继续加工的产品。

（4）产成品。它是指企业已经完成全部生产过程并验收入库，可以按照合同规定的条件送交订货单位，或者可以作为商品对外销售的产品。企业接受外来原材料加工制造的代制品和为外单位加工修理的待修品，制造和修理完成验收入库后，应视同企业的产成品。

（5）商品。它是指可供销售的物品。工业企业的商品包括本企业自备原材料生产的产成品和对外销售的半成品等；商品流通股企业的商品包括外购或委托加工完成验收入库用于销售的各种商品。

（6）包装物。它是指为了包装本企业商品而储备的各种包装容器，如桶、箱、瓶、坛、袋等。但是，下列物品，在会计上不作为包装物存货进行核算：

①各种包装用的材料，如纸、绳、铁丝、铁皮等，应作为原材料进行核算。

②企业在生产经营过程中用于储存和保管产品或商品、材料、半成品、零部件等，

而不跟随产品或商品出售、出租或出借的包装物，如企业在经营过程中周转使用的包装容器，应按其价值大小和使用年限长短，分别归入固定资产或低值易耗品进行核算。

（7）低值易耗品。它是指不能作为固定资产的各种用具物品，如工具、管理用具、玻璃器皿、劳动用品，以及在经营过程中周转使用的容器等。

需要注意的是，为建造固定资产等各项工程而储备的各种材料，虽然也具有存货的某些特征（如流动性），但它们并不符合存货的概念，因此不能作为企业的存货进行核算。企业的特种储备以及按国家指令专项储备的资产也不符合存货的概念，因此也不能作为企业存货进行核算。

2. 按存货的存放地点分类。

（1）库存存货。它是指已经运达企业，并已验收入库的各种材料和商品，以及已验收入库的自制半成品和产成品。

（2）在途存货。它是指货款已经支付，尚未验收入库，正在运输途中的各种材料和商品。

（3）加工存货。它是指正在加工的存货，包括正在本企业加工中的在制品和委托外单位加工的各种材料和半成品。

3. 按存货的取得途径分类。

按存货取得的途径可以将存货分为：（1）外购存货；（2）自制存货；（3）委外加工的存货；（4）投资者投入的存货；（5）接受捐赠的存货；（6）以非货币性资产交换换入的存货；（7）盘盈的存货。

（三）存货入账价值的确定

《企业会计准则——存货》规定，企业取得存货应当按照成本进行计量。存货成本包括采取成本、加工成本和其他成本。存货取得的途径不同，其成本确定的方法也不同。

1. 外购存货。

外购存货的采购成本一般包括采购价格、进口关税和其他税金、运输费、装卸费、保险费以及其他可直接归属于存货采购的费用，如采购途中的仓储费、运输途中的损耗、入库前的挑选整理费等。

商品流通企业进货过程中发生的进货费用，包括应由企业负担的运输费、装卸费、包装费、保险费、运输途中的合理损耗、入库前的挑选整理费、按规定计入成本的税金及其其他费用，应当计入商品采购成本。如果进货费用不能直接计入有关商品采购的商品采购成本的，也可以先进行归集，期末根据所购商品的存销情况进行分摊；对于已售商品的进货费用，计入当期损益（主营业务成本）；对于未售商品的进货费用，计入期末存货成本。商品流通企业采购商品的进货费用金额较小的，可以在发生时直接计入当期损益（销售费用）。

2. 自制存货。

自制存货的成本是指存货的加工成本。存货的加工成本包括直接人工以及按照一定方法分配的制造费用。

制造费用是指企业为生产产品和提供劳务而发生的各项间接费用。企业应当根据制造费用的性质，合理地选择制造费用分配方法。在同一生产过程中，同时生产两种或者两种以上的产品，并且每种产品的加工成本不能直接区分的，其加工成本应当按照合理的方法在各种产品之间进行分配。

企业为生产需要，经过相当长时间的生产活动才能达到预定可销售状态的存货发生的借款费用，应计入存货的成本。

3. 委外加工的存货。

委外加工完成的存货，以实际耗用的原材料或者半成品、加工费、运输费、装卸费和保险费等费用以及按规定计入成本的税金，作为其实际成本。

4. 投资者投入的存货。

投资者投入的存货应当按照投资合同或协议约定的价值确定，但合同或协议约定价值不公允的除外。在投资合同或协议约定价值不公允的情况下，按照该存货的公允价值作为其入账价值。

5. 盘盈的存货。

盘盈的存货，应当按照其重置成本作为入账价值，并通过“待处理财产损益”科目进行会计核算，按管理权限经报批后冲减当期管理费用。

企业应根据发生的采购成本、加工成本以及其他成本（这里指除采购成本、加工成本以外的，使存货达到目前场所和状态所发生的其他支出，如企业为特定客户设计产品而发生的专项设计费用等应计入该产品的成本），合理确定存货的入账价值。下列费用应当在发生时确认为当期损益，不计入存货成本：

（1）非正常消耗的直接材料、直接人工和制造费用。

（2）仓储费用（不包括在生产过程中为达到下一个生产阶段所必需的费用）。

（3）不能归属于使存货达到目前场所和状态的其他支出。

二、存货核算的定义及方法

（一）存货核算的定义

存货核算是指对企业存货价值（成本）的计量，用于单位存货出入库核算、存货出入库凭证处理、核算报表查询、期初期末账务处理及相关资料维护。在单位经营过程中，总是在不断地购入、耗用或销售存货，每个会计期均要进行存货会计核算。存货的核算是单位会计核算的重要一项内容，正确计算存货购入成本，反映和监督存货的收、发、领、退和保管情况，促进企业提高资金的使用效率。

（二）存货核算的方法

1. 存货的购进。

（1）存货购进成本的确定。

通过购买取得的存货的初始由采购成本构成。存货的采购成本包括买价、相关税费、运输费、装卸费、保险费及其他可归属于采购成本的费用。

（2）存货购进的核算。

外购存货，由于采用的结算方式和采购地点等的不同，其账务处理也不同：

①存货和结算凭证同时到达的，企业应依据采购成本，借记“原材料”等存货账户；根据结算方式在贷方记相应账户。

②结算凭证先到，存货未到或尚未验收入库的，应通过“在途物资”账户核算，待存货验收入库后，再将“在途物资”转作“原材料”等存货形式。

③存货先到，而结算凭证未到的，在月内一般暂不入账，待凭证到达后再入账。如果到了月末，有关凭证仍未到达，则企业应按暂时的估价借记“原材料”账户借方；“应收账款”账户贷方。

2. 存货的发出。

存货发出的计价方法有多种，企业可以根据自身的实际情况选择，存货发出的计价方法一旦确定，不得随意变更。

（1）先进先出法。假定先收到的存货先发出，并根据这种假设的成本流转顺序对发出存货和期末存货进行计价。

（2）加权平均法。指以本月收入全部存货数量加月初存货数量作为权数，去除本月收入全部加月初库存成本的和，计算出存货的加权平均单位成本，从而确定存货的发出成本和库存成本的方法。

$$加权平均单价=\frac{月初存货实际成本+本月收入存货实际成本}{月初存货量+本月收入存货量}$$

$$本月发出存货成本=本月发出存货数量\times加权平均单价$$

$$月末结存存货成本=月末结存存货数量\times加权平均单价$$

（3）移动加权平均。指本次收货的成本加原有库存的成本，除以本次收货数量加原有存货数量，据以计算加权平均单价，并对发出存货进行计价的一种方法。

$$移动平均单价=\frac{本次收入前存货实际成本+本次收入存货实际成本}{本次收入前存货数量+本次收入存货数量}$$

（4）个别计价法。逐一辨认各批发出存货和期末结存存货成本的方法。

3. 存货的计划成本法核算。

存货按计划成本计价时，材料、库存商品等存货的收入、发出和结存均预先确定的计划成本计价。实际成本与计划成本的差异，通过“材料成本差异”账户进行核算。月末根据有关明细账提供的资料计算材料成本差异率，以及发出和结存存货应负担的成本差异。其计算公式如下：

$$材料成本差异率=\frac{月初成本差异额+本月收入成本差异额}{月初计划成本+本次收入计划成本}$$

发出存货应负担的材料成本差异 = 发出存货计划成本 × 材料成本差异率

发出存货的实际成本 = 发出存货的计划成本 + 发出存货应负担的材料成本差异

结存存货的实际成本 = 结存存货的计划成本 + 结存存货应负担的材料成本差异

4. 存货的清查盘点。

为了如实反映存货数量和金额的实有数额，做到账实相符，应定期或不定期对存货进行清空。对原材料等材料，至少应在年终编制决算前进行一次全面的实物清查，对半成品和产成品每季进行清查；更换仓库材料保管员时，必须对其所管材料进行全面清查盘点，方能办理移交手续。若发生存货损失，属于过失人责任的，应当赔偿经济损失。

财务部必须坚持每月按存货明细账目同仓库保管员保管账核对，如发现账账之间出入较大，应查明原因，直到查清为止。

组织库存存货清查，应以车间、仓库为主，总工办、生产厂长、财务等部门派员参加监盘。坚持以实物为标准，逐样、逐堆、逐件、逐包进行现场清点，边点边做记录（品种、规格、批号或有效期、数量等）。在清查基础上分类汇总数量，然后与消查账面余额核对，最后仓库编制存货盘点表。对其盘盈或盘亏的存货，由参与部门共同审核并查明原因，报公司领导审批。批准之前，先将存货盘盈、盘亏数从“原材料”“周转材料”等科目转到“待处理财产损溢”科目；待查明原因后，再按有关规定和批准处理方法进行处理，调整有关账务。例如，对盘盈的存货，经查明确为收发计量或核算的误差等原因造成，应及时办理入库手续，调整账面库存数和金额。对盘亏的存货，经公司领导和有关公司批准后，根据亏损原因，再分别按有关规定和批准方案处理。

三、存货核算会计岗位的定义

存货核算会计岗位是对企业的产成品或商品、在产品、原材料和周转材料在采购、储存和销售过程中进行核算、记录和管理的一个重要岗位。存货是单位的重要财产物资，期末存货成本的高低对生产成本和利润有直接的影响，存货核算会计在会计核算中起着十分重要的作用，其职能包括核算、反映、监督和管理四个方面。(1) 核算职能：主要是对存货取得时计价的计算，发出存货计价的计算，以及会计期末存货估值的计算等。(2) 监督职能：主要是对存货业务单据的审核和对存货业务全过程的审查，对其合法性、合理性及有效性进行监督。(3) 反映职能：主要是对各种存货进行总账和明细账登记，随时掌握各种存货的收发存状况，提供发出存货的成本并根据库存情况向有关部门提出采购计划。(4) 管理职能：主要是对存货的采购计划，存货的购进、存货的发出、期末库存存货以及存货的盘点进行管理，以正确核算存货的成本，加强单位资产管理，避免存货不足或存货积压现象。

企业存货核算作为财务部门的基础性工作，在企业经营与发展进程中发挥着不可替代的重要作用。面对日趋严峻的市场竞争形势，各个企业也遵循降低成本投入、增加产出效益的原则，对存货计价核算实现了标准化、科学化管理，规范了存货的购入、使用程序，企业的盈利水平显著提升。

第二节 存货核算会计岗位的工作内容及注意事项

一、存货核算会计岗位的工作内容

(一) 存货出入库

1. 存货采购部门进行原材料、物料的采购，存货使用部门进行原材料等的领用，产成品出入库等，必须由存货核算（岗位）部门填写相应的单据，交仓库保管人员。

2. 仓库保管人员根据存货核算（岗位）部门交来的单据办理存货出入库，并登记仓库出入库保管台账，办理出入库手续。

3. 为了细化执行而需要进行填写的单据有：《材料入库单》与《产品入库单》《保管台账》。

(二) 上报原始凭证

1. 存货使用部门需要用存货时应填写领用单，送交部门负责人审批签字，据以到仓库领料，领料人、领用部门负责人、仓库保管员同时在领用单上签字。

2. 采购、生产和仓库等部门定期整理并上报相关原始凭证（即各种出入库单据、发票、验收单等）至存货核算（岗位）部门，原始凭证一定要整齐、有序、无遗漏。

3. 为了细化执行而需要进行填写的单据有：《材料入库单》与《领料单》等。

（三）审核原始凭证

1. 存货核算会计岗位人员对上报的原始凭证根据材料和产品的不同，进行分类汇总，并审核原始凭证是否准确无误。

2. 审核原始凭证应当按照国家统一的会计制度的规定进行，购买实物的原始凭证必须附有验收证明，以确认实物已经验收入库。

3. 存货核算会计岗位人员对不真实、不合法的原始凭证有权不予接受，并向公司负责人报告，请求查明原因，追究有关当事人的责任。

4. 对记载不准确、不完整的原始凭证予以退回，并要求经办人按照国家统一的会计制度的规定更正、补充。

（四）编制记账凭证

1. 存货核算会计岗位人员根据审核无误的原始凭证，按照经济业务事项的内容加以归类，并据以确定会计分录后所编制的记账凭证。

2. 记账凭证确定了存货应借、应贷的会计科目及其金额，将原始凭证中的一般数据转化为会计语言。

3. 记账凭证是介于原始凭证与账簿之间的中间环节，是登记明细分类账户和总分类账户的依据。

（五）协助登记日记账

存货核算会计岗位人员需要根据收付款凭证、转账凭证等结算凭证，准确无误地按照业务发生顺序逐笔登记现金日记账和银行存款日记账。同时，要在熟悉财务软件和办公软件的操作的情况下，高效地处理各种数据和信息，确保账目清晰、准确无误。

（六）协助登记明细账

1. 存货核算会计岗位人员根据记账凭证及原始凭证，定期登记存货明细账，明细账一般分为原材料、库存商品、低值易耗品、包装物、生产成本等明细账。

2. 存货核算负责对存货进行明细分类核算，每日从仓库管理员处接收存货收发票据，及时核算价格，登记存货明细分类账簿，并负责存货结算发票的收回、核对和结算。

（七）协助登记总分类账

1. 月底要报出“存货发出汇总表”报财会部门存货总账会计。每月末将存货明细账与库房的实物台账及时核对，确保账账相符。

2. 在登记总账时，一般应在摘要栏填写“上年结转”“本月合计”“本年累计”

等，除此之外，还应填写凭证汇总的起止号。

（八）账目核对

存货核算会计岗位人员是公司中非常重要的角色，他们负责监督仓管人员定期盘点存货，以确保公司的资产得到准确记录和管理。这些存货包括各种商品、原材料、半成品等，对于公司的运营和财务状况有着至关重要的影响。因此，存货核算会计岗位人员的责任非常重大，需要具备高度的专业素养和责任心。

为了确保存货的准确记录和管理，存货核算会计岗位人员需要将会计账簿记录与实物、余额款项及有关资料相互核对。这种核对过程是非常必要的，因为它可以保证账证相符、账账相符、账实相符。也就是说，它可以确保公司的财务记录和实际情况完全一致，没有任何误差或遗漏。

在核对过程中，存货核算会计岗位人员需要运用各种方法和技巧，包括对仓管人员的监督、对存货的清点和抽查等。这些方法和技巧可以帮助他们发现任何潜在的问题，并及时采取措施加以解决。

二、存货核算会计岗位的注意事项

1. 注意严格遵守岗位责任。存货管理工作有着严格的岗位责任制度。在建立日常材料收、发工作的过程中，存货核算会计岗位人员必须严格遵守存货管理的手续制度，一丝不苟地按照制度办理。不仅需要了解和掌握存货的进、销、存情况，还需要对存货的采购、入库、领用、报废等各环节进行细致入微的监控和管理。

2. 注意建立健全内部控制制度。在存货管理方面，实物与账目的管理需要分别由存货核算会计岗位人员负责。这样分工明确的组织架构不仅可以提高工作效率，还能够有效地加强内部监督管理。通过实物卡片账的方式，可以更加清晰地记录存货的名称、规格、数量等信息，为后续的盘点、核查等工作提供便利。同时，通过账目的记录与核对，可以及时发现存货管理中存在的问题，并及时采取相应的措施加以解决。这种管理方式能够确保存货的安全与完整，避免出现遗失、损坏、盗窃等问题。因此，加强存货的实物与账目管理，建立相应的管理制度和规范操作流程，是提高企业经营管理水平的重要措施之一。

3. 注意要定期实物盘点。存货管理应建立定期实物盘点制度，每月末存货核算会计岗位主管要组织库管进行实物盘点，同时财务部要派人现场监督。材料物资盘点后，根据盘点结果，由存货核算会计岗位人员填制《材料物资盘存表》一式三份（自留一份、财务部一份、办公室存档一份），并由主管、岗位人员、财务监督人员、签字有效。对盘点中发现的问题，岗位人员应就此写出书面报告，说明原因，提出处理意见，由财务部再次核实后，报董事长审批执行。

4. 注意做好记录与汇报工作。对盘盈、盘亏的材料及物资，须根据上级领导批准的报告意见为依据，填制出、入库单，并转交财务部，财务部据此方可做账务处理，人事部据此作出处罚决定。未经上述规定程序，财务部不得擅自作销账、入账处理，一经发现将作违纪处理。

5. 注意做好领用登记工作。对于价值低、数量少的材料物资，采用以领代销制，即，材料一经领用，全部进入材料成本，对于大宗价值高的材料物资，采用实耗制，即，耗用了多少，转进成本多少。

6. 注意配合结算工作。在每年的财务决算前，财务部会进行一次全面且彻底的财产清查工作，以确保年终决算的真实性和准确性。这项工作十分重要，主要涉及公司或组织的整体财务状况，以及资产和负债的准确记录。在进行财产清查时，财务部会采取各种措施，包括实地考察、记录核查、盘点清查等，以确保所有资产和负债都被正确地记录在账目中。此外，他们还会与存货核算会计岗位人员对各种财务交易进行严格的审核和验证，以确保没有错误或遗漏。

第三节　存货核算会计岗位的职责和权限

一、存货核算会计岗位的职责

1. 负责同有关部门拟订材料的收发、领退和保管等管理与核算的实施办法，审查汇编材料采购用款计划，控制材料采购成本。

2. 负责认真审核各类材料的收发凭证，负责材料的明细核算，每月要分别与存货核算会计岗位人员和采购员对账。对购入的材料，要认真审核发票、账单等结算凭证，及时办理结算手续，核算采购成本。对在途材料要督促清理催收，对已验收入库尚未付款的材料，月终要估价入账。

3. 负责配合有关部门制定材料消耗定额，采用计划成本进行材料日常核算的单位，需要仔细编制计划成本目录。该目录应该包含详细的材料清单和相应的计划成本，以便在日常核算中能够准确跟踪和评估材料的消耗情况。通过编制计划成本目录，单位可以更好地管理材料消耗，提高生产效率，并确保资源的合理利用。此外，计划成本目录还可以为单位的财务预算和决策提供重要的参考依据。因此，编制计划成本目录是单位实现有效材料管理的重要步骤之一。

4. 负责参与库存材料的清查盘点，需要对每一个材料进行仔细的核对和记录，以确保材料的数量和质量都与账目相符。当发现有盘盈、盘亏或报废的材料时，需要认真查明原因，这可能涉及多个方面的因素，如采购错误、保管不当、使用不当等。为了确保材料账目的准确性和完整性，对于盘盈、盘亏和报废的材料，需要按照不同情况进行分类、登记和审批。经过审批后，根据实际情况进行处理。对于盘盈的材料，可以进行补充登记并纳入正常管理；对于盘亏的材料，需要查明原因并追究相关责任人的责任；对于报废的材料，需要进行报废手续处理并更新账目记录。

5. 负责分析材料库存的储备情况，对超过正常储备和呆滞积压的材料，要分析原因，提出处理意见和建议，督促有关部门处理。对于材料保管不善和挪用库存材料造成损失浪费的，要向领导报告，追究责任。

二、存货核算会计岗位的权限

1. 有权抵制违反存货管理标准的行为。目前，对于大部分企业来说，认识到了存货管理质量对企业发展的重要性。但是，还有很多企业的存货管理意识比较薄弱，缺乏高效的存货管理制度，甚至有个别企业内部根本未制定存货管理制度。在这种情况下，企业缺乏明确规范有力的制度来约束日常的存货采购、领用等各种行为，造成企业存货管理的混乱无序，影响着企业资金正常运转，造成不必要的资源浪费。企业还需要建立对存货管理制度执行情况的监督与考核机制。但大部分企业存在制度“挂在墙上”的现象，如不进行比选、缺乏完善的出入库制度、倒签原材料领料表等，从根本上缺乏存货计量与核算的准确基础。

对于存货管理制度，由于存货一经验收，所有的责任就会归属于采购方，企业的存货保管人员要有认真负责的态度，严格执行存货管理过程中的相关制度。因此，存货的管理对企业来说也是一项需要重视的活动。在会计核算制度方面，财务人员要选择合适的存货计价方法，保证准确的存货核算，同时保证账实相符。

2. 有权审查领料单，确保材料核算准确。对领料单要加以审查，发现异常，拒绝盖章。领用的原材料有着不同的核算方法，其中，“先进先出法”“加权平均法”等，核算误差大，不能真实反映产成品的成本。现代信息技术可以做到“个别计价法”，如在原材料入库时，每批都有唯一的编码。在车间领用时，扫描该编码，进入 ERP 中的“领用材料类”，在生产时，车间人员扫码原材料外包装上的条码，打印到“随工单”上，“随工单”随产成品生产工序流转。到产成品入库时，扫码“随工单”上的原材料编码，同时，产成品入库编码也生成。这样，就能把产成品与原材料对应起来，勾稽在一起，从而实现材料成本的准确核算并且可以向上追溯。

3. 有权对用料浪费进行严格考核。发现用料的浪费，要严格考核。第一，很多企业不能按照存货的“先进先出”原则进行领用，导致“霉烂变质”从而造成不必要的损失。第二，在存货的入库过程中，不能做到“不相容岗位”分离，从而出现入库的账面数量与实物数量不一致。第三，存货的管理制度不健全，在入库和领用过程中，手续不全，导致虚入库或存货夹带出库，没有按存货的重要性进行分类管理；缺少对仓库人员的职业素质教育，导致监守自盗。第四，盘点过程中，容易出现舞弊行为。

4. 有权指导和检查各部门的材料使用管理。应该对各部门使用材料的管理工作进行指导、检查，完善企业考核监督机制的一条有效路径就是建立有效的存货内部审计制度。在具体操作方面，应从存货的采购与领用两个方面着手。在采购方面，内部审计人员应检查合同是否按授权签订，合同是否完善，合同数据与入库单数据是否相符。在合同的入库、日常盘点方面是否手续完善，有无遵循不相容岗位相分离原则。在存货领用环节，内部审计人员要检查出库单（领料单）是否属实，是否与具体生产经营要求相匹配，同时要重点关注退料与边角料、下脚料、报废料的处置是否合法合规。在日常管理环节，要检查保管部门和财会部门日常核算的数据是否准确、一致，检查财务部门与生产部门对于生产成本的计算是否准确，再对存货的收发部门的工作执行情况进行有效的评价。

企业要加强存货采购与管理的相关内部控制制度，完善采购、领用等相关工作流程，在计价与核算中保证其完整准确，使存货的数量、价值准确，同时也保证了企业成本的正确性。此外，企业还应完善自动化存货管理系统，如通过 ERP 系统，跟踪存货的结存情况，制定合理的库存水平，减少积压，从而降低企业成本，提高企业的盈利能力，促进企业的持续稳定发展。

第四节　存货核算会计岗位的实务

一、主要账户的设置

（一）总账科目的设置

企业通常应该设置材料采购、在途物资、原材料、材料成本差异、库存商品、发出商品、商品进销差价、委托加工物资、周转材料（企业的包装物、低值易耗品通过该科目进行核算）、存货跌价准备、待处理财产损溢等总账科目。

（二）明细科目的设置

1. 材料采购科目核算企业采用计划成本进行材料日常核算而购入材料的采购成本。材料采购科目可按供应单位和材料品种设置二级明细科目。

2. 在途物资科目核算企业采用实际成本（或进价）进行材料、商品等物资的日常核算、货款已付尚未验收入库的在途物资的采购成本。在途物资科目可按供应单位和物资品种设置二级明细科目。物资采购的实际成本通过在途物资科目核算。

3. 原材料科目核算企业库存的各种材料，包括原料及主要材料、辅助材料、外购半成品（外购件）、修理用备件（备品备件）、包装材料、燃料等的计划成本或实际成本。收到来料加工装配业务的原料、零件等，应当设置备查簿进行登记。原材料科目应当按照材料的保管地点（仓库）、材料的类别、品种和规格等设置二级明细科目。

二、主要经济业务账务处理

（一）购买原材料的账务处理

1. 购买原材料的五种情况：材料验收入库同时支付货款、材料已验收入库但货款尚未支付、购入材料已付款但尚未验收入库、预付款方式购买材料、先收料但月末发票未到无法确定实际成本。

（1）收料的同时支付货款。

【例5－1】20×9年3月10日，长江公司从星光公司购入丙材料200千克，每千克25元，代垫运费为100元，增值税进项税额857元（850＋7）。全部款项以转账支票付讫，材料已到达企业验收入库，会计部门根据从供应单位取得的发票运费单据、转账支票存根和材料验收入库单等。应编制如下会计分录：

借：原材料—丙材料　　5 093
　　应交税费—应交增值税（进项税额）　　857
　　贷：银行存款　　5 950

（2）先收料后付款。

【例5－2】20×9年3月12日，长江公司从三宏公司购入甲材料2 000千克，每千克5元，三宏公司代垫运费为500元，增值税进项税额1 735元（1 700＋35）。材料已收到并验收入库但款项尚未支付，会计部门根据从供应单位取得的发票、代垫运费单据、材料入库单，应编制如下会计分录：

借：原材料—甲材料　　10 465
　　应交税费—应交增值税（进项税额）　　1 735
　　贷：应付账款—三宏公司　　12 200

（3）先付款后收料。

【例5－3】20×9年3月15日，长江公司从宏达公司购入乙材料1 000千克，每千克20元，增值税进项税额3 400元材料尚在运输途中，全部款项用银行转账支票付讫，会计部门根据从供应单位取得的发票、转账支票的存根，应编制如下会计分录：

借：在途物资—乙材料　　20 000

　　应交税费—应交增值税（进项税额）　　3 400

　　贷：银行存款　　23 400

（4）采用预付款项购货。

【例5-4】20×9年3月21日长江公司以银行转账支票预付恒通公司采购甲材料款10 000元。会计部门根据转账支票存根应编制如下会计分录：

借：预付账款—恒通公司　　10 000

　　贷：银行存款　　10 000

（5）先收料但月末发票未到，无法确定其实际成本。

【例5-5】20×9年3月22日，长江公司购入黄河公司丁材料一批，材料已收到并验收入库，但月末发票账单尚未收到也无法确定其实际成本，暂估价值为30 000元。会计部门根据材料入库单，应编制如下会计分录：

借：原材料—丁材料　　30 000

　　贷：应付账款—暂估应付账款　　30 000

下月初作相反的会计分录予以冲回，待收到发票账单后再按照实际成本记账。

2. 材料采购成本的计算。

外购材料的采购成本主要包括：

（1）材料的买价：供货单位的发单价格。

（2）采购费用：包括运杂费（运输费、装卸费、保险费、包装费等）、入库前挑选整理费以及购入材料应负担的其他有关税费。

【例5-6】20×9年3月22日，长江公司从三江公司购入甲、乙两种材料，发票上标明甲材料的价款为30 000元，乙材料的价款为20 000元，增值税为8 500元。材料未到，全部款项以商业承兑汇票付讫。会计部门根据取得的发票，应编制如下会计分录：

借：在途物资—甲材料　　30 000

　　　　　　—乙材料　　20 000

　　应交税费—应交增值税（进项税额）　　8 500

　　贷：应付票据　　58 500

（二）库存商品的账务处理

工业企业的库存商品一般应按实际成本进行核算。库存商品的收入、发出和销售，平时只记数量不记金额，月度终了，计算生产完工验收入库产成品的实际成本，按实际成本借记“库存商品”账户，贷记“生产成本——基本生产成本”等账户。对发出和销售的产成品，可以采用先进先出法、月末次加权平均法、移动加权平均法或者个别计价法等方法确定其实际成本，借记“主营业务成本”等账户，贷记“库存商品”账户。

【例5-7】 乙公司9月共完工入库A产品800件，其成本为9 600元。销售A产品200件，成本为2 400元。

借：库存商品—A产品　　9 600
　　贷：生产成本—基本生产成本（A产品）　　9 600
借：主营业务成本　　2 400
　　贷：库存商品—A产品　　2 400

【例5-8】 丙公司10月产成品入库单（见表5-1），本月生产完工入库甲产品300件，单位成本600元；验收入库乙产品400件，单位成本800元。

表5-1　　**产成品入库单**

单位：第一车间　　10月×日　　字第×××号

产品编号	产品名称	计量单位	实收数量	单位成本	总成本
101	甲产品	件	300	600	180 000
102	乙产品	件	400	800	320 000
合计					400 000

借：库存商品—甲产品　　180 000
　　　　　　—乙产品　　320 000
　　贷：生产成本—基本生产成本—甲产品　　180 000
　　　　生产成本—基本生产成本—乙产品　　320 000

【例5-9】 甲公司10月销售甲产品240件，总成本144 000元；销售乙产品350件，总成本280 000元。

借：主营业务成本—甲产品　　144 000
　　　　　　　　—乙产品　　280 000
　　贷：库存商品—甲产品　　144 000
　　　　　　　　—乙产品　　280 000

第五节　存货核算会计岗位常见错误和舞弊行为

一、存货核算会计岗位存在的常见错误

（一）货到票未到，不暂估入库

对于月末已收到的购入材料（但发票账单未到），应暂估入库进行账务处理，待下月初

再用红字冲回。但有些企业对于收到的这部分材料，月末不作账务处理，造成账实不符。

在盘点库存实物，发现与账面金额不符，经详查，得知该企业购入的一批电机，已入库，但发票一直未到，可知存货核算会计岗位人员并没有进行账务处理。

（二）未考虑存货与其他业务循环的关联性

在进行存货核算时，未能及时联系存货所处的整个业务循环，考虑存货与其他业务循环的关联性。例如，在对销售成本核算中，进行收入与成本的配比测试时，存货核算会计岗位人员一般在确认存货计价方法的贯彻以及成本倒轧关系的勾稽一致，在未发现异常的情况下，就下了“确认”的结论。而在实际中，许多企业为了少交税款，通常把损坏的产品、用作样品和礼品的产品、用于非公益捐赠的产品等计入主营业务成本。其做法是，在期末结转销售成本时，销售成本与相应的销售收入不作数量上的配比，直接把产成品各类减少数“一锅煮”，一并转入销售成本，更有甚者为调节利润而有意少转或多转销售数量及相应的成本。

二、存货核算会计岗位的常见舞弊行为

（一）通过存货的取得环节进行舞弊

1. 虚构存货存在。

通过对并不存在的项目编造各种虚假资料，如没有原始凭证支持的记账凭证、夸大存货盘点表上存货数量、伪造装运和验收报告以及虚假的订购单，从而虚增存货的价值，进而达到调节成本和利润的目的。

2. 违规分摊，成本不实。

一些企业在核算购入材料的采购成本时，将能够直接计入各种材料的采购成本不直接计入，或将应按一定比例分摊计入各种材料的采购成本不按规定进行合理的分摊；购入材料发生的运杂费，不按材料的重量或买价等比例分摊计入各种材料的采购成本，而全部计入某主要材料的采购成本，以加大主要材料的采购成本，减少其他材料的采购成本。

（二）通过存货的发出环节进行舞弊

1. 随意变更存货的计价方法。

根据会计制度规定，企业可以根据自身的需要选用制度所规定的存货计价方法，但选用的方法一经确定，年度内不能随意变更，如确实需要变更，必须在会计报表中说明变更原因及其对财务状况的影响，但在实际工作中存在着未按上述要求进行会计处理的问题，以致造成有关财务信息或指标的不一致，缺乏可比性，违反了会计的一

致性、可比性等一般原则，有的企业故意以变更方法来达到纠正生产或经营成本的高低，进而达到人为纠正各有关会计期间的经营利润高低的目的。

2. 材料假出库，虚列成本费用。

在运用某种计价方法计算存货发出成本时，未按规定程序进行，而是故意多计或少计实际发出的存货，来达到人为调节各有关会计期间经营利润的目的。另外，企业为了逃避所得税，虚减利润，就采用办理出库手续，虚列材料费用，人为提高产品生产成本，进而增加产品销售成本相应地减少利润总额。

（三）利用存货盘点进行存货舞弊

1. 操纵存货盘点。

通过对存货的重复盘点，即将已经盘点过的存货放到将要盘点的存货里面去，进行二次盘点；虚假列示存货存在，即在仓库里堆进已封好的空包装箱，提供虚假出入库数据等办法进行舞弊。

2. 不报毁损，虚盈实亏。

企业在清查财产过程中发现毁损材料，应按照规定程序报批转销其毁损价值，但个别企业为了掩盖其不景气的经营状况，搞虚盈实亏，对年终财产清查中已经查明的毁损材料，不列表呈报，使其损失价值仍潜藏在材料成本中。

3. 材料的盘盈盘亏，不作转账处理。

对实地盘点过程中发现的盘盈盘亏，不进行正确的会计处理，相反，却利用不正确的处理手法，人为调节利润。经济效益较好的企业，为了压低利润，采取只列报和处理材料盘亏，对材料的盘盈隐匿不报和不作转账处理；效益不好的企业，为了争取多实现一部分利润，就采取了只对材料的盘盈作转账处理，而对材料的盘亏留待下年度处理的做法，还有的企业随意转账，将盘盈材料计入“营业外收入”或“其他业务收入”，或将盘盈盘亏与物资储备中发生的非常损失或溢出金额相互冲销，不转出其相应的“进项税额”，以增加增值税的抵扣数。

（四）利用存货的特殊业务进行舞弊

在存货核算的领域中，企业可能会通过各种手段进行舞弊，以操纵利润或掩盖真实的财务状况。这些舞弊行为可能包括但不限于：

1. 债务重组。企业可能通过重新安排其债务结构来操纵利润。这可能包括改变债务条款、延期偿还或重新协商利率等，从而影响财务报表上的利润表现。

2. 非货币性交易。在某些情况下，企业可能会通过非货币性交易来夸大收入或减少成本。例如，通过物物交换或其他非现金形式的交易，可能会在会计账目上创造不真实的收入或资产价值。

3. 关联方交易。企业可能会与关联方进行交易，以隐藏其真实的财务状况。这些交易可能不按市场价格进行，从而在财务报表中创造虚假的利润或资产价值。

4. 滥用会计政策和会计估计变更。企业可能会选择性地使用或更改会计政策和估计，以操纵利润。例如，通过更改存货估计方法、收入确认标准或折旧政策，可以在短期内影响利润表现。

5. 虚假的时间性差异。企业可能会故意制造时间性差异，如提前确认收入或延后确认费用，从而在特定会计期间内虚增利润。

6. 虚假披露。通过不完整或误导性的信息披露，企业可能会在其财务报告中隐藏关键的财务信息，从而误导投资者和其他利益相关方对其财务状况的理解。

这些舞弊行为不仅违反了会计准则和法律法规，还可能严重损害企业的声誉，引发投资者和监管机构的不信任。因此，对存货及其相关业务进行严格的监控和审查，是确保企业财务诚信和透明度的关键。

本章小结

通过本章的学习，我们明确了存货核算会计岗位的有关内容，包括存货的定义及分类、存货核算的含义及方法、存货核算会计岗位的定义及意义；了解到存货核算会计岗位的工作内容、注意事项以及职责和权限；系统地掌握了存货核算会计岗位的部分实务；再通过对存货核算会计岗位的常见错误和舞弊行为的展开，引导读者对存货核算会计岗位建立一个整体框架。

关键术语

存货	存货核算会计岗位	存货入账价值	原材料
库存商品	生产成本	存货管理标准	存货出入库
存货核算	存货盘点		

— 自测题 —

第六章　固定资产核算会计岗位

本章导读

本章对固定资产核算会计岗位的含义、工作内容与注意事项、职责与权限作了较为系统的阐述。固定资产的核算管理水平直接决定着企业财务管理水平的高低，也是企业财务管理的重要工作内容之一，它还直接影响着企业的会计信息质量。固定资产核算会计岗位人员在了解固定资产的定义及分类后，还需要掌握固定资产会计核算的定义及方法，规避固定资产核算会计岗位的常见错误和舞弊行为，才能更好地完成固定资产核算会计岗位的职责任务。

学习目标

1. 掌握固定资产会计核算岗位的定义。
2. 了解固定资产会计核算岗位的工作内容及注意事项。
3. 了解固定资产会计核算岗位的职责和权限。
4. 掌握固定资产会计核算岗位的实务。
5. 掌握固定资产会计核算岗位的常见错误和舞弊行为。

第一节　固定资产核算会计岗位的定义

一、固定资产的定义及分类

（一）固定资产的定义

固定资产是指企业为生产商品、提供劳务、出租或经营管理而持有的、使用寿命超过一个会计年度的有形资产，包括房屋、建筑物、机器设备等。不属于生产经营主要设备的物品，单位价值在 2 000 元以上，并且使用年限超过 1 年的，也应作为固定资产。

固定资产，是指同时具有下列特征的有形资产：

1. 为生产商品、提供劳务、出租或经营管理而持有的；

2. 使用寿命超过一个会计年度。

（二）对固定资产进行正确分类

对固定资产进行科学、合理的分类，是加强固定资产管理、合理有效地组织固定资产核算会计的重要条件。在会计实务中，企业为了更好地满足固定资产管理和核算的需要，采用综合的标准对固定资产进行分类，因此可以将固定资产分为以下七类。

1. 经营用固定资产。经营用固定资产是指直接用于生产经营，或为生产经营服务的各种固定资产，包括生产经营用房、货场、仓库、机器、设备、机械、机动车辆、管理用房和设备等。

2. 非生产经营用固定资产。非生产经营用固定资产是指不直接用于生产经营和不直接服务于生产经营的各种固定资产，包括职工宿舍、招待所、学校、幼儿园、托儿所、俱乐部、食堂、浴室、理发室、医院、疗养院、专设的科研试验机构等方面的用房和设备等。

3. 租出固定资产。租出固定资产是指出租或出借给其他单位使用并收取一定租金的固定资产。

4. 未使用固定资产。未使用固定资产是指未投入使用的固定资产，包括未使用的新增固定资产、调入尚待安装的固定资产、进行改扩建的固定资产以及经批准停止使用的固定资产。

5. 不需用固定资产。不需用固定资产是指本企业不需用、已经上级批准准备处理的固定资产。

6. 土地。土地是指过去已经估价单独入账的土地，因征用土地而支付的补偿费，应计入与土地有关的房屋、建筑物的价值内，不单独作为土地价值入账。企业取得的土地使用权不能作为固定资产入账和管理，而是作为无形资产处理。

7. 融资租入固定资产。融资租入固定资产是指企业采用融资租赁方式租入的，尚在租赁期内未转归企业所有的固定资产。它在租赁期间内视同自有固定资产进行管理。

二、固定资产核算会计的定义及方法

（一）固定资产核算会计的定义

固定资产核算会计指的是企业在对固定资产的采购、使用以及处置的过程中，固定资产核算会计岗位人员要以货币为计量单位对其进行确认、计量、记录，并形成报告留档，以便企业将其作为参考依据的过程。

近年来，我国相关行政部门对于固定资产的管理越来越重视，前后颁布了诸多的会计核算准则，如《企业会计准则》等，在一定程度上对固定资产的核算方法和标准进行了明确细致的规定。同时，随着社会经济的不断发展，我国会计相关制度准则及经济发展体系已经逐渐与国际接轨，尤其是新会计制度和准则的颁布，直接标志着我国企业的有效转型，越来越多的企业从原有的重视企业短期经济效益逐渐转变为注重企业的整体资产质量及其的保值增值性，将发展重点集中在企业的可持续发展上。基于此，企业只有对固定资产进行科学合理的核算，才能从真正意义上反映出企业真实的资产资源，为企业决策奠定良好的基础，优化资产配置，从而促进企业健康高效发展。

（二）固定资产核算方法

1. 固定资产增加业务核算。

固定资产按取得方式的不同分为外购、自制和其他方式取得（非货币性交易、债务重组、融资租赁等），《企业会计准则第 4 号——固定资产》中，固定资产应当按照成本进行初始计量。

外购固定资产的成本，包括购买价款、相关税费、使固定资产达到预定可使用状态前所发生的可归属于该项资产的运输费、装卸费、安装费和专业人员服务费等，由建造该项资产达到预定可使用状态前所发生的必要支出构成，投资者投入固定资产的成本，应当按照投资合同或协议约定的价值确定；盘盈的固定资产，作为前期差错处理，在按管理权限报经批准处理前，应先通过“以前年度损益调整”科目核算；企业通过非货币性资产交换、债务重组、企业合并等方式取得的固定资产，其成本应当分别按照相关准则规定确定。

（1）外购固定资产业务的会计处理。

①企业购入的固定资产中不需要安装的固定资产取得成本为企业实际支付的购买价、包装费、运杂费、保险费、专业人员服务费和相关税费等。

②需要安装的固定资产取得成本是在前者取得成本的基础上，加上安装调试成本作为固定资产价值。

（2）自行建造固定资产业务核算。

自行建造固定资产的成本，由建造该项资产达到预定可使用状态前所发生的必要支出构成，包括工程物资成本、人工成本、缴纳的相关税费、应予以资本化的借款费用以及应分摊的间接费用等。

企业以自营方式建造固定资产，其成本应当按照企业为建造固定资产准备的各种物资实际支付的买价、运输费、保险费等相关税费作为实际成本，并按照各种专项物资的种类进行明细核算；建造固定资产领用工程物资、原材料或库存商品，应按其实际成本转入所建工程成本，应负担的职工薪酬、水、电、运输等其他必要支出等也应计入所建工程项目的成本。企业自营方式建造固定资产，发生的工程成本应通过“在建工程”科目核算，工程完工达到预定可使用状态时，从“在建工程”科目转入“固定资产”科目。

2. 固定资产折旧业务的核算。

（1）固定资产计提折旧的范围。

企业应当按月对所有的固定资产计提折旧，并根据用途计入相关资产的成本成当期损益。

当月增加的固定资产当月不提折旧，从下月起计提折旧；当月减少的固定资产当月仍计提折旧，从下月起不计提折旧，已达到预定可使用状态但尚未办理竣工决算手续的固定资产，应当按照估计价值确定其成本，计提新旧，待办理竣工决算后再按实际成本调整原来的暂估价值，但不需要调整原已计提的折旧额。

固定资产提足折旧后，不论能否继续使用，均不再计提折旧，提前报废的固定资产也不再计提折旧。

（2）固定资产计提折旧的方法。

实际工作中会计制度的规定，企业应当根据实际情况选择折旧方法，包括年限平均法、工作量法、双倍余额递减法和年数总和法等，其中前两种属于直线法，后两种属于加速折旧法。折旧方法一经确定，不得随意变更。

①平均年限法。

年限平均法又称直线法，是指将固定资产的应计折旧额均衡地分摊到固定资产预计使用寿命内的一种方法。采用这种方法计算的每期折旧额均相等。计算公式如下：

年折旧率＝(1－预计净残值率)/(预计使用寿命（年）)×100%

月折旧率＝年折旧率÷12

月折旧额＝固定资产原价×月折旧率

②工作量法（直线法）。

工作量法是根据实际工作量计算每期应提折旧额的一种方法。计算公式如下：

单位工作量折旧＝固定资产原价×(1－预计净残值率)/预计总工作量

某项固定资产月折旧额＝该项固定资产当月工作量×单位工作员折旧额

③双倍余额递减法（加速折旧法）。

双倍余额递减法，是指在不考虑固定资产预计净残值的情况下，根据短期期初固定资产原价减去累计折旧后的余额和双倍的直线法折旧率计算固定资产折旧的一种方法。计算公式如下：

年折旧率＝2/预计使用寿命（年）×100%

月折旧率＝年折旧率÷12

月折旧额＝固定资产账面净值×月折旧率

④年数总和法（加速折旧法）。

年数总和法，又称年限合计法，是将固定资产的原价减去预计净残值的余额乘以一个以固定资产尚可使用寿命为分子、以预计使用寿命逐年数字之和为分母的逐年递减的分数计算每年的折旧额。计算公式如下：

年折旧率＝尚可使用年限/预计使用寿命的年数总和×100%

月折旧率＝年折旧率÷12

月折旧额＝(固定资产原价－预计净残值)×月折旧率

3. 固定资产处置业务的核算。

企业在生产经营过程中，对那些不适用或不需用的固定资产可以通过对外出售的方式进行处置，对那些由于使用而不断磨损直到最终报废，或由于技术进步等原因发生提前报废，或由于遭受自然灾害等非正常损失发生毁损的固定资产应及时进行清理。此外，企业因其他原因，如对外投资、债务重组、非货币性交易等而减少的固定资产，也属于固定资产的处置。

企业因出售、转让、报废或毁损、对外投资、非货币性资产交换、债务重组等处置固定资产，其会计处理一般经过以下几个步骤：

（1）将固定资产账面价值转入“固定资产清理”科目。

（2）将固定资产清理过程中发生的有关费用以及应支付的相关税费计入“固定资产清理”科目。

（3）将企业收回出售固定资产的价款、残料价值和变价收入等冲减清理支出。

（4）将收到的应由保险公司或过失人赔偿的损失冲减清理支出。

（5）结转清理净损溢。

三、固定资产核算会计岗位的定义

固定资产核算会计岗位是在新时期企业立足战略发展，严格落实固定资产预算制度，细化固定资产核算，完善资产的维护与处置，深化信息化管理，健全监督机制的重要岗位。在企业内部，固定资产核算会计岗位属于价值较高的组成部分，对企业的生产运营活动起到了重要的引导作用。因此，加强对固定资产的管理与核算的准确性，维护固定资产的安全性与完整性，能有效减少企业成本支出，提升资产使用效益，提高企业的综合实力，创造更大的盈利空间。企业做好固定资产核算会计岗位工作，主要是指在构建现代化运营管理模式的过程中，从综合运营发展角度入手，对固定资产多个发展角度情况进行分析，对资产投入、资产购置、验收等方面有充分的了解。因此，固定资产核算会计岗位一般是从资产购置、验收转固、资产维护、资产报废等阶段入手，做好全流程管理与监督工作。

第二节　固定资产核算会计岗位的工作内容及注意事项

一、固定资产核算会计岗位的工作内容

（一）固定资产核算会计部门的分工管理

为了更好地利用固定资产，实行固定资产统一管理，加强对固定资产的维修与保养，建立岗位责任制和操作规范，按照集中领导、统一管理的原则以固定资产的类别确定分工管理如下：

1. 建立健全固定资产明细账卡：固定资产核算会计部门作为固定资产的主管部门，负责建立和维护固定资产明细账卡。这些账卡应详细记录每项固定资产的购置信息、使用状况、折旧情况、维护记录等，以确保固定资产信息的完整性和准确性。通过这种方式，可以有效追踪固定资产的价值和状态，为财务决策提供重要依据。

2. 各部门的设备维护与使用管理：每个部门负责本部门各设备的维护与使用管理。这包括确保设备的正常运行、定期维护和及时修理。同时，主管部门拥有对所有设备的统一管理与购置权，负责决定设备的购买、更换或报废，以保证企业资源的合理配置和利用。

3. 办公室设备的管理：各办公室负责管理和维护其电脑、桌椅及相关设备。这包括定期检查设备的状态、确保设备的安全使用，以及在发现问题时及时进行维修或更换。

（二）固定资产核算会计部门的管理事项

1. 由于生产、研制需要，各单位购置固定资产必须提前向主管部门提出申请，报经总经理批准后，由相关部门负责购置。

2. 购设备进厂后，由相关单位开箱检查、验收，设备安装完毕后填“设备使用单”报主管部门。主管部门根据“设备使用单”建立固定资产卡片，并通知使用单位。

3. 基本建设项目完工时，由基建部门办理“基建项目完工单”，报主管部门。

（三）关于固定资产核算会计部门与使用部门的主要工作内容

1. 固定资产核算会计部门的主要工作内容。

（1）随时掌握固定资产的使用状况。

（2）负责监督配合使用单位做好设备的使用和维护，确保设备完好提高利用率，并定期组织设备的清点，保证账、卡、物三相符。

（3）负责固定资产的管理，搞好固定资产的分类，统一编号，建立固定资产档案，登记账卡，负责审批并办理验收、调拨、报废、封存、启用等事项。

（4）根据使用部门的使用情况，组织编制设备大中修维修计划，按期编报设备更新计划。

（5）严肃财经纪律，对违反固定资产管理制度，擅自赠送、变卖、拆除固定资产的行为和破坏固定资产的现象，要严格追究责任，视情节给予处罚。

2. 使用部门的主要工作内容。

（1）各固定资产使用部门负责本部门的设备管理工作，应设置专职或兼职的设备管理员，各生产班组要设置工人设备管理员，每台设备要明确使用、保管、维护的责任人。

（2）严格执行技术操作规程和维护保养制度，确保设备的完好、清洁、润滑和安全使用。

（3）建立固定资产明细账，固定资产的领用、调出、报废必须经主管部门及总经理批准，未经批准，不得擅自调动、报废，更不能自行外借和变卖。

（4）根据主管部门的要求定期组织固定资产的盘点，做到账、卡、物三相符。

（四）固定资产的调拨转移

1. 凡列入企业的固定资产未经固定资产核算会计部门的主管领导和总经理批准，任何部门不得擅自调拨、转移、借出和出售。

企业内部设备的调拨与转移，必须通过主管部门办理资产转移手续，同时由调出、调入部门的双方领导及经办人签字。在主管部门办理转账手续后，通知总财务部的会计进行账、卡交接。

2. 企业对外的设备调拨和转移一般实行有偿价调拨方式，设备主管部门根据设备的使用年限、折余价值、新旧程度按质论价，原则上调出设备的价值不得低于设备的折余价值，对外处理设备必须由主管部门提出处理价值，报总经理签字方可处理，办理有关财务手续。

3. 未经主管部门同意，各使用部门无权办理设备转移及处理，一经发现，将追究部门及经办人的责任。

（五）固定资产的报废封存

1. 企业的固定资产报废处理时，须使用部门提出申请，填写设备报废单一式三份由财务部门将其净损失上报总经理批复后，办理报废相关手续。

2. 凡符合下列条件可申请报废：

（1）超过使用年限，主要结构陈旧，精度低劣生产率低，耗能高，而且不能改造利用的。

（2）不能动迁的设备，因工房改造或工艺布置改变必须拆除的。

（3）腐蚀严重无法修复或继续使用要发生危险的。

（4）绝缘老化，磁路失效，性能低劣无修复价值的。

（5）因事故或其他自然灾害，使设备遭受损坏无修复价值的。

3. 凡经批准报废的固定资产不能继续在生产线上使用，主管部门与使用部门要及时作价处理。处理后的固定资产由主管部门和使用部门一起办理固定资产的注销手续，对外处理报废固定资产时由主管部门提出处理意见，总经理批准，变价收入上交财务部。

4. 凡停用三个月以上的固定资产由使用部门封存、保管。

5. 闲置设备和封存设备启封后，由使用部门填写启封单，主管部门同意后，方可使用。

（六）固定资产的清查

1. 为了保护固定资产的安全与完整，各部门必须对固定资产进行定期清查、盘点，以掌握固定资产的实有数量，查明有无丢失、毁损或未列入账的固定资产，保证账实相符。

2. 固定资产每年至少清查一次。遇有下列情况，应当对有关固定资产进行全部或部分的临时清查：

（1）直接经管固定资产的人员调动工作；

（2）因机构、业务变动，办理财产交接；

（3）固定资产发生非常损失事故；

（4）单位负责人根据工作需要决定进行的临时抽查。

3. 根据固定资产清查的范围和任务，成立由资产管理部门、财务部门、使用部门、技术人员和实物保管人员参加的清查小组。组长由主管固定资产的公司领导担任。

4. 对固定资产进行清查以前，财务部门必须检查有关财产增减变动的凭证是否齐全，如有尚未入账的会计事项，应当及时入账，主动与固定资产管理、仓库以及其他有关部门核对各项固定资产的收、付记录，做到清查前的账目相符。

5. 经管固定资产的人员，在清查以前，应当将所经管的固定资产进行整理，对尚未点验入库和应当调拨出库的固定资产，尽可能做好入库和出库手续，避免发生重点、漏点等差错。

6. 固定资产清查应当逐一点清实物，包括查明固定资产的实有数与账面结存数是否相符，固定资产的保管、使用、维修、报废和转让等情况是否正常，等等。发现没有入账的固定资产，应当查明原因，及时入账。在清查中发现毁损情况，应当查明毁损的程度、原因和责任以后，在清查表内加以注明，并提出处理意见。对租赁、代管的固定资产，都应当进行清查，并分别填制清查表。

7. 对固定资产清查以后，根据清查的结果填制清查表单。清查表单经过审核无误以后，由参与清查的人员和经管财产的人员共同签名盖章。清查表单应当由资产管理部门留存一份，送交财务部门一份。

8. 财务部门根据清查表格与固定资产账簿记录进行核对。如发现盘存数与账存数不一致时，应该及时查明原因，必要时进行复查或由经管财产的人员作出书面报告。

9. 对清查出的固定资产短缺和溢余，经查明核实以后，经资产清查小组审核，报公司领导集体审批。财务部门根据审查核实后的清查表和审批意见，按照会计制度的规定，做账务的调整，使账簿记录与实际盘存的资料一致。

二、固定资产核算会计岗位的注意事项

（一）注意及时更新固定资产确认标准

为了保证企业固定资产确认标准可以符合当前企业对固定资产的核算管理要求，应定期对固定资产确认标准进行及时修订。

第一，提高固定资产确认标准。当企业采用的固定资产确认标准过低时，会计核算工作难度也会随之提升。基于此，企业的固定资产核算会计岗位人员需要对当前前沿的固定资产确认标准进行调研。根据当前的市场行情以及相关的制度要求制订出满足企业发展需求的确认标准，这样才能有助于企业开展固定资产会计核算工作。

第二，对于企业制定的固定资产核算管理规定为在价值达不到规定标准时，如果耐用时间超过一年的大批同类资产可以被归为固定资产进行管理。但是对于“大批同类物质”却没有明确的确认标准，这就为企业开展固定资产会计核算造成了困难，同时也给了企业弄虚作假的机会。为此，需要对“大批同类物质”进行具体的限制并使其更加明确化，这样才能使固定资产的会计核算工作更加规范化。通过采取上述措施对企业固定资产确认标准进行修订，可以满足当前企业对固定资产的管理要求，从而

提升固定资产会计核算的可靠性、合法性、真实性，有助于企业在进行管理决策时提供真实有效的会计信息。

（二）注意定期对企业固定资产定期做好清点工作

为了使固定资产会计核算结果更加真实、准确，企业必须定期对固定资产进行清点并做好相关清单记录，同时还要在平时对固定资产进行定期或不定期的盘点，并形成书面报告。在对固定资产进行盘点的过程中，需要财务部门、管理部门和使用部门的共同参与，使用部门需要对固定资产的使用情况进行核算，管理部门需要对固定资产的明细账目进行核实，再经过核查确认之后需要签字确认。而财务部门要对固定资产的明细账目和总账进行负责，确认没有问题之后签字确认。在对固定资产进行盘点的过程中，如果发现有亏损情况存在，要及时查找原因，同时要采取有效的措施进行解决。确保固定资产的账目和实物相匹配，如果真的出现了固定资产数目不符的情况，则负责部门必须受到惩罚。

（三）注意定期完善监督机制，提升监督效果

企业在购入固定资产之后，需要对固定资产进行保养和维修，同时还要作好会计核算工作，这些工作都需要各个部门的相互配合才能高质量完成，但是在相关的文件下达之后，往往需要做好监督工作才能起到实质性的效果。而为了保证各个工作环节都能按照相关文件进行落实，同时也为了能够实现节约成本的目的，需要对固定资产的采购、使用和处理做好会计核算，并保证核算结果的真实性、合法性、科学性。为此，需要完善监督机制，加大监督力度，做好对固定资产的折旧费率评估工作，为企业进行管理决策提供可靠的数据保障。

第三节　固定资产核算会计岗位的职责和权限

一、固定资产核算会计岗位的职责

1. 负责同有关部门精心策划和拟订一套全面且实用的固定资产管理与核算的实施办法。该办法不仅明确了固定资产与低值易耗品之间的界限，而且对固定资产目录进行了详细编制，使其成为一套分类管理的基础。通过这种方法，可以更加清晰地了解各类固定资产的特点和用途，并对其进行准确的分类管理。

2. 负责参与核定固定资产需用量，参与编制固定资产改造和大修理计划。会同有

关部门根据本单位生产经营的需要，认真核定固定资产需用量，并随着生产情况的变化进行调整。要经常深入实际，了解固定资产的新旧程度和完好情况，为编制固定资产改造和大修理计划提供资料。

3. 负责固定资产的明细核算，编制固定资产报表。对购置、调入、内部转移、租赁、封存、调出的固定资产，要监督有关部门或人员办理会计手续。要根据会计凭证登记固定资产账卡，定期进行核对，做到账、卡、物相符，并按照编报反映固定资产增减变动情况的会计报表。

4. 负责计算提取固定资产累计折旧和修理费用。根据计提折旧的有关规定，编制折旧计划，按月提取折旧和修理费用，不得多提、少提、漏提或重提；同时做好固定资产折旧和大修理费用的分配。

5. 负责参与固定资产的清查盘点。会同有关部门定期对固定资产进行盘点，年终进行全面清查。发现盘亏、盘盈和毁损等情况，要查明原因，弄清责任，按规定的审批权限办理报批手续；发现有多余、闲置及保管、使用、维护不当的固定资产，要及时向领导报告，并提出改进意见。

6. 负责分析固定资产的使用效果。分析固定资产的使用效果是一项至关重要的任务，它不仅涉及企业的经济效益，也是企业持续发展的重要保障。为了更好地完成这项工作，固定资产核算会计岗位人员需要与有关部门密切合作，共同对固定资产的使用状况进行深入的分析。分析前，要对固定资产的各项指标进行全面的评估。这些指标包括但不限于固定资产的利用率、维修保养情况、使用年限，以及经济效益等。通过这些数据的分析，可以全面了解固定资产的使用状况，发现存在的问题，并提出有效的解决方案。

为了促进固定资产的合理使用，固定资产核算会计岗位人员需要根据实际情况制订相应的措施。例如，对于使用效率不高的固定资产，可以进行重新配置或调整使用计划；对于损坏的固定资产，需要及时进行维修或更换；对于到达使用年限的固定资产，要根据实际情况进行更新或报废处理。

二、固定资产核算会计岗位的权限

1. 有权健全固定资产管理与核算相关制度。企业要想做好固定资产管理工作，就要确保有据可依，还要不断提升固定资产管理的执行力，进一步落实固定资产核算会计岗位的管理职责，从而提升资产管理的有效性。通过建立健全固定资产管理与核算考核及奖励相关制度，将资产管理的考核结果纳入年度考核体系中。固定资产核算会计岗位需要整理与收集本部门与各使用部门的考核数据，并做好绩效考核、责任认定等工作。在梳理固定资产考核管理办法的同时，需要考虑固定资产收益率问题，研究全新的考核方案及体系。例如，有部分企业剔除折旧因素的影响，对固定资产收益率进行考核，这些都是全新的资产考核管理方法，有利于企业的长效发展。

2. 有权制定报废处置标准，规范报废审核工作。对报废标准进行确认，可以将固定资产报废分为提前报废和正常报废。正常报废是在生产过程中丧失了使用价值而发生的废弃，通常有以下几种情形：①使用年限长，丧失使用功能，完全失去使用价值，或者已不能使用并且没有修复价值；②设备技术落后、耗能高、效率低、质量差，属于淘汰目录且不适合继续使用，或者技术指标已经达不到使用要求；③发生严重损坏，达到无法修复状态，或虽能修复但修理费接近或超过重置价值的；④如主要附件损坏无法修复，但主体还可使用的，可作部分报废处置；⑤申请免税进口的仪器设备，应当在监管期满时向海关申请解除监管并在获得批准后才能提出报废申请。这样报废申请部门需要根据以上标准，了解什么状态的资产能申请报废处理。

第四节　固定资产核算会计岗位的实务

一、主要账户设置

为了核算固定资产，企业通常需要设置“固定资产”“累计折旧”“固定资产清理”等科目，核算固定资产的取得、折旧、处置等情况。

（一）“固定资产”账户

1. 账户的性质：资产类账户。

2. 账户的用途：用来核算企业固定资产原始价值（原价）的增减变动和结存情况。

（二）“累计折旧”账户

1. 账户的性质：资产类账户，它是“固定资产”账户的一个调整账户。贷方登记增加，借方登记减少。

2. 账户的用途：用来核算企业固定资产发生的累计折旧。

（三）“固定资产清理”账户

1. 账户的性质：资产类账户。借方核算将要处置或转出的固定资产价值以及支付的相关费用，贷方核算取得的收益等。借方余额表示尚未清理完毕的净损失。

2. 账户的用途：用来核算企业因出售报废毁损、对外投资非货币性资产交换、债务重组等原因转出的固定资产价值以及在清理过程中发生的费用等。

（四）“营业外收入”账户

1. 账户的性质：损益类账户。

2. 账户的用途：用来核算企业发生的各项营业外收入，主要包括非流动资产处置利得、政府补助、盘盈利得、捐赠利得等。

（五）“营业外支出”账户

1. 账户的性质：损益类账户。

2. 账户的用途：用来核算企业发生的各项营业外支出，包括非流动资产处置损失、公益性捐赠支出、非常损失、盘亏损失等。

二、主要经济业务的账务处理

（一）外购固定资产账务处理

1. 购入不需要安装的固定资产的账务处理。

【例6-1】 20×9年5月20日，长江公司购入一台A设备并投入使用，取得的增值税专用发票上注明的设备价款为12 000元，增值税税额为2 040元。款项已经银行转账支付。会计部门按照2009年1月1日起修订后实施的《增值税暂行条例》《增值税暂行条例实施细则》等相关规定，根据增值税专用发票及转账支票存根，应编制如下会计分录：

借：固定资产—A设备	12 000	
应交税费—应交增值税（进项税额）	2 040	
贷：银行存款		14 040

2. 购入需要安装的固定资产的账务处理。

【例6-2】 长江公司购入一台不需要安装即可投入使用的设备，取得的增值税专用发票上注明的设备价款为430 000元，增值税额为73 100元，发票尚未认证，另支付运杂费200元，款项以银行存款支付。

固定资产的成本＝430 000＋200＝430 200（元）

借：固定资产	430 200	
应交税费—待认证进项税额	73 100	
贷：银行存款		503 300

【例 6-3】 长江公司用银行存款购入一台需要安装的设备，增值税专用发票上注明的设备买价为 200 000 元，增值税额为 34 000 元（已认证），支付运输费 10 000 元，支付安装费 30 000 元。所有费用均用银行存款支付。

（1）购入时：

借：在建工程　　210 000

　　应交税费—应交增值税（进项税额）　　34 000

　　贷：银行存款　　244 000

（2）支付安装费时：

借：在建工程　　30 000

　　贷：银行存款　　30 000

（3）设备安装完毕交付使用时：

借：固定资产　　274 000

　　贷：在建工程　　274 000

（二）建造固定资产账务处理

【例 6-4】 振兴公司自建一套设备，购入为该项工程准备的各种物资（含税）495 万元，全部用于工程建设。领用本公司生产的货物一批，实际成本为 80 万元，税务部门确定的计税价格为 100 万元，增值税税率 17%；工程人员应计工资 12 万元，工程期间应由工程负担的长期借款利息为 37 万元，以银行存款支付，以存款支付其他费用 3 万元。工程完工并达到预定可使用状态。

（1）购入工程物资时：

借：工程物资　　4 950 000

　　贷：银行存款　　4 950 000

（2）领用工程物资时：

借：在建工程　　4 950 000

　　贷：工程物资　　4 950 000

（3）领用本企业生产的货物时：

借：在建工程　　970 000

　　贷：库存商品　　800 000

　　　　应交税费—应交增值税（销项税额）　　170 000

（4）分配工程人员工资时：

借：在建工程　　120 000

　　贷：应付职工薪酬　　120 000

（5）工程期间发生借款利息：

借：在建工程　　370 000

　　贷：银行存款　　370 000

（6）支付工程发生的其他费用时：

借：在建工程　　30 000

　　贷：银行存款　　30 000

（7）工程完工转入固定资产：

借：固定资产　　6 440 000

　　贷：在建工程　　6 440 000

（三）固定资产折旧的账务处理

在会计实务中，各月固定资产折旧的计提工作一般是通过按月编制“固定资产折旧计算表”进行的。计提的折旧应当贷记“累计折旧”账户，并根据用途借记相关的成本或者当期损益。

借：在建工程（建造固定资产使用的固定资产提折旧）

　　制造费用（生产车间使用的固定资产提折旧）

　　管理费用（管理部门使用的固定资产提折旧）

　　销售费用（销售部门使用的固定资产提折旧）

　　其他业务成本（经营租出的固定资产提折旧）

　　管理费用（闲置不用固定资产计提折旧）

　　贷：累计折旧

【例 6－5】 甲公司 2015 年 12 月固定资产计提折旧情况如下：甲车间厂房计提折旧 38 000 元，机器设备计提折旧 45 000 元；管理部门房屋建筑物计提折旧 65 000 元，运输工具计提折旧 24 000 元；销售部房屋建筑物计提折旧 32 000 元，运输工具计提折旧 26 300 元。

本月新购置一台不需要安装的设备投入使用，价值为 540 000 元，预计使用寿命为 10 年。

采用年限平均法计提折旧，假设预计净残值为零。

借：制造费用—甲车间　　83 000

　　管理费用　　89 000

　　销售费用　　58 300

　　贷：累计折旧　　230 300

【例 6－6】 企业购入一台需要安装的设备，取得增值税专用发票上注明价款 1 000 万元，增值税 170 万元（已认证），运杂费 30 万元，以银行存款支付。安装过程中领用工程物资100万元，应付安装人员薪酬20万元。当年年末安装完毕投入生产车间使用。该设备预计使用5年，预计净残值率5%，采用年数总和法计提折旧。

要求：

（1）根据资料编制相关会计分录。

（2）计算各年计提的折旧，并编制第一年折旧分录。（以万元为单位）

解答：（1）相关会计分录如下：

借：在建工程　　10 300 000

　　应交税费—应交增值税（进项税额）　　1 700 000

　　贷：银行存款　　12 000 000

借：在建工程　　1 000 000

　　贷：工程物资　　1 000 000

借：在建工程　　200 000

　　贷：应付职工薪酬　　200 000

借：固定资产　　11 500 000

　　贷：在建工程　　11 500 000

（2）各年计提的折旧如下：

第一年折旧额 $=1\ 150\times(1-5\%)\times5/15=364.17$（万元）

第二年折旧额 $=1\ 150\times(1-5\%)\times4/15=291.33$（万元）

第三年折旧额 $=1\ 150\times(1-5\%)\times3/15=218.5$（万元）

第四年折旧额 $=1\ 150\times(1-5\%)\times2/15=145.67$（万元）

第五年折旧额 $=1\ 150\times(1-5\%)\times1/15=72.83$（万元）

借：制造费用　　3 641 700

　　贷：累计折旧　　3 641 700

【例6－7】2014年4月6日企业购入一台不需要安装的设备，取得增值税发票并认证，发票载明价款1 000万元，增值税170万元。另支付运输费20万元，包装费10万元。款项均以银行存款支付。该设备即日投入基本生产车间使用，预计可使用5年，预计净残值50万元。假定不考虑固定资产减值因素。（以万元为单位）要求：（1）编制企业购入设备时的会计分录。（2）列示计算企业2014年和2015年的折旧额（按双倍余额递减法计算）。（3）编制企业2014年末计提折旧的会计分录（假定折旧每年末计提一次）。

（1）借：固定资产　　10 300 000

　　　　应交税费—应交增值税（进项税额）　　1 700 000

　　　　贷：银行存款　　12 000 000

（2）2014 年折旧率 = 2/5 × 100% = 40%

2014 年折旧额 = 1 030 × 40% × 8/12 = 274.67（万元）

2015 年折旧额 = 1 030 × 40% × 4/12 + （1 030 − 1 030 × 40%）× 40% × 8/12 = 302.13（万元）

（3）借：制造费用　　2 746 700

　　贷：累计折旧　　2 746 700

（四）固定资产处置的账务处理

【例 6－8】 2×10 年 4 月 30 日因产品调整，长江公司将 A 设备出售给黄河公司，开具的增值税专用发票上注明的价款为 8 000 元，增值税额为 1 360 元。款项已收到。截至 2×10 年 4 月 25 日，该设备已经计提的折旧额为 1 045 元（95×11），会计部门按照 2009 年 1 月 1 日起修订后实施的《增值税暂行条例》《增值税暂行条例实施细则》等相关规定，根据增值税专用发票等相关资料，应编制如下会计分录：

借：固定资产清理—A 设备　　10 955

　　累计折旧　　1 045

　　贷：固定资产—A 设备　　12 000

借：银行存款　　9 360

　　贷：固定资产清理—A 设备　　8 000

　　　　应交税费—应交增值税（销项税额）　　1 360

借：营业外支出　　2 955

　　贷：固定资产清理—A 设备　　2 955

【例 6－9】 甲公司出售一座建筑物，其原价为 2 000 000 元，已计提折旧 1 000 000 元，未计提减值准备，实际出售价格为 1 500 000 元，已通过银行收回价款。

（1）转入清理时：

借：固定资产清理　　1 000 000

　　累计折旧　　1 000 000

　　贷：固定资产　　2 000 000

（2）收回出售固定资产的价款时：

借：银行存款　　1 500 000

　　贷：固定资产清理　　1 500 000

（3）结转净损益：

借：固定资产清理　　500 000

　　贷：营业外收入　　500 000

第五节　固定资产核算会计岗位常见错误和舞弊行为

一、固定资产核算会计岗位常见错误

（一）固定资产会计核算不规范

固定资产核算会计岗位人员在对固定资产登记入账时出现漏洞，对账人员只进行资产总账统计，忽略细枝末节，造成财账无法核对。对于固定资产的折旧，没有充分考虑到不同资产的损耗特点，将折旧不合理加速，忽略无形损耗造成折旧计提不足，导致资产的现实状态无法体现。

（二）重购置轻管理

企业缺失验收制度，经常会出现所购非所需，且无法追溯责任。登记制度不健全，造成资产使用状况不明，管理困难。同时定期盘点不及时，无法及时发现账外资产、毁损资产、遗失资产、调动使用资产等，移交、监交制度执行不严，造成部分资产流失。

（三）管理手段有待提高

过分依赖财务软件中的固定资产模块：资产管理部门通过人工清查方式，建立固定资产台账，对固定资产的具体使用情况予以记录，在每月月末向财务部上报资产使用数据及状态表；财务部门根据资产管理部提供的数据进行财务处理，在期末组织企业固定资产盘点；使用部门只负责设备的正常运作。

（四）账实不符问题

账实相符是确保会计信息质量真实、准确的基本要求。造成账实不符的原因主要是管理不到位。其原因如下：一是财务会计信息不真实、不及时，无法真实反映和有效控制固定资产实物状况，不能真实反映固定资产的实际数量和增减变化情况，增加的资产由于入账手续繁杂，审批时限过长，因此资产增加时不能及时准确地进行账务处理。减少的资产不做核销，淘汰报废的设备、拆除的房屋、出售的资产不办理相关手续，不做账务处理，导致资产账实严重不符。这导致账、物脱节，账面总值对实物失去控制。二是盘盈、接受捐赠和无偿调入的固定资产，由于各种原因

滞留账外不入账，形成资产的账外循环。三是由于部门间缺乏沟通，疏于管理，导致资产在部门之间相互调动使用，没有任何形式上的调动申请、转移单，导致资产管理人员不知情，财务账上不做任何调整。再加上人员的变动，长久以往，资产下落不明。

二、固定资产核算会计岗位的常见舞弊行为

1. 固定资产运杂费，加入其他不相关费用。固定资产的入账价值应当包含价内、价外费用两个部分构成。但价外税和代垫运费不计入。但是企业如果将不属于其中的费用列入开支，会变相增加固定资产入账价值。如某企业购买卡罗拉一辆，计价时合并招待费、娱乐费用等。这导致企业通过折旧列支的费用增加，同时会减少当期利润，达到了操纵利润的效果。

2. 随意改变折旧方法，调节折旧计提数额。企业固定资产折旧方法的使用一般是由相关部门规定后采用的。若变更“平均年限法”为“年数总和法”和“双倍余额递减法”等加速计提折旧的方法，会影响企业的利润总额。例如，某个单位购入某项固定资产，原折旧方法为平均年限法，后为了减少利润，未经有关部门批准，擅自更改为“双倍余额递减法”，就可以达到人为削减利润的目标。

3. 虚增在建工程对资产总额进行“注水”。固定资产的入账价值与在建工程的计量存在相应关系，在建工程完工后余额需要转入固定资产价值。企业自行建造存在自营建造和出包建造两种方式。方法暂且不论，若企业通过和供应商合谋的方式虚增合同，抬高工程造价和固定资产购置价格。并“注水”价格入账，势必导致固定资产入账成本虚高，从而增加企业资产总额。而工程项目同时存在舞弊现象，企业通过工程款和费用列支方式造假。伪造交易事项通过造假合同、假货物入库单、假出库单等原始凭证，假账真做，并编制报表。

本章小结

通过本章的学习，可以了解到固定资产会计核算岗位的有关内容，包括固定资产的定义及分类、固定资产会计核算的定义及方法、固定资产会计核算岗位的定义及意义；了解到固定资产会计核算岗位的工作内容、注意事项以及职责和权限。本章系统地介绍了固定资产会计核算岗位的实务，并对固定资产会计核算岗位的常见错误和舞弊行为进行了详细分析。

关键术语

固定资产	固定资产入账价值	固定资产管理	固定资产盘点
固定资产折旧	累计折旧	固定资产处置	固定资产清理

— 自测题 —

第七章　成本费用核算会计岗位

本章导读

本章对成本费用核算会计岗位的含义及其工作内容、职责与权限进行了阐述，并将成本费用核算与相关会计实务案例进行结合，帮助读者对成本费用核算会计岗位建立一个整体框架，更好地理解并掌握成本费用核算的实用技巧。

学习目标

1. 掌握成本费用核算会计岗位的定义。
2. 了解成本费用核算会计岗位的工作内容。
3. 了解成本费用核算会计的岗位职责和权限。
4. 掌握成本费用核算会计岗位的实务。
5. 掌握成本费用核算会计岗位常见错误和舞弊行为。

第一节　成本费用核算会计岗位的定义

一、成本及费用的定义

（一）成本的定义

成本是商品经济的产物，是商品经济的一个价值范畴，是商品价值的重要组成部分。人们进行生产经营活动，必然会耗费一定的人力、物力、财力，这些耗费的货币表现及其对象化就是成本。简言之，成本就是一个行为主体为达到预定的目标而发生的耗费，如物质生产部门在生产产品的过程中要消耗原材料、支付职二工资、开支各项费用等。

（二）费用的定义

费用，是指企业在日常活动中发生的、会导致所有者权益减少的、与向所有者分配利润无关的经济利益的总流出。费用是企业为了增加收益而必须发生的经济利益流出。在企业生产经营的过程中，费用是所发生的所有人力、物力以及财力的支出，也是指企业的各项开支。

（三）成本与费用的区分

在界定成本与费用时，需要考虑两者的关系，会计学中成本与费用存在一定的逻辑矛盾。在传统的概念中，成本被包含在费用的概念中，即费用的范围比成本涉及的范围大。在会计等式中，收入 - 费用 = 利润，也就是说，费用与利润有着加减关系，但是成本却无法做出这样的等式，所以在这一情况下，成本并不能直接被当作是费用。在企业会计人员的日常用语以及专业术语中，经常会将成本与费用混淆，所以从会计科目上应对成本费用进行合理界定。

当成本与费用在功能分工中没有明确的区分时，可以用费用来表述成本，但在企业生产经营的过程中，需要将消耗的费用定义为成本，如果支出的成本无法带给企业一定的经济效益，则被定义为费用。

1. 费用的分类。

费用是指企业为销售商品、提供劳务等日常活动所产生的经济利益的流出。费用可以分为生产费用和经营费用。

生产费用是指企业在一定时期为生产产品而发生的各项支出，如生产产品而消耗的材料费用、生产工人的工资费用以及车间为组织产品生产而直接发生的生产费用等。

经营费用是指企业在一定会计期间为生产经营的正常进行而发生的各项费用，如销售产品所发生的销售费用、企业管理部门在日常管理中发生的管理费用以及筹集生产经营资金而发生的财务费用等。

2. 生产成本。

（1）生产成本的归集。

生产成本通过“生产成本”科目进行归集。“生产成本”科目用于核算企业进行工业性生产所发生的各项生产费用，包括生产各种产成品、自制半成品、提供劳务、自制材料、自制工具以及自制设备等所发生的各项费用。该科目应设置“基本生产成本”和“辅助生产成本”两个二级科目。“基本生产成本”二级科目核算企业为完成主要生产目的而进行的商品产品生产所发生的费用，计算基本生产的产品成本。“辅助生产成本”二级科目核算企业为基本生产服务而进行的产品生产和劳务供应所发生的费用，计算辅助生产产品和劳务成本。“基本生产成本”科目和“辅助生产成本”科目还应当按照成本核算对象进行明细核算。

企业发生的直接材料和直接人工费用，直接归集记入“生产成本”科目及其所属的“基本生产成本”科目和“辅助生产成本”科目。

企业发生的其他间接费用，在“制造费用”科目汇集，月终分配记入“生产成本”科目及其所属的二级科目和明细账的借方。

企业辅助生产车间发生的费用，首先在“生产成本”科目所属的“辅助生产成本”二级科目中归集核算；然后按照一定的分配方法和分配标准分配计入各受益对象。即根据其受益对象，将“辅助生产成本”二级科目汇集的费用，转入“生产成本”所属的“基本生产成本”二级科目、“管理费用”科目等。

企业将完工产成品验收入库，应将其完工的产成品以及自制半成品的实际成本，自“生产成本”科目及其所属的“基本生产成本”二级科目，结转至“产成品”等科目。期末“生产成本”科目的借方余额反映尚未完成的在产品的成本。

《企业会计准则》及《小企业会计准则》规定：“企业在不违反会计准则中确认、计量和报告规定的前提下，可以根据本企业的实际情况自行增设、分拆、合并会计科目”。例如，有的企业根据管理需要，可将“生产成本”一级科目分解为“基本生产”和“辅助生产”两个二级科目，即“生产成本—基本生产成本”科目由“基本生产”科目代替；“生产成本辅助生产成本”科目由“辅助生产”科目代替。

（2）辅助生产费用。

①辅助生产费用的归集。企业的辅助生产是指为基本生产服务而进行的产品生产和劳务供应。其中，有的只生产一种产品或提供一种劳务，如供电、供水、供气、供风、运输等辅助生产；有的则生产多种产品或提供多种劳务，如从事工具、模具、修理用备件的制造，以及机器设备的修理等辅助生产。

辅助生产费用的归集和分配，是通过“生产成本—辅助生产成本”科目进行的。该科目一般应按车间以及产品和劳务设立明细账，明细账中按照成本项目设立专栏或专行，进行明细核算。

辅助生产车间发生的各项费用中，直接用于辅助生产，并专设成本项目的费用，应单独记入“生产成本—辅助生产成本”科目和所属有关明细账的借方。直接用于辅助生产（例如，辅助生产车间机器设备折旧费等），以及间接用于辅助生产的费用（例如，辅助生产车间管理人员薪酬、机物料消耗、修理费和运输费等），一般有两种归集方式：一种是先记入“制造费用”科目及所属明细账的借方进行归集，然后再从其贷方直接转入或分配转入“生产成本—辅助生产成本”所属明细账的借方；另一种是不通过“制造费用”科目核算，直接记入“生产成本—辅助生产成本”科目和科目及所属明细账的借方。

②辅助生产费用的分配。分配辅助生产费用的方法主要有直接分配法、交互分配

法和按计划成本分配法。

（3）制造费用。

①制造费用的归集。制造费用通过“制造费用”科目进行归集。“制造费用”科目用于核算企业为生产产品和提供劳务而发生的各项间接费用，包括生产车间管理人员薪酬、水电费、机物料消耗、劳动保护费、折旧费、修理费、办公租赁费、保险费、排污费以及其他制造费用。企业发生的各项制造费用，通过“制造费用”科目进行归集和分配。

“制造费用”科目应按不同的车间、部门设置明细账，账内按制造费用的项目内容设专栏进行明细核算，发生的各项间接费用记入“制造费用”科目及其所属明细账的借方；月终，将制造费用分配计入有关的成本计算对象时，记入“制造费用”科目及其所属明细账的贷方。结转后“制造费用”科目无余额。

②制造费用的分配。在基本生产车间只生产一种产品的情况下，制造费用可以直接计入该种产品的成本。在生产多种产品的情况下，制造费用应采用适当的分配方法计入各种产品的成本。

分配制造费用的方法很多，通常采用的方法有：生产工人工时比例法、生产工人工资比例法、机器工时比例法和定额工时比例法等。

（4）生产成本在完工产品与在产品之间的分配。

通过上述各项费用的归集和分配，生产过程中发生的各项成本全部归集在“生产成本—基本生产成本”科目，这些归集到生产成本的费用，在存在期初在产品和期末在产品的情况下，并不是本月完工产成品成本。成本计算的一个重要目的，就是计算出一定期间所本还必须将本期归集的生产成本在完工产品与在产方生产的完工产品总成本和单位成本，之间进行分配。

（5）完工产品成本的结转。

在计算得出当期完工产品单位成本后，应当根据完工产品的数量和计算确定的完工产品的单位成本，计算确定并结转本期完工产品的总成本。结转本期完工产品时，应当分别计算各种产品完工总成本，借记“库存商品”科目，贷记“生产成本”及其下设的“基本生产成本”科目。

3. 经营费用。

期间费用是指本期发生的直接计入损益的费用，主要包括管理费用、销售费用和财务费用。

（1）管理费用的概念及其内容。

管理费用是指企业行政管理部门为组织和管理生产经营活动而发生的各种费用。具体项目包括：公司经费（包括行政管理部门工资、职工福利费、差旅费、办公费、折旧费、修理费、物料消耗、低值易耗品摊销及其他公司经费）、工会经费、职工教育经费、业务招待费、房产税、车船使用税、土地使用税、印花税、技术转让费、无形资产摊销、咨询费、诉讼费、劳动保险费、社会保险费、住房公积金、董事会费（包括董事会成员津贴、会议费和差旅费等）等。

（2）销售费用的概念及其内容。

销售费用是指企业在销售产品、自制半成品和工业性劳务等过程中发生的各项费用以及专设销售机构的各项经费。具体项目内容包括：包装费、运输费、装卸费、保险费、展览费、广告费，以及企业为销售本企业产品而专设的销售机构的费用。专设的销售机构的费用包括机构职工薪酬、差旅费、办公费、折旧费、修理费、物料消耗和其他经费。

企业发生的与专设销售机构相关的固定资产修理费用等后续支出，也计入销售费用。

（3）财务费用的概念及其内容。

财务费用是指企业筹集生产经营所需资金而发生的费用。具体项目内容包括：利息净支出（减利息收入后的支出）、汇兑净损失（减汇兑收益后的损失）、金融机构手续费以及筹集生产经营资金发生的其他费用等。

二、成本费用核算的定义及方法

（一）成本费用核算的定义

成本核算是指在生产和服务提供过程中对所发生的费用进行归集和分配并按规定的方法计算成本的过程。成本核算主要以会计核算为基础，以货币为计算单位，把一定时期内企业生产经营过程中所发生的费用，按其性质和发生地点分类归集、汇总、核算，计算出该时期内生产经营费用发行总额和分别计算出每种产品的实际成本和单位成本。

（二）成本费用核算的方法

1. 关于在完工产品与在产品之间分配核算的方法。

关于在完工产品与在产品之间的分配，在成本计算工作中是一个重要而又比较复杂的问题。企业应当根据产品的生产特点，考虑到企业的管理要求和条件，选择既合理又简便的分配方法。常用的方法有以下几种：

（1）不计算在产品成本。

这种方法不考虑期初在产品和期末在产品的情况，而是将本期归集的生产成本全部作为适用于期末在产品数量较小，在产品成本的大小对完工产品本期完工产品成本。

（2）在产品成本按其所耗用的原材料费用计算。

这种方法是将在产品成本按其所耗用的原材料费用计算，其他费用全部由完工产品成本负担。这一方法，一般适用于原材料费用占产品成本的比重较大，并且原材料在生产开始时一次全部投入的企业。

（3）约当产量法。

这种方法是对期末在产品确定约当产量，以计算的约当产量对生产成本在本期完工产品和期末在产品之间进行分配。这种方法既考虑了期末在产品所负担的原材料费用，又考虑了所负担的其他费用，在一定程度上提高了成本计算的准确度。这一方法，适用于在产品数量较多，各月份在产品数量变化较大，并且原材料费用和其他费用在产品成本中的比重相差不多的企业。

①不分生产工序确定在产品完工程度。不分生产工序确定在产品完工程度，是企业对各工序在产品确定一个平均完工程度（一般为50%）作为各生产工序在产品的完工程度。这种方法适用于各工序在产品数量和单位产品在各工序的加工量相差不多的情况。因为在这种情况下，前后工序加工程度可以互相抵补，其全部在产品完工程度可按照50%确定。月末在产品约当产量的计算公式为：

月末在产品约当产量＝月末在产品数量×完工程度（通常为50%）

②分生产工序确定在产品完工程度。分生产工序确定在产品完工程度，由于各工序所耗工时（或工时定额）不一定相同，使各道工序的月末在产品的完工程度也不同，因此在产品完工程度应按各工序分别测算。计算公式为：

某工序月末在产品完工程度＝（前面各工序累计工时定额＋本工序工时定额×50%/该产品单位工时定额）×100%

其中，各工序结存的在产品在本工序的平均加工程度一般按50%计算。

各工序月末在产品约当产量＝各工序月末在产品数量×该工序在产品完工程度

确定在产品约当产量后，再以月末在产品约当产量和完工产品产量为分配依据，计算出分配率分配其他生产费用。

（4）在产品成本按定额成本计算。

这种方法是事先在调查研究的基础上，确定定额单位成本，月终根据在产品数量计算确定期末在产品成本，然后将期初在产品生产成本加上本月发生生产成本，减去期末在产品的定额成本，计算出产成品的总成本以及产成品单位成本。

在产品按定额成本计价法，简称定额成本法，是指先根据月末在产品数量和单位定额成本计算月末在产品成本，然后确定本期完工产品成本的方法。计算公式可表示为：

月末在产品定额成本＝月末在产品数量×单位定额成本

本期完工产品总成本＝月初在产品定额成本＋本期生产费用合计－月末在产品定额成本

采用在产品按定额成本计价法，关键在于确定月末在产品的定额成本。月末在产品的单位定额成本通常是按产品成本项目确定的，因此在具体计算月末在产品定额成本时，要按不同的定额标准分别计算月末在产品各个成本项目的定额成本，再加总确定月末在产品定额成本。例如，直接材料费用项目可根据在产品数量及单位在产品材料消耗定额确定；直接人工、制造费用等项目可根据在产品的工时定额和单位工时费用定额来确定。

月末在产品定额成本的计算，分别按成本项目进行。计算公式为：

月末在产品直接材料定额成本 = 在产品数量 × 材料消耗定额 × 材料费用定额

月末在产品直接人工定额成本 = 月末在产品定额工时 × 每小时工资定额

月末在产品制造费用定额成本 = 月末在产品定额工时 × 每小时制造费用定额

其中，

月末在产品定额工时 = $\sum$（某工序累计工时定额 × 该工序在产品数量）

某工序累计工时定额 = 前道工序累计工时定额 + 本工序工时定额 × 50%

（5）定额比例法。

采用定额比例法，产品的生产费用在完工产品与月末在产品之间按照两者的定额消耗量或定额费用比例分配。其中直接材料费用按直接材料的定额消耗量或定额费用比例分配。

直接人工等加工费用，可以按各该定额费用的比例分配，也可按定额工时比例分配。由于加工费用的定额费用一般根据定额工时乘以每小时的各该费用定额计算，因而这些费用一般按定额工时比例分配，以节省各该定额费用的计算工作。

定额比例法适用于各项消耗定额或费用定额比较准确、稳定，但各月末在产品数量变动较大的产品。

2. 产品成本核算的方法。

企业在进行成本计算时，还必须根据其生产经营特点、生产经营组织类型和成本管理要求，确定成本计算方法。成本计算的基本方法有品种法、分批法和分步法三种。

（1）品种法。

品种法也称简单法，是指以产品品种作为成本计算对象，归集和分配生产费用，计算产品成本的一种方法。这种方法一般适用于单步骤、大量生产的企业，如发电、供水、采掘等企业。

（2）分批法。

分批法是指以产品的批次为产品成本计算对象，归集生产费用，计算产品成本的一种方法。分批法也称订单法，适用于单件、小批生产的企业，如造船、重型机器制造、精密仪器制造等。分批法的主要特点是所有的生产费用要分别按产品的订单或批别来归集，成本计算对象是购买者事先订货或企业规定的产品批别。

（3）分步法。

分步法是指按照生产过程中各个加工步骤（分品种）计算各步骤半成品和最后产成品成本的一种方法，分步法适用于计算对象，归集生产费用，如冶金、纺织等企业。

3. 经营费用核算的方法。

（1）管理费用的核算。

企业发生的管理费用在“管理费用”科目中核算，并按费用项目设置明细账进行明细核算。企业发生的各项管理费用借记该科目，贷记“库存现金”“银行存款”“原材料”“应付职工薪酬”“无形资产”“累计折旧”“应交税费”等科目；期末，将本科目借方归集的管理费用全部由本科目的贷方转入“本年利润”科目的借方，计入当期损益。结转管理费用后，“管理费用”科目期末无余额。

（2）销售费用的核算。

企业发生的营业费用在“销售费用”科目中核算，并按费用项目设置明细账进行明细核算。企业发生的各项销售费用借记该科目，贷记“库存现金”“银行存款”“应付职工薪酬”等科目；月终，将借方归集的销售费用全部由本科目的贷方转入“本年利润”科目借方、计入当期损益。结转销售费用后，“销售费用”科目期末无余额。

（3）财务费用的核算。

企业发生的财务费用在“财务费用”科目中核算，并按费用项目设置明细账进行明细核算。企业发生的各项财务费用借记该科目，贷记“银行存款”“应付利息”等科目；企业发生利息收入、汇兑收益时，借记“银行存款”等科目，贷记该科目。月终，将借方归集的财务费用全部由该科目的贷方转入“本年利润”科目的借方，计入当期损益。结转当期财务费用后，“财务费用”科目期末无余额。

三、成本费用核算会计岗位的定义

成本费用核算会计岗位是指组织岗位人员从会计核算的视角出发，对企业组织生产经营全过程产生的所有成本和支出等情况进行统一的分析与研究，并集中采取科学的方式进行核算分析的一项重要工作。

成本费用核算会计岗位可以被称作企业内部成本管理工作中非常关键的构成部分之一，它是通过对企业生产经营过程中发生的全部耗费均依据一定对象实施分配和归集，同时算出总成本与单位成本。成本费用核算会计岗位的设置对企业资金利用的好坏及利用效率的大小有很大的相关性，直接关系到企业管理水平的强弱，也相关到企业可否达到利润目标，以及取得最大的经济效益。

第二节 成本费用核算会计岗位的工作内容及注意事项

一、成本费用核算会计岗位的工作内容

（一）成本费用核算会计岗位的工作内容

1. 生产费用支出的审核。对发生的各项生产费用支出，应根据国家、上级主管部门和本企业的有关制度、规定进行严格审核，以便对不符合制度和规定的费用，以及各种浪费、损失等加以制止或追究经济责任。

2. 进行要素费用的分配。对发生的各项要素费用进行汇总，编制各种要素费用分配表，按其用途分配计入有关的生产成本明细账。对能确认某一成本计算对象耗用的直接计入费用，如直接材料、直接工资，应直接记入“生产成本—基本生产成本”账户及其有关的产品成本明细账；对于不能确认某一费用，则应按其发生的地点或用途进行归集分配，分别记入“制造费用”“生产成本—辅助生产成本”和“废品损失”等综合费用账户。

3. 进行综合费用的分配。对记入“制造费用”“生产成本—辅助生产成本”和“废品损失”等账户的综合费用，月终采用一定的分配方法进行分配，并记入“生产成本—基本生产成本”以及有关的产品成本明细账。

4. 确定成本计算对象和成本项目，开设产品成本明细账。企业的生产类型不同，对成本管理的要求不同，成本计算对象和成本项目也就有所不同，应根据企业生产类型的特点和对成本管理的要求，确定成本计算对象和成本项目，并根据确定的成本计算对象开设产品成本明细账。

5. 进行完工产品成本与在产品成本的划分。通过要素费用和综合费用的分配，所发生的各项生产费用的分配，所发生的各项生产费用均已归集在“生产成本—基本生产成本”账户及有关的产品本明细账中。在没有在产品的情况下，产品成本明细账所归集的生产费用即为完工产品总成本；在有在产品的情况下，就需要将产品成本明细账所归集的生产费用按一定的划分方法在完工产品和月末在产品之间进行划分，从而计算出完工产品成本和月末在产品成本。

6. 计算产品的总成本和单位成本。在品种法、分批法下，产品成本明细账中计算出的完工产品成本即为产品的总成本；在分步法下，则需要根据各生产步骤成本明细账进行顺序逐步结转或平行汇总，才能计算出产品的总成本。以产品的总成本除以产

品的数量，就可以计算出产品的单位成本。

（二）成本费用核算会计岗位的工作流程

1. 正确计算产品成本，及时提供成本信息。成本数据正确可靠，才能满足管理的需要。如果成本资料不能反映产品成本的实际水平，不仅难以考核成本计划的完成情况和进行成本决策，而且还会影响利润的正确计量和存货的正确计价，歪曲企业的财务状况。及时编制各种成本报表，可以使企业的有关人员及时了解成本的变化情况，并作为制订售价、作出成本决策的重要参考资料。

2. 优化成本决策，确立目标成本。优化成本决策，需要在科学的成本预测基础上收集整理各种成本信息，在现实和可能的条件下，采取各种降低成本的措施，从若干可行方案中选择生产每件合格产品所消耗活劳动和物化劳动最少的方案，使成本最低化作为制订目标成本的基础。为了优化成本决策，需要增强企业员工的成本意识，使之在处理每一项业务活动时都能自觉地考虑和重视降低产品成本的要求，把所费与所得进行比较，以提高企业的经济效益。

3. 加强成本控制，防止挤占成本。加强成本控制，首先是进行目标成本控制。主要依靠执行者自主管理，进行自我控制，以促其提高技术，厉行节约，注重效益。其次是遵守各项法规的规定，控制各项费用支出、营业外支出等挤占成本。

4. 建立成本责任制度，加强成本责任考核。成本责任制是对企业各部门、各层次和执行人在成本方面的职责所作的规定，是提高职工降低成本的责任心，发挥其主动性、积极性和创造力的有效办法。建立成本责任制度，要把完成成本降低任务的责任落实到每个部门、层次和责任人，使职工的责、权、利相结合，职工的劳动所得同劳动成本相结合；各责任单位与个人要承担降低成本之责，执行成本计划之权，获得奖惩之利。

二、成本费用核算会计岗位的注意事项

1. 注意成本核算的精确度。在企业的日常运营中，精确地核算产品成本对于企业的生存和发展至关重要。因此，成本费用核算会计岗位人员注意是否有将不属于产品成本负担费用支出强行列入直接材料费、直接人工费等产品的成本之中，虚增产品成本，虚减费用开支。有些企业为了虚增产品成本，可能会将一些不属于产品成本负担的费用支出强行列入直接材料费、直接人工费等产品的成本之中。这种行为不仅会误导管理层做出错误的决策，还会对企业的财务报告产生负面影响。

2. 注意成本核算的时效性。在企业的财务报表填制中，需要关注是否存在人为调增、调减利润，将本期负担的费用列入下期费用之中，或将不属于本期负担的费用列

入本期核算等情况。这些行为通常表现为将本期负担的费用列入下期费用之中，或者将不属于本期负担的费用列入本期核算等。这些做法可能会对企业的财务状况产生重大影响。

3. 注意成本核算的合理性。在制造企业中，制造费用是一个核心的成本要素，它包括多个不同的费用类别，如直接材料、直接人工、间接费用等。这些费用在各个产品之间如何分配，直接影响到产品的成本和定价，进而影响到企业的盈利能力和市场竞争力。因此，注意制造费用在各个产品之间的分配方法是否科学、合理，对于企业的经营管理至关重要。因此，需要注意制造费用在各个产品之间的分配方法是否科学、合理。

4. 注意其他账户错列的情况。在信息填制的过程中，我们需要注意是否存在将应列入管理费用中核算的研究开发费用错列入其他费用账户中核算的情况。这种错误可能导致财务报表不准确，影响公司的财务表现。因此，成本费用核算会计岗位人员在日常工作中还需要仔细审查相关账目和记录，以确保研究开发费用被正确地归类和核算。

5. 注意成本核算的对象。注意是否有将借款利息全部误列入财务费用中，而没有分清分担对象，如借款用于在建工程时，借款利息应计入基建工程成本而错误列入了财务费用中等。

6. 注意是否有虚报费用，多开发票，以达贪污公款目的的现象存在。首先，虚报费用、多开发票以贪污公款的行为是一种不道德的行为。这种行为利用了公共资源的漏洞，通过虚报费用、多开发票等方式，将本该用于公共事业的资金转移到了个人的口袋里。这种行为不仅违反了道德规范，更严重地损害了公共利益和社会公正。

第三节　成本费用核算会计岗位的职责和权限

一、成本费用核算会计岗位的职责

1. 负责制订成本核算办法：为了确保企业的成本得到有效管理和控制，我们需要制订一套完整的成本核算办法。该办法应明确核算的对象、方法、流程和标准等，以确保所有成本支出得到准确记录和分析。

2. 负责制订成本费用计划：为了确保企业的运营成本得到合理规划和控制，我们需要制订一份详细的成本费用计划。该计划应包括所有可能产生的成本费用，并对它们进行分类和优先级排序，以确保企业在各项业务中能够有效地控制成本。

3. 负责成本管理基础工作：为了保障企业成本管理的有效性和准确性，我们需要负责一系列成本管理基础工作。这包括但不限于：建立和完善成本管理制度、培训和指导员工进行正确的成本核算、监督和检查成本核算的执行情况等。

4. 负责核算各种生产费用的生产成本：为了准确了解企业的生产成本和利润情况，我们需要对各种生产费用进行核算。这包括原材料、人工、设备折旧、能源消耗等所有与生产相关的费用。

5. 负责登记有关成本明细账：为了方便企业对各项成本进行跟踪和管理，我们需要对所有成本明细进行登记。这包括但不限于：原材料采购、生产工时、设备使用情况、员工工资等。

6. 负责编制成本费用报表并分析：为了更好地了解企业的成本情况和利润水平，我们需要编制成本费用报表并进行深入分析。这可以帮助我们发现潜在的成本问题并提出相应的解决方案，同时也可以为企业的战略决策提供有力的数据支持。

7. 负责协助管理在产品和自制半成品：为了确保企业生产的顺利进行并降低库存成本，我们需要协助管理在产品和自制半成品。这包括对在产品和自制半成品的数量、质量和成本进行跟踪和管理，以确保它们能够在适当的时间以合理的成本提供给客户。

二、成本费用核算会计岗位的权限

1. 有权指导成本费用管理的各项基础工作。成本费用核算会计岗位的基础工作，包括建立健全定额管理制度、内部结算价格、材料物资的管理制度和各项原始记录。这些基础工作是企业对成本费用进行价值工程分析、预测、决策、计划、控制、考核、评价的重要依据和手段。不仅是对企业生产经营各方面活动所规定的一种标准，也是企业决策、计划、预算的基础，是分析、考核、控制的依据，是评价企业经营情况的尺度。因此，成本费用核算会计岗位应负责企业中涉及成本费用核算的各项基础工作，对于强化成本费用核算、抓好成本费用管理无疑是一个关键。

2. 有权严格控制费用开支、杜绝浪费。生产经营中，企业应严格控制费用开支，以目标成本费用为中心，重点控制企业的制造费用和期间费用中管理费用，杜绝各种不合理的费用开支及浪费。企业的管理费用由于影响因素较多，控制难度大，如管理费用中的业务招待费，在当前众多企业中因控制不严，导致企业不合理开支较大，同时也助长了社会上奢侈浪费成风现象。鉴于业务招待费的不合理开支，企业应及时加强管理，进行以下控制业务招待费属于企业的可控制费用，可用事前控制和事后审查方法，严格费用审批制度，应坚持做到事前审批和事中审批，逐步完善企业的内部监督机制，企业领导应不断提高自身素质，应定时向职代会汇报与传达。实际工作中，企业开支的费用项目应坚持需要、合理、节约原则，充分讲究生财、聚财、用财之道，勤俭持家，有效控制费用的合理上涨。

3. 有权监督成本费用的事前、事中、事后控制。成本费用控制是成本费用管理的重要环节，是保证企业成本计划顺利实现的重要手段。成本与费用的事前控制，是指费用发生前和成本形成前的决策和计划以及产品的开发和设计阶段所进行的成本预测、决策计划及技术经济论证和价值分析，是进行成本费用控制的关键。

成本与费用的事中控制是成本控制的执行阶段，主要依据成本计划、费用核算中的控制目标和标准，对成本和费用的发生进行具体的操纵和监督。通过实际生产过程的观察，发现问题和解决问题，以保证原有费用计划和定额的实现。

成本与费用的事后控制，可以通过对企业成本费用控制成果进行核算，按责任归属确定成本控制成果，反映成本升降的趋势和程度，为成本分析提供依据。利用成本费用核算资料和其他有关资料，全面分析成本水平与构成的变动情况，找出发生成本差异的原因，分清责任、寻求降低成本的途径。

第四节 成本费用核算会计岗位的实务

企业的成本费用主要包括主营业务成本、其他业务成本、销售费用、管理费用和财务费用等。

一、主要账户设置

（一）“主营业务成本”账户

1. 账户的性质：损益类账户。

2. 账户的用途：主营业务成本账户是用来核算企业销售产品成本，进行损益计算时，再将借方累计的本月主营业务成本从贷方一次转入“本年利润”账户的借方。该账户期末结转后无余额。

（二）“其他业务成本”账户

1. 账户的性质：损益类账户。

2. 账户的用途：用来核算企业确认的除主营业务活动以外的其他经营活动所发生的支出，包括销售材料的成本、出租固定资产的折旧额、出租无形资产的摊销额、出租包装物的成本或摊销额等。该账户期末结转后无余额。

（三）“销售费用”账户

1. 账户的性质：损益类账户。

2. 账户的用途：核算企业销售商品和材料、提供劳务的过程中发生的各种费用，包括保险费、包装费、展览费和广告费、商品维修费、预计产品质量保证损失、运输费、装卸费等以及为销售本企业商品而专设的销售机构（含销售网点、售后服务网点等）的职工薪酬、业务费、折旧费等经营费用。

企业发生的与专设销售机构相关的固定资产修理费用等后续支出，也在“销售费用”账户核算。该账户期末结转后无余额。

（四）“管理费用”账户

1. 账户的性质：损益类账户。

2. 账户的用途：用来核算企业行政管理部门一定会计期内为组织和管理生产经营活动而发生的各项管理费用，贷方登记月终转入当期损益账户的结转额。管理费用全部转入当期损益后，该账户期末结转后无余额。

（五）“财务费用”账户

1. 账户的性质：损益类账户。

2. 账户的用途：企业为筹集生产经营所需资金等而发生的费用，包括利息净支出（利息支出减利息收入后的差额）、汇兑净损失（汇兑损失减汇兑收益的差额）、金融机构手续费以及筹集生产经营资金发生的其他费用等。

月终，将借方归集的财务费用全部由“财务费用”科目的贷方转入“本年利润”科目的借方，计入当期损益。该账户期末结转后无余额。

（六）“库存商品”账户

1. 账户的性质：资产类账户。

2. 账户的用途：企业库存的各种外购商品、自制商品产品、存放在门市部准备出售的商品、发出展览的商品，以及存放在外库或存放在仓库的商品等。

为进行库存商品的核算主要应设置“库存商品”科目，实行售价金额核算的商品流通企业还应设置“商品进销差价”科目。

（七）“生产成本—基本生产成本”账户

1. 账户的性质：成本类账户。

2. 账户的用途：企业用来核算生产各种产品在生产过程中所发生的各项生产费

用，并据以确定产品实际生产成本。“生产成本—基本生产成本”账户为三级明细核算科目。

二、主要经济业务的账务处理

（一）分配“直接材料”以外成本项目的在产品约当产量计算的账务处理

【例7-1】 丁产品需要经3道工序加工制成，本月完工产品数量为1 000件，月末在产品数量400件；单位产品工时定额为100小时。原材料在生产开始一次性投入。

1. 各道工序定额工时及在产品数量资料如表7-1所示。

表7-1　各道工序定额工时及在产品数量资料

工序	月末在产品数量（件）	工时定额（小时）
1	100	40
2	200	30
3	100	30
合计	400	100

2. 本月有关丁产品的生产费用总额如表7-2所示。

表7-2　丁产品生产费用总额　单位：元

摘要	直接材料	直接人工	制造费用	合计
月初在产品费用	18 000	4 160	5 235	27 395
本月发生生产费用	80 000	25 000	30 000	135 000
合计	98 000	29 160	35 235	162 395

要求：

1. 试测算各道工序在产品完工率（完工程度），计算在产品的约当产量，如表7-3所示。

表7-3　各道工序在产品完工程度及在产品的约当量计算

工序	月末在产品数量（件）	工时定额（小时）	完工（率）程度（%）	在产品约当产量（件）
1	100	40	20	20
2	200	30	22	110
3	100	30	85	85
合计	400	100		215

2. 采用约当产量法计算完工丁产品成本和月末在产品的成本。

计算过程如下：

（1）各道工序在产品完工率（完工程度）及在产品的约当产量。

第一道工序在产品完工程度 = (40 × 50%/100) × 100% = 20%

第二道工序在产品完工程度 = (40 + 30 × 50%/100) × 100% = 55%

第三道工序在产品完工程度 = (40 + 30 + 30 × 50%/100) × 100% = 85%

第一道工序月末在产品约当产量 = 100 × 20% = 20（件）

第二道工序月末在产品约当产量 = 200 × 55% = 110（件）

第三道工序月末在产品约当产量 = 100 × 85% = 85（件）

（2）用约当产量法计算完工丁产品成本和月末在产品的成本。

丁产品直接材料费用分配率 = 98 000/(1 000 + 400) = 70

丁产品月末在产品应负担材料费用 = 400 × 70 = 28 000（元）

丁产品完工产品应负担材料费用 = 98 000 − 28 000 = 70 000（元）

丁产品直接人工费用分配率 = 29 160/(1 000 + 215) = 24

丁产品月末在产品应负担人工费用 = 215 × 24 = 5 160（元）

丁产品完工产品应负担人工费用 = 29 160 − 5 160 = 24 000（元）

丁产品制造费用分配率 = 35 235/(1 000 + 215) = 29

丁产品月末在产品应负担制造费用 = 215 × 29 = 6 235（元）

丁产品完工产品应负担制造费用 = 35 235 − 6 235 = 29 000（元）

根据计算结果编制丁产品的成本计算单，如表 7 − 4 所示。

表 7 − 4　　产品成本计算单（按约当产量法计算在产品成本）

产品名称：丁产品　　20 × × 年 × 月　　金额单位：元

项目	成本项目			
	直接材料	直接人工	制造费用	合计
月初在产品费用	18 000	4 160	5 235	27 395
本月发生生产费用	80 000	25 000	30 000	135 000
合计	98 000	29 160	35 235	162 395
月末在产品约当产量	400	215	215	
完工产品数量	1 000	1 000	1 000	
约当产量合计	1 400	1 215	1 215	
费用分配率	70	24	29	125
完工产品成本	70 000	24 000	29 000	123 000
月末在产品成本	28 000	5 160	6 235	39 395

编制结转完工入库丁产品的会计分录如下：

借：库存商品—丁产品　　123 000

　　贷：生产成本—基本生产成本—丁产品　　123 000

（二）在产品按完工产品计算法的账务处理

【例7-2】 以项目2新华公司20××年1月有关资料为例，假设新华公司基本生产车间生产甲产品，月初（年初）甲产品在产品成本为：直接材料费用2 000元，燃料动力费用300元，直接人工380元，制造费用200元；本月生产甲产品投入的生产费用共计155 798元，其中直接材料费用98 000元，燃料动力费用17 840元，直接人工23 256元，制造费用16 702元。假设本月生产甲产品102件，完工90件，月末在产品12件（已接近完工）。在产品按完工产品计算法确定本月完工产品成本。编制产品成本计算单，如表7-5所示。

表7-5　　产品成本计算单（在产品完工产品计算法）

产品名称：甲产品　　20××年1月　　金额单位：元

项目	成本项目				
	直接材料	燃料动力	直接人工	制造费用	合计
月初在产品费用	2 000	300	380	200	2 880
本月发生生产费用	98 000	17 840	23 256	16 702	155 798
合计	100 000	18 140	23 636	16 902	158 678
完工产品成本（90件）	88 235.32	16 005.92	20 855.24	14 913.48	140 009.96
单位成本	980.39	177.84	231.73	165.71	1 555.67
月末在产品成本（12件）	11 764.68	2 134.08	2 780.76	1 988.52	18 668.04

编制结转完工入库甲产品的会计分录如下：

借：库存商品—甲产品　　140 009.96

　　贷：生产成本—基本生产成本—甲产品　　140 009.96

（三）在产品按定额成本计价法的账务处理

【例7-3】 假定某企业生产丙产品，分两道工序制成，原材料在各道工序开始时一次投入，各道工序内在产品的平均完工程度为50%，在产品数量和定额消耗资料如表7-6所示。

表7-6　　在产品数量和定额消耗资料

工序	在产品数量（件）	材料定额（千克）	工时定额（小时）
1	190	25	5
2	100	15	3
合计	290	40	8

直接材料费用定额 1.10 元，单位产品工时定额 8 小时，计划每工时费用分配率：直接人工 2 元/小时，制造费用 2.5 元/小时。丙产品月初在产品和本月生产费用合计：直接材料 26 500 元，直接人工 9 480 元，制造费用 11 875 元。

要求：在产品按定额成本计价法分配计算本月完工产品成本和月末在产品成本。

计算过程如下：

1. 计算在产品直接材料定额成本。

第一道工序在产品直接材料定额成本 = 190 × 25 × 1.1 = 5 225（元）

第二道工序在产品直接材料定额成本 = 100 × 40 × 1.1 = 4 400（元）

2. 计算各道工序在产品定额工时。

第一道工序在产品定额工时 = 190 × 5 × 50% = 475（小时）

第二道工序在产品定额工时 = 100 ×（5 + 3 × 50%）= 650（小时）

3. 计算在产品直接人工定额成本。

第一道工序在产品直接人工定额成本 = 475 × 2 = 950（元）

第二道工序在产品直接人工定额成本 = 650 × 2 = 1 300（元）

4. 计算在产品制造费用定额成本。

第一道工序在产品制造费用定额成本 = 475 × 2.5 = 1 187.5（元）

第二道工序在产品制造费用定额成本 = 650 × 2.5 = 1 625（元）

根据计算结果，编制月末在产品定额成本计算表，如表 7－7 所示。

表 7－7　　月末在产品定额成本计算

工序	在产品数量（件）	定额材料费用（元）	在产品定额工时（小时）	直接人工/（2 元·小时$^{-1}$）	制造费用/（2 元·小时$^{-1}$）	定额成本合计（元）
1	190	5 225	475	950	1 187.5	7 362.5
2	100	4 400	650	1 300	1 625	7 325
合计	290	9 625	1 125	2 250	2 812.5	14 687.5

5. 计算完工产品成本并编制产品成本计算单，如表 7－8 所示。

表 7－8　　产品成本计算单（在产品按定额成本计价法）

产品名称：丙产品　　20××年×月　　单位：元

项目	成本项目			
	直接材料	直接人工	制造费用	合计
本月发生生产费用合计	26 500	9 480	11 875	47 855
月末在产品定额成本	9 625	2 250	2 812.5	14 687.5
本月完工产品成本	16 875	7 230	9 062.5	33 167.5

编制结转完工入库丙产品的会计分录如下：

借：库存商品—丙产品 33 167.5
　　贷：生产成本—基本生产成本—丙产品 33 167.5

（四）结转主营业务成本的账务处理

【例7－4】 20×9年5月31日，长江公司结转已售A产品的成本12 500元。会计部门根据产品出库单，编制如下会计分录：

借：主营业务成本—A产品 12 500
　　贷：库存商品—A产品 12 500

（五）结转其他业务成本的账务处理

【例7－5】 20×9年5月31日，长江公司结转已售原材料的成本6 500元。会计部门根据原材料出库单，编制如下会计分录：

借：其他业务成本 6 500
　　贷：原材料 6 500

（六）发生营业税金及附加的账务处理

【例7－6】 20×9年5月31日，长江公司计算应交营业税金5 000元。编制如下会计分录：

借：营业税金及附加 5 000
　　贷：应交税费—应交营业税 5 000

（七）发生销售费用的账务处理

【例7－7】 20×9年6月20日，长江公司以现金支付销售A产品的运杂费500元。会计部门根据取得的运杂费发票，应编制如下会计分录：

借：销售费用 500
　　贷：库存现金 500

（八）发生管理费用的账务处理

1. 预付费用及其摊销。

【例7－8】 20×8年12月20日，长江公司以银行存款预付20×9年报纸、杂志费及财产保险费共120 000元。会计部门根据取得的报纸、杂志费发票、保险费发票及银行付款通知，应编制如下会计分录：

借：预付账款 120 000
　　贷：银行存款 120 000

【例7-9】承前例，20×9年1月31日起当年的每月末，长江公司摊销预付的报纸、杂志费及财产保险费时，会计部门根据计算的月摊销额，应编制如下会计分录：

借：管理费用　　10 000

　　贷：预付账款　　10 000

2. 发生管理费用的其他账务处理。

【例7-10】20×9年6月24日，长江公司业务员报销业务招待费3 400元，以现金支付。会计部门根据有关发票，编制如下会计分录：

借：管理费用　　3 400

　　贷：库存现金　　3 400

（九）发生财务费用的账务处理

【例7-11】20×9年6月30日，长江公司计提本月短期借款利息350元。应编制如下会计分录：

借：财务费用　　350

　　贷：应付利息　　350

第五节　成本费用核算会计岗位常见错误和舞弊行为

一、成本费用核算会计岗位常见错误

（一）直接生产费用核算会计错误与纠正

1. 错误：将不属于产品成本负担的费用支出列入直接材料费等成本项目，列入直接材料。

纠正：审阅企业“在建工程”的明细账，根据“在建工程”明细账的记录，进行业务内容分析。从工程成本的材料成本水平、动力费水平和工资水平等，找出疑点，进一步成本计算明细，并作调整。

2. 错误：将不属于本期产品成本负担的材料费用支出一次全部列作本期成本项目。

纠正：审阅产品成本计算单，发现直接材料费成本项目有的月份高，有的月份低，从而可以发现疑点。根据成本“直接材料费”项目忽高忽低现象，进一步查阅生产统计报表，扣除由于产量的变动造成材料成本的高低变化，随后到材料库查询有关材料

明细账，经调查后确定问题。

（二）制造费用核算会计错误与纠正

1. 错误：将不属于制造费用内容的支出列作制造利润。

纠正：（1）审阅制造费用明细账；（2）审阅制造费用计划，若费用超支较多，可怀疑有错把不该列入制造费用的支出列入了制造费用项目；（3）审阅“在建工程”明细账、工资费用分配表，确定费用支出的实际业务内容；（4）进行核对、综合分析，确定问题，并作调整。

2. 错误：将属于期间费用的支出列作制造费用。

纠正：审阅制造费用明细账，根据账中的摘要记录字样，确定费用支出的实际内容，经调阅记账凭证、查询，确定问题，并作调整。

（三）在产品成本核算常见会计错误与纠正

1. 错误：将不属于在产品成本的费用，计入在产品成本。

纠正：根据生产科报送的生产统计报表，了解在产品的加工情况，审阅生产成本计算单，确定问题，并作调整。

2. 错误：将属于在产品成本的费用，不计入在产品成本。

纠正：审阅生产成本计算或明细账，检查完工产品与在产品费用的分配方法，然后再计算原材料成本占总成本的比重，即可确定问题，并作调整。

（四）产成品成本核算会计错误与防范

1. 错误：在产品成本核算中，有意加大产成品成本。

纠正：审阅自制半成品的明细账，在审阅过程中发现有关产品的自制半成品的明细账期末余额为红字，需要进一步查询，确定问题。

2. 错误：把新开发的产品试制费，计入产成品的成本中，加大产成品成本。

纠正：审阅生产计划，发现有新产品试制，再进一步审查新产品试制计划及成本计算单，经查询，落实后，确定问题，并作调整。

二、成本费用核算会计岗位常见舞弊行为

企业在成本费用核算方面造假主要使用两种手段：虚减费用和虚增费用。虚减费用具体细分为：延迟本期费用、掩盖成本或亏损；虚增费用俗称“洗大澡”，该常用手法有：注销资产或存货、大额计提减值损失、将经常性费用归入一次性费用计提等。

（一）虚减费用

1. 延迟本期费用或少计费用和成本。

主要手法有：延长折旧摊销年限；将本应该费用化的项目资本化；不对受损资产或过时存货提取减值准备；将费用暂时挂在应收账款或预付账款科目；推迟在建工程转为固定资产，甚至将日常费用计入在建工程；通过临时资金冲抵，将长时间坏账"化妆"成刚形成的应收款，从而降低坏账计提比例等。例如，一些企业曾把年终奖推后发放，本应该在当年可确认的年终奖推迟到第二年年初发放和记账，这样推迟确认本期费用可使企业当年账面上的净利润增加。同时，一些企业使用少计提坏账准备的方式，通过将工程项目应收账款和应付账款对抵的方式，同时虚减应收账款和应付账款，进而无须对收不回来的应收账款计提坏账准备，虚增了利润。

2. 掩盖成本或亏损。

当企业想要掩盖成本或亏损时，经常会使用两种方法：多计收入，少计成本和费用。一般情况下，少计成本和费用往往伴随着多计收入产生的。企业通过少计原材料成本以达到虚增利润的目的。例如，有的企业将价格不同的原材料定为不同的名称，从而规避存货出库的会计政策约束，达到先计算低成本原材料，降低当期营业成本的目的。还有的企业会使用"打包出售"的方式掩盖亏损。常见的是上市公司会将众多子公司亏损和坏账集中在一家子公司里，然后将其打包出售，从而掩盖亏损。

（二）虚增费用

在企业经营情况不好的情况下，便会有意将经营及资产情况恶化，从而为以后年度好看的报表做准备。通常使用的手段有：注销资产或存货，以减低未来折旧或增加未来盘盈；大额计提应收账款或存货减值损失，以便未来转回；将经常性费用归入一次性费用计提以减少未来费用等。

本章小结

通过本章的学习，明确了成本费用核算会计岗位的有关内容，包括成本及费用的定义、成本费用核算的定义及方法、成本费用核算会计岗位的定义及意义；了解到成本费用核算会计岗位的工作内容、注意事项以及职责和权限；本章系统地介绍了成本费用核算会计岗位的实务；对成本费用核算会计岗位常见错误和舞弊行为进行了分析。

关键术语

成本　　费用　　生产成本　　成本费用核算
主营业务成本　　其他业务成本　　直接材料　　约当产量法
产品成本核算

— 自测题 —

第八章　销售核算会计岗位

本章导读

本章介绍了销售核算的概念，并重点对销售核算会计岗位的定义、工作内容、岗位职责进行了介绍，结合案例对销售经济业务的会计核算过程进行讲解，对企业的销售业务实务、销售核算会计岗位的常见的错误以及防范措施也进行了详细分析。

学习目标

1. 了解销售核算会计岗位的定义。
2. 掌握销售核算会计岗位的工作内容以及应该注意的事项。
3. 掌握销售核算会计岗位的职责以及权限。
4. 了解销售核算会计存在的错误与舞弊以及应对策略。
5. 掌握销售核算会计的实务操作。

第一节　销售核算会计岗位的定义

一、销售核算工作的定义

销售核算工作是指对企业销售活动进行全面、系统的核算、分析和评价，以达到合理控制销售成本、提高销售利润、优化销售结构、提高经济效益等目的的一项工作。其具体内容包括销售量、销售收入、销售成本、销售利润、新增客户、客户流失等指标的核算和分析，以及销售人员绩效考核等方面的管理。

销售核算工作对企业的作用主要体现在以下几个方面：

（1）通过销售核算工作，可以对企业的销售活动进行全面评价，明确销售目标，发现销售问题，并及时调整销售策略和方案，进一步提高销售效率。

（2）通过销售核算工作，可以对销售成本进行精准控制，优化销售结构，降低销售成本，提高销售利润率，以达到企业盈利最大化的目的。

（3）通过销售核算工作，可以及时发现客户的需求变化，有针对性地推出新产品，拓展新客群，提高产品销售成功率，促进企业发展。

（4）通过销售核算工作，可以对销售人员的绩效进行管理和考核，激励销售人员积极性和创造性，调动销售人员的工作热情，提高销售人员工作效率。

二、销售核算会计岗位的定义以及意义

（一）销售核算会计岗位的定义

销售核算会计岗位其主要负责本企业销售业务的会计处理，包括销售收入、费用等明细账的核算，产品销售成本核算，以及应收账款等的核算，确保企业销售业务相关账款核算的准确性、可靠性。

（二）销售核算会计岗位的意义

销售核算会计岗位在企业财务管理中扮演着至关重要的角色。它们不仅可以帮助企业了解其业务状况，还可以确保企业收入和成本的准确性，以及遵守相关的税法和会计准则。

（1）销售核算会计可以跟踪和分析销售数据，帮助企业了解其业务的状况，他们能够从销售数据中识别出哪些产品或服务最受欢迎，以及哪些市场前景广阔。这些信息对于企业的战略规划和资源分配至关重要。

（2）销售核算会计负责确定销售收入，并确保企业收入的准确性和充足性。他们需要注意销售合同、退货、折扣等因素，以确保企业的销售收入能够正确地记录和分类。

（3）销售核算会计也负责处理与销售相关的成本和费用。他们需要计算销售成本，以及与销售有关的营销费用和促销费用。这些信息可以帮助企业管理成本，优化利润，评估销售策略的有效性。

（4）销售核算会计还需要确保企业遵守相关的税法和会计准则。他们需要了解并遵守税法规定，如增值税、所得税等。同时，他们还需要遵守会计准则，如公允价值计量、资产减值等。

第二节 销售核算会计岗位的工作内容及注意事项

一、销售核算会计岗位的工作内容

不同企业的销售核算会计岗位的工作内容各有不同，分别与其岗位职责相对应，与销售人员共同协作实现企业销售业务的正常实行，以下介绍常见销售会计岗位的工作内容。

（一）销售核算与管理

（1）负责销售核算会计核算及内部销售部门核算。

（2）主营业务收入、应收账款、预收账款的凭证编制、录入和账簿登记。

（二）发货与发票管理

（1）监管和审核发货票据，确保票据的完整性和准确性。

（2）负责退货票据的核实、登记和统计。

（3）开具增值税专用发票，并负责发票的登记、保管和税控设备的维护。

（三）税务申报与管理

（1）负责邮寄增值税发票。

（2）每月填报增值税纳税申报表附列资料及纳税申报表。

（四）应收账款管理

（1）负责应收账款的统计、查询、清理、分类和账龄分析。

（2）定期与销售部门、业务员和客户核对应收账款。

（3）登记回款通知单和已开增值税发票，及时报告逾期未收款项。

（五）货款结算与坏账管理

（1）配合销售部门和销售人员进行货款结算和催收。

（2）清理坏账，初步确认并提出处理坏账损失的建议。

二、销售核算会计岗位的注意事项

1. 注意熟悉企业销售业务流程和销售合同条款，确保销售收入准确、及时地入账。销售核算会计需要掌握销售合同的核心商务条款和条件，了解商品或服务的交付方式、价格、折扣、发票等相关信息，确保销售业务的准确性和及时性。

2. 注意根据企业的会计政策和国家相关法规，正确处理销售折扣、退货、赊销等业务，避免出现错误或漏报。销售核算会计必须严格按照企业的会计政策的规定进行核算，同时遵守国家相关法规，在处理销售业务中避免出现错误或漏报。对于退货、赊销等特殊情况，销售核算会计需要及时核对相关单据，正确计算可能影响销售业务的成本和费用。

3. 注意与销售团队密切合作，及时了解销售情况，协助制订销售目标和计划。销售核算会计通过与销售团队建立沟通渠道，了解销售策略、市场趋势、客户需求等信息，销售会计可以更好地把握企业的销售业务，为企业的市场发展和销售成功提供有力支持。

4. 注意关注客户付款情况，催收未付款项，跟进客户应付账款的支付情况，确保资金回笼，保证企业的资金充裕。销售核算会计还需要建立健全的客户往来账目管理制度，建议及时清理账款余额，对客户的风险进行评估并加以管控，确保企业的资金安全和合规性。

第三节　销售核算会计岗位的职责和权限

一、销售核算会计的岗位职责

企业的销售核算会计要具备会计和销售两个方面的知识，其岗位主要职责是：

1. 销售核算会计需要对销售区域相关财务事项进行日常处理，对销售数据进行汇总、分类，保证销售收入的真实性、完整性，准确、及时地记录销售业务，真实地反映企业每一笔销售业务，为销售决策提供有参考价值的数据，为销售价格和策略的制订提供依据。

2. 销售核算会计需要协助成本费用会计进行成本核算，销售核算会计从销售角度来进行计算，把成本分为生产成本和销售成本，销售会计主要计算销售成本，通过对销售成本的计算，可以制订出对销售人员的考核办法和激励措施，通过销售成本与生产成本的对比可以明确地分析出影响企业利润的原因。

3. 销售核算会计需要进行应收账款的核对，及时了解客户信誉度，进行客户的信用管理，以及催要货款，减少坏账的发生，确保应收账款的可收回性。销售核算会计需要紧密地跟进销售流程，及时了解销售收入和应收账款的状况，确保企业资金的流通。

二、销售核算会计的岗位权限

销售核算会计的岗位权限与其岗位职责相匹配，在会计实务中结合销售会计岗位工作职责具体有以下权限。

1. 有权参与制订销售相关的财务决策。销售核算会计可根据公司的销售目标和预期，制订合理的销售计划和预算。销售核算会计可以参与分析月度销售报表，了解销售业绩和趋势，并提出改进建议。此外，销售核算会计可以参与年度财务报表的编制，包括销售收入和成本的预算，从而为公司的财务决策提供准确的数据支持。

2. 有权参与或制订销售政策和价格策略。根据企业要求，销售核算会计可参与制订销售政策和价格策略，评估销售风险和机会。销售核算会计可以根据市场需求和竞争情况，制订合适的销售政策和价格策略，以提高销售业绩和市场份额。同时，销售核算会计还可以评估销售风险和机会，帮助公司在销售过程中更好地控制和把握市场风险，以实现可持续的销售增长。

3. 有权参与销售合同谈判与合同条款的制订。销售核算会计可以根据公司的财务政策和法规要求，为销售团队提供财务建议和指导，确保合同条款的合规性和财务可行性。通过参与销售合同谈判，销售核算会计可以确保合同符合公司的财务目标和风险控制要求，降低潜在的财务风险。

4. 有权参与销售计划的制订与客户分析。通过提供销售数据支持，销售核算会计为销售团队提供销售趋势，为销售团队提供准确的销售情报和市场洞察，帮助他们制订更具针对性和有效性的销售计划。此外，销售核算会计还可以协助销售团队进行客户分析，了解客户需求和偏好，提供有关客户群体和市场细分的数据支持。

5. 有权参与客户关系管理。销售核算会计可以通过与客户互动和沟通，了解客户需求和反馈，帮助销售团队更好地满足客户的期望。此外，销售核算会计还可以协助销售团队建立客户数据库和客户关系管理系统，提供客户信息和数据支持，以便销售团队更好地管理客户关系和提高客户满意度。

6. 有权参与业务流程改进。销售核算会计可以通过对销售流程的分析和评估，发现问题和“瓶颈”，并提出改进措施和建议，以提高销售业务的效率和准确性。他们可以与销售团队合作，优化销售流程和信息传递，提高工作效率和协作效果。

第四节 销售核算会计岗位的实务

一、主要账户的设置

1. “主营业务收入”账户。

（1）账户的性质：损益类账户。

（2）账户的用途：用来核算企业确认的销售商品、提供劳务等主营业务的收入，包括销售商品、提供劳务等主营业务获取的收入等。主营业务收入发生时在贷方，期末应将本科目的余额转入“本年利润”科目，结转后本科目应无余额。

2. “营业税金及附加”账户。

（1）账户的性质：损益类账户。

（2）账户的用途：用来核算企业经营活动应负担的相关税费，包括消费税、城市维护建设税、教育费附加、资源税、房产税、城镇土地使用税、车船税、印花税等。在期末该科目累计余额转入“本年利润”账户，结转后该账户无余额。

3. “应交税费”账户。

（1）账户的性质：负债类账户。

（2）账户的用途：核算企业各种税费的应缴、缴纳等情况，包括增值税、消费税、城市维护建设税、资源税、企业所得税、土地增值税、房产税、车船税、城镇土地使用税、教育费附加、印花税、耕地占用税、契税、车辆购置税等。应缴纳的各种税费等计入该科目贷方，实际缴纳的税费计入该科目借方，期末余额一般在贷方，反映企业尚未缴纳的税费，期末余额如在借方，反映企业多缴或尚未抵扣的税费。

4. “应收账款”账户。

（1）账户的性质：资产类账户。

（2）账户的用途：核算企业在正常的经营过程中因销售商品、产品、提供劳务等业务，应向购买单位收取的款项，包括应由购买单位或接受劳务单位负担的税金、代购买方垫付的各种运杂费等。该账户期末不结转，应收账款科目期末余额在借方，反映企业尚未收回的应收账款；如果期末余额在贷方，则反映企业预收的账款。

5. “预收账款”账户。

（1）账户的性质：负债类账户。

（2）账户的用途：核算企业按照合同规定向购货单位或劳务接受单位预先收取的款项，如收到销货订单时存入的保证金或定金、预收的租金或利息等。企业在收到预收款项时，先列入“预收账款”的贷方；等到企业发出商品时，按总的价税款列入“预收账款”的借方。在期末列报时，如果截止期末“预收账款”为借方余额，则应列入应收账款项，如为贷方余额则列入预收账款项。如果企业不单独设“预收账款”科目的企业，预收的账款在“应收账款”科目核算。

6. “其他业务收入”账户。

（1）账户的性质：损益类账户。

（2）账户的用途：核算企业确认的除主营业务活动以外的其他经营活动实现的收入，包括出租固定资产，出租无形资产、出租包装物和商品、销售材料等实现的收入。其他业务收入贷方登记企业其他业务活动实现的收入，借方登记期末转入“本年利润”科目的其他业务收入，结转后该科目应无余额。

7. “其他业务成本”账户。

（1）账户的性质：损益类账户。

（2）账户的用途：核算企业确认的除主营业务活动以外的其他经营活动所发生的成本，包括销售材料的成本、出租固定资产的折旧额、出租无形资产的摊销额、采用成本模式计量的投资性房地产的折旧额或摊销额、出租包装物的成本或摊销额等。企业发生的其他业务成本，借记本科目，贷方按其他业务成本的种类进行明细核算。期末，该科目余额转入“本年利润”科目，结转后该科目无余额。

二、主要经济业务账务处理

1. 核算销售收入与成本。

企业销售商品，应在符合的销售商品收入的确认条件时确认销售收入，并结转销售成本。应根据具体情况，借记“银行存款”“应收票据”“应收账款”等科目，根据不含增值税价款，贷记“主营业务收入”科目，根据收取的增值税销项税额，贷记“应交税费应交增值税（销项税额）”等科目。

企业已经销售的商品，可能会由于品种、质量等不符合购销合同的规定而被客户退回。客户在退货的同时，应退回企业原开具的增值税专用发票。在客户无法退回原增值税专用发票的情况下，为了避免退货单位在退货后不冲减增值税进项税额，退货单位应在当地税务部门开具销售退回证明单，将退货单位的增值税变动情况置于税务部门的监管之下。企业收到退回的商品及销售退回证明单时，应开具红字增值税专用发票，退还货款或冲减应收账款，并冲减主营业务收入和自增值税销项税额，借记“主营业务收入”“应交税费—应交增值税（销项税额）”等科目，贷记“银行存款”“应收票据”“应收账款”等科目。应由企业负担的发货及退货运杂费，计入销售费用。

企业已经销售的商品，如果因商品的品种、质量等不符合购销合同但客户仍可继续使用，企业可能给予客户商品价格上的减让，即销售折让。发生销售折让时，取得销售折让的单位应在当地税务部门开具销售折让证明单。企业在收到销售折让证明单时，应开具红字增值税专用发票，退还销售折让款或冲减应收账款，并冲减主营业务收入和增值税销项税额，借记“主营业务收入”“应交税费—应交增值税（销项税额）”等科目，贷记“银行存款”“应收票据”“应收账款”等科目。

企业不论采用现销或赊销方式销售商品，均应结转已销商品（扣除销售退回入的成本），借记“主营业务成本”科目，贷记“库存商品”科目。

企业出售原材料，不属于主营业务，取得的收入应确认为其他业务收入，其确认条件与销售商品基本相同、企业出售原材料取得的收入，应根据具体情况。借记“银行存款”“应收票据”“应收账款”等科目，根据不含增值税价款，贷记“其他业务收入”科目，根据收取的增值税销项税额，贷记“应交税费应交增值税（销项税额）”等科目，结转原材料成本时，借记“其他业务成本”科目，贷记“原材料”科目。

【例 8－1】 环球仪器制造股份有限公司（以下简称环球公司）12 月根据发生的销售业务，编制相应会计分录。

（1）12 月 3 日，采用支票结算方式销售甲产品 10 件，价款 10 000 元，增值税 1 300元，该客户因临时需要，直接到公司购买，交款后提货，环球公司未与该客户签订商品销售合同。

分析：环球公司未与该客户签订商品销售合同，不需要单独识别合同及履约义务：该项交易内容单一，价格固定，最终交易价格即为收到的货款，且不需要进行分摊，因此，在环球公司收到货款，该客户收到该商品并取得该商品的控制权时，公司直接根据开具的增值税专用发票等确认营业收入。

借：银行存款 11 300

贷：主营业务收入 10 000

应交税费—应交增值税（销项税额） 1 300

（2）5 日，根据商品销售合同，采用托收承付结算方式销售甲产品 130 件，价款 130 000 元，增值税 16 900 元，用银行存款代垫运杂费 200 元，已办妥托收手续，环球公司办妥托收手续，表明履行了合同规定的履约义务，按照惯例，视为客户收到该商品并取得控制权，确认营业收入。

借：应收账款 147 100

贷：主营业务收入 130 000

应交税费—应交增值税（销项税额） 16 900

银行存款 200

（3）10 日，某客户因产品质量问题退回上月销售的甲产品 20 件，价款 20 000 元，增值税 2 600 元；乙产品 10 件，价款 5 000 元，增值税 650 元。环球公司已办理相关手续，收到退回的商品，并将转账支票交给客户，冲减主营业务收入 25 000 元、应交增值税 3 250 元。

借：主营业务收入　　25 000
　　应交税费—应交增值税（销项税额）　　3 250
　　贷：银行存款　　28 250

（4）12 日，由于某客户发现所购甲产品 1 件外观存在问题，公司同意给予该客户 10% 的销售折让 113 元，已办妥相关手续，并将转账支票交给客户，冲减主营业务收入 100 元、应交增值税 13 元。

借：主营业务收入　　100
　　应交税费—应交增值税（销项税额）　　13
　　贷：银行存款　　113

（5）月末，结转销售成本。其中，销售甲产品 120 件（10 + 130 − 20），单位成本 600 元，总成本 72 000 元；退回乙产品 10 件，单位成本 400 元，总成本 4 000 元。该公司 12 月主管业务成本合计为 68 000 元（72 000 − 4 000）。

借：主营业务成本　　68 000
　　贷：库存商品　　68 000

（6）25 日，出售原材料一批，价款 5 000 元，增值税 650 元，款项收到，存入银行。

借：银行存款　　5 650
　　贷：其他业务收入　　5 000
　　　　应交税费—应交增值税（销项税额）　　650

同时，结转该批原材料实际成本 2 180 元：

借：其他业务成本　　2 180
　　贷：原材料　　2 180

环球公司 12 月主营业务收入为 114 900 元（10 000 + 130 000 − 25 000 100），其他业务收入为 5 000 元，营业收入合计 119 900 元；主营业务成本为 68 000 元，其他业务成本为 2 180 元，营业成本合计 70 180 元。

2. 核算销售费用。

销售费用是指企业在销售过程中发生的各项费用以及专设销售机构的各项经费，包括应由企业负担的销售部门人员薪酬、运输费、装卸费、包装费、保险费、广告费、展览费、售后服务费、差旅费、办公费、折旧费、修理费和其他经费等。企业应根据实际发生的销售费用，借记“销售费用”“应交税费—应交增值税（进项税额）”等科目，贷记有关科目。

【例 8－2】环球公司 12 月根据发生的销售费用，编制相关会计分录。

（1）应付销售人员薪酬 1 140 元。

借：销售费用　　1 140

　　贷：应付职工薪酬　　1 140

（2）用银行存款支付广告费 5 000 元，增值税 300 元（经税务机关认证可以抵扣），合计 5 300 元。

借：销售费用　　5 000

　　应交税费—应交增值税（进项税额）　　300

　　贷：银行存款　　5 300

环球公司 12 月的销售费用共计 6 140 元（1 140 +5 000）。

3. 核算销售税金。

税金及附加是指应由营业收入（包括主营业务收入和其他业务收入）补偿的各种税金及附加费，主要包括消费税、城市维护建设税、教育费附加、房产税、土地使用税、车船税、印花税等。

（1）消费税的核算。

企业销售应纳消费税的商品，应按规定计算结转应交消费税，借记“税金及附加”科目，贷记“应交税费—应交消费税”科目。

（2）城市维护建设税和教育费附加的核算。

企业取得营业收入以后，应按规定计算结转应交城市维护建设税和应交教育费附加，借记“税金及附加”科目，贷记“应交税费—应交城市维护建设税”“应交税费—应交教育费附加”科目。

（3）房产税、土地使用税、车船税的核算。

企业应按规定计算结转应交房产税、土地使用税、车船税，借记“税金及附加”科目，贷记“应交税费—应交房产税”“应交税费—应交土地使用税”“应交税费—应交车船税”科目。

（4）印花税的核算。

企业按规定应缴纳的印花税，以购买印花税票方式支付，应根据实际购买印花税票的金额，借记“税金及附加”科目，贷记“银行存款”科目。

【例 8－3】环球公司 12 月根据发生的税金及附加业务，编制相关会计分录。

（1）结转应交城市维护建设税 653 元，应交教育费附加 467 元。

借：税金及附加　　1 120

　　贷：应交税费—应交城市维护建设税　　653

　　　　　　　　—应交教育附加　　467

（2）结转应交房产税 600 元，车船税 300 元。

借：税金及附加　　900

　　贷：应交税费—应交房产税　　600

　　　　　　　　—应交车船税　　300

（3）购买印花税票100元。

借：税金及附加　　100

　　贷：银行存款　　100

环球公司12月的税金及附加共计2 120元（1 120＋900＋100）。

第五节　销售核算会计岗位常见错误与舞弊行为

一、销售核算会计岗位的常见错误

（一）销售核算会计岗位的常见错误

销售错误现象是由于会计人员或有销售相关人员在工作中发生的错误，属于客观原因引起的，可在今后的工作中避免。销售核算会计岗位的错误现象主要来自以下几个方面。

1. 销售订单和发票不匹配：如果销售订单和发票金额不一致，则会导致账目不平衡，影响企业财务报表。销售核算会计可能出现的错误是销售订单和发票金额不一致。这可能是由于销售人员在录入订单时发生错误，或者在开具发票时发生了误差，这种错误会导致账目不平衡，可能会导致财务报表错误，影响企业的财务分析和决策。

2. 销售收入被错误地分配：销售核算会计可能在分配销售收入时出现错误，导致销售收入被错误地归属到其他部门或项目上，这种情况可能会导致财务报表不准确，影响企业的财务分析和利润分配。

3. 销售费用被计算错误：销售核算会计可能在计算销售费用时出现错误，导致企业成本不准确。这可能是由于数据录入错误或计算公式错误导致的，这种错误可能会影响企业的盈利能力和财务报表准确性。

4. 销售退款处理不当：如果销售退款处理不当，则可能会导致资金流失，影响企业的财务状况。销售核算会计可能在处理销售退款时出现错误，如果退款金额被错误计算或处理不当，则可能会导致资金流失，影响企业的财务状况。此外，退款处理不当还可能引起客户不满，影响企业的声誉和客户关系。

5. 销售折扣计算错误：销售核算会计可能在计算销售折扣时出现错误，如果折扣金额被错误计算或处理不当，则可能会导致财务报表不准确，影响企业的利润分配。此外，折扣计算错误还可能导致客户投诉和争议，影响企业的声誉和客户关系。

（二）销售核算会计岗位的常见错误的防范

销售核算会计岗位的错误将导致销售相关的账户真实性下降，导致销售效率的评估效率降低，导致对企业的盈利水平的评估造成较大偏差，企业可以通过以下方式防范销售核算会计岗位的错误行为。

1. 严格执行销售业务核算的管理规定。按照权责发生制要求，要以产品或商品销售的时间确认计算收入，并据以入账。具体说来，企业应当在发出商品或提供劳务后，收到货款或取得收取价款的确切凭据时，确认销售收入的实现。加强应收账款的管理，严格按规定内容进账，定期与主营业务收入账户进行清查核对。

2. 加强业务学习，提高职工素质。对于从事会计工作的人员要采取各种措施进行岗位培训，加强业务知识的学习，增强工作人员的责任心，避免造成会计核算的错误。增强法治观念，树立高尚职业道德。对主管领导、直接从事财会工作的人员以及审计监督人员应加强政策及法律教育，增强法治观念和遵守财经纪律的自觉性，树立高尚的职业道德，依法经营，依法理财。

3. 加强部门间的沟通与协助。销售核算会计岗位人员与销售团队和其他相关部门保持良好的沟通和协作，及时解决问题和纠正错误，确保财务报表的准确性和可靠性。及时与销售团队交流，了解销售活动和销售数据的变化情况，了解销售合同、销售收入和销售费用等方面的情况，避免信息不准确或遗漏导致的错误。与其他部门建立良好的合作关系，共同制订并遵守相关的工作流程和规定，确保信息的准确性和及时性，一旦发现销售核算中的错误，要及时与相关部门和人员沟通，共同解决问题并纠正错误，及时采取措施，避免错误在后续的工作中扩大影响，并及时调整财务报表，确保准确和可靠的财务信息。

二、销售核算会计岗位常见的舞弊行为

（一）销售核算会计岗位常见的舞弊行为

销售会计舞弊现象是会计人员或有关人员在销售相关的经济活动中利用做假账及弄虚作假手段为个人或单位谋求不正当利益的一种行为，属于主观因素造成的，是违法行为。销售核算会计岗位的舞弊行为主要有以下几个方面。

1. 发票的管理和使用不当。

企业在实际的销售经营过程中对外出售产品的主要原始依据来自发票，现实中存

在一些企业不按照发票管理办法的标准严格管理好发票，从而导致问题出现。其主要体现在帮别人代开发票、私自开假票、销售过程中蓄意不开或少开发票、涂改或撕毁发票等行为上，这些情况就会给舞弊之人带来可乘之机。

对于以上提到的问题，会计工作者能够通过查阅发票存根以及记账联，将其和当时订制的供货合同核对一下，必要时需要与购货方进行双向核对。下面介绍一些查证的方法：发票联是不是一次性复写完成；发票中的内容是否可信可靠；发票有没有违反法律；发票上有没有出现涂改或修改；有无疑似代开发票。

2. 收入确认的时间、金额以及内容不当。

收入确认时间方面常见错弊有：货款到账时应列预收账款而提前作为销售收入入账；未按发票、运单、合同等资料确认销售收入，致使销售收入反应滞后等。按照权责发生制的要求，企业应以产品或商品销售实现的时间确认收入并据以入账。但是由于人员素质问题，会计人员业务水平低或责任心不强，将不该记入收入的内容记入或应该确认收入的没记入。或者企业故意利用收入的时间来调节利润水平，或故意将收入延迟入账，拆借资金进行其他活动等，导致收入确认的时间提前或者推迟。

提前确认收入是指企业利用一些策略将实际上应在以后年度作为收入确认的项目在本期进行了确认。根据相关准则的要求，将出售商品所得收入计入账簿需要满足相应的要求。这种方法虽然没更改收入的总量，只改变收入的确认时间，但是也影响了会计信息的客观性和真实性，容易使会计信息使用者对企业财务状况的判断产生误导，从而做出错误的决策。这一手段有两种形式：（1）在商品还没有销售出去或尚未为客户提供劳务时就提前确认收入；（2）对委托销售业务来说，在委托代销清单尚未得到时就计入了销售收入。

与以上形式对立的是延迟收入的计入，它是将实际上应在当期计入的收入推延至以后年度再计入账簿。采用延迟确认收入这种手段多数归因于企业的高管层预计未来的销售业绩没有达到预定的经营目标，为了掩饰本期的业绩将利润推延到下一期从而选择这种手段。不管是提前还是延后确认收入，其都对企业真实的经营业绩进行了掩饰，均构成了舞弊的行为。

除了收入确认时间外，销售收入金额也可能存在由于会计人员财会人员对业务不熟悉，发生销售收入计算上的错误，销售人员利用职务之便，故意少计算金额，向客户捞取回扣；擅自提高收费标准，多算多收货款等，也会导致销售收入金额错误。

关于销售收入的内容，可能存在的舞弊行为有以下两个方面：

一方面，将不属于主营业务收入的内容列入进行核算。有的企业为达到虚增当期利润的目的，采取虚增收入的手法，人为调节企业的经济效益。一般是通过“应收账款”“应收票据”等账户，凭空地在账上增记收入。这类错弊往往表现为在会计凭证上只有记账凭证，没有原始凭证，这是典型的舞弊行为。错将其他账户款项列入主营业务收入。这种情况的发生往往是由于会计人员对业务的不熟悉，或工作的疏忽造成的。例如，已经列入主营业务收入的应收账款，在收到货款时再列入主营业务收入，虚增了收入。

另一方面，将属于主营业务收入的内容列入其他账户核算，开设非法账户转移收入，私设小金库，用于非法开支，或者贪污、挪用；收到应列主营业务收入的货款却列入其他应付款，以待机提用；采取不开、少开发票方式，将全部或部分主营业务收入记入“应付账款”“其他应付款”等账户，达到转移收入、调节利润、少交税金的目的；或者应记而不记入主营业务收入，记入“其他业务收入”或“营业外收入”等账户，人为调节企业经济效益，达到调节利润、偷漏税金的目的。

3. 虚构经济业务。

虚构经济业务通常包括两种类型：一种类型是已经签订了销售合同，在货物所有权还没有转移前就确认收入；另一种类型，舞弊者为了虚增经济利益而采取的部分非常手法。例如，把还没有售出的商品自行确认为主营业务收入，使应收账款增加从而达到增加盈利的目的。这种舞弊手法是通过捏造虚假的交易来确认收入，属于无中生有的方法。这种方法一般从购进原材料开始时就是虚构，再开具一些假的生产、销售、运输等的原始凭证，然后根据这些虚假的原始凭证按照准则的要求登记记账凭证，并据以记入账簿、制成报表，进而发布虚假的报表信息。

4. 利用应收账款、其他应收款账户舞弊。

多计应收账款从而达到虚增利润的目的与虚增销售收入是紧密相连的，企业虚增销售业务的同时也增加了应收账款，但是这种方法审计人员通过函证就可以发现，因此，一般企业都将虚增的应收账款进行转移，转给第三方财务企业，再通过伪造金融单据，后期根据这些单据将应收账款收回。

其他应收款是指在企业日常的经营活动中，除了应收账款和应收票据之外，形成的除此之外多种应该收回的款项。在通常状况下，其期末余额一般情况下比较小才算正常。然而实际上，许多上市企业的其他应收款账户年末的金额都巨大，通常与应收账款、预付账款等常用账户的数额持平，甚至会远远超过这些科目的余额。很多上市企业都利用其他应收款来转嫁收入以逃避税款。

除此之外，有的企业由于当期经济效益欠佳，为完成销售收入和利润指标，在退货时不做冲减销售收入处理，而是通过记入“其他应收款”等账户，虚增当期的销售收入和利润。

5. 利用关联方交易舞弊企业。

利用关联方交易这一手法主要是指管理当局通过与其有关联方关系的企业，进行不真实的交易达到掩饰企业亏损、增加企业利润的目的，并且没有在附注中予以充分、恰当的披露，从而使报表使用者做出不恰当的决策。

利用关联方交易进行舞弊的具体手段有关联购销造假、受托经营舞弊、费用分摊造假和资金往来舞弊。许多上市公司在没有达到预期的销售目标时，就会利用关联方交易来进行舞弊。例如，某些公司为了达到销售目标，母公司通常以高于市场的价格来购买该公司的产品，通过这种不平等交易来实现利润的扩大。还有一些公司会将费用负担进行转嫁。例如，公司收回已经支付给关联方企业的管理费用，从而达到虚增当期利润的目的；将该公司已经发生的成本费用通过某些手段转嫁给关联方企业，以减少当期费用，来实现收益的增加。

利用广义销售业务进行舞弊的手段还包括利用循环交易、填塞分销渠道。循环交易就是在具体操作中 A 卖给 B，B 卖给 C，C 再卖给 A 等，中间通过好多环节来运作。填塞分销渠道就是生产商或批发商为了增加账面价值，通过向买方提供商业刺激，如可以退货、增加回扣点等，使买方提前购货，就提前将大量的存货转移到了经销商的手中，从而实现了在短期内销售额大幅上升。这些销售形式其共同点是都可以在短期内形成巨额的利润，从而达到粉饰其经营业绩的目标。企业进行财务报表粉饰，就是要体现出其经营业绩好、盈利能力强，来获取更多参与者的投资。通过这些手段都能为企业创造巨额的利润，因此上市公司会选择这些手段对报表进行粉饰。

（二）销售核算会计岗位常见的舞弊行为的防范

销售核算会计岗位常见的舞弊行为的防范关键在于建立健全主营业务收入核算的内部控制系统，具体的防范措施如下。

1. 建立健全岗位责任制，明确职责分工。企业与购货单位签订销售合同，合同要素应完整，经济责任要明确。设立合同专管人员，建立合同记录，完整准确地反映合同执行情况。合同管理、销售、财务各部门之间要明确各自的职权，要达到互相控制、互相监督。会计部门内部人员之间要明确分工，适当的职责分离。例如，主营业务收入账系由记录应收账款以外的职员独立登记，并由另外不负责账簿记录的职员定期调节总账和明细账，构成自动交互奉制。建立复核制度，对每笔业务进行复核。建立定期审查制度，财务主管应定期对销售业务的核算情况进行审查，以便发现问题及时处理。

2. 建立应收账款催收制度，制约舞弊行为。建立应收账款催收制度并定期寄出对账单，这是一项极有力的控制制度。由不负责现金出纳和应收账款的人员定期向客户寄发对账单，当客户发现应付账款余额不正确后及时反馈有关信息，以此制约舞弊行为。

3. 制订发票管理制度，加大控制力度。在整个产品销售过程中，发票是至关重要的依据：销售部门依据合同及有关人员的批准开具销售发票，仓储部门根据发票“提货联”发出产品，同时将发票等有关凭证转交财务部门，财务部门依据发票、运单等凭证与销货合同核对后办理收款业务并及时登记入账。要设发票专管人员，这样首先明确了责任人，同时要有财务或相关人员定期核对审查，检查有否利用发票进行舞弊和开具错误的行为。

本章小结

通过本章的学习，可以了解销售核算以及销售核算会计岗位的内涵；了解销售核算会计岗位的工作内容以及在销售核算会计实务工作中应当注意的事项；分析了销售核算会计岗位的职责以及权限；介绍了销售核算会计存在的错误与舞弊以及应对策略。

关键术语

销售核算　　销售收入　　销售费用　　销售税金

销售错误　　销售会计舞弊

— 自测题 —

第九章　往来结算会计岗位

本章导读

往来款项的结算工作是企业会计工作的重要环节。往来结算岗位的会计岗位人员应熟悉往来结算管理的策略与技巧，掌握往来结算账务处理的具体方法。本章对往来结算会计岗位及其工作内容、职责以及注意事项进行解析，逐步展开会计实务案例，以及对往来结算会计岗位容易发生的常见问题进行列举并讲解，帮助读者对往来结算会计岗位建立一个整体框架，更好地理解往来结算的实用技巧。

学习目标

1. 掌握往来结算会计岗位的定义。
2. 了解往来结算会计岗位工作内容及注意事项。
3. 了解往来结算会计岗位职责和权限。
4. 掌握往来结算会计岗位的实务。
5. 掌握往来结算会计岗位的常见错误和舞弊行为。

第一节　往来结算会计岗位的定义

一、往来结算的定义

（一）往来结算的定义

在当代社会中，在经济上有来往一般称为经济活动，随之也出现往来款项。往来款项是企业与其他企业或个人在经济往来中所发生的、不能及时清算的款项。随着企业之间经济联系的日益发展，企业与各经济业务的交往中发生的债权债务也日益趋增，任何企业都会发生往来款项。

往来结算，是企业在生产经营或执行预算的过程中，与国家、其他企业或个人之间所发生的各种欠人或人欠的往来款项，并通过货币价值形式对其进行清算的行为。它反映经济活动的一个重要方面，并为管理提供必要的信息。往来结算属于应收应付、清算资金行为。企业在经济活动中，对于欠人应付的款项要积极地给对方付款交清；对于人欠应收的款项要想办法尽早收回。

（二）往来结算的特点

1. 社会性。社会的生产力，离不开每一个企业或者个人相互之间发生各种各样的经济关系（生产关系、交换关系、分配关系和消费关系），因此，社会不可避免存在着往来关系，每个独立个体或集体相互间需要进行往来结算。因此，往来结算具有广泛的社会性。

2. 经济性。往来结算的本质内涵是拖欠的经济款项，是企业与国家、外部企业或个人之间的经济关系。往来结算是经济管理和会计核算的重要内容，直接涉及企业自身甚至个人的经济利益。

3. 及时性。任何企业的经济业务一旦发生，就要求按有关结算制度的规定及时办理往来结算，结清手续，应收就收，应付就付。

4. 法律性。结算资金是根据具有公证的经济合同而发生的，因此可以依法结算，按章办事，维护债权方的收款权利。

二、往来结算会计岗位的定义

往来结算会计岗位是负责企业、单位之间往来账款的核算业务，主要但不限于负责“应收账款”“应付账款”“其他应收账款”“其他应付款”等科目或账户核算工作的专门岗位。企业往来业务涉及应收账款、应付账款、应收票据、其他应收款、其他应付款等，是会计核算业务中核算量大、要求较高的一个会计核算岗位。

从往来款项的界定与分类可以看出，往来结算岗位的工作是企业会计工作中一个不可或缺的重要组成部分，对企业来说具有重要的意义，对往来业务发生频繁的企业来说尤其如此。总体来说，往来结算会计核算的正确与否，直接关系到企业整个会计工作的质量，并由此影响到企业对外对内提供会计信息的质量和决策有用程度。此外，从会计参与经营决策这一角度看，往来结算会计工作的水平直接关系到企业往来款项管理的水平，进而影响企业整体管理水平。

三、债权与债务的定义

债权是指请求他人为一定行为（作为或不作为）的司法上权利。权利义务相对于债权者为债务，即必须为一定行为（作为或不作为）的司法上义务。因此，债之关系本质上即为一司法上的债权债务关系，债权和债务都不能单独存在，否则即失去意义。同时，金钱债权是我们最常见的债权，也是最重要的债权。从会计意义看，债权是指单位未来收取款项的权利，包括应收账款、应收票据、预付账款、其他应收款、应收股利、应收利息和应收补贴款等。

从会计意义看，债务是指由过去交易、事项形成的，由单位或个人承担并预期会计导致经济利益流出单位或个人的现时义务，包括各种借款、应付及预收款项等。有时也指所欠的债；为了清偿所有的债务而工作。

在会计实务中，行业内习惯把定义中的债权债务的会计核算称为往来款项结算，通常把该会计岗位称为往来结算会计岗位。

四、往来账款的界定与分类

往来业务是企业在开展经营活动过程中，与客户、供应商、个人发生的一些债权债务关系的业务，所以企业需要设置往来账来进行反映和核算。往来账款是指企业发生往来业务关系时未收款、未付款或者关系发生前的预收款和预付款。企业往来账款的核算业务，包括赊销业务产生的应收账款、应收票据的核算，赊购业务产生的应付账款、应付票据的核算，以及预收账款和预付账款的核算。

（一）应收款项

1. 应收账款。应收账款应按照实际发生的金额入账，包括销售商品、产品、提供劳务应收取的货款、增值税以及代购货单位垫付的包装费、运杂费等。企业对应收账款计价时，还需要考虑商业折扣和现金折扣等因素的影响。

2. 应收票据。应收票据是指企业因销售商品、提供劳务等经济活动而收到的商业汇票。企业持有的商业汇票按承兑人的不同，分为商业承兑汇票和银行承兑汇票，按是否计息分为不带息商业汇票和带息商业汇票。

3. 预付账款。预付账款是指企业按照有关合同，预先支付给供货方或提供劳务方的款项，如预付的材料货款、商品采购货款等。购货方为了及时采购所需商品，往往采取预付部分或全部货款的方式进行采购。就购货方而言，是先付款后收货，在收货之前就形成了短期性债权。预付账款和应收账款一样，都是企业的短期债权，但是两者又有区别。应收账款是企业因销售商品或提供劳务而产生的债权；而预付账款是企业因购货或接受劳务而产生的债权，是预先付给供货方或劳务提供方的款项。预付账款产生于购货活动，代表的是收货的权利；应收账款产生于销货活动，代表的是收款的权利。

4. 其他应收款。其他应收款是指除应收账款、应收票据、预付账款、应收股利、应收利息以外的其他应收、暂付款项，主要包括备用金、应收的各种赔款、罚款，应收出租包装物租金，存出保证金，应向职工收取的各种垫付款项，以及已不符合预付账款性质而按规定转入本账户的预付账款等。

（二）应付款项

1. 应付票据。应付票据是指企业购买材料、商品或接受劳务供应而开出、承兑的商业汇票，包括商业承兑汇票和银行承兑汇票。应付票据按是否带息分为带息票据和不带息票据。

2. 应付账款。应付账款是指企业因购买商品、材料物资或接受劳务供应等业务应支付给供货方的账款。应付账款是由于购销双方在购销活动中取得物资与支付货款在时间上不一致而产生的负债。应付账款一般在短期内支付，因此将应付账款列入流动负债核算。

3. 预收账款。预收账款是指企业按照合同规定，向购货方或劳务接受方预先收取的款项。有些购销合同规定，销货企业可向购货企业预先收取部分货款，待向对方发货后再收取其余货款。企业在发货前收取的货款，表明企业承担了在未来导致经济利益流出企业的应履行的义务，就形成了企业的一项负债。这一负债不是以货币偿付，而是以在一定时间内提供一定数量和质量的商品货物或劳务来偿付。

4. 其他应付款。其他应付款是指企业除应付账款、应付票据、预收账款、应付职工薪酬、应付利息、应付股利、应交税费等以外的其他各项应付、暂收的款项，主要包括应付经营租入固定资产租金和包装物租金、收取包装物押金等。

第二节　往来结算会计岗位的工作内容及注意事项

一、往来结算会计岗位的工作内容

往来结算会计岗位的主要工作内容涉及根据国家统一的会计制度规定，对往来款项进行严格的会计核算和管理。这一岗位的工作内容可以概括为以下几点：

1. 账簿的设立和核算：根据相关法律和国家统一的会计制度，设立往来款项的总账、明细账、日记账和其他辅助性账簿，并认真执行往来会计核算。

2. 原始凭证的规范管理：确保登记往来结算会计账簿所依据的原始凭证格式、内容、填制方法和审核程序均符合国家统一会计制度的规定。

3. 记账凭证和账簿的准确登记：保证记账凭证的内容、填制方法和所附原始凭证的规范性，以及更正错账的凭证方法等均符合国家统一会计制度。同时，确保账簿的登记经过相关责任人员审核签章，字迹工整，摘要清楚，装订整齐。

4. 账簿的规范运用：确保往来款项的总账、明细账、日记账和其他辅助性账簿的设置启用、登记、结账、更正错账等方法符合国家统一会计制度的规定，实现记账及时，对应关系清晰，数字准确。

5. 统一核算和期末核对：所有往来经济业务应经过单位统一的会计核算。期末时对往来款项的账表进行核对，确保账账、账表、账实相符。

6. 会计档案的管理：按照国家统一会计制度，定期整理和妥善保管往来款项的会计档案，确保调阅和销毁过程符合规定的手续。

7. 内部控制和管理制度的建立：建立往来款项管理的内部控制制度和其他内部会计管理制度，以保证会计工作的有序进行。

8. 会计人员资格和工作交接：从事往来结算会计核算的会计人员应持有国家统一颁发的会计证。往来结算会计岗位工作人员发生变动时，会计工作的交接手续应符合国家统一会计制度的规定。

二、往来结算会计岗位的注意事项

债权债务管理在企业财务管理中占有重要地位。为了确保资金的有效使用和加速资金周转，以下几点对于债权债务的管理至关重要：

1. 注意明确债权债务管理的重要性：债权债务是企业与其他企业或个人之间的一种资金形式。为了充分发挥资金的作用，提高资金使用效率，必须加强对债权债务的管理，并及时进行清理结算。

2. 注意债权债务的合规发生：债权债务的发生必须根据业务的实际需要，并取得符合规定的凭证。只有经过领导批准，才能办理相关债权债务。

3. 注意禁止未经批准的债权债务：未经领导批准，任何情况下均不得受理与本企业无关的债权债务，以保障企业资金的安全和合规性。

4. 注意及时清理结算：当各项往来款项到达合同期限并取得合法报销凭证时，应及时进行清理结算。这有助于防止不合理的资金占用和坏账的发生。例如，出差借款应在返回后五日内结清，并做到一借一清。

5. 注意管理明细核算和账户：应根据实际情况为各种往来款项设立单独账户，并进行明细核算，以保持财务记录的清晰和明确。

6. 注意使用清理结算责任制：实行债权债务清理结算责任制，由分管的结算会计负责清理结算工作，相关人员提供协助。

7. 注意及时进行催办工作：对于不按规定进行往来结算的单位或个人，需要加强催办工作，并在必要时报经有关领导处理。

第三节 往来结算会计岗位的职责和权限

一、往来结算会计岗位的职责

往来结算会计的职责是确保企业债权债务的有效管理和合规操作。这一岗位承担的主要职责包括：

1. 负责建立内部控制和债务人资信档案。往来结算会计需要熟悉与债权、债务相关的法律法规，并协助会计主管人员建立健全往来会计内部控制制度。此外，建立债务人资信档案，持续掌握债务人资信状况，以确保企业的财务安全和信用风险的有效管理。

2. 负责明细账户的设立与管理。根据单位和个人的不同，分别设置来往明细账户，并根据审核后的凭证逐笔顺序进行登记。定期与债权人、债务人核对往来账目，确保账目的准确性和完整性。年终时，应抄列清单以便进行全面的财务审计。

3. 负责应收应付款项的清理。与责任部门或人员配合，及时清理应收应付、预收预付款项，并办理相应的收回或偿还手续，以防止遗漏和财务不准确。

4. 负责管理预借差旅费。对于预借的差旅费，需要督促有关人员及时办理报销手续，并确保按照规定的时间限度收回款项，严禁拖欠或挪用，并且对相关支出进行严格审查，确保符合规定的开支标准。

5. 负责坏账准备的计提。对于确实无法收回的应收款项和不能支付的应付款项，往来结算会计应查明原因，并按规定报批处理。这包括对这些账目的坏账准备的计提，确保企业财务的准确反映。

6. 负责提供债权债务信息。定期为有关部门、人员和相关领导提供债权债务信息，以便于他们进行决策和风险管理。

二、往来结算会计岗位的权限

1. 有权参与制定往来结算内部制度。往来结算会计工作是企业会计工作的重要组成部分，必须有健全的规章制度予以规范。企业有关领导及会计主管在制度制订方面应发挥主导作用，往来结算会计工作人员应积极参与，这样制订出来的制度才具有针对性和可操作性，便于本岗位会计人员理解并遵照执行。

2. 有权参与往来账款有关的财务决策。往来结算会计工作人员应一方面及时、准确、全面地进行会计核算，提供决策有用的会计信息，方便有关人士决策；另一方面应利用自身专长和熟悉本岗位工作的优势，积极主动地参与有关决策。例如，本岗位工作人员可以针对在应收账款核算和管理实践中发现的问题，结合自身实际经验，向会计主管或其他有关领导提出某些合理化建议，以改善和加强应收账款的核算和管理，减少坏账损失，提高资金使用效果。

3. 有权定期对往来款项进行清查核对。往来款项直接反映着企业同其他单位和个人的债权债务关系牵涉的关系比较多，为了保证其核算正确、金额无误账实相符，会计人员应定期对往来款项进行清查核对，包括同有关当事方进行核对。

4. 有权要求其他岗位配合工作。各会计岗位虽然权责明确各司其职，但都是企业整体会计工作的有机组成部分，共同服务于企业，离不开彼此之间的协作和配合。其他岗位应配合好往来结算会计工作岗位人员的工作，如出纳岗位、销售岗位等。这既是其应有的职责，同时也是搞好本岗位工作的必要前提和保证。

第四节　往来结算会计岗位的实务

一、主要账户设置

企业的应收款项包括应收票据、应收账款和其他应收款等；预付款项指企业按照合同规定预付的款项。

（一）应收款项

1. “应收账款”账户。

①账户的性质：资产类账户。

②账户的用途：用来核算企业因销售商品、产品、提供劳务等，应向购货单位或接受劳务单位收取的款项。

2. “应收票据”账户。

①账户的性质：资产类账户。

②账户的用途：用来核算企业因销售商品、产品或提供劳务等而收到的商业汇票，包括银行承兑汇票和商业承兑汇票。

3. “其他应收款”账户。

①账户的性质：资产类账户。

②账户的用途：用来核算企业除应收票据、应收账款、预付账款、应收股利、应收利息、长期应收款等以外的其他各种应收及暂付款项。

（二）应付款项

1. 应付账款。

①账户的性质：资产类账户。

②账户的用途：企业因购买材料、商品和接受劳务供应等而应付给供应单位的款项。

2. 应付票据。

①账户的性质：资产类账户。

②账户的用途：由出票人出票，并由承兑人允诺在一定时期内支付一定款项的书面证明。

3. 其他应付款。

①账户的性质：资产类账户。

②账户的用途：与企业的主营业务没有直接关系的应付、暂收其他单位或个人的款项。

二、主要经济业务的账务处理

（一）应收款项

1. 应收账款发生和收回的账务处理。

【例9-1】20×9年2月20日，长江公司向新宜公司出售A产品100件，每件不含增值税的售价1 060元，计货款106 000元，增值税为18 020元，产品已发出，货款尚未收到。会计部门根据增值税专用发票记账联，应编制如下会计分录：

借：应收账款—新宜公司	124 020	
贷：主营业务收入		106 000
应交税费—应交增值税（销项税额）		18 020

【例9-2】承前例，20×9年3月22日，新宜公司以银行转账方式支付上述货款。会计部门根据银行收款通知，应编制如下会计分录：

借：银行存款	124 020	
贷：应收账款—新宜公司		124 020

2. 应收票据发生和收回的账务处理。

【例9-3】20×9年4月20日，长江公司向三江公司销售B产品50件，每件不含增值税售价为500元。发票上注明的货款为25 000元，增值税为4 250元，企业收到三江公司开出并承兑的商业承兑汇票一张，金额为29 250元。会计部门根据增值税专用发票记账联，应编制如下会计分录：

借：应收票据—三江公司　　29 250

　　贷：主营业务收入　　25 000

　　　　应交税费—应交增值税（销项税额）　　4 250

【例9－4】承前例，20×9年5月22日，三江公司以银行转账方式支付上述货款。会计部门根据银行收款通知应编制如下会计分录：

借：银行存款　　29 250

　　贷：应收票据—三江公司　　29 250

3. 其他应收款的发生和收回的账务处理。

【例9－5】20×9年5月20日，长江公司行政管理人员王明出差预借差旅费800元，以现金付讫。会计部门根据审核批准的该管理人员填制的借款单，应编制如下会计分录：

借：其他应收款—王明　　800

　　贷：库存现金　　800

【例9－6】承前例，20×9年5月25日，行政管理人员王明出差回来，报销差旅费600元，余款交回现金200元。会计部门根据差旅费报销单和借款结算单据，应编制如下会计分录：

借：管理费用　　600

　　库存现金　　200

　　贷：其他应收款—王明　　800

4. 预付账款的核算。

预付账款是指企业按照购货合同规定预付给供应单位的款项。

企业应该设置"预付账款"科目，期末余额一般在借方，反映企业实际预付的款项。预付款项情况不多的企业，可以不设置"预付账款"科目，而直接通过"应付账款"科目核算。

企业根据购货合同的规定向供应单位预付款项时，借记"预付账款"科目，贷记"银行存款"科目。

【例9－7】甲公司向乙公司采购材料5 000吨，单价10元/吨，所需支付的款项总额为50 000元。按照合同规定向乙公司预付货款的50%，验收货物后补付其余款项。

甲公司应编制会计分录如下：

①预付50%的货款时：

借：预付账款—乙公司　　25 000

　　贷：银行存款　　25 000

②收到乙公司发来的5 000吨材料，验收无误，增值税专用发票记载的货款为

50 000元，增值税额为8 500元。甲公司以银行存款补付所欠款项33 500元。

借：原材料　50 000

　　应交税费—应交增值税（进项税额）　8 500

　　贷：预付账款—乙公司　58 500

借：预付账款—乙公司　33 500

　　贷：银行存款　33 500

（二）应付款项

1. 应付账款。

【例9-8】20×9年12月30日，由于D公司撤销，E公司报经批准将无法支付的应付D公司账款40 000元转入营业外收入。E公司应作如下会计分录：

借：应付账款—D公司　40 000

　　贷：营业外收入　40 000

2. 应付票据。

【例9-9】20×9年12月3日，海信公司从A公司购入甲材料一批，增值税专用发票上注明价款50 000元，增值税8 500元，当日签发并承兑一张面额为58 500元，期限为3个月的不带息商业承兑汇票结算，材料已验收入库（实际成本法）。海信公司编制会计分录如下：

①持票购料入库时：

借：原材料—甲材料　50 000

　　应交税费—应交增值税（进项税额）　8 500

　　贷：应付票据　58 500

②到期支付票款时：

借：应付票据　58 500

　　贷：银行存款　58 500

③假设到期无法支付票款：

借：应付票据　58 500

　　贷：应付账款　58 500

3. 其他应付款。

其他应付款包括内容：应付经营租入固定资产租金、应付租入包装物租金、存入保证金、应付及暂收所属单位与个人的款项等。

【例9-10】20×9年12月13日，甲企业收取包装物押金1 000元，存入银行。

借：银行存款　1 000

　　贷：其他应付款—包装物押金　1 000

第五节 往来结算会计岗位的常见错误和舞弊行为

一、往来结算会计岗位的常见错误

（一）往来账款未设立明细科目

往来结算会计岗位负责人或者岗位人员未对往来款设置明细，无法清晰掌握往来单位或个人，债权人、债务人信息不明确。会计科目使用说明对往来款科目设置辅助核算项进行往来明细核算，且特别说明“其他应收款”科目并非可以包罗万象，它的核算内容有明确规定，且应按照其他应收款的类别以及债务单位（或个人）进行明细核算。

（二）岗位人员核对、处理往来账不及时

往来账要管理好，就应及时进行核对，企业的每个部门根据业务量的大小，按月份、季度、半年度、年度定期进行对账，如发现问题应及时沟通，查找原因，保证双方账目余额一致。但在实际工作中，经常发现企业内部不对账，或者很少对账，有的到年底才对一次账，更有甚者到年底因为单据不齐、急于结账而草草了事，往来账的余额为逐年滚动而成，越滚越对不清，结果等查账时因对不上账而不能取得函证，延迟了查账的进度，给企业造成了不良的影响。

同时，也要及时处理应收账款超期限的挂账。一是应收账款超过一定期限并确认无法收回的一直挂账，未及时做核销处理。二是企业对应收账款缺乏有效管理，很容易造成账款无法追回而导致经济损失。企业在产生应收账款时，岗位人员应及时登记入账，与应收账款直接相关的业务经办人员应负责该笔欠款的跟踪与催收工作。如果欠款长期无法追回，且追回可能性不大时，岗位人员应向上级领导申请并获得领导批准后，对该笔应收账款进行核销，不能超期限挂账。

（三）岗位人员使用往来账款核算管理方法不合理

往来账款在核对时，往来结算会计岗位人员应将涉及一个往来客户的所有科目放在一起，经过相互抵销和对冲以后的余额，确定为最终应付或应收对应客户的金额。但在实际对账时，因受会计工作水平和工作习惯的影响，有的岗位人员会对同一个往来客户，既设有应收、预收账户，还设有应付、预付账户，甚至还有借款等多个账户，

可在对账时，往往只给对方提供应收类账户的数据，对应付及借款类账户的数据很少甚至从不提及，从而导致双方在对账时经常“捉迷藏”，加大了对账的难度。当若干年后这样的账户还未对冲，致使每个账户都有余额，造成往来账一户多账，最终无法说明账款去向。

（四）会计移交不全面，监督不到位

在往来结算会计岗位人员更换时，移交人在进行业务交接时常常流于形式，接交人没有积极主动履行自身的责任，监交人对于交接业务的监管意识不到位，致使后期往来款项的清理工作困难重重。在一般的《会计基础工作规范》规定中，会计人员调动工作或者离职时，办理好会计工作交接，有利于分清职责，保障会计工作的有序进行。移交人对其经手的会计业务所形成的会计资料的真实性、完整性负责。对尚未结清的往来款项要逐项列清明细，对余额较大的往来账户要与往来单位、个人核对。负责监督交接的会计机构负责人防止敷衍了事，切实起到鉴证和监督的作用。

二、往来结算会计岗位的常见舞弊行为

在会计核算中，涉及往来账款核算的虚假手法主要表现在两个方面：一是企业利用应收及预付款账户调节产品成本和当期损益；二是企业有关业务人员利用应收及预付款结算方式及其某些难以控制的薄弱环节，挪用公款谋取私利。具体形式如下：

（一）应收销货款长期挂账，购销双方彼此渔利

企业赊销商品而产生的应收账款，本应及时收回。但购货单位为了长期占用应付货款，销售企业经销人员和财会人员为了从购货单位谋取利益，而共谋长期拖欠货款及运杂费，造成企业应收销货款长期挂账。

（二）坏账损失不作处理，有意制造潜亏

根据国家财会制度的规定，对于一般企业来说，对因债务人破产或考死亡等原因，确实不能收回的应收账款以及因债务人逾期偿付超过 3 年仍不能收回的应收账款，应及时报主管部门审查作坏账处理；对于股份制企业来说，根据《股份有限公司会计制度有关会计处理问题补充规定》，只有在应收账款有确凿证据证明不能收回或收回的可能性不大，如债务单位破产、资不抵债、现金流量严重不足、发生严重的自然灾害等导致停产而在短时间内无法偿付债务时，以及其他足以证明应收款项可能发生损失的证据和应收款项逾期 5 年以上的情况，才准予作坏账处理。但有的企业经济效益欠佳，为了确保完成利润指标，就对应处理的坏账损失不上报不处理，人为造成大量陈账、

呆账长期挂账，以掩盖企业潜亏真相。

（三）调整计提比例，错提坏账准备金

在采用备抵法核算坏账损失的企业，坏账损失的计提应按年末应收账款余款乘以一定比例与坏账准备科目贷方余款作比较之后计算提取，有些企业在不改变应收账款余额的情况下，采取人为提高或压低提取坏账准备百分比的手法，多提或少提坏账准备，以调节当期利润。

（四）调整应收账款数额，错提坏账准备金

采用备抵法核算坏账损失的企业，为了调节盈亏而虚增或虚减管理费用，除了采用提高或压低计提坏账准备金的比率外，还采取调增或调减应收账款数额的手法，多提或少提坏账准备金。

（五）利用坏账损失转移资金，挤列费用

企业将单位还款不冲销往来账，而是截留并转移他处，再通过坏账损失挤列管理费用。企业收到外单位归还的欠款后，直接从银行提出现金转入企业的“小金库”，不在银行日记账上反映，日后再将应收账款作为坏账处理，通过坏账损失列入管理费用。

（六）利用应收账款放贷，利息转入“小金库”

根据国家有关规定，企业间可以互相拆借资金，但有些企业却利用应收账款放贷，将利息收入转入“小金库”，并称为企业间拆借资金。例如，企业将收回的还款，直接转借给其他单位，并将取得的利息收入转入“小金库”。当企业收到外单位还欠款时，不汇银行日记账，同时签发相同金额的转账支票，有偿转借给另一个单位，对付出银行存款也不计银行日记账，将两笔业务合并记作：“借：应收账款—乙，贷：应收账款—甲”的账务处理。收取利息后不计收入，转入“小金库”。

（七）虚列应收账款，虚增销售收入

企业为了体现经营业绩，或为了完成承包任务，就会利用年底结账时，人为地虚列销售收入、挂往来账、虚增利润。待下一年初，再用红字将此笔虚列的往来账冲掉。

（八）应收账款的入账金额不实

在存在现金折扣情况下，应收账款的入账金额核算有总价法和净价法两种形式。根据我国会计制度的规定，只允许采用总价法核算。但在实际工作中，可能出现按净

价法入账的情况，这样的结果就会使企业少计正常的收入、客观上造成应收账款入账金额不实的结果，为一些不法分子贪污制造机会。

（九）延期承兑应收票据，索取酬金

企业在经济往来中，也采取签发商业汇票进行结算，有些人就在票据上大做文章。本已到期的应收票据，因付款方暂无力支付，该企业便提出以“好处费”为条件，将应收票据转入“应收账款”。

（十）利用预付账款业务往来搭桥

按规定，企业的预付款业务必须以有效合法的供应合同为基础，而实际工作中有的企业的预付款业务根本无对应的合同，而是利用预付款这一“中转站”往来搭桥，为他人进行非法结算，将所得回扣或佣金据为已有；或利用该项业务转移资金，隐匿收入、私设“小金库”或私分。

（十一）预付账款成为“回收站”

在许多企业中，“预付账款”账户就发挥着“回收站”的作用，企业销售商品，不确认收入，而是暂时存放在“预付账款”账户中，作为预付款，日后，再作相反会计分录，视同退款。这样的后果就是企业可以偷逃收入、偷逃税金、隐匿收入。

（十二）占用备用金，谋取私利

其他应收项目主要指企业发生的非购销活动的应收债权。对于这类应收项目，主要在“其他应收款”账户中核算，如企业发生的各种赔款、存出保证金和备用金等，备用金主要是企业拨给有关职能部门或有关业务人员备作零星开支的款项，某些企业由于备用金领用和报销制度不健全，有关人员就混水摸鱼，多领备用金或长期占用备用金，将手中的备用金存入银行取得利息，或投资于股票等项目，获取投资收益。有的财务人员也利用职权，私领备用金向有关单位投资或挪作他用，捞取个人好处。

（十三）利用“其他应收款”账户从事违法违纪活动

“其他应收款”账户反映的业务较零星、复杂，也就容易为某些企业所利用，主要形式有：

1. 为牟取暴利、逃避税务工商管理部门的管理，将超出企业经营范围的业务反映在“其他应收款”账户。

2. 利用“其他应收款”账户私自存放大量现金现象，违反库存现金限额管理的规定。

3. 利用“其他应收款”账户为其他单位或个人套取现金，在一定程度上为贪污盗窃、损公肥私大开方便之门。

（十四）其他应收款占压期过长

一般情况下，其他应收款作为企业的债权，其占压期不能过长，但在实际工作中，许多企业的“其他应收款”长期挂账，造成一种不真实的会计信息。

本章小结

通过本章的学习，可以了解往来结算会计岗位的有关内容，包括债权与债务的定义、往来账款的界定与分类、往来结算会计岗位的定义及意义；了解到往来结算会计岗位的工作内容、注意事项以及职责和权限；系统地掌握了往来结算会计岗位的部分实务；通过对往来结算会计岗位的常见错误和舞弊行为的分析，引导读者对往来结算会计岗位建立一个整体框架。

关键术语

债权	债务	应收款项	应付款项
预付款项	往来款项结算	往来账款核算管理	坏账处理

— 自测题 —

第十章　稽核会计岗位

本章导读

稽核会计岗位是会计机构本身对于会计核算工作进行的一种自我检查或审核工作，它是会计工作的基础，对于提高会计成果的质量至关重要。本章对稽核会计的工作内容及注意事项、职责与权限进行阐述，并对会计原始凭证、记账凭证、会计报表的审核进行全面的讲解，读者对本章认真研读，可以提高本岗位工作的实际操作能力和减少差错。

学习目标

1. 掌握稽核会计岗位的定义。
2. 了解稽核会计岗位的工作内容及注意事项。
3. 了解稽核会计岗位的职责及权限。
4. 掌握原始凭证、记账凭证、会计报表审核的相关实务工作。

第一节　稽核会计岗位的定义

一、稽核会计的定义

稽核是稽查和复核的简称，是对会计核算工作从填制会计凭证、设置账户登记账簿、成本核算、利润计算、财产清查，到编制会计报表等所进行的一系列工作全过程的事前审核，事中、事后的审核、稽查、监督活动。

稽核会计，包括事前稽核、事中稽核和事后稽核。事前稽核，就是在会计业务发生之前，对财务原始凭证、财务收支计划、预算、成本（费用）计划、利润计划、经济合同等进行审核，确定即将进行的业务的合法性和目的性；事中稽核，就是在经济业务发生和入账前的过程中，根据有关法规和计划、预算、文件等，审核实际财务收支、财产收发等资金运动的会计记录是否合法、真实（包括内容真实、数字准确、项目完整、手续齐备、资料可靠），是否符合会计核算准则；事后稽核，就是在经济业务入账之后，对会计账簿记录和会计报告，进行稽查核实，保证会计信息真实可靠。

二、稽核会计岗位的定义

稽核会计岗位是会计机构本身对于会计核算工作过程进行的一种自我检查或审核的工作岗位，其目的在于防止会计核算工作中所出现的差错和有关人员的舞弊。通过稽核，对日常核算工作中所出现的疏忽、错误等及时加以纠正或制止，以提高会计核算工作的质量。

第二节　稽核会计岗位的工作内容及注意事项

一、稽核会计岗位的工作内容

1. 执行会计制度规定的检查。稽核会计岗位需要检查是否坚持复核制度，确保所有财务记录都经过了适当的审核流程；是否坚持对账制度，以保证账目的准确性；以及是否建立了严格的会计检查和稽核制度，从而保障整个会计过程的透明度和合规性。

2. 会计凭证与报表的稽核。按照相关政策和规定，对会计原始凭证、记账凭证、会计报表等进行详细的审查，验证凭证的真实性、合法性和完整性，确保所有会计记录都符合会计法律和法规的要求。检查会计科目的设置和使用是否正确，以及是否符合国家的政策要求。如发现任何违规行为，稽核会计岗位工作人员应及时采取措施进行纠正，以确保财务报告的准确性和合法性。

3. 会计报表的编制和报送检查。稽核会计岗位工作人员需要检查会计报表的编制过程是否符合规定的会计准则和政策，并确保其按时准确地报送给相关部门和机构。确保公司财务透明度，同时向外部利益相关者如股东、监管机构等报告准确信息的关键环节。

二、稽核会计岗位的注意事项

1. 注意凭证和交易的审查。稽核会计岗位工作人员需要确保每一笔经济业务都经过了严格的复核，每个交易都按规定及时填制了凭证，且所有的票据都是合法有效的。此外，需要特别关注凭证的编号连贯性和装订完整性，以及检查是否存在积压或事后补制凭证的情况。

2. 注意会计科目和转账的正确性。稽核会计岗位工作人员需要监控会计科目的设置和使用是否正确，确保科目的使用符合国家政策要求，以及审查转账是否合理，借贷方数字是否相符。

3. 注意凭证管理和手续合规性。稽核会计岗位工作人员需要检查凭证是否按规定加盖了戳记和编号，确保所有相关手续的合规性、健全性、确实性及完备性。同时，关注凭证的保存方法和放置地点是否符合规定的要求，并确认凭证是否已正确登录到日记簿或日记表中。

第三节 稽核会计岗位的职责和权限

一、稽核会计岗位的职责

稽核会计的工作涉及对公司财务流程的全面监督和检查。根据稽核的范围和时期，其工作可以分为全面稽核和重点稽核，事前审核和事后复核，以及日常稽核和临时稽核。稽核会计的主要职责包括但不限于以下几点：

1. 负责计划或预算的审核。稽核会计需要审核财务、成本、费用等计划或预算指标的完整性、编制的可靠性和计算的正确性，包括确保各项计划指标之间的衔接和一致性。在完成审核后，稽核会计应提出建议或意见，以助于修改和完善计划和预算，确保它们的有效性和实用性。

2. 负责合规性的审查。稽核会计负责审核实际发生的经济业务或财务收支是否符合相关法律法规、规章制度的规定。该审查有助于及时发现和纠正任何违规行为，确保公司的财务活动遵守所有适用的法律和规章。

3. 负责会计资料的准确性和合法性审查。稽核会计负责审核原始凭证、会计账簿、会计报表和其他会计资料的内容，确保它们的合法性、真实性、准确性和完整性。同时，检查相关手续是否齐全，并符合相关法律法规、规章和制度规定的要求。

4. 负责财产物资的核查。稽核会计负责审核各项财产物资的增减变动和结存情况，并与账面记录进行核对。这包括确定账实是否相符，并在发现账实不符时查明原因。这一环节对于维护财务记录的准确性和透明度至关重要。

二、稽核会计岗位的权限

稽核会计在保障公司财务健康和合规性方面扮演着至关重要的角色。为了有效地执行其职责，稽核会计被赋予了一系列具体的权限，这些权限使他们能够对财务活动进行必要的监督和控制。这些权限主要包括：

1. 有权拒绝不合理或不合法开支。稽核会计有权对任何不合理或不合法的开支进行审查，并在必要时拒绝付款和报销。这一权限是确保公司财务活动符合法规和公司政策的关键。通过这种方式，稽核会计有助于防止财务欺诈、错误和滥用，保护公司资产。

2. 有权退还不符合规定的原始凭证。当原始凭证的手续不完备、数字计算不准确或不符合规定时，稽核会计应将这些凭证退还给经办人，并要求其在限定时间内补办手续或更正错误。这一权限确保了所有财务记录的准确性和合法性，是财务管理的一个重要环节。

3. 有权及时向财务部门负责人报告相关情况。对于所有拒绝付款、拒绝报销或拒绝执行的事项，稽核会计应及时向财务部门负责人报告。这一通报机制对于维持有效的内部控制体系和透明的沟通流程至关重要。这种及时的报告不仅有助于迅速解决问题，还能促进公司内部的责任和问责制度。

第四节　会计稽核岗位实务

一、原始凭证的审核

（一）原始凭证审核主要审查内容

1. 审核原始凭证的合法性和真实性。审核原始凭证的合法性的审核包括审核所发生的经济业务是否已经符合国家有关规定的要求，是否有违反财经制度的现象，是否履行了规定的凭证传递和审核程序，原始凭证中所列出的经济业务事项是否真实的，有无弄虚作假的情况。例如，在审核原始凭证的过程中发现有多计或少计收入、费用，擅自去扩大开支范围、提高开支标准，巧立名目、虚报冒领、滥发奖金、津贴等违反财经制度以及财经纪律的情况，该原始凭证不仅不能作为合法真实的原始凭证，而且要按规定来进行相关处理。审核原始凭证真实性的审核包括凭证日期的真实性、业务内容的真实性、数据的真实性等。对外来原始凭证，必须有填制单位公章或财务专用章和填制人员签章；对自制原始凭证，必须有经办部门和经办人员的签名或者盖章。此外，对于通用原始凭证，还应审核凭证本身的真实性，防止以假冒的原始凭证记账。

2. 审核原始凭证的合理性。审核所发生的经济业务是否符合厉行节约、反对浪费、有利于提高经济效益的原则，有否违反该原则的现象。例如，经审核原始凭证后确定有突击使用预算结余购买不需要的物品，有对陈旧过时设备进行大修理等违反上述原则的情况，不能作为合理的原始凭证。

3. 审核原始凭证的完整性。审核原始凭证是否具备基本内容、有无应填未填或填证单位及制证人员未签章，业务内容与附件不符等情况，不能作为内容完整的原始凭证。

4. 审核原始凭证的正确性。审核原始凭证在计算方面是否存在失误。例如，经审核凭证后确定有业务内容摘要与数量、金额不相对应，业务所涉及的数量与单价的乘积与金额不符，金额合计错误等情况，不能作为正确的原始凭证。对于审核后的原始凭证，如发现有不符合上述要求，有错误或不完整之处，就应当按照有关规定进行处理；如符合有关规定，就一定根据审核无误的原始凭证来编制记账凭证。

5. 原始凭证的真实性。对原始凭证的审核，从一般意义上来讲，主要是审核凭证所反映的内容是否符合所发生的实际情况，数字、文字有无伪造、涂改、重复使用和大头小尾、各联之间数字不符等情况。特别要注意的是，内容记载是否清晰，有无掩盖事情真相的现象；凭证抬头不是本单位；数量、单价与金额是否相符；认真核对笔迹，有无模仿领导笔迹签字冒领现象；有无涂改，有无添加内容和金额；有无移花接木的凭证。

6. 原始凭证的完整性。主要是审核原始凭证各个项目是否填写齐全，数字是否正确；名称、商品规格、计量单位、数量、单价、金额和填制日期的填写是否清晰，计算是否正确。对要求统一使用的发票，应检查是否存在伪造、挪用或用作废的发票代替等现象，凭证中应有的印章、签名是否齐全，审批手续是否健全等。特别应注意的是：外来的发票、收据等是否用复写纸套写？是否是“报销”一联？不属此例的一般不予受理，对于剪裁发票要认真核对剪裁金额是否有大小写金额；购买商品、实物的各种原始凭证，必须附有保管人的验单或其他领用者签名才能受理；对外支付款项的凭证应附有收款人的收款手续方能转账注销；自制的原始凭证附有原始单据的，则要审核该金额是否相符；无原始单据的则要看是否有部门负责人的批准、签章。

（二）外来原始凭证的审核

外来原始凭证是在经济业务完成时，从发生经济业务往来的单位或个人直接取得的原始凭证，如采购材料时从供货单位取得的发票、银行转来的收款托运输部门运输货物时取得的运单等。外来原始凭证都是一次凭证。例如，企业采购时取得的发货票、出差人员报账时提供的车船、住宿票、货物运单、银行的收账通知单等，均是外来原始凭证。以下是外来原始凭证审核的主要内容，如表 10－1 所示。

表 10-1　　　　外来原始凭证审核表

外来原始凭证	外来原始凭证审核内容
企业采购时取得的发票	1. 发票抬头和编码：确认发票上的公司名称和纳税人识别号等信息是否正确。 2. 发票日期和编号：核对发票的开具日期和唯一编号，确保其合法性。 3. 商品或服务信息：验证发票上商品或服务的名称、数量、单价和金额，与相关交易是否相符。 4. 税额和税率：检查发票上列示的税额和税率是否正确，遵循相关税法规定。 5. 盖章和签字：审查发票上的印章和签字，以确定其真实性
出差人员报账时提供的车船（火车、飞机）、住宿票	1. 核对双方开票信息是否正确，即购买方信息和销售方信息是否完全正确。单位名称是否是准确完整的，统一社会信用代码有没有多位数或者是缺少数字。 《国家税务总局关于进一步加强普通发票管理工作的通知》第八条第二款规定，在日常检查中发现纳税人使用不符合规定发票特别是没有填开付款方全称的发票，不得允许纳税人用于税前扣除、抵扣税款、出口退税和财务报销。对应开不开发票、虚开发票、制售假发票、非法代开发票，以及非法取得发票等违法行为，应严格按照《中华人民共和国发票管理办法》的规定处罚；有偷逃骗税行为的，依照《中华人民共和国税收征收管理法》的有关规定处罚；情节严重触犯刑律的，移送司法机关依法处理。 2. 查询发票上面的各项开具要素是否齐全。根据《中华人民共和国发票管理办法实施细则》的规定发票的基本内容包括：发票的名称、发票代码和号码、联次及用途、客户名称、开户银行及账号、商品名称或经营项目、计量单位、数量、单价、大小写金额、开票人、开票日期、开票单位（个人）名称（章）等，收到一张发票要先对应核查一下是否有上述基本内容，如果没有属于不合规发票，财务人员可以拒收。 同时根据国家税务总局公告 2017 年第 16 号《国家税务总局关于增值税发票开具有关问题的公告》自 2017 年 7 月 1 日起，购买方为企业的，索取增值税普通发票时，应向销售方提供纳税人识别号或统一社会信用代码；销售方为其开具增值税普通发票时，应在“购买方纳税人识别号”栏填写购买方的纳税人识别号或统一社会信用代码。不符合规定的发票，不得作为税收凭证。本公告所称企业，包括公司、非公司制企业法人、企业分支机构、个人独资企业、合伙企业和其他企业。所以无论取得的是专票还是普票，如果购买方为企业的，必须填写纳税人识别号或统一社会信用代码。 3. 检查取得的发票上面是否加盖销售方的发票专用章，同时要检查发票专用章的名称和税号与销售方发票上面的是否一致，如果不一致不得入账；发票加盖位置一般在销售方章或者备注栏处，不能加盖公章，财务章。 4. 检查取得的发票真伪，可以在“全国增值税发票查验平台”进行查询，本网站首次查询需要下载根证书。 5. 检查取得发票是否按照正确的税收分类编码开具。根据国家税务总局公告 2017 年第 45 号《国家税务总局关于增值税发票管理若干事项的公告》自 2018 年 1 月 1 日起，纳税人通过增值税发票管理新系统开具增值税发票（包括：增值税专用发票、增值税普通发票、增值税电子普通发票）时，商品和服务税收分类编码对应的简称会自动显示并打印在发票票面“货物或应税劳务、服务名称”或“项目”栏次中。 所以需要检查取得的发票是否是通过发票管理新系统开具，是否有对应的税收分类编码简称，一般的格式应该是 * 住宿服务 * 的格式，有一点需要注意的是目前由税务局代开的发票没有税收分类编码简称，也是合规可以用的。 6. 如果是取得的是增值税电子普通发票，财务人员还必须进行发票的查重，防止报销人员重复报销。 7. 如果取得是增值税专用发票，需要连同抵扣联一起交回，并确定发票有无污损、破碎、票面不清楚等影响发票认证的情形，不能压线错格，同时要注意发票的开具日期有无超认证期限（增值税专用发票的认证期限为取得发票日期起 360 日）。

续表

外来原始凭证	外来原始凭证审核内容
出差人员报账时提供的车船（火车、飞机）、住宿票	8. 税率栏是否按照适用的税率或者征收率开具，住宿费的税率为6%，征收率为3%，但是由于开票系统在开票时自己无法判断，特别是适用3%征收率的小规模纳税人经常会开成6%的税率。 9. 审核取得的发票的有效性，是否是已经被红冲或者是作废的发票。 10. 审核发票的金额是否符合本单位的报销制度，是否存在超标准报销的问题，如果有同行人员，同行人员应该在发票上面签字，如果住宿人员较多报销人员应该单独列明报销人员。 11. 审核发票的真实性，可以要求报销人员提供酒店住宿的水单或者本次出差的车票.机票，开会记录等。 12. 审核本次报销的住宿费、车费是否有单位的批准，是否有相应部门的审核。 13. 对于报销的车票、住宿费发票要问清缘由，确认是出差发生还是会议发生还是招待发生，这样便于准确合理地入账；同时确认取得的专用发票是否可以抵扣。 14. 如果所取得的车票、住宿费发票开具单位与本单位存在长期的业务关系，应该通过对公账户支付此笔款项
货物运单	1. 运单编号：核对运单的唯一编号，确保其准确性和合法性。 2. 发货人和收货人信息：验证运单上的发货人和收货人的名称、地址、联系方式等信息是否正确。 3. 货物描述和数量：核对运单上所描述的货物种类、数量和包装情况，与实际情况是否相符。 运费和付款方式：确认运费金额和运费支付方式是否与合同或协议一致。 4. 运输日期和签收确认：检查运单上的运输日期和签收确认情况，确保货物的准时到达和接收
餐饮发票	1. 发票抬头和编码：确认发票上的餐饮企业名称、纳税人识别号等信息是否准确。 2. 发票日期和编号：核对发票的开具日期和唯一编号，确保其合法性。 3. 菜品或服务信息：验证发票上点菜的菜品名称、数量、单价和金额，与实际消费情况是否相符。 4. 税额和税率：检查发票上列示的税额和税率是否正确，符合相关法规要求。 5. 盖章和签字：审查发票上的印章和签字，以确定其真实性
银行收款通知单	1. 通知单编号和日期：核对银行收款通知单上的编号和日期，确保其准确性。 2. 收款人信息：验证通知单上的收款人姓名、账号和开户行等信息是否正确。 3. 收款金额和用途：确认通知单上的收款金额和款项用途，与交易事项是否相符。 4. 盖章和签字：审查通知单上的银行印章和签字，以确定其真实性和合法性

（三）自制原始凭证的审核

自制原始凭证，又简称自制凭证，是指由本单位内部经办业务的部门或个人（包括财会部门本身）在执行或完成某项经济业务时所填制的原始凭证。常见的自制原始凭证有：企业仓库部门填制的“材料验收单”“产品入库验收单”“销售发货票”“发出材料汇总表”，生产车间及其他部门申请领料时填制的“领料单”，企业职工出差向单位借款填制的“借支单”，以及财会部门编制的“工资费用结算单”“制造费用分配表”等。以下是常见自制原始凭证审核的主要内容，如表 10－2 所示。

表 10－2　　自制原始凭证审核表

自制原始凭证	审核的主要内容
收料单	审核内容包括收料单号、收料日期、供应商信息、物料信息、数量、单价、金额等是否准确无误
领料单	审核内容包括领料单号、领料日期、领料人员信息、物料信息、数量、用途等是否准确无误
入库单	审核内容包括入库单号、入库日期、供应商信息、物料信息、数量、单价、金额等是否准确无误
借款单	审核内容包括借款单号、借款日期、借款金额、借款用途、借款人信息等是否准确无误
折旧计算表	审核内容包括资产信息、使用年限、残值率、折旧方法、折旧金额等是否准确无误
费用分配表	审核内容包括费用项目、金额、分配比例、分配对象等是否准确无误
工资表	审核内容包括员工信息、工资项目、工资计算公式、实际工资金额等是否准确无误
收款收据	审核内容包括收款人信息、收款日期、收款金额、付款方式等是否准确无误
入库检验表	审核内容包括检验单号、检验日期、物料信息、检验结果、合格数量等是否准确无误
销售发货单	单据完整性：审核发货单是否包含必要的信息，如客户名称、日期、商品明细、数量、价格等。确保所有必填项都已填写完整。 商品信息核对：核对发货单中的商品明细与实际发货情况是否一致，包括商品型号、规格、数量等。 价格核对：核对发货单中的商品价格与合同或协议约定的价格是否一致，确保价格计算正确无误。 库存扣减：审核发货单后，需要将相应的商品库存进行扣减，并记录库存变动情况。 客户信用额度检查：检查客户的信用额度是否充足以支持本次销售交易。如果客户信用额度不足，需要进一步与客户沟通或寻求上级审批。 发票要求：根据客户要求和相关法律法规，确定是否需要开具发票，并按照规定程序进行开票操作。 内部审批流程：根据公司内部规定，确保销售发货单经过相应的审批流程，并获得相关部门或人员的批准
工资费用结算单	审核内容包括结算单号、结算日期、员工信息、工资项目、工资金额等是否准确无误
材料验收表	审核内容包括验收单号、验收日期、供应商信息、物料信息、数量、质量状况等是否准确无误

（四）合同的审核

1. 是否符合公司的流程制度（见表 10－3）。

表 10－3 公司合同流程审核表

制度上审查	1. 是否符合流程和审批制度； 2. 是否符合公司管理的相关规定； 3. 是否符合公司经营方面的相关管理规定； 4. 是否满足公司信息系统管理规定； 5. 是否在公司预算范围内； 6. 是否在稽核会计的工作范围内
公司合同管理的相关制度	1. 公司招投标管理制度； 2. 公司合同审批流程及权限； 3. 企业信用管理制度； 4. 某公司合同管理规定； 5. 合同档案管理

2. 合同审查具体内容（见表 10－4）。

表 10－4 合同内容审核表

业务层面	1. 企业是否有履约能力：资金、人员、技术等； 2. 标的物、交付方式； 3. 到货地点，到货验收； 4. 质量条款； 5. 是否有项目风险、经营风险（安装、集成、服务）； 6. 如果是原材料采购，那么数量、时间、品质、保修、退还、是否符合计划等； 7. 如果是销售价格、保修、数量、交货时间、信用条款、销售激励措施、品质规定
财务层面	1. 会计及税务风险：会计核算、税务问题（发票）、会计核算和准则； 2. 资金风险现金流：是否有钱、结算方式；是否会给企业现金流带来风险？解决办法； 3. 信用及其他风险：合同主体的资质、注册资本、公司实力、信用记录，客户信用分析跟踪管理，是否有商业风险欺诈、以前有未结清的官司
法律层面	1. 合同合法有效：合同主体是否有效、合同本身是否有效、合同签订的有效性； 2. 合同内容表述完整：形成自己公司的合同模板；关键内容是否已涵盖？无关问题一律不提； 3. 合同表述准确无歧义：重要条款表述清晰、前后逻辑顺序清楚

二、记账凭证的审核

（一）记账凭证的审核内容

1. 记账凭证是否有原始凭证为依据，所附原始凭证或原始凭证汇总表的内容与记账凭证的内容是否一致；

2. 记账凭证各项目的填写是否齐全，如日期、凭证编号、摘要、会计科目、金额、所附原始凭证张数及有关人员签章等；

3. 记账凭证的应借、应贷科目以及对应关系是否正确；

4. 记账凭证所记录的金额与原始凭证的有关金额是否一致，计算是否正确；

5. 记账凭证中的记录是否文字工整、数字清晰，是否按规定进行更正等；

6. 出纳人员在办理收款或付款业务后，是否已在原始凭证上加盖“收讫”或“付讫”的戳记。

（二）记账凭证常见错误

1. 基本要素不全或填写不完整。如日期不写或写错、摘要过于简单或用语不准确。

2. 科目运用错误。即没有正确运用有关会计科目，发生了科目运用错误（如将应收与应付、待摊与预提、虚账户与实账户、固定资产与低值易耗品混淆）。

3. 内容错误（将科目所包括的业务内容弄错，如混淆了银行支票、汇票和本票地区，将银行汇票、本票列入其他货币资金之中，将销售费用列入财务费用或管理费用之中等）、对应关系错误（将科目借方与贷方关系列错，出现多借多贷或者其他对应关系不明的现象）等。

4. 附件数量和金额标记错误。记账凭证所附的原始凭证张数和内容与记账凭证不符，或者各张原始凭证所记金额的合计数与记账凭证记录金额不符。

5. 记账凭证无编号或者编号错误。记账凭证经常涉及两份以上的原始凭证，此时的编号用序号（三份凭证的情形）1/3、2/3、3/3 等区分表示所附的不同的原始凭证。

三、对账

对账，是指会计核算中，对账簿记录所进行的核对工作。其主要内容包括：

1. 账证核对。指各种账簿的记录与有关会计凭证的核对，通过这种核对保证账证相符。

2. 账账核对，指将各种账簿之间有关数字进行核对，做到账账相符。其主要内容是：

（1）总分类账各账户借方期末余额合计数与贷方期末余额合计数核对相符；

（2）总分类账现金账户和银行存款账户的期末余额分别与现金日记账和银行存款日记账的期末余额应核对相符；

（3）总分类账各账户的期末余额与其所属的各明细分类账户的期末余额之和核对相符；

（4）会计部门的各种财产物资明细分类账的期末余额与财产物资保管和使用部门的有关财产物资明细分类账的期末余额应核对相符。

3. 账实核对。指各种财产物资的账面余额与实存数额相核对。其具体内容是：

（1）现金日记账账面余额与现金实际库存数相核对；

（2）银行存款日记账账面余额与开户银行账目相核对；

（3）各种财产物资明细账账面余额与财产物资的实物数量相核对；

（4）各种应收、应付款明细账账面余额与有关债务、债权单位或个人相核对。

四、结账

结账是一项将账簿记录定期结算清楚的账务工作，就是在会计期末（月末、季末、年末）将本期内所有发生的经济业务全部登记入账以后，计算出各个账户的本期发生额和期末余额。

结账为了了解某一会计期间（月份、季度、年度）的经济活动情况，考核经营成果，在每一会计期间终了时，必须进行结账。同时，结账工作也是编制会计报表的先决条件。

结账的内容通常包括两个方面：一是结清各种损益类账户，并据以计算确定本期利润；二是结清各资产、负债和所有者权益账户，分别结出本期发生额合计和余额。

（一）结账的程序

1. 将本期发生的经济业务事项全部登记入账，并保证其正确性。不得为赶编会计报表而提前结账，不得将本期发生的经济业务延至下期登账，也不得先编会计报表后结账。

2. 根据权责发生制要求，调整有关账项，合理确定本期应计的收入和应计的费用。例如，各项待摊费用应按规定摊配，分别记入本期有关科目；预提费用应按规定标准预先提取，分别记入本期有关科目。再如，计提固定资产折旧、进行无形资产摊销等；对于需要在本月办理的有关转账业务，如销售成本的结转、税金及附加的计算结转等，均应编制有关记账凭证并登记入账。

3. 将损益类科目转入“本年利润”科目，结平所有损益类科目。例如，月末将共同性的“制造费用”分配转入“生产成本”，将完工入库产品的成本从“生产成本”转入“库存商品”，将已销产品成本从“库存商品”转入“主营业务成本”。将本期实现的各种收入从“主营业务收入”等收入类科目转入“本年利润”科目的贷方，将本期发生的各项费用从“主营业务成本”“管理费用”等费用类科目转入“本年利润”科目的借方，以便计算确定本期财务成果。

4. 结算出资产、负债、所有者权益科目的本期发生额和余额，并结转下期。

（二）结账的方法

1. 对不需要按月结发生额的账户（如各项应收应付款明细账和财产物资明细账等）。在每次记账后，都要随时结出余额，每月最后一笔余额即为月末余额，月末结账时，只需要在最后一笔经济业务记录下通栏划单红线，不需要再结计一次余额。

2. 现金和银行存款日记账和需要按月结计发生额的收入、费用等明细账。每月结账时，要结出本月发生额及余额，在“摘要”栏中注明“本月合计”字样，并在下面通栏划单红线。

3. 需要结计本年累计发生额的某些明细账户。每月结账时，应在“本月合计”行下结出自年初起至本月末止的累计发生额，登记在月份发生额下面，在摘要栏内注明“本年累计”字样，并在下面通栏划单红线。12 月末的“本年累计”就是全年累计发生额，全年累计发生额下通栏划双红线。

4. 总账账户平时只需要结出月末余额。年终结账时，将所有总账账户结出全年发生额和年末余额，在摘要栏内注明“本年合计”字样，并在合计数下通栏划双红线。

5. 年度终了结账时，有余额的账户，要将其余额结转下年，并在摘要栏注明“结转下年”字样；在下一会计年度新建有关会计账户的第一行余额栏内填写上年结转的余额，并在摘要栏注明“上年结转”字样。

五、更正错误

如果账簿记录发生错误，必须按照规定的方法予以更正，不准涂改、挖补、刮擦或者用药水消除字迹，不准重新抄录。错账更正方法通常有划线更正法、红字更正法、补充登记法予以更正。

（一）划线更正法

划线更正法又称红线更正法，适用于：在结账前发现的账簿记录有文字或数字错误，而记账凭证无误，可以采用划线更正法。即，纯属登账时文字或数字上的笔误。

更正方法是：在错误的文字或数字上划一条红线，在红线上方填写正确的文字或数字，并由记账及相关人员在更正处盖章。划线时，对于错误的数字，应全部划红线更正，不能只更改其中的错误数字。对于文字错误，可只划去错误的部分。例如，张玲在记账过程中将“650”误写成“560”，发现后更改时应将“560”用单红线全部划去，再在红线上用蓝笔书写“650”字样，并在旁边加盖私章，不能只划去“56”两字。

【例 10－1】某会计账簿中，将 128. 50 元误记为 125. 80 元。

更正方法为：不能只划去其中的“5. 80”，改为“8. 50”；而应当把 125. 80 全部用红线划去，并在其上方写上“128. 50”。

（二）红字更正法

红字更正法又称红字冲账法，适用于对以下两种错误的更正：

1. 记账后在当年内发现记账凭证中所记的会计科目错误［注意：也包括“记账方向错误”］，可以采用红字更正法。

更正方法是：先用红字填制一张内容与原错误记账凭证完全相同的记账凭证，以示注销原记账凭证［在摘要中写明“冲销某月某日×字第×号错误凭证”］，然后再用蓝字填制一张正确的记账凭证，并据以登记入账［在摘要栏内写明“补记某月某日账”］（即先用红字冲销错误分录，后用蓝字填制正确分录）。

【例 10－2】某企业计提固定资产折旧，在编制记账凭证时误将应属于管理费用的行政部门用固定资产折旧 5 500 元计入“制造费用”，并已登记入账。

①原错误记账凭证：

借：制造费用　　5 500

　　贷：累计折旧　　5 500

②发现错误时填制一张红字金额记账凭证，并据以登记入账，冲销原错误记录：

借：制造费用　　5 500

　　贷：累计折旧　　5 500

③再用蓝字填制一张正确的记账凭证，并据以登记入账：

借：管理费用　　5 500

　　贷：累计折旧　　5 500

2. 记账后在当年内发现记账凭证中所记会计科目无误［注意：也包括“记账方向无误”］，但所记金额大于应记金额［即：记账凭证中金额多记了］，从而引起记账错误。

更正方法及步骤：

按多记的金额用红字填制一张与原记账凭证应借、应贷科目完全相同的记账凭证，以冲销多记的金额，并据以记账［在摘要栏中注明“冲销某月某日第×号记账凭证多记金额”］。

【例 10－3】承上例。假设记账凭证中会计科目、借贷方向均未发生错误，但所记录金额大于应记金额，正确金额应为 5 000 元。在这种情况下，更正时只要按多计的金额 500 元填制一张红字金额的记账凭证，在摘要栏内注明“冲销某月某日×字第×号凭证多计金额”字样并据以入账即可。

①原错误记账凭证：

借：制造费用　　5 500

　　贷：累计折旧　　5 500

②发现错误更正时：

借：制造费用　　500

　　贷：累计折旧　　500

（三）补充登记法

此方法适用于：记账后发现记账凭证填写的会计科目无误［注意：也包括“记账方向无误”］，只是所记金额小于应记金额［即：记账凭证中金额少记了］，致使账簿记录发生错误。

更正方法及步骤：

按少计的金额用蓝字填制一张记账凭证，与原记账凭证应借、应贷科目完全相同的记账凭证，以补充少计的金额，并据以记账［在摘要栏内注明“补记某月某日×字第×号凭证少计金额”字样］。

【例 10－4】 承上例。假设正确的制造费用金额应为 6 000 元，则只要用蓝字填制一张 500 元（6 000－5 500）的记账凭证并据以入账，即可将错误更正。

①原错误记账凭证：

借：制造费用　　5 500

　　贷：累计折旧　　5 500

②发现后更正时，将少计的金额补记：

借：制造费用　　500

　　贷：累计折旧　　500

六、会计报表审核

（一）稽核会计与审计对报表审核的区别

与财务报表审计相比，稽核会计更关注内部控制系统以及公司财务状况和经营绩效。财务报表审计更侧重于确认财务报表是否真实、公正地反映了公司的财务状况、经营成果和现金流量。此外，在法律约束方面也有所不同，财务报表审计通常需要遵守相关的法律和审计准则，而稽核会计可能还需要遵守其他业务约定、行业规范等。稽核会计与财务报表审计的主要区别在于关注重点和法律约束方面。表 10－5 是稽核会计对会计报表审核与财务报表审计的几个不同方面。

表 10－5 会计报表审核与财务报表审计差异分析

关注重点不同	法律约束不同	审查内容不同	报告内容不同
稽核会计更关注公司内部控制系统的有效性和合规性，以及公司财务状况和经营绩效的真实性。 财务报表审计更侧重于确认财务报表是否真实、公正地反映了公司的财务状况、经营成果和现金流量	财务报表审计通常需要遵守相关的法律法规和审计准则，如国际审计准则（ISA）或国家相关的审计准则。 稽核会计可能还需要遵守其他业务约定、行业规范等，因为稽核范围更广泛，不仅仅局限于财务报表	稽核会计除了对财务报表进行审核外，还会关注公司内部控制系统的设计和运作情况，包括风险评估、风险管理、内部控制流程等。 财务报表审计主要集中在对财务报表的核实和验证，包括确认账户余额、交易的准确性、会计政策是否符合相关准则等	稽核会计的报告可能涉及对公司内部控制系统的评价和改进建议，以及对公司经营状况和风险的综合评估。 财务报表审计的报告主要是针对财务报表本身进行意见表达，包括对财务报表是否真实、公正地反映了公司财务状况、经营成果和现金流量的意见

总之，稽核会计与财务报表审计虽然有一些重叠之处，但在关注重点、法律约束、审查内容和报告内容等方面存在一定差异。稽核会计更加全面地关注公司内部控制系统以及整体经营状况，而财务报表审计更专注于核实财务报表的真实性和准确性。

（二）会计报表审核要点

稽核会计对会计报表的审核是为了确保报表的准确性和合规性。在进行稽核审核时，会计师需要关注以下内容和要点：

1. 报表数据的完整性：会计师需要核实报表中所有的数据是否齐全，包括资产、负债、收入、费用等项目。同时还需要确认数据是否准确地反映了公司的财务状况和经营绩效。

2. 会计政策和估计的合理性：会计师需要审查公司所采用的会计政策和估计方法是否符合相关法规和准则，并评估其合理性。这些政策和估计方法可能涉及收入确认、资产折旧、坏账准备等方面。

3. 内部控制系统：会计师需要评估公司的内部控制系统是否有效，并根据风险评估确定测试范围。他们将检查内部控制流程，以确保交易记录的准确性、完整性和可靠性。

4. 注释和披露：会计师还需要仔细审阅报表注释和披露内容，以确定其充分详尽且无误导性。这些信息通常包括重大业务交易、关联方交易、不确定事件等。

（三）会计报表的审核流程

稽核会计对会计报表审核的流程通常包括以下步骤：

1. 确定审核范围和目标：会计师需要确定要审查的报表及相关事项，并制订审核计划。

2. 收集证据：会计师需要收集和检查与报表相关的文件、记录、凭证等，以获取必要的证据。

3. 进行测试：会计师将根据所采用的稽核方法和程序，对报表数据进行抽样测试、比较分析等，以评估其准确性和合规性。

4. 发现问题并提出意见：如果在稽核过程中发现任何问题或异常情况，会计师将详细记录并提出相应的意见和建议。

5. 准备稽核报告：最后，会计师将根据稽核结果撰写稽核报告，其中包括对发现问题的描述、分析和建议。

第五节　会计稽核岗位常见错误和舞弊行为

一、稽核会计岗位的常见错误

（一）单位层面

1. 财务稽查未形成规范、完整、高效工作机制，虽然许多企业都制订了财务稽查制度，配备了稽查人员，但由于稽查体系缺乏规范性、可操作性，影响了财务稽查工作的效率和效果。

（1）在稽查工作开展过程中，由于没有统一工作规范进行指导，稽查人员往往不知道稽查工作如何有效开展，受个人经验、判断影响较大，容易出现遗漏。

（2）稽查工作以现场账务检查为主，检查后未形成有效的反馈和整改等工作机制，稽查出来的问题未落实整改或相同问题在集团内部其他企业重复发生。究其原因主要在于对稽查工作重要性认识不够，认为每年都有内外部审计，财务部门无须重复检查，造成了财务稽查工作落后于内部审计等其他内部监督检查工作。

2. 稽查工作的广度、深度有待进一步提高，受到人员、时间以及稽查方法等方面的限制，稽查工作无法有效地针对企业特点和管理难点开展，与现代企业集团财务管理的需求还有一定差距。

（1）财务稽查范围较窄，容易停留在查错纠弊的阶段，缺少对特殊经济行为及其发生原因的分析，缺少对企业相关制度的执行与落实情况的反映、缺少对企业运行与经营效益情况量化评价；对发现的问题缺少切实可靠、符合企业实际的整改建议。

（2）稽查方法手段较单一，众多企业从财务部门抽调人员或委托会计师事务所开展财务稽查工作，由于存在固有思维模式，稽查工作通常以现场调阅凭证、报表和相关会计档案等方式进行，非现场稽查和非规稽查方式较少；稽查工作多停留在表面现象，难以深入发现企业潜在的和深层次的问题，难以就相关问题进行分析评估和提出改进措施。

（3）缺乏专业知识和技能，稽核会计工作需要具备专业的会计知识和技能，如果稽核会计人员缺乏这些知识和技能，就难以准确地对财务数据进行稽核和审计。

（二）稽核会计岗位工作人员层面

1. 粗心大意：稽核会计工作中，一些小的疏忽或粗心大意可能会导致重大错误。例如，遗漏或错误地处理财务记录、漏报或错报财务数据等。

2. 缺乏责任心：稽核会计人员需要具备高度的责任心和职业操守。如果缺乏这些素质，就难以保证工作的准确性和公正性。

3. 违反职业道德规范：稽核会计人员需要遵守职业道德规范，如诚实守信、客观公正、勤勉尽责等。如果违反这些规范，就可能导致舞弊行为或不当行为。

4. 缺乏沟通协调能力：稽核会计工作需要与其他部门和人员密切合作和沟通。如果稽核会计人员缺乏良好的沟通协调能力，就难以保证工作的顺利进行和达成共识。

5. 对财务数据的理解和分析不足：稽核会计人员需要对财务数据进行深入的理解和分析，以发现其中的异常和问题。如果稽核会计人员缺乏这方面的能力，就难以准确地对财务数据进行稽核和审计。

6. 对法律法规和政策的理解不足：稽核会计人员需要了解和掌握相关的法律法规和政策，以便在工作中正确地应用和执行。如果稽核会计人员缺乏这方面的知识，就难以避免工作中出现错误或违规行为。

7. 缺乏独立性和客观性：稽核会计人员需要具备独立性和客观性，以便在工作中保持公正和客观的态度。如果稽核会计人员缺乏这方面的素质，就难以避免受到外部因素的影响，从而影响工作的准确性和公正性。

8. 缺乏保密意识：稽核会计人员需要保护企业的商业机密和财务信息。如果缺乏保密意识，就可能会泄露企业的机密信息，给企业带来损失。

二、稽核会计岗位常见的舞弊行为

稽核是企业的一个重要岗位，其目的是对企业财务收支、会计核算和经营活动进行监督和管理。然而，企业可能会在稽核方面存在舞弊行为，具体包括以下几个方面：

1. 虚报冒领：会计人员通过虚构员工工资、虚构采购订单等方式来骗取公司的资金，从而达到个人获利的目的。这种行为不仅违反了财务制度，还可能导致公司遭受经济损失。

2. 贪污公款：将企业的收入款存入个人的银行账户，或通过预付账款的形式将企业资金转入个人账户，达到挪用企业资金的目的。这种行为严重损害了公司的利益和声誉。

3. 挪用资金：未经公司授权擅自使用公司的资金，用于个人支出或投资，导致公司资金流失或浪费。这种行为不仅违反了财务管理制度，还可能给公司带来财务风险。

4. 伪造账目：通过伪造账目、篡改财务报表等方式掩盖公司的财务问题，以达到个人获利的目的。这种行为不仅违反了财务法规，还可能导致公司遭受经济损失。

5. 隐瞒错误：不及时上报公司的财务问题，导致公司遭受损失。这种行为不仅影响了工作效率和质量，还可能给公司造成不必要的麻烦和风险。

针对这些舞弊行为，企业应该加强内部控制和稽核制度，加强对稽核会计人员的培训和管理，提高他们的专业素质和职业道德水平，防范和纠正舞弊行为的发生。同时，企业还应该建立举报机制和调查机制，鼓励员工举报舞弊行为，并及时进行调查和处理。

三、稽核岗位相关案例

【例 10－5】 稽核岗位舞弊偷税

某企业登记注册类型：国有企业，增值税一般纳税人，适用税率 17%，企业所得税适用税率 33%；现有职工 942 人。其主营业务是制造销售变压器、风机。该单位自成立以来，采取虚列成本及价外收入在其他应付款中核算不申报纳税等手段大肆偷逃国家税款。该单位在成本结转过程中，由于该企业生产的设备安装地点多在外地的偏远地区，企业在成本结转中存在以多暂估材料成本方式虚列成本的偷税行为。本次检查发现，该企业近三年中在多个项目的成本中，虚列成本 15 076 000 元（虚列 6 087 200 元；虚列 2 902 600 元；虚列 6 068 200 元）。

该单位 8 月收取的某集团逾期付款利息 350 080. 00 元，计入其他应付款未做收入。鉴于该案的工作量巨大，案情复杂，要查清问题需要对被查企业多年的成本核算及应税收入进行全面的检查。国地税稽查局组成联合检查组，制订了周密的检查计划。4 月 29 日由两局稽查骨干 4 人组成的检查组进入该单位，首先仔细询问了该企业的有关财务人员，责成他们提供该企业的成本核算程序和相关的资料。同时，检查组的同志深入该企业的生产场地和供销部门对该企业的二级核算情况以及生产、销售情况进行了细致的了解。根据掌握的情况检查组的同志决定从该企业的收入及成本核算的原始资料查起，采用顺查的方法，把本次检查查深查透，把本案办成铁案。

经过检查组对该企业大量的原始成本资料的检查，发现该企业生产的产品安装地点多在偏远的地区，在设备安装和调试期间，许多设备的配件需要由供货厂家直接发往设备的安装地点。该企业的有关财务人员对安装地所发生的成本掌握不了，只能按照施工现场传递过来的不准确材料，对部分成本进行暂估。在项目完工后，企业的财务人员没有按照财务制度和有关规定，按照实际发生的成本和取得的发票进行成本项目的认真核算和还原相关的成本。针对以上情况，检查人对该企业的法人和有关财务人员进行仔细询问，并要求他们积极配合工作。经过对该企业三年来的进货情况进行统计，同时认真比对了该企业每个项目中所耗用的材料，发现该企业近三年中在对多个项目的成本中，虚列成本 15 076 000 元。

另外，该单位 8 月收取的某集团逾期付款利息 350 080.00 元，计入其他应付款未作收入，该项费用属价外费用，本次检查该企业应补提销项税 50 866.32 元。

处理处罚结果。综合以上情况，本次检查共计查补企业所得税 2 850 777.60 元（在调增计税所得额同时考虑企业原来亏损等因素），查补增值税 50 866.32 元（根据《中华人民共和国增值税暂行条例》第六条及其《中华人民共和国增值税暂行条理实施细则》第十二条的规定）。根据《中华人民共和国税收征收管理法》第六十三条第一款规定，该单位本次检查查出的问题定性为偷税，本次检查共查补增值税、企业所得税 2 901 643.92 元，根据《中华人民共和国税收征收管理法》第三十二条的规定，加收滞纳金 398 559.42 元，并处补缴税款 0.5 倍的罚款计 1 450 821.96 元。

【案例点评】公司级的稽核岗位舞弊行为离不开管理层的影响，纳税是每个公民的责任和义务，公司要遵守国家相关的政策，保持公司活动的合法性。

【例 10－6】 岗位员工谋私利

某公司财务部门招聘了一名稽核会计李某，他在面试中表现得非常出色，给面试官留下了深刻的印象。他拥有多年的财务工作经验，并且在之前的公司里也表现出色，因此很快就获得了这份工作。

然而，在入职后不久，李某就被发现存在严重的舞弊行为。他利用公司财务系统的漏洞，多次篡改财务报表中的数据和信息，制造出虚假的财务报表。这些报表不仅隐瞒了公司的真实财务状况，还误导了投资者和客户。此外，他还利用职务之便，多次盗用公司的资金用于个人消费和投资。

这些行为并没有被公司发现，直到有一天，一个偶然的机会让公司管理层发现了李某的舞弊行为。公司管理层在得知此事后，立即展开调查，并采取了相应的措施。首先，他们联系了警方，向他们报案并提供了相关证据。其次，他们加强了内部管理，修复了财务系统的漏洞，并加强了对员工的监督和管理。

经过调查，警方发现李某曾经在多家公司都担任过稽核会计的职务，并且都有类似的舞弊行为。他们怀疑李某可能是一个专业的舞弊分子，专门利用职务之便进行舞弊活动。警方决定深入调查李某的背景和行踪，并最终将其抓获。

在审讯中，李某承认了自己的舞弊行为，并交代了所有的犯罪事实。最终，法院判定李某犯有盗窃罪和伪造文件罪等罪名，并判处相应的刑罚。同时，警方也将李某的犯罪所得追缴回来，归还给公司和投资者。公司也对李某进行了相应的处罚，包括解除劳动合同、追回盗用的资金等。

【案例点评】企业应该加强对稽核会计的监督和管理，完善内部控制机制，防范类似舞弊事件的发生。同时，稽核人员也应该自觉遵守职业道德和法律法规，维护企业的利益和声誉。

【例 10 –7】虚增收入

A 公司的造假方式主要有四种：A 公司从 2016 年开始虚增货币资金，根据公司发布的 2016 年、2017 年、2018 年年报，其分别虚增资金约 225 亿元、300 亿元、362 亿元，每年造假资金约占公司总资产的 50%，占公司净资产的 90%，甚至在 2018 年虚增货币总额占净资产的 108%。A 公司涉嫌虚增营业收入近 291 亿元，2016 ~ 2018 年，分别虚增约 90 亿元、100 亿元和 16 亿元，虚增利润均高于 1 亿元。A 公司在上述三年间未按规定披露股东及其关联方非经营性占用资金的交易情况，累计向控股方和关联方提供约 116 亿元的非经营性资金以供炒股、偿还融资本息等。A 公司私自虚增公司固定资产与投资性房地产等，进行欺骗记录。例如，A 公司 2018 年年报显示，公司调增在建工程近 4 亿元，固定资产约 12 亿元，累计约 36 亿元。

分析 A 公司近几年的资产负债表数据可以看出，A 公司在账面一直保有大量货币资金，翻阅年报可知主要货币资金为银行存款。然而根据相关数据 A 公司近几年却一直进行大量短期和长期的债务行为，通过资产负债表发现公司货币资金充足，公司理论上不会在拥有大量银行存款同时进行频繁的债务行为，这显然是不合理的，说明 A 公司账面实际可能并没有那么多的货币资金。另外，A 公司的存货占比明显过高，根据年报，A 公司 2016 年以前的存占比保持在 20% 左右，根据 2018 年年报，2018 年的存货高达 342 亿元，占比高达 46%。同时，通过相关数据得知 A 公司的存货周转天数也出现异常，2016 年以前，A 公司的存货周转天数与行业水平几乎相同，而在 2017 年和 2018 年，存货周转天数却高达行业水平的三倍，结合 A 公司存货的暴增，让人怀疑 A 公司是否存在如此大量的存货，报表显然存在问题。

【案例点评】虽然企业的目的是收入最大化，所有者利益最大化但是公司要在法律框架下保持公司的正常运行，要兼顾公司社会责任，对社会负责，通过这篇案例可以知道，公司治理结构对公司审计准确性的影响有很大，所以每个公司都应该重视企业治理结构，注重公司内部控制。

本章小结

通过本章的学习，可以了解稽核会计岗位的有关内容，包括稽核会计的定义和稽核会计岗位的定义；了解稽核会计岗位的工作内容及注意事项；系统阐述了稽核会计岗位的职责及权限；通过对稽核会计岗位中的具体实务的学习，如原始凭证和记账凭证的审核等，实现稽核会计岗位的理论与实务有效结合。

关键术语

稽核	稽核会计	会计制度	原始凭证
记账凭证	对账	结账	更正差错

— 自测题 —

第十一章　总账报表会计岗位

本章导读

本章主要介绍总账报表会计岗位，对总账报表会计岗位的工作内容及注意事项、职责与权限进行阐述；同时，对会计必须掌握的资产负债表、利润表、现金流量表的内容、结构、填制及分析等进行了讲解，便于读者或同行对总账报表会计岗位有全面的了解和掌握。

学习目标

1. 了解总账报表会计岗位的含义。
2. 掌握总账报表会计岗位的工作内容及注意事项。
3. 了解总账报表会计岗位的职责和权限。
4. 掌握总账报表会计岗位的实务，掌握三大报表的结构格式、填列方法、填列说明和编制方法。
5. 掌握总账报表会计岗位的常见错误和舞弊行为。

第一节　总账报表会计岗位的定义

一、总账的定义

总账，即总分类账，是根据总分类科目以分类登记一个单位的全部科目开设的交易或事项，提供资产、负债、所有者权益、收入、成本费用和经营成果等总括核算资料的账簿。

总账能够提供会计要素具体内容的总括核算指标，通过设置和登记总账，可以全面、完整、系统地记录单位发生的交易或事项，提供经营管理所必须的会计信息，为编制财务会计报告提供依据。

二、报表的定义

报表，即会计报表，是指按照一定的会计方法和程序，由会计账簿数据整理得出的以表格形式反映企业单位财务状况、经营成果和现金流量的书面文件。

通过定期编制会计报表，将日常会计核算资料集中起来，进行归类、整理，对可以全面、概括地反映单位的经济活动全貌向使用者传递关于单位财务状况、经营成果和现金流量的有用信息，满足财务会计资料使用者的需要，反映企业管理层受托责任履行情况都有着重要的意义。

三、总账报表会计岗位的定义

总账报表会计岗位负责单位总账的设置和登记，负责、协调和完成年度和中期财务会计报告的编制和报送工作，确保财务会计报告符合会计信息质量要求，满足使用者对会计信息的需要。

各单位应根据规模的大小、交易事项的繁简、资产的规模和经营管理的要求等，在单位的会计机构中恰当地设置总账报表会计岗位，该岗位可以一人一岗，或者一岗多人，或一人多岗，但应符合内部控制制度的要求，出纳人员不得兼管总账报表会计岗位的工作。

第二节　总账报表会计岗位的工作内容及注意事项

一、总账报表会计岗位的工作内容

（一）会计科目的设置及凭证编制

1. 按国家统一规定并结合企业实际设置和使用总账科目，确保会计科目的设置符合国家的规范，同时也能够满足企业的特殊需求。

2. 所编制的会计凭证必须做到科目使用正确、摘要简明扼要、附件齐全、印章齐全准确率100%。

（二）会计账簿设置及记录

1. 按国家规定、省局要求与企业实际设置明细分类账和总分类账，将账簿按照不同的维度进行分类，方便对账簿进行管理和查询。

2. 按月登记会计账簿，次月 10 日前登记完明细分类账及总分类账，及时记录企业的财务情况，保证账簿的及时性。

3. 在次月 3 日前，编制总账科目汇总表，并与有关明细账进行核对，确保账账相符，及时发现账簿中的错误和问题并纠正。

4. 会计账簿与会计凭证相符，确保登记的会计账簿与凭证的一致性，使账簿的准确率达到 100%。

（三）会计报表编制

1. 每月 6 日前编制出会计报表，并按时报送各个有关部门，及时向各个部门提供准确的财务信息，方便各部门进行决策和统筹规划。

2. 报表准确率达 100%，认真核对数据，确保数据的准确性和完整性。

（四）编写财务情况说明书

1. 按月对财务主要指标进行专题分析，按季进行综合分析，按年进行全年分析，及时了解企业的财务状况，并发现问题和差距。

2. 财务分析要做到方法科学、重点突出、说明成绩、找出差距、提出建议，帮助企业更好地了解自身的财务情况，提出改进和发展的方向。

（五）财务资料的管理

1. 保管好月、季、年度财务报表、计划、分析及其他财务统计资料，为企业的管理决策提供有力的支持。

2. 保管好各种文件资料，并分类整理以便查询，提高工作效率，减少查找文件的时间成本。

（六）财务检查

1. 负责总账核对业务，及时进行总账与明细账的核对、做到账账相对、如发现问题及时纠正，并向主管领导汇报，保证财务工作的准确性和完整性。

2. 配合审计、财政、税务等部门的检查，如实提供会计资料，确保会计资料的真实性和合规性，避免出现违规行为。

3. 及时纠正内部检查的有关业务技术错误，以提高财务工作的准确性和规范性，避免财务工作中的漏洞和错误，保证财务的安全性和可靠性。

二、总账报表会计岗位的工作流程

（一）对账工作

1. 账证核对：是指会计账簿记录与会计凭证（原始凭证及记账凭证）有关内容金额核对相符。

2. 账账核对：是指总账与明细账的借贷发生额及余额核对相符。

3. 账实核对：是指会计账簿记录与实物、款项实有数核对相符。账实核对一般有四个方面：现金日记账余额与库存实盘现金核对；银行存款日记账余额和银行对账单核对（可复核出纳做的银行存款余额调节表调节试算平衡）；总账资产的发生额及余额和实物资产明细账实物盘点金额核对；应收、预付、应付、预收等与供货商、客户的往来款核对（至少一年一对账）。

（二）关账工作

1. 结转各项营业成本（工业涉及原材料及辅料—在产品—库存商品的成本结转）、工业制造费用的标准分配；

2. 计提营业中涉及的各项税费；

3. 计提固定资产累计折旧（按部门分摊费用）；

4. 计提无形资产累计摊销（按部门分摊费用）；

5. 计提应付职工薪酬（按部门分列费用）；

6. 涉及的各项预提费用（按部门分列费用）；

7. 调整盘盈盘亏的账务处理；

8. 有关损益结转（收入、成本、费用结转入本年利润）。

（三）编制报表

1. 科目汇总表（或电脑账的试算平衡表核查）；

2. 编制会计报表：资产负债表、利润表与现金流量表，以及季末会计报表编报说明，有关内部会计报表。

（四）纳税申报

1. 时间：在次月 1 日到 15 日内进行上月的纳税申报。

2. 资料：基本信息情况表；增值税申报表（分一般纳税人与小规模纳税人类别，一般纳税人涉及销项与进项的附表）；季度企业所得税预缴申报表（每季的次月申报，分查账征收与核定征收类别）；会计报表（资产负债表与利润表）；其他资料。

3. 申报方式：主要两种，手工（税务大厅申报）和电子申报。

4. 电子申报流程：核定更新信息——填写报表——发送报表——收取回执——下载打印税单（申报成功一周左右）。

（五）整理归档资料

1. 打印整理会计凭证、装订凭证；
2. 打印整理会计实务操作报表及纳税申报表、装订报表；
3. 装订增值税发票进项抵扣联；
4. 银行对账单等其他资料。

三、总账报表会计岗位的注意事项

1. 注意核实会计报表的基础核算的准确性和完整性。进行总账工作的第一步是核实企业的资产负债表和损益表等会计报表。这个过程中需要注意每个科目的准确性和完整性，包括应收款、应付款、银行账户和现金。如果有任何问题需要及时解决，并确保账目清晰明确。

2. 注意确保交易类型的准确分类和核算。当进行总账工作时，需要牢记不同类型的交易需要以不同的方式核算。例如，采购可能要分为预付款和尾款，销售可能要分为优惠折扣和机会成本等。需要确保所有交易被准确地分类和核算。

3. 注意审核每笔交易对应凭证的准确性和完整性。每笔交易都有一个对应的凭证，需要对凭证的准确性和完整性进行审核。在检查凭证时需要确保凭证上的信息与系统记录是一致的。所有的凭证都应该包括审计人员的签名和日期。

4. 注意遵守国家税务和商业法规的要求。需要遵守国家税务和商业法规的要求，确保所有的会计和财务行为都是遵守法规的。这包括税收、雇佣和业务合同以及相关证书等方面的要求。任何违反法规的行为都必须被纠正并采取行动。

5. 注意确保审计和报告的准确性和完整性。需要确保审核和报告的准确性和完整性。任何错误或者疏漏都会对会计记录和财务报告产生重大影响。因此，应当对所有的报告进行审核和审计，确保它们的精确性和真实性。

6. 注意保持所有会计数据和交易信息的安全性和保密性。需要确保所有的会计数据和交易信息都要保持安全和保密所有的数据都应该存放在安全的服务器上，只有关键人员才能够查看和编辑。与财务相关的文件和电子文件需要进行备份和保护。

第三节 总账报表会计岗位的职责和权限

一、总账报表会计岗位的职责

1. 负责定期审核出纳现金及银行存款余额。总账报表会计负责定期审核出纳现金及银行存款余额，确保账面记录与实际持有的现金和银行存款一致。这一工作不仅涉及对实体现金的检查，还包括与 ERP 系统中的财务记录进行对账，以确保所有数据的准确性和及时性。

2. 负责审查所有现金收支单据。总账报表会计岗位还需要负责审查所有现金收支单据，确保每一笔交易都符合相关的财务规定和公司政策。这包括检查单据的完整性（如项目填写是否齐全）、准确性（数字计算是否正确、大小金额是否一致）以及合规性（相关签名和盖章是否齐全）。

3. 负责复核仓库的实物账务和存货盘点的准确性。总账报表会计岗位负责复核仓库的实物账务和存货盘点的准确性。需要确保仓库的物理存货与账面记录相符，以及与总账和明细账中的数据和金额保持一致。此外，每月需要审核成本会计编制的盘盈盘亏报告表，并在财务经理和总经理审批后，依据规定进行相应的账务处理。

4. 负责审定企业的全部账务处理。总账报表会计还负责审定企业的全部账务处理，确保所有的账务记录都准确无误，并与财务报表相符。这包括监督和验证总账和分账的一致性、账面记录与实际情况的相符性。此外，还需要负责编制各类财务报表，包括母公司和子公司的合并报表以及相关的关联交易报表附表。

二、总账报表会计岗位的权限

1. 有权提出改进会计核算工作的建议。总账报表会计拥有提出改进本部门会计核算工作的权利。该岗位工作人员可以基于对会计核算流程的深入分析和研究，提出优化建议和措施，以提高会计工作的效率和质量。这不仅包括对现有流程的改进，还涉及采用新的技术或方法以适应不断变化的财务环境和规则。通过这样的建议，总账报表会计有助于确保企业的会计核算工作不仅符合当前的标准，而且能够适应未来的变化。

2. 有权对其他核算岗位业务进行指导。这包括提供专业的指导和支持，确保所有会计核算活动都符合法律法规和企业内部的财务政策。他们需要确保各个部门的会计工作不仅准确无误，而且能够有效地支持企业的整体财务目标，尤其是在编制合并报表时。总账报表会计在这方面扮演着关键的协调和监督角色，以确保企业内部的会计活动能够顺利、高效地运行，从而为整个企业的财务健康作出贡献。

3. 有权对公司的财务报告进行审核和确认。确保所有财务数据的准确性和完整性。他们负责检查财务报表中的数据，确保它们正确反映了公司的财务状况，并符合国家会计准则和国际财务报告标准。

第四节　总账报表会计岗位的实务

一、资产负债表

（一）资产负债表的内容

1. 流动资产实有情况，包括货币资金、应收及预付款项、交易性金融资产和存货等流动资产实有情况。

2. 非流动资产实有情况，包括可供出售金融资产、持有至到期金融资产、长期股权投资、固定资产、无形资产等非流动资产实有情况。

3. 流动负债，包括短期借款、交易性金融负债、应付及预收款项等流动负债。

4. 非流动负债，包括长期借款、应付债券、长期应付款等。

5. 所有者权益，包括实收资本、盈余公积和未分配利润。

（二）资产负债表的结构与格式

资产负债表是依据“资产 = 负债 + 所有者权益”这一会计等式的基本原理设置的，分为左右两方。左方反映企业所拥有的全部资产，右方反映企业的负债和所有者权益，根据会计等式的基本原理，左方的资产总额等于右方的负债和所有者权益的总额。资产负债表左、右两方各项目前后顺序是按其流动性排列的。

1. 资产的排列顺序。

（1）流动资产。包括在一年或超过一年的一个经营周期以内可以变现或耗用、售出的全部资产。在资产负债表上排列为：货币资金、交易性金融资产、应收票据、应收账款、预付款项、应收利息、其他应收款、存货、一年内到期的非流动资产等。

（2）非流动资产。包括变现能力在一年或超过一年的一个经营周期以上的资产。在资产负债表上排列为：可供出售金融资产、持有至到期投资、长期股权投资、长期应收款、投资性房地产、固定资产、在建工程、工程物资、固定资产清理、生产性生物资产、油气资产、无形资产、开发支出、商誉、长期待摊费用、递延所得税资产等。

2. 负债的排列顺序。

（1）流动负债。包括偿还期在一年以内的全部负债。在资产负债表上排列顺序为：短期借款、交易性金融负债、应付票据、应付账款、预收款项、应付职工薪酬、应交税费、应付利息、应付股利、其他应付款、一年内到期的非流动负债等。

（2）非流动负债。包括偿还期在一年或超过一年的一个经营周期以上的债务。在资产负债表上排列顺序为：长期借款、应付债券、长期应付款、专项应付款、预计负债、递延所得税负债等。

3. 所有者权益的排列顺序。

所有者权益包括所有者投资、企业在生产经营过程中形成的盈余公积和未分配利润。在资产负债表上的排列顺序为：实收资本、资本公积、盈余公积和未分配利润等（见表11－1）。

表11－1　资产负债表

编制单位：　　　　年　月　日　　　　单位：元

资产	期末余额	年初余额	负债和所有者权益	期末余额	年初余额
流动资产：			流动负债：		
货币资金			短期借款		
交易性金融资产			交易性金融负债		
应收票据			应付票据		
应收账款			应付账款		
预付款项			预收账款		
应收利息			应付职工薪酬		
应收股利			应交税费		
其他应收款			应付利息		
存货			应付股利		
一年内到期的非流动资产			其他应付款		
其他流动资产			一年内到期的非流动负债		
流动资产合计			其他流动负债		
非流动资产：			流动负债合计：		
可供出售金融资产			非流动负债：		
持有至到期投资			长期借款		
长期应收款			应付债券		
长期股权投资			长期应付款		
投资性房地产			专项应付款		
固定资产			预计负债		
工程物资			递延所得税负债		
在建工程			其他非流动负债		
固定资产清理			非流动负债合计		
生产性生物资产			负债合计		
油气资产			所有者权益：		
无形资产			实收资本		
开发支出			资本公积		
商誉			减：库存股		
递延所得税资产			盈余公积		
其他非流动资产			未分配利润		
非流动资产合计			所有者权益合计		
资产总计			负债和所有者权益		

（三）资产负债表的填列方法

资产负债表中“年初余额”栏各项的数字，应按上年年末资产负债表中“期末余额”栏中的数字填列。“期末余额”栏内各项数字根据会计期末各总账账户及所属明细账户余额填列。若本年度资产负债表中规定的各项目的名称和内容与上年度不一致，应对上年年末资产负债表各项的名称和数字按照本年度的规定进行调整后，填入表中的“年初余额”栏。

（四）资产负债表项目的填列说明

1. “货币资金”项目，反映企业库存现金、银行结算账户存款、外埠存款、银行汇票存款、银行本票存款、信用卡存款、信用证保证金存款等的合计数。本项目应根据“现金”“银行存款”“其他货币资金”科目的期末余额合计数填列。

2. “交易性金融资产”项目，反映企业为交易目的所持有的债券投资、股票投资、基金投资等交易性金融资产的公允价值。本项目应根据“交易性金融资产”科目的期末余额填列。

3. “应收票据”项目，反映企业收到的未到期收款也未向银行贴现的应收票据，包括商业承兑汇票和银行承兑汇票。本项目应根据“应收票据”科目的期末余额填列。已向银行贴现和已背书转让的应收票据不包括在本项目内，其中已贴现的商业承兑汇票应在会计报表附注中单独披露。

4. “应收账款”项目，反映企业因销售商品、产品和提供劳务等而应向购买单位收取的各种款项，减去已计提的坏账准备后的净额。本项目应根据“应收账款”科目所属各明细科目的期末借方余额合计数，减去“坏账准备”科目中有关应收账款计提的坏账准备期末余额后的金额填列。例如，“应收账款”科目所属明细科目期末有贷方余额，应在本表“预收账款”项目内填列。

5. “应收股利”项目，反映企业因股权投资而应收取的现金股利，企业应收其他单位的利润，也包括在本项目内。本项目应根据“应收股利”科目的期末余额填列。

6. “应收利息”项目，反映企业因债权投资而应收取的利息。企业购入到期还本付息债券应收的利息，不包括在本项目内。本项目应根据“应收利息”科目的期末余额填列。

7. “其他应收款”项目，反映企业对其他单位和个人的应收和暂付的款项，减去已计提的坏账准备后的净额。本项目应根据“其他应收款”科目的期末余额，减去“坏账准备”科目中有关其他应收款计提的坏账准备期末余额后的金额填列。

8. “预付款项”项目，反映企业预付给供应单位的款项。本项目应根据“预付账款”科目所属各明细科目的期末借方余额合计填列。例如，“预付账款”科目所属有关明细科目期末有贷方余额的，应在本表“应付账款”项目内填列。又如，“应付账款”科目所属明细科目有借方余额的，也应包括在本项目内。

9. “存货”项目，反映企业期末在库、在途和在加工中的各项存货的可变现净值，包括各种材料、商品、在产品、半成品、包装物、低值易耗品、分期收款发出商品、委托代销商品、受托代销商品等。本项目应根据“物资采购”“原材料”“低值易耗品”“自制半成品”“库存商品”“包装物”“分期收款发出商品”“委托加工物资”“委托代销商品”“受托代销商品”“生产成本”等科目的期末余额合计减去“代销商品款”“存货跌价准备”科目期末余额后的金额填列。材料采用计划成本核算，以及库存商品采用计划成本或售价核算的企业，还应按加或减材料成本差异、商品进销差价后的金额填列。

10. “一年内到期的非流动资产”项目，反映企业将于一年内到期的非流动资产。本项目应根据有关科目的期末余额分析计算填列。

11. “其他流动资产”项目，反映企业除以上流动资产项目外的其他流动资产，本项目应根据有关科目的期末余额填列。例如，其他流动资产价值较大的，应在会计报表附注中披露其内容和金额。

12. “可供出售金融资产”项目，反映企业持有的划分为可供出售金融资产的证券。本项目根据“可供出售金融资产”科目的期末余额填列。

13. “持有至到期投资”项目，反映企业持有的划分为持有至到期投资的证券。本项目根据“持有至到期投资”科目的期末余额，减去“持有至到期投资减值准备”科目的期末余额后填列。

14. “投资性房地产”项目，反映企业持有的投资性房地产。本项目应根据“投资性房地产”科目的期末余额，减去“投资性房地产累计折旧”“投资性房地产减值准备”所属有关明细科目期末余额后的金额分析计算填列。

15. “长期股权投资”项目，反映企业不准备在1年内（含1年）变现的各种股权性质的投资的可收回金额。本项目应根据“长期股权投资”科目的期末余额，减去“长期投资减值准备”科目中有关股权投资减值准备期末余额后的金额填列。

16. “长期应收款”项目，反映企业持有的长期应收款的可收回金额。本项目应根据“长期应收款”科目的期末余额，减去“坏账准备”科目所属相关明细科目期末余额，再减去“未确认融资收益”科目期末余额后的金额分析计算填列。

17. “固定资产”项目，反映企业的固定资产可收回金额。本项目应根据“固定资产”科目的期末余额，减去“累计折旧”“固定资产减值准备”科目期末余额后的金额填列。

18. “在建工程”项目，反映企业期末各项未完工程的实际支出，包括交付安装的设备价值，未完建筑安装工程已经耗用的材料、工资和费用支出、预付出包工程的价款、已经建筑安装完毕但尚未交付使用的工程等的可收回金额。本项目应根据“在建工程”科目的期末余额填列。

19. “工程物资”项目，反映企业各项工程尚未使用的工程物资的实际成本。本项目应根据“工程物资”科目的期末余额填列。

20. “在建工程”项目，反映企业期末各项未完工程的实际支出，包括交付安装的设备价值，未完建筑安装工程已经耗用的材料、工资和费用支出、预付出包工程的价款、已经建筑安装完毕但尚未交付使用的工程等的可收回金额。本项目应根据“在建工程”科目的期末余额，减去“在建工程减值准备”科目期末余额后的金额填列。

21. “固定资产清理”项目，反映企业因出售、毁损、报废等原因转入清理但尚未清理完毕的固定资产的账面价值，以及固定资产清理过程中所发生的清理费用和变价收入等各项金额的差额。本项目应根据“固定资产清理”科目的期末借方余额填列。例如，“固定资产清理”科目期末为贷方余额，以“—”号填列。

22. “无形资产”项目，反映企业各项无形资产的期末可收回金额。本项目应根据“无形资产”科目的期末余额，减去“累计摊销”“无形资产减值准备”科目期末余额后的金额填列。

23. “递延所得税资产”项目，反映企业确认的递延所得税资产。本项目应根据“递延所得税资产”科目期末余额分析填列。

24. “其他非流动资产”项目，反映企业除以上资产以外的其他长期资产。本项目应根据有关科目的期末余额填列。例如，其他长期资产价值较大的，应在会计报表附注中披露其内容和金额。

25. “短期借款”项目，反映企业借入尚未归还的 1 年期以下（含 1 年）的借款。本项目应根据“短期借款”科目的期末余额填列。

26. “交易性金融负债”项目，反映企业为交易而发生的金融负债，包括以公允价值计量且其变动计入当期损益的金融负债。本项目应根据“交易性金融负债”等科目的期末余额分析填列。

27. “应付票据”项目，反映企业为了抵付货款等而开出、承兑的尚未到期付款的应付票据，包括银行承兑汇票和商业承兑汇票。本项目应根据“应付票据”科目的期末余额填列。

28. “应付账款”项目，反映企业购买原材料、商品和接受劳务供应等而应付给供应单位的款项。本项目应根据“应付账款”科目所属各有关明细科目的期末贷方余额合计填列。例如，“应付账款”科目所属各明细科目期末有借方余额，应在本表“预付账款”项目内填列。

29. “预收款项”项目，反映企业预收购买单位的账款。本项目应根据“预收账款”科目所属各有关明细科目的期末贷方余额合计填列。例如，“预收账款”科目所属有关明细科目有借方余额的，应在本表“应收账款”项目内填列；又如，“应收账款”科目所属明细科目有贷方余额的，也应包括在本项目内。

30. “应付职工薪酬”项目，反映企业应付未付的职工薪酬。本项目应根据“应付职工薪酬”科目期末贷方余额填列。例如，“应付职工薪酬”科目期末为借方余额；以“—”号填列。

31. “应交税费”项目，反映企业期末未交、多交或未抵扣的各种税费。本项目应根据“应交税费”科目的期末贷方余额填列。例如，“应交税费”科目期末为借方余额，以“—”号填列。

32. “应付利息”项目，反映企业应付未付的利息。本项目应根据“应付利息”科目的期末贷方余额填列。

33. “应付股利”项目，反映企业尚未支付的现金股利。本项目应根据“应付股利”科目的期末余额填列。

34. “其他应付款”项目，反映企业所有应付和暂收其他单位和个人的款项。本项目应根据“其他应付款”科目的期末余额填列。

35. “预计负债”项目，反映企业预计负债的期末余额。本项目应根据“预计负债”科目的期末余额填列。

36. “一年内到期的非流动负债”项目，反映企业承担的将于一年内到期的非流动负债。本项目应根据有关非流动负债科目的期末余额分析计算填列。

37. “其他流动负债”项目，反映企业除以上流动负债以外的其他流动负债。本项目应根据有关科目的期末余额填列。例如，“待转资产价值”科目的期末余额可在本项目内反映。又如，其他流动负债价值较大的，应在会计报表附注中披露其内容及金额。

38. “长期借款”项目，反映企业借入尚未归还的 1 年期以上（不含 1 年）的借款本息。本项目应根据“长期借款”科目的期末余额填列。

39. “应付债券”项目，反映企业发行的尚未偿还的各种长期债券的本息。本项目应根据“应付债券”科目的期末余额填列。

40. “长期应付款”项目，反映企业除长期借款和应付债券以外的其他各种长期应付款。本项目应根据“长期应付款”科目的期末余额，减去“未确认融资费用”科目期末余额后的金额填列。

41. “递延所得税负债”项目，反映企业确认的递延所得税负债。本项目应根据

“递延所得税负债”科目期末余额分析填列。

42. “其他流动负债”项目，反映企业除以上非流动负债项目以外的其他非流动负债。本项目应根据有关科目的期末余额填列。例如，其他非流动负债价值较大的，应在会计报表附注中披露其内容和金额。

43. “实收资本（或股本）”项目，反映企业各投资者实际投入的资本（或股本）总额。本项目应根据“实收资本”（或“股本”）科目的期末余额填列。

44. “资本公积”项目，反映企业资本公积的期末余额。本项目应根据“资本公积”科目的期末余额填列。

45. “盈余公积”项目，反映企业盈余公积的期末余额。本项目应根据“盈余公积”科目的期末余额填列。

46. “未分配利润”项目，反映企业尚未分配的利润。本项目应根据“本年利润”科目和“利润分配”科目的余额计算填列。未弥补的亏损，在本项目内以“—”号填列。

（五）资产负债表的编制

从上述具体项目的填列方法分析，可将其归纳为以下四种：

1. 根据总账科目余额直接填列。例如，“短期借款”“应收股利”“交易性金融资产”“可供出售金融资产”“交易性金融负债”等项目都是根据总账科目的期末余额直接填列。

2. 根据总账科目余额计算填列。例如，“货币资金”项目需要根据“现金”“银行存款”“其他货币资金”科目的期末余额合计数计算填列。

3. 根据明细科目余额计算填列。例如，“应付账款”项目需要根据“应付账款”“预付账款”科目所属相关明细科目的期末贷方余额计算填列。

4. 根据总账科目和明细科目余额分析计算填列。例如，“长期借款”项目需要根据“长期借款”总账科目期末余额，扣除“长期借款”科目所属明细科目中反映的将于1年内到期的长期借款部分，分析计算填列；“固定资产”项目需要根据“固定资产”总账科目的期末余额，减去“累计折旧”“固定资产减值准备”等科目期末余额，分析计算填列；“持有至到期投资”项目需要根据“持有至到期投资”总账科目的期末余额，减去“持有至到期投资减值准备”科目期末余额分析计算填列。

下面举例说明一般企业资产负债表某些项目的编制方法。

甲公司年末有关科目资料，如表11－2所示。

表 11－2　　甲公司有关账户余额表

2×23 年 12 月 31 日

账户名称	借方余额	贷方余额	账户名称	借方余额	贷方余额
现金	70 000		短期借款		235 000
银行存款	250 000		应付票据		220 000
其他货币资金	205 000		应付账款		500 000
交易性金融资产	25 000		预收账款		20 000
应收票据	35 000		应付职工薪酬		135 000
应收股利	35 000		应付股利		120 000
应收利息	10 000		应交税费		45 000
应收账款	356 000		其他应付款		35 000
坏账准备		6 000	长期借款		500 000
预付账款	60 000		实收资本		1 500 000
其他应收款	10 000		资本公积		89 000
原材料	350 000		盈余公积		256 000
库存商品	165 000		利润分配		125 000
生产成本	185 000				
可供出售金融资产	350 000				
长期股权投资	140 000				
长期股权投资减值准备		20 000			
固定资产	2 000 000				
累计折旧		650 000			
在建工程	120 000				
无形资产	90 000				
	4 456 000	676 000			3 780 000

说明：以上资料中有三个账户，经查明应在列表时按规定予以调整：在“应收账款”账户中有明细账贷方余额 10 000 元；在“应付账款”账户中有明细账借方余额 20 000 元；在“预付账款”账户中有明细账贷方余额 5 000元。

现将上列资料经归纳分析后填入资产负债表如下：

（1）将“现金”“银行存款”“其他货币资金”科目余额合并列入货币资金项目（70 000＋250 000＋205 000＝525 000），共计 525 000 元。

（2）将坏账准备项目 6 000 元从应收账款项目中减去；将应收账款明细账中的贷方余额 10 000 元列入预收账款项目。计算结果，应收账款项目的账面价值为 360 000元（356 000－6 000＋10 000＝360 000）；预收账款项目为 30 000 元（20 000＋10 000＝30 000）。

（3）将应付账款明细账中的借方余额 20 000 元列入预付账款项目；将“预付账款”账户明细账中的贷方余额 5 000 元列入应付账款项目。计算结果，预付账款项目的余额为 85 000 元（60 000＋20 000＋5 000＝85 000），应付账款项目的余额为525 000 元（500 000＋20 000＋5 000＝525 000）。

（4）将“原材料”“库存商品”“生产成本”，即其他存货账户余额合并为存货项目（350 000 + 165 000 + 185 000 = 7 000 000），共计 700 000 元。

（5）从“长期股权投资”账户中减去“长期股权投资减值准备”20 000 元，长期股权投资项目的余额为 120 000 元（140 000 − 20 000 = 120 000）。

（6）其余各项目按账户余额表数字直接填入报表。

现试编该企业资产负债表，如表 11 − 3 所示。

表 11 − 3　　资产负债表

编制单位：　　2×23 年 12 月 31 日　　单位：元

资产	期末余额	年初余额	负债和所有者权益	期末余额	年初余额
流动资产：	（略）		流动负债：	（略）	
货币资金	525 000		短期借款	235 000	
交易性金融资产	25 000		交易性金融负债	0	
应收票据	35 000		应付票据	220 000	
应收账款	360 000		应付账款	525 000	
预付款项	85 000		预收款项	30 000	
应收利息	10 000		应付职工薪酬	135 000	
应收股利	35 000		应交税费	45 000	
其他应收款	10 000		应付利息	0	
存货	700 000		应付股利	120 000	
一年内到期的非流动资产	0		其他应付款	35 000	
其他流动资产	0		一年内到期的非流动负债	0	
流动资产合计	1 785 000		其他流动负债	0	
非流动资产：			流动负债合计	1 345 000	
可供出售金融资产	350 000		非流动负债：		
持有至到期投资	0		长期借款	500 000	
长期应收款	0		应付债券		
长期股权投资	120 000		长期应付款		
投资性房地产	0		专项应付款		
固定资产	1 350 000		预计负债		
在建工程	120 000		递延所得税负债		
工程物资	0		其他非流动负债		
固定资产清理	0		非流动负债合计	500 000	
无形资产	90 000		负债合计	1 845 000	
商誉	0		所有者权益：		
长期待摊费用	0		实收资本	1 500 000	
递延所得税资产	0		资本公积	89 000	
其他非流动资产	0		盈余公积	256 000	
非流动资产合计	2 030 000		未分配利润	125 000	
			所有者权益合计	1 970 000	
资产总计	3 815 000		负债及所有者权益总计	3 815 000	

（六）资产负债表的分析

1. 单项分析。

（1）资产类。

货币资金：具有流动性大、变现快的特点，它是企业投资、投机、周转运营、偿还债务最直接的保障，一般企业的货币资金不会留太多，这样会增加企业的机会成本，而将货币资金降低到最少或者是个平衡点是财务部门应该考虑的问题。

应收账款：企业在发生销售业务时由于购货方没有及时支付款项产生的，一个企业的应收账款多会增加一个企业的坏账，也可能导致企业资金周转困难而倒闭，所以作为企业的财务部门一定要及时客观准确地给领导汇报应收款情况和分析后的情况，加大对应收账款的催收力度，同时也可以变现一些近期的票据。

生产成本、存货：生产成本是企业正在生产的产品，存货是企业生产完毕，等待销售的产品，一个企业要使机会成本最低，库存的存货也要引起重视，要不然会造成严重的供给失调，同时加大销售力度也是企业应该做的事情。

固定资产、无形资产：固定资产是企业用来生产产品或者是厂房办公房等，作为生产企业可能固定资产的数据比较大，作为销售企业或者周转企业的话可能会少点，那么作为生产企业应该关注固定资产的使用效率，不能长时间地将固定资产闲置。

（2）负债类。

短期借款：短期借款直接关系到企业偿债问题，因此要引起高度重视，务必在到期日之前准备好债务资金。

长期借款：是指时间超过一个运营周期或者是时间超过一年的债务，同时作为企业的财务部门也要准确地了解长期借款的信息，要做长远打算，保证在债务到期时有资金偿还债务，要不然企业也有可能因为债务偿还的问题导致企业破产清算。

（3）所有者权益类。

实收资本：是企业的资本，通过实收资本和短期借款和长期借款的情况可以看出企业的资金来源情况，一般实收资本占的比率会稍微大一点。

资本公积：是企业在正常经营的情况下由股东入股在核算持有股分之外支付的资金就作为企业的资本公积。

盈余公积：是企业在盈利的情况下，根据当年未分配利润的多少按照一定的比率提取的，它可以弥补企业的亏损，也可以作为后期企业扩大时转增资本，但是在企业上市或者股东多的情况下，不希望企业提取的比率太大，更希望的是分到更多的资金，那么作为企业提取多少的盈余公积也是企业应该好好考虑的问题，要不然很容易打击企业股东的信心。

未分配利润：是企业在分配完股东利润之后企业还留存的未分配利润，也可以作为企业扩大时转增资本。

2. 配比分析。

主营业务收入与应收账款配比分析：当年应收账款有余额，况且当年的主营业务收入与应收账款相当，那么当年的应收账款主要来源是当年销售的产品款项没有收回，如果当年的主营业务收入低，那么应收账款的主要来源可能是往年账务，作为企业就应该加大对应收账款的催收，并且在账务处理上提取坏账准备。

存货与主营业务成本的分析：如果当年的存货比较多，但是主营业务成本却很高，那么可能已经开出发票，但企业却没有及时发货，这时候应该及时发货，从而提高企业的信用度，如果说企业存货少，当年的主营业务收入高，可能会有企业为了躲避税费。

存货与预收账款的配比分析：预收账款是企业货物比较紧俏，购货方提前支付部分或者是全款的情况，如果预收账款的余额比较大，企业就应该了解预收账款的情况，及时给购货方发货，有些企业采取预收方式销售的，有可能会存在企业为了延迟税费的缴纳情况，也有可能是逃避税费的一种做法，企业应该及时开具发票，正确对待。

短期借款余额短期投资配比分析：如果两者的数额相当，那么在投资有一定收入时可以偿还借款，如果短期借款主要是用于企业周转，企业就应该时刻关注企业的货币资金和应收账款的可回收程度，确保在借款到期日之前准备好偿还金。

货币资金、应收账款与未分配利润、主营业务收入的分析：如果主营业务收入和应收账款、与货币资金的数额相当的话，一般情况下说明企业应收账款和货币资金主要来源于主营业务收入；如果当年的未分配利润数额远远小于主营业务收入，那么就应该关注产品成本或者是相关的费用是否较高。

3. 比率分析。

资产负债率分析：是资产总额和负债总额的比率。可以看出每1单位的负债有1个单位以上的资产作为偿还，但作为债权方更加关注的是流动负债的比率。那么作为一个正常的企业来说，资产负债率在2～2.5较为适宜，才能充分发挥企业的财务杠杆效应。

流动资产负债率分析：是流动负债和流动资产的比率。对于债权人来说更相信流动负债率，作为企业有适当的负债是有助于企业发展的，过多的借款有可能会因为偿还债务时压力过大导致企业破产。对于一个健康的企业来说，在排除资产“水分”的情况下，流动资产负债率保持在100%～200%最为恰当。

存货周转率分析：是主营业务成本和期初存货及期末存货的比率。存货周转系数越高，说明企业的销售情况好，也就是主营业务收入相对来说就高，当然作为企业为了增加在市场的竞争力，应该从不同的方面降低商品的成本。

产权比率分析：是负债总额和股东权益的比率。从这个比率可以分析出企业的长期偿债能力，对于债权人来说希望这个比率小点，这样的话债权人更有保障，风险才比较小，而对于企业来说如果这个比率太小，则说明企业没有充分地利用好杠杆效应。企业一般产权比例在1以下，要不然企业的资产过多是来源于举债，这样的企业很危险。

二、利润表

（一）利润表的内容

1. 企业在一定时期内取得的全部收入，包括营业收入、投资收益和营业外收入。

2. 企业在一定时期内发生的全部费用和支出，包括营业成本、销售费用、管理费用、财务费用和营业外支出。

3. 全部收入与支出相抵后计算出企业一定时期内实现的利润（或亏损）总额。

（二）利润表的结构与格式

利润表一般包括表首、正表两部分。其中，表首概括说明报表名称、编制单位、编制日期、报表编号、货币名称、计量单位；正表示利润表的主体，反映形成经营成果的各个项目和计算过程。正表的格式一般有两种：单步式利润表和多步式利润表。单步式利润表是将当期所有的收入列在一起，然后将所有的费用列在一起，两者相减得出当期净损益。多步式利润表是通过对当期的收入、费用、支出项目按性质加以归类，按利润形成的主要环节列示一些中间性的利润指标，如营业利润、利润总额、净利润，分步计算当期净损益。

利润表的格式如表11－4所示。

表11－4 **利润表**

编报单位： 20××年×月 单位：元

项目	本月合计数	本年累计数	上年数
一、营业收入			
减：营业成本			
营业税金及附加			
销售费用			
管理费用			
财务费用			
资产减值损失			
加：公允价值变动收益（损失以“—”号填列）			（略）
投资收益（损失以“—”号填列）			
其中：对联营企业和合并企业的投资收益			
二、营业利润（亏损以“—”号填列）			
加：营业外收入			
减：营业外支出			
其中：非流动资产处置损失			

续表

项目	本月合计数	本年累计数	上年数
三、利润总额（净亏损以“—”号填列）			（略）
减：所得税费用			
四、净利润			
五、每股收益：			
（一）基本每股收益			
（二）稀释每股收益			

（三）利润表的填列方法

为了清楚地反映各项指标的报告期数及从年初到报告期为止的累计数，在利润表中应分别设置“本月数”和“本年累计数”两栏。报表中的“本月数”应根据各有关会计科目的本期发生额直接填列；“本年累计数”栏反映各项目自年初起到本报告期止的累计发生额，应根据上月“利润表”的累计数加上本月“利润表”的本月数之和填列。年度“利润表”的“本月数”栏改为“上年数”栏时，应根据上年“利润表”的数字填列。如果上年“利润表”和本年“利润表”的项目名称和内容不相一致，应将上年的报表项目名称和数字按本年度的规定进行调整，然后填入“上年数”栏。

（四）利润表项目的填列说明

利润表中的各个项目，都是根据有关会计科目记录的本期实际发生数和累计发生数分别填列的。

1. “营业收入”项目，反映企业经营主要业务和其他业务所确认的收入总额。本项目应根据“主营业务收入”和“其他业务收入”科目的发生额分析填列。

2. “营业成本”项目，反映企业经营主要业务和其他业务所发生的成本总额。本项目应根据“主营业务成本”和“其他业务成本”科目的发生额分析填列。

3. “税金及附加”项目，反映企业经营业务应负担的消费税、城市维护建设税、资源税、土地增值税和教育费附加，印花税，土地使用税，房产税等。本项目应根据“税金及附加”科目的发生额分析填列。

4. “销售费用”项目，反映企业在销售商品过程中发生的包装费、广告费等费用和为销售本企业商品而专设的销售机构的职工薪酬、业务费等经营费用。本项目应根据“销售费用”科目的发生额分析填列。

5. “管理费用”项目，反映企业为组织和管理生产经营发生的管理费用。本项目应根据“管理费用”科目的发生额分析填列。

6. “财务费用”项目，反映企业筹集生产经营所需资金等而发生的筹资费用。本项目应根据“财务费用”科目的发生额分析填列。

7. “资产减值损失”项目，反映企业各项资产发生的减值损失。本项目应根据“资产减值损失”科目发生额分析填列。

8. “公允价值变动收益”项目，反映企业应当计入当期损益的资产或负债公允价值变动收益。本项目应根据“公允价值变动损益”科目的发生额分析填列。如为净损失，本项目以“—”号填列。

9. “投资收益”项目，反映企业以各种方式对外投资所取得的收益。本项目应根据“投资收益”科目的发生额分析填列。如为投资损失，本项目用“—”号填列。

10. “营业利润”项目，反映企业实现的营业利润。如为亏损，本项目以“—”号填列。

11. “营业外收入”项目，反映企业发生的与经营业务无直接关系的各项收入。本项目应根据“营业外收入”科目的发生额分析填列。

12. “营业外支出”项目，反映企业发生的与经营业务无直接关系的各项支出。本项目应根据“营业外支出”科目的发生额分析填列。

13. “利润总额”项目，反映企业实现的利润。如为亏损，本项目以“—”号填列。

14. “所得税费用”项目，反映企业应从当期利润总额中扣除的所得税费用。本项目应根据“所得税费用”科目的发生额分析填列。

15. “净利润”项目，反映企业实现的净利润。如为亏损，本项目以“—”号填列。

（五）利润表的编制

从上述具体项目的填列方法分析，利润表的填列方法可归纳为以下两种：

1. 根据账户的发生额分析填列。利润表中的大部分项目都可以根据账户的发生额分析填列，如销售费用、营业税金及附加、管理费用、财务费用、营业外收入、营业外支出、所得税等。

2. 根据报表项目之间的关系计算填列。利润表中的某些项目需要根据项目之间的关系计算填列，如营业利润、利润总额、净利润等。

下面举例说明一般企业利润表的编制方法。

甲公司2006年利润表有关科目的累计发生额，如表11－5所示。

表 11－5 **利润表有关科目累计发生额** 单位：元

科目名称	借方发生额	贷方发生额
主营业务收入		1 250 0000
其他业务收入		230 000
投资收益		3 200 000
营业外收入		2 850 000
主营业务成本	8 500 000	
营业税金及附加	550 000	
其他业务成本	0	
销售费用	200 000	
管理费用	1 050 000	
财务费用	1 000 000	
资产减值损失	20 000	
营业外支出	2 000 000	
所得税费用	1 800 000	

根据以上账户记录，编制甲公司2006年利润表，如表11－6所示。

表 11－6 **利润表**

编报单位： 20××年×月 单位：元

项目	本月合计数	本年累计数	上年数
一、营业收入		12 730 000	
减：营业成本		8 500 000	
营业税金及附加		550 000	
销售费用		200 000	
管理费用		1 050 000	
财务费用		1 000 000	
资产减值损失		20 000	
加：公允价值变动收益（损失以“—”号填列）		0	
投资收益（损失以“—”号填列）		3 200 000	
其中：对联营企业和合并企业的投资收益		0	（略）
二、营业利润（亏损以“—”号填列）		4 610 000	
加：营业外收入		2 850 000	
减：营业外支出		2 000 000	
其中：非流动资产处置损失		0	
三、利润总额（净亏损以“—”号填列）		5 460 000	
减：所得税费用		1 800 000	
四、净利润		5 280 000	
五、每股收益：		（略）	
（一）基本每股收益		（略）	
（二）稀释每股收益		（略）	

（六）利润表的分析

1. 企业盈利能力分析。

盈利能力是指企业通过经营活动获取利润的能力。企业的盈利能力越强，带来的现金流入量越多，则给予股东的回报越高，偿债能力越强，企业价值越大。

分析和评价企业盈利的指标有：收入毛利率、收入利润率、总资产报酬率、净资产收益率、资产保值增值率。

（1）收入毛利率。

收入毛利率是收入毛利与营业收入净额之比。其中毛利等于营业收入净额扣除成本后的差额。其计算公式为：

收入毛利率＝（主营业务收入－主营业务成本）/主营业务收入

毛利水平反映了企业初始获利能力，它是企业实现利润总额的起点，可以表明对营业费用、管理费用、财务费用等期间费用的承受能力。通过对收入毛利率分析，可以掌握毛利水平和期间费用两个因素对获得利润的影响。

（2）收入利润率。

收入利润率是实现的利润总额与营业收入之比。其计算公式为：

收入利润率＝利润总额/主营业务收入

通过对收入利润率的分析，可以了解企业每实现一元收入所获得的利润水平。

（3）总资产报酬率。

总资产报酬率是指实现的净利润（税后利润）与总资产平均占用额之比，指标反映了企业利用全部资源的获利能力。其计算公式如下：

总资产报酬率＝净利润/总资产平均余额，或，

总资产报酬率＝收入净利率×总资产周转率

由公式可以看出，总资产报酬率取决于净利润水平和总资产周转速度。

（4）净资产收益率。

净资产收益率指所有者权益收益率或股东权益收益率，它是获得的净利润占所有者权益平均余额的百分比。其计算公式为：

净资产收益率＝净利润/所有者权益平均余额

通过对该指标的分析可以揭示以下两个方面：

①反映所有者投资的获利能力；

②为企业的投资者提供了获得投资回报情况的信息；

③反映企业经营者对受托资产经营成果。

（5）资本保值增值率。

资本保值增值率是指期末所有者权益余额与期初所有者权益余额的比率，它反映

所有者权益保值或增值情况。其计算公式为：

资本保值增值率 = 期末所有者权益余额/期初所有者权益余额

2. 可持续发展能力分析。

可持续发展能力分析主要分析企业业务成长性和持续发展趋势。一般用以下指标进行分析与预测。

(1) 收入增长率。

收入增长率 = 报告期收入增加额/历史同期收入总额 × 100%

(2) 净利润增长率。

净利润增长率 = 报告期利润增加额/历史同期利润总额 × 100%

(3) 总资产增长率。

总资产增长率 = 本期总资产增加额/期初资产总额 × 100%

(4) 资本积累率。

资本积累率 = 本期所有者权益增加额/期初所有者权益 × 100%

(5) 固定资产成新率。

固定资产成新率 = 平均固定资产净值/平均固定资产原值 × 100%

三、现金流量表

(一) 现金流量表的内容

1. 经营活动的现金流量。

经营活动的现金流量是指企业投资活动和筹资活动以外的所有交易和事项所导致的现金收入和支出。

(1) 经营活动所产生的现金收入，包括出售产品、商品、提供劳务等取得的现金收入。

(2) 经营活动所产生的现金支出，包括购买材料、商品及支付职工劳动报酬发生的现金支出、各项制造费用、期间费用支出、税款等支出。

2. 投资活动的现金流量。

投资活动的现金流量是指企业在投资活动中所导致的现金收入和支出。

(1) 投资活动所产生的现金收入，包括收回投资、出售固定资产净收入等。

(2) 投资活动所产生的现金支出，包括对外投资、购买固定资产等。

3. 筹资活动的现金流量。

筹资活动的现金流量是指企业在筹资活动中所导致的现金收入和支出。

（1）筹资活动所产生的现金收入，包括发行债券、取得借款、增加股本（增发股票）等。

（2）筹资活动中所产生的现金支出，包括偿还借款、清偿债务、支付现金股利等。

（二）现金流量表的结构与格式

设置现金流量表的公式为：

现金净流量 = 现金收入 - 现金支出

其分为三部分：第一部分为经营活动中的现金流量；第二部分为投资活动中的现金流量；第三部分为筹资活动中的现金流量。各部分又分别按收入项目和支出项目列示，以反映各类活动所产生的现金流入量和现金流出量，来展示各类现金流入和流出的原因。一般企业现金流量表的基本格式如表 11 - 7 所示。

表 11 - 7　　现金流量表

编制单位：　　××年度　　单位：元

项目	本期金额	上期金额
一、经营活动产生的现金流量：		
销售商品、提供劳务收到的现金		
收到的税费返还		
收到的其他与经营活动有关的现金		
现金流入小计		
购买商品、接受劳务支付的现金		
支付给职工以及为职工支付的现金		
支付的各项税费		
支付的其他与经营活动有关的现金		
现金流出小计		
经营活动产生的现金流量净额		
二、投资活动产生的现金流量：		
收回投资所收到的现金		
取得投资收益所收到的现金		
处置固定资产、无形资产和其他长期资产所收回的现金净额		
处置子公司及其他营业单位收到的现金净额		
收到的其他与投资活动有关的现金		
现金流入小计		
购建固定资产、无形资产和其他长期资产所支付的现金		
投资所支付的现金		
取得子公司及其他营业单位支付的现金净额		
支付的其他与投资活动有关的现金		
现金流出小计		
投资活动产生的现金流量净额		

续表

项目	本期金额	上期金额
三、筹资活动产生的现金流量：		
吸收投资所收到的现金		
借款所收到的现金		
收到的其他与筹资活动有关的现金		
现金流入小计		
偿还债务所支付的现金		
分配股利、利润或偿付利息所支付的现金		
支付的其他与筹资活动有关的现金		
现金流出小计		
筹资活动产生的现金流量净额		
四、汇率变动对现金及现金等价物的影响		
五、现金及现金等价物净增加额		
加：期初现金及现金等价物余额		
六、期末现金及现金等价物余额		

补充资料：	本期金额	上期金额
1. 将净利润调节为经营活动现金流量：		
净利润		
加：资产减值准备、油气资产折旧、生产性生物资产折旧		
无形资产摊销		
长期待摊费用摊销		
处置固定资产、无形资产和其他长期资产的损失（减：收益）		
固定资产报废损失（减：收益）		
公允价值变动损失（减：收益）		
财务费用（减：收益）		
投资损失（减：收益）		
递延所得税资产减少（减：增加）		
递延所得税负债增加（减：减少）		
存货的减少（减：增加）		
经营性应收项目的减少（减：增加）		
经营性应付项目的增加（减：减少）		
其他		
经营活动产生的现金流量净额		
2. 不涉及现金收支的重大投资和筹资活动：		
债务转为资本		
一年内到期的可转换公司债券		
融资租入固定资产		
3. 现金及现金等价物净增加情况：		
现金的期末余额		
减：现金的期初余额		
加：现金等价物的期末余额		
减：现金等价物的期初余额		
现金及现金等价物净增加额		

（三）现金流量表的填列方法

在编制现金流量表时，经营活动现金流量有两种列示方法：一为直接法；二为间接法。这两种方法通常也称为现金流量表的编制方法。直接法是通过现金收入和支出的主要类别反映来自企业经营活动的现金流量。一般以利润表中的营业收入为起点，调整与经营活动有关项目的增减活动，然后计算出经营活动的现金流量。间接法是以本期净利润为起点，调整不涉及现金的收入、费用、营业外收支以及有关项目的增减变动，据此计算出经营活动的现金流量。

《企业会计准则——现金流量表》要求企业采用直接法报告经营活动的现金流量，同时要求在补充资料中用间接法来计算现金流量。有关经营活动现金流量的信息，可通过以下途径之一取得：

第一，直接根据企业有关账户的会计记录分析填列。

第二，对当期业务进行分析并对有关项目进行调整：①第一类是涉及利润表中的收入、成本和费用项目以及资产负债表中的资产、负债及所有者权益项目，通过调整，将权责发生制下的收入费用转换为现金基础；②第二类是涉及资产负债表和现金流量表中的投资、筹资项目，反映投资和筹资活动的现金流量；③第三类是涉及利润表和现金流量表中的投资和筹资项目，目的是将利润表中有关投资和筹资方面的收入和费用列入现金流量表投资、筹资现金流量中去。此外，还有一些调整分录并不涉及现金收支，只是为了核对资产负债表项目的期末期初变动。

（四）现金流量表项目的填列说明

1. 经营活动产生的现金流量。

（1）“销售商品、提供劳务收到的现金”。一般包括当期销售商品或提供劳务所收到的现金收入（包括增值税销项税额）；当期收到前期销售商品、提供劳务的应收账款或应收票据；当期的预收账款；当期因销货退回而支付的现金或收回前期核销的坏账损失；当前收到的货款和应收、应付账款，原规定不包括应收增值税销项税款，现为简化手续，将收到的增值税销项税款并入“销售商品、提供劳务收现金”及“应收”“应付”项目中，并对报表有关项目作相应修改。

（2）收到的税费返还。包括收到的增值税、消费税、营业税、所得税、关税和教育费附加的返还等。

（3）“收到的其他与经营活动有关的现金”。其反映企业除了上述各项外收到的其他与经营活动有关的现金流入。

（4）“购买商品、接受劳务支付的现金”。一般包括当期购买商品、接受劳务支付的现金；当期支付前期的购货应付账款或应付票据（均包括增值税进项税额）；当期预付的账款，以及购货退回所收到的现金。

（5）“支付给职业以及为职工支付的现金”。包括本期实际支付给职工的工资、奖金、各种津贴和补贴等，以及经营人员的养老金、保险金和其他各项支出。

（6）“支付的各种税费”。反映企业按规定支付的各项税费，包括本期发生并支付的税费，以及本期支付以前各期发生的税费和预缴的税金。

（7）“支付的其他与经营活动有关的现金”。其反映企业除了上述各项外的其他与经营活动有关的现金流出。

2. 投资活动产生的现金流量。

（1）“收回投资所收到的现金”。其反映企业出售转让或到期收回除现金等价物以外的短期投资、长期股权投资而收到的现金，以及收回长期债权投资本金而收到的现金，按实际收回的投资额填列。

（2）“取得投资收益所收到的现金”。其反映企业因股权性投资和债权性投资而取得的现金股利、利息，以及从子公司、联营企业或合营企业分利润而收到的现金。到期收回的本金应在“收回投资所收到的现金”项目中反映。

（3）“处置固定资产、无形资产和其他长期资产而收到的现金净额”。其反映企业处置这些资产所得的现金，扣除为处置这些资产而支付的有关费用后的净额。

（4）“处置子公司及其他营业单位收到的现金净额”。其反映企业处置子公司及其他营业单位所得的现金，扣除为处置子公司及其他营业单位而支付的有关费用后的净额。

（5）“收到的其他与投资活动有关的现金”。其反映企业除了上述各项外收到的其他与投资活动有关的现金流入。

（6）“购建固定资产、无形资产和其他长期资产所支付的现金”。包括企业购买、建造固定资产，取得无形资产和其他长期资产所支付的现金，不包括为购建固定资产而发生的借款资本化的部分以及融资租赁租入固定资产所支付的租金和利息。

（7）“投资所支付的现金”。其反映企业进行权益性投资和债权性投资支付的现金。包括短期股票、短期债券投资、长期股权投资、长期债权投资所支付的现金及佣金、手续费等附加费用。

（8）“取得子公司及其他营业单位支付的现金净额”。其反映企业为取得子公司及其他营业单位而支付的现金净额。

（9）“支付的其他与投资活动有关的现金”。其反映企业除上述各项外，支付的其他与投资活动有关的现金流出。

3. 筹资活动产生的现金流量。

（1）“吸收投资所收到的现金”。其反映企业收到的投资者投入的资金。包括发行股票、债券所实际收到的款项净额（发行收入减去支付的佣金等发行费用后的净额）。

（2）“借款收到的现金”。其反映企业举借各种短期、长期借款所收到的现金，根据收入时的实际借款金额计算。企业因借款而发生的利息列入“分配股利、利润或偿付利息所支付的现金”。

（3）“收到的其他与筹资活动有关的现金”。其反映企业除上述各项目外，其他与筹资活动有关的现金流入，如接受现金捐赠。

（4）“偿还债务所支付的现金”。包括归还金额企业借款；偿付企业到期的债券等，按当期实际支付的偿债金额填列。

（5）“分配股利、利润或偿付利息所支付的现金”。其反映企业实际支付的现金股利和付给其他投资单位的利润以及支付的债券利息、借款利息等。

（6）“支付其他与筹资活动有关的现金”。其反映企业除上述各项外，支付的其他与筹资活动有关的现金流出。

4. 汇率变动对现金的影响。

反映企业的外币现金流量以及境外子公司的现金流量折算为人民币时，所采用的现金流量发生日的汇率或平均汇率折算人民币金额与“现金及现金等价物净增加额”中外币现金净增加额按期末汇率折算的人民币金额之间的差额。

5. 现金及现金等价物净增加额。

反映经营活动产生的现金流量净额、投资活动产生的现金流量净额、筹资活动产生的现金流量净额三项之和。

（五）现金流量表的编制

从现金流量表的结构中可以看出，现金流量表就是将企业的全部业务活动划分为经营活动、投资活动和筹资活动三大类，在表上分段揭示三大类活动所提供的现金净额，三项现金净额的合计数与汇率折算差额之和，就是企业年度内的现金增减净额。若合计数为正数时，说明企业期末的现金比期初增加，为本期现金净流入量；若合计数为负数时，说明企业期末的现金比期初减少，为本期现金净流出量，这一增加或减少的金额，应与资产负债表上现金及现金等价物的期初数与期末数的差额相等。各具体项目的填列，有以下两种方法。

1. 在分析现金日记账、银行存款日记账和其他货币资金明细账记录的基础上填列。采用这种方法，就是直接根据现金日记账、银行存款日记账和其他货币资金明细账的记录逐笔确定现金收入和支出的性质，分别计入现金流量表的有关项目。这种方法适用于经济业务较少的小型企业，对于经济业务较多但已实行会计电算化的企业也可以采用这种方法。

2. 在分析非现金账户记录的基础上填列。这种方法是以复式记账的基本原理为依据，根据本期的利润表以及期末资产负债表中的非现金项目的变动编制现金流量表，按照复式记账的原理，任何影响现金的交易，也一定同时影响某些非现金资产、负债、所有者权益包括收入、费用的变动。非现金账户的变动可以明确地反映现金交易的性质，通过非现金账户变动的分析，可以计算出各类性质的现金流入和流出量。大部分企业通常采用此法编制现金流量表。

“销售商品、提供劳务收到的现金”项目在企业本期销售收入全部属于现销和没有预收账款，且年初无应收账款和应收票据的情况下，本年的销售收入净额就是销售商品或提供劳务所取得的全部现金收入。但是，在企业有赊销业务和预收账款的情况下，两者则可能出现差异。这两者的差异会通过“应收账款”“应收票据”和“预收账款”账户余额的变动反映出来。

第一，“应收账款”账户的年末余额大于年初余额时，即本年度应收账款增加，说明当年的赊销金额大于收回的应收账款金额，所以应从销售收入中减去应收账款的增加数，以确定销售商品所取得现金收入；相反，“应收账款”账户的年末余额小于年初余额时，即本年度应收账款减少，说明当年的赊销金额小于收回的应收货款金额，所以应在销售收入中加上应收货款的减少数，以确定销售商品所取得的现金收入。当然，如果非销售及收款因素引起应收账款增减变动的（如核销坏账）应在分析调整时剔除。

第二，“应收票据”账户与“应收账款”账户相同。

第三，“预收账款”账户的年末余额大于年初余额时，即本年度预收账款增加，说明当年的预收金额大于应收回的金额，所以应在销售收入中加上预收账款的增加数，以确定销售商品所取得现金收入；相反，“预收账款”账户的年末余额小于年初余额时，即本年度预收账款减少，说明当年的预金额小于应购取的金额，所以应从销售收入中减去预账款的减少数，以确定销售商品所取得的现金收入。

因此，销售商品、提供劳务收到的现金，可以通过分析“主营业务收入”“应收账款”“应收票据”和“预收账款”账户的记录来填列。用公式表示为：

销售商品、提供劳务收到的现金 = 含税商品销售收入、劳务收入 + 应收账款减少数应收账款增加数 + 应收票据减少数应收票据增加数 + 预收账款增加数

（六）现金流量表的分析

1. 经营活动产生的现金流量分析。

（1）将销售商品、提供劳务收到的现金与购进商品、接受劳务付出的现金进行比较。在企业经营正常、购销平衡的情况下，两者比较是有意义的。比率大，说明企业的销售利润大，销售回款良好，创现能力强。

(2) 将销售商品、提供劳务收到的现金与经营活动流入的现金总额比较，可大致说明企业产品销售现款占经营活动流入的现金的比重有多大。比重大，说明企业主营业务突出，营销状况良好。

(3) 将本期经营活动现金净流量与上期比较，增长率越高，说明企业成长性越好。

2. 投资活动产生的现金流量分析。

当企业扩大规模或开发新的利润增长点时，需要大量的现金投入，投资活动产生的现金流入量补偿不了流出量，投资活动现金净流量为负数，但如果企业投资有效，将会在未来产生现金净流入用于偿还债务，创造收益，企业不会有偿债困难。因此，分析投资活动现金流量，应结合企业目前的投资项目进行，不能简单地以现金净流入还是净流出来论优劣。

3. 筹资活动产生的现金流量分析。

一般来说，筹资活动产生的现金净流量越大，企业面临的偿债压力也越大，但如果现金净流入量主要来自企业吸收的权益性资本，则不仅不会面临偿债压力，资金实力反而增强。因此，在分析时，可将吸收权益性资本收到的现金与筹资活动现金总流入比较，所占比重大，说明企业资金实力增强，财务风险降低。

4. 现金流量构成分析。

首先，分别计算经营活动现金流入、投资活动现金流入和筹资活动现金流入占现金总流入的比重，了解现金的主要来源。一般来说，经营活动现金流入占现金总流入比重大的企业，经营状况较好，财务风险较低，现金流入结构较为合理。其次，分别计算经营活动现金支出、投资活动现金支出和筹资活动现金支出占现金总流出的比重，它能具体反映企业的现金用于哪些方面。一般来说，经营活动现金支出比重大的企业，其生产经营状况正常，现金支出结构较为合理。

第五节 总账报表会计岗位常见错误与舞弊行为

一、总账报表会计岗位的常见错误

(一) 流动项目与非流动项目归类不完整

在资产负债表中，资产和负债应当分别以流动资产和非流动资产、流动负债和非流动负债列示。在会计实务中，常常未能较好掌握流动资产和流动负债应符合的条件，致使资产和负债中的有关项目应按流动项目列示却按非流动项目列示，或者应按非流动项目列示却按流动项目列示。比较常见的项目有长期应收款、持有至到期投资、短期借款、长期应付款、长期借款、应付债券等项目。出现错误的原因是没有仔细对核算内容加以分析，如持有至到期投资中，如果存在将于一年内到期投资，则由原来的非流动项目改为流动项目列示；而短期借款中如果借款单位同意在资产负债表日起一年以上的期限偿还，且借款单位不能要求随时清偿，以使企业能够正常归还债务，则该项负债应由原来流动负债改为非流动负债列示。

（二）抵销项目和非抵销项目区分不清

准则规定：财务报表中的资产项目和负债项目的金额、收入项目和费用项目的金额不得相互抵销，但其他会计准则另有规定的除外。如果金融资产和金融负债同时满足下列条件，应当以相互抵销后的净额列示在资产负债表：（1）企业具有抵销已确认金额的法定权利，且该种法定权利现在是可执行的；（2）企业计划以净额结算，或同时变现该金融资产和清偿该金融负债。例如，企业与企业有长期合作关系的其他企业签订协议。双方的债权债务定期以净额结算，则在编制资产负债表中就应以净额列示应收款项或应付款项。而资产项目按扣除减值准备后的净额在资产负债表列示，则不属于抵销项目。前者反映的是纯粹的净额，后者反映的净额是指资产的账面价值。这样处理的出发点是为了会计信息能够被简单明了、方便快捷地使用。

（三）报表项目内容表述不完整

报表中的项目并不都是单纯地直接根据总账科目余额直接填列。有的是根据几个总账科目的余额计算填列，如货币资金项目；有的是根据有关明细科目余额计算填列，如应付账款、预付款项等项目；有的是根据总账和明细科目的余额分析计算填列，如长期应收款、长期应付款等项目；有的是根据总账科目与其备抵科目抵销后的净额填列，如存货、固定资产等项目。因此，在编制会计报表过程中，应熟悉每个报表项目所包含的具体内容，才能保证报表编制准确无误。

二、总账报表会计岗位的常见舞弊行为

（一）选用不恰当的会计政策，会计估计和会计差错更正

由于我国的会计准则具有一定的灵活性，对不同企业、不同事项有不同的处理办法。因此，一些上市公司就借此来调节财务数据，粉饰报表。例如，对长期股权投资的计量方式随意变更，在被投资单位盈利时选用权益法，在亏损时转为成本法核算，

该方法对房地产等价格变化较大的行业使用较多；借款费用全额资本化，会计准则规定所借款用于固定资产投资的，其借款利息等财务费用在项目投产前要记入该投资项目的建设费用，该费用应当资本化，但项目正式投产开始，其尚未归还的贷款所发生的利息等费用，则应费用化。一些企业通过借款费用来虚增资产和利润，减少费用；选用不合理的折旧方法，现有的折旧方法有直线法工作量法，双倍余额递减法和年数总和法，后两者并称为加速折旧法，一些对生物药品制造业，专用设备制造业，铁路、船舶和其他运输设备制造业，计算机和其他电子设备制造业，仪器仪表制造业，信息传输、软件和信息技术服务业等固定资产更新快的企业，为了虚增利润，将本应采用加速折旧的资产，改为直线法并且故意延长机器的使用年限。

（二）利用剥离

资产剥离是指在企业股份制改制过程中将原企业中不属于拟建股份制企业的资产、负债从原有的企业账目中分离出去的行为。企业通过将劣质资产、负债及相关的成本和潜亏剥离，实际上造成了企业会计信息的失真，同时也有一些母企业将经营状况不佳的子公司从合并报表中剔除，从而使得将企业报表成功扭亏为盈，由于证监会缺乏明确的相关会计准则来约束，因而方便了企业随意划分资产和业务。

（三）利用关联方交易

1. 受托经营舞弊。

受托经营舞弊即上市公司利用我国目前缺乏受托经营法规的制度缺陷，采用托管经营的方式以达到利润操纵的目的，它是报表欺诈的一种新方法。在实务中，上市公司往往将不良资产委托给关联方经营，按双方协议价收取高额回报。而上市公司自身可以避免不良资产带来的风险，同时由于是关联方的利益紧密，双方往往会选择将这部分的亏损或者利益只体现在账面上而并没有实际的资金或实物流入或流出。

2. 销售舞弊。

由于证监会和会计准则对关联方交易的价格和披露作出严格的限定，因此，一些企业往往选择将产品以不正常的低价卖给独立的第三方企业，第三方再转售给关联方企业，这样就可以逃过相关规定，进行利润操纵。

除此之外，关联方交易还包括关联方之间相互投资，虚增资本，将募集资金以非正常的利率拆借给不纳入合并报表的企业，虚增利润或是将与关联方共同承担的费用进行不合理的划分从而减少支出等。

本章小结

通过本章的学习，可以了解总账报表会计岗位的有关内容，包括定义、工作内容及注意事项、职责和权限，以及实务中的常见情况和常见错误和舞弊行为；了解了总账、报表的含义；本章对总账报表的工作流程和注意事项进行了详细说明；系统阐述了总账报表会计岗位的职责和权限；通过对总账报表会计岗位的实务讲解，实现对总账报表会计岗位知识的全面掌握。

关键术语

总账	报表	对账	关账
纳税申报	资产负债表	利润表	现金流量表

— 自测题 —

第十二章　合并报表会计岗位

本章导读

合并报表会计岗位是企业会计岗位中重要的一环，该岗位的会计工作人员要保证合并报表财务信息的真实性和完整性，提高财务管理的效率和质量。本章主要介绍了合并报表会计岗位的含义、工作内容、职责和权限、实务操作以及常见错误与舞弊行为。

学习目标

1. 了解合并报表会计岗位的定义，企业合并的界定和方式。
2. 掌握合并报表会计岗位的工作内容及注意事项。
3. 了解合并报表会计岗位的职责和权限。
4. 掌握合并报表会计岗位的实务，掌握企业合并业务的判断、合并范围的确定、合并财务报表编制原则、准备事项及程序。
5. 了解合并报表会计岗位的常见错误和舞弊行为。

第一节　合并报表会计岗位的定义

一、合并报表的定义

合并报表，是指反映母公司和其全部子公司形成的企业集团整体财务状况、经营成果和现金流量的财务报表。母公司，是指控制一个或一个以上主体（含企业、被投资单位中可分割的部分，以及企业所控制的结构化主体等）的主体。子公司，是指被母公司控制的主体。合并报表至少应当包括合并资产负债表、合并利润表、合并现金流量表、合并所有者权益变动表和附注。假设有一个母公司 A，它拥有两个子公司 B 和 C。母公司 A 和子公司 B、C 都是独立的法人实体，都需要编制自己的财务报表。但是，如果我们想了解整个企业集团的财务状况，单看每个公司的财务报表是不够的，因为这样会忽略掉企业集团内部的交易和往来。例如，子公司 B 可能向子公司 C 销售商品，或者母公司 A 可能向子公司 B 提供贷款。这些交易和往来在各自的财务报表中都会反映出来，但是对于企业集团整体来说，它们并不影响资产、负债、收入和支出的总额。

因此，我们需要编制合并报表，也就是将母公司 A 和子公司 B、C 的财务报表合并在一起，同时消除掉企业集团内部的交易和往来，从而反映出企业集团整体的财务状况、经营成果和现金流量。合并报表就像是把企业集团当作一个单一的经济实体来看待，而不是把它分成多个独立的法人实体。

合并报表包括合并资产负债表、合并利润表、合并现金流量表、合并所有者权益变动表和附注。合并资产负债表反映了企业集团在某一特定日期的资产、负债和所有者权益。合并利润表反映了企业集团在某一会计期间的收入、费用和利润。合并现金流量表反映了企业集团在某一会计期间的现金流入和流出。合并所有者权益变动表反映了企业集团在某一会计期间的所有者权益发生的变化。附注则是对合并报表中各项数据的补充说明。

二、合并报表会计岗位的定义

合并报表会计岗位是指在财务会计领域中，专门负责准备和编制合并报表的职位。这个岗位的核心职责是将母公司及其所有子公司的财务报表整合成一个统一的财务报告，以展示整个企业集团的财务状况、经营成果和现金流量。这不仅涉及单纯的数据汇总，还包括识别和消除集团内部的交易和往来，确保报表准确反映了集团作为一个整体的财务表现。

合并报表会计岗位的专业要求通常包括对会计准则的深入理解、熟练掌握财务分析和报表编制技巧，以及对母公司和子公司之间的交易具备敏锐的识别和处理能力。此外，此岗位还需要具备强大的组织和沟通技能，因为合并报表的编制过程中，往往需要协调和整合来自不同公司的财务信息。

简而言之，合并报表会计岗位是企业财务团队中的关键角色，对于确保企业集团财务透明度和符合会计标准至关重要，同时也是对外投资者和利益相关者了解企业整体财务状况的重要窗口。

三、企业合并的界定

企业合并是将两个或两个以上单独的企业（主体）合并形成一个报告主体的交易

或事项。从会计角度，交易是否构成企业合并，进而是否能够按照企业合并准则进行会计处理，主要应关注以下两个方面。

（一）被购买方是否构成业务

企业合并本质上是一种购买行为，但其不同于单项资产的购买，而是一组有内在联系、为了某一既定的生产经营目的存在的多项资产组合或是多项资产、负债构成的净资产的购买。企业合并的结果通常是一个企业取得了对一个或多个业务的控制权，即要形成会计意义上的“企业合并”，前提是被购买的资产或资产负债组合要形成“业务”。如果一个企业取得了对另一个或多个企业的控制权，而被购买方（或被合并方）并不构成业务，则该交易或事项不形成企业合并。

业务是指企业内部某些生产经营活动或资产负债的组合，该组合具有投入、加工处理过程和产出能力，能够独立计算其成本费用或所产生的收入。要构成业务不需要有关资产、负债的组合一定构成一个企业，或是具有某一具体法律形式。实务中，虽然也有企业只经营单一业务，但一般情况下企业的分公司、独立的生产车间、不具有独立法人资格的分部等也会构成业务。值得注意的是，有关的资产组合或资产、负债组合是否构成业务，不是看其在出售方手中如何经营，也不是看购买方在购入该部分资产或资产、负债组合后准备如何使用。为保持业务判断的客观性，对一组资产或资产、负债的组合是否构成业务，要看在正常的市场条件下，从一定的商业常识和行业惯例等出发，有关的资产或资产、负债的组合能否被作为具有内在关联度的生产经营目的整合起来使用。区分业务的购买——即构成企业合并的交易与不构成企业合并的资产或资产负债组合的购买，意义在于其会计处理存在实质上的差异。

1. 企业取得了不形成业务的一组资产或资产、负债的组合时，应识别并确认所取得的单独可辨认资产（包括符合《企业会计准则第 6 号——无形资产》中无形资产定义和确认标准的资产）及承担的负债，并将购买成本基于购买日所取得各项可辨认资产、负债的相对公允价值，在各单独可辨认资产和负债间进行分配，不按照企业合并准则进行处理。分配的结果是取得的有关资产、负债的初始入账价值有可能不同于购买时点的公允价值（但若资产的初始确认金额高于其公允价值，需考虑是否存在资产减值），资产或资产、负债打包购买中多付或少付的部分均需要分解到取得的资产、负债项目中，从而不会产生商誉或购买利得。在被购买资产构成业务，需要作为企业合并处理时购买日（合并日）的确定，合并中取得资产、负债的计量，合并差额的处理等均需要按照企业合并准则的有关规定进行处理。例如，在构成非同一控制下企业合并的情况下，合并中自被购买方取得的各项可辨认资产、负债应当按照其在购买日的公允价值计量，合并成本与取得的可辨认净资产公允价值份额的差额应当确认为单独的一项资产——商誉，或是在合并成本小于合并中取得可辨认净资产公允价值份额的情况下（廉价购买），将该差额确认计入当期损益。

2. 交易费用在购买资产交易中通常作为转让对价的一部分，并根据适用的准则资本化为所购买的资产成本的一部分；而在企业合并中，交易费用应被费用化。

3. 企业会计准则禁止对在以下交易所记录的资产和负债初始确认时产生的暂时性差异确认递延所得税：非业务合并，且既不影响会计利润也不影响应纳税所得额或可抵扣亏损。相应地，资产购买中因账面价值与税务基础不同形成的暂时性差异不应确认递延所得税资产或负债；而业务合并中购买的资产和承担的债务因账面价值与税务基础不同形成的暂时性差异应确认递延所得税影响。

（二）交易发生前后是否涉及对标的业务控制权的转移

从企业合并的定义看，是否形成企业合并，除要看取得的资产或资产、负债组合是否构成业务之外，还要看有关交易或事项发生前后，是否引起报告主体的变化。报告主体的变化产生于控制权的变化。在交易事项发生以后，投资方拥有对被投资方的权力，通过参与被投资方的相关活动享有可变回报，且有能力运用对被投资方的权力影响其回报金额的，投资方对被投资方具有控制，形成母子公司关系，则涉及控制权的转移，该交易或事项发生以后，子公司需要纳入母公司合并财务报表的范围中，从合并财务报告角度形成报告主体的变化；交易事项发生以后，一方能够控制另一方的全部净资产，被合并的企业在合并后失去其法人资格，也涉及控制权及报告主体的变化，形成企业合并。

假定在企业合并前 A、B 两个企业为各自独立的法律主体，且均构成业务，企业合并准则中所界定的企业合并，包括但不限于以下情形：

（1）企业 A 通过增发自身的普通股自企业 B 原股东处取得企业 B 的全部股权，该交易事项发生后，企业 B 仍持续经营。

（2）企业 A 支付对价取得企业 B 的全部净资产，该交易事项发生后，撤销企业 B 的法人资格。

（3）企业 A 以自身持有的资产作为出资投入企业 B，取得对企业 B 的控制权，该交易事项发生后，企业仍维持其独立法人资格继续经营。

四、企业合并的方式

企业合并按合并方式划分，包括控股合并、吸收合并和新设合并。

（一）控股合并

合并方（或购买方，下同）通过企业合并交易或事项取得对被合并方（或被购买方，下同）的控制权，企业合并后能够通过所取得的股权等主导被合并方的生产经营决策并自被合并方的生产经营活动中获益，被合并方在企业合并后仍维持其独立法人资格继续经营的，为控股合并。

在该类企业合并中，因合并方通过企业合并交易或事项取得了对被合并方的控制权，被合并方成为其子公司，在企业合并发生后，被合并方应当纳入合并方合并财务报表的编制范围，从合并财务报表角度，形成报告主体的变化。

（二）吸收合并

合并方在企业合并中取得被合并方的全部净资产，并将有关资产、负债并入合并方自身生产经营活动中。企业合并完成后，注销被合并方的法人资格，由合并方持有合并中取得的被合并方的资产、负债，在新的基础上继续经营，该类合并为吸收合并。

在吸收合并中，因被合并方（或被购买方）在合并发生以后被注销，从合并方（或购买方）的角度需要解决的问题时，其在合并日（或购买日）取得的被合并方有关资产、负债入账价值的确定，以及为了进行企业合并支付的对价与所取得被合并方资产、负债的入账价值之间差额的处理。

企业合并后期间，合并方应将合并中取得的资产、负债作为本企业的资产、负债核算。

（三）新设合并

参与合并的各方在企业合并后法人资格均被注销，重新注册成立一家新的企业，由新注册成立的企业持有参与合并各企业的资产、负债在新的基础上经营，为新设合并。在新设合并中，各参与合并企业投入新设企业的资产、负债价值以及相关构成新设企业的资本等，一般应按照有关法律法规及各参与合并方的合同、协议执行。

第二节　合并报表会计岗位的工作内容及注意事项

一、合并报表会计岗位的工作内容

合并报表会计岗位的工作内容繁多，包括编制集团公司及各子公司的合并财务报表；协调完成集团及各子公司的年度审计工作；对合并财务报表进行税收筹划和风险控制；建立和完善合并报表核算的相关制度和负责填报相关部门或机构有关报表等。

（一）编制集团公司及各子公司的合并财务报表

编制集团公司及各子公司的合并财务报表，这需要收集整理各个公司的财务数据，审核其准确性和一致性，对各个公司的财务数据进行调整和抵销，消除掉企业集团内部的交易和往来，按照会计准则和信息披露要求编制合并报表，并进行必要的分析和解释。例如，如果子公司 B 向子公司 C 销售了 100 万元的商品，那么在编制合并报表时，需要将子公司 B 的销售收入和子公司 C 的采购成本各减少 100 万元，同时将子公司 B 的应收账款和子公司 C 的应付账款各减少 100 万元，以反映出企业集团整体的情况。

（二）协调完成集团及各子公司的年度审计工作

协调完成集团及各子公司的年度审计工作，这需要配合外部审计机构或其他监管机构对合并报表进行审计、检查等相关工作，及时处理审计意见和建议，完善内部控制制度，提高财务信息质量。例如，如果外部审计机构发现某个子公司存在重大会计差错或违规行为，那么需要及时与该子公司沟通协调，纠正差错或违规行为，并对合并报表进行相应的调整和披露。

（三）对合并财务报表进行税收筹划和风险控制

对合并财务报表进行税收筹划和风险控制，这需要根据税法规定和税务局要求，合理安排企业集团内部的交易和往来，避免重复纳税或者产生不必要的税负，同时规避可能存在的税务风险。例如，如果某个子公司在境外设立了分支机构或者投资了其他企业，那么需要考虑该分支机构或者投资企业所在国家或地区的税法规定，避免因为跨境交易而产生双重征税或者被视为转移定价而被罚款。

（四）建立和完善合并报表核算的相关制度

建立和完善合并报表核算的相关制度、流程和标准，这需要根据会计准则、信息披露要求以及企业集团自身的特点和需求，制订合并报表编制的指导原则、操作流程、核算方法、信息系统等方面的规范文件，并对各子公司进行培训和指导，确保合并报表编制的有效性和效率。例如，如果企业集团新增了一个子公司或者发生了重大变化，那么需要及时更新合并范围、合并方法、合并比例等相关内容，并通知各子公司进行相应的调整。

（五）负责填报相关部门或机构有关报表

负责填报相关部门或机构有关报表，如统计局、商务委、税务局等，这需要根据相关部门或机构的要求，按时按质地填报合并报表或其他相关财务信息，并对其进行必要的说明和解释，以满足监管或统计的目的。例如，根据国家统计局的要求，每年需要填报年度企业集团财务报表，包括企业集团基本情况、资产负债情况、利润情况、现金流量情况等内容，并按照规定的时间和方式进行上报。

二、合并报表会计岗位的注意事项

合并报表会计岗位十分重要，该岗位需要注意了解国家财经政策和会计税务法规；做好合并范围的确定和调整；做好合并日或购买日的确定和调整；做好合并抵销和调整；做好少数股东权益和少数股东损益的处理；做好合并差异的分析及解释，做好合并报表的编制和披露。

（一）注意了解国家财经政策和会计税务法规

了解国家财经政策和会计税务法规，熟悉银行结算业务，熟悉财务报表处理，熟练操作财务软件和办公软件。这是合并报表会计岗位的基本要求，需要不断学习和更新相关的知识和技能，以适应合并报表编制的变化和发展。例如，需要了解国家对企业的监管政策和要求，如反垄断法、国有资产管理法等；需要了解企业会计准则和税法对合并报表的规定和影响，如合并范围、合并方法、商誉处理、税收筹划等；需要熟悉银行结算业务，如跨境汇款、外汇结算、资金调拨等；需要熟悉财务报表处理，如资产负债表、利润表、现金流量表、所有者权益变动表等的编制方法、项目内容、关联关系等；需要熟练操作财务软件和办公软件，如会计软件、Excel、Word 等，以提高合并报表编制的效率和质量。

（二）注意确定和调整合并范围

做好合并范围的确定和调整，识别控制关系，正确划分母公司和子公司。这是合并报表编制的第一步，也是最重要的一步，因为合并范围直接影响到合并报表的完整性和准确性。需要根据以控制为基础的原则，综合考虑所有相关事实和情况，判断是否存在控制关系，并根据控制关系确定母公司和子公司。例如，需要考虑投资方是否拥有对被投资方的权力、是否享有可变回报、是否有能力影响回报金额等因素，并根据投资方持有的表决权比例、协议安排、实际行使权力等证据进行判断。如果发生了影响控制关系的事件或交易，如增持或减持股份、出售或购买子公司等，需要及时调整合并范围，并按照会计准则进行相应的处理。

（三）注意做好合并日或购买日的确定和调整

做好合并日或购买日的确定和调整，正确采用购买日公允价值法或变动法，正确计算商誉或负商誉。这是合并报表编制的第二步，也是比较复杂的一步，因为涉及对被合并方各项可辨认资产、负债及或有负债的确认和计量。需要根据企业合并是同一控制下还是非同一控制下进行区分，并根据不同情况确定合并日或购买日。例如，在同一控制下的企业合并中，合并日是指合并方实际取得对被合并方控制权的日期，在非同一控制下的企业合并中，购买日是指购买方实际取得对被购买方控制权的日期。在同一控制下的企业合并中，应当采用变动法对被合并方各项资产和负债进行计量，在非同一控制下的企业合并中，应当采用购买日公允价值法对被购买方各项可辨认资产、负债及或有负债进行确认和计量。在非同一控制下的企业合并中，还需要根据购买方支付的对价与取得的被购买方可辨认净资产公允价值份额之间的差额，计算商誉或负商誉，并进行相应的处理。

（四）注意做好合并抵销和调整

做好合并抵销和调整，消除内部投资、内部债权债务、内部交易等影响，正确处理未实现利润或损失。这是合并报表编制的第三步，也是比较烦琐的一步，因为涉及对各个公司之间存在的关联关系进行抵销和调整。需要根据会计准则和信息披露要求，对母公司与子公司之间以及子公司与子公司之间存在的内部投资、内部债权债务、内部交易等进行抵销，并对因此产生的未实现利润或损失进行调整。例如，在编制合并资产负债表时，需要将母公司与子公司之间以及子公司与子公司之间存在的应收账款与应付账款相互抵销，并将因此产生的未实现利润或损失从相关项目中扣除；在编制合并利润表时，需要将母公司与子公司之间以及子公司与子公司之间存在的销售收入与采购成本相互抵销，并将因此产生的未实现利润或损失从相关项目中扣除。

（五）注意做好少数股东权益和少数股东损益的处理

做好少数股东权益和少数股东损益的处理，按照持股比例分配。这是合并报表编制的第四步，也是比较重要的一步，因为涉及对少数股东在企业集团中所占有的权益和利益进行反映。少数股东是指在某个子公司中持有股份但不具有控制权或共同控制权的股东。需要根据会计准则和信息披露要求，在编制合并报表时，在各个项目中分别列示少数股东权益和少数股东损益，并按照少数股东在各个子公司中所占有股份比例进行分配。例如，在编制合并资产负债表时，在所有者权益项目中单独列示少数股东权益，并按照少数股东在各个子公司中所占有股份比例分配各个子公司所有者权益变动后余额；在编制合并利润表时，在利润总额项目中单独列示少数股东损益，并按照少数股东在各个子公司中所占有股份比例分配各个子公司当期净利润。

（六）注意做好合并差异的分析和解释

做好合并差异的分析和解释，及时发现和纠正错误。这是合并报表编制的第五步，也是比较必要的一步，因为涉及对合并报表与各个公司单独财务报表之间存在差异进行分析和解释，并及时发现和纠正可能存在错误或遗漏。需要根据会计准则和信息披露要求，在编制完毕后对各个项目进行核对和比较，并对由于企业集团内部交易抵销、商誉确认、未实现利润或损失调整等原因导致差异进行分析和解释，并在附注中进行分析和解释。

（七）注意做好合并报表的编制和披露

做好合并报表的编制和披露，按照企业会计准则和信息披露要求编制完整、准确、规范的合并财务报表。这是合并报表编制的最后一步，也是最关键的一步，因为涉及对外部用户提供企业集团的财务信息，以反映其财务状况、经营成果和现金流量。需要根据会计准则和信息披露要求，编制合并资产负债表、合并利润表、合并现金流量表、合并所有者权益变动表和附注，并对其中的重要项目进行必要的说明和分析，并按照规定的时间和方式进行披露。例如，在编制合并资产负债表时，需要对商誉、少数股东权益等项目进行说明；在编制合并利润表时，需要对营业收入、营业成本、营业利润等项目进行分析；在编制合并现金流量表时，需要对经营活动、投资活动、筹资活动等项目进行分类；在编制合并所有者权益变动表时，需要对股本、资本公积、盈余公积等项目进行明细；在编制附注时，需要对企业集团的基本情况、会计政策和估计、重要会计事项和业务等进行详细的披露。

第三节 合并报表会计岗位的职责和权限

一、合并报表会计岗位的职责

1. 负责编制集团公司及各子公司的合并财务报表，按照企业会计准则和信息披露要求，及时、准确、完整地反映集团公司的财务状况、经营成果和现金流量。

2. 负责对合并财务报表进行分析和解释，提供管理决策所需的信息，评估集团公司的经营效益、财务风险和发展前景。

3. 负责协调完成集团及各子公司的年度审计工作，配合外部机构的审计、检查等相关工作，及时处理审计意见和建议。

4. 负责对合并财务报表进行税收筹划和风险控制，合理避税和规避风险，优化集团公司的税负水平。

5. 负责建立和完善合并报表核算的相关制度、流程和标准，监督和指导各子公司的财务核算工作，确保数据的一致性和准确性。

6. 负责收集整理所属公司财务报表，审核各子公司提交的报表数据，及时发现和纠正错误。

7. 负责填报相关部门或机构有关报表，如统计局、商务委、税务局等。

二、合并报表会计岗位的权限

（一）有权获取集团公司及各子公司的各类相关资料

有权获取集团公司及各子公司的财务数据、账簿、凭证等相关资料。这是合并报表会计岗位的基本权限，也是合并报表编制的数据来源。需要根据合并报表编制的时间和要求，向集团公司及各子公司索取其财务数据、账簿、凭证等相关资料，并对其进行整理和归档，以便于进行审核、调整和抵销。例如，需要获取各子公司的资产负债表、利润表、现金流量表、所有者权益变动表和附注等财务报表，以及与合并报表相关的账簿、凭证等，如投资账簿、应收账款凭证、销售收入凭证等。

（二）有权对各子公司提交的财务数据进行审核调整和抵销

有权对各子公司提交的财务数据进行审核、调整和抵销。这是合并报表会计岗位的核心权限，也是合并报表编制的主要工作。需要根据会计准则和信息披露要求，对各子公司提交的财务数据进行审核、调整和抵销，并对其进行必要的说明和分析。例如，需要对各子公司的财务数据进行核对和分析，检查其是否符合会计准则、信息披露要求和合并报表编制的相关制度、流程和标准，发现并纠正其中的错误或差异，如计算错误、分类错误、披露错误、核算方法不一致等；需要对各子公司之间存在的内部投资、内部债权债务、内部交易等进行抵销，并对因此产生的未实现利润或损失进行调整。

（三）有权对合并财务报表进行分析评价和解释

有权对合并财务报表进行分析、评价和解释。这是合并报表会计岗位的重要权限，也是合并报表编制的后续工作。需要根据会计准则和信息披露要求，对合并财务报表进行分析、评价和解释，并对其进行必要的说明和分析。例如，需要对合并资产负债表中的资产结构、负债结构、资产负债率等指标进行分析；需要对合并利润表中的营业收入、营业成本、营业利润等指标进行评价；需要对合并现金流量表中的经营活动现金流量、投资活动现金流量、筹资活动现金流量等指标进行解释；需要对合并所有者权益变动表中的股本变动、盈余公积变动、未分配利润变动等指标进行说明。

（四）有权提出合并财务报表编制的各类方案

有权提出合并财务报表编制方案、税收筹划方案和风险控制方案。这是合并报表会计岗位的创新权限，也是合并报表编制的优化工作。需要根据企业集团的特点和需求，提出合并财务报表编制方案、税收筹划方案和风险控制方案，并对其进行必要的论证和评估。例如，需要提出合并范围的确定和调整方案，如增持或减持股份、出售或购买子公司等；需要提出税收筹划方案，如安排企业集团内部的交易和往来，避免重复纳税或者产生不必要的税负；需要提出风险控制方案，如规避可能存在的税务风险、汇率风险、法律风险等。

（五）有权参与制定和完善合并报表核算的相关制度

有权参与制定和完善合并报表核算的相关制度、流程和标准。这是合并报表会计岗位的建设权限，也是合并报表编制的保障工作。需要根据会计准则、信息披露要求以及企业集团自身的特点和需求，参与制订和完善合并报表核算的相关制度、流程和标准，并对其进行必要的修订和更新。例如，需要参与制订和完善合并报表编制的指导原则、操作流程、核算方法、信息系统等方面的规范文件，并对其进行定期的检查和评价，以确保合并报表编制的有效性和效率。

（六）有权向上级领导汇报合并财务报表情况

有权向上级领导汇报合并财务报表情况，并提出改进意见和建议。这是合并报表会计岗位的沟通权限，也是合并报表编制的反馈工作。需要根据上级领导的要求，及时向其汇报合并财务报表情况，并提出改进意见和建议，并对其进行必要的解释和说明。例如，需要向上级领导汇报合并财务报表中的重要项目、指标、变化等情况，并提出改进意见和建议，如优化合并范围、调整合并方法、完善合并差异分析等，并对其进行必要的解释和说明，以便于上级领导对企业集团的财务状况、经营成果和现金流量有一个全面、准确、规范的了解。

第四节 合并报表会计岗位的实务

一、企业合并业务的判断

业务是指企业内部某些生产经营活动或资产负债的组合，该组合具有投入、加工处理过程和产出能力，能够独立计算其成本费用或所产生的收入等，目的在于为投资者提供股利、降低成本或带来其他经济利益。有关资产或资产、负债的组合具备了投入和加工处理过程两个要素即可认为构成一项业务。对于取得的资产、负债组合是否构成业务，应当由企业结合实际情况进行判断。

(一) 构成业务的要素

根据企业合并准则的规定，涉及构成业务的合并应当比照企业合并准则规定处理。合并方在合并中取得的生产经营活动或资产的组合（以下简称组合）构成业务，通常应具有下列三个要素。

1. 投入，指原材料、人工、必要的生产技术等无形资产以及构成产出能力的机器设备等其他长期资产的投入。

2. 加工处理过程，指具有一定的管理能力、运营过程，能够组织投入形成产出能力的系统、标准、协议、惯例或规则。

3. 产出，包括为客户提供的产品或服务、为投资者或债权人提供的股利或利息等投资收益，以及企业日常活动产生的其他的收益。

(二) 构成业务的判断条件

合并方在合并中取得的组合应当至少同时具有一项投入和一项实质性加工处理过程，且两者相结合对产出能力有显著贡献，该组合才构成业务。合并方在合并中取得的组合是否有实际产出并不是判断其构成业务的必要条件。企业应当考虑产出的下列情况分别判断加工处理过程是否是实质性的。

1. 该组合在合并日无产出的，同时满足下列条件的加工处理过程应判断为是实质性的：第一，该加工处理过程对投入转化为产出至关重要。第二，具备执行该过程所需技能、知识或经验的有组织的员工，且具备必要的材料、权利、其他经济资源等投入，如技术、研究和开发项目、房地产或矿区权益等。

2. 该组合在合并日有产出的，满足下列条件之一的加工处理过程应判断为是实质性的：第一，该加工处理过程对持续产出至关重要，且具备执行该过程所需技能、知识或经验的有组织的员工。第二，该加工处理过程对产出能力有显著贡献，且该过程是独有、稀缺或难以取代的。

企业在判断组合是否构成业务时，应当从市场参与者角度考虑可以将其作为业务进行管理和经营，而不是根据合并方的管理意图或被合并方的经营历史来判断。

(三) 判断非同一控制下企业合并中取得的组合是否构成业务，也可选择采用集中度测试

集中度测试是非同一控制下企业合并的购买方在判断取得的组合是否构成一项业

务时，可以选择采用的一种简化判断方式。在进行集中度测试时，如果购买方取得的总资产的公允价值几乎相当于其中某一单独可辨认资产或一组类似可辨认资产的公允价值的，则该组合通过集中度测试，应判断为不构成业务，且购买方无须按照上述构成业务的判断条件进行判断；如果该组合未通过集中度测试，购买方仍应按照上述构成业务的判断条件的规定进行判断。购买方应当按照下列规定进行集中度测试：

1. 计算确定取得的总资产的公允价值。取得的总资产不包括现金及现金等价物、递延所得税资产以及由递延所得税负债影响形成的商誉。购买方通常可以通过下列公式计算确定取得的总资产的公允价值：

总资产的公允价值＝合并中取得的非现金资产的公允价值＋（购买方支付的对价＋购买日被购买方少数股东权益的公允价值＋购买日前持有被购买方权益的公允价值－合并中所取得的被购买方可辨认净资产的公允价值）－递延所得税资产－由递延所得税负债影响形成的商誉

总资产的公允价值＝购买方支付的对价＋购买日被购买方少数股东权益的公允价值＋购买日前持有被购买方权益的公允价值＋取得负债的公允价值：（不包括递延所得税负债）－取得的现金及现金等价物－递延所得税资产－由递延所得税负债影响形成的商誉

2. 关于单独可辨认资产。单独可辨认资产是企业合并中作为一项单独可辨认资产予以确认和计量的一项资产或资产组。如果资产（包括租赁资产）及其附着物分拆成本重大，则应当将其一并作为一项单独可辨认资产，如土地和建筑物。

3. 关于一组类似资产。企业在评估一组类似资产时，应当考虑其中每项单独可辨认资产的性质及其与管理产出相关的风险等。下列情形通常不能作为一组类似资产：一是有形资产和无形资产；二是不同类别的有形资产，如存货和机器设备；三是不同类别的可辨认无形资产，如商标权和特许权；四是金融资产和非金融资产；五是不同类别的金融资产，如应收款项和权益工具投资；六是同一类别但风险特征存在重大差别的可辨认资产等。

二、合并范围的确定

（一）以“控制”为基础，确定合并范围

合并财务报表的合并范围应当以控制为基础予以确定。控制，是指投资方拥有对被投资方的权力，通过参与被投资方的相关活动而享有可变回报，并且有能力运用对被投资方的权力影响其回报金额。当投资方因参与被投资方的相关活动而享有可变回报，且有能力运用对被投资方的权力来影响上述回报时，投资方即控制被投资方。

因此，投资方要实现控制，必须具备以下基本要素，一是因涉入被投资方而享有可变回报；二是拥有对被投资方的权力，并且有能力运用对被投资方的权力影响其回报金额。投资方只有同时具备上述两个要素时，才能控制被投资方。

实际工作中，投资方在判断其能否控制被投资方时，应综合考虑所有相关事实和情况，以判断是否同时满足控制的这两个要素。相关事实和情况主要包括：被投资方的设立目的和设计；被投资方的相关活动以及如何对相关活动作出决策；投资方享有的权利是否使其目前有能力主导被投资方的相关活动；投资方是否通过参与被投资方的相关活动而享有可变回报；投资方是否有能力运用对被投资方的权力影响其回报金额；投资方与其他方的关系。其中，对被投资方的设立目的和设计的分析，贯穿于判断控制的始终，也是分析上述其他事实和情况的基础。如果事实和情况表明上述控制要素中的一个或多个发生变化，则投资方应当重新判断其还能否控制被投资方。

投资方在判断能否控制被投资方时，具体判断如下。

1. 被投资方的设立目的和设计。

当判断对被投资方的控制时，投资方应考虑被投资方的设立目的及设计，以明确哪些是相关活动、相关活动的决策机制、谁拥有现时能力主导这些活动，以及谁从这些活动中获得可变回报。

了解被投资方的设立目的和设计有助于了解每个投资方的目的，即，投资方为何参与被投资方的相关活动，参与了哪些活动。因此，在识别哪个投资方控制被投资方时，了解被投资方的设立目的和设计非常关键。被投资方的设立目的和设计在控制判断的很多环节都需要考虑。具体来说，了解被投资方的设立目的和设计有助于确定以下方面：①被投资方存在哪些风险？投资方参与被投资方相关活动可能产生哪些风险？②相关活动是指哪些活动？③被投资方相关活动的决策机制是怎样的？④哪个投资方有能力主导被投资方的相关活动？⑤哪些投资方能够通过参与被投资方相关活动而享有其可变回报？⑥被投资方相关活动如何影响投资方的回报？⑦如果投资方拥有对被投资方的权力、享有其可变回报，那么它是否有能力运用其对被投资方的权力影响其回报金额？

如果对被投资方的控制是通过持有被投资方权益工具而获得一定比例表决权或是潜在表决权的方式来实现，在不存在其他改变决策机制的安排时，控制的判断主要着重于判断哪一方能够通过行使表决权来决定被投资方的财务和经营政策。例如，在最简单的情况下，在不存在其他因素时，通常持有半数以上表决权的投资方控制被投资方，但是如果章程或者其他协议有某些特殊约定。例如，被投资方相关活动的决策需要 2/3 以上表决权比例通过，在这种情况下，拥有半数以上表决权并不意味着必然能够对被投资方实施控制。

如果在被投资方的设计中，表决权不是判断能否控制被投资方的决定性因素，其仅与被投资方的日常行政管理活动有关，而被投资方的相关活动可能是由其他合同安排规定的，则在这种情况下，投资方在考虑被投资方的设立目的和设计时，还应考虑被投资方的设立带来了哪些风险和收益；被投资方将哪些风险和收益转移给了参与其活动的各方；投资方是否面临这些风险和收益。所考虑的风险不仅包括下行风险，也包括可能的上行收益。

【例 12－1】 A 企业为有限合伙企业，经营期限为 3 年。A 企业将其资金全部用于对非关联方 B 公司的一家全资子公司 C 公司增资，增资完成后，A 企业持有 C 公司 60%的股权及表决权，B 公司持有 C 公司 40%的股权及表决权。根据协议，B 公司将在 3 年后以固定价格回购 A 企业持有的 C 公司股权。C 公司是专门建造一个大型资产并用于租赁的项目公司，其建造期为 5 年，A 企业增资时，C 公司的资产已经建造了 2 年。

本例中，被投资方的业务活动是用 5 年的时间建造一个大型资产，之后以租金的方式取得回报。当 A 企业增资时，C 公司的资产建造已经开始，很可能许多与建造事项有关的重要事项的决策已完成，当 A 企业的经营期限结束并将持有的 C 公司股份以固定价格出售给 B 公司时，C 公司刚刚完成建造活动，尚未开始产生回报。在这种情况下，A 企业并不能主导 C 公司的相关活动，而且 A 企业也无法通过参与 C 公司活动取得可变回报，A 企业是通过 B 公司回购股权来收回其投资成本并取得收益的。因此，即使 A 企业拥有半数以上的表决权，也不能控制被投资方 C 公司。

2. 判断通过涉入被投资方的活动享有的是否为可变回报。

（1）可变回报的定义。

享有控制权的投资方，通过参与被投资方相关活动，享有的是可变回报。可变回报，是不固定且可能随着被投资方业绩而变化的回报，可以仅是正回报，仅是负回报，或者同时包括正回报和负回报。

（2）可变回报的形式。

投资方在评价其享有被投资方的回报是否可变以及可变的程度时，需要基于合同安排的实质，而不是法律形式。例如，投资方持有固定利息的债券投资时，由于债券存在违约风险，投资方需要承担被投资方不履约而产生的信用风险，因此，投资方享有的固定利息回报也可能是一种可变回报。又如，投资方管理被投资方资产而获得的固定管理费也是一种变动回报，因为投资方是否能获得此回报依赖于被投资方能否获得足够的收益以支付该固定管理费。

可变回报的形式主要包括：

①股利、被投资方经济利益的其他分配（例如，被投资方发行的债务工具产生的利息）、投资方对被投资方的投资的价值变动。从被投资方获取股利是投资方的可变回报的通常表现形式。但是，在某些情况下，受限于法律法规的相关规定，投资方无法

通过分配被投资方利润或结余的形式获得回报，例如，当被投资方的法律形式为信托机构时，其盈利可能不是以股利形式分配给投资者。在这种情况下，需要根据具体情况，以投资方的投资目的为出发点，综合分析投资方是否获得除股利以外的其他可变回报，即，被投资方不能进行利润分配并不必然代表投资方不能获取可变回报。

②因向被投资方的资产或负债提供服务而得到的报酬、因提供信用支持或流动性支持收取的费用或承担的损失、被投资方清算时在其剩余净资产中所享有的权益、税务利益、因参与被投资方而获得的未来流动性。

③其他利益持有方无法得到的回报。例如，投资方将自身资产与被投资方的资产整合以实现规模经济，达到节约成本的目的；投资方通过涉入被投资方，从而保证稀缺资源的供应、获得专有技术或者限制被投资方某些运营或资产，从而达到提高投资方其他资产价值的目的。

此外，尽管只有一个投资方能够控制被投资方，但可能存在多个投资方分享被投资方的回报。例如，少数股东权益的持有者可以分享被投资方的利润。

3. 判断投资方是否对被投资方拥有权力，并能够运用此权力影响回报金额。

（1）权力的定义。

控制的另一个要素是权力。当投资方能够主导被投资方的相关活动时，称投资方对被投资方享有“权力”。在判断投资方是否对被投资方拥有权力时，应注意以下几点：①权力只表明投资方主导被投资方相关活动的现时能力，并不要求投资方实际行使其权力。即，如果投资方拥有主导被投资方相关活动的现时能力，即使这种能力尚未被实际行使，也视为该投资方拥有对被投资方的权力。②权力是一种实质性权利，而不是保护性权利。③权力是为自己行使的，而不是代其他方行使。④权力通常表现为表决权，但有时也可能表现为其他合同安排。

（2）相关活动。

①识别相关活动。从上述权力的定义中可以看出，要判断投资方是否拥有对被投资方的权力，首先需要识别被投资方的相关活动。相关活动是指对被投资方的回报产生重大影响的活动。可见，当判断相关活动时，应关注的是那些对被投资方的回报具有重大影响的活动，而不是对被投资方回报影响甚微或没有影响的行政活动。

对许多企业而言，经营和财务活动通常对其回报产生重大影响。但是，不同企业的相关活动可能是不同的，应当根据企业的行业特征、业务特点、发展阶段、市场环境等具体情况来进行判断，这些活动可能包括但不限于：商品或劳务的销售和购买；金融资产的管理；资产的购买和处置；研究与开发活动；确定资本结构和获取融资。

同一企业在不同环境和情况下，相关活动也可能有所不同。

【例 12－2】A 资产管理公司设立一家投资公司 B，A 公司占 B 公司 30% 的股权，剩余 70% 股权由与 A 公司无关联关系的公众投资者持有，这些投资者的持股比例十分分散。此外，B公司还向其他公众投资者发行一项债务工具。B公司使用发行债务工具和权益工具所筹集的资金进行金融资产组合投资（均投资于债务工具），B公司可能会面临与该金融资产组合投资相关的因债务人不履约而导致投资本金和利息不能收回的信用风险。在所持金融资产组合投资出现违约事项时，首先由B公司的权益工具持有人承担由违约事项带来的损失，如果违约事项带来的损失超过权益工具金额之后，则剩余损失由债务工具持有人承担。在违约事项带来的损失超过权益工具金额之前，A公司管理B公司的投资组合，当违约事项带来的损失超过权益工具金额之后，由债务工具持有人指定的其他方开始管理B公司的投资资产。

本例说明，企业在不同环境和情况下的相关活动可能不同。在未发生违约事项或违约事项带来的损失小于权益工具金额时，B公司的相关活动是管理金融资产投资组合，而在违约事项带来的损失超过权益工具的金额后，B公司的相关活动转变为管理存在违约事项的资产及剩余金融资产投资。

②分析相关活动的决策机制。在大多数情况下，当投资方通过持有表决权或类似权利主导被投资方时，其权力往往是通过统驭被投资方的战略性经营和财务政策而获得的，但对于并非由表决权或类似权利主导的被投资方，以及当多个利益方对被投资方的不同活动同时拥有决策权时，识别相关活动尤其重要。判断被投资方的相关活动后，了解谁拥有对被投资方的权力的下一个重要步骤是分析此类活动的决策机制。就相关活动作出的决策包括但不限于：第一，对被投资方的经营、融资等活动作出决策，包括编制预算；第二，任命被投资方的关键管理人员或服务提供商，并决定其报酬，以及终止该关键管理人员的劳务关系或终止与服务提供商的业务关系。投资方在分析相关活动的决策机制时，应当重点关注被投资方设立的目的和设计以及如何作出有关下列活动的决策。例如，变更战略方向，包括收购和处置子公司；购买或处置主要资本性资产；委任董事及其他关键管理人员并确定其酬劳；批准年度计划、预算和股利政策。

另外，清晰了解被投资方的治理结构对识别相关活动的决策方式至关重要。在实务中，相关的监管要求和股东间的协议不同，企业的治理结构也可能各不相同。在某些情况下，相关活动一般由企业章程及协议中约定的权力机构（例如，股东会、董事会）来决策。在特殊情况下，相关活动的决策也可能基于合同协议约定等原因由其他机构来主导，如专门设置的管理委员会等。有限合伙企业的相关活动可能由合伙人大会决策，也可能由普通合伙人或者投资管理公司等机构或人员决策。

③两个或两个以上投资方能够分别单方面主导被投资方的不同相关活动时，如何判断哪方拥有权力。被投资方的相关活动通常有多个，并且可能不是同时进行。当两个或两个以上投资方能够分别单方面主导被投资方的不同相关活动时，能够主导对被投资方回报产生最重大影响活动的一方拥有对被投资方的权力。在具体判断哪个投资

方对被投资方拥有权力时，投资方通常需要考虑的因素包括：第一，被投资方的设立目的；第二，影响被投资方利润率、收入和企业价值的决定因素；第三，各投资方拥有的与上述决定因素相关的决策职权的范围，以及这些职权分别对被投资方回报的影响程度；第四，投资方对于可变回报的风险敞口的大小。

【例12-3】 A公司和B公司共同投资C公司，C公司的主营业务活动为药品研发和销售。根据C公司章程和合资协议的约定，在所研发药品获得相关监管部门的生产批准前，A公司可以单方面主导C公司药品研发活动，而在获得相关监管部门的生产批准后，则由B公司单方面主导该药品的生产和营销决策。

在本例中，C公司的研发、生产和营销活动均是会对C公司的回报产生重大影响的活动。投资方除需要结合上述四点进行综合分析以外，还需要考虑以下具体因素：获得监管部门批准的不确定性和难易程度、考虑投资方成功开发药品并获取生产批准的历史记录、产品定位、目前药品所处的开发阶段、预测所需开发时间、同类药品开发的难易程度、取得同类药品营销渠道的难易程度、开发完成后哪一方投资者可实际控制该药品相关的经营活动（如取得同类药品营销渠道和实现销售业绩的难易程度）等。

当药品研发属于最相关活动时，能够主导研发的投资方A公司拥有对被投资方的权力；当药品生产和销售属于最相关活动时，能够主导产品生产和销售的投资方B公司拥有对被投资方的权力。

（3）“权力”是一种实质性权利。

权力源于权利。但是，这并不意味着在判断权力时需要考虑投资方及其他方对被投资方的所有权利。在判断投资方是否拥有对被投资方的权力时，应区分投资方及其他方享有的权利是实质性权利还是保护性权利，仅实质性权利才应当被加以考虑。

①实质性权利。实质性权利是指持有人在对相关活动进行决策时，有实际能力行使的可执行权利。“有实际能力行使”，意味着对于投资方拥有的实质性权利，即便投资方并未实际行使，也应在判断投资方是否对被投资方拥有权力时予以考虑。为了使一项权利成为实质性权利，在作出可主导被投资方相关活动的决策时，该项权利应当是可行使的。在通常情况下，实质性权利应当是当前可执行的权利，但在某些情况下，目前不可行使的权利也可能是实质性权利，如某些潜在表决权。

【例12-4】 投资方持有一份将于25天后结算的远期股权购买合同，该合同结算后，投资方能够持有投资方的多数表决权股份；30天后才能召开的特别股东大会是能够对相关活动进行决策的最早决策日；除此之外，其他投资方不能对被投资方相关活动的现行政策作出任何改变。

在本例中，虽然投资方持有的25天后才能结算的远期股权购买合同不是当前可执行的权利，但是由于最早可能召开的股东大会必须在30天之后，晚于此远期合同的可行权日（25天后），在投资方执行远期合同之前的时间段内，也没有其他任何一方可以改变与被投资方相关活动有关的决策，所以该权利虽然当前不可执行，但仍然为一项实质性权利，使该投资方当前有能力主导被投资方的相关活动。

判断一项权利是否为实质性权利，应当综合考虑所有相关因素。相关因素包括但不限于以下各项：

第一，权利持有人行使权利是否存在经济或其他方面的障碍。例如，财务处罚或奖励阻止权利持有人行使该权利；行权价或转换价格产生了财务障碍导致权利持有人不行使权利；合同条款或条件的限定导致该等权利不太可能被行使（例如，对于权利行使的时间有严格限制条件）；在设立被投资方的文件或相关法律法规中缺乏明确合理的机制让权利持有人行使其权利；权利持有人不能获得可以行使权利的必要信息；运营方面的障碍或诱因阻止权利持有人行使权利（例如，没有其他管理者愿意或能够取代现有的管理者向被投资方提供专业服务，或提供专业服务并承担现有管理者持有的权益）；法律法规的限制导致权利持有人无法行使权利（例如，外国投资者被禁止行使其权利）。

第二，当权利由多方持有或者行权需要多方同意时，是否存在实际可行的机制使得这些权利持有人在其愿意的情况下能够一致行使权利。缺乏这种机制可能表明权利是非实质性的。需要一致行使权利的投资方越多，权利是实质性权利的可能性越小。然而，独立于决策者的董事会可以作为一个众多投资方一致行使权力的机制。因此，相较于众多投资方单独持有的罢免权，独立的董事会持有的同样的罢免权更有可能是实质性权利。

第三，权利持有人能否从行使权利中获利。例如，潜在表决权持有人应考虑行权价格或转换价格。当投资方能在行权或转换中因价格或其他原因获利时（例如，实现投资方和被投资方的协同效应），潜在表决权的条款和条件就更有可能是实质性的。

有时候，被投资方的其他投资方也可能拥有实质性权利，从而使投资方不能控制被投资方。其他方拥有的实质性权利不一定是待决策事项的提议权，可能仅是一些批准或否定议案的权利，只要这些权利不仅仅是保护性权利，则其他方拥有的这些实质性权利可能会使得投资方不能控制被投资方。

②保护性权利。保护性权利旨在保护持有这些权利的当事方的权益，而不赋予当事方对这些权利所涉及的主体的权力。仅持有保护性权利的投资方不能对被投资方实施控制，也不能阻止其他方对被投资方实施控制。例如，贷款方限制借款方进行会对借款方信用风险产生不利影响从而损害贷款方利益的活动的权利；少数股东批准超过正常经营范围的资本性支出或发行权益工具、债务工具的权利；贷款方在借款方发生违约行为时扣押其资产的权利。上述各项均属于保护性权利的例子。

保护性权利通常仅适用于被投资方的活动发生根本性改变或某些特殊例外的情况，

但并非所有在例外情况下行使的权利或在不确定事项发生时才行使的权利都是保护性权利。例如，当被投资方的活动和回报已被预先设定，只有在发生某些特定事项时才需要进行决策，且这些决策对被投资方的回报产生重大影响，则该等事项引发的活动属于相关活动，对这些相关活动行使的权利就不是保护性权利。对于有权主导这些相关活动的投资者，在判断其对被投资方是否拥有权力时，不需要考虑这些特定事项是否已经发生。

当被投资方为被特许人时，特许经营协议经常给予特许人保护特许品牌的权利，也通常会赋予特许人某些与被特许人经营相关的决策权。在对被投资方进行分析时，需要区分两种权利：一是目前有能力作出对被特许人回报产生重大影响的决策的权利；二是有能力作出保护特许品牌的决策的权利，两种权利并不完全相同。一般而言，通过签订特许经营协议，被特许人依据特许经营协议的条款能够自行决定其业务的运营；特许人的权利并不限制其他方有能力作出对被特许人回报有重大影响的决策，也不必然导致特许人目前有能力主导对被特许人的相关活动。被特许人的法律形式和资本结构等基本决策可能由特许人之外的其他方来决定，并且这些决策可能会对被特许人的回报产生重大影响。当其他方享有现时权利使其目前有能力主导被特许人的相关活动时，特许人不拥有对被特许人的权力。特许人提供的财务支持越少，特许人面临的被特许人的回报的变动性越小，特许人就越有可能只拥有保护性权利。

（4）权力的持有人应为主要责任人。

权力是能够“主导”被投资方相关活动的现时能力，可见，权力是为自己行使的（行使人为主要责任人），而不是代其他方行使权力（行使人为代理人）。

代理人代表其他方（主要责任人）行动并服务于该其他方的利益。主要责任人可能将其对被投资方的某些或全部决策权授予代理人，但代理人代表主要责任人行使此类权力时，代理人并不对被投资方拥有控制。在评估控制时，代理人的决策权应被视为由主要责任人直接持有，权力属于主要责任人，而非代理人。

当存在多个主要责任人时，每个主要责任人需要评估其是否拥有对被投资方的权力。决策者不会仅仅因为其他方能从其决策中获益而成为代理人。决策者在确定其是否为代理人时，应总体考虑自身、被投资方以及其他方之间的关系，尤其需要考虑以下四项因素。除非某一方拥有罢免该决策者的实质性权利，且能够实现无理由罢免，否则应当全面分析评价以下四项因素的影响。根据具体情况，以下四项因素的相对重要性程度可能存在差异。

①决策者对被投资方的决策权范围。在评估决策权范围时，应考虑相关协议或法规允许决策者决策的活动，以及决策者对这些活动进行决策时的自主程度。与该评估相关的因素包括但不限于：被投资方的设立目的与设计、被投资方所面临的风险及转移到其他投资方的风险、决策者在设计被投资方过程中的参与程度。例如，如果决策

者在被投资方设计过程中的参与度较深（包括确定决策权范围），则可能表明决策者有机会及动机获得权利使其有能力主导相关活动，但该情况本身并不足以认定决策者必然能够主导相关活动。主导相关活动的决策权范围越广，越能表明决策者（如资产管理人）拥有权力，但并不意味着该决策者一定是主要责任人。

②其他方享有的实质性权利。其他方享有的实质性权利可能会影响决策者主导被投资方相关活动的能力。其他方持有实质性罢免权或其他权利可能显示决策者是代理人。

当存在单独一方拥有实质性罢免权并能无理由地罢免决策者时，单凭这一点就足以表明决策者是代理人。如果存在多于一方拥有这样的权利（且不存在单独一方能不经其他方同意即可罢免决策者的情况），那么这些权利本身不足以得出决策者是主要代表其他方且为了其他方利益进行决策的结论。在罢免决策者时需要联合一致行使罢免权的各方的数量越多，决策者的其他经济利益（即薪酬和其他利益）的量级和可变动性越大，则其他方所持有的权利在评价决策者是否是代理人时的权重就越小。

在判断决策者是否是代理人时，应考虑其他方所拥有的限制决策者自由决策的实质性权利，这与考虑罢免权的方法相似。例如，如果决策者在进行决策时仅需要取得数量较少的其他方许可，则基本上可以判断该决策者是代理人。

在考虑其他方持有的权利时，应评估被投资方董事会（或其他权力机构）可行使的权利及其对决策权的影响。

③决策者的薪酬水平。相对于被投资方活动的预期回报，决策者享有的薪酬的量级和可变动性越大，决策者越可能是主要责任人。就薪酬而言，在确定决策者是主要责任人还是代理人时，应考虑是否存在以下情况：

第一，决策者的薪酬与其所提供的服务相称。

第二，薪酬协议仅包括在公平交易基础上针对类似服务和技能水平商定的安排中常见的条款、条件或金额。

如果不同时满足上述条件，则决策者必然不是代理人。但仅满足上述这些条件并不足以表明决策者是代理人，还需要结合决策者的决策权范围、其他方享有的实质性权利、决策者因持有其他权益而承担的可变回报风险等因素进行进一步分析。

④决策者因持有被投资方的其他权益而承担可变回报的风险。对于在被投资方持有其他权益（如对被投资方进行投资或提供被投资方业绩担保）的决策者，在评估其是否为代理人时，应考虑决策者因该权益所面临的可变回报的风险。持有被投资方其他权益表明该决策者可能是主要责任人。在评估由于在被投资方的其他利益而面临的可变回报风险时，决策者应考虑以下因素：

第一，决策者享有的经济利益的量级和可变动性。将决策者的薪酬和其他利益结合在一起的总体经济利益的量级和可变动性越大，该决策者越有可能是主要责任人。

第二，决策者面临的可变回报风险是否与其他投资方不同，如果不同，则这些不同是否会影响其行为。例如，决策者持有次级权益，或向被投资方提供其他形式的信用增级。

决策者应评估其所承担的可变回报风险相对于被投资方总体回报变动风险的程度。该评价应主要基于预期从被投资方的活动中得到的回报，但也应考虑决策者通过持有其他利益而承担的被投资方可变回报的最大风险。

上述四项因素中的前两项因素涉及决策者对被投资方拥有的权力范围以及对这些权力设定的限制的程度。第三项和第四项因素与可变回报有关，要求考虑决策者从被投资方中获得的、相对于被投资方活动所产生总报酬的部分（预期值和最大值）的量级和可变动性。

【例12－5】 某主体A作为资产管理人发起设立一项投资计划，为多个投资者提供投资机会。主体A在投资股权设定的范围内，以全体投资者的利益最大化为前提作出决策，其拥有广泛的决策权以主导投资计划的相关活动，包括具体资产配置、买入卖出时点以及投资资产出现风险时（如信用违约等）的后续管理等。主体A按照计划资产净值的1%加上达到特定盈利水平后投资计划利润的20%收取管理费，该管理费符合市场和行业惯例，与主体A提供的服务相称。以上事实适用于下列情况1至情况4（各示例之间相互独立）。

情况1：参与该计划的投资者人数众多，单个投资者的投资比例均小于0.5%且投资者之间不存在关联关系。没有单一的投资者可以无理由罢免主体A的资产管理人资格。该计划设有年度投资者大会，经占2/3以上份额的投资者一致通过，可以罢免主体A的资产管理人资格。主体A自身持有该投资计划2%的份额，主体A没有为该计划的其他投资者提供保证收回初始投资及最低收益率的承诺，主体A对超过其所拥有的2%投资以外的损失不承担任何义务。

在情况1下，由于没有任何一方可以无条件罢免主体A的资产管理人资格，因此，主体A在确定其是投资计划的主要责任人还是代理人时需要结合其他因素进一步分析。

主体A对于投资计划享有广泛的决策权力，可以主导投资计划的相关活动。虽然投资计划设立了年度投资者大会，但由于投资者人数众多，且单个投资者之间不存在关联关系，众多非关联投资者集合在一起进行表决并否决主体A的可能性较小。因此，结合主体A的决策权范围和其他方持有的权利，可以认为主体A拥有对该投资计划广泛的实质性权利。

主体A收取的管理费与其服务相称，该因素表明主体A可能作为代理人行使权力。然而，仅凭此证据还不足以判断其必然是代理人。

除收取管理费外，主体A还持有该投资计划2%的份额，该投资加大了主体A面临的可变回报风险，但该风险尚未重大到表明主体 A 是主要责任人。

综合考虑后，主体 A 应被认定为该投资计划的代理人。

情况 2：在主体 A 违反合同的情况下，投资者有权罢免主体 A。主体 A 自身持有该投资计划 20% 的份额，主体 A 没有为该计划的其他投资者提供保证收回初始投资及最低收益率的承诺，主体 A 没有对超过该 20% 的投资承担任何额外损失的义务。

在情况 2 下，投资者有权在主体 A 违约时罢免主体 A。由于该权利只有在主体 A 违约时才能行使，该权利属于保护性权利，主体 A 拥有对该投资计划广泛的实质性权利。主体 A 通过与其服务相称的管理费以及 20% 的直接投资承担并有权获取投资计划的可变回报，且该回报的量级和可变动性均较为重大，表明主体 A 通过对投资计划行使权力而影响其回报的金额和程度较大，主体 A 为该投资计划的主要责任人。然而，在不同事实和情况下（例如，资产管理人的薪酬或其他因素不同），形成控制所要求的投资比例可能会不同。

情况 3：投资计划设有董事会，所有董事都独立于主体 A，并由其他投资者任命。董事会每年任命资产管理人。如果董事会决定不继任主体 A，主体 A 提供的服务可以由同行业的其他主体接替。主体 A 自身持有该投资计划 20% 的份额，主体 A 没有为该计划的其他投资者提供保证收回初始投资及最低收益率的承诺，主体 A 没有对超过该 20% 的投资承担任何额外损失的义务。

在情况 3 下，主体 A 收取的管理费以及持有的 20% 投资使得 A 承担并有权获取投资计划的可变回报，并且该回报的量级和可变动性可能表明其是主要责任人，但由独立于主体 A 的投资者组成的董事会提供了其他投资者罢免主体 A 的机制，使得其他投资者有可能据此获得罢免主体 A 的实质性权利。因此，需要综合考虑董事会的构成、决策机制等情况评估该罢免权是否为实质性权利；如果该罢免权属于实质性权利，则在分析主体 A 是否为代理人时，应给予该项实质性罢免权以更大的权重。因此，本例中，尽管主体 A 拥有广泛的决策权，并面临重大的可变回报风险，如果综合相关因素判断其他投资者享有实质性罢免权，则表明主体 A 是代理人。

情况 4：在主体 A 违反合同的情况下，投资者有权罢免主体 A。主体 A 自身持有该投资计划 5% 的份额，主体 A 为该投资计划的其他投资者提供了保证收回初始投资的承诺。

在情况 4 下，主体 A 拥有对该投资计划的广泛实质性权力，其他投资方拥有的罢免权为保护性权利。尽管主体 A 通过管理费以及 5% 的投资面临的可变回报风险不足以表明主体 A 是主要责任人，但主体 A 还为计划的其他投资者提供了保证本金的担保，这一安排加大了主体 A 承担的可变回报风险，同时使主体 A 所面临的可变回报风险与其他投资者不同。在这种情况下，应结合投资计划可能的业绩情况，主要基于投资计划的预期业绩评估主体 A 承担的可变回报风险，同时考虑主体 A 承担的可变回报的最大风险，对于主体A承担的可变回报风险作出评估（包括考虑该项可变回报风险的差异是否会影响主体A的行为），从而得出主体A是主要责任人还是代理人的结论。

实务中，还会存在受托经营业务（即标的公司）的情况，在判断受托方是否为标的公司主要责任人时，主要关注对标的公司拥有权力和享有可变回报的认定：一是关于对标的公司拥有权力的认定。在判断是否对标的公司拥有权力时，除日常运营活动相关的权力外，还应当考虑是否拥有主导对标的公司价值产生重大影响的决策事项的能力和权力。例如，部分委托经营协议中约定，标的公司进行重大资产购建、处置、重大投融资行为等可能对标的公司价值具有重大影响的决策时，需要经委托方同意。在这种情况下，受托方不具有主导对标的公司价值产生重大影响的活动的权力，不应认定受托方对标的公司拥有权力。又如，在部分委托受托经营业务中，委托方或双方并无长期保持委托关系的意图，部分委托协议中赋予当事一方随时终止委托关系的权力等。在前述情况下，受托方仅能在较短或不确定的期间内对标的公司施加影响，不应认定受托方对标的公司拥有权力。二是关于享有可变回报的认定。从标的公司获得的可变回报，不仅包括分享的基于受托经营期间损益分配的回报，还应考虑所分享和承担的标的公司整体价值变动的报酬和风险。例如，部分委托经营协议中虽然约定委托期间标的公司损益的绝大部分比例由受托方享有或承担，但若标的公司经营状况恶化则受托方到期不再续约，这表明受托方实际上并不承担标的公司价值变动的主要报酬或风险，不应认为受托方享有标的公司的重大可变回报。又如，部分委托经营协议中虽然约定受托方享有标的公司的可变回报，但对回报的具体计量方式、给付方式等并未作明确约定，有关回报能否实际给付存在不确定性，根据实质重于形式的原则，也不应认定受托方享有可变回报。

（5）权力的一般来源——表决权。

投资方对被投资方的权力可能源自各种权利。例如，表决权、委派或罢免有能力主导被投资方相关活动的该被投资方关键管理人员或其他主体的权利，决定被投资方进行某项交易或否决某项交易的权利，由管理合同授予的决策权力。这些权利单独或者结合在一起，可能赋予对被投资方的权力。

通常情况下，当被投资方具有一系列对回报产生重要影响的经营及财务活动，且需要就这些活动连续地进行实质性决策时，表决权或类似权利本身或结合其他安排，将赋予投资者权力。

表决权是对被投资方经营计划、投资方案、年度财务预算方案和决算方案、利润分配方案和弥补亏损方案、内部管理机构的设置、聘任或解聘公司经理及确定其报酬、公司的基本管理制度等事项进行表决而持有的权利。表决权比例通常与其出资比例或持股比例是一致的，但公司章程另有规定的除外。

①通过直接或间接拥有半数以上表决权而拥有权力。当被投资方的相关活动由持

有半数以上表决权的投资方表决决定，或者主导相关活动的权力机构的多数成员由持有半数以上表决权的投资方指派，而且权力机构的决策由多数成员主导时，持有半数以上表决权的投资方拥有对被投资方的权力。

【例12-6】情况1：A企业和B企业分别持有C企业60%和40%的普通股，C企业的相关活动通过股东会议上多数表决权主导，在股东会议上，每股普通股享有一票投票权。假设不存在其他因素，C企业的相关活动由持有C企业大多数投票权的一方主导。因此，如果不存在其他相关因素，则A企业拥有对C企业的权力，因其是C企业大多数投票权的持有者。

情况2：A企业和B企业分别持有C企业60%和40%的普通股，C企业的相关活动以董事会会议上多数表决权主导，A企业和B企业根据其享有C企业所有者权益的比例，各自有权任命6名董事和4名董事。因此，如果不存在其他相关因素，A企业拥有对C企业的权力，因其有权任命主导C企业相关活动的董事会的大多数成员。

值得注意的是，在进行控制分析时，投资方不仅需要考虑直接表决权，还需要考虑其持有的潜在表决权以及其他方持有的潜在表决权的影响，进行综合考量，以确定其对被投资方是否拥有权力。

潜在表决权是获得被投资方表决权的权利，例如，可转换工具、认股权证、远期股权购买合同或期权所产生的权利。确定潜在表决权是否给予其持有者权力时，需要考虑的因素包括：在分析控制时，仅考虑满足实质性权利要求的潜在表决权；投资方是否持有其他表决权或其他与被投资方相关的决策权，这些权利与投资方持有的潜在表决权结合后是否赋予投资方拥有对被投资方的权力；潜在表决权工具的设立目的和设计，以及投资方参与被投资方的其他方式的目的和设计，包括分析相关工具和安排的条款和条件，以及投资方接受这些条款和条件的可能性、动机和原因。

【例12-7】情况1：A公司与B公司分别持有被投资方70%及30%的表决权。除此之外，根据A公司与B公司签订的期权合同，B公司可以在目前及未来两年内以固定价格购买A公司持有的被投资方50%的表决权。根据该价格，上述期权在目前及预计未来两年内都是深度价外期权（即依据期权合约的条款设计，使得买方B公司到期行权的可能性极小）。历史上，A公司一直通过表决权主导被投资方的相关活动。

在这种情况下，B公司目前拥有购买A公司表决权的可行使期权，一旦行使将使B公司拥有被投资方80%表决权。但由于这些期权在目前及预计未来两年内都为深度价外期权，B公司无法从该期权的行使中获利，因此，这些期权并不构成实质性权利，在评估B公司对于被投资方是否拥有权力时不应予以考虑。

情况2：A公司与其他两个投资方各自持有被投资方1/3的表决权。除了权益工具外，A公司同时持有被投资方发行的可转换债券，这些可转换债券可以在目前及未来两年内的任何时间以固定价格转换为被投资方的普通股。按照该价格，目前，该期权为价外期权，但非深度价外期权。被投资方的经营活动与A公司密切相关。如果可转换债券转换为普通股，A公司将持有被投资方60%的表决权，可以据此主导被投资方的相关活动，从而实现协同效应并从中获益（例如，降低A公司的运营成本、确保稀缺产品的供应等）。这种情况下，A公司持有的潜在表决权为实质性权利。A公司持有的表决权与实质性潜在表决权相结合，使A公司拥有了对于被投资方的权力。

②持有被投资方半数以上表决权但并无权力。确定持有半数以上表决权的投资方是否拥有权力，关键在于该投资方是否拥有主导被投资方相关活动的现时能力。在被投资方相关活动被政府、法院、管理人、接管人、清算人或监管人等其他方主导时，投资方无法凭借其拥有的表决权主导被投资方的相关活动。因此，投资方此时即使持有被投资方过半数的表决权，也不拥有对被投资方的权力。但是在主动清算的情况下，投资方仍拥有对进入清算阶段的被投资方的权力，能够继续实施控制，仍应将其纳入合并财务报表范围。

如果投资方虽然持有被投资方半数以上表决权，但这些表决权并不是实质性权利时，则投资方并不拥有对被投资方的权力：当其他方拥有现时权利使其可以主导被投资方的相关活动，且该其他方不是投资方的代理人时，则投资方不拥有对被投资方的权力；当投资方所拥有的表决权并非实质性权利时，即使持有多数表决权，投资方也不拥有对被投资方的权力。例如，由于无法获得必要的信息或法律法规方面的障碍，投资方虽持有半数以上表决权但无法行使，则该投资方不拥有对被投资方的权力。

半数以上表决权通过，只是做出决策的通常做法，在有些情况下，根据相关章程、协议或其他法律文件，主导相关活动的决策所要求的表决权比例高于持有半数以上表决权的一方持有的表决权比例。例如，被投资方的公司章程规定，与相关活动有关的决策必须由出席会议的投资方所持2/3以上的表决权通过。在这种情况下，持有半数以上但不足2/3表决权的投资方，虽然表决权比例超过半数，但该表决权本身不足以赋予投资方权力，应结合其他因素进行进一步的分析与判断。

③直接或间接结合，也只拥有半数或半数以下表决权，但仍然可以通过表决权判断拥有权力。持有半数或半数以下表决权的投资方（或者虽持有半数以上表决权，但仅凭自身表决权比例仍不足以主导被投资方相关活动的投资方），应综合考虑下列事实和情况，以判断其持有的表决权与相关事实和情况相结合是否可以赋予投资方对于被投资方的权力：

第一，考虑投资方持有的表决权相对于其他投资方持有的表决权份额的大小，以及其他投资方持有表决权的分散程度。与其他方持有的表决权比例相比，投资方持有的表决权比例越高，越有可能有现实能力主导被投资方相关活动。为否决投资方而需要联合一致的行动方越多，投资方越有可能有现实能力主导被投资方相关活动。

【例12－8】 情况1：A投资者持有被投资者48%的投票权，剩余投票权由数千位股东持有，但除A投资者之外，没有任何股东持有超过1%的投票权，没有任何股东与其他股东达成协议或能够作出共同决策。当以其他股权的相对规模为基础判断所获得的投票权的比例时，A投资者确定48%的权益将足以使其拥有控制权。在这种情况下，A投资者无须考虑权利的任何其他证据，即可以其持有股权的绝对规模和其他股东持有股权的相对规模为基础，确定其拥有充分决定性的投票权以满足权力的标准。

情况2：A投资者持有被投资者40%的投票权，其他12位投资者各持有被投资者5%的投票权，股东协议授予A投资者任免负责相关活动的管理人员及确定其薪酬的权利，若要改变协议，则须获得2/3的多数股东表决权同意。在这种情况下，单凭投资者持有的投票权的绝对规模和与其他股东持有的相对规模，无法对投资者是否拥有足以赋予其权力的权利作出结论。但是，股东协议条款赋予A投资者任免管理人员及确定其薪酬的权利，足以说明A投资者拥有对被投资者的权力。

情况3：A投资者持有被投资者45%的投票权，其他两位投资者各持有被投资者26%的投票权，剩余投票权由其他3位股东持有，各占1%。不存在影响决策的其他安排，在这种情况下，只要其他两位投资者联合起来，就能够阻止A投资者主导被投资者的相关活动，A投资者投票权的规模及与其他股东持有的投票权的相对规模，足以得出A投资者不拥有权力的结论。

情况4：A投资者持有被投资者45%的投票权，其他11位投资者各持有被投资者5%的投票权，股东之间不存在合同安排以互相协商或作出共同决策。在这种情况下，单凭投资者持有的投票权的绝对规模和与其他股东持有的投票权的相对规模，无法对A投资者是否拥有足以赋予其权力的权利作出结论。应考虑其他可能为A投资者是否拥有权力提供证据的额外事实和情况。

情况5：A投资者持有被投资者35%的投票权，其他3位股东各持有被投资者5%的投票权，剩余投票权由众多股东持有，而没有任何一位股东持有超过1%的投票权，股东之间不存在合同安排以互相协商或作出共同决策，涉及被投资者相关活动的决策须获得股东会议上大多数投票权的批准（在近期的股东会议上被投资者75%的投票权投了票）。在这种情况下，其他股东在近期股东会议上积极参与的事实表明A投资者不具有单方面主导相关活动的实际能力，无论投资者是否因足够数量的其他股东与其作出相同表决而主导了相关活动。

第二，考虑与其他表决权持有人的协议。投资方自己拥有的表决权不足，但通过与其他表决权持有人的协议使其可以控制足以主导被投资方相关活动的表决权，从而拥有被投资方的权力。该类协议需要确保投资方能够主导其他表决权持有人的表决，即，其他表决权持有人按照投资方的意愿进行表决，而不是与其他表决权持有人协商根据双方协商一致的结果进行表决。但是如果此类协议带有期限，且期限结束后投资方不拥有对被投资方权力的，很可能表明投资方无法对被投资方可变回报具有重大影响的事项（如重大资产的购建、处置、重大投融资等）进行决策。在这种情况下，投资方不具有主导对被投资方价值产生重大影响的活动的权力，不应因此类协议而认定对被投资方拥有控制。

【例12－9】情况1：E企业拥有4名股东，分别为A企业、B企业、C企业和D企业，A企业持有E企业40%的普通股，其他3位股东各持有20%。E企业的相关活动由其董事会主导，董事会由6名董事组成，其中3名董事由A企业任命，剩余3名分别由B企业、C企业和D企业任命。A企业和B企业单独签订合同安排，规定B企业任命的董事必须与A企业任命的董事以相同方式进行表决。若不存在其他因素，该合同安排赋予A企业在董事会会议上获得涉及相关活动的大多数投票权，从而使得A企业拥有对E企业的权力，即使A企业并未持有E企业的大多数投票权。

情况2：假定为避免董事审议陷入僵局，股东们签订协议赋予A企业任命的其中1名董事作为董事会主席，并且在董事会会议上享有额外的一票。除此以外，其他事实与情况1一致。在这种情况下，股东协议有效地赋予A企业在董事会会议上获得相关活动的大多数投票权，如果不存在其他因素，就将使A企业拥有对E企业的权力，即使A企业并未持有E企业的大多数投票权。

投资方还应当考虑其与其他各方之间关系的性质以及其他各方是否代表投资方行动，即，识别投资方的“实质代理人”。当投资方或有能力主导投资方活动的一方有能力主导其他方代表投资方行动时，其为投资方的实质代理人。在这种情况下，投资方在评估对被投资方是否存在控制时，应将自身和实质代理人的决策权及其通过实质代理人而间接承担或者享有的可变回报的风险或权利与其自身的实质性权利一并考虑。根据各方关系的性质判断，表明一方可能是投资方的实质代理人的情况包括但不限于：投资方的关联方；因投资方出资或提供贷款而取得其在被投资方中权益的一方；未经投资方同意，不得出售、转让或抵押其持有的被投资方权益的一方（但不包括此项限制系通过投资者和其他非关联方之间通过自愿基础上的协商一致而实现的情形）；没有投资方的财务支持，就不能获得资金来支持经营的一方；该另一方系与投资方的权力机构的多数成员或关键管理人员相同的被投资方；与投资方具有紧密业务联系（如专业服务的提供者与其一家重要客户的关系）的一方。

第三，考虑其他合同安排产生的权利。投资方可能通过拥有的表决权和其他决策权相结合的方式使其目前有能力主导被投资方的相关活动。例如，合同安排赋予投资方在被投资方的权力机构中指派若干成员的权利，而该等成员足以主导权力机构对相关活动的决策。又如，投资方可能通过表决权和合同安排给予的其他权利，使其目前有能力主导被投资方的生产活动，或主导被投资方的其他经营和财务活动，从而对被投资方的回报产生重大影响。但是，在不存在其他权利时，仅仅是被投资方对投资方的经济依赖（如供应商和其主要客户的关系）不会导致投资方对被投资方拥有权力。

第四，如果结合表决权和上述第一项至第三项所列因素，仍不足以判断投资者能否控制被投资方，则还需要考虑是否存在其他事实或情况，能够证明投资方拥有主导被投资方相关活动的能力。例如，投资方能够任命或批准被投资方的关键管理人员，这些关键管理人员能够主导被投资方的相关活动；投资方能够出于自身利益决定或者否决被投资方的重大交易；投资方能够控制被投资方董事会等类似权力机构成员的任命程序，或者从其他表决权持有人手中获得代理投票权；投资方与被投资方的关键管理人员或董事会等类似权力机构中的多数成员存在关联关系；投资方与被投资方之间存在特殊关系，如被投资方的关键管理人员是投资方的现任或前任职工，被投资方的经营活动依赖于投资方，被投资方活动的重大部分由投资方参与其中或者是以投资方的名义进行，投资方自被投资方承担可变回报的风险或享有可变回报的收益的程度远超过其持有的表决权或其他类似权利的比例等。

投资方所持有的被投资方表决权比例越低，否决投资方所提关于相关活动的议案所需一致行动的其他投资者数量越少，投资者为了证明其拥有主导被投资方权力的权利，就需要在更大程度上证明存在这些“其他事实或情况”。

对于被投资方的相关活动通过表决权进行决策，而投资方持有的表决权比例不超过半数的情况，如果投资方在综合考虑了所有相关情况和事实后仍不能确定投资方是否拥有被投资方的权力，则投资方不控制被投资方。

【例 12－10】 情况 1：B 公司为 A 公司的第一大股东，其对 A 公司的持股比例为 40%，A 公司剩余股东的持股比例高度分散。除 B 公司外，A 公司的其他前十大股东的单家持股比例均小于 3%，合计不超过 10%。剩余股东持股比例均小于 0.1%。A 公司的各股东之间不存在关联关系。A 公司的各股东均未持有潜在表决权。

A 公司董事会由 9 名董事组成，其中 3 名为独立董事。B 公司有权向 A 公司提名 4 名非独立董事，其中一名任 A 公司董事长，另一名任 A 公司副董事长。A 公司董事长同时兼任 B 公司的董事长，A 公司的一名董事同时兼任 B 公司的总经理。A 公司最高权力机构为股东大会，与 A 公司相关活动有关的重大决议应由出席股东大会的股东所持表决权的 1/2 以上表决通过。A 公司董事会在股东大会授权范围内，负责拟订与 A 公司相关活动有关的议案并报股东大会批准，执行股东大会的决议。在历年的股东大会中，出席股东大会的股东所持的表决权总数未超过 47%。

在情况 1 中，A 公司的相关活动通过股东大会半数以上的表决权所主导，然而，B 公司所持表决权仅为 40%，未超过半数。因此，B 公司在确定其是否有主导 A 公司相关活动的权力时，应综合考虑以下因素：

一是各方持有的潜在表决权。本例中，A 公司的各股东均未持有潜在表决权。

二是投资方持有的表决权比例与其他方持有的表决权比例和分散程度的比较。B 公司持股比例虽然不足半数，但是其他前十大股东的单家持股比例均小于 3%，合计小于10%。剩余股东持股比例均小于0.1%。因此，B公司的持股比例相对其他股东而言较大，并且其他股东持股比例的分散程度较高。

三是来源于其他合同安排的权利。本例中，除公司章程规定外，A公司的各股东均未持有其他合同安排的权利。

四是其他事实或情况。A公司的9名董事当中有4名非独立董事由B公司提名，且一名董事任A公司董事长，另一名任副董事长。由此可见，B公司除直接持有表决权外，还可以通过任命对B公司相关活动有重大影响力的关键人员来获取权利。此外，A公司董事长还同时兼任B公司的董事长，A公司的一名董事还同时兼任B公司的总经理。由此可见，A、B公司之间除股权关系外，还存在核心管理层交叉的情况。另外，与A公司相关活动有关的重大决议应由出席股东大会的股东所持表决权的1/2以上表决通过。A公司历年来的股东大会中，出席股东大会的股东所持的表决权总数未超过47%。B公司所持40%的表决权已经超过了出席股东大会的股东所持过半数的表决权。

综上考虑，B公司认定其具有对A公司的权力。

情况2：A公司的第二、第三及第四大股东的持股比例分别为12%、10%及8%，其他股东持股比例均小于1%。在历年的股东大会中，出席股东大会的股东所持的表决权总数约88%。除此以外，其他事实与情况1一致。

在情况2下，B公司对A公司的持股比例相对其他股东而言，并不显著高于其他股东。B公司虽然为第一大股东，但第二、第三及第四大股东持股比例合计达到30%，已经接近于第一大股东40%的持股比例。此外，在A公司历年来的股东大会中，出席股东大会的股东所持的表决权总数约为88%。B公司所持40%的表决权也未能超过出席股东大会的股东所持过半数的表决权。

综合考虑，B公司并不具有对A公司的权力。

（6）权力来自表决权以外的其他权利——来自合同安排。

在某些情况下，某些主体的投资方对其的权力并非源自表决权（例如，表决权可能仅与日常行政活动工作有关），被投资方的相关活动由一项或多项合同安排决定。例如，证券化产品、资产支持融资工具、部分投资基金等结构化主体。

结构化主体，是指在确定其控制方时没有将表决权或类似权利作为决定因素而设计的主体。在通常情况下，结构化主体在合同约定的范围内开展业务活动，表决权或类似权利仅与行政性管理事务相关。

结构化主体通常具有下列特征中的多项或全部。

①业务活动范围受限。在通常情况下，结构化主体在合同约定的范围内开展业务活动，业务活动范围受到了限制。例如，从事信贷资产证券化业务的结构化主体，在发行资产支持证券募集资金和购买信贷资产后，根据相关合同，其业务活动是将来源

于信贷资产的现金向资产支持证券投资者分配收益。

②有具体明确的目的，且目的比较单一。结构化主体通常是为了特殊目的而设立的主体。例如，有的企业发起结构化主体是为了将企业的资产转让给结构化主体以迅速回收资金，并改变资产结构来满足资产负债管理的需要；有的企业发起结构化主体是为了满足客户特定的投资需求，吸引到更多的客户；还有的企业发起结构化主体是为了专门从事研究开发活动，或开展租赁业务等。

③股本（如有）不足以支撑其业务活动，必须依靠其他次级财务支持。次级财务支持是指承受结构化主体部分或全部预计损失的可变收益，其中的“次级”代表受偿顺序在后。股本本身就是一种次级财务支持，其他次级财务支持包括次级债券、对承担损失作出的承诺或担保义务等。在通常情况下，结构化主体的股本占资产规模的份额较小，甚至没有股本。当股本很少或没有股本，不足以支撑结构化主体的业务活动时，通常需要依靠其他次级财务支持来为结构化主体注入资金，支撑结构化主体的业务活动。

④通过向投资者发行不同等级的证券（如分级产品）等金融工具进行融资，不同等级的证券，信用风险及其他风险的集中程度也不同。例如，以发行分级产品的方式融资是对各级产品的受益权进行了分层配置。购买优先级的投资者享有优先受益权，购买次级的投资者享有次级受益权。投资期满后，投资收益在逐级保证受益人本金、预期收益及相关费用后的余额归购买次级的投资者，如果出现投资损失，则先由购买次级的投资者承担。由于不同等级的证券具有不同的信用风险、利率风险或流动性风险，因此发行分级产品可以满足不同风险偏好投资者的投资需求。

由于结构化主体的权力并非源自于表决权或类似权利，并且通常还具备上述典型的常见特征，这无形中加大了投资方分析此类主体的相关活动和是否对该类主体具有权力的判断难度。投资方在判断能否控制结构化主体时，还需要结合下列四项因素进行进一步的分析：

第一，在设立被投资方式所作出的决策及投资方对其设立活动的参与度。投资方需要考虑其是否参与设计被投资方的设立，考虑被投资方初始设立时作出的决策，以评估该参与以及交易的相关安排是否为投资方提供了足够权利使其拥有对被投资方的权力。参与被投资方的初始设立，其本身虽不足以表明参与方控制被投资方，但该参与可能使投资方有机会获得使其拥有对被投资方权力的权利。通过评价被投资方的初始设立时所作的决策，可有助于确定交易条款是否为某参与者提供了足以构成权力的权利。另外，此类主体在设立后的运作过程中，其法律上的权力机构所表决的事项往往仅仅与行政事务相关，表决权对其投资方的回报往往不具备直接和重大关联。在这种情况下，投资方在分析其目的和设计时，应考虑其被专门设计来承担何种的可变性，投资方通过参与其相关活动是否承担了部分或全部的可变性。可变性既包括下行风险也包括上行收益。

第二，考虑其他相关合同安排。投资方需要考虑此类主体初始设立时的合同安排是否赋予投资方掌控与被投资方密切相关的活动的权利。例如，看涨期权、看跌期权、清算权及其他可能为投资方提供权力的合同安排。当这些合同安排所涉及的活动与此类主体密切相关时，即使该等活动并未在此类主体的法律框架内发生，而是在其他主体中发生，该等活动也应被视为形成此类主体的相关活动的有机组成部分。因此，投资方在与该等活动相关的合同安排中，投资方明确或者没有明确地享有的决策权均需要进行详细的评估。

第三，考虑仅在特定情况或事项发生时开展的活动。对于某些此类主体而言，其仅在某些特定情况或者事项发生时才发生相关活动。这些主体的设计使其明确按照既定的流程和安排开展某些固定的活动且其相应的回报也是可确定的，除非发生某些特定情况或事项。在这种情况下，只有在发生这些特定情况或事项时，此类主体所开展的对其回报具有重大影响的活动相关的决策才是其相关活动。相应地，对相关活动具有决策权的投资方才享有权力。投资方享有权力并不依赖于这些特定情况或事项已经发生的事实。决策权依赖于特定情况或特定事件发生这一事实本身也并不表示该权利为保护性权利。

第四，投资方对被投资方作出的承诺。为确保此类主体持续按照原定设计和计划开展活动，投资方可能会作出明示或暗示的承诺。上述承诺可能会放大投资方可变回报的风险敞口，因而促使投资方更有动机获取足够多的权利，使其获得主导被投资方的权力。因此，投资方作出确保此类主体遵守原定设计经营的承诺可能是投资方拥有控制权力的迹象，但是其本身并不足以证明权力必然存在或阻止其他方拥有权力。

【例 12－11】 A 公司为一家小额贷款公司，其发起设立主体 C，A 公司向主体 C 转让一个资产池，其中包含众多笔 A 公司向不同的第三方发放的期限在 12 个月内的小额贷款。主体 C 向众多第三方投资者发行一项资产管理计划，计划存续期为 3 年，存续期内分期发行，每期期限为 1 年。计划的基础资产为主体 C 向 A 公司购买的资产池。第三方投资者共认购该计划 75% 的份额（每个单一投资者认购的比例都小于 0.5%），A 公司认购剩余 25% 的份额。

根据主体 C 初始设立时订立的章程和协议安排，主体 C 唯一的经营活动是按照既定的还款计划向贷款人收取本金和利息，并在收到款项后，在既定时间内扣除按与市场水平相当的费率计算的固定比例手续费后，将款项按份额比例支付给各个投资方。主体 C 日常活动的事务，如人事、财务、行政等管理事务等均由与 A 公司和主体 C 不存在关联公司的第三方资产管理公司 B 负责管理并按市价收取管理费。计划存续期间的所有相关资金流均由独立于各方的第三方银行 D 托管并按市价收取资金托管费。

如果主体 C 在既定还款时间收取既定的款项，主体 C 则按照投资者的投资比例将收取的款项分配给投资者。如果主体 C 未能在既定的还款时间内收取既定的款项，主体 C 则先将已收取的款项按等比例分配后支付给除 A 公司以外的投资者，剩余部分再支付给 A 公司。当应收款出现违约时，A 公司有权根据违约时间、抵押品情况、违约方信用等级来调整主体 C 下一步的收款计划。当已收取的款项已经无法向除 A 公司以外的投资方进行足额支付时，主体 C 将会按照某个事先约定的价格将应收款项全部出售给 A 公司，由 A 公司开展进一步的收款或者债务重组安排。

本例中，第一，应先识别出被投资方为主体 C，A 公司参与了主体 C 的初始设立。主体 C 设立的目的是管理和回收 A 公司发放的小额贷款。A 公司在创设主体 C 时的安排，例如，认购计划的相对较大部分的份额（25%）、承担劣后偿付的风险（如果未能在既定的还款时间内收取既定的款项，主体 C 先将已收取的款项按等比例分配后支付给除 A 公司以外的投资者，剩余部分再支付给 A 公司）以及 A 公司向主体 C 签出以固定价格行权的看跌期权统统显示出 A 公司承担了重大的可变性，其有足够的动机要获取对主体 C 的权力。

第二，主体 C 的相关活动是对违约应收款的管理活动。其理由为：一是主体 C 在应收款违约之前的活动仅仅是按照固定的还款计划向贷款人收取预先确定的款项，过手转交给投资方并收取固定比例的收款手续费，在款项违约前，主体 C 的回报不存在重大不确定性；二是在应收款出现违约时，如何根据实际情况管理违约应收款并调整收款计划，以及按照固定价格将应收款出售给 A 公司会对主体 C 的回报产生重大影响。因此，主体 C 的相关活动是对违约应收款的管理活动，即使应收款出售给 A 公司后，进一步管理违约资产的活动由 A 公司开展而并非在主体 C 的法律框架下开展。

第三，在识别出主体 C 的相关活动后，当评估投资方对主体 C 的权力时，只应考虑与管理违约应收款相关的权利，尽管该权力只会在应收款发生违约的特定情况下才会被运用。很明显，本例中，当应收款出现违约时，A 公司有权根据违约时间、抵押品情况、违约方信用等级来调整主体 C 下一步的收款计划或者债务重组安排，因此，A 公司享有对主体 C 的权力。

第四，由于 A 公司认购了主体 C 发行资产计划 25% 的份额，由此承担了由于主体 C 应收款无法收回时的损失本金和利息的重大风险。此外，A 公司认购的份额还属于劣后偿付级别且向主体 C 签出按照固定价格回购应收款的看跌期权，与其他的投资方相比，A 公司承担了更加重大的可变性。

第五，A 公司承担的可变回报与其对主体 C 所拥有的权力密切相关。本案例中，A 公司通过行使其对主体 C 所拥有的权力主导主体 C 的相关活动——对违约应收款的管理活动，这一权力的实际行使情况将直接影响到 A 公司从主体 C 可获得的可变回报。

综上所述，A 公司享有对主体 C 的控制权，应将主体 C 纳入合并范围。

（7）权力与回报之间的联系。

投资方必须不仅拥有对被投资方的权力和因涉入被投资者而承担或有权获得可变回报，而且要有能力使用权力来影响因涉入被投资者而获得的投资方回报。只有当投资方不仅拥有对被投资方的权力、通过参与被投资方的相关活动而享有可变回报，并且有能力运用对被投资方的权力来影响其回报的金额时，投资方才控制被投资方。

另外，会计准则对于"控制"的定义和判断并不拘泥于被投资单位的法律形式。学校、养老院及医疗机构等非营利性组织无法进行利润分配，也并不必然代表投资方无法获取可变回报。投资方需要结合非营利性组织的设立目的、对非营利性组织日常活动拥有的权力、享有的相关经济利益（例如，产品销售利得、收取管理费、收取技术许可使用费等）等进行判断。

（二）纳入合并范围的特殊情况——对被投资方可分割部分的控制

投资方通常应当对是否控制被投资方整体进行判断。但在少数情况下，如果有确凿证据表明同时满足下列条件并且符合相关法律法规规定的，投资方应当将被投资方的一部分视为被投资方可分割的部分，进而判断是否控制该部分（可分割部分）。

1. 该部分的资产是偿付该部分负债或该部分其他利益方的唯一来源，不能用于偿还该部分以外的被投资方的其他负债。

2. 除与该部分相关的各方外，其他方不享有与该部分资产相关的权利，也不享有与该部分资产剩余现金流量相关的权利。

实质上该部分的所有资产、负债及其他相关权益均与被投资方的剩余部分相隔离，即，该部分的资产产生的回报不能由该部分以外的被投资方其他部分享有，该部分的负债也不能用该部分以外的被投资方资产偿还。

如果被投资方的一部分资产和负债及其他相关权益满足上述条件，构成可分割部分，则投资方应当基于控制的判断标准确定其是否能控制该可分割部分，考虑该可分割部分的相关活动及其决策机制，投资方是否目前有能力主导可分割部分的相关活动并据以从中取得可变回报。如果投资方控制可分割部分，则应将其进行合并。在此情况下，其他方在考虑是否合并被投资方时，应仅对被投资方的剩余部分进行控制及合并的评估，而将可分割部分排除在外。

【例12－12】A公司为有限责任公司，专门从事房地产开发项目，其主要经营活动为在B地块上开发住宅和商业地产项目。B地块的开发分三期执行，各期地块的开发成本和销售收入分设三个独立子账套进行单独核算管理，但与各期开发相关的开发支出均由A公司作为同一法人主体进行清偿，各期项目相关的土地增值税及所得税等相关税收也均由A公司作为同一纳税主体进行统一申报和清算。各地块的相关经营决策互相独立，其经营损益分别归属于不同的权利人。

在本例中，虽然各期开发项目区分了三个账套进行独立核算管理，然而，这并不足以说明其中一期开发项目的有关资产、负债和权益均与其余各期的剩余部分相隔离。各期开发支出和相应税负仍以A公司作为单一主体进行清偿就表明某期资产并非仅承担与该期资产相关的负债，某期资产也并非该期开发相关的负债的唯一支付来源。因此，本例中的各期开发项目并非可分割的部分，不应被认定为可分割部分。

（三）合并范围的豁免——投资性主体

1. 豁免规定。母公司应当将其全部子公司（包括母公司所控制的被投资单位可分割部分、结构化主体）纳入合并范围。但是，如果母公司是投资性主体，则只应将那些为投资性主体的投资活动提供相关服务的子公司纳入合并范围，其他子公司不应予以合并，母公司对其他子公司的投资应当按照公允价值计量且其变动计入当期损益。

一个投资性主体的母公司如果其本身不是投资性主体，则应当将其控制的全部主体，包括投资性主体以及通过投资性主体间接控制的主体，纳入合并财务报表范围。

2. 投资性主体的定义。

当母公司同时满足以下三个条件时，该母公司属于投资性主体：

（1）该公司以向投资方提供投资管理服务为目的，从一个或多个投资者获取资金。这是投资性主体与其他主体的显著区别。

（2）该公司的唯一经营目的，是通过资本增值、投资收益或两者兼有而让投资者获得回报。投资性主体的经营目的一般可能通过其设立目的、投资管理方式、投资期限、投资退出战略等体现出来，具体表现形式可以是通过募集说明书、公司章程或合伙协议以及所发布的其他公开信息。例如，如果一个基金在募集说明书中说明其投资的目的是实现资本增值、一般情况下的投资期限较长、制订了比较清晰的投资退出战略等，则这些描述与投资性主体的经营目的是一致的；反之，如果该基金的经营目的是与被投资方合作开发、生产或者销售某种产品，则其不是投资性主体。

（3）该公司按照公允价值对几乎所有投资的业绩进行计量和评价。对于投资性主体而言，相对合并子公司财务报表或者按照权益法核算对联营企业或合营企业的投资，公允价值计量所提供的信息更具有相关性。公允价值计量体现在：在企业会计准则允许的情况下，在向投资方报告其财务状况和经营成果时应当以公允价值计量其投资；向其关键管理人员提供公允价值信息，以供他们据此评估投资业绩或作出投资决策。但是，投资性主体没必要以公允价值计量其固定资产等非投资性资产或其负债。

3. 投资性主体的特征。

投资性主体通常应当符合下列四个特征：

（1）拥有一个以上投资。投资性主体通常会同时持有多项投资，以分散风险，但通过直接或间接投资于另一个持有多项投资的投资性主体的，也可能是投资性主体。

另外，当投资性主体刚设立、尚未寻找到多个符合要求的投资项目，或者刚处置了部分投资、尚未进行新的投资，或者正处于清算过程中时，也有可能仅持有一项投资。

（2）拥有一个以上投资者。典型的投资性主体通常拥有多个投资者，多个投资者通过投资性主体集中资金，以获取单个投资者可能无法单独获取的投资管理服务和投资机会。拥有多个投资者使投资性主体或其集团成员获取除资本增值、投资收益以外的收益的可能性减小。一个投资性主体在过渡期也可能只有一个投资者。例如，当投资性主体刚刚设立、正在积极识别合格投资者，或者原持有的权益已经赎回、正在寻找新的投资者，或者处于清算过程中时，或者是为了代表或支持一个较大的投资者集合的利益而设立的（如某企业设立的年金基金），也有可能仅拥有一个投资者。

（3）投资者不是该主体的关联方。投资性主体通常拥有若干投资者，这些投资者既不是其关联方，也不是该投资主体所在集团的成员，这一情况使投资性主体或其集团成员获取除资本增值和投资收益以外的收益的可能性减小；反之，一个主体的投资方中包括与该主体存在关联关系的投资方，则该主体或者关联投资方更有可能存在除了获取资本增值或者投资收益之外的其他投资目的，在这种情况下，需要更为谨慎的判断和确凿的证据来证明其唯一的经营目的是取得资本增值或投资收益或两者兼有。但是，关联投资者的存在并非表明该主体一定不是投资性主体。例如，某基金的投资方之一可能是该基金的关键管理人员出资设立的企业，其目的是更好地激励基金的关键管理人员，这一安排并不影响该基金符合投资性主体的定义。

（4）该主体的所有者权益以股权或类似权益存在。一个投资性主体并不一定必须是单独的法律实体，但无论其采取什么样的法律形式，其所有者权益应该采取股份、合伙权益或者类似权益份额的形式，且净资产按照所有者权益比例份额享有。然而，拥有不同类型的投资者，并且其中一些投资者可能仅对某类或某组特定投资拥有权利，或者不同类型的投资者对净资产享有不同比例的分配权的情况，并不说明该主体不是一个投资性主体。

可见，上述特征仅仅是投资性主体的常见特征，当主体不完全具备上述四个特征时，需要审慎评估，判断是否有确凿证据证明虽然缺少其中一个或几个特征，但该主体仍然符合投资性主体的定义。

【例 12-13】A 技术公司设立 B 高新技术基金，该基金专门投资于高新技术创业公司从而获取资本增值。A 技术公司持有 B 高新技术基金 80% 的权益并且控制该基金，该基金其余 20% 的权益由其他 10 个不相关投资者持有。A 技术公司同时持有以公允价值购买 B 基金所持有投资的选择权，如果行使该选择权，A 技术公司从 B 基金所持被投资方开发的技术中受益。B 基金没有明确的退出投资的计划，且 B 基金由该基金投资者代理人作为投资顾问管理。

本例中，即使 B 基金的经营目的是为资本增值而进行投资，并向其投资者提供投资管理服务，B 基金也不是投资性主体，主要原因如下：一是 A 公司持有购买 B 基金持有投资的选择权，B 基金被投资方开发的资产将使 A 技术公司受益，这样，除资本增值外，B 基金还提供了其他利益；二是 B 基金的投资计划不包括作为权益投资的投资退出战略，A 技术公司持有的选择权并非由 B 基金控制，也不构成退出战略。

4. 因投资性主体转换引起的合并范围的变化。

当母公司由非投资性主体转变为投资性主体时，除仅将为其投资活动提供相关服务的子公司纳入合并财务报表范围编制合并财务报表外，企业自转变日起对其他子公司不应予以合并，其会计处理参照部分处置子公司股权但不丧失控制权的处理原则：终止确认与其他子公司相关资产（包括商誉）及负债的账面价值，以及其他子公司相关少数股东权益（包括属于少数股东的其他综合收益）的账面价值，并按照对该子公司的投资在转变日的公允价值确认一项以公允价值计量且其变动计入当期损益的金融资产，同时将对该子公司的投资在转变日的公允价值作为处置价款，其与当日合并财务报表中该子公司净资产（资产、负债及相关商誉之和，扣除少数股东权益）的账面价值之间的差额，调整资本公积（资本溢价或股本溢价），资本公积不足冲减的，调整留存收益。

当母公司由投资性主体转变为非投资性主体时，应将原未纳入合并财务报表范围的子公司于转变日纳入合并财务报表范围，将转变日视为购买日，原未纳入合并财务报表范围的子公司于转变日的公允价值视为购买的交易对价，按照非同一控制下企业合并的会计处理方法进行会计处理。

（四）控制的持续评估

控制的评估是持续的，当环境或情况发生变化时，投资方需要评估控制的两个基本要素中的一个或多个是否发生了变化。如果有任何事实或情况表明控制的两项基本要素中的一个或多个发生了变化，投资方应重新评估对被投资方是否具有控制。

如果对被投资方的权力的行使方式发生变化，该变化必须反映在投资方对被投资方权力的评估中。例如，决策机制的变化可能意味着投资方不再通过表决权主导相关活动，而是由其他方通过协议或者合同赋予的其他权利来主导相关活动。

某些事件即使不涉及投资方，也可能导致该投资方获得或丧失对被投资方的权力。例如，其他方以前拥有的能阻止投资方控制被投资方的决策权到期失效，则可能使投资方因此而获得权力。

投资方应考虑因其参与被投资方相关活动而承担的可变回报的风险敞口的变化带来的影响。例如，如果拥有权力的投资方不再享有可变回报（如与业绩相关的管理费合同到期），则该投资方会因此而丧失对被投资方的控制。再如，某资产管理计划的管理人原持有该计划 5% 的份额，并收取按照该计划的利润的一定比例的管理费，其获得的可变回报的规模表明该管理人只是一个代理人，之后，由于该资产管理计划的几个重要投资者的退出，管理人的持有份额上升，加上管理费之后可变回报的相对比例大幅上升，体现出主要责任人的特点，从而该管理人需要持续评估其是否控制该资产管理计划。

投资方还应考虑其作为代理人或主要责任人的评估是否发生了变化。投资方与其他方之间整体关系的变化可能意味着原为代理人的投资方不再是代理人；反之亦然。例如，如果投资方或其他方的权利发生了变化，投资方应重新评估其代理人或主要责任人的身份。

投资方初始评估控制的结果，或者初始评估其是主要责任人或代理人的结果，不会简单地因为市场情况的变化（如因市场情况的变化导致被投资方的回报发生变化）而变化，除非市场情况的变化导致了控制两个要素的一个或多个的改变，或导致主要责任人与代理人之间的整体关系的改变。

三、合并财务报表编制原则、准备事项及程序

（一）合并财务报表的编制原则

合并财务报表作为财务报表，必须符合财务报表编制的一般原则和基本要求。这些基本要求包括真实可靠、内容完整。与个别财务报表相比，合并财务报表又具有下列特点：一是反映的对象是由母公司和其全部子公司组成的会计主体；二是编制者是母公司，但所对应的会计主体是由母公司及其控制的所有子公司所构成的企业集团；三是合并财务报表是站在合并财务报表主体的立场上，以纳入合并范围的企业个别财务报表为基础，根据其他有关资料，抵销母公司与子公司、子公司相互之间发生的内部交易，考虑了特殊交易事项对合并财务报表的影响后编制的，旨在反映合并财务报表主体作为一个整体的财务状况、经营成果和现金流量。因此，合并财务报表的编制除在遵循财务报表编制的一般原则和要求外，还应当遵循以下原则和要求：

1. 以个别财务报表为基础编制。合并财务报表并不是直接根据母公司和子公司的账簿编制，而是利用母公司和子公司编制的反映各自财务状况和经营成果的财务报表提供的数据，通过合并财务报表的特有方法进行编制。以纳入合并范围的个别财务报表为基础，可以说是客观性原则在合并财务报表编制时的具体体现。

2. 一体性原则。合并财务报表反映的是企业集团的财务状况和经营成果，反映的是由多个法人企业组成的一个会计主体的财务情况，在编制合并财务报表时应当将母公司和所有子公司作为整体来看待，视为一个会计主体，母公司和子公司发生的经营活动都应当从企业集团这一整体的角度进行考虑。因此，在编制合并财务报表时，对

于母公司与子公司、子公司相互之间发生的经济业务，应当视同同一会计主体内部业务处理，视同同一会计主体之下的不同核算单位的内部业务。

3. 重要性原则。与个别财务报表相比，合并财务报表涉及多个法人主体，涉及的经营活动的范围很广，母公司与子公司经营活动往往跨越不同行业界限，有时母公司与子公司经营活动甚至相差很大。这样，合并财务报表要综合反映这样的会计主体的财务情况，必然要涉及重要性的判断问题。特别是在拥有众多子公司的情况下，更是如此。在编制合并财务报表时，特别强调重要性原则的运用。例如，对一些项目在企业集团中的某一企业具有重要性，但对于整个企业集团则不一定具有重要性，在这种情况下根据重要性的要求对财务报表项目进行取舍，则具有重要的意义。此外，母公司与子公司、子公司相互之间发生的经济业务，对整个企业集团财务状况和经营成果影响不大时，为简化合并手续也应根据重要性原则进行取舍，可以不编制抵销分录而直接编制合并财务报表。

（二）合并财务报表的构成

合并财务报表至少包括合并资产负债表、合并利润表、合并所有者权益变动表（或合并股东权益变动表）、合并现金流量表和附注，它们分别从不同的方面反映企业集团财务状况、经营成果及其现金流量情况，构成一个完整的合并财务报表体系。

1. 合并资产负债表。合并资产负债表是反映母公司和子公司所形成的企业集团某一特定日期财务状况的报表。

2. 合并利润表。合并利润表是反映母公司和子公司所形成的企业集团整体在一定期间内经营成果的报表。

3. 合并所有者权益变动表（或合并股东权益变动表）。合并所有者权益变动表（或合并股东权益变动表）是反映母公司在一定期间内，包括经营成果分配在内的所有者（或股东）权益增减变动情况的报表。它是从母公司的角度，站在母公司所有者的立场反映企业所有者（或股东）在母公司中的权益增减变动情况的报表。

4. 合并现金流量表。合并现金流量表是反映母公司和子公司所形成的企业集团在一定期间现金流入、流出量以及现金净增减变动情况的报表。

5. 附注。附注是对在合并资产负债表、合并利润表、合并现金流量表和合并所有者权益变动表（或合并股东权益变动表）等报表中列示项目的文字描述或明细资料，以及对未能在这些报表中列示项目的说明等。

（三）合并财务报表编制的准备事项

合并财务报表的编制涉及多个子公司，有的合并财务报表的合并范围甚至包括数百个子公司。为了使编制的合并财务报表准确、全面地反映企业集团的真实情况，必须做好一系列的前期准备事项。这些准备事项主要有：

1. 统一母子公司的会计政策。会计政策是编制财务报表的基础，统一母公司和子公司的会计政策是保证母子公司财务报表各项目反映内容一致的基础。为此，在编制财务报表前，应当尽可能统一母公司和子公司的会计政策，统一要求子公司所采用的会计政策与母公司保持一致。对一些境外子公司，由于所在国或地区法律、会计准则等方面的原因，确实无法使其采用的会计政策与母公司所采用的会计政策保持一致，则应当要求其按照母公司所采用的会计政策重新编报财务报表，也可以由母公司根据自身所采用的会计政策对境外子公司报送的财务报表进行调整，以重编或调整编制的境外子公司财务报表，作为编制合并财务报表的基础。

2. 统一母子公司的资产负债表日及会计期间。财务报表总是反映一定日期的财务状况和一定会计期间经营成果的，母公司和子公司的个别财务报表只有在反映财务状况的日期和反映经营成果的会计期间一致的情况下，才能进行合并。为了编制合并财务报表，必须统一企业集团内所有的子公司的资产负债表日和会计期间，使子公司的资产负债表日和会计期间与母公司的资产负债表日和会计期间保持一致，以便子公司提供相同资产负债表日和会计期间的财务报表。

对于境外子公司，由于当地法律限制确实不能与母公司财务报表决算日和会计期间一致的，母公司应当按照自身的资产负债表日和会计期间对子公司的财务报表进行调整，以调整后的子公司财务报表为基础编制合并财务报表，也可以要求子公司按照母公司的资产负债表日和会计期间另行编制报送其个别财务报表。

3. 对子公司以外币表示的财务报表进行折算。对母公司和子公司的财务报表进行合并，其前提必须是母子公司个别财务报表所采用的货币计量单位一致。在我国允许外币业务比较多的企业采用某一外币作为记账本位币，境外企业一般也是采用其所在国或地区的货币作为其记账本位币。在将这些企业的财务报表纳入合并时，则必须将其折算为母公司所采用的记账本位币表示的财务报表。有关外币财务报表的具体折算方法在外币业务中已作论述，在此不再赘述。

4. 收集编制合并财务报表的相关资料。合并财务报表以母公司和其子公司的财务报表以及其他有关资料为依据，由母公司合并有关项目的数额编制。为编制合并财务报表，母公司应当要求子公司及时提供下列有关资料：（1）子公司相应期间的财务报表；（2）与母公司及与其他子公司之间发生的内部购销交易、债权债务、投资及其产生的现金流量和未实现内部销售损益的期初、期末余额及变动情况等资料；（3）子公司所有者权益变动和利润分配的有关资料；（4）编制合并财务报表所需要的其他资料，如非同一控制下企业合并购买日的公允价值资料。

（四）合并财务报表的编制程序

合并财务报表的编制是一项极为复杂的工作，不仅涉及本企业会计业务和财务报表，而且还涉及纳入合并范围的子公司的会计业务和财务报表。为了使合并财务报表的编制工作有条不紊，必须按照一定的程序有步骤地进行。合并财务报表编制程序大致如下：

1. 设置合并工作底稿。合并工作底稿的作用是为合并财务报表的编制提供基础。在合并工作底稿中，对母公司和纳入合并范围的子公司的个别财务报表各项目的数额进行汇总和抵销处理，最终计算得出合并财务报表各项目的合并数。

2. 将母公司、纳入合并范围的子公司个别资产负债表、利润表及所有者权益变动表各项目的数据过入合并工作底稿，并在合并工作底稿中对母公司和子公司个别财务报表各项目的数据进行加总，计算得出个别资产负债表、个别利润表及个别所有者权益变动表各项目合计数额。

3. 编制调整分录与抵销分录，将母公司与子公司、子公司相互之间发生的经济业务对个别财务报表有关项目的影响进行调整抵销处理。编制调整分录与抵销分录，进行调整抵销处理是合并财务报表编制的关键和主要内容，其目的在于将因会计政策及计量基础的差异而对个别财务报表的影响进行调整，以及将个别财务报表各项目的加总数据中重复的因素等予以抵销。

4. 计算合并财务报表各项目的合并数额。即，在母公司和纳入合并范围的子公司个别财务报表各项目加总数额的基础上，分别计算财务报表中的资产项目、负债项目、所有者权益项目、收入项目和费用项目的合并数。其计算方法如下：

（1）资产类项目，其合并数根据该项目加总的数额，加上该项目调整分录与抵销分录的借方发生额，减去该项目调整分录与抵销分录的贷方发生额计算确定。

（2）负债类项目和所有者权益类项目，其合并数根据该项目加总的数额，减去该项目调整分录与抵销分录的借方发生额，加上该项目调整分录与抵销分录的贷方发生额计算确定。

（3）有关收益类项目，其合并数根据该项目加总的数额，减去该项目调整分录与抵销分录的借方发生额，加上该项目调整分录与抵销分录的贷方发生额计算确定。

（4）有关成本费用类项目和有关利润分配的项目，其合并数根据该项目加总的数额，加上该项目调整分录与抵销分录的借方发生额，减去该项目调整分录与抵销分录的贷方发生额计算确定。

5. 填列合并财务报表。即，根据合并工作底稿中计算出的资产、负债、所有者权益、收入、成本费用类各项目的合并数，填列正式的合并财务报表。

（五）编制合并财务报表需要调整抵销的项目

1. 编制合并资产负债表需要调整抵销的项目。

合并资产负债表是以母公司和纳入合并范围的子公司的个别资产负债表为基础编制的。个别资产负债表则是以单个企业为会计主体进行会计核算的结果，它从母公司本身或从子公司本身的角度对自身的财务状况进行反映。对于企业集团内部发生的经济业务，从发生内部经济业务的企业来看，发生经济业务的双方都在其个别资产负债表中进行了反映。例如，集团内部母公司与子公司之间发生的赊购赊销业务，对于赊销企业来说，确认营业收入、结转营业成本、计算营业利润，并在其个别资产负债表中反映为应收账款；而对于赊购企业来说，在内部购入的存货未实现对外销售的情况下，则在其个别资产负债表中反映为存货和应付账款。在这种情况下，资产、负债和所有者权益类各项目的加总数额中，必然包含有重复计算的因素。作为反映企业集团整体财务状况的合并资产负债表，必须将这些重复计算的因素予以扣除，对这些重复的因素进行抵销处理。这些需要扣除的重复因素，就是合并财务报表编制时需要进行抵销处理的项目。

编制合并资产负债表时需要进行抵销处理的主要有以下项目：（1）母公司对子公司股权投资项目与子公司所有者权益（或股东权益）项目；（2）母公司与子公司、子公司相互之间未结算的内部债权债务项目；（3）存货项目，内部购进存货价值中包含的未实现内部销售损益；（4）固定资产项目（包括固定资产原价和累计折旧项目），内部购进固定资产价值中包含的未实现内部销售损益；（5）无形资产项目，内部购进无形资产价值包含的未实现内部销售损益。

2. 编制合并利润表和合并所有者权益变动表需要调整抵销的项目。

合并利润表和合并所有者权益变动表是以母公司和纳入合并范围的子公司的个别利润表和个别所有者权益变动表为基础编制的。利润表和所有者权益变动表作为以单个企业为会计主体进行会计核算的结果，它从母公司本身或从子公司本身反映一定会计期间经营成果的形成及其分配情况。在以其个别利润表及个别所有者权益变动表为基础计算的收益和费用等项目的加总数额中，也必然包含有重复计算的因素。在编制合并利润表和合并所有者权益变动表时，也需要将这些重复的因素予以扣除。

编制合并利润表和合并所有者权益变动表时需要进行抵销处理的主要有以下项目：（1）内部销售收入和内部销售成本项目；（2）内部投资收益项目，包括内部利息收入与利息支出项目、内部股权投资收益项目；（3）信用减值损失、资产减值损失项目，与内部交易相关的内部应收账款、存货、固定资产、无形资产等项目的减值损失；（4）纳入合并范围的子公司利润分配项目。

3. 编制合并现金流量表需要调整抵销的项目。

合并现金流量表是综合反映母公司及其子公司组成的企业集团，在一定会计期间现金流入、现金流出数量以及其增减变动情况的财务报表。合并现金流量表以母公司和子公司的现金流量表为基础，在抵销母公司与子公司、子公司相互之间发生内部交易对合并现金流量表的影响后，由母公司编制。

在以母公司和子公司个别现金流量表为基础编制合并现金流量表时，需要进行抵销的内容主要有：（1）母公司与子公司、子公司相互之间当期以现金投资或收购股权增加的投资所产生的现金流量；（2）母公司与子公司、子公司相互之间当期取得投资收益收到的现金与分配股利、利润或偿付利息支付的现金；（3）母公司与子公司、子公司相互之间以现金结算债权与债务所产生的现金流量；（4）母公司与子公司、子公司相互之间当期销售商品所产生的现金流量；（5）母公司与子公司、子公司相互之间处置固定资产、无形资产和其他长期资产收回的现金净额与购建固定资产、无形资产和其他长期资产支付的现金；（6）母公司与子公司、子公司相互之间当期发生的其他内部交易所产生的现金流量。

（六）合并财务报表的格式

合并财务报表格式通常在个别财务报表基础上，增加下列项目。

1. 合并资产负债表。

（1）在所有者权益项目下增加“归属于母公司所有者权益合计”项目，用于反映企业集团的所有者权益中归属于母公司所有者权益的部分，包括实收资本（或股本）、其他权益工具、资本公积、库存股、其他综合收益、盈余公积、未分配利润、其他等项目的金额；

（2）在所有者权益项目下增加“少数股东权益”项目，用于反映非全资子公司的所有者权益中不属于母公司的份额。

2. 合并利润表。

（1）在“净利润”项目下增加“归属于母公司所有者的净利润”和“少数股东损益”两个项目，分别反映净利润中由母公司所有者享有的份额和非全资子公司当期实现的净利润中归属于少数股东的份额。同一控制下企业合并增加子公司的，当期合并利润表中还应在“净利润”项目下增加“其中：被合并方在合并前实现的净利润”项目，用于反映同一控制下企业合并中取得的被合并方在合并日前实现的净利润。

（2）在“综合收益总额”项目下增加“归属于母公司所有者的综合收益总额”和“归属于少数股东的综合收益总额”两个项目，分别反映综合收益总额中由母公司所有者享有的份额和非全资子公司当期综合收益总额中归属于少数股东的份额。

3. 合并现金流量表。

合并现金流量表格式与《企业会计准则第31号——现金流量表》应用指南（2006）中现金流量表的格式基本相同。

4. 合并所有者权益变动表。

合并所有者权益变动表应增加“少数股东权益”栏目，反映少数股东权益变动的情况。另外，参照合并资产负债表中的“资本公积”“其他权益工具”“其他综合收益”等项目的列示，合并所有者权益变动表中应单列上述各栏目反映。

对于纳入合并财务报表的子公司既有一般工商企业又有金融企业等的，如果母公司在企业集团经营中权重较大，以母公司主业是一般企业还是金融企业确定其报表类别，根据集团其他业务适当增加其他报表类别的相关项目；如果母公司在企业集团经营中权重不大，以企业集团的主业确定其报表类别，根据集团其他业务适当增加其他报表类别的相关项目；对于不符合上述情况的，合并财务报表采用一般企业报表格式，根据集团其他业务适当增加其他报表类别的相关项目。

第五节　合并报表会计岗位常见错误与舞弊行为

一、合并报表会计岗位常见错误

1. 未能正确识别控制关系。未能正确识别控制关系，导致编制范围不准确。这是一个比较常见的错误，因为控制关系是决定合并范围的基础，如果识别不准确，就会导致合并范围过大或过小，从而影响合并报表的真实性和完整性。例如，如果未能正确识别母公司对子公司的实际控制权，而只根据持股比例判断，就可能忽略了一些存在控制权但持股比例低于50%的子公司，或者包含一些没有控制权但持股比例高于50%的子公司。这样就会导致合并报表中包含不应该合并的数据，或者遗漏应该合并的数据。

2. 未能正确确定购买日或合并日。未能正确确定购买日或合并日，导致基础数据不准确。这是一个比较重要的错误，因为购买日或合并日是决定合并报表编制方法和基础数据的关键日期，如果确定不准确，就会导致合并报表中使用了错误的数据或方法，从而影响合并报表的准确性和可比性。例如，如果未能正确确定购买日或合并日，就可能导致使用了错误的汇率、公允价值、商誉或负商誉、折旧或摊销等数据或方法，从而导致合并报表中的资产、负债、收入和费用等项目计算不准确。

3. 未能正确采用购买日公允价值法或变动法。未能正确采用购买日公允价值法或变动法，导致商誉或负商誉计算不准确。这是一个比较复杂的错误，因为购买日公允价值法或变动法是决定商誉或负商誉计算方法和金额的核心方法，如果采用不正确，就会导致合并报表中出现错误的商誉或负商誉项目，从而影响合并报表的科学性和规范性。例如，如果未能正确采用购买日公允价值法或变动法，就可能导致使用了错误的对价公允价值、子公司净资产公允价值、差额确认方法等数据或方法，从而导致合并报表中出现错误的商誉或负商誉金额。

4. 未能正确进行合并抵销和调整。未能正确进行合并抵销和调整，导致重复计算或遗漏处理。这是一个比较烦琐的错误，因为合并抵销和调整是保证合并报表反映企业集团真实财务状况和经营成果的必要步骤，如果进行不正确，就会导致合并报表中出现重复计算或遗漏处理的项目，从而影响合并报表的完整性和可靠性。例如，如果未能正确进行合并抵销和调整，就可能导致未能消除母子公司之间的内部交易和往来、长期股权投资和所有者权益等项目；或者未能调整因此产生的未实现利润或损失、商誉或负商誉、少数股东权益和少数股东损益等项目。

5. 未能正确处理少数股东权益和少数股东损益。未能正确处理少数股东权益和少数股东损益，导致分配不公平。这是一个比较敏感的错误，因为少数股东权益和少数股东损益是反映企业集团内部利益分配情况的重要指标，如果处理不正确，就会导致合并报表中出现分配不公平的现象，从而影响合并报表的公正性和透明度。例如，如果未能正确处理少数股东权益和少数股东损益，就可能导致未能按照持股比例分配子公司利润；或者未能按照持股比例承担子公司亏损。

二、合并报表会计岗位常见舞弊行为

1. 虚增或虚减收入或费用，以达到夸大或掩盖利润的目的。例如，通过提前确认收入、延迟确认费用、虚构收入或费用、转移收入或费用等手段，影响合并报表的利润水平和质量。

2. 虚增或虚减资产或负债，以达到夸大或掩盖资产负债表的目的。例如，通过虚构资产或负债、转移资产或负债、不合理评估资产或负债、不充分披露资产或负债等手段，影响合并报表的资产负债规模和结构。

3. 虚增或虚减现金流量，以达到夸大或掩盖现金流量表的目的。例如，通过虚构现金流量、转移现金流量、不合理划分现金流量、不充分披露现金流量等手段，影响合并报表的现金流量来源和用途。

4. 不正确识别控制关系，以达到调整合并范围的目的。例如，通过隐瞒实际控制权、虚构控制权、不合理划分控制权等手段，影响合并报表的编制主体和对象。

5. 不正确采用合并方法，以达到调整合并数据的目的。例如，通过隐瞒购买日或合并日、虚构对价公允价值、不合理评估子公司净资产公允价值等手段，影响合并报表中的商誉或负商誉计算。

6. 不正确进行合并抵销和调整，以达到调整合并结果的目的。例如，通过隐瞒母子公司之间的内部交易和往来、长期股权投资和所有者权益等项目、未实现利润或损失、商誉或负商誉摊销或减值等项目，影响合并报表中的重复计算或遗漏处理。

7. 不正确处理少数股东权益和少数股东损益，以达到调整利润分配的目的。例如，通过隐瞒少数股东持有被合并主体股份比例、虚构少数股东权益和少数股东损益金额、不合理分配子公司利润或亏损等手段，影响合并报表中的内部利益分配情况。

本章小结

通过本章的学习，可以了解合并报表会计岗位的有关内容，包括定义、工作内容及注意事项、职责和权限以及实务中的常见情况以及常见错误和舞弊行为；了解了企业合并的界定和方式；对合并报表会计岗位的工作流程和注意事项进行了详细说明；系统阐述了合并报表会计岗位的职责和权限；通过对总账报表会计岗位的实务讲解来实现对合并报表会计岗位的有效学习，其中重点讲解“企业合并业务的判断、合并范围的确定、合并财务报表编制原则、准备事项及程序”等实务内容。

关键术语

合并报表	母公司	子公司	控制
控股合并	吸收合并	新设合并	同一控制
非同一控制	资产负债表	利润表	现金流量表
所有者权益变动表	附注		

— 自测题 —

第十三章　全面预算管理会计岗位

本章导读

本章介绍全面预算管理岗位的定义、工作内容、职责等内容，并对全面预算管理岗位的定义、主要内容、工作注意事项、预算编制过程等进行了解读，便于读者对企业的全面预算管理岗位有较为全面的了解和掌握。

学习目标

1. 了解全面预算管理会计岗位的定义。
2. 掌握全面预算管理会计岗位的工作内容以及应该注意的事项。
3. 掌握全面预算管理会计岗位的职责以及权限。
4. 了解全面预算管理会计存在的错误与舞弊以及应对策略。
5. 掌握全面预算管理会计的实务操作。

第一节　全面预算管理会计岗位的定义

在企业的财务实践中，大家通常有个体会：全面预算管理非常难，它的难点在于全面预算管理该如何构筑一套“上按战略，下按绩效”“软硬兼顾，环环相扣，行之有效”的“落地”体系。具体而言，首先，“战略决定生存，执行决定利润”，企业要始终围绕“战略—业务—财务—人力”四位一体，融合发展，开展全面预算管理工作，即将企业的战略规划、经营业务计划、财务资源获取方案、人力资源业绩考核体系融为一体，形成企业有效的核心管理模块，以此减少全面预算管理的阻力，让全面预算管理创造价值。

一、全面预算的定义

（一）全面预算的定义

全面预算是指企业以发展战略为导向，在对未来经营环境预测的基础上，确定预算期内经营管理目标，逐层分解、下达于企业内部各个经济单位，并以价值形式反映企业生产经营和财务活动的计划安排。

企业包括经营、投资、财务等一切经济活动以及企业的人、财、物各方面与供、产、销各环节，都须纳入预算管理，形成由业务预算、投资预算、筹资预算、财务预算等一系列预算组成的相互衔接和相互钩稽的综合预算体系。

（二）全面预算的分类

通常情况下，全面预算根据企业的实际情况，按预算的周期、专门性以及业务活动领域等进行分类。具体分类包括以下几种：

1. 全面预算按其涉及的预算期分为长期预算（如长期销售预算和资本预算，有时还包括长期资本筹措预算和研究与开发预算）和短期预算（如直接材料预算、现金预算等）。通常，长期和短期的划分以 1 年为界限，有时把 2～3 年期的预算称为中期预算。

2. 全面预算按其涉及的内容分为专门预算（如直接材料预算、制造费用预算）和综合预算（资产负债表预算和利润表预算）。专门预算是指反映企业某一方面经济活动的预算，如直接材料预算、制造费用预算等；综合预算是指资产负债表预算和利润预算，它反映企业的总体状况，是各种专门预算的综合。

3. 全面预算按其涉及的业务活动领域分为投资预算、营业预算和财务预算。营业预算又称经营预算，是关于采购、生产、销售业务的预算，包括销售预算、生产预算、成本预算等；财务预算是关于利润、现金和财务状况的预算，包括利润表预算、现金预算和资产负债表预算等；投资预算是企业投资的，如房产、工厂扩建和设备采购等，主要是根据企业的长期投资决策来编制。

二、全面预算管理的定义

（一）全面预算管理的定义

全面预算管理是现代企业围绕发展战略，运用现代网络与信息技术，融经营（业务）预算、资本预算、薪酬预算、财务预算于一体的综合管理系统，是企业在全球或全国范围内优化资源配置、提高运行质量、改善经营效益、加强风险管控的有效管理工具和管理机制。

全面预算管理水平直接决定企业战略和决策的执行力、管控力、内部各部门（责任中心）的协同力和各要素的集成力，是现代企业市场竞争能力的重要体现。

这一概念与传统的预算管理相比，传统概念更多强调的是对预算编制和执行过程本身的管理，将预算编制过程和执行结果作为最终目的，而全面预算管理更多的是充当企业战略和经营绩效之间联系的工具和手段，是在明确责任及合理配置资源的基础上衡量与监控企业总体、各职能部门及所属各战略业务单位（后两者以下统称为“业务单元”）的经营绩效，以确保最终实现企业的战略目标。

（二）全面预算管理的定位

全面预算管理作为一种现代企业的管理模式，分为以下五种定位：

1. 全面预算管理是与公司法人治理结构相适应的权力分层体系。全面预算管理绝不是数据的堆砌以及表格的罗列，而是一种与公司治理结构相适应的一套管理系统，企业健全的预算制度是完善的法人治理结构的体现。

2. 全面预算管理是与企业发展战略相配合的战略保障体系。预算管理是一种战略管理，企业全面预算管理的目标实际上就是企业的战略目标，通过预算管理使企业的战略意图得以具体贯彻，长期与短期计划得以沟通与衔接。全面预算在对接企业内部外部环境的情况下，结合公司的战略需求，制订与企业战略相匹配的战略预算、年度预算、短期预算等，并召集公司全体员工相互协调配合实施预算计划，最终通过预算实施效果对预算进行考评，并通过考评结果对员工的绩效进行评定。这一系列预算程序，与企业的战略目标息息相关，是企业通过战略管理来统一思想，明确未来的具体目标，在预算定量化的指标体系下完成深层次的交流。

3. 全面预算管理是与企业实物流、资金流、信息流和人力资源流要求相一致的经营指标体系。全面预算管理是以企业期望利润为目标，以资金流量为纽带、以成本费用控制为重点、以责任报告信息为基础的一整套经营指标的组合，而这一组合又恰恰是与整合企业实物流、现金流、信息流和人力资源流的要求相一致的。

4. 全面预算管理是与企业日常经营管理过程相渗透的行为规范与行为标准体系。全面预算管理中的各项制度规则、各项目标要求会对企业的每一个部门、每一名员工都具有普遍约束力。在这种约束力的影响下，企业的经营行为、管理行为以及员工个人行为的规范也势必会相应形成。

5. 全面预算管理是与企业期终总结相关的业绩评价与奖惩体系。因此，必须建立全面的业绩评价体系和日常监控体系期末考核以确保严肃性和制度性。这里的“全面”具有三层含义：一是评价对象的广泛性；二是评价指标的系统性；三是评价实施的及时性。在此基础上，为使业绩评价更具激励性和约束力，必须建立严格的奖惩制度。这样从事前预算到事中监控再到事后考评和奖惩，实际上就完成了一个管理上的循环，形成了一个以预算为起点、以业绩评价与奖惩为终点的完整的管理闭环。

（三）全面预算管理的特点

1. 全方位、全过程、全员参与编制与实施。

全方位指的是全部经济活动均纳入预算体系，涵盖了资金预算、经营预算、筹资预算等各个领域内的预算内容，包含生产经营活动的各个环节。全过程指的是各项经济活动的事前、事中、事后均要纳入预算管理过程。例如，前期预算编制、执行过程的控制、后期的绩效考核及业绩评价、奖惩制度等都包含在企业预算管理活动中，并通过预算管理予以体现。全员参与指的是各部门、各单位、各岗位、各级人员共同参与预算编制和实施。全面预算管理具有全员参与的特性，在企业各个方面和环节都有所涉及，同时其特殊性也使企业内部各部门之间需要加强整合和协作，需要对各部门业务进行合理整合，进行科学配置。通过将生产部门和后勤行政等其他职能部门共同纳入预算过程中，增加管理程序透明性，使企业资金配比更合理，使资源和资金能够实现合理利用和分配。

2. 具体性、可衡量性、可实现性。

具体性指的是预算的内容必须是具体的。例如，预算必须具体到主要的费用要素/成本项目、具体的组织（部门）等，不应当是几个简单的指标的叠加。可衡量性强调预算必须是可以并且是值得衡量的。不可/不值得衡量的预算是没必要去花人力去进行编制、跟踪汇报的。可实现性强调预算本身必须是准确的，同时要考虑到预算是否可以实现，过高或者过低的预算都会导致企业整体利益的损失和挫伤管理者的积极性。预算还必须有相应的弹性。实务中，许多企业采用预测流程去修订年度的预算值以便保持一定的弹性，从而最大化企业的整体利益。相关性和可控性指预算必须与组织结构相关，即必须将预算落实到各级组织的管理职责范围内，同时预算必须是该组织可控制的，即管理者可以对预算的收入和成本施加影响和控制。

三、全面预算管理会计岗位的定义

全面预算管理会计岗位是通过对企业内外部环境的分析，在预测与决策基础上，调配相应的资源，对单位未来一定时期的经营和财务等做出一系列具体计划，是负责企业全面预算编制、执行和监控的会计岗位。

第二节 全面预算管理会计岗位的工作内容与注意事项

一、全面预算管理会计岗位的工作内容

全面预算管理是通过企业内外部环境的分析，在预测与决策基础上，调配相应的资源，对企业未来一定时期的经营和财务等做出一系列具体计划。全面预算管理的出现为企业资金管理提供了新的理论支持。

全面预算管理会计岗位的工作内容主要包括以下几个方面。

1. 明确企业战略目标。企业财务目标是通过战略规划来实现，但是战略规划跨越时间长，涉及的管理人员少，比较简略，而全面预算是对企业战略规划的进一步完善，它根据预算编制期企业各部门、各层级对当年（期）工作任务目标的完成值和计划值的判断进行编制，以保证企业总体目标的实现。

2. 协调各部门的日常工作。每个部门（责任中心）的管理者都参加到预算的编制过程中。每个部门（责任中心）既影响着其他部门（责任中心）的工作，同时也受其他部门（责任中心）的工作的影响。例如，生产部门的计划与销售部门的计划可能在数量或品种上不一致，在生产部门内部，期末产成品的计划可能和材料供应计划不一致，生产部门预计后勤服务部门提供的服务量可能和后勤部门的计划量不一致。通过预算，可以帮助协调这些独立的业务，使企业中的每一个部分都和其他部分保持相对平衡，从而使人们能够密切配合，协调发展，进而在企业范围内形成一个为共同完成企业总体目标而努力的有机整体。

3. 控制企业的经营活动。全面预算中的数量标准，就是各个部门（责任中心）进行控制的标准。在实施过程中，各部门（责任中心）应对经济活动的实际状态进行计量，并将实际状态和预算的标准进行对比，确定存在的差异，找出差异的原因，并及时采取措施调整经济活动，保证顺利完成制定的目标。因此，全面预算既是企业的奋斗目标，也是控制日常经营活动的主要依据。

4. 评估经营业绩的基础。全面预算代表着各个部门（责任中心）管理者向其上级所作出的完成工作的承诺，同时也是评价企业经营业绩的基础。管理者可以通过将实际结果与预算标准进行对比，以了解其是否实现了原定的目标。此外，奖励和升迁还可以根据管理者完成特定预算的情况来决定。

通常，大中型企业会设立一个独立的预算委员会，具体负责预算的编制和执行。

该委员会的成员由总经理任命，应包括总经理、分管销售、生产和财务等方面工作的来自最高管理层的高级管理人员。预算委员会的主要任务是确保预算编制切合实际，并有效协调。具体包括：

（1）选择和企业目标协调一致的预算政策，审查各部门所编制的预算；

（2）对各部门在预算编制过程中出现的各种矛盾进行协调和解决；

（3）汇总编制总预算，并最后审议通过预算，颁布实施；

（4）监督、检查、分析全面预算的执行情况及其结果，督促各部门协调一致地完成预算所规定的目标和任务，并对预算执行中存在的问题进行收集、整理，为编制下一期预算核定资料。

全面预算的编制工作量大、涉及面广、操作复杂。为了确保预算编制工作有条不紊进行，全面预算管理岗位有以下事项需要注意。

二、全面预算管理会计岗位的注意事项

（一）注意完善全面预算管理组织体系

全面预算管理会计人员应充分认识全面预算管理工作对企业做强做优，提升国际、国内市场竞争力的重要作用，应进一步加强组织领导，完善组织体系，加强制度建设，落实工作责任，梳理工作流程，规范工作内容，明确质量标准，不断增强预算管理工作的系统性和协同性。全面预算管理会计人员不仅要负责审议全面预算目标的合理性，还要高度关注预算组织机制、编制方法、编制基础、执行、监督与考核等预算管理关键环节的合理性和有效性，建立以业务流程为导向、以责任分工为基础、各相关部门（责任中心）相互配合、各管理层级密切联动的全面预算管理工作体系，形成分工明确、责任清晰、相互协同、高效配合的工作机制和责任机制，为全面预算管理工作提供有效的组织保障。

（二）注意内部资源的协调配置

全面预算管理是一项全员参与、涵盖企业各类生产要素、贯穿企业经营全过程的系统工程，全面预算管理会计人员应注意以全员为基础，全过程为标准，全方位为要求，将企业的人、财、物全部纳入全面预算管理体系，统一协调配置内部资源，强化预算全过程控制，充分发挥全面预算管理的执行效率与效果。全面预算管理会计人员在全面预算管理体系建设中，要紧紧围绕“培育具有国际、国内市场竞争力的一流企业”目标，坚持持续不断地完善并优化全面预算管理体系。

（三）注意科学改进预算编制方法

全面预算管理会计人员需要注意依据企业战略规划、市场分析预测、可控资源、内部运营情况以及以往年度预算执行情况等因素，对未来的主要经营指标进行估测，对各种可能的变化情况进行模拟，选择确定主要预算目标并编制方案，作为各部门、各层级、各单元预算编制的目标指引，通过实施“先总后分、总分结合”和“先下后上、上下结合”等编制流程，提升战略执行力和预算准确性。

全面预算管理会计人员应该注意以经营预算为基础，推动经营预算与财务预算、投资预算与资金预算的有机结合。业务部门处于市场前端，要做好主要产品产量、主要经营业务规模与效益等指标的分析预测工作，确定年度经营计划；投资管理部门要围绕企业战略和业务计划，结合企业资金保障状况和投资项目预期效益，合理确定各项资本性开支的规模与标准；财务部门要依据各类预算编制情况，结合预算标杆和资源配置模型，详细测算财务资源的承受能力和重大支出的预期效益，综合确定各项财务预算指标，模拟现金流量，并对各类分项预算的合理性和可行性进行财务审核，以提升企业预算的合理性和可行性。

全面预算管理会计人员可以根据业务流程特点，针对不同的预算项目探索采用固定预算、弹性预算、零基预算、滚动预算、作业预算等不同的预算编制方法有条件的企业，预算要逐级逐步细化到以季度、月度为周期的基于工作计划的滚动预算，并与中长期规划有效衔接，更好地保障战略实施。

（四）注意处理好关键指标预算控制与企业运行质量的关系

全面预算管理会计人员应该注意在全面预算管理工作中，要以提高运营质量、努力为未来健康发展提供保障为目标，紧紧抓住企业生产经营各环节的关键性指标，从业务前端入手，加大管控力度，确保预算对各项生产经营活动的有效控制。具体可以根据以下几个方面对全面预算管理工作进行控制与管理。

1. 加强成本费用预算控制。通过强化定额和对标管理，明确制定成本费用控制标准，落实成本费用管控责任，积极推动各预算单位改进生产流程、开展技术创新、采用集中招标采购等措施压缩可控成本费用，努力实现降本增效。

2. 加强投资项目预算控制。企业在确定年度投资项目时要坚持效益优先和资金保障原则，严控亏损或低效投资，严控资金难以落实的投资，严控超越财务承受能力、过度依赖负债的投资。

3. 加强现金流量预算管理。结合企业面临的市场形势、创现能力等因素，合理确定赊销和库存规模，加强应收款项和存货的预算管控，加快资金周转，提升现金保障能力。

4. 加强债务规模与结构的预算管理。通过对预算资产负债率、带息负债比率等债务风险类指标设定合理的目标控制线等措施，严格控制债务规模过快增长；结合速动比率、流动负债比率等指标分析，优化债务结构，切实防范债务风险。

(五) 注意处理好预算刚性约束与预算执行监控与分析的关系

预算的执行与控制是全面预算管理的核心环节，是预算管理中授权与承诺的实现过程。全面预算管理会计人员在预算管理工作中，应注意做好以下几点。

1. 加强预算的刚性约束。上级预算管理单位正式下达的预算应具有严肃性，一般不得调整；企业确因市场经营环境、监管政策等发生重大变化导致预算编制基础和假设产生重要变化，或发生重大临时预算项目，或出现重大不可控因素等，可以申请调整预算，但必须履行相关的预算审批程序。

2. 加强预算执行监控。预算管理部门要加强与各执行部门责任中心的沟通，动态监控预算执行情况，反馈预算执行的进度与效果，及时发现和纠正预算执行中存在的偏差与问题；严格预算执行审批程序，严控预算外项目，预算管控应逐步由金额控制向项目控制转变。

3. 加强预算执行分析。建立定期的预算执行分析制度及重大事项应急分析制度，并将预算分析的对象，横向分解到各业务流程，纵向深化到各预算部门责任中心，以提高分析的针对性和实效性；客观分析预算执行差异与原因，及时采取有效的应对措施，修正预算执行差异，防止出现预算编制和执行脱节现象；对于重大预算执行差异，企业应就此展开审慎的分析调查，认真查明原因，以保证预算目标的实现。

4. 加强预算执行情况总结。认真分析以前年度预算管理与执行中存在的经验与不足，充分发挥预算执行先进单位或先进业务板块的示范效应，不断改进预算管理机制，持续优化全面预算管理工作。

(六) 注意处理好预算执行结果考核与实现预算闭环管理的关系

预算执行结果考核是落实各预算责任主体权责的重要手段，是实现全面预算闭环管理、发挥全面预算管理价值创造功能的关键环节。全面预算管理会计人员要注意做好以下几点。

1. 建立预算考核制度。加强对预算执行结果的考核，建立预算考核制度，明确预算考核程序，确定预算考核指标，结合预算重要节点与关键环节定期开展预算考核工作，将考核贯通到每个预算部门责任中心，实现预算的闭环管理。

2. 实行问责制。探索实行预算执行结果的非合理性偏差问责制，做到职责到位，责任到人，激发企业全员参与价值创造的积极性。

3. 创新预算考核方式方法。结合企业实际探索建立行之有效的预算考核评价模型，提高预算执行结果考核的科学性，发挥预算考核对促进全面预算管理工作的作用。

（七）注意信息化手段在全面预算管理中的应用

当今时代，科学技术飞速发展，企业经营环境复杂多变，内部管理要求不断提高。为有效应对内外环境的快速变化，充分发挥全面预算管理合理预测、提前防范、有效控制的功能，全面预算管理会计人员应积极推动预算信息系统建设，充分利用信息化手段，规范预算管理流程，提高预算管理效用，注意要做好以下几点。

1. 构建覆盖企业全部重点业务、连接各级子企业、体现中长期战略规划的全面预算管理信息系统，满足企业全面预算管理庞大的数据需求，促进企业发展战略的分解与落地。

2. 通过信息化手段固化预算管理流程，提高预算管理工作的效率和标准化水平，提高预算编制的科学性、执行的有效性。

3. 要加强预算信息化系统集成，将企业的会计核算系统、资金管理系统、人力资源管理系统和资源计划系统（ERP 系统）等资源配置系统实现互联互通，满足多方面、多层次信息高度融合的需求。

4. 要充分利用预算管理信息系统的在线分析监测功能，及时追踪分析预算执行情况，不断调整修正生产经营行为，实现全面预算管理的事前、事中和事后全过程监控，为重大经营决策提供有效支撑。

第三节 全面预算管理会计岗位的职责和权限

一、全面预算管理会计岗位的职责

全面预算管理岗位作为综合性较强的会计管理岗位，需要负责对预算年度内的经济活动作出充分的分析和预计，根据年度内企业的实际经营环境按规定程序进行预算调整。充分了解企业面临的经营环境，面对包括国家相关政策法规、自然性不可抗力等原因的发生改变或企业的资产发生重大变化，导致企业的经营活动或预计经营结果有重大差异时，负责人应当及时采取措施弥补，无法弥补的情况下进行预算修正。全面预算管理岗位的岗位职责一般有以下几点。

1. 负责协助制订和完善企业全面预算管理制度，制订和审核企业各项预算的编制方案和实施细则，确保预算的合理性和可行性。

2. 负责指导各部门（责任中心）依规编制各部门预算草案并审核，形成企业的销售收入预算、成本费用预算、采购预算等相关预算。

3. 负责汇总、平衡、协调各部门的预算，提出调整建议，调整下一年度预算。

4. 负责编制预算执行分析报告。监督各项预算的执行情况，根据企业实际经营情况，对预算建议案进行调整、协调、审核、更新及反馈。

5. 负责监控各部门（责任中心）在预算执行过程中的情况，及时发现预算执行情况的差异，提出解决方案，并向预算委员会或管理层汇报。

6. 负责对企业内部各部门预算执行情况进行考核，评估预算执行结果的质量和效果。

二、全面预算管理会计岗位的权限

全面预算管理会计岗位的权限根据企业的规模和管理层的安排可能会有所不同，通常包括以下几个方面。

1. 有权根据企业的战略目标和年度预算目标参与制订适当的指标。全面预算管理会计在建立财务分析监控指标体系时，可以根据企业的战略目标和年度预算目标参与制订适当的指标，包括财务指标、经营指标、市场指标等。通过建立科学合理的指标体系，全面预算管理会计能够更好地对企业的财务状况进行分析和监控，为企业的决策提供有力支持。

2. 有权为企业的重点投资决策提供支持。全面预算管理会计可以通过分析企业的财务指标、现金流、税收政策以及盈利预测等信息，分析企业的盈利能力、偿债能力和运营能力等方面的指标，深入了解企业的财务状况和经营情况，为企业的投资决策提供可靠的数据支持和风险评估。同时，全面预算管理会计通过关注税收政策的变化，及时分析税收政策对企业财务状况的影响，可为企业合理安排资金和税务筹划提供建议。

3. 有权可对预算执行情况进行评估和考核。全面预算管理会计通过定期汇总和分析各部门编制的预算执行差异分析报告，深入了解企业各部门的预算编制情况和实际执行情况，分析差异的原因和影响，可为企业的预算调整和决策提供参考。同时，全面预算管理会计还可以根据预算执行情况，对各责任部门的预算执行成果进行评估，并提供奖惩建议，促进各部门对预算的认识和执行。

4. 有权参与优化财务预算流程。全面预算管理会计通过了解和掌握企业财务预算流程的具体情况，发现流程中的问题和不足，并提出改进建议。与信息部门合作，利用信息系统和技术手段，优化预算编制、审批和执行过程，提高预算的准确性和及时性。同时，全面预算管理会计可参与制订和完善预算编制的规范和标准，确保企业的财务预算工作能够顺利进行。

第四节 全面预算会计管理岗位的实务

全面预算管理会计岗位的实务主要围绕全面预算的编制展开，本节以S公司的全面预算编制为例，对全面预算的编制过程进行讲解。

一、销售收入预算的编制

销售收入预算是整个预算的起点，其他预算的编制都是以销售收入预算为基础，表13-1是S公司全年预计的销售收入预算。

表13-1　　S公司销售收入预算

项目	第一季度	第二季度	第三季度	第四季度	全年
预计销售量（件）	100	150	200	180	630
预计单位售价（元）	200	200	200	200	200
销售收入（元）	20 000	30 000	40 000	36 000	126 000
预计现金收入（元）					
上年应收账款（元）	6 200				6 200
第一季度（销货20 000元）（元）	12 000	8 000			20 000
第二季度（销货30 000元）（元）		18 000	12 000		30 000
第三季度（销货40 000元）（元）			24 000	16 000	40 000
第四季度（销货36 000元）（元）				21 600	21 600
现金收入合计（元）	18 200	26 000	36 000	37 600	117 800

销售收入预算的主要内容是销售数量、销售单价和销售收入。销售数量是根据市场预测或销货合同并结合企业生产能力确定的；销售单价是通过定价决策确定的；销售收入是两者的乘积，在销售收入预算中计算得出。销售预算中通常还包括预计现金收入的计算，其目的是为编制现金预算提供必要的资料。

第一季度的现金收入包括两个部分：上年应收款在本年第一季度收到的货款，以及本季度销售中可能收到的货款部分。假设每季度销售收入中，本季度收到现金60%，另外的40%现金要到下季度才能收到。

二、生产预算的编制

生产预算是在销售收入预算的基础上编制的，其主要内容有销售量、期初和期末产成品存货、生产量。

通常，企业的生产和销售往往不能做到“同步同量”，因此，需要设置一定的产成品存货，以保证能在发生意外需求时按时供货，并可均衡生产，节约赶工的额外支出。

期末产成品存货数量通常按下期销售量的一定百分比确定，上例按10%安排期末产成品存货。年初产成品存货是编制预算时预计的，年末产成品存货根据长期销售趋势来确定。上例假设年初产成品存货10件，年末留存20件（见表13－2）。

表13－2　　　　S公司的市场预算　　　　单位：件

项目	第一季度	第二季度	第三季度	第四季度	全年
预计销售量	100	150	200	180	630
加：预计期末产成品存货	15	20	18	20	20
合计	115	170	218	200	650
减：预计期初产成品存货	10	15	20	18	10
预计生产量	105	155	198	182	640

生产预算在实际编制时是比较复杂的，产量受到生产能力的限制，产成品存货数量受到仓库容量的限制，只能在此范围内来安排产成品存货数量和各期生产量。

此外，有的季度可能销量很大，可以用赶工方法增产，为此要多付加班费。如果提前在淡季生产，会因增加产成品存货而多付资金利息。因此，要权衡两者得失，选择成本最低的决策方案编制生产预算。

三、产品成本预算的编制

产品成本预算，是销售预算、生产预算、直接材料预算、直接人工预算、制造费用预算的汇总。

（一）直接材料预算

直接材料预算，是以生产预算为基础编制的，同时要考虑材料存货水平。

直接材料预算的主要内容有：直接材料的单位产品用量、生产需用量、期初和期末存量等。其中，“预计生产量”的数据来自生产预算；“单位产品材料用量”的数据来自标准成本资料或消耗定额资料；“预计生产需用量”是上述两项的乘积。年初和年末的预计材料存货量，是根据当前情况和长期销售预测估计的。上例假设年初材料存量300千克，年末留存400千克。各季度“预计期末材料存量”根据下季度生产需用量的一定比例确定，上例按20%计算。各季度“预计期初材料存量”是上季度的预计期末存货。为了便于以后编制现金预算，通常要预计材料采购各季度的现金支出

（见表13-3）。

表13-3 S公司的直接材料预算

项目	第一季度	第二季度	第三季度	第四季度	全年
预计生产量（件）	105	155	198	182	640
单位产品材料用量（千克/件）	10	10	10	10	10
预计生产需用量（千克）	1 050	1 550	1 980	1 820	6 400
加：预计期末材料存量（千克）	310	396	364	400	400
合计（元）	1 360	1 946	2 344	2 220	6 800
减：预计期初材料存量（千克）	300	310	396	364	300
预计材料采购量（千克）	1 060	1 636	1 948	1 856	6 500
单价（元/千克）	5	5	5	5	5
预计采购金额（元）	5 300	8 180	9 740	9 280	32 500
单位产品材料用量（千克/件）	10	10	10	10	10
预计生产需用量（千克）	1 050	1 550	1 980	1 820	6 400
预计现金支出（元）					
上年应付账款（元）	2 350				2 350
第一季度（采购5 300元）（元）	2 650	2 650			5 300
第二季度（采购8 180元）（元）		4 090	4 090		8 180
第三季度（采购9 740元）（元）			4 870	4 870	9 740
第四季度（采购9 280元）（元）				4 640	4 640
合计（元）	5 000	6 740	8 960	9 510	30 210

每个季度的现金支出包括：偿还上期应付账款和本期应支付的采购款。

上例假设材料采购的货款有50%在本季度内付清，另外50%在下季度付清。这个百分比是根据经验确定的。如果材料品种很多，则需要单独编制材料存货预算。

（二）直接人工预算

直接人工预算是以生产预算为基础编制的。其主要内容有预计产量、单位产品工时、人工总工时、每小时人工成本和人工总成本。“预计产量”的数据来自生产预算。单位产品人工工时和每小时人工成本的数据，按照标准成本法确定。人工总工时和人工总成本是在直接人工预算中计算出来的。由于工资都需要使用现金支付，所以，不需另外预计现金（见表13-4）。

表 13-4　　S 公司的直接人工预算

项目	第一季度	第二季度	第三季度	第四季度	全年
预计产量（件）	105	155	198	182	640
单位产品工时（小时/件）	10	10	10	10	10
人工总工时（小时）	1 050	1 550	1 980	1 820	6 400
每小时人工成本（元/小时）	2	2	2	2	2
人工总成本（元）	2 100	3 100	3 960	3 640	12 800

（三）制造费用预算

制造费用预算通常分为变动制造费用和固定制造费用两个部分进行预算。

变动制造费用以生产预算为基础来编制。如果有完善的标准成本资料，用单位产品的标准成本与产量相乘，就可以得到相应的预算金额。如果没有标准成本资料，就要逐项预计计划产量需要的各项制造费用。

固定制造费用，需要逐项进行预计，通常与本期产量无关，按每季度实际需要的支付额预计，然后求出全年数。

为了便于以后编制产品成本预算，需要计算小时费用率，即分配率。

变动制造费用分配率 = 3 200/6 400 = 0.5（元/小时）

固定制造费用分配率 = 9 600/6 400 = 1.5（元/小时）

为了便于以后编制现金预算，需要预计现金支出。制造费用中，除折旧费用外都须支付现金。因此，根据每个季度制造费用数额扣除折旧费用后，即可得出“现金支出的费用”（见表 13-5）。

表 13-5　　S 公司的制造费用预算　　单位：元

项目	第一季度	第二季度	第三季度	第四季度	全年
变动制造费用：					
间接人工（1 元/件）	105	155	198	182	640
间接材料（1 元/件）	105	155	198	182	640
修理费用（2 元/件）	210	310	396	364	1 280
水电费（1 元/件）	105	155	198	182	640
小计	525	775	990	910	3 200
固定制造费用：					
修理费用	1 000	1 140	900	900	3 940
折旧	1 000	1 000	1 000	1 000	4 000
管理人员工资	200	200	200	200	200

续表

项目	第一季度	第二季度	第三季度	第四季度	全年
保险费	75	85	110	190	460
财产税	100	100	100	100	400
小计	2 375	2 525	2 310	2 390	9 600
合计	2 900	3 300	3 300	3 300	12 800
减：折旧	1 000	1 000	1 000	1 000	4 000
现金支出的费用	1 900	2 300	2 300	2 300	8 800

（四）产品成本预算

产品成本预算，是上述销售收入预算、生产预算、直接材料预算、直接人工预算、制造费用预算的汇总。单位产品成本的有关数据，来自前述三个预算。生产量、期末存货量来自生产预算，销售量来自销售收入预算。生产成本、存货成本和销货成本等数据，根据单位成本和有关数据计算得出（见表13－6）。

表13－6　　S公司的产品成本预算　　单位：元

项目	单位成本			生产成本（640件）	期末存货（20件）	销货成本（630件）
	元/每千克或每小时	投入量	成本			
直接材料	5	10千克	50	32 000	1 000	31 500
直接人工	2	10小时	20	12 800	400	12 600
变动制造费用	0.5	10小时	5	3 200	100	3 150
固定制造费用	1.5	10小时	15	9 600	300	9 450
合计			90	57 600	1 800	56 700

注：假设期初存货为10件，单位成本也为90元。

四、销售费用预算的编制

销售费用预算，是指为了实现销售收入预算所需安排的费用预算。销售费用预算是以销售收入预算为基础，分析销售收入、销售利润和销售费用的关系，力求实现销售费用的最有效使用。在安排销售费用时，要利用本量利分析方法，费用的支出应能获取更多的收益。在草拟销售费用预算时，要对过去的销售费用进行分析，考察过去销售费用支出的必要性和效果。销售费用预算应和销售收入预算相匹配，应有按品种、按地区、按用途的具体预算数额（见表13－7）。

表 13－7　**S公司销售费用预算**　单位：元

项目	金额
销售费用：	
销售人员工资	2 000
广告费	5 500
包装运输费	3 000
保管费	2 700
合计	13 200

五、管理费用预算的编制

在编制管理费用预算时，要分析企业的业务水平和一般经济状况，务必做到费用合理化。管理费用多属于固定成本，因此，一般是以过去的实际开支为基础，按预算期的可预见变化予以调整。管理费用预算必须充分考察每种费用是否必要，以便提高费用的合理性和有效性（见表 13－8）。

表 13－8　**S公司管理费用预算**　单位：元

项目	金额
管理费用：	
管理人员薪金	4 000
福利费	800
保险费	600
办公费	1 400
合计	6 800

六、资本预算的编制

资本预算（Capitalbudgeting）亦称资本支出预算，这是关系企业长远发展的投融资预算，如固定资产的购置、扩建、改建、更新等都需要在投资项目可行性论证之后编制出反映投资时间、规模、收益以及资金筹措方式的预算。资本预算是公司在预算期内进行资本性投资活动的预算，包括固定资产投资预算、权益性资本投资预算、债券投资预算等。

1. 固定资产投资预算是指企业在预算期内购建、改建、扩建、更新各类固定资产进行资本投资的预算，根据企业有关投资决策资料和年度固定资产投资计划编制。处置固定资产所引起的现金流入，也列入资本预算。

2. 权益性资本投资预算是指在预算期内为获得其他企业单位的股权及收益分配权

而进行资本投资的预算，根据有关投资决策资料和年度权益性资本投资计划编制。公司转让权益性资本投资或者收取被投资单位分配的（股利）所引起的现金流入，也列入资本预算。

3. 债券投资预算是指企业在预算期内为购买国债、企业债券、金融债券等所做的预算，应当根据企业有关投资决策资料和证券市场行情编制。企业转让债券收回本息所引起的现金流入，也应列入资本预算。

七、现金预算的编制

现金预算由四部分组成：可供使用现金、现金支出、现金多余或不足、现金的筹措和运用。

其中，表13－9中“可供使用的现金”部分包括期初现金余额和预算期现金收入，销货取得的现金收入是其主要来源。期初的“现金余额”是在编制预算时预计的；“销货现金收入”的数据来自销售预算；“可供使用现金”是期初余额与本期现金收入之和。“现金支出”部分包括预算期的各项现金支出。“直接材料”“直接人工”“制造费用”“销售及管理费用”的数据分别来自前述有关预算。此外，“所得税费用”“购置设备（资本预算）”“股利分配”等现金支出的数据分别来自另行编制的专门预算。“现金多余或不足”部分列示可供使用现金与现金支出合计的差额。差额大于最低现金余额，说明现金有多余，可用于偿还过去向银行取得的借款，或者用于短期投资。差额小于最低现金余额，说明现金不足，要向银行取得新的借款。本例中，M企业必须保留的最低现金余额为6 000元，不足此数时需要向银行借款。假设银行借款的金额要求是1 000元的整数倍，那么，第二季度借款额为：

借款额＝最低现金余额＋先不足额＝6 000＋4 940＝10 940≈11 000元

第三季度现金多余，可用于偿还借款。一般按“期初借入，期末归还，利随本清”来预计借款利息。故，本例借款期为6个月，假设年利率为10%，则应计利息＝11 000×10%×6/12＝55（元）。

此外，还应将长期借款利息纳入预算。本例中，长期借款余额为9 000元，年利率为12%，预计在第四季度支付借款利息1 080元。超出最低现金余额要求的部分，可投资于有价证券。

还款后，仍须保持最低现金余额，否则，只能部分归还借款本金。

表13－9　　S公司现金预算　　单位：元

项目	第一季度	第二季度	第三季度	第四季度	全年
期初现金余额	8 000	8 200	6 060	6 290	8 000
加：销货现金收入	18 200	26 000	36 000	37 600	117 800

续表

项目	第一季度	第二季度	第三季度	第四季度	全年
可供使用现金	26 200	34 200	42 060	43 890	125 800
减：各项支出					
直接材料	5 000	6 740	8 960	9 510	30 210
直接人工	2 100	3 100	3 960	3 640	12 800
制造费用	1 900	2 300	2 300	2 300	8 800
销售及管理费用	5 000	5 000	5 000	5 000	20 000
所得税费用	4 000	4 000	4 000	4 000	16 000
购买设备		10 000			10 000
股利		8 000		8 000	16 000
支出合计	18 000	39 140	24 220	32 450	113 810
现金多余或不足	8 200	(4 940)	17 840	11 440	11 990
向银行借款		11 000			11 000
还银行借款			11 000		11 000
短期借款利息（年利率10%）			550		550
长期借款利息（年利率12%）				1 080	1 080
期末现金余额	8 200	6 060	6 290	10 360	10 360

现金预算的编制，以各项销售收入预算和资本预算为基础，它反映各预算期的收入款项和支出款项，并作对比说明。其目的在于现金不足时筹措现金，现金多余时及时处理现金余额（偿还债务、支付利息或投资证券），并且提供现金收支的控制限额，发挥现金管理的作用。

八、财务报表预算的编制

利润表预算和资产负债表预算是财务管理的重要工具。其主要为企业财务管理和绩效管理服务，是控制企业成本费用、调配现金、实现利润目标的重要手段。

（一）利润表预算

表 13－10 中“所得税费用”项目是在利润预测时估计的，并已列入现金预算。

表 13－10　　S 公司利润表预算　　单位：元

项目	金额
销售收入	126 000
销售成本	56 700
毛利	69 300

续表

项目	金额
销售费用与管理费用	20 000
借款利息	1 630
利润总额	47 670
所得税费用	16 000
净利润	31 670

它通常不是根据“利润总额”和所得税率计算出来的，因为有诸多纳税调整的事项存在。

（二）资产负债表预算

资产负债表预算反映预算期末的财务状况。

该预算是利用预算期期初的资产负债表，根据有关销售和财务等预算的有关数据加以调整编制的。

表 13－11 中：

应收账款：

年末＝本期销售额×（1－本期收现率）＝36 000×（1－60%）＝14 400 元

直接材料：

年初＝年初材料存量 300 千克×5 元/千克＝1 500 元

年末＝年末材料存量 400 千克×5 元/千克＝2 000 元

产成品：

年初＝10 件×90 元/件＝900 元

年末＝20 件×90 元/件＝1 800 元

应付账款：

年初＝2 350 元

年末＝第四季度采购金额×付现率＝9 280×50%＝4 640 元

长期借款：

本年度没有变化

普通股：

本年没有变化

未分配利润：

年初 16 250 元

年末＝期初未分配利润＋本期利润－本期股利＝16 250＋31 670－16 000

　　＝31 920 元

表 13－11　　S 公司资产负债表预算　　单位：元

资产			负债与所有者权益		
项目	年初	年末	项目	年初	年末
现金	8 000	10 360	应付账款	2 350	4 640
应收账款	6 200	14 400	长期借款	9 000	9 000
直接材料	1 500	2 000	普通股	20 000	20 000
产成品	900	1 800	未分配利润	16 250	31 920
固定资产	31 000	37 000			
资产总额	47 600	65 560	负债和股东权益总额	47 600	65 560

编制资产负债表预算的目的，在于判断预算反映的财务状况的稳定性和流动性。如果通过资产负债表预算的分析，发现某些财务比率不佳，那么必要时可修改有关预算，以改善企业未来的财务状况。

第五节　全面预算管理会计岗位常见错误与舞弊行为

全面预算管理在企业实务中的应用越来越广泛，但全面预算管理岗位在实务操作中还存在一些问题，需要采取有针对性的措施及时予以解决，以使全面预算管理的效能得到更充分的发挥。

一、全面预算管理岗位常见错误

（一）全面预算管理会计岗位常见错误

1. 全面预算编制与企业战略规划不匹配。企业全面预算编制与企业已有的战略目标、经营目标应当保持一致，围绕这两个目标，才能保证年度预算规划的合理性。但是部分全面预算管理岗位人员预算编制的立足点存在问题，目光不够长远，只注重短期效益，而没有重视长期经营战略目标，预算管理指标与客观实际偏差明显，与企业的未来发展规划不匹配，各预算指标间、预算与实际经营业务间明显脱节，甚至与企业的经营管理活动相冲突，无法达到预算编制与执行的预期效果。

2. 全面预算编制欠缺科学性与合理性。企业全面预算包含内容较多，编制过程中受到岗位人员素质、编制能力、编制方法等各种因素的影响，容易出现预算编制不科学的情况，影响全面预算管理的准确性。不少企业对于全面预算管理缺少专业的架构思路，实践应用经验也不足，难以细化和定性量化预算指标。例如，有的企业编制全面预算时，对历史数据的采集不够全面、准确，预估预算期间各项业务的准确性不高；大多选择“自下而上”或“自上而下”的方式，单一的预算编制方法导致预算数据质量偏低，可操作性不高，降低了预算的准确性，经常出现部门预算不足或超预算的情况。

3. 全面预算执行管控与监督不严。预算执行是非常重要的环节，如果预算执行不力，将会严重降低全面预算管理的效果与质量。例如，有的企业预算执行的过程是“自上而下”，整个流程耗费时间比较长，存在执行内容和制定内容不相符的情况，以及预算与管控相脱节的问题。各部门为了能够顺利完成预算目标，存在编造各种数据的情况，导致企业的全面预算管理不能够真正实现控制作用。另外，预算考核机制不完善，难以对预算执行中的问题进行及时发现，制约了全面预算管理水平的持续提高。

4. 信息化建设重视度不够。企业内部信息传递速度和效率直接影响着全面预算管理的最终水平，只有保证信息准确、快速地在企业内部完成传递，让管理层和预算执行部门的手中的信息保持一致，才会获得良好的全面预算管理结果。但是从目前实际来看，一些企业出于节约成本的目的，再加上信息化意识不强，对信息化建设工作没有投入足够的时间和精力，进而导致企业“信息孤岛”现象出现，这便成为全面预算管理实施过程的重要阻碍。例如，有些企业在预算编报时，预算信息的收集、传递、管理等工序依旧使用手工、Office办公软件等传统工具，而这种传统工具不仅效率低、准确度低，而且花费时间长，给预算编报人员带来极大的工作压力，同时也比较容易出现信息缺失的情况。

（二）全面预算管理会计岗位常见错误的防范

1. 切实发挥企业战略的导向作用。企业战略对于全面预算管理而言，具有导向性作用，企业要想实现全面预算管理目标，则要秉持战略导向的理念。企业在实际管理过程中，要保证战略规划水平始终保持在较高水平之上，进而通过战略思维开展全面预算管理工作，同时结合企业长远的战略目标，对年度经营预算加以确定，然后将确定好的年度经营预算结合不同责任主体进行分解，让经营预算相关的组织、人员、过程是相互对应、相互一致的，企业经由这样的全面预算管理方式，能够形成目标一致，动态化的统一整体。

2. 设置预算管理组织机构。全面预算管理组织体系是预算管理工作必不可少的重要组成部分，企业要充分结合自身实际，设置相应的组织机构。为保证全面预算管理实际运行的稳定性，可先按照企业业务性质和管理特点来进行职责分工，让内部各部门能够保持比较良好的沟通和联系，以此保证各方利益的均衡。全面预算管理工作包含不同方面的内容，如绩效管理、考评激励等，在管理期间，企业各部门处于主导地位的是财务部门，但因为预算管理的特殊性，要想提升最终管理水平，需要联合相关其他部门共同完成。具体可从以下几方面着手：

（1）企业在内部设置预算管理委员会，委员会成员为企业最高管理人员。作为预算管理的决策机构，由最高管理层进行负责，保证全面预算管理的权威性及公正性，委员会需要对预算事项进行审核、批准。

（2）设置全面预算管理办公室，办公室成员来自财务部门、业务部门、职能部门的负责人。办公室需要对全面预算的编制、执行、反馈、考评等各项具体工作负责，让企业内部与预算管理相关部门都参与到这项工作中。

（3）分化企业内部的职能部门，按照职能要求分成预算执行组织。预算执行组织是指企业根据预算计划，将预算执行过程中涉及的各个职能部门分化后建立的预算执行机构。这些预算执行组织按照其职能范围分为多个单元负责执行和控制企业的预算执行任务，确保预算可以按照计划得以实现。其中，负责预算执行工作的职能部门，应按照其权责范围大小进行化分，使各部门之间的职责更加清晰明确，能够更有效地协同配合，提高预算执行效率和精度。例如，在财务职能部门中，可以分成预算编制和预算执行两个职能单元，由预算编制单元负责制订企业的年度预算计划，而预算执行单元则负责执行该计划，并形成执行情况反馈报告。这样就能有效实现财务职能部门的预算管控职责。

（三）建设和完善全面预算管理体系

企业要建立健全预算管理制度，完善预算实施环境，负责人要从思想和行动上重视全面预算管理，深刻认识到全面预算的重要性和必要性。结合企业管理实际，从战略高度完善全面预算管理与绩效评价的制度；健全奖惩机制，吸引全员主动支持和参与全面预算管理。

（四）提高全面预算编制的科学性

全面预算管理岗位人员编制全面预算时，要事先做好全面调查研究工作。战略目标与经营规划是企业全面预算编制的重要参考，在编制过程中，要分析企业长短期发展规划目标，立足企业实际情况，科学制订全面预算管理方案。全面预算管理部门要细分各项经营活动及预算管理目标，倒推出符合企业实际的生产经营成本、现金流量等各项重要财务指标。科学合理地选择全面预算管理方法，如决策者需要规划未来预算期时，可选择应用零基预算方法；生产型企业可选择基础预算，其以作业和成本动因作为预算编制起点，能更好地精确控制费用；建筑业和大型设备制造企业可选择项目预算，针对特定项目的收支情况进行预算管理。

（五）强化企业全面预算管理的监督与执行

全面预算包括对业务的统筹安排、对资金的专项调控以及对项目的风险控制预算。

企业要强化全面预算管理的执行，根据职能部门划分出重点考核指标，明确考核办法。制订出符合各部门实际的预警线与控制线，对预算执行过程进行全过程、动态化管理。在企业经营中，要全面分析单项成本与总体成本的影响，强化例外管理，选择最优的处理方案。通过动态监管，及时发现全面预算执行结果与目标存在的偏差，并进行纠偏，以使全面预算管理得到顺利有序的推进。同时，还要加强全面预算管理的考核，严格按预算及相关合同等来进行刚性控制。如果是预算外的支出，则应当依据审批流程进行严格审批，以增强全面预算管理的约束力。

（六）落实并强化信息化建设

全面预算管理岗位人员可以在先进的计算机和信息技术支持下，推动会计信息系统数据与其他管理系统数据整合，构建企业信息系统，让企业对财务、非财务信息能作出相应的及时化处理和预测。在与其他管理系统整合后，企业之间的信息能实现共享，打破“信息孤岛”，让物流、资金流、信息流的运作和管理相一致、相统一，保证企业全面预算管理效果。信息系统的建立，能够将企业整个生产经营过程囊括进去，最高管理层和基层管理员原来存在信息不对称的情况被瓦解，避免了预算松弛的出现。同时，全面预算管理岗位人员能够及时了解和掌握预算执行的各种情况，能在第一时间进行问题处理，让预算管理更加灵活、准确。

二、全面预算管理会计岗位的舞弊行为

（一）全面预算管理会计岗位的舞弊行为

1. 伪造预算支出。全面预算管理会计人员为了达到支出预算的要求，可能会虚构支出，或者将某些支出进行处理，使其符合预算要求，但实际上并不存在这些支出，从而获得额外的利益。

2. 私自转移资金。全面预算管理会计人员有可能将某些不属于本部门的预算资金进行转移，全面预算管理会计人员可能接受贿赂或擅自挪用预算资金，或者将本部门的资金转移到其他部门或个人账户上，从而获取不正当收入，侵占企业财产。

3. 数据篡改。全面预算管理会计人员可能篡改预算数据，如虚构预算项目、隐瞒重要预算信息等。他们可能在预算报表中进行虚构或篡改，使得预算数据不真实或不准确，以达到个人或利益团体的目的。这可能包括虚报收入、夸大支出、隐藏预算超支等行为，从而误导管理层和利益相关方对企业预算的真实情况产生错误的认识。

（二）全面预算管理会计岗位的舞弊行为的防范

1. 加强全面预算管理会计人员道德教育。加强全面预算管理会计人员道德教育，

提高全面预算管理会计人员的职业道德和风险意识，加强对预算管理制度和相关法规的培训，加强预算道德，使其具备正确的预算管理理念和方法，不易受到诱惑和影响，避免资源浪费和数据造假的现象。

2. 建立严格的内部控制制度。建立健全的内部控制体系，包括预算编制、审批和执行的各个环节都要建立明确的制度和流程，并加强对制度执行的监督和审计，定期进行内部审计，发现和纠正可能存在的舞弊行为，及时采取措施加以防范和打击，确保预算数据的真实性和准确性。

3. 加强信息系统安全。建立健全的信息系统安全措施，包括数据备份、权限管理、系统访问审计等，确保预算数据的安全性和完整性，避免数据被篡改或泄露。

本章小结

通过本章的学习，我们了解了全面预算管理以及全面预算管理会计的内涵；掌握了全面预算管理会计岗位的工作内容，以及在工作中我们应当注意的事项；分析了全面预算管理会计的职责以及权限；了解了全面预算管理会计存在的错误与舞弊以及应对策略；并通过全面预算管理会计的实务系统地了解全面预算管理会计岗位。

关键术语

全面预算　　全面预算管理　　预算编制　　预算控制

预算刚性约束　　预算考核制度

— 自测题 —

第十四章　税收筹划会计岗位

本章导读

税收筹划是纳税人按照国家的税收政策，遵守税收活动的客观规律，对自身的纳税事宜所进行的策划。本章主要介绍了什么是税收筹划，阐述了税收筹划的意义、目标，以及税收筹划岗位工作的主要内容、职责与权限；对税收筹划中存在的风险进行描述，并针对存在的风险采取规避措施。与此同时，本章主要对增值税、企业所得税以及个人所得税三个税种的税收筹划进行具体分析。最后针对税收筹划工作中常见的错误与误区进行讲解。

学习目标

1. 了解税收筹划会计岗位的定义。
2. 掌握税收筹划岗位的工作内容以及应该注意的事项。
3. 掌握税收筹划岗位的职责以及权限。
4. 了解税收筹划存在的风险以及风险的应对策略。
5. 掌握税收筹划的实务操作。

第一节　税收筹划会计岗位的定义

税收筹划会计岗位是在企业财务部门，专门负责为企业或个人提供税务规划和咨询服务的专业职位。其主要职责是帮助企业或个人（纳税人）最大限度地减少纳税额，同时确保其遵守相关法律法规，它包括制订合理的税务策略、规划资产、优化投资结构、处理税务争议等方面的工作。税收筹划会计岗位需要具备扎实的税务知识和丰富的实践经验，能够根据不同纳税人的需求提供个性化的服务，以达到最大程度的税收优惠和合规性。而税费作为也不可忽视的存在，专业、合理的税收筹划是所有企业必须重视的重要工作之一。在条件许可时，可以专门设置税收筹划会计岗位负责企业的税收筹划。不具备条件的企业也应该由企业财务部门负责人兼任税收筹划工作。我国现行的税收体系主要有流转税、所得税、资源税、行为税、财产税五大类，主要的有：增值税、企业所得税、个人所得税及土地增值税、印花税与其他税种。本章将针对增值税、企业所得税、个人所得税进行讲解。

一、税收筹划的概述及定义

（一）概述

税收筹划形成较为完整的理论与实务体系的标志是在1959年欧洲成立的税务联合会，其成员遍布美、法、德、意等22个国家，由从事税务咨询的专业人士和团体组成，明确提出以税务咨询为中心开展税务服务，而纳税筹划就是其服务的主要内容。关于纳税筹划，其代表性的观点如下。

荷兰国际财政文献局（IBFD）《国际税收词汇》：“税务筹划是指通过纳税人经营活动或个人实务的安排，以达到减轻纳税的活动。”

印度税务专家N. J. 雅萨斯·威《个人投资和税务筹划》：“纳税人通过财务活动的安排，以充分利用税收法规所提供的包括减免税在内的一切优惠，从而获得最大的税收利益。”

美国南加州大学W. B. 梅格斯博士在已发行多版的《会计学》中作了如下阐述：“人们合理而又合法地安排自己的经营活动，使之缴纳可能最低的税收，他们所使用的方法可称为纳税筹划。因此，少缴税和递延缴纳税收是税务筹划的目标之所在。”“美国联邦所得税已变得如此之复杂，这使为企业提供详尽的税务筹划成为一种谋生的职业。现在几乎所有的公司都聘用专业的税务专家研究企业主要经营决策上的税收影响，为合法减少纳税制订计划。”“在纳税义务发生之前有系统地对企业经营或投资行为作出事先安排，以达到尽量地少缴所得税，这个过程就是税务筹划。其主要方式，如选择企业的组织形式和资本结构，投资采取租赁还是购入，以及交易时间的安排等。”

尽管在发达国家纳税人对纳税筹划已经耳熟能详，并能充分利用，也认为是单位业务活动的重要内容，但在我国则处于初始阶段，且对纳税筹划的看法参差不齐，做法也千差万别，但法人和自然人对纳税筹划已经给予高度关注，并且其关注程度越来越高，要求越来越迫切。鉴于纳税人和税务机关法律地位平等，但权利义务不对等，这势必形成独具中国特色的纳税筹划原则：对税务机关来说，要依法行政，不折不扣地执行“法无授权不得行”的原则，不能超越范围滥用自由裁量权；对纳税人来说，要遵守税法和尊重税法，坚定不移地遵循“法无明文不为过（罪）”的原则，切实维护自身的合法权益。

（二）定义

税收筹划是纳税人按照国家的税收政策（在法律和政策允许的范围内），遵守税收活动的客观规律，对自身的纳税事宜所进行的策划。其目的是整体性减轻纳税人的税收负担，使得单位现金流出量尽可能减少。

二、税收筹划会计岗位的定义

税收筹划会计岗位是在企业财务部门，专门负责为企业或个人提供税务规划和咨询服务的专业职位。其主要职责是帮助企业或个人（纳税人）最大限度地减少纳税额，同时确保其遵守相关法律法规，它包括制订合理的税务策略、规划资产、优化投资结构、处理税务争议等方面的工作。

三、税收筹划的主要特征

1. 预见性。各国的税收政策因为政治、经济、文化等多方面的差异而存在差别，即使在同一个国家，在不同的区域也会因组织机构和形式设置的不同导致税收待遇、税收政策上的不同。要开展纳税筹划活动，纳税人就必须在业务活动发生之前，准确把握从事的这项业务涉及哪些过程和环节，涉及哪些税种，有哪些税收优惠政策，所涉及的税收法律、法规中存在哪些可以利用的立法空间等，掌握了以上情况后，纳税人便可以利用税收优惠政策达到节税目的，也可以利用税收立法空间达到节税目的。

2. 合法性。税收筹划不是偷税漏税，企业在进行纳税筹划时不能盲目操作，筹划活动不能与现行税收法律法规相抵触。企业进行税收筹划的最终目的是降低税负成本，减轻税收负担，但这个目标的实现只能是在合法、合理的前提下进行，而且要被征税机关所认可。如果税收筹划超出了这个前提，就很有可能演变成偷税、骗税等违法行为。

3. 安全性。纳税人开展税收筹划，需要具备自我保护意识。既然税收筹划要在不违法或非违法的前提下进行，那么筹划行为离不合法的距离越远越好，这就是纳税人的一种自我保护意识。纳税人为了更好地实现自我保护，需要注意以下三个“结合”：业务流程与税收政策相结合；税收政策与筹划方法相结合；筹划方法与会计处理相结合。

四、税收筹划的意义

税收筹划的目的是企业在经营管理活动，在业务产生前规划税收，使企业合理、合法地执行税法，不交冤枉税。例如，个人所得税，年终奖金一次下发和分配到各月工资中分别下发，要做好分别的计算，以减少税收负担。但如今许多中小企业所说的税收筹划基本都是事后的，也就是事件早已发生了再去税务筹划，抑或是为了能不缴税或者少缴税而做的一些掩盖收入、虚列费用成本等情形，这些都并非税收筹划。税收筹划就是为了以合法有效的手段达到节税的目的，它的意义在于：

1. 有利于提升公司本身的经营管理能力，尤其是财务和会计的管理能力。倘若一个国家的现行税收法规存有漏洞而纳税人却忽视其存有，这很有可能代表着某一方面纳税人经营水平层次较低，对现有税法没有太深入的掌握，就更别谈依法纳税和诚信纳税；而另一方面代表着一个国家税收立法质量较差。

2. 有利于优化公司产业结构和投资方向。公司按照税收的各项优惠政策做好投资决策、企业制度改造、产品结构调整等，尽管在主观上是为了能减轻税收负担，但在客观上则是在国家税收经济拉杆的作用下，逐渐踏上优化产业结构和生产力合理布局的道路。

3. 有利于健全完善税制，提升国家税收。税收筹划有利于公司降低税务成本，也有益于贯彻落实国家的宏观经济政策，使经济效益和社会效益达到有机结合，进而提升国家税收。例如，税收筹划中的避税筹划，就是对现有税法缺陷作出的充分反应，暴露了现有税收法规的不足，国家则可按照税法缺陷情况采取有效对策，对现有税法做好修正，以健全完善国家的税收法规。

4. 有利于减少公司本身的“偷、欠、骗、抗”税等税收违法行为的发生。加强纳税观念，达到诚信纳税。纳税人都想要减轻税负，如果有不违规的办法可以选取，自然就不会做违规之事。税收筹划的存在和发展为纳税人节省税收开支带来了合理合法的途径，这在客观上减少了企业税收违规的概率。

五、税收筹划的目标及主要方式

（一）税收筹划目标

税收筹划目标是指通过税收筹划使企业在一定税负状态下达到更佳经济利益的状况。

在理论界的研究中，一般税收筹划的目标包含于定义中。例如，国际财政文献局编写的《国际税收词汇》对税收筹划下的定义是：税收筹划是指通过纳税人的经营活动或个人事务活动的安排实现缴纳最低的税收。其筹划的目标定义为最低纳税。美国南加州大学 W. B. 梅格斯博士在《会计学》一书中对税收筹划的定义是：人们合理又合法地安排自己的经营活动和投资行为，使之缴纳可能最低的税收。在这里梅格斯明确提出了税收筹划的具体目标是少缴税和递延纳税。国内税务专家唐腾翔对税收筹划的定义是：税收筹划是指在法律规定许可的范围内通过经营、投资、理财事先筹划和安排，尽可能取得节税的税收利益。目前国内外多数学者都将税收筹划的目标定义为节税。这种节税包括少缴税和递延纳税。

（二）税收筹划的主要方式

目前，国内外企业对税收筹划的主要方式有节税、避税，但不包括偷税，偷税是违法行为。

1. 节税。

节税是指税务人利用税法的漏洞，使用非违法的手段来减少税务支出的行为，税务人表面上遵守税收法律法规，但实质上却是以非违法形式来达到自己少缴税的目的。所以节税也被称为“合法的逃税”。

在现代税收条件下，企业追求的最终财务目标应当是税后利益最大化。在既定纳税义务（即既定的投资与经营地点、方式、内容）的前提下，税收是一种绝对成本，选择节税方案一般可以减少绝对的税款支出，增加税后利润，实现最终的财务目标。但是在未定纳税义务的前提下，即在有多个投资和经营方案可供选择的情况下，税收是一种相对成本，节税方案未必就是税后利益最大化的纳税方案。例如，有两种投资方案可供选择：一种方案预测应纳税是50万元，税后利润是80万元；另一种方案预测应纳税是60万元，税后利润是100万元。在其他投资条件相同的情况下，第一种方案虽然纳税少，但税后利润少；第二种方案虽然纳税多，但税后利润多。显然，在做税收筹划时应选择第二种方案。所以将税收筹划的目标定义在节税范围内，在既定纳税义务条件下与企业的最终财务目标是一致的；在未定纳税义务条件下就不一定符合最终财务目标的要求，因此节税是一种狭义的筹划目标，对纳税人会产生误导作用。

2. 避税。

避税是指纳税人在不违反税法规定的前提下，将纳税义务减至最低限度的行为。将避税也纳入税收筹划的目标中，尽管是一部分人或少数人的主张，但是对纳税人的误导作用是不可低估的，因为纳税人并不是税务专家，不可能完全划清节税与偷税、避税的界限，只要你能让我少纳税，不管什么方法都采用。从理性角度讲，如果说税收筹划的目的是少纳税，那么偷税也会达到这种目的，但偷税明显是违法的，必将付出沉重的代价。对于避税，虽然在各国的法律中多数没有处罚的条款，但是避税被多数国家和国际的涉税法律认定为是一种违背立法意图的行为，并采取了一系列反避税措施。避税行为也会受到调查，查证后也要补税。因此，将避税纳入税收筹划的目标中似乎是扩大了税收筹划的领域，但最终只会适得其反。

3. 避税与偷税的区别。

第一，适用的法律不同。前者避税适用涉外经济活动有关的法律法规，后者仅适用国内的税法规范。

第二，适用对象不同。前者针对外商投资、独资、合作等企业、个人，后者仅为国内的公民、法人和其他组织。

第三，个体行为方式不同。前者是纳税人利用税法上的漏洞、不完善，通过对经营及财务活动的人为安排，以达到规避或减轻纳税目的的行为。后者则是从事生产、经营活动的纳税人，在纳税到期前有转移、隐匿其应纳税的商品、货物、其他资产及收入的行为，达到逃避纳税的义务。一般情况下构成犯罪，严重的构成偷税罪，手段、情节突出的可构成抗税罪。

（三）税收筹划的目标定位

税收筹划的目标定位是要科学、准确，应当在法律许可的范围内实现税后利益最大化。这种定位，既克服了节税目标的狭隘性和不确定性，又排除了偷税与避税问题。实现税后利益最大化这一目标，从范围上讲包括节税，但又不限于节税；同时，节税必须以税后利益最大化为前提，离开税后利益最大化的节税不能作为税收筹划的目标。这里需要将税收筹划的目标划分为最终目标和具体目标两个层次：最终目标是税收筹划的根本目标或最终目的，具体目标是实现最终目标的直接路径目标；具体目标必须以最终目标为前提，最终目标只有通过对各种具体目标的选择才能得以实现。

税后利益最大化前提下的具体目标多种多样，但概括起来有以下几个方面。

1. 选择低税负点。低税负点又可分为税基最小化、适用税率最低化、减税最大化等具体内容，在法律许可的范围内选择低税负点，可以减少税款支付，增加税后利益，但是对这种低税负点的选择必须以税后利益最大化的最终目标为前提，否则低税负点就不能成为税收筹划的具体目标。选择低税负点能否实现税后利益最大化，要受纳税义务既定条件的约束，在既定纳税义务的条件下，除非有零税负点可供选择以外，选择低税负点可以直接增加税后利益，实现税后利益最大化的最终目标。

2. 选择零税负点。零税负点又包括纳税义务的免除和避免成为纳税人，合法选择零税负点避免纳税，可以增加税后利益。

3. 选择递延纳税。递延纳税包括递延税基和申请延缓纳税两个方面。在法律许可的范围内递延纳税可以取得资金的时间价值，增加税后利益；递延纳税也应当以税后利益最大化为最终目标，它只不过没有纳税义务既定性约束条件，但存在机会成本的选择问题。例如，在减免税期间，因递延纳税而减少了应减半享受的减免税利益，并且减少的减免税利益大于递延纳税的利益，就应当放弃递延纳税的具体目标选择减免税目标。

4. 选择次优税负点。当选择以上低税负点、零税负点以及递延纳税的节税目标不能实现税后利益最大化的最终目标时，应该选择次优税负点作为税收筹划的具体目标，包括纳税多或者纳税非最少、但税后利益最多的纳税方案。

5. 避免因违法而受到损失。根据税收筹划最终目标的要求，在筹划时不仅不能选择偷税，而且只有随时注意避免税收违法行为的发生，减少不必要的损失，才能实现税后利益最大化的最终目标。

第二节　税收筹划会计岗位的工作内容和注意事项

一、税收筹划会计岗位的工作内容

1. 节税。所谓的节税是指在税法立法精神的前提下，利用税法中的一些优惠政策和税收惩罚等倾斜调控政策，对企业的筹资、投资和经营等活动进行调整，从而达到减少纳税的目的。这种方式也是税务筹划中的组成部分之一，并且是受国家支持的。

2. 规避税收“陷阱”。一般来说，税收政策规定中都存在一些税收“陷阱”，税务筹划的目的也是在企业经营活动中能够有效地对这些“陷阱”进行规避。需要明白的是，为了能够更好地规避税收“陷阱”，需要提前对税收“陷阱”信息进行了解。

3. 税收转嫁筹划。企业在开展税收转嫁筹划时，会为了达到减轻企业税收压力，通过对产品价格进行调整，并且将税收压力转嫁给他人承担。

4. 涉税零风险。如果纳税人的生产经营账目清楚，并且纳税申报也不存在问题，税款缴纳得及时、足额，不出现任何违法的行为，那么所造成的风险则是极小的，并且可以忽略不计。

在了解清楚税务筹划的工作内容之后，可以促使企业税收筹划会计人员更好地开展税务筹划，但为了确保筹划的成功，除了需要做好筹划前的准备工作以及筹划过程中的细节管控工作之外，更多的还是应该做好人员的选择工作。需要明白的是，专业的税收筹划人员，不仅可以确保税务筹划合理合法，同时也能有效地降低筹划的风险，另外可以避免企业受到法律的惩罚。接下来是税收筹划会计岗位的工作流程：

1. 要了解企业基本情况。

税收筹划的第一步，是要了解纳税企业的基本情况，不同企业的基本情况及要求有所不同，其税收筹划方案和结果在实施税收筹划活动时，税收筹划会计人员应了解筹划企业的基本情况，并做好工作底稿。

（1）企业组织形式。对于不同的企业组织形式，其税务待遇不同，了解企业的组织形式可以根据组织形式的不同制订有针对性的税务规划和税收筹划方案。

（2）财务情况。企业税收筹划是要合法和合理地节减税收，只有全面、详细地了解企业的真实财务情况，才能制订合法和合理的企业节税方案。财务情况主要包括企业的财务报告和账簿记录资料。

（3）投资意向。投资有时可享受税收优惠，不同规模的投资额有时又会有不同的税收优惠；投资额与企业规模（包括注册资本、销售收入、利润等）往往与税收优惠政策有很大的关系，不同规模企业的税收待遇和优惠政策有时也是不同的。

（4）对风险的态度。不同风格的企业领导对节税风险的态度是不同的，开拓型领导人往往愿意冒更大的风险节减最多的税，稳健型企业领导人则往往希望在最小风险的情况下节减税收。节税与风险并存，节税越多的方案往往也是风险越大的方案，两者的权衡取决于多种因素，包括纳税人对风险的态度这个因素。了解纳税人对风险的态度，可以制订更符合企业要求的税务筹划方案。

2. 要了解筹划企业的具体需求。

在了解筹划企业基本情况的基础上，纳税人对税收筹划的共同要求肯定是尽可能多地节税，节税的目的说到底是增加企业的财务利益，而在这一点上，不同纳税人的要求可能是有所不同的，这也是税收筹划会计人员必须了解的。

（1）要求增加所得还是资本增值。企业对财务利益的要求大致有三种：一是要求最大限度地增加每年的所得；二是要求若干年后企业资本有最大的增值；三是既要求增加所得，也要求资本增值。针对不同的财务要求，制订的税收筹划方案也应有所不同。

（2）投资要求。企业有时只有一个投资意向或取得更大财务收益的要求，此时税收筹划者可以根据纳税人的具体情况进行税收筹划，提出各种投资建议。但有时企业对投资已经有了一定的意向，包括投资项目、投资地点、投资期限等，这时筹划者就必须了解企业的要求，根据企业的要求来进行税收筹划，提出投资建议或提出修改企业要求的建议，例如，建议投资期限从 5 年改为 3 年，以节减更多的税。

3. 对筹划企业相关财税政策的学习与归类。

税收筹划会计人员，在着手进行税收筹划之前，都应该对筹划企业相关的财税政策和法规进行梳理、整理和归类，全面了解与筹划企业相关的行业、部门的税收政策，理解和掌握国家税收政策及精神，争取税务机关的帮助与合作，这对于成功实施税收筹划尤为重要。如果有条件，最好建立企业税收信息资源库，以备使用。

至于与筹划企业相关的财税政策和法规的获取，一般有以下渠道：

（1）通过税务机关寄发的免费税收法规资料；

（2）通过到税务机关索取免费税收法规资料；

（3）通过图书馆查询政府机关有关税收法规和筹划方案出版物；

（4）通过政府网站或专业网站查询政府机关的免费电子税收资料库；

（5）通过订阅和购买政府机关发行的税收法规出版物；

（6）通过订阅和购买中介机构出于营利目的税收汇编法规资料。

4. 对筹划企业纳税评估与剖析。

在税收筹划之前，对筹划企业进行全面的纳税评估极为必要。纳税评估可以了解企业以下方面的涉税信息：

（1）纳税企业的内部控制制度；

（2）涉税会计处理；

（3）涉税理财计划；

（4）主要涉税税种；

（5）近三个年度纳税情况分析；

（6）纳税失误与涉税症结分析；

（7）税收违规处罚记录；

（8）税企关系。

5. 税收筹划方案设计与拟订。

税收筹划方案的设计是税收筹划的核心，不同的筹划者在方案形式的设计上可能大相径庭，但是在程序和内容方面具有共同之处，即一般的税收筹划方案由以下几部分构成：

（1）涉税问题的认定。主要是判断所发生的理财活动或涉税项目属于什么性质，涉及哪些税种，形成什么样的税收法律关系。

（2）涉税问题的分析、判断。涉税项目可能向什么方面发展，会引发什么后果；能否进行税收筹划，筹划的空间到底有多大；需要解决哪些关键问题。

（3）设计可行的多种备选方案。针对涉税问题，设计若干个可供选择的税收筹划方案，并对涉及的经营活动、财务运作及会计处理拟订配套方案。

（4）备选方案的评估与选优。对多种备选方案进行比较、分析和评估，然后，选择一个较优的实施方案。

6. 税收筹划涉税纠纷处理。

在税收筹划实践活动中，由于筹划者只能根据法律条文和法律实践设计筹划方案并作出判别，而税务机关与筹划者对于税法条款的理解可能不同，看问题的角度也可能存在差异，因此，可能会对一项税收筹划方案形成不同的认识，甚至持截然相反的观点，在税收筹划方案的认定和实施方面可能会导致涉税纠纷。

在税收筹划方案的实施过程中，筹划企业应该尽量与税务机关进行充分的交流与沟通，实现税务协调；如果真的导致税收纠纷，筹划企业应该进一步评估筹划方案的合法性，合理合法的方案要据理力争，不合法的筹划方案要放弃。

如何认定筹划方案的合法性，我们应该关注税务机关的理解：一方面，从《宪法》和现行法律角度了解合法性，税务机关的征税和司法机关对税务案件的审理，都必须以立法机关制定的《宪法》和现行法律为依据；另一方面，从行政和司法机关对合法性的法律解释和执法实践角度了解合法性。行政机关依法行政，负责执行法律及法律规定的权力，它们还往往得到立法机关授权制订执行法律的法规，这些行政法规更具体地体现了国家的政策精神，而司法机关依法审判税务案件，负责维护、保证和监督税收法律的实施，它们的判决使国家政策精神体现得更加明确、清晰。企业税收筹划岗位人员可以从税务机关组织和管理税收活动以及司法机关受理和审判税务案件中，具体了解行政和司法机关在执法和司法过程中对合法性的界定。

7. 税收筹划方案实施跟踪与绩效评价。

实施税收筹划方案之后，要不断对筹划方案实施情况和结果进行跟踪，并在筹划方案实施后，对筹划方案进行绩效评价，考核其经济效益和最终效果。

税务筹划是为了经营管理活动，在业务产生前规划税收，使企业科学合理、合法地执行税法，不交冤枉税，如个人所得税，年终奖金一次发放和分配到各月工资中分别发放，要做好分别的计算，以降低自身的税收负担。

二、税收筹划会计岗位的注意事项

税收筹划是企业合法合规地减少税务负担的重要手段，对于税收筹划会计岗位来说，以下是一些需要注意的事项：

1. 注意法律合规性。税收筹划一定要注意法律合规性，在法律法规的框架内进行，在开展税收筹划前，要先了解相关的税法法规，并严格遵守，否则很可能会使筹划方案出现违法违规现象。会计人员在开展税收筹划工作时，需要时刻关注和了解相关的税法法规，确保筹划方案的合法性和合规性。

2. 注意透明度和真实性。税收筹划方案制订的目的就是避免企业偷漏税、逃税等行为，同时也为了企业可以最大限度地享受到国家给予的优惠政策。因此，税收筹划方案在制订的过程中，需要遵循一定的原则，即要注重其透明度和真实性，不得虚构交易、虚开发票等行为，否则就会触犯税法中有关规定。

3. 注意充分记录和备案。税务机关在检查时应当对税收筹划的全过程进行详细记录，并按规定保存税收筹划报告、企业所得税汇算清缴资料以及其他与税收筹划有关的资料和凭证。同时税务机关检查税收筹划活动时，应当同时进行必要的审查和核查。

4. 注意风险评估和控制。税收筹划方案的可行性是筹划工作顺利开展的基础，而对筹划方案的风险进行有效评估与控制，是确保筹划行为稳健可控的关键。在具体工作中，会计人员应当对筹划方案所涉及的所有方面进行全面、客观的风险评估，并根据风险评估结果采取相应的控制措施，以确保税收筹划工作实施过程中不出现任何风险。

5. 注意内部合作和沟通。税收筹划是一项系统性、综合性工作，需要税务部门与会计部门之间、会计部门与其他部门之间进行有效的沟通和协作。在实际操作过程中，税收筹划往往涉及多个部门和岗位的合作，因此，作为会计人员，应该与其他部门进行有效的沟通和协作，确保筹划方案的顺利实施。

6. 注意不得超越职权。会计人员在进行税收筹划的过程中，应严格遵守国家有关财经法律法规的规定，不能超越自己的职责范围，进行非法操作，更不能利用职务之便谋取不当利益。

7. 注意及时更新知识和法规。在企业税收筹划过程中，注意及时更新自己的知识，了解最新的税收法规及政策。由于我国税法及税收政策在不断变化，并且这一变化是动态的，因此，企业会计人员应该时刻关注最新的法规及政策，并及时了解，以便在发生变化时能够有充足的时间做出反应，并对此作出准确的判断。

8. 注意主动配合税务机关。税务机关有权对企业进行税务审查和核查，会计人员应当积极配合税务机关的工作，提供真实、准确的资料和信息。

总之，税收筹划会计岗位需要保持高度的诚信和专业素养，确保税收筹划行为的合法性、合规性和可持续性，为企业创造良好的税务环境和经营发展条件。

第三节　税收筹划会计岗位的职责和权限

一、税收筹划会计岗位的职责

1. 负责拟订企业税收筹划方案。

（1）收集、整理与企业业务有关的税务政策和信息资料，研究税法和国家税收政策。

（2）拟订企业税收筹划方案，合理应用税收优惠政策。

（3）编制企业税收预算。

（4）研究和确定合理的会计核算及处理方法，并指导相关人员应用。

（5）对企业商务合同中的涉税事项提出建议与意见。

2. 负责计算税金，办理税务预报，并进行税收会计核算工作。

（1）执行税收筹划方案，按税法和税收征管法规定正确计算税金。

（2）在规定时间内向国家税务部门及时准确地申报缴纳各种税款。

（3）负责办理企业出口产品的税收手续（专指外贸企业），包括到税务部门办理出口退税专用缴款书。

（4）对各应纳税项目编制会计凭证，进行账务登记等税收会计核算工作。

（5）指导其他会计岗位的税金计提、抵扣等方面的工作。

（6）负责税务文件、资料的传递、宣传和指导工作。

（7）负责增值税发票、普通发票的购销及日常管理工作。

3. 负责协助配合国家的税收稽查和检查。

（1）协助配合国家税务部门的日常税收稽查、专项稽查等。

（2）负责对稽查认定事项的协调和处理。

（3）负责发票管理和企业税收工作的检查和指导。

4. 负责联络企业的税收事宜，沟通协调与税务主管机关的工作关系。

（1）定期或不定期与税务部门进行业务交流与咨询，及时掌握最新税收政策。

（2）配合税务部门对企业进行的税务检查，规范税务事项。

二、税收筹划会计岗位的权限

1. 有权对企业税收筹划方案的拟订权。税收筹划人员有权根据企业的经营情况、业务模式和纳税义务发生时间等因素，结合税法规定，综合考虑各种因素，对企业的涉税业务进行全面分析，并对如何合法、合理地节税做出明确的安排。

2. 有权对企业各部门涉税有关资料的索取。税务人员有权向企业的各部门、单位和个人索取与税收征收管理有关的资料，并要求相关人员在规定的时间内作出书面说明。同时税务人员对企业财务会计报表、账簿、凭证、纳税申报表等资料，可以复制并记录备查；向有关单位和个人进行调查时，可以要求其提供证明材料和与税收有关的文件、证件。

3. 有权知情企业所有涉税事务。税务人员有权了解该企业的生产经营和财务管理情况；有权检查该企业的账簿、凭证、报表和有关资料；同时有权要求该企业提供与纳税有关的文件、资料，并进行复制，到企业的生产经营和财务管理场所实施必要的检查，依法采取询问、查询、复印等调查措施。

4. 有权拒绝办理不符合税法规定的经济业务。税务人员有权拒绝办理违反税法规定的经济业务，如拒绝或者阻挠税务机关依法实施税收征收管理的；提供虚假资料，不如实反映情况，或者拒绝提供有关资料的；转移、隐匿、篡改、毁弃账簿、记账凭证及其他有关资料的；虚构事实，隐瞒真相，骗取国家税款的。

5. 有权对违反财务会计制度、税法、财经纪律的处理提出纠正意见。税务人员有权对企业违反财务会计制度、税法和财经纪律的行为提出纠正意见，并要求企业进行整改。

6. 有权对企业采购发票的真实性、正确性、合法性的核实。税务人员有权核实企业采购发票的真实性、正确性和合法性，以确保企业的采购支出符合税法规定。

7. 有权对核实发现不符合税法规定的发票予以退回经办单位。税务人员核实发现不符合税法规定的发票时，有权退回给经办单位，要求其进行调整或更正。

8. 有权对本领域（专业）获取信息、知识等办公和劳动工具的使用。税务人员有权获取与其所从事的专业相关的信息、知识和工具，以支持其工作和提高专业能力。

9. 有权学习、研究和接受再教育、培训。税务人员有权进行学习、研究，以不断提升自己的专业素养和能力，并有权接受再教育、培训，以适应税法和税收政策的变化。

需要强调的是，以上权利必须在法律法规的框架下合法行使，并且税务人员在行使权力的同时，也要履行相应的职责和义务，确保公正、公平和合法的税务管理。

第四节　税收筹划会计岗位的实务

一、增值税的筹划

增值税是企业需要缴纳税收的主要税种之一，无论企业是盈利还是亏损，都必须缴纳增值税，因此该税种应引起企业的高度重视，并在税收筹划中予以重要考虑。增值税筹划是指企业通过合法合规的手段，合理利用增值税法律法规和政策的规定，降低企业的增值税负担，提高税收效益。以下是增值税筹划的主要方法。

1. 纳税人身份的选择：根据企业的经营特点和税收政策的要求，选择合适的纳税人身份，如一般纳税人和小规模纳税人，以获得更低的税负。

2. 价外费用的筹划：合理安排企业的费用结构，将一部分费用安排为价外费用，可以减少应纳税额。

3. 增值税混合销售行为的筹划：对于涉及多种税率的产品或服务销售，合理划分和分离销售行为，可以减少应纳税额。

4. 增值税特殊销售的纳税筹划：根据增值税法律法规和政策的规定，合理利用特殊销售形式，如委托加工、转让不动产等，可以降低增值税负担。

5. 增值税延迟纳税的筹划：通过合理安排企业的交易时间和款项支付方式，延迟增值税的纳税时间，提高企业的资金利用效率。

6. 利用增值税税收优惠政策纳税筹划：根据增值税法律法规和政策的规定，合理利用各类税收优惠政策，如减免税、免税和抵扣等，减少应纳税额。

需要强调的是，增值税筹划应当合法合规，遵循相关法律法规和政策的要求，不得进行偷税漏税等违法行为。

（一）购进环节的税收筹划

购货对象选择：一般纳税人在购买货物和应税劳务时，应取得增值税专用发票；一般纳税人进口货物时应取得完税凭证。一般情况下，一般纳税人从小规模纳税人处购买商品是不合算的。但若小规模纳税人降低产品价格，并从主管税务机关开具增值税发票则是合算的。对小规模纳税人来讲，从小规模纳税人处购买货物则可能是合算的。

进项税额确认的筹划：根据企业的不同性质以及购买货物的不同，增值税进项税额的抵扣也不同。

1. 工业企业在购进货物验收入库时才能抵扣进项税额，商业企业在购进货物付款时才能抵扣进项税额，一般纳税人购进应税劳务必须在劳务费用支付后才能申报抵扣。

2. 依据《财政部、国家税务总局关于提高农产品进项税抵扣率的通知》（财税〔2002〕12 号）规定：从 2002 年 1 月 1 日起，增值税一般纳税人购进农业生产者销售的免税农业产品的进项税额扣除率由 10% 提高到 13%。

3. 运输单位提供运输劳务自行开具的运输发票，运输单位主管地方税务局及省级地方税务局委托的代开发票中介机构为运输单位和个人代开的运输发票准予抵扣。其他单位代运输单位和个人开具的运输发票一律不得抵扣。一般纳税人取得运输发票是指：①纳税人外购货物支付运输费用而取得的运费结算单据；②纳税人销售应税货物而支付运输费用所取得的运费结算单据（《中华人民共和国增值税暂行条例实施细则》第十二条所规定的不并入销售额的代垫运费除外）。

4. 生产企业一般纳税人购入废旧物资回收单位销售的免税废旧物资，必须取得废旧物资回收单位开具的由税务机关监制的普通发票，并按照普通发票上注明的金额乘以 10% 的扣除率计算抵扣进项税额。

5. 在购进固定资产时，将部分固定资产附属件作为原材料购进，并获得进项税额的抵扣。

以下以进项税额确认的筹划为例，概述购进环节税收筹划的实务操作。

【例 14－1】 某公司 2×22 年 1 月购进增值税应税商品 10 000 件，购进价款 1 000 万元，进项税额 130 万元。该商品经生产加工后销售单价 1 200 元（不含增值税），实际每月销售量 1 000 件（增值税税率 13%）。则每月销项税额均为 15.6（1 200×1 000×13%）万元。

要求：计算该公司 2022 年前 10 个月的纳税情况。

比较分析：由于该公司进项税额采用购进扣税法，实际 1～8 月因销项税额 124.8

万元（15.6×8）不足抵扣进项税额130万元，在此期间不纳增值税。2×22年9月、10月分别缴纳10.4[15.6-(130-124.8)]万元和15.6万元，共计26万元。这样，尽管纳税的账面金额是完全相同的，但前期抵扣可获得时间价值。

显而易见，这比各月均衡纳税的税负要轻。

（二）销售环节的税收筹划

销项税额指纳税人销售货物或应税劳务，就销售额依照规定的税率计算所销货物或应税劳务的税额。销项税额在价外向购买方收取，其计算公式如下：

销项税额=销售额×税率

利用销项税额进行纳税筹划的关键在于：销售额为出发点；税率为出发点。

一般来说，后者余地不大，利用销售额为出发点的可能性较大。就销售额而言，存在下列纳税筹划策略：

1. 实现销售收入时，采用特殊的结算方式，延后入账时间，延续税款缴纳；

2. 在带包装物销售时，尽量不要将包装物作价随同产品一起出售，而应采取收取包装物押金的方式，且包装物押金应分别核算；

3. 销售货物后加价收入或价外补贴收入，采取措施不要汇入销售收入；

4. 设法将销售过程中的回扣冲减销售收入；

5. 采取某种合法合理的方式坐支，少汇销售收入；

6. 商品性货物用于本企业专项工程或福利设施，本应视同对外销售，但采取低估价、次品折扣方式降低销售额；

7. 采用用于本企业继续生产加工的方式，避免作为对外销售处理；

8. 以物换物，双方都做购销处理，以各自发出的货物核算销售额，以各自购进的货物按规定核算购货额并计算进项税额；

9. 将自产的货物用于非应税项目、集体福利和个人消费，可采取低估价或次品折扣方式降低销售额；

10. 为公关将合格品降低为残次品，降价销售给对方或送给对方；

11. 纳税人因销货退回或折让而退还购买方的增值税额，应从销货退回或者在发生的当期的销项税额中抵扣。

以下以混合销售和兼营行为为例，概述销售环节税收筹划的实务操作。

【例14-2】 混合销售：安装公司A为某制药厂B安装锅炉，工程总造价为100万元，其中锅炉成本为80万元，安装费用为20万元。要求为安装公司A制订税收筹划方案。

比较分析：（1）如果安装公司A自己购买锅炉为制药厂安装，则安装公司应交增值税为100×3%=3万元；

（2）如果由制药厂B购买锅炉，再由安装公司进行安装，则安装公司收取费用20万元，应就安装费用缴纳增值税：20×3% =0.6万元。

因此，在这项业务中，应该由制药厂购买设备，安装公司只负责进行安装，这样可以避免混合销售，减少应缴税额。

【例14-3】 兼营行为：某钢材厂为一般纳税人，其销售钢材的同时又经营农机。某月该厂钢材销售额为2 200万元，经营农机收入为260万元。根据税法规定，销售钢材适用增值税税率为13%，经营农机适用增值税税率为9%。

要求为公司制订合适的税收筹划方案。

比较分析：（1）如果该厂对所得未分别核算，则：

应缴增值税 =(2 200 +260)÷(1 +13%)×13% =283（万元）。

（2）如果该厂对所得分别进行核算，则：

应缴增值税 =2 200 ÷(1 +13%)×13% +260 ÷(1 +9%)×9% =274.57（万元）。

可见，通过分别核算，该厂可以节约税款357.44 -349.57 =7.87万元。

（三）交易双方的税收筹划

1. 一般纳税人选择供货方的筹划。

增值税一般纳税人从小规模纳税人处采购的货物不能进行抵扣，或只能抵扣3%（9%），为了弥补因不能取得专用发票而产生的损失，必然要求小规模纳税人在价格上给予一定程度的优惠。究竟多大的折让幅度才能弥补损失呢？这里就存在一个价格折让临界点。其计算公式如下。

从一般纳税人购进货物金额（含税）为A，从小规模纳税人处购进货物金额（含税）为B。则：

从一般纳税人购进货物的利润为：

净利润额 = 销售额 - 购进货物成本 - 城市维护建设税及教育费附加 - 所得税
= (销售额 - 购进货物成本 - 城市维护建设税及教育费附加)
×(1 - 所得税税率) = [销售额 - A/(1 + 增值税税率)
-(销售额 × 增值税税率 - A/(1 + 增值税税率)
× 增值税税率) ×(城市维护建设税税率 + 教育费附加征收率)]
×(1 - 所得税税率)

从小规模纳税人购进货物的利润为：

净利润额 = 销售额 - 购进货物成本 - 城市维护建设税及教育费附加 - 所得税
= (销售额 - 购进货物成本 - 城市维护建设税及教育费附加)
×(1 - 所得税税率) = [销售额 - B/(1 + 征收率)
-(销售额 × 增值税税率 - B/((1 + 征收率) × 征收率)

×(城市维护建设税税率+教育费附加征收率)]×(1-所得税税率)

注：销售额为不含税销售额，征收率为税务所代开的发票上注明的征收率。

当上述两式相等时，则有：

[销售额-A/(1+增值税税率)-(销售额×增值税税率-A/(1+增值税税率)×增值税税率)×(城市维护建设税税率+教育费附加征收率)×(1-所得税税率)=[销售额-B/(1+征收率)-(销售额×增值税税率-B/(1+征收率)×征收率)×(城市维护建设税税率+教育费附加征收率)]×(1-所得税税率)

即：

A/(1+增值税税率)+(销售额×增值税税率-A/(1+增值税税率)×增值税税率)×(城市维护建设税税率+教育费附加征收率)=B/(1+征收率)+(销售额×增值税税率-B/(1+征收率)×征收率)×(城市维护建设项目税税率+教育费附加征收率)

得：

A/(1+增值税税率)-A/(1+增值税税率)×增值税税率×(城市维护建设税税率+教育费附加征收率)=B/(1+征收率)-B/(1+征收率)×(城市维护建设税税率+教育费附加征收率)

则：

A/(1+增值税税率)×[1-增值税税率×(城市维护建设税税率+教育费附加征收率)]=B/(1+征收率)×[1-征收率×(城市维护建设税税率+教育费附加征收率)]

当城市维护建设税税率为7%，教育费附加征收率为3%时，则：

A/(1+增值税税率)×(1-增值税税率×10%)=B/(1+征收率)×(1-征收率×10%)B=[(1+征收率)×(1-增值税税率×10%)]-[(1+增值税税率)×(1-征收率×10%)]×A

当增值税税率=13%，征收率=3%时，则有：

B =[(1+3%)×(1-13%×10%)]/[(1+13%)×(1-3%×10%)]×A

=A×90.24%

也就是说，当小规模纳税人的价格为一般纳税人的90.24%时，即价格折让幅度为90.24%时，无论是从一般纳税人处还是从小规模纳税人处采购货物，取得的收益相等。同样原理可出得出增值税税率为13%时，由税务所代开的发票上注明的征收率为3%及取得普通发票时的价格折让临界点。如果从小规模纳税人处只能取得普通发票，就不能进行任何抵扣，即抵扣率为0，则上式变为：

B=A×(1-增值税税率×10%)/(1+增值税税率)

2. 小规模纳税选择供货方的筹划。

对于小规模纳税人来说，从一般纳税处还是从小规模纳税人处购得货物，其选择是比较容易的，由于小规模纳税人不能获得增值税专用发票，也不能进行进项税额的抵扣，只要比较一下购货对象的含税价格，从中选择价格较低的一方就可以了。另外，如果一般纳税人采购的货物是用于在建工程、集体福利、个人消费等非应税项目其选择方法同上，由于不能进行抵扣，只要比较一下各自的含税价格即可。

以上的选择方法是在仅考虑税收的情况下做出的，企业在实际购货业务中，除了税收因素外，还要考虑到购货方的信誉、售后服务等条件，这需要在筹划时根据具体情况做出全比较。

（四）进出口退税的税收筹划

出口退税制度是我国海关税收的一个重要内容，其主要是指在出口环节中退还或免征增值税和消费税的各项有关规定。其基本内容是：对出口货物免征或退还在国内已缴纳的增值税和消费税，从而避免了国际间的双重征税，体现了公平税负，且增强了本国商品的竞争力，巩固和扩大国际销售市场，还可扩大出口，增加外汇。因此，退税制度具有重要的经济意义。能否有效、快捷地进行增值税与消费税的出口退税，对每一家有出口业务的公司都具有极大的吸引力。

将货物销往国外，从税收的角度讲，可以得到优惠和照顾，我们可以根据税法的规定组织企业，选择经营相关的产品，从而使企业得到税收上的好处。这是从政策层面上的初步印象。但是在实际操作环节，究竟应如何把握并且同时作出有利的选择呢？这就需要我们对有关政策作深层次的分析。由于政策上的差异，同样也提供了税收策划的余地：其一，增值税的征和退，其税率不一样，通过经营方式的改变，就会使企业的税收负担出现差别；其二，优惠方法的不同，即“不征不退”“先征后退”和“免、抵、退”给企业资金的时间价值带来差别。循着这个思路，我们可以作以下尝试：在现行出口货物退税政策条件下，通过经营方式的改变使企业的税收负担降到最低水平。这里以国外料件加工复出口货物的情况为重点，概述出口退税环节的税收筹划问题。

【例 14－4】 某一出口型机电产品企业，该企业采用进料加工方式为国外某公司加工精密仪表类产品一批，进口保税料件价值 1 500 万元；加工完成后返销给该公司售价为 3 000 万元，为加工该批产品所耗用的辅助材料、低值易耗品、燃料及动力等费用的进项税额为 30 万元，该批仪表产品的增值税征税率为 13%，退税率 10%，现计算如下：

要求分别计算进料加工与来料加工应缴纳的税额。

比较分析：当期不予退税的税额＝(3 000－1 500)×(13%－10%)＝45（万元）

当期应纳税额 = 45 - 30 = 15（万元）

也就是说，该出口企业采用进料加工（自营出口）的形式从事这笔仪表加工业务，需要缴纳增值税15万元。但是，如果该出口企业改为来料加工方式，就可以少缴增值税30万元。

然而，当销售价格比较低时，即经营利润比较少的情况又是如何呢？仍以上例为例，销售价格降为2 000万元，其他条件不变，按进料加工方式：

则：出口退税 = 进项税额 -（出口销售额 - 保税进口材料）×（13% - 10%）= 30 -（2 000 - 1 500）×3% = 30 - 15 = 15（万元）。这就是说，在利润水平较低的情况下，采用进料加工比来料加工在税收上更优惠，这是为什么呢？

这里有两个前提，一是国家的税收政策前提，即增值税的征税的税率高（13%），而退税的税率低（10%）；二是企业的利润水平及耗用国产料件的多少。出口企业发生了国外料件加工复出口的货物业务，一般情况下，可以采用三种贸易方式：一是来料加工方式，在这种贸易方式下，免征加工费的增值税，对其耗用的国产辅助材料也不办理出口退税；二是进料加工方式，在这种方式下，加工货物复出口后，可以申请办理加工及生产环节已经缴纳增值税的出口退税；三是正常经销方式，即国外料件正常报关进口，缴纳进口环节的增值税、消费税和关税，加工复出口以后再申请退还已缴纳的增值税及消费税。

在这三种贸易方式中，对第三种企业无论从手续的方便程度，还是从税收成本的角度去分析，都是划不来的，所以在实际操作中一般不采用，而对前面两种方式，具体的应采用哪一种，就要从前面提到的两个前提上去考虑。

在加工复出口货物耗用的国产料件少且货物的退税率小于征收率的情况下，应选择来料加工方式。来料加工业务免征增值税，而进料加工虽可办理增值税退税、因退税率低于征税率，其增值税差额要计入出口货物成本。因此，在这种情况下，进料加工方式业务成本较大；反之，当料件加工使用的国产料件较多时，因进料加工贸易方式可办理出口退税，虽然仍因退税率低于征税率而增加了出口货物成本，但与来料加工贸易方式相比，当耗用的国产料件数额增加到一定程度时，前者业务成本会等于甚至小于后者的业务成本。因为，在来料加工方式下，耗用的国产料件越多，因其不能办理退税，会存在出口成本随着国产料件数量的增加而增大的现象。

（五）计税方法的税收筹划

1. 2002年5月17日，国家税务总局《关于自来水行业增值税政策问题的通知》（国税发〔2002〕56号）文件规定，自2002年6月1日起，对自来水公司销售自来水按6%的征收率征收增值税的同时，对其购进独立核算水厂的自来水取得的增值税专用发票上注明的增值税税款（按6%征收率开具）予以抵扣。自来水公司2002年6月

1 日之前购进独立核算水厂自来水取得普通发票的，可根据发票金额换算成不含税销售额后依 6% 的征收率计算进项税额，经所属税务机关核实后予以抵扣。不含税销售额的计算公式是：

不含税销售额 = 发票金额 ×（1 + 征收率）

2. 2000 年 2 月 25 日国家税务总局《关于商品混凝土实行简易办法征收增值税问题的通知》（国税发〔2000〕037 号）文件规定，商品混凝土生产企业由于其外购原材料难以取得增值税专用发票，进项税额抵扣不足，造成企业税收负担较高，为了平衡企业的税收负担并便于对商品混凝土生产企业的税收征管，现将有关问题通知如下：

对增值税一般纳税人生产销售的商品混凝土，按规定应当征收增值税的，自 2000 年 1 月 1 日起按照 6% 的征收率征收增值税，但不得开具增值税专用发票。

从上述政策可以看出，现行税收政策对自来水、建筑用沙土、石料等产品，可以由纳税人选择销项税额减进项税额的计税方法，或简易计税方法。其选择的原则，应主要考虑两条：

（1）影响经营程度。由于纳税人采用了简易计税方法后，按 6% 的征收率计税，也只能按实际税额开具增值税专用发票，带来购货方相对抵扣税款不足的情况，这就要考虑影响经营的程度。如果销售对象主要是个人消费者，或非增值税纳税单位，则宜选择简易计税方法；如果销售对象主要是增值税纳税企业，则要慎重选择计税方法。

（2）税收负担状况。如果按销项税需要减进项税额计算的税收负担率大于 6%，则宜选择简易计税方法；反之，则宜选择销项税额减进项税额的计税方法。

核心：用一般方法还是简易方法。下面以自来水行业的增值税计税方法为例来概述计税方法的税收筹划。

【例 14－5】 某公司生产的自来水主要是供应居民饮用。2022 年销售额 2 000 万元，可取得的电费等增值税专用发票注明已征税额为 60 万元。

要求计算某公司采用两种方式计算得出的应纳税额。

比较分析：某公司按销项税额减进项税额计算的应纳税额为：

2 000 × 3% － 60 = 200（万元），增值税负担率 = 200/2 000 × 100% = 10%，其税负高于 6% 的征收率，故宜选择简易计税方法。

该公司按简易计税方法计算的应纳税额为：2 000 × 6% = 120 万元。

两种计税方式相比，相差 80 万元，故该公司按简易计税方法计算纳税可少缴纳 80 万元税金。

（六）税收优惠的税收筹划

现行增值税优惠政策主要有以下几种类型：（1）按行业优惠类，针对不同行业设立减免税或低税率政策，如对农业、环保业等税收优惠政策多；（2）按产品优惠类，如生态环保产品、农业产品、废物利用产品等税收优惠政策多；（3）按地区优惠类，如经济特区、西部地区等税收优惠政策多；（4）按生产主体性质优惠类，如校办企业、残疾人福利企业、高科技企业等税收优惠政策多。根据上述优惠政策类型，企业在设立、投资等经营活动中就必须充分考虑企业的投资地区、投资行业、产品类型和企业的性质，以最大限度地享受税收优惠，用足用够税收优惠政策。

依据《财政部国家税务总局关于印发〈资源综合利用产品和劳务增值税优惠目录〉的通知》（财税〔2015〕78号）规定，自2015年7月1日起，纳税人销售自产的资源综合利用产品和提供资源综合利用劳务，可享受增值税即征即退政策。具体综合利用的资源名称、综合利用产品和劳务名称、技术标准和相关条件、退税比例等按照本通知所附《资源综合利用产品和劳务增值税优惠目录》的相关规定执行。其中，将废渣用于砖瓦（不含烧结普通砖）、砌块、陶粒、墙板、管材（管桩）、混凝土、砂浆、道路井盖、道路护栏、防火材料、耐火材料（镁铬砖除外）、保温材料、矿（岩）棉、微晶玻璃、“U”形玻璃，产品原料70%以上来自废渣时，可享受的增值税退税比例为70%。

下面以小规模纳税人利用相关优惠政策进行税收筹划为例，概述税收优惠的筹划实务。

【例14-6】 甲公司是一家商业企业，为增值税小规模纳税人，选择以1个月为纳税期限，本年7月含税销售额为103 010元。假设不考虑城市维护建设税和教育费附加。

要求利用合适的方法为甲公司制订税收筹划方案。

比较分析：方案一：将月含税销售额认定为103 010元。

不含税销售额 = 103 010/(1 + 3%) = 100 009.71（元）

超过100 000元，需要全额缴纳增值税。

应纳增值税 = 100 009.71 × 3% = 3 000.29（元）

增值税税后收入 = 103 010 - 3 000.29 = 100 009.71（元）

方案二：将月销售额降至103 000元。

不含税销售额 - 103 000/(1 + 3%) = 100 000（元）

未超过100 000元，免征增值税。

方案二比方案一少缴纳增值税3 000.29元（3 000.29 - 0），多获取增值税税后收入2 990.29元（103 000 - 100 009.71），若以实现税负最小化为纳税筹划目标，则应当选择方案二。

自2019年1月1日至2021年12月31日，小规模纳税人发生增值税应税销售行为，合计月销售额未超过10万元（以1个度为1个纳税期的，季度销售额未超过30万元，下同）的，免征增值税。小规模纳税人发生增值税应税销售行为合计月销售额超过 10 万元，但扣除本期发生的销售不动产的销售额后未超过 10 万元的，其销售货物、劳务、服务、无形资产取得的销售额免征增值税。适用增值税差额征税政策的小规模纳税人，以差额后的销售额确定是否可以享受免征增值税政策，按固定期限纳税的小规模纳税人可以选择按 1 个月或 1 个季度为纳税期限，一经选择，一个会计年度内不得变更。

二、企业所得税的筹划

企业所得税是我国税收筹划中必不可少的组成部分，作用非常重要，是我国财政收入的主要来源之一，意义非常重大。企业所得税有很大的税收筹划空间。企业所得税税收筹划工作做得好，可以给企业省下一大笔资金。下面是企业税收筹划的主要方法：

1. 合理安排企业结构的税收筹划：通过调整企业的组织结构、业务范围和地理分布等方面，来最大限度地减少企业所得税的负担。

2. 合理安排成本和费用的税收筹划：通过合理的成本和费用分摊，来减少企业的应纳税所得额，从而降低企业的所得税负担。

3. 利用小型微利企业的税收优惠政策税收筹划：根据国家对小型微利企业的税收优惠政策，合理调整企业的经营模式和盈利水平，以享受相关税收减免或减少的优惠。

4. 加速折旧方法的税收筹划：通过选择加速折旧的方法，可以在较短时间内扣除资产的折旧费用，从而减少企业的应纳税所得额。

5. 代销方式的税收筹划：通过采用代销方式，将销售收入转移至代销商，从而减少企业的应纳税所得额。

6. 投资方式选择的税收筹划：通过选择适合的投资方式，如直接投资、股权投资或债权投资等，来减少企业的应纳税所得额。

7. 融资租赁选择的税收筹划：通过选择融资租赁方式，可以将资产租赁费用作为成本，从而减少企业的应纳税所得额。

8. 债务比例确定的税收筹划：通过合理确定企业的债务比例，可以通过利息支出抵扣利润，降低企业的应纳税所得额。

需要注意的是，税收筹划需要遵守相关法律法规，合理合法地进行，避免触犯税法。

（一）收入的税收筹划

关于收入筹划主要是通过选择收入确认方式来进行的。按照会计准则，不同销售方式收入确认的时期不同，一旦确认收入，不管资金是否回笼，都要在当期上缴应纳所得税税款。因此，收入确认要根据具体情况进行税收筹划，推迟应纳税所得的实现，则可以使本期应纳税所得减少，从而推迟或减少所得税的缴纳。

对一般企业来说，最主要的收入是销售商品的收入，因此推迟销售商品的收入的实现是税收筹划的重点。在企业销售商品方式中，分期收款销售商品以合同约定的收款日期为收入确认时间，而订货销售和分期预收货款销售则在交付货物时确认收入实现，委托代销商品销售在受托方寄回代销清单时确认收入。这样企业可以选用以上销售方式来推迟销售收入的实现，从而延迟缴纳企业所得税。同时，企业要综合运用各种销售方式，即使企业延迟缴纳企业所得税，又使企业收入能够安全地收回。另外，对临近年终时所发生的销售收入，也可以根据税法规定的确认条件进行税收筹划，使当年收入推迟到下年确认。

（二）税前扣除项目的税收筹划

1. 利用亏损结转的纳税筹划。2011 年 3 月 31 日，国家税务总局发布了《企业资产损失所得税税前扣除管理办法》（国家税务总局公告 2011 年第 25 号），在新《办法》中规定，企业以往年度产生的资产损失，如果属于实际的资产损失，则可追补到该款项的发生年度进行扣除，将追补的确认期限延长至 5 年。纳税人可以充分利用此规定进行纳税筹划。

【例 14 –7】 某企业 2017 年净利润为 –110 万元，该企业 2018 ~2023 年应纳税所得额分别为 25 万元、25 万元、20 万元、20 万元、10 万元和 25 万元。

要求分析企业 2017 ~2023 年的纳税金额。

比较分析：根据新规定，2017 年的亏损可分别用接下来的 5 年应纳税所得额弥补，2018 ~2022 年的应纳税所得额共为 100 万元，低于 2018 年的亏损。根据规定，2018 ~2022 年企业可不交企业所得税，而 2017 年亏损中尚有 10 万元无法弥补，2023 年企业应缴纳企业所得税为 6.25 万元（25 万元 ×25%）。

通过分析可以发现，如果合理运用纳税筹划能使企业的税负减轻。认真分析该企业各年度财报可以发现，该企业 2018 ~2021 年利润稳定，但 2022 年有了大幅下降，如果其原因是固定资产投资或捐赠等大额支出，可以将此支出推迟至下一年，相应地，提高了本企业 2022 年的利润，减少了 2023 年的应纳税所得额，进而既能更大幅度弥补 2017 年的亏损，又减少了 2023 年的企业所得税，达到了为企业节税的目的。

2. 对固定资产折旧的纳税筹划。按照税法规定，尽管固定资产折旧计提的会计处理存在多种方法，在计算缴纳企业所得税时，都应当按照直线法计提折旧，并以其差额每年进行应纳税所得额的调整。但是，新《企业所得税法》在折旧方法的选择上又做出了特殊规定，即，企业的固定资产由于技术进步等原因，需要加速折旧的，可以缩短折旧年限，或者采取加速折旧的方法。采取缩短折旧年限方法的，最低折旧年限不得低于税法规定折旧年限的60%；采取加速折旧方法的，可以采取双倍余额递减法或者年数总和法。

用各种折旧方法计算出的总折旧额是相同的，但每年的折旧额有所差别，从而影响了每年应纳税所得额。企业应合理预计自身每年的盈利状况，选择最佳折旧方法。如果企业处于亏损弥补期以及享受减免税优惠时期，可以选择直线法，因为如果选择缩短折旧年限法和加速折旧法会减少前三年的应纳税所得额。另外，需要注意的是，改变折旧方法必须事先取得税务部门的批准。

3. 对存货成本计价方法的纳税筹划。根据会计准则的规定，企业可以采用的成本发出计价方法包括：先进先出法、移动加权平均法、月末一次加权平均法和个别计价法。按照企业所得税法的规定，企业可以使用先进先出法、加权平均法和个别计价法。计价方法一经选用，不得随意变更。

不同的计价方法对所得税的影响取决于物价变动。在物价上升的时期，不建议采用先进先出法，因为后期存货成本计价较高，本期的应纳税所得额上升；在物价持续上升或比较稳定的时期，建议采用加权平均法，此方法下各期的应纳税所得额较平稳。值得注意的是，对于一些特定的易贬值的存货，价格呈下降趋势，应该考虑选择先进先出法。企业应根据特定情况选择折旧方法，但必须取得税务部门的批准，不能随意更改。

4. 对业务招待费的纳税筹划。根据税法规定，企业发生的与生产经营活动有关的业务招待费支出，支出总额的60%准予扣除，但最高不得超过当年销售（营业）收入的5‰。为了使扣除项目被充分利用，首先应计算得出业务招待费节税临界点。

假设企业年销售收入为X，当年业务招待费为Y，则当年允许税前扣除的业务招待费为$Y \times 60\%$，须满足：$Y \times 60\% \leqslant X \times 5‰$，即$Y \leqslant X \times 8.3‰$。实际操作中，业务招待费与会议经费、业务宣传费有重叠之处，这就为企业提供了筹划的条件。

【例14-8】 A企业计划2023年的业务招待费支出为200万元，业务宣传费支出为150万元，广告费支出为600万元。该企业2023年度的预计销售额9 000万元。

要求为A企业的各项费用支出制订税收筹划方案。

比较分析：由上述公式计算可得，$200 > 9\,000 \times 8.3‰$。因此，根据税法的规定，该企业2023年业务招待费可以扣除的额度为45（$9\,000 \times 5‰$）万元，有155万元无法扣除。同时，该企业2023年度广告费和业务宣传费实际发生额小于扣除限额（150万元+600万元）<（9 000万元×15%），可以全额扣除。

因此，企业仍有纳税筹划的空间，可以考虑将部分业务招待费转为业务宣传费。例如，一般情况下，外购礼品用于赠送应作为业务招待费，企业也可以印上企业名字和商标将其计入业务宣传费，从而将业务招待费降至法定可扣除范围之内，同时广告费和业务宣传费的总发生额可以全额扣除，达到了节税的目的。应该注意的是，业务招待费与广告费、业务宣传费合理的转换必须符合会计政策的规定。

5. 对捐赠的纳税筹划。根据新《企业所得税法》规定，企业发生的公益性捐赠支出，在年度利润总额12%以内的部分，准予在计算应纳税所得额时扣除。所谓公益性捐赠，是指纳税人通过中国境内非营利的社会团体、国家机关向教育、民政等公益事业和遭受自然灾害地区、贫困地区的捐赠。纳税人在捐赠前要做好预算，以便最大限度地降低企业的税收负担。如果企业在当年的捐赠达到了限额，则可以考虑将捐赠分成两次或者两次以上进行，或者是到以后纳税年度再进行捐赠。

【例14－9】 A公司为一工业企业，近年来生产经营情况比较稳定，2021年预计可实现应纳税所得额5 000万元，企业所得税税率为25%。A企业为提高其知名度，树立良好的社会形象，决定向有关单位捐赠800万元。

要求为A公司的捐赠行为制订税收筹划方案。

比较分析：首先，捐赠要符合税法规定的扣除要件，即应当通过我国境内非营利的社会团体、国家机关进行捐赠；其次，要把握好捐赠的法定扣除限额。本案例中，该企业2021年可以扣除捐赠的最高限额为600（5 000×12%）万元，如果该企业在2021年一次性捐赠800万元，则有200万元是不能扣除的。因此，企业可以考虑将该项捐赠分两次进行，2021年底一次捐赠600万元，2022年再捐赠200万元。这样，该200万元的捐赠支出同样可以在计算应纳税所得额时全部扣除。分次捐赠比一次性捐赠少缴纳企业所得税：（800－600）×25%＝50万元。

6. 利息费用的筹划。纳税人在生产经营活动中发生的合理的不需要资本化的借款费用，准予扣除。但纳税人购置、建造固定资产和无形资产等，在购置建造期间的借款费用应作为资本性支出计入有关资产的成本，而不能作为费用在所得税前列支；对于超出列支标准的利息费用，也不能得到所得税前扣除。例如，某商贸公司为筹集资金，某年向职工内部集资1 200万元，按12%年利率付息，而同期银行颁布的贷款利率为7%，多列支利率5%，当年税前多开支利息费用60［1 200×（12%－7%）］万元。税务部门检查出问题后要求该公司将税前多开支利息费用60万元转入税后列支，补缴企业所得税60×25%＝15万元。

因此，企业需要筹集资金时应尽量向金融机构借款或者通过金融机构发行债券，避免高息借款，以便使支付的借款利息费用可以足额据实地在税前扣除。在资金周转紧张，急需资金而发生高息借款后，应考虑将高息部分分散至其他名目开支。例如，转化为对员工的工资及福利、企业之间的业务往来开支，在产品销售费用、经营费用等列支，从而扩大在税前扣除的支出范围。

（三）应纳所得额的税收筹划

中华人民共和国企业所得税税法规定，企业每一纳税年度的收入总额，减除不征税收入、免税收入、各项扣除以及允许弥补的以前年度亏损后的余额，为应纳税所得额。因此可以从以下几个方面对应纳所得额进行税收筹划。

1. 应税收入确定时间上的纳税筹划。

由于企业的各种形式的收入都要计入收入总额，依法缴纳企业所得税，因此，将企业的某种形式的收入转化为另一种形式的收入在纳税筹划中并没有实际意义。在纳税筹划中具有意义的就是确定各类形式收入的收入额和实现收入的时间，推迟确认收入的时间可以推迟纳税时间，使企业获得更多的货币时间价值，获得纳税的利益。企业销售货物的结算方式不同，对应收入的确认时间标准也不同。现行税法规定：直接收款销售以收到销货款或取得索取销货款凭据，并将提货单交给买方的当天为收入确认时间；赊销和分期收款销货方式均以合同约定的收款日期为收入确认时间：而订货销售和分期预收货款销售，在交付货物时确认收入的实现。这样，就可以通过选择合适的销售结算方式，控制收入确认的时间，达到减税或延缓纳税的目的。例如，直接收款销货时，可以推迟收款时间或推迟提货单的交付时间，把收入确认时点延至次年，从而延迟纳税。

2. 存货计价方法中的纳税筹划。

对于生产企业来说，存货中原材料的耗用是费用的重要组成部分：而对于商业企业来说，存货的成本更是至关重要，因此存货的处理是税务筹划的着眼点之一。在不同的存货计价方法下，所结转的当期销货成本的数额会有所不同，从而影响到企业当期应纳税所得额及所得税负的大小，因此对存货的计价方法进行合理筹划，可以减轻企业的所得税税负。

《企业会计准则第 1 号——存货》中规定，企业应当采用先进先出法、加权平均法或者个别计价法确定发出存货的实际成本。在实际生产中，存货计价方法的选择主要是利用材料市场价值变动的变化来实现递延纳税的目的。通常，物价总水平一般是呈上涨趋势或保持平衡，因而对于普通材料而言，选择加权平均法比较稳妥：而对于一些技术更新快、供给不断增加的材料，价格可能呈下降趋势，如电脑生产企业在原材料价格不断下跌的过程中就应选择先进先出法。同样，当物价上下波动时，企业应选择加权平均法，以避免企业各期应纳所得税额的上下波动，增加资金调度的难度。这种筹划符合会计的一贯性原则，因为一贯性原则除规定企业会计核算方法前后各期应保持一致、不得随意变更外，同时也规定了必要的变更。只要企业将变更的内容和理由在会计报表附注中加以说明，企业就可以获得合法的纳税筹划收益。因此，相对于先进先出法，加权平均法起到了递延纳税的作用，在其他条件相同的情况下，企业存储的商品后进的价格高，采用加权平均法使得近期成本高，相对利润低，进而达到了延缓纳税的效果。如果原材料价格的趋势与此相反，就应采用先进先出法。实际上，对于一定数量的存货，只要合法选择使前期支出的成本相对较高，一般都能起到递延纳税的作用。

3. 固定资产折旧和无形资产摊销中的纳税筹划。

固定资产折旧是缴纳所得税前准予扣除的项目，在收入既定的情况下，折旧额越大，应纳税所得额就越少。会计上可用的折旧方法很多，由于折旧方法和各年的折旧额不同，使各年抵减的所得税在数额和时间上发生了变动。企业在选择折旧方法时，通常需要分析不同的折旧方法给企业带来经济影响，即所取得的纳税筹划收益如何。相比较而言，快速折旧方法是一种较有效的节税方法，其特点是前期折旧额较大，后期折旧额较小，造成利润的前少后多，而直线法下各期折扣额相等，若不考虑其他因素的变化，各期利润也相等。由于资金时间价值的作用，采用快速折旧法要比采用直线法产生的企业所得税预期减少额的现值大，两者之差就是企业实现的纳税筹划收益。另外，可以看到，企业财务制度对固定资产折旧年限和无形资产摊销年限的分类规定是有一定的弹性的，对没有明确规定折旧或摊销年限的资产可尽量选择较短的年限，以尽快将固定资产折旧计提完毕、将无形资产价值摊销完毕，这样也因为前期增加了抵扣额，把税款推迟到后期缴纳，相当于依法从国家取得了一笔无息贷款。

实行双倍余额递减法的固定资产，在其固定资产折旧年限到期前两年内，将固定资产净值扣除预计净残值后的净额平均摊销。可以看出，双倍余额递减法和年数总和法都属于加速折旧法，是假设固定资产的服务潜力在前期消耗较大，在后期消耗较少，为此，在使用前期多提折旧，后期少提折旧，从而相对加速折旧的折旧方法。以上三种方法，每年的折旧额均不相同，所以每年的税前利润和所得税额均不相同。虽然各项数据的各年合计相同，但不同折旧方法对不同年份的数据产生了影响。一般情况下，由于资金的时间价值，选用加速折旧法较为适宜。但如果最初几年企业处于税收优惠期，则选用年限平均法较为适宜。

而无形资产的摊销方面，新准则没有明确规定摊销年限，只是要求反映该无形资产预期消耗产生的未来经济利益。因此，企业可以视情况对某些专有技术类无形资产选择尽量短的摊销年限，尽可能在近期内摊销完无形资产价值，达到递延所得税税款的目的。

4. 利用亏损弥补进行纳税筹划。

新税法规定，企业纳税年度发生的亏损，准予向以后年度结转，用以后年度的所得弥补，但结转年限最长不得超过5年，国家的这项政策充分照顾了企业的利益。需注意的是，年度亏损额是按税法规定核算出来的，而不是利用多列成本、费用和其他支出等虚报的亏损。根据《关于企业虚报亏损如何处理的通知》（国税发〔1996〕162号），税务机关对企业进行检查时，如发现企业多列扣除项目或少计应纳税所得，从而多报亏损的，经调整后无论企业仍是亏损还是变为盈利的，应视为查出相同数额的应纳税所得，一律按25%的法定税率计算出相应的应纳所得税额，以此作为偷税罚款的依据。企业必须正确地向税务机关申报亏损，才能使国家允许企业用下纳税年度的所得弥补本年度亏损的政策发挥其应有的作用。对企业来说，亏损的发生是很被动的，任何一个企业都不希望发生亏损，即使政府承担了部分亏损，但更主要的还是企业承受很大的损失，所以亏损是企业所不愿意见到的。然而，一旦亏损实际发生了，企业就必须从资本运营上下功夫，如企业可以降低以后 5 年内投资的风险性，以相对较安全的投资为主，确保亏损能在规定期限内尽快得到全部弥补。

可见，虽然亏损额相同，但在上述两种情况下，弥补亏损产生的节税效果却不同。这是因为货币是有时间价值的，在 5 年内，亏损越早得到弥补，则获得的纳税补偿收益就越大，节税效果也就越明显。

（四）税率的税收筹划

1. 企业所得税的税率。

（1）基本税率——25%。

（2）优惠税率。

①小型微利企业的低税率——20%；

②高新技术企业的优惠利率——15%；

③在中国没有设立机构场所，或者虽然设立机构场所，但来源于中国境内的、与所设机构场所没有实际联系的所得——20%（实际征收时适用 10%）。

2. 政策依据。

对小型微利企业减按 20% 征收企业所得税。其中小型微利企业的标准是（前提：从事国家非限制和禁止行业）：

（1）制造业，年度应纳税所得额不超过 30 万元，从业人员不超过 100 人，资产总额不超过 3 000 万元。

（2）非制造业，年度应纳税所得额不超过 30 万元，从业人数不超过 80 人，资产总额不超过 1 000 万元。

国家需要重点扶持的高新技术企业，减按 15% 的税率征收企业所得税。

非居民企业适用的税率如图 14－1 所示。

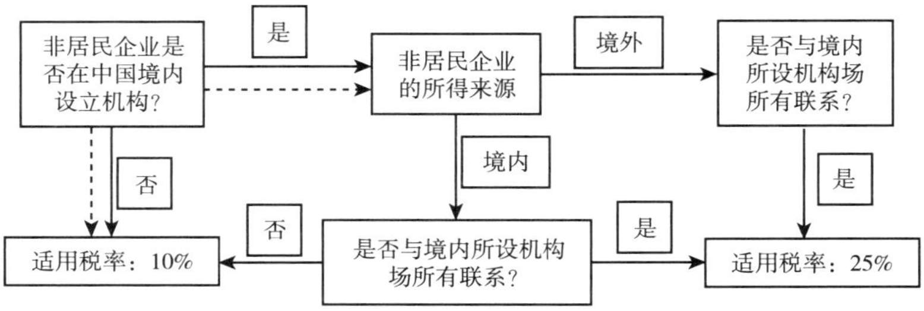

图 14－1　非居民企业适用的税率

（3）享受低税率政策。

由于企业所得税的税率有三个不同的档次，税率存在显著差异。因此，企业可以创造条件设立高新技术企业，从而享受15%的低税率。当然，对于规模较小、盈利水平一般的企业，也可将其盈利水平控制在一定范围之内，从而适用小型微利企业20%的低税率。

【例14－10】 某制造业企业，从业人数为80人，资产总额为2 800万元，2022年年底测算的应纳税所得额为30.1万元。

要求2022年该企业需要缴纳多少企业所得税如何筹划可以少缴税？如何筹划可以少缴税？

比较分析：筹划前，应纳企业所得税＝30.1×25%≈7.53（万元）

税后净利润＝30.1－7.53＝22.57（万元）

筹划方案：支付0.1万元的税务咨询费（小型微利企业）

应纳企业所得税＝30×20%＝6（万元）

税后净利润＝30.1－0.1－6＝24（万元）

处于税率等级边沿时，纳税人应尽量降低应纳税所得额，或推迟收入实现，或增加扣除额，以适用较低的税率级次，避免不必要的税款支出。

（4）预提所得税。

预提所得税：是指国内付款人在向外国企业付款时应代扣代缴的所得税，简称“预提税”，也称为“源泉扣缴”。预提所得税制度是指一国政府对没有在该国境内设立机构场所的外国公司、企业和其他经济组织从该国取得的股息、利息、租金、特许权使用费所得；或者虽设立了机构场所，但取得的所得与其所设机构场所没有实际联系的，由支付单位按支付金额扣缴所得税的制度。

税法规定，外国企业或跨国公司在中国境内没有常设机构，对于来源于中国境内的利润、利息、租金、特许权使用费和其他所得，按10%的税率征收预提所得税；或虽有常设机构，但上述所得与其常设机构没有实际联系的，也按10%的税率征收预提所得税。否则适用税率为25%。

筹划思路：

①外国企业或跨国公司在中国境内不设营业机构。

②外国企业或跨国公司在中国境内有常设机构，又取得了来源于中国境内的利润、利息、租金等收入，应努力切断这些收入与其常设机构之间的联系，以减轻税负。

③预提所得税具有税负转嫁的特点，外国企业可利用这一特点把税负转嫁出去，达到节税目的。

【例14－11】 某外国企业拟到中国开展劳务服务，预计每年可获得1 000万元人民币的收入（这里暂不考虑相关的成本、费用支出）。该企业面临以下三种选择：

（1）在中国境内设立实际管理机构。

（2）在中国境内不设立实际管理机构，但设立营业机构，营业机构适用25%的所得税税率。劳务收入通过该营业机构取得。

（3）在中国境内既不设立实际管理机构，也不设立营业机构。

要求用前面三种选择分别计算企业所得税，比较分析对于上述三种不同选择，该外国企业的收入面临不同的税率和纳税状况，具体分析如下：

（1）如果该外国企业选择在中国境内设立实际管理机构，则一般被认定为居民企业，这种情况下适用的企业所得税税率为25%，其应纳税金计算如下：企业所得税 = 1 000 × 25% = 250（万元）。

（2）如果该外国企业选择在中国境内不设立实际管理机构，设立营业机构并以此获取收入，则获取的所得适用于该营业机构的税率25%，其应纳税金计算如下：企业所得税 = 1 000 × 25% = 250（万元）。

（3）如果该外国企业在中国境内不设立任何机构，则其来源于中国境内的所得适用10%的预提所得税，其应纳税金计算如下：

企业所得税 = 1 000 × 10% = 100（万元）。

（五）应纳税额的税收筹划

企业所得税应纳税额的税收筹划，就是应用企业所得税的税收优惠政策来达到节税的目的，以下是企业所得税所涉及的一些优惠政策。

1. 软件生产企业实行增值税即征即退政策所退还的税款，由企业用于研究开发软件产品和扩大再生产的，不作为企业所得税应税收入，不征收企业所得税。增值税一般纳税人销售其自行开发生产的软件产品按13%的税率征收增值税后对其增值税实际税负超过3%的部分实行即征即退政策。

2. 我国境内新办软件生产企业经认定后，自获利年度起，第1～2年免征企业所得税、第3～5年减半征收企业所得税。

3. 对在经济特区和上海浦东新区于2008年1月1日（含）之后完成登记注册的国家需要重点扶持的高新技术企业（以下简称新设高新技术企业），在经济特区和上海浦东新区内取得的所得，自取得第一笔生产经营收入所属纳税年度起，第1～2年免征企业所得税，第3～5年按照25%的法定税率减半征收企业所得税。国家需要重点扶持的高新技术企业减按15%的税率征收企业所得税。

4. 企业安置残疾人员及国家鼓励安置的其他就业人员所支付的工资，可在计算应纳税所得额时加计100%扣除。

【例14－12】 甲公司因生产规模扩大，本年计划招聘20名新员工，每年需要向新增加的20名员工支付60万元工资。本年甲公司预计实现扣除工资前的应纳税所得额

200 万元，要求为企业制订合适的税收筹划方案。

分析：企业应当充分利用支付残疾人员工资税前加计扣除的优惠政策，以降低企业的企业所得税税负。

方案一：招聘20名身体健全人员作为新员工。应纳企业所得税 =（200 －60）× 25% =35（万元）。

方案二：在不影响企业正常生产经营的情况下，招聘20名残疾人员作为新员工。应纳企业所得税 =（2 000 －60 ×2）×25% =20（万元）。

方案二比方案一少缴纳15（35 －20）万元，若以实现税负最小化为纳税筹划目标，则应当选择方案二。

三、个人所得税的筹划

我国的市场主体已逐渐成熟，纳税已成为企业和个人一项必要的支出。个人所得税成为我国税收来源的重要组成部分。从企业和个人来说，对个人所得税进行税收筹划已成为企业管理者个人考虑的一项重要课题。下面是个人所得税税收筹划的主要方法：

1. 纳税人的纳税筹划：个人可以通过合理规划自己的收入和支出，合理分配收入来源和结构，以减轻个人所得税的负担。

2. 纳税义务人与个体工商户、个人独资企业的选择：个人可以根据自身情况选择适合自己的纳税义务人身份，如个体工商户、个人独资企业等，以便享受相应的税收优惠政策。

3. 个人承包方式的选择：对于从事承包经营的个人来说，可以根据不同的承包方式选择最适合自己的税务筹划方式，以降低个人所得税负担。

4. 个人所得税征税范围：个人应明确个人所得税的征税范围，并了解各项收入是否属于应纳税所得，以便合理规划个人财务和税务。

5. 计税依据的法律规定：个人应了解个人所得税的计税依据的法律规定，包括税法对各类收入的计税方法和减免优惠的规定，以便合理利用这些规定进行税务筹划。

6. 工资、薪金的税务筹划：个人可以通过合理安排工资、薪金的领取方式和时间，以及利用税务优惠政策，来降低个人所得税的负担。

7. 劳务报酬的税务筹划：个人可以通过合理规划劳务报酬的收取方式和时间，以及利用税务优惠政策，来降低个人所得税的负担。

需要注意的是，个人所得税筹划同样需要遵守相关法律法规，合理合法地进行，避免触犯税法。

个人收入的来源多种多样，针对不同的收入，我们应有不同的纳税筹划方式，以下针对个人所得税的工资薪金所得、劳务报酬所得、稿酬所得、其他所得、经营所得进行纳税筹划。

(一) 工资薪金所得纳税筹划

工资所得纳税筹划是指纳税人利用个人所得税法中对工资项目征税的有关规定，通过合理地安排工资收入，以降低税负或避免纳税的方法。税法规定：工资、薪金所得，以每月收入额减除费用3 500 元后的余额为应纳税所得额；对在中国境内无住所而在中国境内取得工资、薪金所得的纳税义务人和在中国境内有住所而在中国境外取得工资、薪金所得的纳税义务人，可以根据其平均收入水平、生活水平以及汇率变化情况确定附加减除费用，附加减除费用适用的范围和标准由国务院规定。

1. 依据工资标准和支付方式的做法。

在工资的计算上应注意量的标准、支付方式，以达到降低名义工资、提高实得标准进而降低税率档次或避税的目的。具体有以下 3 种做法。

(1) 将工资发放量安排在起征点以下。一些企业或公司将工资计时安排在个人所得税的起征点以下，如中方职工最高每月发放 3 500 元。实行计件工资制的企业，则采用推延或提前分掉的方式，将各月的发放水平大致拉平。还有些企业将工资或奖金以集体名义发放，以将高工资与低工资放入平均分摊的方式来降低税负。

筹划要点：计时工资安排在起征点以下；计件工资制推延或提前分摊的方式将各月的发放水平大致拉平；集体名义发放将高工资与低工资收入平均分摊。

(2) 通过工资发放次数的均衡安排降低税率。工资、薪金所得适用七档超额累进税率，税率随月应纳税所得额的上升而上升，纳税人就可以通过均衡取得收入的方式，使适用税率的档次降低，从而达到减轻税负的目的。

(3) 通过发放形式的选择降低税负。企业对职工的支付，可以采用工资形式，也可以采用其他方式。从税收角度看，企业将职工的名义工资定在起征点以下，通过其他方式使职工的实际所得提高，也可以实现正当避税。一般企业都通过提高福利水平来实现此目的。

2. 提高福利水平的做法。

一是由企业提供免费午餐，将餐贴从工资总额中扣除，减小工资基数；二是由企业提供各种免费医疗，减少工资总额中的医疗费补给；三是给职工提供一定的住房福利；四是向职工提供交通工具，减少工资中的交通补贴；五是为职工提供公共设备，如浴室、理发室等；六是为职工子女提供医疗、教育等费用。这些福利的提供，会大大提高职工的实得利益，又可合理避税。

要点：降低名义工资，提高实际工资；提高福利水平。

3. 工资所得纳税筹划的具体方法。

工资所得纳税筹划的具体方法包括身份选择筹划法、项目转换筹划法、金额拆分筹划法、费用转移筹划法、人员调节筹划法、收入转换筹划法、政府政策筹划法、实物替换筹划法、配额制度筹划法、工资转承包筹划法、增加股权筹划法、利用优惠政策法。

（1）身份选择等到法。员工的身份主要体现在与单位是否雇佣与被雇佣的关系上。从税法角度分析，如果员工与单位是雇佣和被雇佣的关系，应按工资、薪金来缴纳个人所得税；如果员工与单位不是雇佣和被雇佣关系，应按劳务报酬缴纳个人所得税。因此，可以通过计算来进行选择、判断哪种身份多缴税，缴税最少。

例如，公司招聘员工一名，月薪4 500元。如果是雇佣与被雇佣关系，公司按工资、薪金收入代扣代缴个人所得税45元；如果不是构成雇佣与被雇佣关系，公司按劳务报酬收入代扣代缴个人所得税720元（税率20%）因此，选择雇佣与被雇佣关系能达到节税目的。

从一般情况看，可以得出以下结论：

①高工资的员工应选择非雇佣关系；

②低工资的员工应选择雇佣关系；

③必须通过计算结果来选择。

（2）项目转换筹划法。项目转换筹划法的主要转换方式是工资薪金收入与劳务报酬之间的转换；当工资额达到什么标准应转换成劳务报酬？当劳务报酬收入达到什么标准时应转换成工资薪金收入？下面我们通过其具体案例来加以分析。

【例14-13】某公司一员工，月工资1 000元，当月在外兼职取得收入1 000元。根据税法规定，不同项目收入来源，可分别计算个人所得税。要求计算该员工在不同情况下应缴纳的个人所得税。

比较分析：将劳务报酬转换成工资薪金收入，因未超过起征点，故不缴个人所得税。可以得出以下结论：在收入低的情况下，将劳务报酬转换成工资薪金收入可以节税。

①工资薪金收入1 000元，不交个人所得税；

②劳务报酬收入1 000元，应交个人所得税：(1 000-800)×20%=40元。

一般情况下，可得以下结论：

①在收入高的情况下，将工资薪金收入转换成劳务报酬收入可以节税。

②将高薪员工的工资、奖金转换成劳务报酬可节税。

③将低收入员工的工资、奖金按工资薪金收入可节税。

（3）全额拆分筹划法。金额拆分筹划法又称为分次申报，就是将大额收入拆分成小额收入，从低适用税率来达到节税的目的。经常拆分的项目有年终奖金和高额收入。

（4）费用转移筹划法。费用转移也称为包工不包料，即减除费用的筹划，将个人发生的费用通过一种方法转移到企业中，达到减轻个人所得税的目的。我们将通过以下案例来分析。

【例 14－14】 某个人为单位搞维修，维修费 20 000 元，按税法规定，要按 20 000 元缴纳个人所得税。应缴税为 20 000 ×（1－20%）×20% ＝3 200 元。要求为该员工制订税收筹划方案。

比较分析：在维修时，要发生一些费用，例如，零配件 4 000 元，将 4 000 元的零配件由单位购买，个人收取 16 000 元即可。个人可按 16 000 元缴纳个人所得税：16 000 ×（1－20%）×20% ＝2 560 元即可。

所以少缴的个人所得税为：3 200－2 560＝640 元。

【例 14－15】 一员工月工资 6 000 元，应缴纳个人所得税＝（6 000－5 000）×3% ＝30 元。但是，该员工每月要缴纳房屋租赁费 1 000 元。要求为该员工制订税收筹划方案。

比较分析：公司为他租房，将剩余的 5 000 元发放给他，该员工则不用缴纳个人所得税。故节省了 30 元个人所得税。

（5）人员调节筹划法。人员调节筹划法是指将一个人取得的收入，作为多个人领取，缩小征税基数，达到节税的目的。

【例 14－16】 如果 12 万元的奖金，一个人发放，税率为 10%，要缴纳个人所得税 11 790（120 000 ×10% －210）元。要求制订奖金发放的税收筹划方案。

比较分析：假如按四个人发放，每人 30 000 元，每人要按 3% 缴 900（30 000 × 3%）元的个人所得税，合计：四个人共缴纳 3 600 元的个人所得税。比一个人单独所得少缴 8 190（11 790－3 600）元的个人所得税。

注意：签订合同时要分别签字。

（6）收入转换筹划法。收入转换筹划是指，将个人收入转为公司收入。例如，专家以个人名义讲课，则劳务报酬要缴纳个人所得税；若以单位名义讲课，则单位只交 5% 的营业税，还可以报销费用。

（二）劳务报酬纳税筹划

劳务报酬筹划法是指纳税人针对税法的某些规定对收入的数量和时间作出适当安排，以达到避税的目的。税法规定，对劳务报酬按 20% 的比例税率征税。劳务报酬每次收入不超过 4 000 元的，减除 800 元；4 000 元以上的，减除 20% 的费用，其余额为应纳税所得额。劳务报酬筹划法一般有两种方式：

1. 通过收入次数的安排筹划，即分次申报，指在尽可能长的时间内分期领取劳务收入。因为按次纳税，每次可扣除费用 800 元或收入 20% 的费用。

2. 减少名义劳务费用，即减除费用筹划。例如，纳税人为了减少名义劳务费用，往往会要求雇主提供如住宿、膳食、交通等方面的开支，以减少自己的支出，增加自己的收入。

（三）稿酬收入所得筹划法

稿酬收入，是指个人因其作品以图书、报刊形式出版、发表而取得的收入。税法规定，对稿酬所得按次征税，以每次出版、发表取得收入为一次。稿酬所得每次收入不超过4 000元的，减除800元费用；4 000元以上的，减除20%的费用，其余额为应纳税所得额。稿酬所得适用20%的比例税率，另外，国家给予减征20%的照顾。稿酬收入避税主要采取以下两种方式：

1. 收入分期法，即纳税人将稿酬分期分批领取，降低每次应纳税额，这样，既可获得定额扣除800元或定率扣除20%的好处，又可获得延期纳税的便利。

2. 创作组避税法，即纳税人通过将稿酬分散到每个成员，使每个人都能获得800元或20%的费用扣除，以大大降低税负或免予缴税。

（四）其他所得的税收筹划

利息、股息、红利所得的筹划可以利用税收上的优惠进行筹划，将个人的存款以教育基金或者其他免税基金的形式存入金融机构，以减轻自己的税收负担，并且能够很好地安排子女的教育和家庭的生活费用。财产租赁所得和特许权使用费所得的纳税筹划与稿酬相似，也是利用了每次收入不足4 000元，可以抵扣800元费用的筹划思路，这种筹划方式比抵扣20%的标准要节税许多。财产转让所得应充分利用免税项目，如个人投资者买卖股票或基金单位获得的差价收入，按照现行税收规定均暂不征收个人所得税。至于偶然所得的纳税筹划，因为税率是一定的，所以可以利用捐赠扣除一部分金额，减少纳税基数，只有这样才能减少应纳税所得额。

利息、股息、红利所得是指个人拥有债权、股权而取得的利息、股息、红利所得。利息、股息、红利所得以个人每次取得的收入额为应纳税所得额，不得从收入额中扣除任何费用。利息、股息、红利所得适用20%的比例税率。其应纳税额的计算公式为：

应纳税额 = 应纳税所得额（每次的收入额）× 适用税率

1. 对个人投资者从上市公司取得的股息红利所得，暂减按50%计入个人应纳税所得额。

2. 对证券投资基金从上市公司分配取得的股息红利所得，减按50%计算应纳税所得额。

根据现行税法法律法规规定，自2008年10月9日起，个人储蓄存款利息所得暂免征个人所得税。因此，个人在理财时应该考虑到这些税收优惠政策，以降低税负，提高个人的收益。

（五）经营所得的税收筹划

对于个体工商户经营所得的纳税筹划可以从捐赠支出、分散所得、费用成本、固定资产、经营形式等方面入手进行纳税筹划。值得注意的是，对于捐赠支出的纳税筹划应从以下方面着手：

1. 认清捐赠对象。
2. 提高可列支限额。
3. 取得合法凭证。
4. 预先调整超限金额。

此外，个体工商户和合伙企业以及个人独资企业，由于其缴纳个人所得税的应纳税所得额为收入减去发生的成本、费用，因此，合理扩大成本费用开支、降低应纳税所得额是个体工商户进行税务筹划的主要方法。个体工商户利用扩大费用列支节税的方法主要有：尽可能地把一些收入转换成费用开支，如水电费、电话费等，在税前列支；使用自己的房产经营，可以采用收取租金的方法扩大经营费用支出；同时自己的房产维修保养费用也可列入经营费用支出，这样就扩大了经营费用支出。

第五节　税收筹划会计岗位的常见错误和舞弊行为

一、税收筹划会计岗位常见的错误

（一）财务造假

税收筹划岗位和财务岗位虽然在绝大多数民营企业当中同属一个部门，但本质上是有区别的，做账遵循的是会计法，纳税遵循的是税法。很多企业会有两套账，一套内账一套外账，内账基本上反映真实的企业经营状况，而外账就是用来给税务局看的，用来作为纳税基数计算税金的。很多老板以及税收筹划会计人员却不清楚这是违法行为，而不是所谓的税务筹划。

（二）合同作假

在某剧组拍摄过程中，A 演员实际取得片酬 3 000 万元。但是通过合同人为地拆分，合同的金额变成了 1 000 万元，所以只按照 1 000 万元进行了申报纳税，其余 2 000万元没有申报，也没有纳税。这是一种明显的偷逃税违法行为。按拍摄的交易既定，纳税基数3 000万元已经发生并确定了该缴纳的税金就已经确定了。结果在合同上修改一下，就少缴了730万元，这是属于逃税行为，在合同上玩文字游戏并不是税务筹划。

（三）私人卡走账

私人卡是很多民营企业都在使用的一种方式，不论是老板个人的，还是公司高管的私人账户，在企业当中都是不合规的。这也是一种逃税的行为。所以，利用私人卡进行资金划转根本不是税务筹划。

（四）买卖发票

虽然金税三期的监管力度与日俱增，但仍然有一些不怕死的老板和无知的财务在打票的主意。成本票拿不到要去买，费用票不够也要去买，甚至，增值税专用发票也要买，因为进项抵扣不够。而有的企业，可能本身没有什么税要缴纳，就认为自家票闲置着太可惜，于是就倒卖发票来获利。上述说的这些全是违法行为，尤其买卖增值税专票，还会涉嫌刑事犯罪，就更别提什么税务筹划的方法了。违了法，就谈不上税务筹划。

（五）骗取优惠

我们国家对特定的一些行业和企业会有一些税收上的优惠政策，也是鼓励这些行业和企业大力发展。然而又有一些企业明明不符合优惠政策的资格，却通过各种方式来骗取优惠资格，来享受优惠政策，还美其名曰“税务筹划”。这仍然不是合法合规的手段，不是税务筹划的方法。

以上的做法都是脱离了税法的范畴，违规操作，所以都不能称其为税务筹划的方法。

二、税收筹划会计岗位常见的舞弊行为

税收筹划是指企业通过合法合规的手段，在税法规定的范围内最大限度地减少税务负担的行为。然而，有些人可能会滥用税收筹划的方法，从而发生一些不合法的舞弊行为。以下是税收筹划会计岗位常见的舞弊行为：

虚报费用：会计人员可能会虚报企业的费用，以减少企业应纳税所得额，如虚报员工工资、虚增采购成本等。

虚开发票：会计人员可能会与其他公司勾结，虚开假发票或虚增发票金额，以获得虚假的成本支出，从而减少企业应纳税所得额。

转移定价：会计人员可能会通过转移定价的方式，将利润转移到低税率地区或非居民公司，以避税或减少税务负担。

避税安排：会计人员可能会利用税法漏洞，通过各种复杂的避税安排，如利用离岸公司、特殊资产结构等，减轻企业的税务负担。

虚构交易：会计人员可能会虚构不存在的交易，以获得虚假的费用支出，从而减少企业应纳税所得额。

不当资本支出：会计人员可能会将本应计入费用的支出，以资本化的形式计入固定资产或其他长期资产，从而推迟税务负担。

缺乏披露：会计人员可能会故意隐瞒相关税务信息，不如实披露企业的财务状况和税务情况，以逃避税务监管和纳税义务。

需要强调的是，以上行为都是违法的，并且会受到税务机关的追究和处罚。企业和会计人员应当遵守税法规定，进行合法合规的税收筹划，避免从事任何不正当的舞弊行为。

增值税
相关知识点

企业所得税
相关知识点

企业所得税
税收优惠政策

个人所得税
相关知识点

本章小结

通过本章的学习，我们了解了税收筹划以及税收筹划岗位的内涵；掌握了税收筹划岗位的工作内容，以及在工作中我们应当注意的事项；分析了税收筹划岗位的职责以及权限；了解了税收筹划的风险及应对策略；并通过税收筹划的实务系统地了解税收筹划岗位。

关键术语

税收筹划	节税	税收“陷阱”	税收风险
涉税风险	风险规避	增值税	税收筹划
企业所得税税收筹划		个人所得税税收筹划	

— 自测题 —

第十五章　会计档案管理岗位

本章导读

会计档案管理亦称档案工作，是档案馆（室）直接对档案实体和档案信息进行管理并提供利用服务的各项业务工作的总称，也是国家档案事业最基本的组成部分。本章主要介绍会计档案的相关概念及会计档案管理工作，通过详细解释会计档案管理的工作内容，以便读者加强对会计档案管理岗位的理解。

学习目标

1. 了解会计档案岗位的含义。
2. 了解会计档案的范围。
3. 了解会计档案的保管期限。
4. 掌握会计档案岗位的工作内容。
5. 掌握会计档案管理岗位的注意事项。
6. 掌握电算化会计档案的管理。

第一节　会计档案管理岗位的定义

一、会计档案的定义

会计档案是指单位在进行会计核算等过程中接收或形成的，记录和反映单位经济业务事项的，具有保存价值的文字、图表等各种形式的会计资料。会计档案包括通过计算机等电子设备形成、传输和存储的电子会计档案。各单位的预算、计划、制度等文件材料属于文书档案，不属于会计档案。单位应当加强会计档案管理工作，建立和完善会计档案的收集、整理、保管、利用和鉴定销毁等管理制度，采取可靠的安全防护技术和措施，保证会计档案的真实、完整、可用、安全。

二、会计档案管理岗位的定义

会计档案管理岗位是指在单位的档案机构或者档案工作人员所属机构中从事对会计凭证（包括原始凭证、记账凭证）、会计账簿（包括总账、明细账、日记账、固定资产卡片及其他辅助性账簿）、财务会计报告（包括月度、季度、半年度、年度财务会计报告）、其他会计资料（包括银行存款余额调节表、银行对账单、纳税申报表、会计档案移交清册、会计档案保管清册、会计档案销毁清册、会计档案鉴定意见书及其他具有保存价值的会计资料）等会计档案进行收集、整理、保管、利用和鉴定销毁等管理工作的职能部门或人员。

第二节　会计档案的范围

会计档案一般指会计凭证、会计账簿、会计报表以及其他会计核算资料四个部分。

1. 会计凭证。会计凭证是记录经济业务，明确经济责任的书面证明。它包括自制原始凭证、外来原始凭证、原始凭证汇总表、记账凭证（收款凭证、付款凭证、转账凭证三种）、记账凭证汇总表、银行存款（借款）对账单、银行存款余额调节表等内容。

2. 会计账簿。会计账簿是由一定格式、相互联结的账页组成，以会计凭证为依据，全面、连续、系统地记录各项经济业务的簿籍。它包括按会计科目设置的总分类账、各类明细分类账、现金日记账、银行存款日记账以及辅助登记备查簿等。

3. 会计报表。会计报表是反映企业会计财务状况和经营成果的总结性书面文件，主要有主要财务指标快报，月、季度会计报表，年度会计报表，包括资产负债表、损益表、财务情况说明书等。

4. 其他会计核算资料。其他会计核算资料属于经济业务范畴，与会计核算、会计监督紧密相关的，由会计部门负责办理的有关数据资料，如经济合同、财务数据统计资料、财务清查汇总资料、核定资金定额的数据资料、会计档案移交清册、会计档案保管清册、会计档案销毁清册等。实行会计电算化单位存贮在磁性介质上的会计数据、程序文件及其他会计核算资料均应视同会计档案一并管理。

第三节　会计档案的保管期限

会计档案的保管期限分为永久和定期两类。定期保管期限分为3年、5年、10年、15年、25年5类。会计档案的保管期限，从会计年度终了后的第一天算起。

1. 需要永久保存的会计档案有：年度决算财务会计报告；资本金、股金及股权明细；开销户登记簿；客户挂失申请书、挂失登记簿、补发凭单（卡）收据；账销案存的清单或资料；会计档案保管登记簿、销毁清册；有价单证、业务公章销毁清册；机构变动交接清册；有权机关查询、冻结及扣划书；已用凭证、账簿登记簿；会计系统数据移植日的所有会计档案；会计初始环境文本、基础数据维护修改有关记录、文件；其他需要永久保管的档案。

2. 保管期限为25年的会计档案有：现金和银行存款日记账；税收日记账（总账）和税收票证分类出纳账。

3. 保管期限为15年的会计档案有：会计凭证类；总账、明细账、日记账和辅助账簿（不包括现金和银行存款）；会计移交清册；行政单位和事业单位的各种会计凭证；各种完税凭证和缴退库凭证；财政总预算拨款凭证及其他会计凭证；农牧业税结算凭证；会计移交清册。

4. 保管期限为10年的会计档案有：国家金库编送的各种报表及缴库退库凭证；各收入机关编送的报表；财政总预算保管行政单位和事业单位决算、税收年报、国家金库年报、基本建设拨贷款年报；税收会计报表（包括票证报表）。

第四节　会计档案岗位的工作内容

一、会计档案归档制度要求

在进行会计核算等过程中接收或形成的，记录和反映单位经济业务事项的，具有保存价值的文字、图表等各种形式的会计资料，包括通过计算机等电子设备形成、传输和存储的电子会计档案。

（一）归档要求

1. 应归档的会计材料应齐全完整，按报表、账簿、凭证和其他类的形式和特点分别归档、排列。

2. 会计档案由会计人员按归档文件整理方法整理立卷、装订成册后移交局综合档案室。

3. 实行会计电算化之后，需要永久保存的年度财务报表、报告等，在打印纸质归档的同时，需要将其相应电子数据上传到文件与档案管理服务平台中归档保存。

（二）归档时间

会计档案，在会计年度结束后，由会计人员保管两年，期满后移交局综合档案室统一保管，并办理相关移交手续。

已移交档案部门保管的会计档案，原则上应当保持原卷册的封装。个别需要拆封重新整理的，档案部门应当会同会计部门和经办人员共同拆封整理，以分清责任。

（三）归档文件整理

会计档案采用单件归档整理方法，以“件”为单位进行排列、装订、编页码、编档号，不同年度的要分开整理。“件”是归档文件的整理单位，一般以每份文件为1件。一份会计报表为1件、一本（份）账簿为1件、一册（本）凭证为1件。“件”题名应准确概括该件会计档案的形成单位、时间、内容、文件名称。

1. 划分类别及保管期限。对同一年度的会计档案归档文件按报表、账簿、凭证和其他4个属类分开。按《会计档案归档范围和保管期限表》对各属类的归档文件划分保管期限。

2. 排序。在同属类同年度下面按照时间顺序或重要程度排序。同属类同年度归档文件如有不同保管期限的，先排保管期限长的，后排保管期限短的；相同保管期限的按时间顺序排列。

3. 装订。每“件”单独装订，大张的文件要折叠，残破的文件要修补裱糊，定为永久保管期限的文件去除易生锈的金属物后，薄的采用不锈钢钉装订，厚的采用三孔一线方法装订。账簿、凭证，会计部门已经装订好的，保持不变。

4. 编页码。没有编页码的文件，以“件”为单位对有效页面编连续页码，正面编于右上角，背面编于左上角，本身有正确页码或单页的文件不须再编页码；1份文件各部分已有独立正确的页码时，不用再编页码，合并计算其总页数即可。凭证类不需要编页码。编页号时采用打码机。

5. 著录上传。在市文档平台“文件著录”会计档案分类中著录每份归档文件的相关信息并上传相应电子文件，无相应电子文件的归档文件（保管期限为永久、30年，会计凭证除外）需要扫描上传。检查无误后点击“归档”生成档号等信息，完成“预归档”操作。

6. 打印档号标签。在市文档平台“预归档库”中打印出档号标签，裁剪后粘贴于归档文件左上角空白处；或直接打印归档章。

7. 装盒。将装订整理好的归档文件按档号顺序放入档案盒中。不同年度不同保管期限的归档文件不能装在同一盒内。同年度同类归档文件装盒完毕检查无误后，在市文档平台“预归档库”中按盒打印一份“归档文件目录”分别装入相应档案盒内，然后在文档平台“编目管理”中打印档案盒背脊标签整齐粘贴于盒的背脊处。

8. 编制目录。在市文档平台“预归档库”中按年度打印“归档文件目录”一式两份，并在市文档平台“编目管理”中打印目录软皮封面、硬皮目录夹封面标签和背脊标签各一式一份，用于编制《档案目录》。《档案目录》要求制作一式两份，一份用硬皮目录夹装订，一份用牛皮纸等软皮装订。同一年度的会计报表、账簿、凭证和其他类的档案目录可以装订在一起，各类之间用一张彩色纸隔开。

9. 封装入库。在“预归档库”中选中需要封装入库的档案，对档案信息检查无误后，点击“封装入库”，档案封装入库成功后，档案进入“档案中心”归档数据管理相对应的分类下。进入“档案中心”的档案只能修改目录。

二、会计档案的装订和保管

（一）会计档案的整理立卷

会计年度终了后，财务部要对会计资料进行整理立卷。对同一年度的会计档案先按会计凭证、会计账簿、会计报表和其他会计核算资料进行归类，对每一类中的会计档案再根据不同保管年限和档案形成时间顺序分别进行整理、立卷、装订成册。

（二）会计档案的装订

会计档案的装订主要包括会计凭证、会计账簿、会计报表及其他会计核算资料的装订。

1. 会计凭证的装订。

①要求每月装订一次，将上月的各种会计凭证分类按编号顺序分本进行装订成册。

②每本凭证要求折叠整齐，凭证编号连续，附件齐全，每本凭证订牢不松。

③每本凭证应加制封面、封底，凭证封面和每册凭证背脊对各栏内容填写齐全，包括凭证类型、年、月、册数等。

2. 会计账簿的装订。

①各种会计账簿年度结账后，除跨年使用的账簿外，其他账簿应按时整理立卷。

②账簿装订应牢固、平整，不得有折角、缺角、错页、掉页、加空白纸的现象。

③会计账簿封面应齐全、平整，并注明所属年度及账簿名称、编号，封口要严密，封口处要加盖有关印章。

3. 会计报表的装订。

①应当按季装订成册。

②各种会计报表应当完整无缺地装订，包括会计报表封面、会计报表编制说明、各种会计报表按会计报表的编号顺序排列、会计报表的封底。

③按保管期限编制卷号。

4. 其他会计核算资料的装订应比照上述方法进行。

（三）会计档案的保管

1. 会计档案室应选择在干燥防水的地点，并远离易燃品堆放地，周围应备有适应的防火器材。

2. 会计档案室内应经常保持清洁、卫生，注意防尘。

3. 会计档案室保持通风透光，并有适当的空间、通道和查阅地方，以利查阅，并防止潮湿。

4. 会计电算化档案保管要注意防盗、防磁等安全措施。

5. 会计档案设置目录登记簿、档案借阅登记簿，严防借阅带来的毁坏、散失和泄密。

（四）会计档案的移交

1. 公司财务部在办理会计档案移交时，应当编制会计档案移交清册，并按照国家档案管理的有关规定办理移交手续。

2. 纸质会计档案移交时应当保持原卷的封装。

3. 电子会计档案的移交。

①电子会计档案移交时应当将电子会计档案及其原数据一并移交，且文件格式应当符合国家档案管理的有关规定。

②特殊格式的电子会计档案应当与其读取平台一并移交。

③单位档案管理机构接收电子会计档案时，应当对电子会计档案的准确性、完整性、可用性、安全性进行检测，符合要求的才能接收。

（五）会计档案的借阅

1. 公司内部其他部门借阅会计档案时须经公司财务部负责人批准，方可提供查阅或者复制，并办理登记手续。如有特殊情况须携带外出，须经公司财务部负责人和公司负责人双重批准后，方可携带外出。

2. 公司总部相关人员因工作需要须借阅各子公司会计档案时，应经公司财务总监和被借阅单位财务负责人双重批准后，方可办理借阅手续。

3. 会计档案为本公司提供利用，原则上不得借出。如公司以外的单位、部门借阅会计档案时，借阅人应持有所属单位正式介绍信，经被借阅单位财务负责人和公司负责人双重批准后，方可办理借阅手续，与介绍信调阅内容无关的档案不予提供。如有特殊情况需要携带外出，须经公司财务部负责人和公司负责人双重批准，并指派相关财务人员全程陪同。

4. 各公司财务部应建立会计档案借阅登记簿，所有借阅人应认真填写借阅人姓名、日期、数量、内容、归期等信息，如外公司借阅的还须填写相关单位名称。

5. 借阅会计档案人员不得在案卷中乱画、标记，拆散原卷册，也不得涂改抽换或复制原件。特殊情况下需要拆散原卷册或复制原件的须经财务部负责人批准。

6. 借出的会计档案必须按期如数收回，并办理注销借阅手续。对公司内部其他部门人员按期借阅不归还者，超期罚金一天 50 元计，并计入其当月绩效考核。人员离职造成不归还的，由部门负责人负连带责任，由部门负责人负责追讨。

7. 所有内外部会计档案借阅，借阅地点仅限本公司档案室或财务部，特殊情况需要携带外出除外。

（六）会计档案的保管期限

1. 会计档案的保管期限分为永久、定期两类。定期保管期限一般分为 10 年和 30 年。

2. 各种会计档案的保管期限，从会计年度终了后的第一天算起。

（七）会计档案的销毁

1. 会计档案保管期满、需要销毁时，各公司财务部应当提出销毁意见，编造会计档案销毁清册，认真进行清查核对，报公司领导批准后销毁。

2. 销毁时派专员监销。销毁后，在销毁清册上签名盖章。对于其中未了结的债权债务的原始凭证，应单独抽出，另行立卷到结清债权债务时为止。

第五节　会计档案管理岗位的注意事项

一、注意保管会计档案时限

单位的会计机构或会计人员所属机构（统称单位会计管理机构）按照归档范围和

归档要求，负责定期将应当归档的会计资料整理立卷，编制会计档案保管清册。

当年形成的会计档案，在会计年度终了后，可由单位会计管理机构临时保管一年，再移交单位档案管理机构保管。因工作需要确须推迟移交的，应当经单位档案管理机构同意。单位会计管理机构临时保管会计档案最长不超过三年。临时保管期间，会计档案的保管应当符合国家档案管理的有关规定，且出纳人员不得兼管会计档案。

二、注意办理会计档案移交手续及其流程

单位会计管理机构在办理会计档案移交时，应当严格按照国家档案管理的有关规定办理会计档案移交手续。移交会计档案的单位，应当编制会计档案移交清册，列明应当移交的会计档案名称、卷号、册数、起止年度、档案编号、应保管期限和已保管期限等内容。交接会计档案时，交接双方应当按照会计档案移交清册所列内容逐项交接，并由交接双方的单位有关负责人负责监督。交接完毕后，交接双方经办人和监督人应当在会计档案移交清册上签名或盖章。特别需要注意的是，建设单位在项目建设期间形成的会计档案，需要移交给建设项目接收单位的，应当在办理竣工财务决算后及时移交，并按照规定办理交接手续。

纸质会计档案移交时应当保持原卷的封装。电子会计档案移交时应当将电子会计档案及其原数据一并移交，且文件格式应当符合国家档案管理的有关规定，特殊格式的电子会计档案应当与其读取平台一并移交。单位档案管理机构接收电子会计档案时，应当对电子会计档案的准确性、完整性、可用性、安全性进行检测，符合要求的才能接收。

三、注意定期执行会计档案的销毁及其程序

单位应当定期对已到保管期限的会计档案进行鉴定，鉴定工作由单位档案管理机构牵头，组织单位会计、审计、纪检监察等机构或人员共同进行，并形成会计档案鉴定意见书。经鉴定，仍需要继续保存的会计档案，应当重新划定保管期限；对保管期满、确无保存价值的会计档案，可以进行销毁。

经鉴定可以销毁的会计档案，应当按照以下程序销毁：

1. 单位档案管理机构编制会计档案销毁清册，列明拟销毁会计档案的名称、卷号、册数、起止年度、档案编号、应保管期限、已保管期限和销毁时间等内容。

2. 单位负责人、档案管理机构负责人、会计管理机构负责人、档案管理机构经办人、会计管理机构经办人在会计档案销毁清册上签署意见。

3. 单位档案管理机构负责组织会计档案销毁工作，并与会计管理机构共同派员监销。监销人在会计档案销毁前，应当按照会计档案销毁清册所列内容进行清点核对；

在会计档案销毁后，应当在会计档案销毁清册上签名或盖章。

4. 电子会计档案的销毁还应当符合国家有关电子档案的规定，并由单位档案管理机构、会计管理机构和信息系统管理机构共同派员监销。

注：税务机关的税务经费会计档案保管期限，按行政单位会计档案保管期限规定办理。

第六节　电算化会计档案的管理

电算化会计档案是指以磁性介质存储在计算机中的会计数据和计算机打印的书面形式的会计信息，包括记账凭证、会计账簿、会计报表（包括报表格式和计算公式）等，以及会计软件系统开发运行中编制的各种文档程序和其他会计资料。会计电算化档案管理是现代信息技术发展到一定程度的产物，是通过会计电算化结合传统手工会计的特点，利用现代化的技术把两者很好地相结合，使会计电算化档案管理工作更好地开展。

电算化会计档案作为会计档案的一部分，它与传统形式的会计档案相互配合、密切联系。如果说传统形式的会计档案是电算化会计档案的基础，那么电算化会计档案就是电算化独特的个性，它代表着未来会计规范化、现代化的发展方向，因此要充分发挥电算化会计的强大功能，必须做好电算化会计档案管理这一基础会计工作。

一、电算化会计档案管理的特点

（一）现代化载体

根据 1999 年 1 月 1 日起施行的《会计档案管理办法》规定，采用电子计算机进行会计核算的单位，不仅要电子会计数据，而且应当保存打印出的纸质会计档案，这就使得电算化会计档案拥有了双重的会计档案载体，即传统意义上的会计档案与包括存储在计算机硬盘中的会计数据、以其他磁性介质或光盘存储的会计数据等形式在内的电子会计档案。

（二）软硬件环境

由于不具备传统会计档案的直观可视性，电算化下的电子会计档案必须在特定的计算机硬件与软件系统环境中才可视。同时电子档案易被修改，电子档案的保存受到载体本身的质量、存放环境、存储信息有效期等因素的影响。

（三）系列化资料

这是由电算化操作流程及电算化信息系统维护要求带来的会计档案涉及范围的新特点。除了要保存会计档案的电子数据外，还要保存能被计算机识读的程序文件、数据结构文件以及各种代码，然后才能借助计算机进行会计核算。

（四）计算机技能

电算化会计系统对人员的素质与系统安全操作提出了新需要。电算化会计档案管理要求所从事人员不仅要熟悉会计核算工作的各项专门方法，还必须同时掌握必要的计算机操作和维护知识，才能顺利实现电算化。

二、电算化会计档案的管理内容

为了更有效地做好电算化会计档案管理工作，我们必须根据电算化会计档案的特点，分别做好会计档案管理中的收集、保存、利用等方面的工作。

（一）档案的收集

所谓电算化会计档案的收集是指在一定的时间间隔内如一个会计年度，把计算机系统中的所有会计数据拷贝备份存储到磁性介质或光盘上，从而形成脱离于原计算机系统的会计档案。财务部门应把财务数据的备份文件保存好，以防计算机硬件系统损坏后能在最短的时间内，在最小的损失下恢复原有的会计电算化系统。除了备份之外，还应收集计算机硬件系统的型号、存储空间的大小、外部设备的配套类型等计算机操作系统、网络操作系统以及汉字操作系统财务软件的编程语言、数据库系统类型财务软件的系统名称、版本号财务软件的销售与维护公司的名称、地址、电话与联系人以及与会计电算化软件系统相配套的各种说明书及使用手册。

（二）档案的保存

由于电算化会计档案是存储在磁性介质或光盘上的，根据这些信息载体的物理特性，在形成这些档案时应准备双份即采用“AB 备份法”进行数据的备份，并且每份上要注明形成档案的时间与操作员姓名，并贴上写保护，存放在两个不同的地点，以防止地震或火灾等意外情况引起整个会计电算化系统的毁灭与系统的不可恢复性。在保存这些档案时应远离磁场，注意防潮、防尘等。对采用磁性介质保存的档案，还应定期进行检查，定期进行复制，防止由于磁性介质的损坏，而使会计档案丢失，造成无法挽救的损失。此外，还应注意电算化会计档案与对应的财务软件版本的一致性。

因为在不同版本软件下形成的会计档案其会计数据的结构有可能不同，这就有可能产生会计档案不能被调阅或者产生某些预料外的错误。因此，会计电算化档案除保存各版本的备份财务数据外还应保存对应版本的会计电算化软件系统版本，两者的一致性是非常必要的。

（三）档案的利用

即电算化会计档案的调阅。在长期开展会计电算化的过程中，随着软件系统的不断升级，我们所调阅的会计档案会有下述两种情况：

1. 所调阅的会计档案的版本号与当前会计电算化系统版本号一致，此时只须将您所需调阅的档案通过电算化软件系统中的档案调阅或数据恢复功能进行调阅即可。

2. 所调阅的会计档案的版本号与当前会计电算化系统版本号不一致，此时您只须在另外一台电脑上安装与此档案相对应版本的电算化系统，然后再进行调阅。

三、电算化会计档案管理应注意的问题

针对电算化会计档案受质量、温度湿度、磁场等因素的影响较大，易受破坏的特点，在管理时应该注意：一是在选用保存会计档案的存贮介质时，应特别注意选用质量较好、可靠性较高的介质；二是对存放在存贮介质上的会计档案应写好保护字样，存放在防潮、防热、防尘、防磁的场所；三是对存放往年会计档案的介质应定期复制，如每半年复制一次且最好复制双份存放在不同的地点；四是对使用时间较长的存贮介质应定期进行替换；五是对硬盘上的会计档案应定期备份到软盘或光盘上。

针对电算化会计档案易修改且不留痕迹这一特点，在管理时应该注意：一是对硬盘上的会计档案，应采取相应的安全保密措施，防止对会计档案进行修改；二是对存放在软盘或光盘上的会计档案，应至少一式两份分别在会计和计算机操作部门的档案柜存放，以防止某一方面存储介质损坏造成数据丢失或单方面修改会计数据。

四、电算化会计档案管理的优化策略

（一）完善各项管理制度

1. 建立电算化会计档案的归档制度。会计电算化系统开发和使用的全套文档资料及软件程序，都应视同会计档案保管。会计数据在未打印成书面形式输出之前，应妥善保管并保留副本，记账凭证、总分类账、现金日记账和银行存款日记账应打印输出，并按照有关税务、审计等管理部门的要求，及时打印输出有关账簿、报表。

2. 建立电算化会计档案的保管制度。根据国家档案局的标准，选择优质的磁盘介

质进行会计档案数据备份，备用盘与储存盘分离存放；做好防压、防尘、防光、防腐蚀工作；按分类和一定顺序对数据磁盘、光盘的著录等电子会计档案进行编号，标明时间和文件内容，制作档案管理文件卡片。

3. 建立严格的借用手续制度。查阅会计档案，须经财务部门负责人批准，按照档案管理的有关规定，办理借阅手续外单位查阅本部门会计档案，要有单位介绍信，并经主管领导、财务部门负责人批准。

4. 建立电算化档案定期备份制度。电算会计档案应定期将会计数据备份到磁性介质，并设立备查登记簿，提供备份时间、数量、保管方式等备份细节信息；同时由于磁性介质的特殊性，管理人员必须对这些会计电算档案进行定期检查、复制，以防止会计信息损坏。

5. 建立电算化软件内的会计档案管理多用户、分权限调用制度。对电算化会计档案的各项内容要规定不同的使用权限。普通数据，可较大范围共享；涉及单位机密的数据，仅供一定需要的人员使用；而设计源程序文件、数据结构文件等，则只有主管人员或程序开发人员才能使用。通过这样设置，保证电子档案的安全性，减少人为修改的可能。

（二）完善软硬件设施建设

提供环境清洁与温湿度稳定适宜的专用会计档案存放仓库；选用功能符合本单位实际业务的电算化会计软件，最好是具有档案管理辅助功能的电算化软件；强化系统的安全防护功能，如有联网，注意进行定期的补丁维护，避免因电脑安全或网络安全，导致会计档案泄密或被人为恶意修改。同时要注意电算化会计档案与对应的财务软件版本的一致性，因为在不同版本软件下形成的会计档案其会计数据的结构有可能不同，导致会计档案不能被调阅或者产生某些预料外的错误。

（三）提高会计人员素质

由于电算化会计，不仅仅是要实现传统会计的功能，更有其他利用计算机高速度计算、分析能力的功能，所以必须相应增加专业人才，加强对电子档案的管理，为提供更有效的会计信息打好基础的同时电算化软件维护及系统安全的要求较高，这也需要会计部门相应增加一定数量的计算机高级人才，维护日常运作，开发更合理、高效的软件。注重提高会计人员的业务素质，加强会计电算化培训，使会计人员能够熟练地操作计算机，掌握会计软件的各种自定义功能（包括定义各种转账公式、数据来源公式、费用分配公式等）和各种管理功能，充分发挥财务软件的管理功能，更好地为企业的经营管理和决策服务。

（四）提高思想重视程度

实现会计电算化的企业单位，有关领导应当高度认识对电算化会计档案资料进行科学化管理的重要性，并督促有关制度的建立。现今不少实现会计电算化的企业单位，对会计档案资料的管理仍局限于手工管理阶段的经验，因此，应当进一步提高电算化会计档案管理者的素质，把磁性介质档案资料的管理落到实处。

本章小结

通过本章的学习，可以了解会计档案管理岗位的有关内容，包括定义、范围、保管期限、工作内容及注意事项，以及电算化会计档案的管理；了解了会计档案管理的含义；对会计档案管理的范围和期限进行了详细说明；系统阐述了会计档案管理岗位的工作内容和注意事项；通过对电算化会计档案管理的实务讲解，实现对会计档案管理岗位的综合分析。

关键术语

会计档案	电算化会计档案	会计凭证	会计账簿
财务会计报告	归档制度		

— 自测题 —

第十六章　会计主管岗位

本章导读

本章主要围绕会计主管的岗位定义、要求与技能、权限与义务、工作流程及注意事项进行全面剖析，帮助读者深入理解此岗位的重要性及其在企业中所扮演的角色。通过本章的学习，能够清晰地认识到一个会计主管在日常工作中的职责与要求，以及如何更好地履行其职责来推动公司的财务健康和稳定发展。

学习目标

1. 理解会计主管岗位的基本定义及其核心职责和工作内容。
2. 掌握会计主管岗位的基础要求和必备技能，能够明确该岗位与其他财务岗位的区别和协同工作方式。
3. 了解会计主管在企业中的权限与义务，明确其在财务管理体系中的位置和作用。
4. 熟悉会计主管的工作流程和日常职责，包括财务报表编制、预算控制等方面的工作内容。
5. 认识会计主管岗位的注意事项，包括职业道德、风险控制和持续学习等方面。

第一节　会计主管岗位的定义

一、会计主管的定义

会计主管是一个企业财务部门的核心角色，负责监督和管理公司的日常财务和会计活动。他们确保财务报告的准确性和时效性，并使财务流程顺利进行，从而为企业提供有根据的决策支持。此外，他们也扮演着监控和保护公司资产安全的守护者角色。

二、会计主管岗位核心职责和基本工作内容

（一）会计主管岗位核心职责

1. 负责监督日常账务处理和财务记录。

会计主管担负着对公司日常财务交易和账目的精细管理和监督职责。他们必须确保所有账目的准确性和及时更新，这涵盖了对各类账户余额的监管，及时处理发票和付款单据，以及维护准确的资产和负债记录。此外，他们还需要负责及时识别和处理财务异常情况，这包括对潜在的财务欺诈和误报的警觉，以及协助解决各种财务纠纷，确保公司的财务健康和稳定。

2. 负责协助准备月度和年度财务报告和预算。

会计主管在财务报告和预算制订方面也担负着重要职责。他们不仅提供数据支持和深度分析以辅助决策制订，而且积极参与财务预算和预测活动。这意味着他们需要与各部门紧密协作，搜集和分析数据，制订和调整预算方案，以保证企业的财务可持续性。他们也负责制订月度和年度财务报告，为公司领导和各方利益相关者提供准确和详细的财务信息。

3. 负责确保公司财务政策和程序得以适当和一致的执行。

会计主管还需要确保公司财务政策和程序得以适当和一致的执行。他们是财务政策和规程的守卫者，负责制订和维护一套系统化的财务管理机制，以确保业务运作的高效和顺畅。这包括有效地管理和监督团队的日常工作，提升团队的工作效率，推动会计政策和程序的持续优化，以及对团队进行持续的培训和指导，确保其技能和知识的不断更新和提升。

4. 负责协助审计和税务工作。

此外，会计主管还需要协助进行公司的审计和税务工作。他们不仅要确保企业遵循所有相关的法律和规定，但也应积极协助完成各类内外部审计和税务检查。这包括准备必要的财务文件和记录，协调内外部审计人员的工作，以及及时处理和回应审计和税务检查中出现的各种问题和疑虑，从而减少财务风险和潜在的法律纠纷，保护公司的合法权益和声誉。

（二）会计主管岗位的基本工作内容

下面是会计主管岗位的工作流程：

1. 财务预算和资金计划。

协助财务经理制订和执行年度财务预算和资金计划，考虑到公司的业务运营、市场动态和长期战略目标。这包括分析历史数据、预测未来收入和成本，以及优化资金分配和使用。

2. 财务凭证编制和核算。

负责准确及时地处理日常财务事务，包括编制财务凭证、进行会计核算和完成月末结账。这要求对财务标准有深入理解，并保持对所有财务活动的持续监控。

3. 付款和报销审核。

管理和审查公司的日常付款和报销流程，确保所有支出都符合公司政策和法规要求。这涉及核对发票、收据和其他支出凭证，以及监控支出预算。

4. 财务报表和预算执行情况上报。

编制并提交详细的财务报告，包括利润表、资产负债表和现金流量表，以及分析预算执行情况。向管理层提供关键财务指标和分析，以支持战略决策。

5. 租金收入预测。

根据租赁合同和市场趋势，预测固定和变动租金收入。这需要对市场动态有深入了解，并定期调整预测以反映最新情况。

6. 税务申报和汇算清缴。

处理公司的税务事务，包括定期申报增值税、所得税等税种，并准备年度汇算清缴。这要求对税法有深入理解并保持最新。

7. 应收账单审核和盖章。

确保公司发出的账单准确无误，并符合法律和内部规定。此外，还要负责官方盖章流程，确保所有文件的法律效力。

8. 月度资金计划汇总和审核。

整合和审查公司的月度资金计划，确保资金分配符合公司的短期和长期目标。这包括监控现金流和预测未来的资金需求。

9. 出纳和收费员业务指导和培训。

向出纳和收费员提供必要的培训和指导，确保他们的工作符合公司财务流程和标准操作程序。这涉及传授最佳实践和更新政策。

10. 收入和成本合同台账的建立和维护。

建立和维护一个详细的收入和成本合同台账，确保所有合同的信息准确无误并及时更新。这是为了促进有效的合同管理和财务核算。

以上是会计主管岗位的一般工作流程，具体的工作内容和流程可能会因公司规模、行业特点和岗位职责的不同而有所差异。会计主管需要在日常工作中保持高度的责任心和专业素养，确保财务数据的准确性和合规性，为公司的经营决策提供有力的支持。

三、会计主管协同工作的方式

会计主管在企业的财务团队中担任一个至关重要的纽带角色，他们作为一个桥梁，连接高层决策和日常操作，确保财务活动的顺利进行。下面详细描述会计主管的协同工作方式。

（一）与财务经理的协同工作

会计主管通常直接向财务经理报告，他们紧密合作来完成预算、报告和分析工作。在这一过程中，他们不仅确保数据的准确性和及时性，也努力提升信息和工作流程的效率及流畅度。他们参与到各种财务项目和活动的策划与实施中，以保证各项任务按照预定的时间表和质量标准顺利完成。

会计主管还需要深入了解公司的业务动态和市场趋势，这样可以为财务经理提供更为全面和有洞见的数据分析和报告，从而助力财务经理作出更为明智和有前瞻性的决策。

（二）与财务总监的协同工作

会计主管也需要与财务总监保持紧密的协调和沟通。他们负责确保财务信息的准确性和及时性，使得企业能够迅速做出反应和调整以适应市场变化和业务需求。此外，他们也积极参与到一些财务战略的讨论和制定中，提供实地数据和实施建议，以确保企业的财务健康和稳定。

他们在战略讨论中不仅分享日常运营的经验和见解，而且可以根据实际数据和案例分析，提出实用和创新的解决方案和建议，帮助企业找到更有效和可行的策略和途径来实现其财务目标和愿景。

通过这样的协同工作方式和流程，会计主管能够有效地连接和协调企业的各级财务人员和部门，形成一个统一、高效和有凝聚力的财务管理团队，从而确保企业的财务活动和决策能够顺利、准确和有序地进行，支持企业实现其长期的发展和成功。

会计主管站在企业财务管理的重要位置，他们承担着确保企业职业道德和法律合规性的责任。他们的每个决策，无论大小都对企业的财务健康产生深远影响。日常财务运营和月度结算是他们的基本职责之一，细致的任务分析与优化也不可或缺。执行现代和高效的财务策略和程序，确保每一笔交易的准确性和及时性是至关重要的。

第二节 会计主管岗位的要求

一、教育背景

（一）基本要求

在追求成为一名合格的会计主管之路上，首先需要建立坚实的教育基础。对于大多数公司来说，这通常意味着需要拥有财务、会计或相关领域的本科学历。在本科学习期间，强化课程如财务管理、成本会计和财务报表分析等能够为您打下坚实的理论基础。此外，实习或校园项目的参与也可以更早地熟悉行业实践和日常操作。

（二）高级岗位需求

而对于更高级的岗位或在职业生涯中追求更深层次的发展，需要考虑追求研究生学历或在相关领域进行更深入的研究和学习。这不仅仅是为了满足职位的学历要求，更是为了培养和磨炼更高级的财务分析和战略规划能力。在研究生层面，可以考虑攻读如 MBA 或财务管理硕士（Master of Finance）等专业，以进一步提升财务管理和领导力技能。这段时期也是深化专业网络和行业洞察的好时机，通过参与研究项目和行业实习，可以更直接地理解和把握行业动态和趋势。

此外，还应该不断参与各种专业研讨会和培训课程，保持与行业的同步，不断更新和升级知识库和技能树，以适应快速变化的财务环境。

二、工作经验

在谋求会计主管这一职位时，工作经验是不可或缺的一部分，它能够帮助个体深化理论知识和实际操作技能的结合。以下是一些具体的工作经验要求和实战案例。

（一）初级经验

对于初入行的职员，通常需要积累 3 ~5 年的相关工作经验。在这个阶段，职员应该着重于掌握和深化基本的财务和会计知识，同时不断提高实际操作的能力和熟练度。这期间的工作内容可以包括日常账务处理、财务报表编制、预算编制和控制等方面，以积累丰富的财务知识和实际操作经验。

（二）实战案例

在职业生涯中，能够参与到一些具体的财务项目或重大事件是极具价值的。例如，企业财务重组：参与企业的财务重组项目，能够深刻理解和学习到财务重组的流程和关键环节，如资产评估、负债重组等，将极大地丰富实战经验和案例库。

财务优化项目：积极参加一项财务优化项目，如通过引进新的财务管理系统或优化现有的财务流程和政策，从而实现了财务成本的降低和效率的提高。

通过这样的实战案例，不仅可以展示实战经验和能力，同时也是职业发展和个人品牌建设的重要资产。

三、专业资格认证

在追求会计主管职位时，拥有相关的专业资格认证不仅能够验证您的技能和知识，同时也是提高自身市场竞争力的关键因素。以下是一些可能需要考虑的基本和附加证书。

（一）基本资格

在职业道路上，拥有某些基本资格是非常必要的。

中级会计师证书：这是证明已经掌握了一定层次的会计技能和知识的证书，是进入更高级职位的基石。

税务师证书：作为一名税务师，将具备相关的税务知识和技能，这对于会计主管来说是非常有价值的，因为它涉及公司财务的合规性和税务筹划。

（二）附加证书

为了进一步提高职业竞争力和吸引力，还可以考虑获取以下的附加证书：

注册会计师（CPA）：CPA 不仅是一个全球公认的专业资格认证，同时也是一个展示会计主管在财务和会计领域具有高级技能和知识的重要标志。

注册管理会计师（CMA）：该证书主要关注企业的内部财务管理和决策支持，是一个验证会计主管在管理会计和财务分析方面技能的有力证明。

项目管理专业（PMP）：虽然不是直接相关的财务资格，但是 PMP 可以证明您具有良好的项目管理和组织协调能力，这对于一个需要管理团队和项目的会计主管来说是非常有价值的。

在考虑附加证书时，会计主管可以根据职业规划和目标来选择最适合的认证，以帮助会计主管更好地实现职业目标和抱负。

四、技能培养

为了适应会计主管这一角色，个人需要加强以下技能方面的培养和提升。

（一）会计软件应用

1. 基本技能。

掌握主流软件：掌握和熟悉如 SAP、QuickBooks 等主流的财务和会计软件是基本要求，这有助于进行高效和准确的财务数据处理和分析。数据管理与整理：能够娴熟地管理和整理各类财务数据，确保信息的准确和完整。

2. 进阶技能。

数据可视化：不仅能够使用软件的基本功能，还应能利用高级功能如数据可视化工具来更好地解析和呈现财务数据。报告自动化：掌握报告自动化技术，以更快速、更准确地完成复杂的财务报告和分析任务。

（二）财务分析技能

1. 基本分析。

财务问题解析：需要具备扎实的财务知识基础，能够进行深入的财务分析以发现和解决潜在财务问题。战略决策支持：能够通过分析财务数据来为公司的战略决策提供有力的支持和建议。

2. 案例研究。

预算分析与优化：例如，在预算分析过程中，能够精准地识别和提出潜在的节约点和优化方案。投资项目分析：在投资分析中，应具备找出最具投资价值和回报潜力的项目的能力，为公司提供有益的投资建议。

（三）税务处理和法律法规应用

1. 法律知识。

深入理解税务法律：需要对相关税务法律和法规有深入的理解和掌握，以确保企业在各方面都能满足法律要求和标准。持续学习与更新：具备持续学习的能力，以跟上法律和规定的更新和变化。

2. 实际应用。

灵活应用法律知识：例如，应熟知最新的税法变动，并能够灵活和有效地将其应用于企业的日常运营和财务规划中。风险管理与合规性：需要能够识别和管理企业可能面临的各种税务风险和合规性问题，以保护企业的利益和声誉。通过不断地培养和提升这些技能，将更好地适应会计主管这一角色，为公司的财务健康和成功作出贡献。

第三节　会计主管岗位的职责和权限

在一个企业中，会计主管担任一个核心角色，负责平衡和监督财务管理的多方面。以下是会计主管的主要职责与权利，旨在保证企业财务的健全运行。

一、职责

1. 负责制订企业财务制度。遵守国家法规，制订企业财务制度。具体领导本企业的财务会计工作，对各项财务会计工作要定期研究、布置、检查、总结。要积极宣传、严格遵守财经纪律和各项规章制度。要把专业核算与经营管理紧密结合起来，不断改进财务会计工作。组织制订本单位的各项财务会计制度，并督促贯彻执行。根据《企业财务通则》和《企业会计准则》，结合本企业的生产经营特点，制订适合本企业的各项财务会计制度，要贯彻经济核算的原则，以便提高经济效益。要随时检查各项制度的执行情况，发现违反财经纪律、财务会计制度的情况，要及时制止和纠正，重大问题并向领导或有关部门报告。要及时总结经验，不断地修订和完善本企业各项财务会计制度。

2. 负责组织筹集资金，节约使用资金。组织编制本单位资金的筹集计划和使用计划，并组织实施。资金的筹集计划和使用计划要结合本单位的经营预测和经营决策以及生产、经营、供应、销售、劳动、技术措施等计划，按年、按季、按月进行编制，并根据企业的经济核算责任制将各项计划指标分解下达落实，督促执行。根据生产经营发展和节约资金的要求，组织有关人员，合理核定资金定额，加强资金的使用管理，提高资金使用效果。根据管用结合和资金归口分级管理的要求，拟订资金管理与核算实施办法，并组织有关部门贯彻执行。

3. 负责认真研究税法，督促足额上缴。对于应该上缴的税金、费用等款项，要按照国家税法等规定进行严格审查，督促办理解缴手续，做到按期足额上缴，不挤占、不挪用、不拖欠、不截留。积极组织完成各项上缴任务。

4. 负责组织分析活动，参与经营决策。按月、按季、按年分析计划的完成情况，找出管理中的漏洞，提出改善经营管理的建议和措施，进一步挖掘增收节支的潜力。参加生产经营管理会议，参与经营决策。充分运用会计资料，分析经济效果。提供可靠信息，预测经济前景，为领导决策当好参谋助手。

5. 负责参与审查合同，维护企业利益。审查或参与拟订经济合同、协议及其他经济文件。对于违反国家法律和制度，损害国家和集体利益，以及没有资金来源的经济合同和协议，应拒绝执行，并向本单位领导报告。对重要的经济合同和协议，要积极参与拟订，加强事前监督。

6. 负责提出财务报告，汇报财务工作。负责按规定定期或不定期地向企业管理当局、职工代表大会报告或股东大会报告财务状况和经营成果，以便高层管理人员进行决策。要按照会计制度和上级有关规定，认真审查对外提供的会计报表，保证会计资料的真实可靠，并及时按规定报送给有关部门。

7. 负责组织会计人员学习，考核调配人员。要建立学习制度，组织会计人员学习业务技术，不断提高会计人员的业务水平。定期召开专业研讨会，研究工作问题。要制订对会计人员的考核办法，按期进行考核。参与研究会计人员的任用和调配。对不适合做会计工作的人员，要提出建议，进行调整；对不能胜任会计工作的人员，要帮助培养提高，或者另行安排适当的工作。

二、权限

1. 有权制订和规范会计制度。会计主管有权制订和完善公司的会计制度、财务管理规范和流程，确保财务工作的规范性和高效性。例如，有权根据国家统一的会计制度，结合本单位的实际情况，制订或修订本单位的会计制度和具体实施细则；有权参与本单位重大会计事项的研究决策；有权检查、监督本单位的会计凭证、会计账簿、财务会计报告和其他会计资料及有关实物，要求建立并执行财产清查制度；有权审查本单位财务管理制度和内部控制制度。

2. 有权审核和核实财务数据。会计主管有权审核和核实公司的财务数据，审核会计凭证，登记会计账簿，编制财务报表；监督公司的收入、支出、财产和费用的发生，定期向公司董事会报告公司财务状况；审核公司的资产、负债、所有者权益增减变动情况；定期或不定期向董事会报告公司财务状况。

3. 有权编制和上报财务报表。会计主管有权编制和上报公司的财务报表，包括资产负债表、利润表、现金流量表等，向上级部门和管理层提供财务信息和决策支持。

4. 有权制订财务预算和资金计划。会计主管有权参与和制订公司的财务预算和资金计划，根据公司的经营情况和战略目标，制订合理的财务预算和资金计划。

5. 有权审核和控制支付和报销。会计主管有权审核和控制公司的支付和报销行为，包括对付款、报销申请的审核，包括对付款凭证、报销凭证和发票的审核，对支出事项的核对，对支出事项合规性的检查。

6. 有权进行税务申报和汇算清缴：会计主管有权进行公司的税务申报工作，包括增值税、所得税等，同时负责年度汇算清缴的准备和提交。

7. 有权管理会计档案和资料。会计主管有权管理和保管公司的会计档案和财务资料，确保会计档案的完整性、安全性和保密性，并有权检查和监督本单位的会计工作，有权决定本单位内部财务管理制度的执行情况。

8. 有权管理和监督财务人员。会计主管有权对财务人员进行管理和监督，包括对其工作进展和绩效的评估、指导和培训等。

需要强调的是，会计主管在行使权力的同时，也要遵守法律法规的规定，保持诚信和责任心，确保公司财务工作的合法性、准确性和透明度。

第四节　会计主管岗位的注意事项

注意遵守相关法律法规，坚守职业道德。作为会计主管，其核心职责不仅局限于技能和业务能力的体现，更是对职业道德和诚信的坚守。深度理解和精准执行所有相关的法律和行业规定是基石，不仅要遵循明文规定，更需要洞察法律的精神和初衷，全力以赴地保障公司的合法权益和声誉。公正和透明是企业文化的支柱，我们坚信积极参与并推动这样的文化建设，通过实施严格的财务监管和审计机制，确保企业的财务健康和长远发展。诚信为本的原则更是贯穿于每一项业务处理中，坚决抵制贪污、利益输送等任何形式的违法或不道德行为。

注意规范职业形象，践行职业道德。会计主管还要通过自己的模范行为来展现职业形象，引导团队遵循并实践职业道德，通过公正、透明和专业的态度建立与同事和客户的信任和尊敬，同时也不忘定期进行自我反思和评估，持续推动职业技能和道德素质的进步。

注意强化风险防范意识。在财务风险管理方面，必须建立全方位的风险监控体系，结合深度数据分析，识别和评估潜在风险。而制订应急计划、健全的内控体系、强化员工风险意识及时求助外部专家，都是为了确保企业的财务安全和稳定。

注意提升个人相关知识储备，更新相关知识体系。为适应行业的快速变化和新挑战，持续学习和技能提升是不可或缺的。我们鼓励团队积极参与行业交流，获取最新的财务知识，通过定期培训和研讨会提高协作效率，实战演练和案例分析则能锻炼团队的实战和问题解决能力，强化团队凝聚力。

总之，会计主管不仅是财务管理的关键，更是公司道德和文化的捍卫者，他们的每一个决策和行动，都影响着企业的未来和社会的信任。

本章小结

本章全面地剖析了会计主管岗位的各个方面，包括其基本定义、职责、要求、工作流程以及需要注意的事项，从而为我们提供了一个清晰、全面的视角来理解这一职位。通过本章学习，可以了解会计主管岗位的基础定义和核心职责、会计主管岗位的基本要求和技能培养、会计主管的权限与义务、会计主管的工作流程，以及会计主管在职业道德、风险警觉和技能提升方面的注意事项。

关键术语

会计主管	财务报告	财务预算	审计和税务
财务合规	专业资格认证	财务风险	职业道德和诚信

— 自测题 —

第十七章　财务经理岗位

本章导读

本章主要介绍了财务经理的定义和核心职责，财务经理在企业中的重要角色以及这一岗位的基础要求和技能培养，其权限和义务，为那些希望在财务领域中发展的人士提供清晰的方向。最后，我们将概述财务经理的工作流程和需要注意的事项，以确保财务管理的顺利进行和企业的稳健发展。

学习目标

1. 理解和掌握财务经理岗位的基本定义和核心职责。
2. 明晰财务经理岗位与其他财务岗位的区别和互补性。
3. 熟知财务经理岗位的基本要求，包括教育背景、工作经验和所需技能。
4. 了解财务经理岗位的权限与义务，及其在企业中的重要性。
5. 认识财务经理岗位的注意事项，包括财务风险管理和持续的个人发展。

第一节　财务经理岗位的定义

一、定义

财务经理，是公司财务部的负责人。一般来说，负责组织制订企业年度财务预算和绩效考核体系，建立健全财务核算体系和内控制度，建立成本控制体系，准备月度经营分析报告，完善现金流管理，为公司重大投融资等经营活动提供财务决策支持。

财务经理如果直线向总经理（总裁）汇报，那么，财务经理这个职位就是公司财务负责人，相当于其他公司的财务总监、CFO、总会计师、主管财务的副总裁等职位。如果财务经理与总经理（总裁）之间还有直线上级（如财务总监、CFO、总会计师、主管财务的副总裁等），那么，财务经理就是公司财务部门的负责人，而不是公司财务的负责人。在国内，因企业管理规模、企业管理文化、企业组织机构的历史沿革不同而不同，不能一概而论。

二、财务经理岗位核心职责和基本工作内容

在财务规划与战略设计方面，财务经理需要承担一系列核心职责。他们需要与其他高级管理层协商，以设定合理的年度财务目标，涵盖利润目标和成本控制等关键方面。此外，他们还负责根据公司的业务发展和市场状况，制订和调整投资策略，旨在实现公司的财务目标和长期增长。

财务经理在财务管理与监控方面也扮演着关键角色。他们不仅需要利用先进的数据分析工具来实时监控企业的财务状态，确保可以及时发现和解决财务问题，而且还负责编制和控制公司的年度预算。这包括适时做出调整以适应市场和企业的变化，同时也要有效地控制和管理公司的成本，确保企业运营的经济效益。

财务报告与信息披露也是财务经理职责的重要组成部分。他们需要确保财务报告的准确性和透明度，这不仅可以增强企业的公信力，也能够满足投资者和监管机构的需求。通过定期编制和发布财务报告，财务经理可以有效地向内外部利益相关者通报公司的财务状况，同时也负责财务信息的透明披露，以维护和建立企业的良好声誉和信任度。

财务经理岗位的工作内容包括：财务战略制订、财务报告和分析预算管理和控制、资本运作和投资管理，具体内容如下：

1. 财务战略制订。

在现代企业的运营环境中，财务经理扮演着核心的角色，特别是在财务战略制订方面。首先，财务经理需要担任“指挥员”的角色，通过深入研究市场趋势和企业内部状况，进行细致的情景分析，旨在明确并设定切实可行的财务目标。这一阶段不仅需要对市场环境有敏锐的洞察力，还要具备出色的分析和预测能力，以保证目标的准确性和现实意义。

其次，步入方案制订和实施阶段，财务经理应依据初步分析的结果，构建有针对性的财务策略，务求使企业的财务资源得到最优化的分配和利用。在此过程中，财务经理还需要充分利用现代工具和技术，如 ERP 系统，来加强策略的执行力，确保各项财务计划能够顺利、高效地实施，从而增强企业的市场竞争力和财务稳健性。

最后，财务策略的实施并非一蹴而就，它是一个动态的过程。财务经理必须持续

地监控策略的执行情况，以确保企业朝着既定的目标稳步前进。更为重要的是，财务经理应具备灵活应变的能力，在策略实施的各个阶段，根据实际情况和外部环境的变化，适时进行调整和优化，旨在保持企业的财务健康和可持续发展。

综上所述，财务经理在财务战略制订方面的工作是多元而又系统的，涵盖了从情景分析和目标设定，到方案制订和实施，再到监控和调整的全过程。这不仅要求财务经理具备卓越的分析和战略规划能力，还需要具备实际操作和快速响应的能力，以保证企业在快速变化的市场环境中保持稳健和有序的财务运行。

2. 财务报告和分析。

在企业的运营管理中，财务经理肩负着至关重要的角色，其中财务报告和分析是其核心职责之一。为确保企业财务的透明度和健康，财务经理需要严谨而周到地进行每一步工作。

首先，财务经理需要具备出色的数据管理能力。这涉及定期并系统地收集和整理相关的财务数据，确保数据的准确性和及时性，为后续的财务分析和报告打下坚实的基础。在这一阶段，财务经理应建立高效的数据收集机制，确保各种财务数据的完整性和可靠性，从而能够提供一个真实、准确的财务画像。

其次，财务经理需要深入分析已收集的数据，洞察其背后的含义和趋势。通过利用现代数据分析工具如 SAP、Oracle 等，财务经理可以更加精确和深刻地挖掘数据的潜在价值，进而为企业提供有力的战略财务建议。这一步不仅能帮助企业更好地了解当前的财务状况，还能为未来的决策提供重要的参考和依据。

最后，财务经理需要专注于财务报告的制作和发布环节。这涉及编制准确、清晰和及时的财务报告，以满足内外部利益相关者的信息需求。在这一阶段，财务经理应确保报告的真实性和透明度，同时充分考虑到不同利益相关者的信息需求，提供合适、易于理解的财务报告和信息，从而建立和维护企业的信誉和市场地位。

综上所述，财务经理在财务报告和分析方面的工作是一个全方位、多层次的过程，涵盖了从数据收集和整理，到深度财务分析，再到报告制作和发布的每一个环节。通过精细化的管理和高效的工具应用，财务经理能够确保企业的财务健康和可持续发展，同时为企业的决策层提供有力的支持和建议。

3. 预算管理和控制。

在企业的财务管理体系中，预算管理和控制占据了举足轻重的位置。财务经理在此环节应展现出高度的专业素养和精准决策能力，从而确保公司的财务健康和稳定发展。

首先，预算编制是一个精细而重要的过程。财务经理需要紧紧依据公司的战略目标和各部门的实际需求来进行年度和季度预算的编制。在这一阶段，财务经理应深入了解公司的长期战略和近期目标，细心收集和整理各个部门的需求和预期，确保预算的合理性和可执行性。同时，预算编制还应包括对潜在风险和不确定因素的评估，以构建一个全面而坚实的预算方案。

其次，预算监控环节也是至关重要的。财务经理需要建立一个有效和可靠的预算监控机制，目的是实时监控预算的执行情况，避免超预算的情况发生。通过定期的财务审计和数据分析，财务经理能够及时发现可能存在的问题和偏差，从而提前采取措施来避免潜在的财务风险。

再次，市场和业务环境是变化多端的，这就要求财务经理拥有灵活而迅速的预算调整能力。根据实际业务发展和市场变化，财务经理应适时进行预算的调整和优化，以保证公司的财务健康和持续发展。在这一环节，财务经理应深入了解市场动态和业务发展趋势，通过与各部门的紧密沟通和协作，实现预算的合理调整和优化。

最后，财务经理在预算管理和控制方面的职责是多元而深刻的，涵盖了预算编制、监控以及调整的多个方面。通过精细的管理和高度的责任心，财务经理能够确保公司的财务稳健运行，同时为公司的持续发展提供有力的财务支持和保障。

4. 资本运作和投资管理。

在企业的发展与壮大过程中，资本运作和投资管理是不可或缺的环节，作为财务经理，需要具备高超的专业技能和洞察力来协助企业顺利地进行资本和投资管理。

首先，在投资机会识别和评估阶段，财务经理扮演着核心的角色。他们需要时刻关注市场动态和行业趋势，通过深度分析和研究来识别出具有潜力和价值的投资机会。在此基础上，财务经理还需要进行详细的财务分析和评估，从而为公司提供精准和有价值的投资建议。这不仅可以帮助企业发掘出更多的增长机会，也能够确保投资的安全和可靠。

其次，财务经理还需要承担资本筹集和配置的重要职责。他们需要通过各种渠道和方式来筹集必要的资本，同时还需要精心规划和配置资本，以确保资本的合理利用和提升公司的资本效率。在这个过程中，财务经理不仅要掌握多元的资本筹集技巧，还需要具备优秀的资本管理和配置能力，以确保资本的有效流转和利用。

最后，投资风险管理是保障企业安全稳定发展的关键环节。财务经理需要建立和执行一套全面的投资风险管理机制，通过定期的风险评估和监控来识别和防范潜在的风险。同时，财务经理还应根据风险评估的结果来制订相应的风险管理和缓解措施，从而保护公司免受潜在的财务损失。

综上所述，财务经理在资本运作和投资管理方面扮演着极为重要的角色，通过他们的专业知识和经验，可以有效地指导企业在投资道路上行稳致远，为企业的持续发展提供有力的财务支持和保障。

三、与其他财务岗位的区别

在企业的财务部门中，各个职位扮演着不同的角色，对公司的健康运营和成长都有着至关重要的影响。为了更好地理解财务经理的角色定位，我们需要对其与其他财务岗位进行比较。

首先，与会计主管相比，两者的工作重点有所不同。会计主管主要侧重于日常的财务操作和会计处理，他们负责的是确保公司的账目记录准确无误、财务报表的准备符合规定以及税务处理得当。这些任务都是细节化、技术性强的工作。而财务经理，除了需要熟知这些基础操作外，更多的是参与到公司的财务战略规划和决策中。他们与其他部门的领导进行紧密合作，确保财务规划和公司的业务目标相一致，共同推动公司的整体发展。

其次，再来看财务总监，这是财务部门的核心领导岗位。财务总监负责塑造公司的整体财务策略，从宏观的角度进行决策和指导，他们需要确保公司的财务活动都在这个大方向下进行。而财务经理，作为财务部门中的一名关键执行者，是在财务总监的领导和指导下，进行具体的财务规划和管理工作。这包括但不限于预算编制、财务报告准备以及投资管理等方面。简而言之，财务经理是确保财务总监所制定的策略得以落地并有效执行的关键角色。

总的来说，财务经理在公司的财务架构中，既需要具备扎实的财务基础知识，又要有策略规划和跨部门合作的能力，它桥接了会计主管的技术操作和财务总监的宏观指导，确保公司财务的稳健和高效运作。

第二节　财务经理岗位的要求

一、基础要求

在当今竞争激烈的市场环境中，担任财务经理一职不仅仅是一个职责重大的角色，更是需要综合各方面素质和能力的集大成者。

首先，教育背景成为衡量一个财务经理候选人基本资质的重要标准。理想的候选人应拥有商科、财务或相关领域的学士或硕士学位，这样的学历背景能够保证其拥有扎实的财务基础和理论知识。其次，拥有注册会计师（CPA）、特许公认会计师（ACCA）或特许财务分析师（CFA）等国际认可的专业证书，能够进一步证明候选人在财务领域的专业性和权威性，这些是目前市场上最受认可和尊敬的证书。

然而，纸上得来终觉浅，实际工作经验的积累也是不可或缺的一环。企业在招聘财务经理时，通常会偏向于选择具有特定行业经验的候选人，因为他们能够更加准确地把握和理解该行业的财务需求和挑战。以制造企业为例，一名具有制造业背景的财务经理可以更为精准地进行成本控制和财务规划，因为他们能够准确地理解行业的运行模式和特点。

除了教育和工作经验外，专业资格认证也是衡量财务经理资质的另一个重要指标。现代财务经理应当具备跨领域的知识和技能，除了基本的财务和会计知识之外，还需要具备项目管理和风险管理的能力。因此，拥有项目管理专业人士（PMP）或财务风险管理认证（FRM）等相关认证，将是一个明证，证明其在特定领域有深厚的实力和专业能力。

二、技能培养

在迎接企业中的各种财务挑战时，财务经理需要具备一系列技能和能力，以保证企业的财务健康和稳定增长。

首先，他们需要具备高级财务分析技能。这意味着他们需要掌握如何利用现代数据分析工具，如 SAP 和 Oracle 等，进行深度的财务分析，以提供有力的战略财务建议。这种技能的运用不仅限于日常的财务管理，更涉及分析市场趋势、预测企业未来的财务表现，及时发现和把握投资机会的评估。

其次，财务经理必须具备出色的领导和管理能力。在实际工作中，这可能体现为如何通过建立高效的团队沟通机制和激励措施来驱动团队的高效运作。如一个案例，在面临困难的项目或紧迫的截止日期时，财务经理能够运用其领导力，通过合理分配资源和任务，促使团队超越困难，达成预定目标。这不仅体现了其卓越的领导力，更展示了其在实际操作中的管理智慧和策略洞察。

最后，项目和风险管理也是财务经理的一项重要技能。在企业运营过程中，他们应能够洞察并预测潜在的风险，同时也需要具备制订相应风险缓解策略和措施的能力。这不仅仅涉及财务风险的管理，更包括对企业项目的全方位管理，确保项目能够按预定的路径顺利进行，同时将潜在的风险降至最低。

综上所述，财务经理这一岗位需要候选人的要求是全方位的，包括有利的教育背景、丰富的行业工作经验以及相关领域的专业资格认证，并需要具备多元化的技能和能力，包括深入的财务分析能力、出色的领导和管理才华以及项目和风险管理的专业知识。这样，他们不仅能够为企业提供有力的战略支持，更能够在企业发展道路上起到关键的引领和推动作用。

第三节　财务经理岗位的职责和权限

一、职责

在企业的运营和管理中，财务经理承担着多方面的责任，它们构成了财务经理职位的核心要素。以下三个方面详细阐述了财务经理岗位的职责：

1. 负责财务活动的合法合规性。确保财务合规是财务经理的基本职责之一。财务经理必须确保公司的所有财务活动均严格遵守相关的财务和税务法律法规，以保护企业免受法律纠纷和处罚的风险。财务经理需要负责监督和指导团队以确保财务报告的准确性和及时性，包括按时准确地提交所有必要的财务和税务报告。此外，他们还需要保持与有关政府机构的沟通，确保企业在法律法规变化时能够及时调整财务操作，避免合规风险。

2. 负责进行财务风险管理。财务风险管理是财务经理的另一个核心职责。财务经理需要制订和实施一套完善的财务风险管理策略，以保护公司免受可能的财务损失。这包括深入分析和识别潜在的财务风险，并制订相应的风险管理和缓解措施。在这一过程中，财务经理需要与各部门紧密协作，共同构建一个健康、稳定的财务环境，支持企业的持续和稳定发展。

3. 负责人员管理和培训。财务经理需要确保财务团队的工作效率和质量，以支持公司的长期目标和战略。财务经理需要制订和实施一套高效的培训计划，目的是提升团队成员的专业技能和知识，从而促进团队的高效运作。这也包括创建和维护一个积极、协作的工作环境，以保障团队成员能够共同学习和成长，更好地为企业服务。

综上所述，财务经理在确保财务合规、财务风险管理以及人员管理和培训方面承担了重大的职责和义务，他们的工作是确保企业财务的稳定和健康，支持企业的持续成长和发展。通过有效的财务管理和团队协作，财务经理可以引领企业走向更加成功和繁荣的未来。

二、权限

财务经理通常拥有以下三个方面的权限：

1. 有权进行财务规划和管理。财务经理在财务规划和管理方面拥有显著的权限。财务经理通常拥有制订和调整公司财务策略的权限，以确保公司的财务健康和稳定增长。他们需要深入分析市场和公司的动态，设计出更具针对性和实施性的财务措施和策略。这种综合分析能力不仅能够帮助企业设定合理的预算，更能够明确投资方向，实现公司战略目标的顺利实施。

2. 有权参与企业的战略规划。财务经理在企业的决策过程中占据关键位置。财务经理不仅需要为企业高层提供准确的财务数据和建议，而且还可能深度参与到公司的战略规划和执行中，从而直接影响公司的方向和未来发展。他们的专业见解和财务洞察力使他们成为企业决策的重要参与者，助力公司实现更为明智和稳健的发展。

3. 有权参与财务报表和信息披露。参与报表和信息披露也是财务经理的一项重要权利。财务经理负责确保财务报告的准确性和透明度，这是企业责任和信誉的基石。为了满足内外部利益相关者的需求，财务经理能够监督和指导团队制订和发布准确、及时的财务报表和信息。这不仅能够保障公司内部的健康运行，更能够赢得外部投资者和合作伙伴的信任和尊敬。

综上所述，财务经理在企业中担任着关键的角色，他们在财务规划和管理、决策参与以及报表和信息披露方面享有显著的权限。通过其专业的知识和技能，他们能够引领公司走向更加明智和成功的未来。

第四节 财务经理岗位的注意事项

一、注意应建立和维护财务管理体系

在现代企业运营的各个环节，财务管理体系的作用不可忽视，一套完善、健全的财务管理体系不仅能够确保企业的资金安全，还能够助力企业更高效、更有序地发展。财务经理应该注意构建和完善企业的财务管理体系，构建能够适应企业的发展变化和市场的动态调整的全面而具有弹性的体系，对公司的财务流程进行全面的梳理和审视，明确各个环节的职责和权限，以确保资金的合理流动和使用。同时，财务经理还需要定期对财务管理体系进行评估和调整，以保证其能够满足企业的实际需求和目标。此外，财务经理还需要注意强化财务团队的培训和教育，提升团队成员的财务管理能力和责任意识。通过建立严格的财务审计和监控机制，财务经理可以有效地避免资金流失和财务风险的出现，从而确保公司的财务稳健运行。

二、注意财务风险警示和防控

财务经理需要注意建立一套高效的财务风险警示和防控机制，包括对市场趋势的监测、投资风险的评估和内部财务控制的强化。通过这样的体系，财务经理可以及时

识别到潜在的财务风险，并提前做好相应的准备。财务经理应该建立一套有效的警示机制，在财务风险即将发生时及时发出警告，从而为企业赢得宝贵的应对时间。此外，财务经理还需要不断强化团队的风险意识，通过培训和教育来提升整个团队的风险管理能力。

财务经理需要注意设计和实施一系列的防控措施，包括设定风险预算、加强投资审查和优化资产配置等，以保障公司的资产安全。同时，财务经理还需要定期评估防控机制的效果，并根据实际情况做出相应的调整，以确保机制的有效性和针对性。

通过这样一系列的步骤，财务经理能够建立起一个健全而有效的财务风险警示和防控体系，从而为企业创造一个稳定、安全的财务环境，确保企业的长期稳健发展。

三、注意需不断学习和自我提升

在一个快速变化的市场环境中，财务管理的角色和责任也在不断地演变和升级。财务经理若是未能继续学习和提升自身技能，则可能导致其财务知识和技能逐渐过时，影响财务经理对公司财务管理的效率和效果。财务经理应该注意不断提升自身的职业能力和适应市场变化的能力，积极参与各种财务培训和学术研讨，更新和升级现有的知识和技能，与行业内的其他专业人士交流和学习。

财务经理应该注重自我学习和提升，通过阅读相关的书籍和材料，参加线上课程和研讨会等方式，来不断充实自己的知识库和技能树。此外，财务经理还应该学会利用现代技术来提升工作效率和效果，掌握新的财务软件和工具，学会利用数据分析来支持决策等。

本章小结

本章详细探讨了财务经理这一企业关键岗位的多方面内容，为理解其在企业中的重要角色提供了指南。通过本章的学习，可以了解财务经理的基本职责和工作内容、财务经理岗位的基本要求和必备技能、财务经理的权限和义务以及财务经理的工作流程。本章还介绍了担任财务经理需要注意的事项，强调了建立和维护财务管理体系、财务风险警示和防控以及不断学习和自我提升的重要性。通过本章的学习，可以更好地理解和评估财务经理在企业成功和稳定发展中的关键贡献。

关键术语

财务预算和规划　　财务报告和分析　　资本运作和投资管理
财务风险管理　　人员管理和培训

— 自测题 —

第十八章　财务总监岗位

本章导读

本章重点介绍了财务总监的基本定义和核心职责，其在企业中的核心作用和重要性，分析了财务总监所需要的基本条件和专业技能，揭示这一岗位对专业知识和经验的基本要求。同时也对财务总监的权限与义务进行了阐述。最后对财务总监在履职过程中需要注意的关键事项结合实务工作经验进行了说明。

学习目标

1. 理解财务总监的基本定义和核心职责，把握其在企业结构中的核心地位。
2. 掌握财务总监岗位的基本要求和必备技能，为未来职业发展做好准备。
3. 明确财务总监的职权和职责，深化对企业决策结构的理解。
4. 熟悉财务总监在履行职责时应注意的重点事项，为企业的长期发展和财务健康保驾护航。

第一节　财务总监岗位的定义

财务总监岗位是领导企业财务工作、统筹企业所有财务人员、参与公司管理的管理人员岗位，同时它也是《公司法》规定的公司高级管理岗位。财务总监岗位的具体职责包括：对企业的财务活动的合法性、真实性、有效性等进行监督；负责制订财务政策；参与审定公司的财务管理规定及其他经济管理制度等。胜任财务总监岗位不仅需要过硬的专业技术能力，还需要有强大的领导能力和丰富的工作经验。

第二节 财务总监岗位的要求

一、教育背景

教育背景是评判一个财务总监资质的基石。通常，在一般企业中，具有财务管理、会计、经济金融等专业背景且具有大专以上学历的人员主要是担任财务总监的主要人选。具有这些背景的人员，在财务领域有一定的理论基础，这是他们胜任财务总监这一岗位的先决条件。

在一部分大型的上市公司中，担任财务总监的主要人选可能被要求拥有更高的学历——研究生学历。有的人会选择攻读 MBA 工商管理硕士来进一步提升自身的理论水平和实践操作能力。在攻读更高学位的同时，他们往往能接触到不少知名的学者和实业界专家，通过案例研讨的方式，共同交流心得体会，拓展自身的能力水平。这样的教育背景不仅仅丰富了他们在知识层面的底蕴，同时也提升了解决复杂财务问题的能力，拓宽了从业者的视野。

同时，除了这些教育背景外，已经在该岗位任职的财务总监或是意图应聘该岗位的人员都需要保持持续学习的能力，积极参与学习研讨活动，把握最新财务政策、市场环境的变化趋势。

二、工作经验

工作经验是衡量财务总监能力的重要依据。这是由财务总监这一岗位职责所决定的——财务总监需要统筹企业的财务工作和财务人员。

成为财务总监并非一蹴而就，往往需要从业者厚积薄发。在财务岗位的晋升路径——财务助理、财务经理、财务总监中，一名合格的财务总监应该具备 10 年以上的相关工作经验，这期间，财务从业者应当是累积了丰富的高级管理和决策经验。

例如，在财务助理阶段，从业者需要熟悉公司的财务制度、财务规范和会计核算方法，对公司的运转模式和人员职责有深刻的认识。在财务经理阶段，要求从业者能够独当一面，处理一些较为复杂的业务或者协助财务总监开展债务重组、公司上市等相关工作，在此期间同时培养自身的领导能力和责任意识。有过这样的经验就能够使他们在未来的工作中，更加熟练和得心应手地做出正确的财务决策，从而胜任财务总监的岗位要求。

三、专业资质

在财务行业，取得某些行业内的专业资格是任职一些特定岗位的必要条件。在绝大多数对于会计主管的招聘中，获得初级和中级会计职称是不可或缺的条件之一，而作为企业财务的一把手，这也是必备条件之一。

除此之外，相关从业者还可以向更高的职称迈进。相关从业者在取得会计师职称及满足工作年限要求后可以参与高级会计师职称的考评，如果能获取到高级职称，这将是从业人员专业素质的有力佐证。

以上是与财务相关的职称类资质，如果还要进一步学习相关知识以增强自身的行业竞争力，相关从业者还可以考虑考取一些与财务相关的资格类证书，如税务师、注册会计师、注册管理会计师等，这些都是对财务总监专业能力的一种强有力的证明。

但是，财务总监也不会把自己局限在财务这一单一领域，他们的工作经常涉及经济业务处理和专业判断，这要求他们必须具备相应的法律知识。例如，财务总监需要参与协助公司外部机构对公司进行审计、参与公司上市、公司债发行、经济合同起草与签订等等事项，因此，具备经济法与涉税法律知识也是非常重要的。

四、个人能力

财务总监岗位是企业的高级管理岗位，能够站在这一岗位的人员除了要有过硬的专业素质外，还需要具备卓越的个人能力。

首先，财务总监需要具备高层战略思维。财务总监需要从公司的内外部环境中分析出公司生存发展的机会与挑战，识别出哪些是公司的竞争对手与可合作的伙伴，通过树立目标与资源整合为公司带来持续增值的核心竞争力。这要求财务总监能够高屋建瓴，用更广阔、更深入的视角探索公司发展之道，以实现公司价值最大化、股东财富最大化的目标。

其次，良好的表达和决策能力也是该岗位从业者的胜任要素之一。财务总监的日常工作中不可避免地需要接触大量的报告、总结，需要将自己的职业决断与有关方面交流，有时甚至需要反驳总经理的决策或游说董事会成员，没有很好的口头与文字表达能力是不行的。另外，财务总监作为公司财务方面的最高负责人，经常要遇到拍板定案的事，财务总监的许多决策、决断对公司的生存与发展起到至关重要的作用，这就要求财务总监在工作过程中能够全面、发展地看待问题，有较高的决策决断能力。

最后，财务总监也应具备良好的职业道德。对公司的人力资源部门来说，德才兼备都是其考虑的一大因素，作为公司的高管，财务总监需要具备良好的职业道德。这主要体现在以下几个方面：第一，要有客观严谨的工作作风；第二，对公司和社会要有高度的责任感。客观严谨的工作作风是作出正确重大决策的合理保证，而对内对外的高度责任感则能树立公司良好的形象，对公司经营大有裨益。

综上所述，财务总监岗位的要求是多元且深刻的。他们不仅要具备深厚的财务知识和分析能力，更需要有卓越的领导力和良好的职业道德，能够带领企业在复杂多变的商业环境中稳健前行。

第三节 财务总监岗位的职责和权限

一、权限

在企业的运营和管理中，财务总监岗位是核心高级管理岗位，其权限展现在多个方面，以确保企业实现其财务和战略目标。以下是财务总监岗位权限的详细阐述：

1. 有权进行财务制度规范性审查。财务总监有权确保公司的财务活动符合相关法律法规和会计准则，保证公司的财务合规性。他们有权主导和制定公司的财务制度和流程，建立健全内部控制体系，确保财务管理的规范和透明。

2. 有权配置和调度公司财务资源。财务总监有权对公司的财务资源进行配置和调度，确保资源的合理利用和最大化效益。他们有权主导和制订详细的筹资和投资策略，进行筹资资本成本分析、投资策略可行性分析，以降低公司的用资成本、提高用资效率。

3. 有权对公司财务人员进行管理。财务总监有权对公司的财务人员进行管理和培训，确保团队的高效运作和专业能力的提升。他们有权主导和制订人员管理政策和制度，招聘和选拔合适的财务人才，建立科学的绩效考核和激励机制。

综合来看，财务总监在企业中财务制度、财务资源和财务人员管理方面享有很高的权限。他们在这些方面都扮演着举足轻重的角色，通过他们的专业知识和个人能力，辅之以高权限实现财务稳健和战略目标的达成。

二、职责

在企业的日常运营中，财务总监不仅享有广泛的权限，还肩负着多方面的义务和责任。以下是财务总监义务方面的详细拓展和整合：

1. 负责保证企业的财务合规性和风险管理。这包括设计和实施一系列有效的控制措施，以确保企业在法律和监管框架内运行。在风险管理层面，财务总监需要高瞻远瞩，能够准确地识别资金链风险、投资风险以及市场风险。他们需要拥有敏锐的洞察力和预见力，以评估这一系列风险发生的概率以及对于公司运营的影响程度，做好应对措施，降低风险发生的可能性和影响程度。

2. 负责保持财务信息的准确性和及时性。这是一个至关重要的责任，因为基于这些财务报告，董事会和高级管理层将做出重要的财务和业务决策，如基于现有的资本结构，或是进行调整以降低资本成本，或是延续当前的资本结构和筹资策略，都有赖于财务信息的准确性。财务总监需要确保它们的准确性和可靠性，以支持企业做出基于数据和事实的有依据的决策，增加决策的稳健性。

3. 负责培养和发展公司财务团队。这不仅仅是关于技能和知识的培训，更是关于促进团队之间的协作和效率提升。通过提供适当的培训和发展机会，财务总监不仅可以帮助团队成员提升他们的专业素养，还能提高整个团队的凝聚力，从而促使公司财务团队变得更高效、更有创新能力，以促进企业的长期成长。

综合来看，财务总监在企业中担任一个多方面的角色，他们不仅要为企业的财务战略提供方向，还要确保企业的财务稳健和法律合规。

第四节　财务总监岗位的注意事项

一、注意确保公司财务活动遵守法律法规

财务总监的首要责任之一是确保公司的财务活动完全符合所有相关的法规和法律要求。这涵盖了国家、地区和行业的法规，以及金融、税收、会计等方面的法律规定。合规性是公司可持续发展和信誉建设的基石，也是保障公司及其股东、员工及其他利益相关者权益的关键因素。财务法规是一个不断演变的领域，随着社会、经济和技术的发展，相关法规会不断调整和更新。财务总监需要保持高度警觉，持续关注财务法规的变化。这包括通过参与行业协会、专业培训和与法律专业人士的合作等途径，及时获取最新的法规信息。财务总监在确保公司合规的同时，还需要制订应对法规变化的具体计划。这可能包括建立一个专门的法规遵从团队，确保公司内部各部门都清楚理解并能够遵守新的法规要求。制订培训计划，确保员工了解变化并适应新的要求，从而降低公司面临的合规风险。

二、注意关注投资和资本项目管理

财务总监在资本项目上的决策应该与公司的整体战略一致。这需要对公司战略目标的深刻理解，并确保任何资本投资都符合公司的长期发展规划。财务总监需要参与

制定公司的战略，以便更好地理解公司的核心需求和未来方向，从而确保资本项目的选择能够最大限度地支持这些目标。在资本决策中，财务总监需要进行全面的风险与回报评估。这涉及对潜在投资项目的风险进行深入分析，同时评估项目所能带来的经济回报。财务总监需要确保公司的投资组合是多元化的，以降低整体投资风险，并寻求那些在风险可控的前提下能够获得可观回报的机会。在进行资本决策时，财务总监需要进行详细的效益分析，确保项目在财务上是可行的。这包括对投资的成本和回报进行仔细估算，考虑项目的现金流、折旧、税收和其他关键财务因素。财务总监需要运用财务建模和分析工具，确保项目的财务可行性，并预测其对公司财务表现的影响。

三、注意加强建设专业财务团队

财务总监应制订并推动团队成员的职业发展规划。通过与每个团队成员进行个人发展规划的讨论，了解他们的职业目标和兴趣，为其制订发展路径。这有助于激发团队成员的积极性，使他们在财务领域内更好地发挥自己的潜力。随着财务领域的不断演变，财务团队需要不断提升专业技能。财务总监应当定期评估团队的技能需求，为团队提供相关的专业培训机会。这可能包括参加行业研讨会、培训课程、在线学习资源等，以保持团队的竞争力和专业水平。

本章小结

本章详细阐述了财务总监这一关键岗位在企业中的角色和重要性，也重点介绍了担任财务总监所需要的基本要求和关键技能，详细讨论了财务总监的日常工作流程和注意事项，为企业提供了一个全面、深入的指南，以确保企业财务的健康和稳定发展。本章还强调了财务总监需要保持与时俱进的财务知识和技能，确保企业财务的透明度和合规性，同时注重企业的长期发展和可持续性。综上所述，财务总监岗位不仅是企业健康运行的基石，更是促使企业持续稳定发展的关键因素。

关键术语

财务战略规划	高层决策和谈判	资本运作和投资策略
财务合规和风险管理	财务知识和技能更新	企业长期发展和可持续性

— 自测题 —

第十九章　财务 BP 岗位

本章导读

财务 BP 作为财务组织模式的创新形式，其不仅是财务转型的模式之一，同时也是新模式下的一个新兴财务岗位。其作为企业走向现代化管理运营的重要环节，解决了传统财务管理所不能解决或无法发挥功能的问题。本章对财务 BP 岗位的含义及其工作内容、职责与权限、实务应用等方面进行阐述，并对企业财务 BP 岗位中现存的问题进行分析并提出相关建议，以帮助读者更好地理解财务 BP 岗位的重要意义及实务技巧。

学习目标

1. 了解财务 BP 的含义和价值创造。
2. 掌握财务 BP 岗位的工作内容和胜任条件。
3. 掌握财务 BP 岗位的职责和权限。
4. 了解财务 BP 岗位实务应用。
5. 了解财务 BP 岗位的常见错误与问题，以及相应地发挥财务 BP 价值的建议和措施。

第一节　财务 BP 岗位的定义

在经济快速发展的 21 世纪的今天，企业的业务发展迅速，公司上市，资金充盈，合伙人在实现财务自由之后，企业更加走向了与竞争对手比拼效率的时代，这就需要一个既懂得业务又懂得财务的团队，支持企业业务发展，同时也能控制规避财务风险、企业风险，财务 BP 岗位应运而生。应该说，财务 BP 岗位是当今很多企业在财务管理模式上的创新，也是新时代财务转型的一种重要方式。

一、财务 BP 的定义

财务 BP（Finance Business Parter）可以理解为财务业务伙伴/合伙人的简称，是连接财务部门与业务部门的关键纽带，其方法论为：运用管理会计思维，站在业务端里，深入参与一线活动，为业务部门提供专业财务支持，赋能业务价值创造，从而实现人员能力、业务融合、企业发展多维突破。财务 BP 将财务管理的思维运用到企业业务活动中，为业务模型的建立、完善以及经营分析、决策等各项管理活动提供高效、精准的数据服务和解决方案，使业务经营活动能给企业带来最大化的保值增值，同时，了解和追踪业务的活动动态，促进财务信息的流动。因此，财务 BP 也就成为企业财务、业务部门之间架构联系的纽带，该岗位任职人员既要懂业务，也要了解财务知识等不同模块，用财务专业知识帮助业务部门更好地解决问题，从而实现财务 BP 的本身价值。但企业各个部门的业务内容与管理活动有所不同，对财务 BP 的需求方向也明显不同。从企业管理的整体情况来看，财务 BP 应在编制预算、日常管理、成本管控、财务管理、生产线管理、服务管理与业务沟通等方面给予一定的专业支持，是保障企业财务管理与生产经营效率的基础。

二、财务 BP 岗位的定义

财务 BP 岗位是一种财务组织模式创新形式，是财务转型的模式之一，同时也是新模式下的一个新兴财务岗位。作为当代企业 BP 模式下的一块分支，财务 BP 岗位的工作不以传统的财务核算为中心，而是以增加企业价值为核心，财务 BP 岗位主动将财务管理的触角前置到业务活动中，深入了解业务模式，追踪业务动态，积极促进业务财务的信息流动；用组织模式的改变，推进财务跨部门合作的深度，细化财务管理的颗粒度。在经营活动流程的建立、完善、业务经营决策等各项管理活动中，财务 BP 岗位的任职人员既能理解业务的商业逻辑又能给到专业的财务评估，让财务业务化、业务理性化，努力促成业务财务双向融合，促进组织健康快速地成长。新模式的价值实现离不开人才的支持，财务 BP 岗位作为新兴财务岗位，发展前景大、市场需求多、岗位薪资高，是市场的热门职业对象。

三、财务 BP 岗位的主要作用

在财务管理工作中，财务 BP 岗位要为企业经营目标做好服务，为企业业务绩效增长做好支持，财务 BP 岗位的任职人员要从业务中来到业务中去，服务企业长期发展，在财务 BP 管理过程中，企业最大化的价值创造和增加价值。其主要作用如下。

1. 发挥协同作用。

一个企业确定的战略目标经过层层分解到不同的部门和业务单元，可能造成部门目标与企业整体目标的偏离。通过财务 BP 岗位的协同作用，使所有部门、所有人都拧成一股绳，促使各业务单元偏离目标时及时做出调整并回到正确的轨道上，围绕着为企业创造价值的共同目标奋斗。

2. 发挥参考作用。

财务 BP 岗位的任职人员既要懂基本业务，又能够为业务部门的决策提供支持。财务 BP 可以充分发挥数据预测与分析能力，判断问题并协同业务部门找出原因进行改善。同时，通过财务 BP 让业务人员了解财务思维和政策，消除沟通壁垒，增进共识，促进企业经济效益提升。

3. 发挥导向作用。

财务 BP 参与制定业务制度和业务流程，通过双方深度协同，考虑业务的可执行性，又兼顾财务控制的必要性，在效率和风险之间得到平衡。财务 BP 岗位涉及企业各个业务环节，有利于财务部门全面掌握业务运行状况，有效提高财务指标的科学性和精准性，更有利于业务部门及时了解企业内部控制中存在的问题，更全面地加强企业风险管控。

4. 发挥数据作用。

财务 BP 岗位打通业务与财务的连接通道，强调财务服务的针对性和个性化，掌握更加真实有效和充分的业务数据来源，业务部门能够快速获得财务服务支持，有利于提高业务与财务的黏性，实现合作“共赢”。

第二节　财务 BP 岗位的工作内容及胜任条件

在不同的企业、不同的行业、不同的组织架构下，财务 BP 岗位的工作内容是不尽相同的，总的来说，财务 BP 岗位的主要工作内容为财务管理、业务管理等方面。根据上述工作内容，在实际工作中，企业对财务 BP 岗位的履职也提出了更高的要求，同时也给予了丰厚的薪资待遇。

一、财务 BP 岗位的工作内容

（一）财务管理

在财务 BP 岗位主要工作内容中，财务管理至关重要，共包含对数据的预算管理、资金管理、利润管理、绩效考核以及风险控制管理等内容。

财务 BP 借助与业务部门的沟通，在战略目标的指引下，深入业务一线，与业务部门共同制订计划与预算，过程中，结合历史财务数据情况对编制计划和预算的可执行性和落地性提出合理意见，从财务角度构建经营管理体系，将“计划—预算—核算”贯穿于规划预算环、预测运营环、计划集成环、项目管理环和绩效管理环五个业务循环中。事后，财务 BP 对预算进行跟踪与控制，定期开展分析与评价，对实际执行情况进行反馈，通过财务指标设定绩效考核管理指标，并根据预算结果找到绩效指标目标值，引导企业财务工作的顺利进行，实现企业内部信息互通与增值。此外，在企业价值创造过程中，财务 BP 岗位的工作需要以业务活动为基础，借助量化的业财数据，将企业中的管理结果通过数据信息化方式呈现出来，构建业务与财务利润模型，以便更好地实时测算盈利能力，掌握产品生命周期及业务市场开拓等内容。财务 BP 岗位担负着价值整合的角色，肩负把资金、技术和人才创造的价值转化为企业的收入、利润和现金流，帮助企业建立科学、规范、高效和风险可控的管理体系，聚焦企业内外部需求，提供及时、准确、合规的会计核算报告，客观反映经营成果和财务状况，为企业经营决策人员提供更为准确的信息。

（二）业务管理

企业经营产品服务的不同，导致业务经营项目也不同。传统财务管理模式下，财务业务与各业务部门之间相分离，长此以往，出现了“两张皮”问题。而企业管理导入财务 BP 系统，能够依据企业内部不同的业务管理部门特点及需求，提出有针对性的管理支持方案，如产品销售部门、投标部门、项目管理部门、业务部门等前期决策部门，财务 BP 岗位支持了净值分析、收益成本预测、投资回报功能。项目投资后的内部管理流程下的部门业务，财务 BP 岗位支持了风险识别、风险预警与规避功能，促使企业的监督者与内部风险控制实施者的作用得到体现，同时给予内部各部门稳定的财务支持，且快速识别并精准定位业务管理风险，根据风险控制方案，为企业经营决策提供了保障。

二、财务 BP 岗位的胜任条件

（一）丰富的财务专业知识

财务 BP 岗位要求任职人员首先要能够熟练掌握丰富的财务专业知识，才能在为各业务部门提供财务服务过程中高质量地完成工作。财务 BP 首先要有较强的财税专业知识，了解业务部门各项业务活动中的涉税风险与税务处理规范，帮助业务部门在业务谈判、合同签订中做好对应的税务筹划，规避涉税风险、降低税务损失。其次，财务 BP 岗位要求任职人员要充分了解业务流程与财务账务处理间的对应关系，及时发现并纠正业务流程中的不规范操作，确保财务信息能及时、准确地反映业务实质，并能及时发现并修订流程缺陷，提升内部控制管理有效性。最后，财务BP岗位要求任职人员应对公司整体的财务管理制度、授权矩阵、业务授信制度等有充分的了解和认知。当业务开展过程中涉及相关问题时，能及时准确地为业务部门提供对应的问题解答，并协助业务部门完成相关流程获得所需授权授信，从而使各业务部门在面临市场机遇时，能够采取及时有效的措施抓住市场机遇，减少业务部门在调配企业资源时的反馈时间。

（二）较强的业务意识

财务BP岗位的任职人员为促进财务部门与其他业务部门的沟通，以及深化其他部门之间的业务交流，必须对各业务单元的经营业务、发展情况以及未来发展目标进行深入了解，才能根据各业务部门的特点以及所面临的具体问题提供专业的财务服务。并且，各业务单元的历史发展和未来发展各不相同，如果财务BP在提供具体财务服务中采取单一的工作流程，容易造成工作效率较低，并且无法帮助各业务部门解决所面临的财务问题。为此，财务BP需要树立较强的业务意识，在要求流程规范的同时，尊重业务的复杂性和多样性，杜绝本位主义，充分参与业务活动的讨论与分析，站在业务部门的立场思考问题，抓住问题的关键点，协助业务部门解决业务需求与企业内部管理规范间的分歧，在把控风险的基础上，推动业务活动的高效运作。

（三）较高的综合素质

由于财务BP岗位不同于一般的财务岗位，该岗位的职责需要同各业务部门进行沟通交流，还要参与企业预算管理、核算监督等工作，因此，财务BP岗位对从业人员的胜任要求除了掌握所需的专业知识和树立业务意识外，对其他能力的要求也较高。首先，财务BP为充分了解业务部门的经营活动，需要不断地与业务同事进行交流沟通，获取所需信息。良好的沟通能力成为财务BP所必须具备的能力之一。良好的沟通能力能帮助财务BP获得业务同事的充分信任与认可，视为同一战线的战友，及时获取第一手的业务信息。而在一定程度上的沟通不畅，就容易给业务人员造成额外监管、外行指挥内行的印象，站到业务同事的对立面，使得工作难以开展。其次，财务BP需要具备管理人员应具备的基本素质，如多角度思考能力和快速分析决策能力，在决策时充分考虑各种有可能出现的情况，并能在不同外界环境下迅速地做出分析，为业务部门对市场变化做出快速反应提供有效的财务支撑。最后，财务BP应有较强的学习能力、适应能力，在信息化发展快速变化的今天，企业在业务开展中使用的信息化系统纷繁复杂，根据业务形态所做个性化开发也是日渐丰富，财务BP应能熟练掌握这些信息化管理系统的操作与应用，从而提高信息收集与分析的效率，以便处理各业务部门的财务工作时能够更加准确、高效。并且，财务 BP 应能够在不同环境下提高自身的适应能力，才能在瞬息变化的市场环境下帮助企业提高反应能力，从而不断提高企业的市场竞争能力与市场占有率，提升企业的经营效益与发展能力。

第三节　财务 BP 岗位的职责和权限

一、职责

（一）负责深入业务的财务支持

首先，财务 BP 岗位需要为各业务部门提供及时的财务信息，使各业务部门的各项经营决策更具科学性。各业务部门在扩展既有市场份额以及抓住新的市场机遇时需要考虑企业的财务情况，因此财务 BP 在充分了解业务部门经营情况以及发展业务所需资金的基础上，能为业务部门提供个性化的财务服务，为各业务部门在经营活动中遇到的各项财务问题提供相应的解决方案，帮助各业务部门防范财务风险，使业务部门能够更好地掌握企业资金状况以及未来财务战略规划，从而可以在业务扩张以及新产品的开发过程中做好资金保障和授信管理。其次，各业务部门的财税工作需要财务 BP 岗位的支持，财务 BP 通过提供专业性意见，防止各业务部门出现税收缴纳问题，从而避免给企业带来较为严重的税收负面影响。最后，负责优化企业各业务部门的财务管理流程，提高业务部门的财务工作效率。企业中各个业务部门由于经营活动的不同，所需的财务支撑也不同，而财务 BP 岗位可深入业务前端充分了解业务需求，快速地给予业务需求的财务响应，与业务部门实现更好的对接，进而有针对性地为各业务部门的财务活动制订管理流程。综上所述，财务 BP 岗位可以发挥任职人员自身的专业优势及信息优势帮助各业务部门提高财务管理效率，通过对各业务部门有可能出现的财务问题的针对性分析与解决方案的提出，提高企业整体财务风险防范水平和资金管理能力。

（二）负责预算管理及财务分析

财务 BP 岗位任职人员应当帮助各业务部门进行科学合理的财务预测，使各业务部门能够识别经营过程中的财务风险以及其他经营风险。预算管理的实施对企业有效防范风险、提高内部管理能力等发挥着重要作用，而财务 BP 可以通过对各业务部门的深入了解，利用专业知识等帮助企业进行预算管理目标的编制，并监督各业务部门预算的执行情况。企业整体战略目标的实现需要各业务部门的支撑，而全面预算管理通过对整体战略目标的分解，落实到各业务部门，保证了整体战略目标的实现。因此，财务 BP 岗位职责是对企业各经营活动进行预算的编制和管理，以实现企业对整体战略目标的分解，帮助各经营流程进行资源的合理配置，提高企业整体财务风险以及其他经营风险的防范能力和处理能力。另外，由于企业中各层次、各部门的经营目标不同，在制订预算管理目标时财务 BP 应根据各部门、各层次的发展状况和发展目标，按照合理性、可行性的原则制订各业务部门的预算管理目标。并能够在合理控制各业务部门经营活动的基础上，使各业务部门能够拥有一定的决策权，增加各业务部门的积极性与主动性，使预算管理更能够贴合各部门实际，并增强企业各个层次的环境应变能力，以帮助企业抓住市场机遇获取竞争优势。

（三）负责企业成本管控与审批管理

现金流是企业的重要经济命脉。现金流丰沛，说明企业在价值链上占据了重要的位置。所以降低成本，让资金实现良性运营，保证健康的现金流状态，就能使企业具备成本竞争优势，对一个公司的生存有重要意义。成本管控的主要步骤：第一步，成本管控任务需要层层分解到各个部门及个人，并与奖惩挂钩，在整个企业内实现完整的成本管控体系；第二步，减少目标不明确的项目和任务，减少资源浪费；第三步，定期进行成本核算及成本预测，监测成本是否在可控范围内，尤其要对重大成本项目进行关注。

公司内部财务审批制度是公司内部控制制度中一项重要组成部分，完善的公司内部审批制度对公司的合法经营、提高公司的资金运营管理是非常必要的。财务 BP 通过参与各类审批，从财务角度把控业务的经营风险与财务风险，有效管理相关成本费用支出；并且主导梳理业务线的财务流程，发现流程系统的风险点，推进系统优化及自动化，以规范业务线的审批流程，提高业务效率，确保业务正常开展。

（四）发展促进企业各部门的沟通交流

企业整体性的提高需要各业务部门积极进行信息沟通，而财务 BP 岗位可以扮演财务部门与其他业务部门之间的沟通桥梁角色，使各部门的合作更加紧密，并能够互相监督与激励，共同实现企业整体的战略目标。财务 BP 岗位的作用弥补了传统财务管理中财务部门与其他部门合作不密切的缺点。传统的组织形式割裂了各部门的联系。例如，销售部门为了提高销售数量，而采取的随意赊销或降价促销行为，财务部门只是事后记录相关业务活动的财务结果，忽视了对销售人员任意赊销或降价行为的事前约束。而财务 BP 岗位能建立起财务部门的各项财务活动与各项业务活动的联系，财务 BP 事前对业务活动进行分析和干预，并在绩效考核中对各业务部门的工作人员进行合理的评价分析，建立全面的绩效考核体系，从而发挥企业绩效考核机制对员工的激励作用。此外，财务 BP 岗位能提高业务部门对财务部门信任，使企业各项经营活动能够与财务部门很好地对接，增加业务部门与财务部门的黏性，使企业提高进行市场扩张或者新市场开发的战略规划能力，进而帮助企业抓住市场机遇，应对市场风险和增强风险抵抗能力，不断获取新的产品利润增长点，获取经营效益，提高市场占有率。

（五）发展开展规避财务风险

财务 BP 需要了解企业产品业务，以规避业务经营或产业链中断造成的利润风险，如果企业管理人员操作失误影响了企业利润，同样也会影响当期或预期经济效益。除此之外，运营出现问题也会给企业利润收益带来不确定因素。这时，企业应该构建管理指标预警，识别并分析财务风险，促使改善方案有效落地。对此，财务 BP 应该及时监控可能给企业管理带来的风险因素，包括产品技术定价、产品技术需求、调整价格功能、技术服务与终端售后服务等。财务 BP 还应就企业债务资本对未来收益可能带来的影响做好应对，以免因为出现不确定因素影响了企业主权资本。若企业管理运行良好，投资收益率不小于负债利息率，财务杠杆利益则会增加；相反，企业管理运行出现问题，负债利息率则会大于投资收益率，财务杠杆则会出现损失，若两者之间相差悬殊，则会引起破产风险。

二、权限

（一）有权参与策略决策

财务 BP 拥有参与公司关键策略和业务决策的权利。这包括对公司的长期战略规划、重大投资决策以及关键业务发展方向提供财务视角和建议。财务 BP 利用其深厚的财务知识和业务理解，帮助确保公司决策考虑到财务可持续性和盈利性。

（二）有权参与全面数据分析和报告编制

作为关键的信息节点，财务 BP 有权访问公司的全面财务和业务数据，进行深入的分析和解读。基于这些数据，财务 BP 编制报告，为管理层提供重要的业绩指标、市场趋势分析以及风险评估，从而支持更加明智的业务决策。

（三）有权参与预算制定和控制权

财务 BP 在预算的制订和执行过程中扮演关键角色。他们有权参与制订预算，确保预算反映了公司的业务目标和策略。此外，财务 BP 监控预算执行情况，确保公司在财务上的行动与既定目标保持一致。

（四）有权对业务流程进行改进和优化

财务 BP 有权提出并推动财务和业务流程的改进。通过分析现有流程的效率和成本效益，识别改进机会，并提出优化建议。这些改进旨在提高公司的整体运营效率、降低成本，同时提升财务控制的有效性。

（五）有权进行风险管理和合规监督

财务 BP 负责识别、评估和管理与业务活动相关的财务风险。他们有权提出风险缓解措施，并确保公司的财务操作遵守相关法规和内部控制标准。通过这一角色，财务 BP 帮助公司规避潜在的财务问题，保障公司的财务健康和合法合规。

第四节 财务 BP 岗位建设

一、学习新理念，进行财务 BP 岗位设置

创建财务 BP 体系后，开展全面业务调研及需求分析，对真空区域及交叉区间进行识别，将岗位核心职责确定为对接业务团队、梳理逻辑、确定业财目标、构建分析体系、提供分析报告。做好财务 BP 岗位的基本保障，除岗位职责要明确外，还要求岗位设置可复核，避免人为因素导致数据错误，造成经营决策失误。构建工作保障，制度流程要有明确要求，最大限度发挥 BP 岗位业务逻辑梳理，辅佐财务咨询功能，开展业财融合工作，及时准确地获取必要信息。与此同时，要求财务 BP 岗位任职人员心态角色要转变，主动参与到业务工作中，全流程参与项目投标、实施开展、竣工结算及运营考核等重要环节。借助深度协同方式，可结合实际工作对财务支持和建议进行细化，初始阶段确定项目的可行性分析，采纳风险控制建议，增加业务效益，实现合作共赢（见图 19－1）。

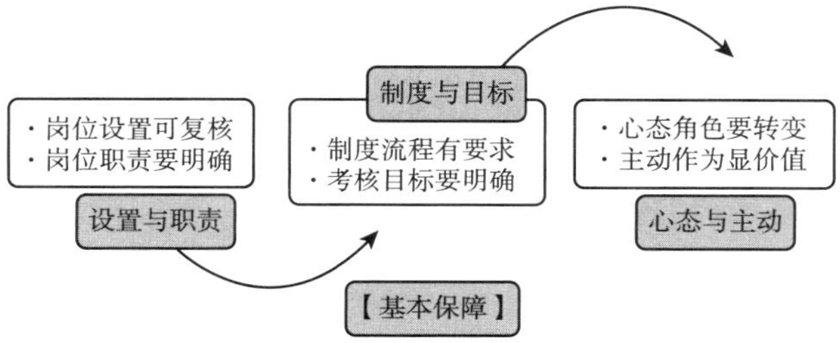

图 19－1 财务 BP 职位设置

二、重视财务 BP 岗位专业队伍建设

成为业务伙伴，是对财务 BP 岗位任职人员定位的基本要求；成为价值整合者，是财务管理的更高要求。为贴近业务一线，提供全面的业务支撑，财务部门对财务 BP 进行集中垂直管控模式，通过开展系列培训与内部支持，提高知识复合能力，突破财务传统思维，包括但不限于战略思维、经营思维、客户思维、权变思维、逻辑思维、结构化思维、辩证思维和变革思维，提升领导力、组织力、沟通能力和行动力等能力。同时，也可以从业务部门挑选能力优秀且具备一定财务素养的专员作为重点培养对象，保持业务活动正常经营下，将其作为财务 BP 专员，将财务支持及监督有效落实到一线工作中去。通过财务 BP 专业队伍建设，企业提升端到端的作战能力，构建企业经营机制，支撑企业战略目标的实现。

三、建立内部有效连接与沟通机制

胜任财务 BP 岗位的本质是融入业务做好管理会计，参与“规划—预测—决策—控制—评价”活动，主要从业务支持、降本增效、绩效管理和预算管理四个方面入手，依托战略创造价值。企业价值如何创造？从资本视角，是要提高企业估值能力；从经营视角，是要提高企业可持续盈利能力。财务 BP 岗位应协同业务部门，剖析企业盈利过程，拓宽业务视角，从企业盈利的经营活动中：“初始资本投入—购买资产—制造产品或服务—取得收入和支取成本费用—形成利润—获取现金流”进行思考与参与，从财务视角对实现企业盈利能力出谋划策。同时，通过与业务部门不断深入交流后，了解双方目标不统一或节奏不合理的原因，确保主要战略目标方向，积极发挥沟通和协调作用。同时，借助组织培训及互相学习，促使业务与财务进行不断了解与密切联系。业务部门可更好地掌握财务活动，在遵循公司财务政策下开展工作，确保业务运行阶段现金流健康增长；财务更加了解业务，提供有效帮扶，促使流程运转更加高效性，支持业务有效完成目标。财务 BP 岗位要充分利用“任何人都必须用数据说话”的机会，通过建立业务规则，对数据进行深度整合和分析，在助力经营管理的同时，推动建立面向未来的业务模式，向未来建立数据治理体系，以业务部门最小的数据集为基础，建立自己的大数据战略，借助于内部有效连接与沟通，让数据成为财务的灵魂。通过优化业务模式、资源配置和基本结构，实现业务和流程变革，确保有效控制和风险管控，驱动整个组织更有效率，业务持续有效增长。

四、建立健全财务 BP 工作流程

首先，以财务指标为抓手，搭建业务项目管理表，狠抓有利润的收入和有现金流

的利润，以服务一线为宗旨，每月 1 日准时反馈业务项目当期业务收支情况，应收账款情况以及资金计划使用情况等财务数据，为业务单元和管理层提供数据支撑，同时提示风险和设立预警机制，为下阶段业务部门制订改进计划提供依据。其次，每月根据市场内外部环境变化影响情况，预测制订业务单元的经营和资金使用计划，做出合理的规划与安排，进一步挖掘内生资源循环发展。一方面，厘清资金占用，对业务单元资金占用进行虚拟计息，考虑资金占用成本；另一方面，梳理项目应收款的归属，对业务单元项目进行虚拟坏账准备计提，同时，按照行业标准分析确定本企业摊销比例分摊职能部门管理及销售费用，最终计算业务单元业绩指标。最后，构建分析平台，挖掘数据资产价值，优化决策分析能力。全面加强业务项目核算颗粒度及准确性，构建数据分析平台，借助财务核算实现与管理报表系统相联系，开发多维度决策报表展示功能平台。

五、建立财务 BP 考核体系助力业务发展

依据企业考核，重点发挥关键业绩目标引领作用，层层分解整体目标，将其转化为各部门的实际行动。通过财务 BP 团队引领业务部门，比对梳理关键指标，积极拓展与现阶段业务发展全面性相契合的业财融合指标体系，发挥关键业务指标前瞻性优势，对以往财务指标滞后性问题进行解决，评价上述指标，实现业务及财务的互联互通，决策语言统一，掌握业务痛点，协助运营体系更好处理整体与局部、效率与效益之间的取舍关系，积极发挥财务 BP 岗位对企业战略目标引领价值作用。

第五节　财务 BP 岗位的常见问题

当前财务 BP 模式仍属于新兴的一种财务管理方式，在中国企业中正处于发展和探索阶段，尚未形成较为成熟的理论体系和实践案例，财务 BP 岗位的推广需要系统化的管理体系，因此，受制于企业发展阶段与环境，以及企业管理者对财务的重视程度、财务人员的任职能力和专业素质等多方面因素，存在以下常见问题。

一、财务 BP 岗位的权责不够清晰

财务 BP 岗位是随着集团型企业的财务转型出现的，财务 BP 岗位的职权处于边干边摸索的阶段。还有很多企业都是跟着市场操作，并没有领会精髓要领，所以大部分市场上的企业都是“有其形，无其神”。而成熟企业倾向于扩大财务 BP 岗位的职责和权力。例如，国内某些大型科技公司对财务 BP 岗位的要求是深入一线终端、提供财务整合方案，或承担经营分析和预算管理的职能等。

二、衡量财务 BP 岗位绩效仍采用传统办法

财务 BP 岗位在财务组织里扮演着为业务部门增值服务的角色，但如何衡量其绩效仍比较困难。财务 BP 岗位应用则更加注重于企业内部财务管理制度的优化以及内部财务各项资源的协调与优化配置，难以在短期内为企业带来经济收益。目前，财务 BP 岗位考核上缺乏令人满意的量化指标，通常衡量财务 BP 岗位的绩效采用折中办法，即经营目标和关键任务相结合，经营目标主要考核收入、毛利、利润、回款、周转效率等，关键任务主要考核财务 BP 岗位推动实施的关键财务活动情况。少部分企业将财务 BP 岗位直接划归业务单元管理，脱离财经组织，由业务单元考核。

三、在信息化过程中仍存在“信息孤岛”现象

财务 BP 岗位的作用发挥受到制约。各个业务部根据发展需求进行系统开发，数据取数口径、来源和系统接口不一致，导致信息零散化、封闭化、隔离化，财务 BP 需要从各模块系统中抓取数据，加上业务部门提供的数据，经过汇总和整理后形成经营分析。这期间耗费了大量的时间和精力，由于缺少系统支持，也会造成每次的经营分析等工作变成一次性的工作，没有积累、重复工作，在做趋势分析、比较分析时尤其效率低下。

四、财务 BP 人才普遍匮乏

财务 BP 岗位对人才的需求日渐扩大，但能够胜任财务 BP 岗位的人才不足。企业财务工作人员也更加熟悉传统的财务管理与核算工作，对于新兴的财务管理模式不够了解，也缺少与业务沟通交流的基础。而在财务 BP 岗位相应的机制构建中需要大量的专业技术人才，企业财务人员要想转变为财务 BP 岗位专业人才需要接受一定的培训学习，而很多企业并没有对财务人员进行该类学习培训计划制订，导致财务 BP 岗位制度应用中出现了无人可用、岗位人员操作不专业等问题。同时受制于行业的限制，跨行业的财务较难融入新公司，存在行业壁垒。

本章小结

通过本章学习，可以了解财务 BP 这一新兴岗位的含义、工作内容、胜任条件、职责和权限，以及实务应用的相关内容，并分析了财务 BP 岗位常见的错误与问题，提出了相关建议与措施。

关键术语

价值创造	数据预测	预算管理	风险管控
业务发展	运营分析	业财融合	财务管理

— 自测题 —

第二十章　会计与人工智能

本章导读

本章主要讲述会计技术发展历史和如今新型计算机、人工智能在会计领域的应用。

学习目标

1. 了解会计技术的演变过程；
2. 了解什么是会计电算化；
3. 了解会计信息化及与会计电算化的区别；
4. 了解 ERP 的发展及特点；
5. 掌握新型会计技术—人工智能会计对会计界的发展带来的挑战和措施。

第一节　会计技术的演变

原始的会计记账办法就是手工记账。记账工作通过手工填写会计凭证、账簿、制作会计报表。如今一些中小型企业的财务人员还没有采用财务软件来记账，依然使用手工记账。

算盘——迄今有 2 600 多年的历史，是中国古代的对全社会影响巨大的重要发明，是那阶段世界广为使用的计算工具。算盘的出现极大地方便了当时不利于常规计算的、数字规模较大的数字计算，大幅提升了当时会计记录、核算效率。一套手指拨珠规则的运算口诀，就可以解决一系列复杂运算，甚至可以开多次方。算盘是现代计算机的前身，是古代中国计算技术符号（见图 20 - 1）。

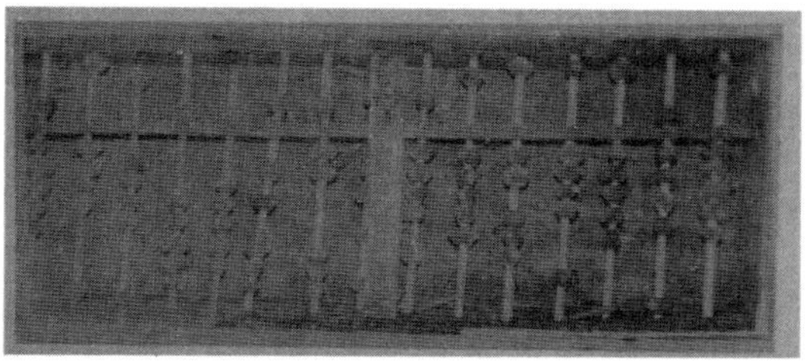

图 20－1 1987 年福建漳浦县文物部门在墓中出土了一架完整的木质算盘（算盘在现代计算机出现之前是全世界最先进的计算机）

图片来源：博物馆会说话。

如果算盘出现大大改善了会计计算工具，那么会计软件的出现更是把会计的发展推到了新的高度。在数据量巨大、经济活动频繁的年代，计算机的出现无疑大大减少了会计工作量，计算机可以更快、更准确地记录和核算会计信息，减轻了会计工作人员的工作量，也为当代经济发展提供了大力的支持。

电算化与手工记账的区别：

1. 会计核算工具不同。手工会计使用的会计工具是算盘、计算器、纸张等，电算化会计是一个人机结合的系统，其特点是使用计算机来处理会计数据。数据处理过程按程序自动完成，尤其是记账及报表生产的过程无须人工操作。

2. 会计信息载体不同。手工会计的核算信息主要以纸张为载体，而电算化会计的信息载体除必要的原始凭证外，都是以电子数据的形式存储在磁性介质、光盘等非纸张的存储材质上，其特点是信息存储量大，检索方便、快速。

3. 记账规则不完全相同。手工会计核算采用平行登记法分别登记总账与明细账，填制记账凭证的差错、记账或过账的差错、数量或金额计算上的差错等，都难免发生，但在会计电算化核算中不存在记账和过账上的差错，输入的凭证都经过计算机的逻辑校验，所有的日记账、明细账、总账都出于同一数据源，记账和过账都是由软件完成的。

4. 内部控制形式的变化。手工会计核算主要靠会计人员在工作中遵守各项规章制度，按照工作流程，加强不同岗位间的稽核工作来达到内部控制的目的。而以会计核算软件运用为主的会计工作中的内控部分除了人这个执行控制的主体外，许多内容控制方法主要通过会计软件来实现的。

随着计算机技术的发展，计算机算法、算力有了前所未有的进步，也应开始应用的社会各个方面。互联网技术的发展在社会各个方面有了明显应用。会计也出现了会计信息化趋势。

会计信息化：指企业利用计算机、网络通信等现代信息技术手段开展会计核算，以及利用上述技术手段将会计核算与其他经营管理活动有机结合的过程。在新时代下，传统的会计工作模式已经开始不能满足经济发展的要求，会计信息化是对传统的会计工作进行重整，采用现代信息技术，并有机结合会计电算化核算方式的基础，建立一系列的信息技术与会计学科高度融合的、安全可靠的现代会计信息系统。这种会计信息系统将全面运用现代信息技术，通过网络等媒介，实现会计业务信息处理的高度自动化、高度共享化。

计算机技术的发展出现了 ERP：系统企业资源计划即 ERP（Enterprise Resource Planning）。ERP 是一种主要面向制造行业进行物质资源、资金资源和信息资源集成一体化管理的企业信息管理系统。ERP 是一个以管理会计为核心可以提供跨地区、跨部门，甚至跨公司整合实时信息的企业管理软件。针对物资资源管理（物流）、人力资源管理（人流）、财务资源管理（财流）、信息资源管理（信息流）集成一体化的企业管理软件。

会计方面已经出现了相关人工智能应用，如 CHATGPT 等。新时代人工智能功能更强大，已经开始接替以前计算机无法完成的原本由人来完成的工作。

第二节　会计电算化

会计可以说是在原始社会就开始被人类所用，经过几千年的发展，从手工记账以手工为主的会计（它是一个手工数据处理系统），到会计电算化（以电子计算机为主体的信息技术在会计工作的应用）、会计信息化（会计与信息技术的结合），再到现在的各种 AI 会计技术，会计技术有了翻天覆地的升级。

（一）会计信息化

会计信息化是会计与信息技术的结合。它是信息社会对企业财务信息管理提出的一个新要求，是企业会计顺应信息化浪潮所做出的必要举措。它是网络环境下企业领导者获取信息的主要渠道，有助于增强企业的竞争力，解决会计电算化存在的“孤岛”现象，提高会计管理决策能力和企业管理水平。纵观 20 多年来中国会计信息化的发展，虽然信息系统的功能不断增强，应用也越来越普及，尤其是大、中型企业已不同程度地实现了会计信息化，应用了核算型会计软件。

（二）会计自动化和智能化

智能会计是在“大智移云物区环”技术支撑下，使业务结构流程化、账务处理自动化、信息数据精准化、管理决策智能化，可即时实现业财税管高度融合的新型智能化会计系统。它是在会计电算化发展到如今阶段的结果，虽然是从会计电算化发展而来，但是智能化会计程序功能远远超过普通的会计电算化软件的功能。传统会计电算化应用仅限于记账、计算等简单的场景，而如今的会计智能化应用场景包括预测、辅助管理等高难度应用，是计算机技术发展带来的成果。

1. OCR 技术。

OCR 技术是光学字符识别的缩写（Optical Character Recognition），是通过扫描等光学输入方式将各种票据、报刊、书籍、文稿及其他印刷品的文字转化为图像信息，再利用文字识别技术将图像信息转化为可以使用的文本的计算机输入技术。它可应用于银行票据、大量文字资料等、档案卷宗、文案的录入和处理领域。

2. RPA 技术。

RPA 机器人流程自动化，能够代替或者协助人类在计算机、手机等数字化设备中完成重复性工作与任务。企业可以将 RPA 软件机器人视为一位数字化员工，帮助企业或员工完成重复、单调的流程性工作，减少人工错误，提高运营效率，降低运营成本。

（三）会计数字化时代

财务数字化是将财务业务和流程数字化，实现财务数据的自动化处理和管理。数字化的财务系统可以大大提高财务效率和准确性，同时降低了人工处理错误的风险。

财务数字化可以包括以下方面：

1. 自动化数据录入：数字化的财务系统可以通过扫描或其他方式自动将纸质文档转换为数字化数据，避免了手动输入数据的错误和烦琐。

2. 自动化流程：数字化的财务系统可以实现财务流程的自动化，如自动化审批、付款、记账等流程，从而提高了财务流程的效率和准确性。

3. 财务分析：数字化的财务系统可以实现财务数据的分析，如财务报表、财务指标的实时更新和自动计算，使得决策者可以更加清晰地了解公司的财务状况和经营情况。

4. 移动办公：数字化的财务系统可以支持移动办公，员工可以随时随地查看财务数据和处理财务业务，提高了工作效率和便利性。

第三节 会计信息化

一、会计信息化概述

会计信息化是会计与信息技术的结合。它是信息社会对企业财务信息管理提出的一个新要求，是企业会计顺应信息化浪潮所做出的必要举措。它是网络环境下企业领导者获取信息的主要渠道，有助于增强企业的竞争力，解决会计电算化存在的“孤岛”现象，提高会计管理决策能力和企业管理水平。纵观20多年来中国会计信息化的发展，虽然信息系统的功能不断增强，应用也越来越普及，尤其是大、中型企业已不同程度地实现了会计信息化，应用了核算型会计软件，但从总体来看，中国会计信息化还处在发展过程中，存在着诸多亟待解决的问题。

二、会计信息化内容

“会计信息化”是指将会计信息作为管理信息资源，全面运用以计算机、网络通信为主的信息技术对其进行获取、加工、传输、应用等处理，为企业经营管理、控制决策和经济运行提供充足、实时、全方位的信息。会计信息化是信息社会的产物，是未来会计的发展方向。会计信息化不仅仅是将计算机、网络、通信等先进的信息技术引入会计学科，与传统的会计工作相融合，在业务核算、财务处理等方面发挥作用，它还包含有更深的内容，如会计基本理论信息化、会计实务信息化、会计教育的信息化、会计管理信息化等。

三、会计信息化的特征

（一）普遍性

会计的所有领域（包括会计理论、会计工作、会计管理、会计教育等）均要全面运用现代信息技术。在上述领域中，后三个方面有不同程度的运用，而且可以说是起步晚、发展快、成效大，只是还不能真正达到会计信息化的水平。在会计理论方面却相对滞后，准确地讲，现阶段会计信息化赖以存在的还是传统的会计理论，既没有修正传统的会计理论体系，更没有构建起适应现代信息技术发展的完善的会计理论体系。从会计信息化的要求来看，首先就是现代信息技术在会计理论、会计工作、会计管理、会计教育诸领域的广泛应用，并形成完整的应用体系。

（二）集成性

会计信息化将对传统会计组织和业务处理流程进行重整，以支持“虚拟企业”“数据银行”等新的组织形式和管理模式。这一过程的出发点和终结点就是实现信息的集成化。信息集成包括三个层面：一是在会计领域实现信息集成，即实现财务会计和管理会计之间的信息集成，协调和解决会计信息真实性和相关性的矛盾；二是在企业组织内部实现财务和业务的一体化，即集成财务信息和业务信息，在两者之间实现无缝联结，使财务信息和业务信息能够做到"你中有我，我中有你"；三是建立企业组织与外部利害关系人（客户、供应商、银行、税务、财政、审计等）的信息网络，实现企业组织内外信息系统的集成。信息集成的结果是信息共享。企业组织内外与企业组织有关的所有原始数据，只要一次输入，就能做到分次利用或多次利用。既减少了数据输入的工作量，又实现了数据的一致性，还保证了数据的共享性。建立在会计信息化基础上的21 世纪会计信息系统是与企业组织内外信息系统有机整合的、高度数字化、多元化、实时化、个性化、动态化的信息系统，它具有极强的适应力。

（三）动态性

动态性，又名实时性或同步性。会计信息化在时间上的动态性表现为：首先，会计数据的采集是动态的。无论是企业组织部的数据（例如，发票、订单）还是企业组织内部的数据（例如，入库单、产量记录），也无论是局域数据还是广域数据，一旦发生，都将存入相应的服务器，并及时送到会计信息系统中等待处理。其次，会计数据的处理是实时的。在会计信息系统中，会计数据一经输入系统，就会立即触发相应的处理模块。对数据进行分类、计算、汇总、更新、分析等一系列操作，以保证信息动态地反映企业组织的财务状况和经营成果。最后，会计数据采集和处理的实时化、动态化，使得会计信息的发布、传输和利用能够实时化、动态化，会计信息的使用者也就能够及时地做出管理决策。

（四）渐进性

现代信息技术对会计模式重构具有主观能动性。但是，这种能动性的体现是一个渐进的过程。具体应分三步走：第一步，以信息技术去适应传统会计模式，即建立核算型会计信息系统，实现会计核算的信息化；第二步，现代信息技术与传统会计模式相互适应，表现为：传统会计模式为适应现代信息技术而对会计理论、方法作局部的小修小改，扩大所用技术的范围（从计算机到网络）及所用技术的运用范围（从核算到管理），实现会计管理的信息化；第三步，以现代信息技术去重构传统会计模式，以形成现代会计信息系统，实现包括会计核算信息化、会计管理信息化和会计决策支持信息化在内的会计信息化。

四、与传统会计电算化的区别

传统的会计电算化，实质上并未突破手工会计核算的思想框架。会计电算化与会计信息化虽然都是利用现代科学技术处理会计业务，提高了会计工作的效率和企业财务管理水平，但企业信息化环境下的会计信息化系统与会计电算化系统相比，无论是技术上还是内容上都是一次质的飞跃，两者的内涵大相径庭。

（一）历史背景不同

会计电算化产生于工业社会，随着工业化程度的提高，会计业务的处理量日渐增大，会计工作的处理方法日渐落后。为了适应企业的发展、加大信息处理力度，采用电子计算机对会计业务进行处理。会计信息化则产生于信息社会。在信息社会中，有一个公式："企业的财富 = 经营 + 信息"，可见信息之重要性。信息社会要求社会信息化。企业是社会的细胞，社会信息化必然要求企业信息化，企业信息化必然导致会计信息化。

（二）目标不同

现行的会计电算化系统是基于手工会计系统发展而来的，其业务流程与手工操作方法基本一致。其主要是为了减轻手工操作系统的重复性劳动，提高了效率；而会计信息化系统是从管理者的角度进行设计的，能实现会计业务的信息化管理，充分发挥会计工作在企业管理和决策中的核心作用。

（三）技术手段不同

现行的会计电算化系统由于开始设立时的环境束缚，主要是对单功能的计算机设立的。后来的会计电算化软件也是在此基础上的发展和改善；而会计信息化系统是在网络环境下进行设计的，其实现的主要手段是计算机网络及现代通信等新的信息技术。

（四）功能范围和会计程序不同

会计电算化是对手工会计系统的改进，是在手工的基础上产生的，故其会计程序也模仿手工会计程序而进行，也是以记账凭证为开始。最后实现用计算机对经济业务进行记账、转账和提供报表等功能；而会计信息化是适应时代的要求，根据现代信息的及时性、准确性、实时性的特点而产生的。它是从管理的角度进行设计，具有业务核算、会计信息管理和决策分析等功能，其会计程序是根据会计目标，按照信息管理原理和信息技术重整会计流程。

（五）信息输入输出的对象不同

会计电算化系统主要是为财务部门设立的。设计时只考虑了财务部门的需要，由财务部门输入会计信息，输出时也只能由财务部门打印后报送其他机构；而会计信息化系统是企业业务处理及管理信息系统的组成部分，其大量数据从企业内外其他系统直接获取，输出也是依靠网络由企业内外的各机构、部门根据授权直接在系统中获取。

（六）系统的层次不同

会计电算化以事务处理层为主。会计信息化包括事务处理层信息管理层决赁支持和决策层。

第四节 ERP——企业资源计划

（一）ERP 概述

企业资源计划，即 ERP（Enterprise Resource Planning），由美国 Gartner Group 公司于 1990 年提出。企业资源计划是 MRPⅡ（企业制造资源计划）下一代的制造业系统和资源计划软件。除了 MRPⅡ已有的生产资源计划、制造、财务、销售、采购等功能外，还有质量管理，实验室管理，业务流程管理，产品数据管理，存货、分销与运输管理，人力资源管理和定期报告系统。在我国 ERP 所代表的含义已经被扩大，用于企业的各类软件，已经统统被纳入 ERP 的范畴。它跳出了传统企业边界，从供应链范围去优化企业的资源，是基于网络经济时代的新一代信息系统。它主要用于改善企业业务流程以提高企业核心竞争力。

企业资源计划是指建立在信息技术基础上，以系统化的管理思想，为企业决策层及员工提供决策运行手段的管理平台。ERP 系统支持离散型、流程型等混合制造环境，应用范围从制造业扩展到了零售业、服务业、银行业、电信业、政府机关和学校等事业部门，通过融合数据库技术、图形用户界面、第四代查询语言、客户服务器结构、计算机辅助开发工具、可移植的开放系统等对企业资源进行了有效的集成。

（二）ERP 特点

ERP 汇合了离散型生产和流程型生产的特点，面向全球市场，包罗了供应链上所有的主导和支持能力，协调企业各管理部门围绕市场导向，更加灵活或“柔性”地开展业务活动，实时地响应市场需求。为此，重新定义供应商、分销商和制造商相互之间的业务关系，重新构建企业的业务和信息流程及组织结构，使企业在市场竞争中有更大的能动性。

ERP 是一种主要面向制造行业进行物质资源、资金资源和信息资源集成一体化管理的企业信息管理系统。ERP 是一个以管理会计为核心可以提供跨地区、跨部门，甚至跨公司整合实时信息的企业管理软件。针对物资资源管理（物流）、人力资源管理（人流）、财务资源管理（财流）、信息资源管理（信息流）集成一体化的企业管理软件。

ERP的提出与计算机技术的高度发展是分不开的，用户对系统有更大的主动性，作为计算机辅助管理所涉及的功能已远远超过MRPⅡ的范围。ERP的功能除了MRPⅡ（制造、供销、财务）外，还包括多工厂管理、质量管理、实验室管理、设备维修管理、仓库管理、运输管理、过程控制接口、数据采集接口、电子通信、电子邮件、法规与标准、项目管理、金融投资管理、市场信息管理等。它将重新定义各项业务及其相互关系，在管理和组织上采取更加灵活的方式，对供应链上供需关系的变动（包括法规、标准和技术发展造成的变动），同步、敏捷、实时地作出响应；在掌握准确、及时、完整信息的基础上，作出正确决策，能动地采取措施。与MRPⅡ相比，ERP除了扩大管理功能外，同时还采用了计算机技术的最新成就，如扩大用户自定义范围、面向对象技术、客户机/服务器体系结构、多种数据库平台、SQL结构化查询语言、图形用户界面、4GL/CASE、窗口技术、人工智能、仿真技术等。

（三）发展阶段

信息技术在企业管理学上的应用可分作以下发展阶段。

1. MIS系统阶段（Management Information System）。

企业的信息管理系统主要是记录大量原始数据、支持查询、汇总等方面的工作。

2. MRP阶段（Material Require Planning）。

企业的信息管理系统对产品构成进行管理，借助计算机的运算能力及系统对客户订单、在库物料、产品构成的管理能力，实现依据客户订单，按照产品结构清单展开并计算物料需求计划。实现减少库存，优化库存的管理目标。

3. MRPⅡ阶段（Manufacture Resource Planning）。

在MRP管理系统的基础上，系统增加了对企业生产中心、加工工时、生产能力等方面的管理，以实现计算机进行生产和排产的功能，同时也将财务的功能囊括进来，在企业中形成以计算机为核心的闭环管理系统，这种管理系统已能动态监察到产、供、销的全部生产过程。

4. ERP阶段（Enterprise Resource Planning）。

进入ERP阶段后，以计算机为核心的企业级的管理系统更为成熟，系统增加了包括财务预测、生产能力、调整资源调度等方面的功能。配合企业实现JIT管理全面、质量管理和生产资源调度管理及辅助决策的功能，成为企业进行生产管理及决策的平台工具。

5. 电子商务时代的 ERP。

Internet 技术的成熟为企业信息管理系统增加与客户或供应商实现信息共享和直接的数据交换的能力，从而强化了企业间的联系，形成共同发展的生存链，体现企业为达到生存竞争的供应链管理思想。ERP 系统相应实现这方面的功能，使决策者及业务部门实现跨企业的联合作战。

第五节 新型会计技术——人工智能会计

目前，互联网技术已经在各行各业普及，作为由各种高新技术支撑的复杂性、系统性工程，人工智能（AI）也开始崭露头角。在财务管理领域，机器人流程自动化（RPA）技术正在为企业财务带来全新的数字化转型浪潮，其可以处理重复性任务、模拟用户操作及交互等。RPA 最容易在交易型财务处理和内部风险管控两大方面发力，如存货与成本、资产核算等业务流程，这将使未来会计领域工作的自动化水平越来越高。在此波浪潮中，企业和会计人员都应做好面对人工智能的必要准备。

一、人工智能在财务会计领域的应用现状

随着人工智能时代的到来，AI 的应用越来越广泛，财务会计与财务管理领域先后产生了业财一体化软件、财务机器人等应用工具。而通过对这些智能化产品的应用，财务会计可以实现传统会计工作的拓展和延伸，如实现手工做账的半自动化，由计算机代替人工来完成记账，而人工只须参与这个过程的起始阶段和结束阶段。同时，原来对账务的分析根据报表、账本等进行，且在分析过程中由于人的精力有限处理的信息量受限，但应用 AI 技术就能实现大数据分析，使信息更加多元化，可以对财务会计工作进行拓展。

二、人工智能对财务会计的影响和挑战

（一）人工智能对财务会计的影响

随着 AI 技术的发展，各行各业都开始转变，财务会计也不例外，其管理体系和工作方式受到深远影响。

（二）财务共享中心对财务领域的影响

财务共享中心是一种新型的能够统一规范、统一处理的技术服务。企业可将会计

业务集中到财务共享中心进行统一处理，以此确保会计工作的统一、规范，同时也可以节省成本。

2006年，华为开始建设财务共享中心，先后建立了七大区域财务共享中心。由此，华为对其子公司的财务管理和控制权得到了进一步增强，更为其内控制度提供了极为有效的保障。对华为来说，建立这样高效精简的全球共享服务网络，对其进行全球财务会计处理和核算起到了至关重要的作用。目前，华为的财务核算工作可以一周每天24小时不间断开展，这充分体现了财务共享中心建立带来的巨大优势。同时，由于其对财务规范进行了统一，结账方式和采用的数据平台都相同，使结账的时间变得更短，实现了财务处理“日不落”。

（三）财务机器人对财务会计工作的影响

人工智能技术带来的一个变化是财务机器人的问世。随着深度学习技术的完善，财务机器人开始具备对数据进行整合和处理的能力，同时还可针对结果进行预测分析。程序员通过硬件的电路和软件的代码开发提前对财务机器人的工作程序进行设置。一般情况下，只要软硬件设备不出现问题，其工作过程就不会产生偏差，这相比人工操作极大地降低了工作错误率，从而使会计信息更具可靠性。同时，财务机器人不受外界因素的干扰，可以做到全天候不停歇工作。

三、人工智能发展给财务会计带来的问题和挑战

随着人工智能技术研究的不断深入，人工智能的各种应用也开始渗透社会的方方面面，虽然它的应用给会计工作带来了效率和正确率的大幅提升，也在一定程度上避免了人工做账导致的数据造假，但是在这个过程中也产生了一些问题。会计智能化给财务会计行业和会计人员带来了挑战。

（一）复合型人才缺乏

1. 高校会计专业复合性培养不足。
2. 从业人员继续教育缺乏。

（二）会计信息安全性有待加强

人工智能的应用减少了账务处理的流程，使财务人员很难对做账过程进行干预，在一定程度上提高了会计信息的真实性，但会计信息存储在计算机系统中，属于电子信息，使会计不像传统纸质存储那样，可以将全部会计原件保存下来，而且更改也需要签名盖章，基本很难在做账以后再对会计信息进行大幅更改。采用智能化会计，降

低了会计人员对账务处理工作的参与度。在处理账务的过程中，会计人员只需要进行审核和授权，而数据录入和处理工作都由计算机自动完成。由于人工智能系统都是由程序员对代码进行预设，然后形成整个操作流程，在这期间，代码可能会在运行过程中出现漏洞，给那些“黑客”或具有这方面知识的人可乘之机，导致财务系统数据泄露或被篡改。这种方法很难对“入侵者”进行追寻，使其很有可能在对系统数据完成更改和盗取之后不留痕迹。更何况这种方法可以在内部人员完全不知情的情况下发生，对企业的财务系统造成极大威胁，进而破坏会计信息的真实性和完整性。

因此，企业对网络系统和会计信息系统进行防护相当有必要，同时对信息的筛查也需要格外注意。

（三）相关理论和法律需要优化

人工智能的发展和应用使财务会计原本的理论体系不再契合当前会计发展的趋势。在传统会计核算体系下，会计核算的对象是实体企业且企业要能够持续经营，在指定的会计分期中进行会计信息处理和报表编写，再根据报表和财务信息作出决策。而在智能化时代，虚拟化企业应运而生，它们中的一些存继时间很短，仅持续几周时间；还有一些是为谋取一段时间内的热潮红利而突然诞生的企业。这类企业完全不符合会计基本假设中持续经营的要求，也就不可能存在以此为基础的会计分期，因此并不适合传统会计理论。

不仅如此，人工智能的应用也会对原本已建立的会计相关法律法规产生影响。会计违规手法不断“推陈出新”，难以对一些错误进行法律界定，对会计行业的发展不断产生影响。例如，在利用 AI 技术进行销售预测时，智能化系统不仅会根据企业的利润、产量进行分析，而且有可能对用户的历史购买记录或搜索记录进行筛查，以此生成客户的购买偏好，不断推出相关商品，但这也会对用户隐私造成威胁。另外，还有一些因采用人工智能技术而产生的伦理性问题。这些情况都有待相关法律法规的建立和完善。

四、人工智能背景下财务领域的应对措施

随着人工智能的应用更加广泛，以及会计与人工智能的融合更加紧密，会计行业需要不断对技术、人员、理论等方面做出相应调整，让财务会计在新时代蓬勃发展。

（一）培养复合型人才

智能化会计的发展使底层会计核算任务不断被计算机和财务软件所取代。在大数据环境下，企业对财务决策和管理的重视度不断提高，而在如今多行业逐渐走向交互

融合的背景下，要想实现决策的科学性和有效性，财务人员除了要掌握财务理论和实践的核心知识外，也应拓展自身技能，学习和掌握法律、投资、计算机等方面的专业通用知识，争做高端复合型人才。

（二）加强信息安全

由于目前的会计信息大多数存储在计算机中，存在来自各种因素威胁的风险。为了保障会计信息的可靠性和真实性，做好对信息的保障和防护工作非常有必要。这不仅可以使企业更安心地处理数据，而且能让企业更好地获取外部数据，从而实现决策的充分性。坚实的信息安全壁垒能够使财务会计在智能化潮流中更加如鱼得水。在信息安全保障上，可以从以下三个方面着手：提升存储安全、加强服务器管理和加强信息安全管理。

（三）对财务会计进行转型升级

人工智能技术使得财务处理和核算工作逐渐实现智能化，传统会计模式下机械重复且耗时的记账、登账、核算等会计工作逐渐被高效、快捷的智能财务软件所代替，因此，企业对财务会计的核算人员需求就会不断降低。而随着大数据和互联网的不断应用，现在企业处于信息爆炸的时代，每家企业做会计决策所需要的数据量极其庞大，由此使企业对管理会计的需求逐渐增加，财务会计转型升级也提上了日程。

（四）加强对管理会计人员的培训

在会计行业，高端财务人才相对短缺，而且随着人工智能技术开始代替一些底层会计工作，企业对高端管理人才的需求会进一步增加，对中低端人才需求会逐渐降低。因此，企业应加强对现有员工进行管理会计方面知识的培训，提升员工技能。

（五）改变财务制度体系、组织结构

目前，大多数企业采用以财务会计为主的财务体系。这是因为传统会计模式是以会计核算为主要任务，主要职能是核算和监督，而 AI 的应用使得核算的效率大大提高，降低了财务人员在其中的参与度。其经过数据处理后进行的会计决策需要更多人力投入，因此，会计结构应该从原来的以财务会计为主渐渐转变为以管理会计为主。当然，这并不意味着财务会计不重要或用管理会计去取代财务会计，而是会计人员不再需要将大量时间投入复杂的核算工作中去，代由更为高效且错误率几乎为零的智能软件进行。会计人员可以更好地将时间用到更高层次的财务分析工作中，让企业通过更多数据进行决策。

本章小结

通过本章的学习，可以更好地了解到会计技术发展过程的演变以及传统会计电算化、会计信息化、ERP以及人工智能会计在国民经济发展各阶段所表现出的特点、作用以及对会计界带来的问题与挑战；对于会计人员把握趋势、顺势而为学好会计与人工智能先进技术，并要采取哪些应对措施有着深刻的认识和了解，进一步提高会计工作人员，服务企业、服务社会、服务国家的本领。

关键术语

会计电算化　　会计信息化　　ERP　　人工智能会计

— 自测题 —

第二十一章　其他会计岗位

本章导读

其他会计岗位主要包括破产会计、租赁会计、纳税会计、经营决策会计、碳会计和财务结算中心。本章主要介绍了各个会计的定义和职责，并分别对不同会计的实务进行了梳理。对于破产会计，主要介绍了破产会计三个特殊性原则及破产清算方面的实务；对于租赁会计，主要介绍了承租人和出租人的会计处理；对于纳税会计，主要介绍了不同税种的处理方法；对于碳会计，主要介绍了碳排放权的会计处理方面的内容；对于财务结算中心，主要对其存款业务、付款业务、内部融资业务、贷款、承兑及票据贴现业务、保函、信贷证明业务、存款结息、往来对账业务的会计处理进行了梳理。这样便于读者对其他会计学科有全面的了解。

学习目标

1. 了解破产会计的定义及其特殊性原则。
2. 掌握破产会计的职责及其实务。
3. 掌握破产会计相关的会计分录。
4. 了解租赁会计的定义及其职责。
5. 掌握租赁的分拆、合并及承租人的会计处理。
6. 了解纳税会计和经营决策会计的定义、职责和实务。
7. 了解碳会计的相关概念并熟悉碳会计的特点。
8. 熟悉碳会计人员在核算碳排放过程中的职责。
9. 掌握碳会计的初始计量和后续计量方法，以及企业相关碳排放的披露义务。
10. 了解财务结算中心的定义。
11. 掌握财务结算中心的职责、功能及实务。

第一节　破产会计岗位

一、破产会计的定义

企业破产会计是指从企业破产宣告到法院作出关于破产终结决定这一期间内所要办理的会计事项。确切地说，企业破产会计，是以货币为主要计量单位，全面地、系统地对企业破产财产的保管、清理、估价、处理和分配等经济事项进行反映和监督的方法体系。

由于破产会计的一些特殊核算内容，以及信息使用者的特殊要求，因而需要一些新的核算原则代替不再适用的常规会计核算原则，如用收付实现制来代替权责发生制、用清算价格原则代替历史成本原则、用全面性原则代替重要性原则等。破产会计的特殊性原则包括以下三点。

第一，收付实现制原则。收付实现制是指会计单位的经营收支以款项是否已经收付为标准，按收付期确定收益和费用的一种核算方法。在收付实现制的原则下，凡在本期收到款项的收益和付出款项的费用，不论其应否属于本期，均作为本期的收益和费用处理；凡在本期发生的但未收到款项的收益和尚未付款的费用，均不作为本期的收益和费用处理。在企业终止经营条件下，破产会计不需要再核算清算期的经营成果，不存在收益和费用配比的问题，它不需要考虑预收收入、预付费用，以及应计收入和应计费用等会计事项；资产变现必须以获得的现实款项入账，债务也必须以现实的货源来偿付。所以收付实现制是关于破产会计确认、计量和报告基本方法的规范性原则。

第二，清算价格原则。清算价格原则就是指清算会计在对破产清算业务进行确认、计量和报告的过程中，必须以清算价格为基本价值尺度，资产的价值必须按照实际变现的价值计算，负债必须按照资产变现后的实际负担能力来偿还。在持续经营的条件下，资产的计价都是采用购置时实际价格——历史成本来进行的。由于此时资产的计价是满足于正常生产经营需要的，因此历史成本与现行市价之间的差额可以被忽略。当企业进入清算状态以后，这种差额的存在必然影响清算进程和债务清偿，用清算价格代替历史成本是消除这一差额的必然选择。此外，清算债务需要债务人以现实的经济资源——货币或货币等价物来偿付，货币通过资产变现取得，货币等价物要经过合理估价，这些都必须按照清算价格来进行，反映清算业务过程的财务报表也需要借助于清算价格来编制。

第三，全面性原则。全面性原则就是指破产会计核算应该全面完整地反映清算活动的所有方面，全面反映破产期内的资金来源、去向和破产损益情况，不得隐匿和遗漏。其具体要求主要有两个方面：第一，从企业这个角度看，会计信息要全面反映财务状况；第二，从会计服务对象来看，会计信息要能够全面满足信息使用者的要求。会计要想满足上述两个方面的要求，首先必须科学地设计和选择清算会计报表体系、报表内容和编报方法，因为使用常规会计核算的报表体系、报表内容和编报方法，是无法满足破产清算状态下信息充分披露要求的。破产会计核算内容比常规会计核算内容相对简单一些，也为贯彻全面性原则提供了条件，如破产会计不再需要进行费用分摊和产品成本核算、破产损益的核算比起企业生产经营损益的核算来也要简单得多。

二、破产会计岗位的定义

破产会计岗位是指按照有关规定和制度，在企业无法偿还债务、资不抵债的情况下，负责记录和核算企业的财务情况，还需要协助破产管理人进行资产评估和债务清偿的岗位。在破产清算开始之前，破产会计岗位负责对企业的财务状况进行全面的审计和核实，需要仔细检查企业的财务报表、账目和交易记录，确保其准确性和真实性。

三、破产会计岗位的职责和权限

（一）破产会计岗位的职责

破产会计由债务人会计、清算人会计和债权人会计“三位一体”构成。三者的职责不同。

1. 债务人会计。负责拟订和解协议草案与企业整顿方案，向人民法院编报债权债务清册和财务情况说明书，进行和解整顿期间的会计核算，向债权人会议定期提供企业整顿的会计信息，进行整顿期间的财务预测、财务决策、财务控制和财务分析，提高债权人债权受偿比例，促进和解协议的实现，摆脱破产宣告之厄运。

2. 债权人会计。首先，负责审查和解整顿企业的和解协议与整顿方案，监督其实施进展情况，提示和纠正债务人的不合理甚至有损债权人利益的经济行为；其次，审查清算人的清算计划，监督其清算计划的执行情况，审核破产费用开支的合理性与有效性，评判财产估价与变现的科学性、合理性，评价偿债顺序的合法性，切实维护全体债权人的合法权益。

3. 清算人会计。负责进行破产企业延续加工业务的会计管理，界定、估价、变现破产财产，清偿各项债务，努力增大财产变现价值，及时向债权人会议和人民法院报告清算工作进展情况等。

尽管三者各自服务对象、服务内容不尽相同，但其目标集中体现在增大债权人的债权受偿比例、维护债权人与债务人的合法权益方面，这是与正常企业会计目标的根本区别所在，进而构成了其独特的会计目标：第一，及时、客观、真实地向有关方面提供破产会计信息；第二，科学进行破产会计预测、决策、计划、控制、考核与分析；第三，保护债务人财产的安全完整，提高财产的变现价值；第四，监督破产程序实施的合法性与有效性，努力提高经济效益（增大债权人的债权受债比例），维护债权人的合法权益。

（二）破产会计岗位的权限

1. 有权记录和核算企业的财务情况。在破产清算开始之前，破产会计有权对企业的财务状况进行全面的审计和核实。他们需要仔细检查企业的财务报表、账目和交易记录，确保其准确性和真实性。这是非常重要的，因为破产清算的结果将直接影响到债权人的权益。只有当破产会计可以提供准确的财务信息时，债权人才能做出明智的决策，以保护自己的利益。

2. 有权协助破产管理人进行资产评估。在破产清算中，企业的资产将被变卖，以偿还债务。破产会计有权参与资产评估的过程，确定每个资产的价值和潜在收益。这需要他们具备专业的知识和技能，以准确评估企业的固定资产、存货和其他财产。只有通过准确的资产评估，才能确保债权人能够获得公平的清偿。

3. 有权协助破产管理人进行债务清偿。在破产清算中，破产会计有权与债权人进行沟通，并协调债务的清偿。他们需要根据债务的优先级和金额，制订清偿计划，并确保按照法律程序进行清偿。这需要破产会计具备良好的沟通和协调能力，以确保债权人的权益得到公平保护。

四、破产会计岗位的实务

（一）会计科目的设置

企业通常应该设置应付账款、其他应付款、长期待摊费用、资产处置净损益等总账科目；递延所得税资产、递延所得税负债、递延收益、股本、资本公积、其他综合收益、未分配利润等明细科目。

（二）破产清算的会计处理

企业破产过程主要包括和解整顿与破产清算两个阶段，涉及债务人、债权人、清算人三个方面主要关系人。在和解整顿期间，债务人仍在从事生产经营活动，照常进行资金循环和周转，定期编制会计报表。在破产清算期初，清算人接管破产企业后，为了保护债权人合法权益，应对有利于债权人的在产品再加工、某些合同的继续履行等作出肯定的决策，其依据在于：在产品再加工或合同履行的净收益必须大于在产品立即出售的收入或因解除合同而付给合同另一方当事人的赔偿额。在产品的再加工与合同的履行中，自然会产生以货币资金购置原材料、支付工资、在产品形成产成品，从而形成资金形态之间的转化。在产品继续加工、合同继续履行后，清算人应变现财产、清偿债务、分配剩余财产，实现实物向货币的转化。很显然，破产清算期间的资金运动是客观存在的，但这里的资金运动不能形成资金周转，而具有单纯的、一次性、终极化的特点。破产企业的这种独特的资金运动，构成了破产会计管理的研究对象。努力加速破产资金运动、较大限度地提高债权人的受债比例，是破产会计管理的重要任务之一。

【例 21－1】 ABC 企业为高新技术企业，因经营管理不善，严重亏损，不能清偿到期债务，经法院宣告破产。清算组在破产清算期间业务（部分）如下：（1）债权人申报发现且经法院认可的未入账债务 450 000 元；（2）变卖原材料取得货款 540 000 元，相关的增值税销项税额 91 800 元，该原材料的账面价值 423 800 元；（3）处置各项固定资产的收入 1 200 000 元，存入银行，各项固定资产的账面原值总额为 1 038 000 元，累计折旧 164 000 元，未计提资产减值准备；（4）通过清查、盘点等方式取得的未入账的资产 42 000 元；（5）支付处置破产资产发生的各类评估、拍卖等各种费用 32 000 元。假定 ABC 企业适用的所得税税率为 25%，不考虑其他因素，应编制如下会计分录：

（1）未入账债务。

借：其他费用	450 000	
贷：××负债科目		450 000

（2）变卖原材料。

借：银行存款	540 000	
贷：原材料		423 800
应交税费—应交增值税（销项税额）		91 800
资产处置净损益		24 400

（3）处置各项固定资产。

借：银行存款	1 200 000	
累计折旧	164 000	
贷：固定资产		1 038 000
资产处置净损益		326 000

（4）未入账资产。

借：××资产科目	42 000	
贷：其他收益		42 000

（5）支付处置破产资产发生的各类评估、拍卖等各种费用32 000元。

借：破产费用　　32 000

　　贷：银行存款　　32 000

确认应交所得税：

借：应交所得税　　22 400

　　贷：所得税费用　　22 400

上述损益类科目结转到清算净损益：

借：资产处置净损益　　24 400 + 326 000

　　其他收益　　42 000

　　所得税费用　　22 400

　　清算净损益　　67 200（差额）

　　贷：其他费用　　450 000

　　　　破产费用　　32 000

第二节　租赁会计岗位

一、租赁的定义

根据《企业会计准则第21号——租赁》，租赁是指在一定期间内，出租人将资产的使用权让与承租人以获取对价的合同。在合同开始日，企业应当评估合同是否为租赁或者包含租赁。如果合同中一方让渡了在一定期间内控制一项或多项已识别资产使用的权利以换取对价，则该合同为租赁或者包含租赁。

二、租赁会计的定义

租赁会计是一种会计处理方法。它主要研究在不同的租赁形式下，如何处理有关租赁的经济业务。租赁会计是用来管理租赁业务活动的一种专业会计，结合租赁业务的特点，来研究租赁业务活动中的资金运动及其消长变化和结果的会计理论和方法。因此，租赁会计是应用于租赁业的一种专业会计，它运用会计学的基本理论和方法，以货币作为主要计量单位，对租赁业的经济活动进行综合的、全面的、连续的和系统的反映、监督和管理。

新租赁准则下，承租人不再将租赁区分为经营租赁或融资租赁，而是采用统一的会计处理模型，对所有租赁均确认使用权资产和租赁负债（短期租赁和低价值资产租赁除外)，并分别计提折旧和利息费用，从而导致“经营租赁”不再是游离于表外的项目。对于出租人的会计处理，总体上继承了现行规定，即保留了融资租赁与经营租赁的双重模型。

三、租赁会计岗位的定义

租赁会计岗位是指按照一定的规定和制度，负责租赁合同管理、租赁资产管理、租赁费用管理和租赁税务管理等方面的岗位。租赁会计岗位需要具备扎实的会计知识和丰富的实践经验，以确保公司租赁业务的顺利进行和财务报表的准确性和可靠性。

四、租赁会计岗位的职责

1. 负责租赁合同管理。租赁会计需要负责租赁合同的档案管理、审批、签署、备案等事项。在合同签署之前，需要仔细核对租赁合同的条款，并确定合同的期限、租金支付方式、退租方式等重要事项，以保证合同的合法性和可执行性。

2. 负责租赁费用核算。租赁会计需要根据租赁合同的条款和实际情况，计算和核算租赁费用，并及时进行账务处理和记账。对于不同类型的租赁费用，需要分别进行核算和处理，如租赁押金、租赁服务费、租金先付后用的金额等。

3. 负责资产管理。租赁会计需要对租赁资产进行管理，包括资产的归属、购置、折旧、清查等。同时，还需要对租赁合同中与资产相关的条款进行记录和跟踪，如设备的数量、型号、规格等。

4. 负责税务管理。租赁会计需要对涉及租赁合同的税务事项进行处理和核算，如增值税、印花税、房产税等。需要根据国家税法相关规定，对税负进行规划和管理，以减轻企业税负。

5. 负责报表编制。租赁会计需要按照企业相关规定，对租赁合同进行账务处理和记录，并参与月度、季度和年度财务报表编制工作，如月度账目结算表、资产负债表、利润表等。同时，还需要制定相应的会计制度和流程，建立健全内部控制体系。

五、租赁会计岗位的实务

(一) 会计科目的设置

企业通常应该设置使用权资产、使用权资产累计折旧、使用权资产减值准备、租赁负债、融资租赁资产、应收融资租赁款、应收融资租赁款减值准备、租赁收入等会计科目。

（二）主要经济业务账务处理

1. 承租人的会计处理。

在租赁期开始日，承租人应当对租赁确认使用权资产和租赁负债，应用简化处理的短期租赁和低价值资产租赁除外。

借：固定资产—使用权资产（倒挤）

　　贷：长期应付款（租赁付款额的现值）

　　　　银行存款（初始直接费用）

　　　　预计负债（期满拆除费用）

使用权资产应当按照成本进行初始计量。该成本包括：

（1）租赁负债的初始计量金额；

（2）在租赁期开始日或之前支付的租赁付款额，存在租赁激励的，扣除已享受的租赁激励相关金额；

（3）承租人发生的初始直接费用；

（4）承租人为拆卸及移除租赁资产、复原租赁资产所在场地或将租赁资产恢复至租赁条款约定状态预计将发生的成本。

前述成本属于为生产存货而发生的，适用《企业会计准则第 1 号——存货》。承租人应当按照《企业会计准则第 13 号——或有事项》对该成本进行确认和计量。

租赁负债应当按照租赁期开始日尚未支付的租赁付款额的现值进行初始计量。

租赁付款额，是指承租人向出租人支付的与在租赁期内使用租赁资产的权利相关的款项，包括：

（1）固定付款额及实质固定付款额，存在租赁激励的，扣除租赁激励相关金额。

（2）取决于指数或比率的可变租赁付款额，该款项在初始计量时根据租赁期开始日的指数或比率确定。

可变租赁付款额，是指承租人为取得在租赁期内使用租赁资产的权利，向出租人支付的因租赁期开始日后的事实或情况发生变化（而非时间推移）而变动的款项。取决于指数或比率的可变租赁付款额包括与消费者价格指数挂钩的款项、与基准利率挂钩的款项和为反映市场租金费率变化而变动的款项等。

（3）购买选择权的行权价格，前提是承租人合理确定将行使该选择权。

（4）行使终止租赁选择权需要支付的款项，前提是租赁期反映出承租人将行使终止租赁选择权。

（5）根据承租人提供的担保余值预计应支付的款项。

在计算租赁付款额的现值时，承租人应当采用租赁内含利率作为折现率；无法确定租赁内含利率的，应当采用承租人增量借款利率作为折现率。

租赁内含利率，是指使出租人的租赁收款额的现值与未担保余值的现值之和等于租赁资产公允价值与出租人的初始直接费用之和的利率。

承租人增量借款利率，是指承租人在类似经济环境下为获得与使用权资产价值接近的资产，在类似期间以类似抵押条件借入资金须支付的利率。

承租人应当参照《企业会计准则第 4 号——固定资产》有关折旧规定，对使用权资产计提折旧。

承租人能够合理确定租赁期届满时取得租赁资产所有权的，应当在租赁资产剩余使用寿命内计提折旧。无法合理确定租赁期届满时能够取得租赁资产所有权的，应当在租赁期与租赁资产剩余使用寿命两者孰短的期间内计提折旧。

承租人应当按照《企业会计准则第 8 号——资产减值》的规定，确定使用权资产是否发生减值，并对已识别的减值损失进行会计处理。

承租人应当按照固定的周期性利率计算租赁负债在租赁期内各期间的利息费用，并计入当期损益。按照《企业会计准则第 17 号——借款费用》等其他准则规定应当计入相关资产成本的，从其规定。

该周期性利率，是按照初始计量时采用的折现率，或者修订后的折现率。

未纳入租赁负债计量的可变租赁付款额应当在实际发生时计入当期损益。按照《企业会计准则第 1 号——存货》等其他准则规定应当计入相关资产成本的，从其规定。

在租赁期开始日后，因重新评估导致租赁期或购买选择权发生变化的，承租人应当重新确定租赁付款额，并按变动后租赁付款额和修订后的折现率计算的现值重新计量租赁负债：在计算变动后租赁付款额的现值时，承租人应当采用剩余租赁期间的租赁内含利率作为修订后的折现率；无法确定剩余租赁期间的租赁内含利率的，应当采用重估日的承租人增量借款利率作为修订后的折现率。

在租赁期开始日后，根据担保余值预计的应付金额发生变动，或者因用于确定租赁付款额的指数或比率变动而导致未来租赁付款额发生变动的，承租人应当按照变动后租赁付款额的现值重新计量租赁负债。在这些情形下，承租人采用的折现率不变；但是，租赁付款额的变动源自浮动利率变动的，使用修订后的折现率。

承租人在重新评估或因实质固定付款额变动重新计量租赁负债时，应当相应调整使用权资产的账面价值。使用权资产的账面价值已调减至零，但租赁负债仍需要进一步调减的，承租人应当将剩余金额计入当期损益。

租赁发生变更且同时符合下列条件的，承租人应当将该租赁变更作为一项单独租赁进行会计处理：

（1）该租赁变更通过增加一项或多项租赁资产的使用权而扩大了租赁范围；

（2）增加的对价与租赁范围扩大部分的单独价格按该合同情况调整后的金额相当。

租赁变更，是指原合同条款之外的租赁范围、租赁对价、租赁期限的变更，包括增加或终止一项或多项租赁资产的使用权，延长或缩短合同规定的租赁期等。

租赁变更未作为一项单独租赁进行会计处理的，在租赁变更生效日，承租人应当按照租赁分拆的规定分摊变更后合同的对价，重新确定租赁期，并按照变更后租赁付款额和修订后的折现率计算的现值重新计量租赁负债。

在计算变更后租赁付款额的现值时，承租人应当采用剩余租赁期间的租赁内含利率作为修订后的折现率；无法确定剩余租赁期间的租赁内含利率的，应当采用租赁变更生效日的承租人增量借款利率作为修订后的折现率。

租赁变更生效日，是指双方就租赁变更达成一致的日期。

租赁变更导致租赁范围缩小或租赁期缩短的，承租人应当相应调减使用权资产的账面价值，并将部分终止或完全终止租赁的相关利得或损失计入当期损益。其他租赁变更导致租赁负债重新计量的，承租人应当相应调整使用权资产的账面价值。

【例 21－2】 某项租赁合同，租赁期为 8 年，承租人每年年末支付租金 100 万元。承租人担保的资产余值为 600 万元，与承租人有关的 A 企业担保余值为 400 万元，承租人预计因担保余值需要支付的金额为 100 万元。租赁期间，履约成本 50 万元，可变租赁付款额 20 万元。假设租赁内含利率为每年 5%。(P/A，5%，10) =7.7217，(P/F，5%，10) =0.613。要求：计算承租人应确认的使用权资产的入账价值。

履约成本和可变租赁付款额发生时计入当期损益。

承租人应确认的使用权资产的入账价值 = 100 × 7.7217 + 100 × 0.613 = 833.47 (万元)。

【例 21－3】 某项租赁的起租日为 20×6 年 12 月 31 日，租赁资产公允价值 690 万元，租赁付款额现值为 700 万元，承租人另发生安装费 20 万元，设备于 20×7 年 6 月 20 日达到预定可使用状态并交付使用。承租人担保余值为 50 万元，与承租人有关的第三方担保余值为 40 万元，独立第三方担保余值为 30 万元，未担保余值为 20 万元，承租人预计因担保余值需要支付的金额为 60 万元。租赁期为 6 年，设备尚可使用年限为 8 年，租赁期满后租赁资产返还给出租人，预计清理费用为 3 万元，预计净残值为 30 万元。承租人对租入的设备采用年限平均法计提折旧。假设租赁内含利率为每年 5%。(P/F，5%，6) =0.746。不考虑其他因素。要求：计算承租人 20×7 应当计提的折旧金额。

使用权资产的价值 =700 +20 + (60 +3) ×0.746 =767 (万元)；

由于租赁资产最终要返还，所以对承租人来说净残值为 0；

应计提的折旧额 = (767 −0) ÷ (6 ×12 −6) ×6 =69.73 (万元)。

【例 21－4】 甲企业向乙企业租入临街商铺作为办公使用，租期自 20×6 年 1 月 1 日至 20×8 年 12 月 31 日。租期内第一个半年为免租期，之后每半年租金 30 万元，租金于每半年年末支付。除租金外，如果租赁期内租赁商铺销售额累计达到3 000万元或以上，乙企业将获得额外90万元经营分享收入。20×6年商铺实现的销售额为1 000万元。假设租赁内含利率为每半年5%。(P/A，5%，5)=4.3295。要求：计算该业务影响甲企业20×6年利润总额的金额。

甲企业属于承租人，租赁期为3年，

确认租赁负债=30×4.3295÷(1+5%)=123.7（万元）;

免租期属于租赁激励，照常确认利息费用和折旧费用，

实际年利率=(1+5%)×(1+5%)-1=10.25%;

20×6年应当确认利息费用123.7×10.25%=12.68（万元）;

确认租赁使用权资产=租赁负债=123.7（万元），

应当计提折旧费用=123.7÷3=41.23（万元）;

影响20×6年利润总额

=利息费用12.68+折旧费用41.23=53.91（万元）。

2. 出租人的会计处理。

出租人应当在租赁开始日将租赁分为融资租赁和经营租赁。在租赁开始日后，出租人无须对租赁的分类进行重新评估，除非发生租赁变更。租赁资产预计使用寿命、预计余值等会计估计变更或发生承租人违约等情况变化的，出租人不对租赁的分类进行重新评估。

租赁开始日，是指租赁合同签署日与租赁各方就主要租赁条款作出承诺日中的较早者。

经营租赁是指除融资租赁以外的其他租赁。

融资租赁是指实质上转移了与租赁资产所有权有关的几乎全部风险和报酬的租赁。其所有权最终可能转移，也可能不转移。

一项租赁存在下列一种或多种情形的，通常分类为融资租赁：

（1）在租赁期届满时，租赁资产的所有权转移给承租人。

（2）承租人有购买租赁资产的选择权，所订立的购买价款与预计行使选择权时租赁资产的公允价值相比足够低，因而在租赁开始日就可以合理确定承租人将行使该选择权。

（3）资产的所有权虽然不转移，但租赁期占租赁资产使用寿命的大部分。

（4）在租赁开始日，租赁收款额的现值几乎相当于租赁资产的公允价值。

（5）租赁资产性质特殊，如果不作较大改造，只有承租人才能使用。

一项租赁存在下列一项或多项迹象的，也可能分类为融资租赁：

（1）若承租人撤销租赁，撤销租赁对出租人造成的损失由承租人承担。

（2）资产余值的公允价值波动所产生的利得或损失归属于承租人。

（3）承租人有能力以远低于市场水平的租金继续租赁至下一期间。

出租人对融资租赁的会计处理：

在租赁期开始日，出租人应当对融资租赁确认应收融资租赁款，并终止确认融资租赁资产。出租人对应收融资租赁款进行初始计量时，应当以租赁投资净额作为应收融资租赁款的入账价值。租赁投资净额为未担保余值和租赁期开始日尚未收到的租赁收款额按照租赁内含利率折现的现值之和。

租赁收款额，是指出租人因让渡在租赁期内使用租赁资产的权利而应向承租人收取的款项，包括：

（1）承租人需要支付的固定付款额及实质固定付款额，存在租赁激励的，扣除租赁激励相关金额；

（2）取决于指数或比率的可变租赁付款额，该款项在初始计量时根据租赁期开始日的指数或比率确定；

（3）购买选择权的行权价格，前提是合理确定承租人将行使该选择权；

（4）承租人行使终止租赁选择权需要支付的款项，前提是租赁期反映出承租人将行使终止租赁选择权；

（5）由承租人、与承租人有关的一方以及有经济能力履行担保义务的独立第三方向出租人提供的担保余值。

在转租的情况下，若转租的租赁内含利率无法确定，转租出租人可采用原租赁的折现率（根据与转租有关的初始直接费用进行调整）计量转租投资净额。

借：长期应收款—应收融资租赁款（租赁投资净额）

　　贷：融资租赁资产（转销余额）

　　　　银行存款（初始直接费用）

　　　　资产处置损益（倒挤）

租赁投资净额 = 未担保余值现值 + 租赁收款额现值

【例 21－5】 甲企业将账面价值为 4 000 万元的一套大型电子计算机以融资租赁方式出租给 B 企业。租赁合同规定：

（1）B 企业租赁该设备 8 年，每年末支付租金 500 万元；

（2）除固定租金外，甲企业每年按该生产线所生产的产品销售额的 1% 分享提成，据测算平均每年提成约为 100 万元；

（3）承租人提供的租赁资产担保余值为 900 万元；

（4）与承租人和甲企业均无关联关系的第三方提供的租赁资产担保余值为 750 万元；

（5）租赁开始日该资产公允价值为 5 000 万元，估计资产余值为 1 800 万元。

假设租赁内含利率为每年 5%，（P/A，5%，8）= 6.4632，（P/F，5%，8）= 0.676。

要求：计算甲企业在租赁开始日的应收融资租赁款金额。

租赁收款额现值 =（500 + 100）×6.4632 +（900 + 750）×0.676 =4 993.32（万元）；

未担保余值现值 =（1 800 －900 －750）×0.676 =101.4（万元）；

应收融资租赁款 =101.4 +4 993.32 =5 094.72（万元）。

3. 出租人对经营租赁的会计处理。

出租人发生的与经营租赁有关的初始直接费用应当资本化，在租赁期内按照与租金收入确认相同的基础进行分摊，分期计入当期损益。

在租赁期内各个期间，出租人应当采用直线法或其他系统合理的方法，将经营租赁的租赁收款额确认为租金收入。其他系统合理的方法能够更好地反映因使用租赁资产所产生经济利益的消耗模式的，出租人应当采用该方法。

对于经营租赁资产中的固定资产，出租人应当采用类似资产的折旧政策计提折旧；对于其他经营租赁资产，应当根据该资产适用的企业会计准则，采用系统合理的方法进行摊销。

出租人应当按照《企业会计准则第 8 号——资产减值》的规定，确定经营租赁资产是否发生减值，并进行相应会计处理。

出租人取得的与经营租赁有关的未计入租赁收款额的可变租赁付款额，应当在实际发生时计入当期损益。

经营租赁发生变更的，出租人应当自变更生效日起将其作为一项新租赁进行会计处理，与变更前租赁有关的预收或应收租赁收款额应当视为新租赁的收款额。

【例 21 －6】 资料一，20 ×1 年 12 月 28 日，A 企业与 B 企业签订了一份租赁合同。合同主要条款如下：

（1）租赁标的物：程控生产线。

（2）租赁期开始日：租赁物运抵 A 企业生产车间之日（即 20 ×2 年 1 月 1 日）。

（3）租赁期：从租赁期开始日算起 36 个月（即 20 ×2 年 1 月 1 日—20 ×4 年 12 月 31 日）。

（4）租金支付方式：自租赁期开始日起每年年末支付租金 1 000 000 元。

（5）该生产线在 20 ×2 年 1 月 1 日 B 企业的账面价值和公允价值均为 2 600 000 元。

（6）承租人增量借款年利率为 8%，（P/A，8%，3）=2.5771。

（7）该生产线为全新设备，估计使用年限为 5 年。

（8）20 ×3 年和 20 ×4 年两年，A 企业每年按该生产线所生产的产品——微波炉的年销售收入的 1% 向 B 企业支付经营分享收入。

资料二，A 企业的有关资料如下：

（1）A 企业在租赁谈判和签订租赁合同过程中发生可归属于租赁项目的手续费、

差旅费 10 000 元。

（2）采用年限平均法计提固定资产折旧。

（3）20×3 年、20×4 年 A 企业分别实现微波炉销售收入 10 000 000 元和 15 000 000元。

（4）20×4 年 12 月 31 日，将该生产线退还 B 企业。

资料三，B 企业发生初始直接费用 100 000 元。

要求：分别按年编制 A 企业和 B 企业的会计分录。

A 企业的账务处理如下：

①租赁期开始日的账务处理。

借：固定资产—使用权资产　　2 587 100

　贷：长期应付款　　2 577 100

　　银行存款　　10 000

② 20×2 年 12 月 31 日，支付第一期租金。

借：长期应付款—应付租赁款　　1 000 000

　贷：银行存款　　1 000 000

确认利息费用：

期初摊余成本 =2 577 100×8% =206 168（元）；

借：财务费用　　206 168

　贷：长期应付款—应付租赁款　　206 168

20×3 年 12 月 31 日，支付第二期租金：

借：长期应付款—应付租赁款　　1 000 000

　贷：银行存款　　1 000 000

确认利息费用：

期初摊余成本 =2 577 100 - 1 000 000 +206 168 =1 783 268（元）

借：财务费用　　142 661.44（1 783 268×8%）

　贷：长期应付款—应付租赁款　　142 661.44

20×4 年 12 月 31 日，支付第三期租金：

借：长期应付款—应付租赁款　　1 000 000

　贷：银行存款　　1 000 000

确认利息费用：

期初摊余成本 =1 783 268 - 1 000 000 +142 661.44 =925 929.4（元）；

借：财务费用　　74 070.56

　贷：长期应付款—应付租赁款　　74 070.56

③计提折旧。

20×2 年折旧率 = 11 ÷ 35 × 100% = 31.42%；

20×3 年和 20×4 年折旧率 = 12 ÷ 35 × 100% = 34.29%。

20×2 年计提折旧 = 2 587 100 × 31.42% = 812 866.82（元）

借：制造费用—折旧费　　812 866.82

　　贷：累计折旧　　812 866.82

20×3 年、20×4 年折旧略。

④可变租赁付款额的处理。

20×3 年 12 月 31 日，根据合同规定应向 B 企业支付经营分享收入 100 000 元：

借：销售费用　　100 000

　　贷：其他应付款—B 企业　　100 000

20×4 年 12 月 31 日，根据合同规定应向 B 企业支付经营分享收入 150 000 元：

借：销售费用　　150 000

　　贷：其他应付款—B 企业　　150 000

⑤ 20×4 年 12 月 31 日，租赁期届满时，将该生产线退还 B 企业：

借：累计折旧　　2 587 100

　　贷：固定资产—融资租入固定资产　　2 587 100

B 企业的账务处理如下：

① 断租赁类型。

出租人租赁收款额现值 1 000 000 ×（P/A，R，3） + 未担保余值的现值 0 = 租赁资产公允价值 2 600 000 + 出租人初始直接费用 100 000（元）。

用插值法计算，租赁内含利率 R = 5.46%。

租赁收款额的现值 = 1 000 000 ×（P/A，5.46%，3）= 2 700 000 元，几乎相当于租赁资产公允价值 2 600 000 元，因此，B 企业应当将该项租赁认定为融资租赁。

租赁收款额的现值 2 700 000 + 未担保余值的现值 0 = 2 700 000 万元

借：长期应收款—应收融资租赁款　　2 700 000

　　贷：融资租赁资产（转销余额）　　2 600 000

　　　　银行存款（初始直接费用）　　100 000

②收到租金并确认利息费用。

20×2 年 12 月 31 日，收到第一期租金。

借：银行存款　　1 000 000

　　贷：长期应收款—应收融资租赁款　　1 000 000

借：长期应收款—应收融资租赁款　　147 420（2 700 000 × 5.46%）

　　贷：租赁收入　　147 420

20×3 年 12 月 31 日，收到第二期租金。

借：银行存款　　1 000 000

　　贷：长期应收款—应收融资租赁款　　1 000 000

20×3 年期初摊余成本

=2 700 000 - 1 000 000 + 147 420 = 1 847 420（元）；

借：长期应收款—应收融资租赁款　　100 869.13

　　(1 847 420×5.46%)

　　贷：租赁收入　　100 869.13

20×4 年 12 月 31 日，收到第三期租金。

借：银行存款　　1 000 000

　　贷：长期应收款—应收融资租赁款　　1 000 000

借：长期应收款—应收融资租赁款　　51 710.87（倒挤）

　　贷：租赁收入　　51 710.87

③可变租赁付款额的处理。

20×3 年 12 月 31 日，根据合同规定应向 A 企业收取经营分享收入 100 000 元。

借：应收账款—A 企业　　100 000

　　贷：租赁收入　　100 000

20×4 年 12 月 31 日，根据合同规定应向 A 企业收取经营分享收入 150 000 元。

借：应收账款—A 企业　　150 000

　　贷：租赁收入　　150 000

④ 20×4 年 12 月 31 日，租赁期届满时，将该生产线从 A 企业收回，作备查登记。

第三节　纳税会计岗位

一、纳税会计的定义

纳税会计是社会经济发展到一定阶段而产生的，是近代兴起的一门边缘学科，是融税收法律制度和会计核算于一体的特殊专业会计，是税务中的会计、会计中的税务。从理论上讲，纳税会计是以企业为核算主体，以税收法律为准绳，以货币为计量单位，运用会计学的基本理论和核算方法，连续、系统、全面地对企业经济活动中税款的形成、计算、缴纳和退还进行反映和监督的一种管理活动。其深刻含义有以下几点。

（一）遵循税法原则

判断纳税会计所反映的企业纳税活动合法与否的标准首先是国家税法。因此，在企业纳税会计工作中，必须严格执行税法中有关计税依据与会计处理的规定，这些规定涉及账簿、凭证、会计基础、会计年度、计算单位和申报制度，而对资产会计处理等涉及计税依据、应纳税款的内容等规定得更加详细。所以企业纳税会计工作的全过程必须严格遵守国家税收法规。另外，税法因国家的政治、经济的发展和需要而有所变更，即税法具有时效性，因此，纳税会计必须坚持按现行税法处理的原则。

（二）灵活操作

这里指两个方面的内容：一是指企业在进行纳税会计活动中，对于那些相对企业纳税重要的会计事项，应分别核算、分开反映，力求准确。而对于企业纳税相对次要或无关的会计事项，在不影响纳税信息真实性的情况下，则可适当简化和省略。二是指核算与监督相结合。因为纳税申报一般是在企业会计核算终了后，如年度企业所得税申报就是在年度终了后四个月内报送。因此，企业既要在日常的会计活动中正确计算各种应缴税金，又要将核算与监督相结合，把可能在税收检查中发现的不正确计算方法得以纠正，以免企业遭受处罚造成不必要的损失。

（三）寻找适度税赋

纳税会计的一项重要目标就是为企业管理人员、投资者及债权者提供准确的纳税信息，以促进企业正常业务开展，提高企业经济效益。因此，企业的会计人员应深刻理解现行税法，在符合或不违反现行税法的前提下，进行税收筹划。例如，国家规定有的行业、有的项目、有的产品可以获得税收减免或纳税延期，有的则不可以。一方面，企业要综合权衡各种投资方案、经营策略和纳税方案，使其达到最优组合，从而达到利润最大化的目的；另一方面，企业的纳税会计工作从收入的取得到利润的形成以及计算纳税都要真实反映、正确核算，不允许任何匿藏收入和虚增成本的现象发生。

（四）独立核算

由于纳税会计与其他一般会计相比具有相对独立性，因此纳税会计应遵循独立核算的原则，即凡是独立组织会计核算，独立编制会计报表的企业单位，都是纳税会计的主体。确定纳税会计的主体，有助于具体确定会计的对象，划分会计工作的职责范围，分清经济责任，更好地完成纳税会计的职能。

二、纳税会计岗位的定义

纳税会计岗位是指按照一定的规定和制度进行税务筹划、税金核算和纳税申报的岗位，纳税会计岗位主要负责按照国家税法规定核算纳税人各税种的税款；正确编制、报送会计报表和纳税申报表；进行纳税人税务活动的分析，保证正确执行税法，维护企业的利益。

三、纳税会计岗位的职责与权限

（一）纳税会计岗位的职责

1. 负责制订纳税筹划方案。了解和掌握国家税法法规政策，并根据最新的税收政策制订和执行相应的纳税筹划方案。

2. 负责编制和提交企业的年度税务申报表，包括企业所得税、增值税、个人所得税等。

3. 负责协助企业开展税务风险管理工作，确保企业的税务合规性。

4. 负责跟踪企业经营活动，及时进行税务风险分析和预警，确保纳税义务按时履行。

5. 负责处理税务机关的税收审核、调查、稽查等工作，协助解决涉税争议。

6. 负责协助企业开展税务审计工作，配合外部税务审计工作。

7. 负责参与企业重大项目决策，提供税务意见和建议。

8. 负责组织开展员工税务培训，提高员工的税务知识水平。

9. 负责跟踪税收政策的变化，及时调整和完善企业的纳税筹划方案。

10. 负责参与企业税务专项工作，如税收减免、税收优惠申请等。

（二）纳税会计岗位的权限

1. 有权对纳税人的纳税义务及其缴纳情况进行记录、计算、汇总，并编制出纳税申报表。

2. 有权对纳税人纳税义务及其缴纳情况进行控制、检查，并对违法行为加以纠正和制裁。这种反映和监督，只能在作为纳税人的企业单位里进行，并由纳税人的会计人员去实施。

3. 有权在多种纳税方案中通过事先筹划，合理安排公司筹资、投资、经营、利润分配等财务活动，针对采购、生产经营以及内部核算等进行合理决策，利用国家法规积极税务筹划，同时通过软件产品与国家涉税系统进行信息传递与要素延续，对企业经营过程涉及的诸多税种（增值税、所得税、营业税、消费税、关税、出口退税等）进行业务处理，既可准确核算各种应纳税金进行申报纳税，提高财税人员工作效率，也可对企业账务、票证、经营、核算、纳税情况进行评估，更好帮助企业正确执行国家税务政策，进行整体经营筹划及纳税风险防范，为企业管理决策献计献策，为创利打下坚实基础。既保证企业完成利税义务增加自身“造血”能力，降低税收负担，也提高了税后利润，实现自身的持续健康发展。

四、纳税会计岗位的实务

（一）会计科目的设置

企业通常应该设置应交税费、税金及附加等总账科目。应交增值税、未交增值税、预交增值税、待抵扣进项税额、待认证进项税额、待转销项税额、增值税留抵税额、简易计税、转让金融商品应交增值税、代扣代交增值税等明细科目。

（二）主要经济业务账务处理

1. 增值税。

增值税是对在我国境内销售货物或者提供加工、修理修配劳务，以及进口货物的单位和个人，就其取得的货物或应税劳务的销售额，以及进口货物的金额计算税款，并实行税款抵扣制的一种流转税。

增值税的计算方法：

应纳税额 = 销项税额 − 进项税额

销项税额 = 销售金额 × 适用税率

进项税额 = 采购金额 × 适用税率

增值税申报期限：每月 10 日前申报上月纳税申报表。

一般纳税人增值税的账务处理：

（1）收到进项票。

借：应交税费—应交增值税（进项税额）

（2）开增值税发票。

贷：应交税费—应交增值税（销项税额）

（3）月末结转进项及销项税额。

结转进项：

借：应交税费—应交增值税（转出未交增值税）

贷：应交税费—应交增值税（进项税额）

结转销项：

借：应交税费—应交增值税（销项税额）

贷：应交税费—应交增值税（转出未交增值税）

（4）如果，月末（应交税费—应交增值税）科目余额是正数（余额在贷方），余额就是本月要交税的数额。

本月应交税金 = 销项税额 - 进项税额

借：应交税费—应交增值税（转出未交增值税）

贷：应交税费—未交增值税↑

（5）如果月末（应交税费—应交增值税）科目余额是负数（余额在借方），则该余额要下月留抵。

借：应交税费—未交增值税

贷：应交税费—应交增值税（转出未交增值税）↑

（6）实际交税时。

借：应交税费—未交增值税

贷：银行存款

【例21-7】甲企业为增值税一般纳税人，适用的增值税税率为13%，原材料按实际成本核算，销售商品价格为不含增值税的公允价格。2019年6月发生交易或事项如下：

（1）5日，购入原材料一批，增值税专用发票上注明的价款为120 000元，增值税税额为15 600元，材料尚未到达，全部款项已用银行存款支付。

（2）10日，收到5日购入的原材料并验收入库，实际成本总额为120 000元。同日，与运输企业结清运输费用，增值税专用发票上注明的运输费用为5 000元，增值税税额为450元，运输费用和增值税税额已用转账支票付讫。

（3）15日，购入不需要安装的生产设备一台，增值税专用发票上注明的价款为30 000元，增值税税额为3 900元，款项尚未支付。

（4）20日，购入农产品一批，农产品收购发票上注明的买价为200 000元，规定的扣除率为9%，货物尚未到达，价款已用银行存款支付。

（5）25日，企业管理部门委托外单位修理机器设备，取得对方开具的增值税专用发票上注明的修理费用为20 000元，增值税税额为2 600元，款项已用银行存款支付。

（6）30日，该企业购进一幢简易办公楼作为固定资产核算，并投入使用。已取得增值税专用发票并经税务机关认证，增值税专用发票上注明的价款为1 500 000元，增值税税额为135 000元，全部款项以银行存款支付。不考虑其他相关因素。

要求：编制甲企业的会计分录。

(1) 借：在途物资　　120 000
　　应交税费—应交增值税（进项税额）　　15 600
　　贷：银行存款　　135 600

(2) 借：原材料　　125 000
　　应交税费—应交增值税（进项税额）　　450
　　贷：银行存款　　5 450
　　　　在途物资　　120 000

(3) 借：固定资产　　30 000
　　应交税费—应交增值税（进项税额）　　3 900
　　贷：应付账款　　33 900

(4) 借：在途物资　　182 000
　　应交税费—应交增值税（进项税额）　　18 000
　　贷：银行存款　　200 000

进项税额 = 购买价款 × 扣除率 = 200 000 × 9% = 18 000（元）

(5) 借：管理费用　　20 000
　　应交税费—应交增值税（进项税额）　　2 600
　　贷：银行存款　　22 600

(6) 借：固定资产　　1 500 000
　　应交税费—应交增值税（进项税额）　　135 000
　　贷：银行存款　　1 635 000

2. 印花税。

印花税是对经济活动和经济交往中书立、领受具有法律效力的凭证的行为所征收的一种税。

【例 21-8】 2020 年 1 月，甲企业将闲置厂房出租给乙企业，合同约定每月租金 3 000元，租期未定，签订合同时，预收租金 8 000 元，双方已按定额贴花，6 月底合同解除，甲企业收到乙企业补交的租金 10 000 元。计算甲企业 6 月应补缴印花税。

甲企业 6 月应补缴印花税 = (8 000 + 10 000) × 1‰ - 5 = 13（元）。

【例 21-9】 某房地产开发企业 2019 年开发建造普通住宅，与当地农业银行签订借款合同一份，合同注明借款金额 2 000 万元；以借款和自有资金购买土地使用权，合同注明地价款 2 600 万元，已取得土地使用证；至 2019 年底对外销售普通住宅 60 000 平方米，取得收入 29 200 万元，全部签订售房合同。计算该房地产开发企业 2019 年就上述业务应缴纳印花税。

对土地使用权转让（出让）合同、商品房销售合同按照“产权转移书据”征收印花税。企业取得土地使用证，按件贴花 5 元。

该房地产开发企业应缴纳印花税 $=20\ 000\ 000\times0.05‰+26\ 000\ 000\times0.5‰+5+292\ 000\ 000\times0.5‰$
$=160\ 005$（元）。

（三）企业所得税

企业所得税是对我国境内的企业和其他取得收入的组织的生产经营所得和其他所得征收的一种所得税。在中华人民共和国境内，企业和其他取得收入的组织（以下统称企业）为企业所得税的纳税人。企业所得税的纳税人包括各类企业、事业单位、社会团体、民办非企业单位和从事经营活动的其他组织。个人独资企业、合伙企业不属于企业所得税纳税义务人。

【例 21－10】 某境内居民企业 2022 年发生下列业务：

（1）销售产品收入 2 000 万元；

（2）接受捐赠材料一批，取得赠出方开具的增值税专用发票，注明价款 10 万元，增值税 1.7 万元；企业找一运输企业将该批材料运回企业，支付运杂费 0.3 万元；

（3）转让一项商标所有权，取得营业外收入 60 万元；

（4）收取当年让渡资产使用权的专利实施许可费，取得其他业务收入 10 万元；

（5）取得国债利息 2 万元，直接投资境内另一居民企业，分得红利 50 万元；

（6）全年销售成本 1 000 万元，销售税金及附加 100 万元；

（7）全年销售费用 500 万元，含广告费 400 万元，全年管理费用 205 万元，含业务招待费 80 万元，全年财务费用 45 万元；

（8）全年营业外支出 40 万元，含通过政府部门对灾区捐款 20 万元，直接对私立小学捐款 10 万元，违反政府规定被工商局罚款 2 万元。

要求计算：

（1）该企业的会计利润总额；

（2）该企业对收入的纳税调整额；

（3）该企业对广告费用的纳税调整额；

（4）该企业对业务招待费的纳税调整额；

（5）该企业对营业外支出的纳税调整额；

（6）该企业当年的应纳税所得额；

（7）该企业应纳的所得税额。

【案例解析】

（1）企业账面利润 $=2\ 000+10+1.7+60+10+2+50-1\ 000-100-500-205-45-40-80=163.7$（万元）。

（2）该企业对收入的纳税调整额 52 万元。

2 万元国债利息以及 50 万元境内居民企业分回的红利属于免税收入。

该企业对广告费用的纳税调整额以销售营业收入（2 000 + 10）万元为基数，不能包括营业外收入。

（3）广告费限额 =（2 000 + 10）× 15% = 301.5 万元；

广告费超支 400 − 301.5 = 98.5（万元）。

调增应纳税所得额 98.5 万元。

（4）招待费限额计算：

80 × 60% = 48（万元）；

（2 000 + 10）× 5‰ = 10.05（万元）；

招待费限额为 10.05 万元，超支 69.95 万元。

（5）该企业对营业外支出的纳税调整额捐赠限额

= 163.7 × 12% = 19.64（万元）。

（6）该企业应纳税所得额

= 163.7 − 2 − 50 + 98.5 + 69.95 + 12.36 − 80 × 50% = 252.51（万元）。

（7）因购置节能节水设备取得增值税专用发票并认证抵扣，则可按照不含增值税设备价款的 10% 抵免企业的应纳所得税额。

该企业应纳所得税额 = 252.51 × 25% − 90 × 10% = 63.13 − 9 = 54.13（万元）。

第四节　经营决策会计岗位

一、经营决策会计的定义

经营决策会计是运用会计学的基本理论与方法系统地、科学地描述企业各项决策方案的形成，对企业未来的经营活动及结果作出超前评价的一种“事前规划型”会计。它通过会计特有的方法，对企业未来的效益和损失进行计量、报告和控制。它是会计学科里一个值得研究和推广的重要领域。

经营决策会计以经营决策经济效果的分析评价为其核算内容，并通过计划（预算）将经营决策所选定的有关方案数量化和加工、汇总。它通过财务会计信息和其他有关信息，对利润、成本、销售及资金等专门问题进行科学的预测分析和决策分析。在此基础上，把通过决策程序所确定的目标用数量形式加以汇总、协调，编制成企业的全面预算；再按照责任制的要求加以分解，形成各个责任中心的责任预算，用来规划和把握未来的经济活动。

科学的经营决策的必备条件是：决策目标明确；有多个供决策选择的方案；有指导决策的科学方法；有实施决策的控制手段。

二、经营决策会计岗位的定义

经营决策会计岗位是指按照一定的规定和制度，进行企业经营决策的岗位，它主要负责对财务成本进行预算，提出决策分析数据；编制全面预算，确定各项财务目标；对财务成本进行控制，开展价值分析及评价经营业绩，考核责任单位实绩和成果。

三、经营决策会计岗位的职责与权限

（一）经营决策会计岗位的职责

1. 负责参谋。在社会主义市场经济条件下，企业间的竞争日趋激烈，经营决策会计的参谋职能有其重要的现实意义。会计人员应将掌握的各种数据变为活的，按照企业管理的不同要求，加工成为各种有用的资料，供决策者参考。

2. 负责预警。市场经济的瞬息变化，滞后就失去了价值。决策会计核算体系，就是通过反映外部环境和内部因素资源要素的变化来测定大环境的现状和变化的趋势，做到预先发现对企业发展的制约影响并给予事先预警。

3. 负责参与决策。会计参与企业的高层决策是现代经济发展的要求，如企业内部的成本、费用、收入，外部的市场价格、税收等，无论是过去还是将来，掌握有关的数据的会计人员，都有充分的发言权，这对决策方案的及时性和有效性是一个有力的保障。

（二）经营决策会计岗位的权限

1. 有权编制决策会计的效益报告。决策收益 - 决策成本 = 决策损益。决策收益是指企业在未来某一时期对决策方案的实施，所增加的现值价值量，如企业预计上交的利税、职工预计增加的收入、下期净资产的增值等；决策成本是指实施决策方案所需消耗的资源或企业为此而带来的损失，如机会成本损失、环境成本、自然资源成本、安全成本、人财物的投入等；经营决策会计有权通过该报告，反映对国家、企业、职工三者所作贡献和受益的程度。

2. 有权编制决策会计资产负债表。决策资产 - 决策负债 = 决策净资产。决策资产是指企业为增加未来一定时期的盈利，增强自身竞争实力而投入的资源和预计获得的收益之和；决策负债是根据企业的现状和发展趋势所预计的未来实现的对社会、职工和其他投资者的贡献目标；决策净资产是指在决策方案实施之后企业所拥有的资产之和。经营决策会计有权通过这一决策报告，明晰地反映和描述企业在未来某一会计期间里的决策效益。

3. 有权编写必要的文字报告来弥补报表的缺陷。由于决策时所处的地点、时间、环境等因素不同对决策目标的制订会产生不同的影响，在实施决策目标时，各种消极或积极因素的复杂性和不确定性，使报表难以全面地进行描述，经营决策会计岗位有权用文字报告予以补充。决策报告的内容可以是全面的，也可以是某一方面的，但必须就决策方案的各个方面分别编制独立的决策报告。

四、经营决策会计岗位的实务

（一）确定目标

进行任何决策，都应有明确的目标，即为什么而决策。如果决策目标尚未明确，或根本就没有什么明确的目标，就匆忙地进行决策，那么，这种决策就是盲目的，也就谈不上决策的科学性。明确决策目标实际上就是搞清楚这项决策究竟要解决什么问题。在企业的经济决策方面，企业为了扩大生产规模而需要决定是否兴建一条生产线，为了提高生产能力而需要决定是采用半自动生产设备还是采用全自动生产设备，为了降低产品的生产成本而需要决定某种零件是自行制造还是委托其他企业加工。诸如此类，每一项决策都有其明确的决策目标。从某种意义上讲，所谓决策，其实也就是对如何最完美地实现决策目标而作出选择。

（二）制订备选方案

备选方案指在面对复杂问题时，为了应对不同情况和变化而事先准备的多种解决方案，是制订经营决策的重要环节。备选方案的制订有以下五点原则：

1. 备选方案的可行性。决策方案最关键最重要的是建立在切实可行的有科学根据的基础之上的。古今中外一些重大决策的失误就在于违反客观规律，对决策的可行性问题研究不周，应引以为戒。在重大决策制订之前，要特别强调可行性研究。

2. 备选方案的多样性。重大决策应从全方位、多途径和多角度来制订各种方案。方案至少要有两个，以便进行对比，才能使决策趋于合理。

3. 备选方案的层次性。多种备选方案不能集中于某一层次、水平上，既要考虑宏观和微观，又要考虑近期与远期，多层次、多水平地对备选方案进行逻辑思考。

4. 备选方案的创新性。拟订备选方案要勇于开拓，善于创新，敢于冲破一切旧框框、旧习惯势力和社会环境压力的束缚。

5. 备选方案的优化性。决策是对各种可行性方案进行评估，通过总体权衡、对比分析、科学判断、选择最优方案做出的。

（三）计算有关指标

在将各备选方案的有关信息经过归类整理后，应采用适当的决策方法分别计算各个备选方案的有关经济效益指标。较好的做法是采用列表计算的方式，将不同方案的计算指标列在同一张表中，从而可对各方案的情况一目了然，便于进一步的比较评价。在编表时，既应注意所设置栏目的可比性，又应避免表式过于繁复，使其既简洁明了又便于比较评价。在计算时，还应当注意保持客观性，避免带有偏向性、主观性，导致决策上的失误。

（四）选择最优方案

经过对各个备选方案的分析比较与评价，就可据以确定最优方案。最优方案的选择，应经过对各个备选方案的利弊得失充分权衡后，挑选出在各个方面都较为突出的方案作为最优方案。但也应认识到，所谓最优方案，通常不可能在各个方面都是最优，尤其是在考虑了各种非计量因素之后，往往只能达到在多数方面最优，而个别的次要方面却可能次于别的备选方案。由于方案的经济效益指标是较为重要的指标，因此可计量因素往往在最优方案的选择中起着关键性的作用，选出的最优方案在经济效益指标上往往也是最优的。但对此不能搞绝对化，在确定最优方案时就简单地以指标的优劣进行取舍，而将非计量因素排斥在权衡利弊的范围之外。

（五）实施和监督

一项科学的决策很有可能由于实施方面的问题而无法获得预期成果，甚至导致失败。从这个意义上说，实施决策比评价、选择行动方案更重要。决策工作不仅仅是制订并选择最满意的方案，而且必须将其转化为实际行动，并制订出能够衡量其进展状况的监测指标。首先，经营决策会计首先必须宣布决策并为其拟采取的行动制订计划、编制预算。其次，经营决策会计必须和参与决策实施的管理人员沟通，对实施决策过程中所包括的具体任务进行分配。同时，他们必须为因出现新问题而修改实施方案做好准备，通常要制订一系列备选方案以便应对在决策实施阶段所遇到的潜在风险和不确定性。最后，经营决策会计必须对决策的实施情况进行监督。如果实际结果没有达到计划水平，或者决策环境发生了变化，就必须在实施阶段加以修正，或者是在目标不可达到时修正原始目标，从而全部或部分重复执行以上决策过程。

第五节 碳会计

一、碳会计的定义

碳会计是以能源环境法律法规为依据，货币、实物单位计量或用文字表达的形式对企业履行低碳责任，节能降耗和污染减排进行确认、计量、报告和考核企业自然资源利用率，是披露企业自然资本效率和社会效益的一门新兴会计科学。碳会计的提出能科学地衡量国内生产总值和企业的经营利润，以更合理地评价国民经济的发展状况和企业经营业绩。碳会计的特点有以下两点。

（一）针对性强

从本质上来说，碳排放权交易不仅是一种环境政策工具，也是低碳时代的基础性市场制度，因此碳会计可以说是特定制度下的产物，在《京都议定书》的框架下，为应对全球气候变化，各国都纷纷制订了相关的减排措施，碳会计应运而生。由此看来，碳会计是专门对温室气体排放相关会计事项进行核算和分析的会计活动，具有较强的针对性。

（二）复杂程度高

首先，碳会计的学科基础十分广泛，不仅包括会计学、经济学、管理学，更广泛涉及环境学、生态学及工程技术相关学科等。其次，碳会计事项具有较高的风险和不确定性，需要会计人员在概率估算的基础上进行风险评估。最后，碳经济业务与企业的一般性经济业务有非常密切的关系，有的甚至就是一个统一体，如何将这些碳经济业务与企业常规业务进行分离是一个非常复杂的问题。

二、碳会计岗位的定义

碳会计岗位是指以环境法律为依据，用货币、实物单位计量或用文字语言表述的方式，对企业的碳排放进行确认、计量和报告，并对企业节能减排的情况、企业的经济效益和社会环境效益进行披露等工作的岗位。

三、碳会计岗位的职责

1. 负责碳排放量测算：利用各种工具和方法，测算组织或企业的碳排放量，包括直接排放和间接排放。

2. 负责碳减排量评估：评估组织或企业采取的碳减排措施所能达到的减排效果。

3. 负责碳会计记录：记录组织或企业的碳排放和减排数据，确保数据的准确性和可靠性。需要建立一套完整的数据管理系统，包括数据收集、存储、处理和分析等环节。

4. 负责碳会计报告：编制碳排放和减排的报告，向内部管理层和外部利益相关者（如政府、投资者、客户等）提供相关信息，以促进碳减排工作的开展和透明度的提高。报告需要包括组织或企业的碳排放情况、减排措施和效果、碳市场交易情况等内容。

5. 负责碳减排规划：基于碳排放量和减排量的数据分析，制订碳减排计划和策略，为组织或企业实现碳减排目标提供支持。需要对组织或企业的经营和发展进行深入研究，提出可行的碳减排方案。

6. 负责碳市场交易：参与碳市场交易，包括碳排放权交易、碳减排项目交易等，为组织或企业获取碳减排收益。需要了解碳市场的政策和规则，制订碳市场交易策略，提高组织或企业的碳减排效益。

四、碳会计的实务

（一）碳排放权的取得与初始计量

碳排放权的取得分为两种：一是总量配额定价机制中在固定配额下向当局如数购买的本企业的排放权；二是通过购买碳排放权的市场价格交易而获得的。初始排放权的获得按照购买价的价值计入账面成本，通过“碳资产——碳排放权”科目进行核算；再次取得的排放权按照市场的公允价值计量计入账面成本。

（二）碳排放权的交易业务与公允价值变动处理

当企业出现碳排放权配额与实际碳排放量之间有差额，这个差额在不同的企业呈现不同的正负值时，碳排放权的交易业务就产生了，出售碳排放权的一方，将多余的碳排放权不再留到下一年度摊销放入市场销售，按其公允价值出售，确认收入，“碳收入——碳排放权转让收益”；对于存在碳排放权空缺的一方，应当立即确认“碳费用——碳排放权支出”，同时确认“碳负债——应付排放碳费用”，在购买到市场中的碳排放权后，可以与负债对冲。

（三）碳的其他会计处理

1. 碳排放权递延。当然企业也可以选择不将剩余碳排放权出售，而是将其递延至下一年度使用，使之与下年度的“碳负债——应付碳排放费用”对冲之后的余额，按照公允价值确认“碳收入——碳排放权的递延收益”。

2. 碳足迹的全面动态记录费用确认。企业在进行碳足迹记录和测量时，势必要投入大量的人力和设备，才能准确地形成碳排放数据，因此这些设备应确认为节能减排而建的设备，计入“碳资产——碳记录设备”，而相应的人力、材料的耗费则应计入当期碳费用。

（四）碳会计信息披露

无论作为企业的推定义务还是法定义务，企业碳会计信息的披露在未来的会计信息披露的外延中一定会作为不可或缺的重要组成部分，这个趋势在全球变暖的背景下指日可待，其中上市企业牵扯的利益面更广，带来的社会影响大，利用碳会计信息披露来规避碳排放问题掩盖的经营、财务、战略、业绩风险不确定性，当然非上市企业也可以发掘低碳商机，树立良好的企业形象，提高自身竞争力。这样的信息披露应当是经济效益与环境并重的，且随着时间的推移，其经济效益将日益凸显。碳会计的披露带来的机遇、财务资源的流动性、可能带来的商誉变化，对企业核心业绩的影响包括核心产品成本结构的影响都将展现。

第六节　财务结算中心

一、财务结算中心的定义

财务结算中心助理内部各成员或分、子企业现金收付和往来结算业务的专门机构。它通常设立于财务部门内，是一个独立运行的职能机构。财务结算中心也称财务结算中心，在发展初期有的也称作厂内银行或内部银行。一般来说，财务结算中心是企业集团负责资金调剂和资金管理的内部职能机构。到结算中心开户存款和办理结算的集团所属单位称作结算中心的成员单位（以下简称成员单位）。结算中心的基本运作模式是各成员单位取消其在银行开立的账户，全部到结算中心开户存款并通过结算中心统一对外办理结算；结算中心可以监控各成员单位的资金运作，也可以将各成员单位暂时闲置的资金调剂给符合条件的其他成员单位使用。结算中心已算不上新生事物，至少在20世纪80年代中期就已经出现，只不过当时称作内部银行或厂内银行。

二、财务结算中心的职责与功能

（一）财务结算中心的职责

1. 负责集中管理各单位或分、子企业的现金收入，统一现金收入。

2. 负责统一拨付（贷款）各成员或企业因业务需要所需要的货币资金，监控货币资金的使用方向。

3. 负责统一对外筹资，确保整个企业或集团的资金需要。

4. 负责办理各分企业之间的往来结算。

5. 负责实施财务控制。

财务结算中心的这些职责对增强企业活力、强化资金管理、控制财务收支，正确处理业务管理与资金管理的关系、完善企业经营机制等发挥着不可低估的作用。

（二）财务结算中心的功能

1. 账户管理。对子企业在财务结算中心设立内部结算账户进行统一管理，对各子企业在银行独立开设的资金账户实行审核和备案管理，并对该类资金账户进行管理和监控。

2. 内部资金调配。负责制订企业集团及各子企业内部资金调度、配置、使用的管理制度和管理流程。根据集团企业决策和财务部指令对企业集团的资金进行统一管理、统一调度、统一配置和统一使用，保证资金在体系内的高效循环和流转，从整体上保证资金使用的最大效益。

3. 内部结算。办理企业集团内部相互之间的资金往来和资金结算业务。为在财务结算中心开设内部结算账户的各子企业及时办理对内对外资金往来和资金结算业务，及时计算子企业的内部存贷款利息。

4. 对外业务。负责从企业集团层面上与银行等金融机构展开合作，负责银行等金融机构对企业集团层面上整体授信工作。

5. 资金管理。实时监控和掌握体系内资金流转信息，及时发现资金流转中出现的异常状况，向集团企业管理层上报并及时采取相关措施。

三、财务结算中心的实务

（一）办理存款业务

1. 结算中心收到各单位外部银行票据后，以××财务结算中心《进账单》第二联作为入账原始凭证附件，编制如下会计分录：

借：应收账款—款（××）

贷：其他应付款—内部单位—存款（××单位）

2. 收款单位将收到的外部银行票据到开户行入账后，以收款发票（收据）存根联和外部银行《进账单》存根联，编制如下会计分录：

借：银行存款—××银行

贷：应收账款—款（××）

3. 如甲方直接将款项汇往结算中心外部银行账户，在款项到账以后，由结算中心填制内部《进账单》，结算中心以内部《进账单》的第二联作为入账原始凭证附件，并编制如下会计分录：

借：应收账款—款（××）

贷：其他应付款—内部单位—存款（××单位）

4. 结算中心以收款发票（收据）存根联和外部银行收款回单，编制如下会计分录：

借：银行存款—××银行

贷：应收账款—款（××）

存款单位以××财务结算中心《进账单》第一联作为入账原始凭证附件，编制如下会计分录：

借：银行存款—财务结算中心

贷：应收账款

（二）办理付款业务

1. 对外支付（材料、人工、分包款、设备款、零星支出）。

结算中心根据开出的外部银行票据存根联和各付款单位内部《转账支票》正联作付款凭证，编制如下会计分录：

借：其他应付款—内部单位—存款（××单位）

贷：银行存款—××银行

各付款单位根据内部《转账支票》存根联及相关原始凭证，编制如下会计分录：

借：相关会计科目

贷：银行存款—财务结算中心

2. 交纳税附。

结算中心根据完税凭证存根联，编制如下会计分录：

借：应交税金—应交营业税（××）

贷：银行存款—××银行

根据内部《特种转账传票》存根联，编制如下会计分录：

借：其他应付款—内部单位—存款（××单位）

　　贷：应交税金—应交营业税（××）

付款单位根据内部《特种转账传票》第二联和完税凭证复印件，编制如下会计分录：

借：应交税金—应交营业税（××）

　　贷：银行存款—财务结算中心

3. 现金支出。

结算中心根据外部银行现金支票存根联和内部《现金支票》正联，编制如下会计分录：

借：其他应付款—内部单位—存款（××单位）

　　贷：银行存款—××银行

各取现单位根据内部《现金支票》存根联，编制如下会计分录：

借：现金

　　贷：银行存款—财务结算中心

4. 上交公司款项。

结算中心根据内部《转账支票》正联和外部商业银行票据（支票、汇票、电汇）存根联，编制会计分录：

借：其他应付款—内部单位—存款（××单位）

　　贷：银行存款—××银行

付款单位根据内部《现金支票》存根联，编制如下会计分录：

借：相关会计科目

　　贷：银行存款—财务结算中心

（三）内部融资业务

1. 结算中心。

（1）发放贷款时，根据内部《转账支票》存根联、内部单位融资申请表和外部银行支票存根联，编制如下会计分录：

借：其他应收款—内部单位—贷款（××单位）

　　贷：其他应付款—内部单位—存款（××单位）

（2）取利息时，根据《内部存（贷）款计息单》和《内部特种转账传票》第二联，编制如下会计分录：

借：其他应付款—内部单位—存款（××单位）

　　贷：财务费用—利息收入—内部贷款利息收入

（3）收回本金时，根据内部《特种转账传票》第二联，编制如下会计分录：

借：其他应付款—内部单位—存款（××单位）

　　贷：其他应收款—内部单位—贷款（××单位）

2. 付款单位。

（1）收到贷款时，根据内部《转账支票》存根联，编制如下会计分录：

借：银行存款—财务结算中心

　　贷：其他应付款—财务结算中心

（2）支付利息时，根据内部《内部存（贷）款计息单》和《内部特种转账传票》第一联，编制如下会计分录：

借：财务费用—内部贷款利息支出

　　贷：银行存款—财务结算中心

（3）收回本金时，根据内部《特种转账传票》第一联，编制如下会计分录：

借：其他应付款—财务结算中心

　　贷：银行存款—财务结算中心

（四）贷款、承兑及票据贴现业务

1. 结算中心。

（1）贷款业务。发放贷款时，根据内部《特种转账传票》存根联，编制如下会计分录：

借：其他应收款—内部单位—贷款（××单位）

　　贷：其他应付款—内部单位—存款（××单位）

收取利息时，根据内部《特种转账传票》存根联，编制如下会计分录：

借：其他应付款—内部单位—存款（××单位）

　　贷：财务费用—利息收入—内部贷款利息收入

收回本金时，根据内部《特种转账传票》存根联，编制如下会计分录：

借：其他应付款—内部单位—存款（××单位）

　　贷：其他应收款—内部单位—贷款（××单位）

（2）承兑及贴现业务。收取各单位承兑保证金及兑付资金时，根据内部《特种转账传票》第二联，编制如下会计分录：

借：其他应付款—内部单位—存款（××单位）

　　贷：其他货币资金—保证金—承兑保证金

收取各单位手续费，根据内部《特种转账传票》第二联，编制如下会计分录：

借：其他应付款—内部单位—存款（××单位）

　　贷：财务费用—金融机构手续费

向融资与投资部上缴手续费，根据融资与投资部划拨的转账通知单，编制如下会计分录：

借：财务费用—金融机构手续费

　　贷：内部往来—××公司—资金往来

支付承兑保证金及兑付金，根据内部《转账通知单》第二联，编制如下会计分录：

借：内部往来—××公司—保证金往来

　　贷：银行存款—××银行

如果直接下拨资金抵扣承兑保证金及兑付金，则编制如下会计分录：

借：内部往来—××公司—保证金往来

　　贷：内部往来—××公司—资金往来

承兑到期还款时，结算中心向使用单位开具《特种转账传票》，根据内部转账通知单及《特种转账传票》第二联，编制如下会计分录：

借：其他货币资金—保证金—承兑保证金

　　其他应付款—内部单位—存款（××单位）

　　贷：内部往来—××公司—保证金往来

　　　　内部往来—××公司—资金往来

2. 各付款单位。

（1）贷款业务。收到贷款时，根据内部《特种转账传票》第二联，编制如下会计分录：

借：银行存款—财务结算中心

　　贷：其他应付款—财务结算中心

支付利息时，根据内部《特种转账传票》第二联，编制如下会计分录：

借：相关会计科目

　　贷：银行存款—财务结算中心

（2）承兑及贴现业务。收到承兑汇票时，根据承兑汇票复印件及相关原始凭证，编制如下会计分录：

借：相关会计科目

　　贷：应付票据

承兑到期还款时，根据结算中心出具的《特种转账传票》第一联，编制如下会计分录：

借：应付票据

　　贷：其他应收款—承兑保证金

　　　　银行存款—财务结算中心

（五）保函、信贷证明业务

1. 结算中心。

（1）收取各单位保函保证金时，根据内部《特种转账传票》第二联，编制如下会计分录：

借：其他应付款—内部单位—存款（××单位）

贷：其他货币资金—保证金—保函保证金

（2）根据内部《特种转账传票》第二联，编制如下会计分录：

借：其他应付款—内部单位—存款（××单位）

贷：财务费用—金融机构手续费

（3）向融资与投资部上缴手续费，根据融资与投资部划拨的转账通知单，编制如下会计分录：

借：财务费用—金融机构手续费

贷：内部往来—××公司—资金往来

（4）支付保函保证金时，根据内部《转账通知单》第二联，编制如下会计分录：

借：内部往来—××公司—保证金往来

贷：银行存款—××银行

（5）如果直接下拨资金抵扣保函保证金，则编制如下会计分录：

借：内部往来—××公司—保证金往来

贷：内部往来—××公司—资金往来

（6）保函到期，退回保函保证金，编制如下会计分录：

借：银行存款—××银行

贷：内部往来—××公司—保证金往来

（7）如果保函保证金直接退回，则编制如下会计分录：

借：内部往来—××公司—资金往来

贷：内部往来—××公司—保证金往来

同时，结算中心开具《特种转账传票》，将保证金退回各办理单位，根据《特种转账传票》第二联，编制如下会计分录：

借：其他货币资金—保证金—保函保证金

贷：其他应付款—内部单位—存款（××单位）

2. 开户单位。

（1）支付结算中心保函保证金时，根据内部《特种转账传票》第一联，编制如下会计分录：

借：其他应收款—保函保证金

贷：银行存款—财务结算中心

（2）支付结算中心手续费，根据内部《特种转账传票》第二联，编制如下会计分录：

借：财务费用—手续费

贷：银行存款—××财务结算中心

（3）收到结算中心退回保函保证金时，根据内部《特种转账传票》第一联，编制如下会计分录：

借：银行存款—财务结算中心

贷：其他应收款—保函保证金

（六）存款结息、往来对账

1. 结算中心。

（1）结算中心收到外部金融机构存款利息时，根据银行利息凭证，编制如下会计分录：

借：银行存款—××银行

贷：财务费用—利息收入—外部存款利息收入

（2）结算中心收到内部存款利息时，根据出具的《内部存（贷）款计息单》，编制如下会计分录：

借：银行存款—××银行

贷：财务费用—利息收入—内部存款利息收入

（3）如果内部存款利息直接转入资金往来，根据出具的《内部存（贷）款计息单》和内部转账通知单，编制如下会计分录：

借：内部往来—××公司—资金往来

贷：财务费用—利息收入—内部存款利息收入

（4）结算中心支付各开户单位内部银行存款利息时，根据开具的内部《内部存（贷）款计息单》和《内部特种转账传票》第二联，编制如下会计分录：

借：财务费用—利息支出—内部存款利息支出

贷：其他应付款—内部单位—存款（××单位）

2. 各付款单位。

收取结算中心支付的内部存款利息时，根据内部《内部存（贷）款计息单》和《内部特种转账传票》第一联，编制如下会计分录：

借：银行存款—财务结算中心

贷：财务费用—利息收入

本章小结

通过本章的学习，可以了解其他会计岗位的有关内容，包括破产会计、租赁会计、纳税会计、经营决策会计和财务结算中心的定义、职责和实务；了解了破产会计的定义、特殊性原则和相关会计分录；掌握了租赁的分析、合并及承租人的会计处理；了解了碳会计的相关内容，包括碳会计的相关概念、碳会计的特点，以及碳会计的工作职责；也了解了碳会计的初始计量和后续计量方法以及披露义务。

关键术语

破产会计	租赁会计	纳税会计	经营决策会计
碳会计	财务结算中心	清算价格原则	承租人
出租人	碳排放	碳排放权	碳收入
碳费用	内部融资业务	存款结息	往来对账业务

— 自测题 —

附录　企业会计准则分录

一、资产类

1. 库存现金

（1）提现。

借：库存现金

　　贷：银行存款

（2）存款。

借：银行存款

　　贷：库存现金

（3）结算现金收支、财产清查发现的有待查明原因的现金短缺。

借：待处理财产损溢—待处理流动资产损溢

　　贷：库存现金

（4）结算现金收支、财产清查发现的有待查明原因的现金溢余。

借：库存现金

　　贷：待处理财产损溢—待处理流动资产损溢

2. 银行存款

（1）存款提现。

借：库存现金

　　贷：银行存款

（2）存款。

借：银行存款

　　贷：库存现金

（3）收到款项。

借：银行存款

　　贷：应收账款

（4）支付款项。

借：应付账款

贷：银行存款

（5）购买原材料或商品。

借：原材料/库存商品

应交税费—应交增值税（进项税额）

贷：银行存款

（6）销售商品。

借：银行存款

贷：主营业务收入

应交税费—应交增值税（销项税额）

3. 存放中央银行款项

（1）企业（银行）存放于中国人民银行的各种款项，按规定缴存的法定准备金和超额准备金存款等。

借：存放中央银行款项

贷：清算资金往来/吸收存款

（2）企业（银行）减少在中国人民银行的存款。

借：清算资金往来/吸收存款

贷：存放中央银行款项

4. 存放同业

（1）企业（银行）存放于境内、境外商业银行和非银行金融机构的款项。

借：存放同业

贷：存放中央银行款项

（2）企业（银行）减少存放于境内、境外商业银行和非银行金融机构的款项。

借：存放中央银行款项

贷：存放同业

5. 其他货币资金

增加其他货币资金

（1）开出银行汇票。

借：其他货币资金—银行汇票

贷：银行存款

（2）开出银行本票。

借：其他货币资金—银行本票

贷：银行存款

（3）开出信用卡。

借：其他货币资金—信用卡

贷：银行存款

（4）开出信用证保证金。

借：其他货币资金—信用证保证金

贷：银行存款

（5）开出外埠存款。

借：其他货币资金—外埠存款

贷：银行存款

（6）备用金。

借：其他货币资金—备用金

贷：银行存款

减少其他货币资金则作相反分录。

6. 结算备付金

（1）企业（证券）为证券交易的资金清算与交收而存入指定清算代理机构的款项。

借：结算备付金

贷：银行存款

（2）企业（证券）收回为证券交易的资金清算与交收而存入指定清算代理机构的款项。

借：银行存款

贷：结算备付金

（3）如果买入证券成交总额大于卖出证券成交总额。

借：代理买卖证券款

手续费及佣金支出

结算备付金—自有/银行存款（差额）

贷：结算备付金—客户/银行存款

手续费及佣金收入

（4）如果卖出证券成交总额大于买入证券成交总额，按清算日买卖证券成交价的差额，减代扣代缴的印花税费和公司应负担的交易费。

借：结算备付金—客户/银行存款

结算备付金—自有（差额）

手续费及佣金支出

贷：代理买卖证券款

手续费及佣金支出

7. 存出保证金

（1）企业（金融）因办理业务需要存出或交纳各种保证金款项。

借：存出保证金

　贷：银行存款/存放中央银行款项/结算备付金/应收分保账款

（2）企业（金融）减少或收回保证金。

借：银行存款/存放中央银行款项/结算备付金/应收分保账款

　贷：存出保证金

8. 交易性金融资产

（1）企业取得交易性金融资产。

借：交易性金融资产—成本

　投资收益

　应收利息/应收股利

　贷：银行存款/存放中央银行款项/结算备付金

（2）资产负债表日，交易性金融资产的公允价值高于其账面余额的差额（低于账面价值做相反分录）。

借：交易性金融资产—公允价值变动

　贷：公允价值变动损益

（3）出售交易性金融资产。

借：银行存款/存放中央银行款项/结算备付金

　贷：交易性金融资产

　　投资收益（差额，可能在借方）

（4）出售交易性金融资产，将原计入该金融资产的公允价值变动转出。

借：公允价值变动损益（可能在贷方）

　贷：投资收益（可能在借方）

（5）交易性金融资产持有期间被投资单位宣布发放的现金股利，或在资产负债表日按分期付息、一次性还本债券的票面利率计算的利息。

借：应收股利/应收利息

　贷：投资收益

9. 买入返售金融资产

（1）企业（金融）按照返售协议约定先买入再按固定价格返售的票据、证券、贷款等金融资产所融出的资金。

借：买入返售金融资产

　贷：银行存款/存放中央银行款项/结算备付金

（2）资产负债表日。

借：应收利息

贷：利息收入

（3）返售日，企业（金融）根据返售协议返售金融资产。

借：银行存款/存放中央银行款项/结算备付金

贷：买入返售金融资产

应收利息

利息收入（差额）

10. 应收票据

（1）销售商品、提供劳务等收到承兑的商业汇票。

借：应收票据

贷：主营业务收入

应交税费—应交增值税（销项税额）

（2）持未到期的商业汇票向银行贴现。

借：银行存款

财务费用—利息费用

贷：应收票据/短期借款

（3）将持有的商业汇票背书转让以取得所需物资。

借：材料采购/原材料/库存商品

应交税费—应交增值税（进项税额）

贷：应收票据

银行存款（差额，有可能在借方）

（4）商业汇票到期，收到款项。

借：银行存款

贷：应收票据

（5）商业汇票到期，付款人无力支付票款。

借：应收账款

贷：应收票据

11. 应收账款

（1）销售商品或提供劳务，客户还未付款。

借：应收账款

贷：主营业务收入/手续费及佣金收入/保费收入

应交税费—应交增值税（销项税额）

（2）收回应收账款。

借：银行存款

贷：应收账款

（3）企业与债务人进行债务重组，收到债务人清偿债务的款项小于该项应收账款账面价值。

借：银行存款

坏账准备

营业外支出

贷：应收账款

（4）企业与债务人进行债务重组，收到债务人清偿债务的款项大于该项应收账款账面价值。

借：银行存款

坏账准备

贷：应收账款

资产减值损失

（5）接受债务人用于清偿债务的非现金资产。

借：原材料/库存商品/固定资产/无形资产

应交税费—应交增值税（进项税额）

营业外支出

贷：银行存款/应交税费

应收账款

（6）将债权转为投资。

借：长期股权投资

营业外支出（差额）

贷：应收账款

银行存款/应交税费

（7）以修改其他债务条件进行清偿。

借：应收账款

营业外支出（差额）

贷：应收账款

12. 预付账款

（1）预付款项。

借：预付账款

贷：银行存款

（2）收到购入的物资。

借：材料采购/原材料/库存商品

应交税费—应交增值税（进项税额）

贷：预付账款

补付的款项

借：预付账款

贷：银行存款

退回多付的账款则作相反的分录

（3）按照工程进度和合同规定结算工程价款。

借：在建工程

贷：预付账款

（4）进行在建工程预付的工程款项。

借：预付账款

贷：银行存款

（5）企业（保险）预付的赔付款。

借：预付账款

贷：银行存款

（6）转销预付的赔付款。

借：赔付支出/应付分保账款

贷：预付账款

13. 应收股利

（1）企业取得交易性金融资产，按支付的价款中所包含的、已宣告但尚未发放的现金股利。

借：交易性金融资产—成本

投资收益（交易费用）

应收股利

贷：银行存款/存放中央银行款项/结算备付金

（2）交易性金融资产持有期间被投资单位宣告发放的现金股利。

借：应收股利

贷：投资收益

（3）企业取得长期股权投资，支付的价款中所包含的、已宣告但尚未发放的现金股利。

借：长期股权投资—成本

应收股利

贷：银行存款

（4）长期股权投资持有期间被投资单位宣告发放现金股利或利润的。

借：应收股利

　　贷：长期股权投资—损益调整（权益法）/投资收益（成本法）

（5）长期股权投资被投资单位宣告发放的现金股利或利润属于其在取得本企业投资前实现净利润的分配额。

借：应收股利

　　贷：长期股权投资—成本

（6）取得可供出售的金融资产，支付的价款中所包含的、已宣告但尚未发放的现金股利。

借：可供出售金融资产—成本

　　应收股利

　　贷：银行存款/存放中央银行款项/结算备付金

（7）可供出售权益工具持有期间被投资单位宣告发放的现金股利。

借：应收股利

　　贷：投资收益

（8）实际收到现金股利或利润。

借：银行存款

　　贷：应收股利

14. 应收利息

（1）企业取得的交易性金融资产，按支付的价款中所包含的、已到付息期但尚未领取的利息。

借：交易性金融资产—成本

　　投资收益

　　应收利息

　　贷：银行存款/存放中央银行款项/结算备付金

（2）取得的持有至到期投资，应按该投资的面值。

借：持有至到期投资—成本

　　应收利息

　　贷：银行存款/存放中央银行款项/结算备付金

　　　　持有至到期投资—利息调整（差额，可能在借方）

（3）持有至到期投资为分期付息、一次还本债券投资的，应于资产负债表日按票面利率计算确定的应收未收利息。

借：应收利息

　　贷：投资收益

　　　　持有至到期投资—利息调整（差额，可能在借方）

（4）持有至到期投资为一次性还本付息债券投资的，应于资产负债表日按票面利率计算确定的应收未收利息。

借：持有至到期投资—应计利息

贷：投资收益

持有至到期投资—利息调整（差额，可能在借方）

（5）发生减值的持有至到期投资、可供出售债券投资的利息收入。（参照贷款科目相关规定处理）。

（6）企业发放的贷款，应于资产负债表日按贷款的合同本金和合同利率计算确定的应收未收利息。

借：应收利息

贷：利息收入

贷款—利息调整

（7）实际收到应收利息。

借：银行存款/存放中央银行款项

贷：应收利息

15. 应收代位追偿款

（1）核算企业（保险）按照原保险合同约定承担赔付保险金责任后确认的代位追偿款。

借：应收代位追偿款

贷：赔付支出

（2）收回应收代位追偿款时，按实际收到的金额。

借：库存现金/银行存款

赔付支出

贷：应收代位追偿款

16. 应收分保账款

（1）企业在确认原保险合同保费收入的当期，按相关再保险合同约定计算确定的应向再保险接受人摊回的分保费用。

借：应收分保账款

贷：摊回分保费用

（2）再保险分出人在确定支付赔付款项金额，或实际发生理赔费用，冲减原保险合同相应未决赔款准备金、寿险责任准备金、长期健康险责任准备金余额的当期，按相关再保险合同约定计算确定的应向再保险接受人摊回赔付成本金额。

借：应收分保账款

贷：摊回赔付支出

（3）再保险分出人在因取得和处置损余物资、确认和收到应收代位追偿款等而调整原保险合同赔付成本的当期，按相关再保险合同约定计算确定的摊回赔付支出的调整金额。

借：摊回赔付支出（可能在贷方）

　　贷：应收分保账款（可能在借方）

（4）再保险分出人在原保险合同提前解除的当期，按相关再保险合同约定计算确定的摊回分保费用的调整金额。

借：摊回分保费用

　　贷：应收分保账款

（5）计算确定应向再保险接受人收取纯益手续费，按相关保险合同约定计算确定的纯益手续费。

借：应收分保账款

　　贷：摊回分保费用

（6）对于超额赔款再保险等非比例再保险合同，在能够计算确定应向再保险接收人（接受人）摊回的赔付成本时。

借：应收分保账款

　　贷：摊回赔付支出

（7）再保险接受人确认再保险合同保费收入时。

借：应收分保账款

　　贷：保费收入

（8）再保险接受人收到分保业务账单时，按账单标明的金额对分保费收入进行调整，按调整减少额做相反的会计分录。

借：应收分保账款

　　贷：保费收入

（9）再保险接受人按照账单标明的再保险分出人扣存本期分保保证金。

借：存出保证金

　　贷：应收分保账款

（10）按账单标明的再保险分出人返还上期扣存分保保证金。

借：应收分保账款

　　贷：存出保证金

（11）再保险接受人计算存出分保保证金利息。

借：应收分保账款

　　贷：利息收入

（12）再保险分出人、再保险接受人结算分保账款时。

借：应付分保账款

贷：应收分保账款

银行存款（差额，可能在借方）

17. 应收分保合同准备金

（1）企业（再保险分出人）在确认非寿险原保险合同保费收入的当期，按相关再保险合同约定计算确定相关应收分保未到期责任准备金金额。

借：应收分保合同准备金

贷：提取未到期责任准备金

（2）资产负债表日，调整原保险合同未到期责任准备金余额，按相关再保验合同约定计算确定的应收分保未到期责任准备金的调整金额。

借：提取未到期责任准备金

贷：应收分保合同准备金

（3）在提取原保险合同未决赔款准备金、寿险责任准备金、长期健康险责任准备金的当期按相关再保险合同约定计算确定的应向再保险接受人摊回的保险责任准备金金额。

借：应收分保合同准备金

贷：摊回保险责任准备金

（4）在确定支付赔付款项金额或实际发生理赔费用而冲减原保险合同相应未决赔款准备金、寿险责任准备金、长期健康险责任准备金余额的当期，按相关应收分保保险责任准备金的相应冲减金额。

借：摊回保险责任准备金

贷：应收分保合同准备金

（5）在对原保险合同未决赔款准备金、寿险责任准备金、长期健康险责任准备金、进行充足性测试补提保险责任准备金时。

借：应收分保合同准备金

贷：摊回保险责任准备金

（6）在原保险合同提前解除而转销相关未到期责任准备金余额的当期。

借：提取未到期责任准备金

贷：应收分保合同准备金

（7）在原保险合同提前解除而转销相关寿险责任准备金、长期健康险责任准备金余额的当期。

借：摊回保险责任准备金

贷：应收分保合同准备金

18. 其他应收款

（1）采用售后回购方式融出资金。

借：其他应收款

　　贷：银行存款

（2）销售价格与原购买价格之间的差额，应在售后回购期间内按期计提利息费用。

借：其他应收款

　　贷：财务费用

（3）按合同约定返售商品时。

借：银行存款

　　贷：其他应收款

（4）给单位内部各职能科室用作零星开支的备用现金。

借：其他应收款

　　贷：银行存款/库存现金

（5）暂付给其他单位或个人，以后根据具体情况收回和报销的款项。

借：其他应收款

　　贷：银行存款/库存现金

（6）租入包装物和其他资产时，向对方支付的保证金和押金。

借：其他应收款

　　贷：银行存款/库存现金

（7）应收租金。

借：其他应收款

　　贷：其他业务收入

（8）应收账款、罚款。

借：其他应收款

　　贷：营业外收入

（9）清理固定资产发生的应收款。

借：其他应收款

　　贷：固定资产清理

（10）出口退税。

借：其他应收款

　　贷：应交税费—应交增值税（出口退税）

（11）收到其他各种应收款项。

借：银行存款

贷：其他应收款

(12) 确认其他应收款实际发生的坏账损失。

借：营业外支出

贷：其他应收款

19. 坏账准备

(1) 资产负债表日，提取应收款项坏账准备。

借：资产减值损失

贷：坏账准备

(2) 资产负债表日，应计提的坏账准备小于其账面余额的差额。大于则作相反分录。

借：坏账准备

贷：资产减值损失

(3) 对于确实无法收回的应收款项，按管理权限报经批准后作为坏账，转销应收款项。

借：坏账准备

贷：应收票据/应收账款/预付账款/应收分保账款/其他应收款/长期应收款

(4) 已确认并转销的应收款项以后又收回。

借：应收票据/应收账款/预付账款/应收分保账款/其他应收款/长期应收款

贷：坏账准备

同时

借：银行存款

贷：应收票据/应收账款/预付账款/应收分保账款/其他应收款/长期应收款

20. 贴现资产

(1) 企业办理贴现时。

借：贴现资产（面值）

贷：存放中央银行款项/吸收存款（实际支付）

贴现资产—利息调整（差额）

(2) 资产负债表日。

借：贴现资产—利息调整

贷：利息收入

(3) 贴现票据到期。

借：存放中央银行存款、吸收存款（实际收到）

贷：贴现资产（贴现面值）

利息收入（差额）

存在利息调整的应同时调整。

21. 拆出资金

（1）企业（金融）拆借给境内、境外其他金融机构的款项。

借：拆出资金

　　贷：存放中央银行款项/银行存款

（2）企业（金融）收回拆借给境内、境外其他金融机构的款项。

借：存放中央银行款项/银行存款

　　贷：拆出资金

22. 贷款

（1）企业发放的贷款，应按贷款的合同本金。

借：贷款—本金

　　贷：吸收存款/存放中央银行款项

　　　　贷款—利息调整（差额，可能在借方）

（2）资产负债表日，应按贷款的合同本金和合同利率计算确定的应收未收利息。

借：应收利息

　　贷款—利息调整（差额，可能在贷方）

　　贷：利息收入

（3）收回贷款时。

借：吸收存款/存放中央银行款项

　　贷：应收利息

　　　　贷款—本金

　　　　利息收入（差额）

（4）资产负债表日，确定贷款发生减值的。

借：资产减值损失

　　贷：贷款损失准备

同时，应将本科目（本金、利息调整）余额转入本科目（已减值）。

借：贷款—已减值

　　贷：贷款—本金

　　　　贷款—利息调整

（5）资产负债表日，应按贷款的摊余成本和实际利率计算确定的利息收入。

借：贷款损失准备

　　贷：利息收入

（6）收回减值贷款时，应按实际收到的金额。

借：吸收存款/存放中央银行款项

贷款损失准备

贷：贷款—已减值

资产减值损失

（7）对于确实无法收回的贷款，按管理权限报经批准后作为呆账予以转销。

借：贷款损失准备

贷：贷款—已减值

（8）已确认并转销的贷款以后又收回的。

借：贷款—已减值

贷：贷款损失准备

（9）已确认并转销的贷款以后又收回的。

借：吸收存款/存放中央银行款项

贷：贷款—已减值

贷款损失准备

23. 贷款损失准备

（1）资产负债表日，贷款发生减值。

借：资产减值损失

贷：贷款损失准备

（2）对于确实无法收回的各项贷款，按管理权限报经批准后转销各项贷款。

借：贷款损失准备

贷：贷款/贴现资产/拆出资金

（3）已计提贷款损失准备的贷款价值以后又得以恢复，应在原已计提的贷款损失准备金额内，按恢复增加的金额。

借：贷款损失准备

贷：资产减值损失

24. 代理兑付证券

（1）委托单位尚未拨付兑付资金而由企业垫付的，在收到客户交来的证券时。

借：代理兑付证券

贷：银行存款

（2）向委托单位交回已兑付的证券并收回垫付的资金。

借：银行存款

贷：代理兑付证券

（3）收到客户交来的无记名证券时。

借：代理兑换证券

贷：库存现金/银行存款

（4）向委托单位交回已兑付证券时。

借：代理兑付证券款

　　贷：代理兑付证券

25. 代理业务资产

（1）企业收到委托人资金时。

借：存放中央银行款项/吸收存款

　　贷：代理业务负债

（2）以代理业务资金购买证券时。

借：代理业务资产—成本

　　贷：存放中央银行款项/结算备付金—客户/吸收存款

（3）将购买的证券售出。

借：存放中央银行款项/结算备付金—客户/吸收存款（实收金额）

　　贷：代理业务资产—成本

　　　　代理业务资产—已实现未结算损益（差额借或贷记）

（4）定期或在合同到期与委托客户进行结算，按合同约定比例计算代理业务资产收益，结转已实现未结算损益。

借：代理业务资产—已实现未结算损益

　　贷：代理业务负债—委托客户的收益/手续费及佣金收入—本企业的收益

（5）发放受托的贷款。

借：代理业务资产—本金

　　贷：吸收存款/银行存款

（6）收回受托的贷款。

借：吸收存款/银行存款

　　贷：代理业务资产—本金

　　　　代理业务资产—已实现未结算损益（差额，可能在借方）

（7）定期或在合同到期与委托单位结算，按合同规定比例计算受托贷款收益，结算已实现未结算的收益。

借：代理业务资产—已实现未结算损益

　　贷：代理业务负债—委托客户的收益/手续费及佣金收入—本企业的收益

（8）收到所托代销的商品。

借：受托代销商品

　　贷：受托代销商品款

（9）售出受托代销商品。

借：银行存款/应收账款

贷：受托代销商品

（10）计算代销手续费。

借：受托代销商品款

贷：其他业务收入

（11）结算代销商品款时。

借：受托代销商品款

贷：银行存款

26. 材料采购

（1）企业支付材料价款和运杂费。

借：材料采购

应交税费—应交增值税（进项税额）

贷：银行存款/库存现金/预付账款/应付账款/其他货币资金/应付票据

（2）收到仓库转来的外购收料凭证，并且收到发票账单，实际成本大于计划成本。

借：原材料/周转材料

材料成本差异

贷：材料采购

（3）收到仓库转来的外购收料凭证，并且收到发票账单，实际成本小于计划成本。

借：原材料/周转材料

贷：材料采购

材料成本差异

（4）尚未收到发票账单的收料凭证，按计划成本暂估入账。下期初做相反分录予以冲回。

借：原材料/周转材料

贷：应付账款—暂估应付账款

下期收到发票账单的收料凭证

借：材料采购

应交税费—应交增值税（进项税额）

贷：银行存款/应收账款/应收票据

27. 在途物资

（1）企业购入材料、商品。

借：在途物资

应交税费—应交增值税（进项税额）

贷：银行存款/应付账款/应付票据

（2）所购材料、商品到达验收入库。

借：原材料/库存商品

贷：在途物资

（3）库存商品采用售价核算的。

借：库存商品

商品进销差价（差额，有可能在贷方）

贷：在途物资

28. 原材料

（1）企业购入并已验收入库的材料。

借：原材料

贷：材料采购/在途物资（实际成本）

材料成本差异（差额，可能在借方）

（2）自制并已验收入库的材料。

借：原材料

贷：生产成本（实际成本）

材料成本差异（差额，有可能在借方）

（3）委托外单位加工完成并已验收入库的材料。

借：原材料

贷：委托加工物资（实际成本）

材料成本差异（差额，可能在借方）

（4）生产经营领用材料。

借：生产成本/制造费用/销售费用/管理费用

贷：原材料

（5）出售材料转结成本。

借：其他业务成本

贷：原材料

（6）发出委托外单位加工的材料。

借：委托加工物资

贷：原材料

29. 材料成本差异

（1）采用计划成本进行日常核算时，验收入库材料实际成本大于计划成本的差异。

借：原材料/周转材料

材料成本差异

贷：材料采购

（2）采用计划成本进行日常核算时，验收入库材料实际成本小于计划成本的差异。

借：原材料/周转材料

贷：材料采购

材料成本差异

（3）结转发出材料应负担的材料成本差异，实际成本大于计划成本的差异。

借：生产成本/管理费用/销售费用/委托加工物资/其他业务成本

贷：材料成本差异

（4）结转发出材料应负担的材料成本差异，实际成本小于计划成本的差异。

借：材料成本差异

贷：生产成本/管理费用/销售费用/委托加工物资/其他业务成本

30. 库存商品

（1）产成品入库。

借：库存商品/农产品

贷：生产成本/消耗性生物资产/农业生产成本

（2）购入商品验收入库。

借：库存商品

贷：库存现金/银行存款/应付账款/在途物资

（3）对外销售产成品（包括采用分期收款方式销售产成品），结转销售成本时。

借：主营业务成本

贷：库存商品

（4）购入商品采用进价核算的，在商品到达入库后。

借：库存商品（进价）

贷：银行存款/在途物资

（5）委托外单位加工收回的商品，在商品到达入库后。

借：库存商品（进价）

贷：委托加工物资

（6）购入商品采用售价核算的，在商品到达验收入库后。

借：库存商品（售价）

贷：银行存款/在途物资

商品进销差价（差额）

（7）委托外单位加工收回的商品，在商品到达入库后。

借：库存商品（售价）

贷：委托加工物资

商品进销差价（差额）

（8）对外销售商品（包括采用分期收款方式销售商品），结转销售成本时。

借：主营业务成本

贷：库存商品

（9）企业（房地产开发）开发的产品，达到预定销售状态时。

借：开发产品（实际成本）

贷：开发成本

（10）期末，企业结转对外转让、销售和结算开发产品的实际成本。

借：主营业务成本

贷：开发产品

（11）企业将开发的营业性配套设施用于本企业从事第三产业经营用房，应视同自用固定资产进行处理。

借：固定资产（实际成本）

贷：开发产品

（12）商品已经到达并已验收入库，但尚未办理结算手续。

借：库存商品

贷：应付账款—暂估应付账款

31. 发出商品

（1）对于未满足收入确认条件的发出商品。

借：发出商品（实际成本为进价，计划成本为售价）

贷：库存商品

（2）发出商品发生退回的。

借：库存商品（实际成本为进价，计划成本为售价）

贷：发出商品

（3）发出商品满足收入确认条件时，应结转销售成本。

借：主营业务成本

贷：发出商品

32. 商品进销差价

（1）企业购入、加工收回以及销售退回等增加的库存商品。

借：库存商品（售价）

贷：银行存款/委托加工物资（进价）

商品进销差价（差额）

（2）月末，分摊已销商品的进销差价。

借：商品进销差价

贷：主营业务成本

33. 委托加工物资

（1）企业发给外单位加工的物资。

借：委托加工物资（实际成本）

贷：原材料/库存商品

材料成本差异/商品进销差价

（2）支付加工费、运杂费。

借：委托加工物资

贷：银行存款

（3）委托加工物资收回后用于直接销售时，受托方代收代缴的消费税。

借：委托加工物资

贷：应付账款/银行存款

（4）委托加工物资收回后用于继续加工时，受托方代收代缴的消费税。

借：应交税费—应交消费税

贷：应付账款/银行存款

（5）加工完成验收入库的物资和剩余的物资。

借：原材料/库存商品（实际成本）

贷：委托加工物资

（6）采用计划成本或售价核算的。

借：原材料/库存商品（计划成本或售价）

贷：委托加工物资

材料成本差异/商品进销差价（差额，可能在借方）

34. 周转材料

（1）企业购入、自制、委托外单位加工完成并验收入库的周转材料，参照“原材料”科目的相关规定进行处理。

A. 企业购入并已验收入库的材料。

借：周转材料

贷：材料采购/在途物资（实际成本）

材料成本差异（差额，可能在借方）

B. 自制并已验收入库的材料。

借：周转材料

贷：生产成本（实际成本）

材料成本差异（差额，有可能在借方）

C. 委托外单位加工完成并已验收入库的材料。

借：周转材料

　　贷：委托加工物资（实际成本）

　　　　材料成本差异（差额，可能在借方）

（2）采用一次性转销法的。

借：管理费用/生产成本/销售费用/工程施工（面值）

　　贷：周转材料

（3）周转材料报废时。

借：原材料（残值）

　　贷：管理费用/生产成本/销售费用/工程施工

自制完成并验收入库的周转材料。

借：周转材料

　　贷：生产成本

（4）采用其他摊销法的。

A. 领用时。

借：周转材料—在用

　　贷：周转材料—在库

B. 摊销时。

借：管理费用/生产成本/销售费用/工程施工

　　贷：周转材料—摊销

C. 补提摊销额。

借：管理费用/生产成本/销售费用/工程施工

　　贷：周转材料—摊销

D. 同时。

借：原材料

　　贷：管理费用/生产成本/销售费用/工程施工

E. 转销全部已提摊销额。

借：周转材料—摊销

　　贷：周转材料—在用

35. 消耗性生物资产

（1）外购消耗性生物资产。

借：消耗性生物资产

　　贷：银行存款/应付账款/应付票据

（2）自行栽培的大田作物和蔬菜、自行营造的林木类消耗性生物资产、自行繁殖的育肥畜、水产养殖的动植物。

借：消耗性生物资产

　贷：银行存款

（3）取得天然起源的消耗性生物资产。

借：消耗性生物资产

　贷：营业外收入

（4）产畜或役畜淘汰转为育肥畜。

借：消耗性生物资产

　生产性生物资产累计折旧

　贷：生产性生物资产

（5）育肥畜转为产畜或役畜。

借：生产性生物资产

　贷：消耗性生物资产

（6）择伐、间伐或抚育更新性质采伐而补植林类消耗性生物资产发生的后续支出。

借：消耗性生物资产

　贷：银行存款

（7）林木类消耗性生物资产达到郁闭后发生的管护费用等后续支出。

借：管理费用

　贷：银行存款

（8）农业生产过程中发生的应归属于消耗性生物资产的费用。

借：消耗性生物资产

　贷：农业生产成本

（9）消耗性生物资产收获为农产品时。

借：农产品

　贷：消耗性生物资产

（10）出售消耗性生物资产。

借：银行存款

　主营业务成本

　贷：主营业务收入

　　消耗性生物资产

36. 贵金属

（1）企业购买的贵金属。

借：贵金属

　贷：存放中央银行款项

（2）出售贵金属。

借：存放中央银行款项

其他业务成本

贷：其他业务收入

贵金属

37. 抵债资产

（1）企业取得的抵债资产。

借：贷款损失准备/坏账准备

抵债资产（公允价值）

营业外支出（差额在借方）

贷：贷款/应收手续费及佣金

应交税费

资产减值损失（差额在贷方）

（2）抵债资产保管期间取得的收入。

借：库存现金/银行存款/存放中央银行款项

贷：其他业务收入

（3）保管期间发生的直接费用。

借：其他业务成本

贷：库存现金/银行存款/存放中央银行款项

（4）处置抵债资产时。

借：库存现金/银行存款/存放中央银行款项

营业外支出（差额在借方）

贷：应交税费

抵债资产

营业外收入（差额在贷方）

（5）取得抵债资产后转为自用的，应在相关手续办妥时。

借：固定资产

贷：抵债资产

38. 损余物资

（1）企业承担赔偿保险金责任后取得的损余物资。

借：损余物资（市价）

贷：赔付支出

（2）处置损余物资时，按实际收到的金额。

借：库存现金/银行存款

赔付支出（差额，可能在贷方）
贷：损余物资
39. 融资租赁资产
（1）企业购入和以其他方式取得的融资租赁资产。
借：融资租赁资产
贷：银行存款
（2）在租赁期开始日，按租赁开始日最低租赁收款额与初始直接费用之和。
借：长期应收款
未担保余值
营业外支出（差额在借方）
贷：融资租赁资产（公允价值）
银行存款
未实现融资收益
营业外收入（差额在贷方）
40. 存货跌价准备
（1）资产负债表日，存货发生减值的。
借：资产减值损失
贷：存货跌价准备
（2）已计提跌价准备的存货价值以后又得以恢复。
借：存货跌价准备
贷：资产减值损失
（3）发出存货结转存货跌价准备的。
借：存货跌价准备
贷：主营业务成本/生产成本
（4）企业（建造承包商）建造合同执行中预计总成本超过合同总收入。
借：资产减值损失（差额）
贷：存货跌价准备
（5）完工时。
借：存货跌价准备
贷：主营业务成本
41. 持有至到期投资
（1）企业取得的持有至到期投资。
借：持有至到期投资—成本
应收利息

持有至到期投资—利息调整（差额，可能在贷方）

贷：银行存款/存放中央银行款项/结算备付金

（2）资产负债表日，持有至到期投资为分期付息、一次还本债券投资的。

借：应收利息

持有至到期投资—利息调整（差额，可能在贷方）

贷：投资收益

（3）持有至到期投资为一次还本付息债券投资。

借：持有至到期投资—应计利息

持有至到期投资—利息调整（差额，可能在贷方）

贷：投资收益

（4）将持有至到期投资重分类为可供出售金融资产。

借：可供出售金融资产

贷：持有至到期投资（成本、利息调整、应计利息）

资本公积—其他资本公积（差额，可能在借方）

（5）出售持有至到期投资。

借：银行存款/存放中央银行款项/结算备付金

贷：持有至到期投资（成本、利息调整、应计利息）

投资收益（差额，可能在借方）

42. 持有至到期投资减值准备

（1）资产负债表日，持有至到期投资发生减值。

借：资产减值损失

贷：持有至到期投资减值准备

（2）已计提减值准备的持有至到期投资价值以后又得以恢复。

借：持有至到期投资减值准备

贷：资产减值损失

43. 可供出售金融资产

（1）企业取得可供出售的金融资产。

借：可供出售金融资产—成本

应收股利

贷：银行存款/存放中央银行款项/结算备付金

（2）企业取得的可供出售金融资产为债券投资。

借：可供出售金融资产—成本

应收利息

可供出售金融资产—利息调整（差额，可能在贷方）

贷：银行存款/存放中央银行款项/结算备付金

（3）资产负债表日，可供出售债券为分期付息、一次还本债券投资。

借：应收利息

可供出售金融资产—利息调整（差额，可能在贷方）

贷：投资收益

（4）可供出售债券为一次还本付息债券投资。

借：可供出售金融资产—应计利息

可供出售金融资产—利息调整

贷：投资收益

（5）资产负债表日，可供出售金融资产的公允价值高于其账面余额的差额。公允价值低于其账面余额的差额做相反的会计分录。

借：可供出售金融资产—公允价值变动

贷：资本公积—其他资本公积

（6）确定可供出售金融资产发生减值的。

借：资产减值损失

贷：资本公积—其他资本公积

可供出售金融资产—公允价值变动

（7）对于已确认减值损失的可供出售金融资产，在随后会计期间内公允价值已上升且客观上与确认原减值损失事项有关的。

借：可供出售金融资产—公允价值变动

贷：资产减值损失

（8）可供出售金融资产为股票等权益工具投资的。

借：可供出售金融资产—公允价值变动

贷：资本公积—其他资本公积

（9）将持有至到期投资重分类为可供出售金融资产的。

借：可供出售金融资产

贷：持有至到期投资

资本公积—其他资本公积

（10）出售可供出售的金融资产。

借：银行存款/存放中央银行款项

贷：可供出售金融资产（成本、公允价值变动、利息调整、应计利息）

资本公积—其他资本公积（变动额，可能在借方）

投资收益（差额，可能在借方）

44. 长期股权投资

（1）同一控制下企业合并形成的长期股权投资。

借：长期股权投资
　　应收股利
　　负债类科目（面值）
　　资本公积—资本溢价或股本溢价（差额在借方）
　　盈余公积/利润分配—未分配利润（资本公积不足时冲减）
　　贷：资产类科目（面值）
　　　　资本公积—资本溢价或股本溢价（差额在贷方）

（2）非同一控制下企业合并形成的长期股权投资。

借：长期股权投资
　　应收股利
　　负债类科目（面值）
　　营业外支出（差额在借方）
　　贷：资产类科目（面值）
　　　　银行存款
　　　　营业外收入（差额在贷方）
　　　　主营业务收入

（3）投资者投入的长期股权投资，应按确定的长期股权投资成本。

借：长期股权投资
　　贷：实收资本/股本

（4）通过货币购买取得的长期股权投资。

借：长期股权投资
　　应收股利
　　贷：银行存款

（5）通过非货币性资产交换取得的长期股权投资。

借：长期股权投资
　　应收股利
　　贷：固定资产清理/无形资产等
　　　　应交税费—应交增值税
　　　　营业外收入

（6）长期股权投资采用成本法核算的，应按被投资单位宣告发放的现金股利或利润中属于本企业的部分；属于被投资单位在取得本企业投资前实现净利润的分配额。

借：应收股利

贷：投资收益/长期股权投资

（7）采用权益法核算的长期股权投资，长期股权投资的初始投资成本大于投资时应享有被投资单位可辨认净资产公允价值份额的，不调整已确认的初始投资成本。长期股权投资的初始投资成本小于投资时应享有被投资单位可辨认净资产公允价值份额的。

借：长期股权投资—成本

贷：营业外收入

（8）采用权益法核算的长期股权投资，根据被投资单位实现的净利润或经调整的净利润计算应享有的份额。被投资单位发生净亏损做相反的会计分录，但以本科目的账面价值减记至零为限；还需要承担的投资损失，应将其他实质上构成对被投资单位净投资的“长期应收款”等的账面价值减记至零为限；除按照以上步骤已确认的损失外，按照投资合同或协议约定将承担的损失，确认为预计负债。发生亏损的被投资单位以后实现净利润的，应按与上述相反的顺序进行处理。

借：长期股权投资—损益调整

贷：投资收益

（9）采用权益法核算的长期股权投资，被投资单位以后宣告发放现金股利或利润时。

借：应收股利

贷：长期股权投资—损益调整

（10）在持股比例不变的情况下，被投资单位除净损益以外所有者权益的其他变动，企业按持股比例计算应享有的份额。

借：长期股权投资—其他权益变动（可能在贷方）

贷：资本公积—其他资本公积（可能在借方）

（11）将长期股权投资自成本法转按权益法核算。长期股权投资自权益法转按成本法核算的，除构成企业合并的以外，应按中止采用权益法时长期股权投资的账面价值作为成本法核算的初始投资成本。

借：长期股权投资—成本（差额）

贷：营业外收入

（12）处置长期股权投资时。已计提减值准备的，还应同时结转减值准备。

借：银行存款

贷：长期股权投资

应收股利

投资收益（差额，可能在借方）

（13）采用权益法核算长期股权投资的处置，除上述规定外，还应结转原记入资本公积的相关金额。

借：资本公积—其他资本公积（可能在贷方）

　　贷：投资收益（可能在借方）

45. 长期股权投资减值准备

（1）资产负债表日，长期股权投资发生减值。

借：资产减值损失

　　贷：长期股权投资减值准备

（2）处置长期股权投资时，应同时结转已计提的长期股权投资减值准备。

借：长期股权投资减值准备

　　贷：长期股权投资

46. 投资性房地产

（1）采用成本模式计量投资性房地产的，企业外购、自行建造等取得的投资性房地产。

借：投资性房地产

　　贷：银行存款/在建工程

（2）采用成本模式计量投资性房地产的，将作为存货的房地产转换为投资性房地产。已计提跌价准备的，还应同时结转跌价准备。

借：投资性房地产

　　贷：开发产品

（3）采用成本模式计量投资性房地产的，将自用的建筑物等转换为投资性房地产。

借：投资性房地产

　　投资性房地产累计折旧

　　固定资产减值准备

　　贷：固定资产

　　　　累计折旧

　　　　投资性房地产减值准备

（4）按期对投资性房地产计提折旧或进行摊销。

借：其他业务成本

　　贷：投资性房地产累计折旧（摊销）

（5）取得租金收入时。

借：银行存款

　　贷：其他业务收入

（6）采用成本模式计量投资性房地产的，将投资性房地产转为自用时，应按其在转换日的账面余额、累计折旧、减值准备等，分别转入“固定资产”“累计折旧”“固定资产减值准备”等科目。

借：固定资产

累计折旧

投资性房地产减值准备

贷：投资性房地产

投资性房地产累计折旧

固定资产减值准备

（7）用成本模式计量投资性房地产的，处置投资性房地产时，应按实际收到的金额，借记“银行存款”等科目，贷记“其他业务收入”科目。按该项投资性房地产的累计折旧或累计摊销，借记“投资性房地产累计折旧（摊销）”科目，按该项投资性房地产的账面余额，贷记本科目，按其差额，借记“其他业务成本”科目。已计提减值准备的，还应同时结转减值准备。

借：投资性房地产累计折旧

固定资产减值准备

其他业务成本

贷：投资性房地产

（8）采用公允价值模式计量投资性房地产的，企业外购、自行建造等取得的投资性房地产。

借：投资性房地产—成本

贷：银行存款/在建工程

（9）采用公允价值模式计量投资性房地产的，将作为存货的房地产转换为投资性房地产的。已计提跌价准备的，同时结转跌价准备。

借：投资性房地产—成本

公允价值变动损益（差额在借方）

贷：开发产品

资本公积—其他资本公积（差额在贷方）

（10）采用公允价值模式计量投资性房地产的，将自用的建筑物等转换为投资性房地产的。已计提减值准备的，还应同时结转减值准备。

借：投资性房地产—成本

累计折旧

公允价值变动损益（差额在借方）

贷：固定资产

资本公积

资本公积—其他资本公积（差额在贷方）

(11) 采用公允价值模式计量投资性房地产的，资产负债表日，投资性房地产的公允价值高于其账面余额的差额。公允价值低于其账面余额的差额做相反的会计分录。

借：投资性房地产—公允价值变动

贷：公允价值变动损益

(12) 取得的租金收入。

借：银行存款

贷：其他业务收入

(13) 采用公允价值模式计量投资性房地产的，将投资性房地产转为自用时。

借：固定资产

贷：投资性房地产—成本

投资性房地产—公允价值变动

公允价值变动损益（差额，可能在借方）

(14) 采用公允价值模式计量投资性房地产的，处置投资性房地产时。

借：银行存款

其他业务成本

贷：其他业务收入

投资性房地产—成本

投资性房地产—公允价值变动（也可能在借方）

同时

借：公允价值变动损益（也可能在贷方）

贷：其他业务收入（也可能在借方）

按该项投资性房地产在转换日记入资本公积的金额

借：资本公积—其他资本公积

贷：其他业务收入

47. 长期应收款

(1) 出租人融资租赁产生的应收租赁款，在租赁期开始日。

借：长期应收款

未担保余值

营业外支出（差额在借方）

贷：融资租赁资产（公允价值）

营业外收入（差额在贷方）

银行存款

未实现融资收益（差额）

（2）采用递延方式分期收款销售商品或提供劳务等经营活动产生的长期应收款，满足收入确认条件。

借：长期应收款

贷：主营业务收入（折现值）

未实现融资收益（差额）

（3）如有实质上构成对被投资单位净投资的长期权益，被投资单位发生的净亏损应由本企业承担的部分，在“长期股权投资”的账面价值减记至零以后，还需承担的投资损失，应以本科目中实质上构成了对被投资单位净投资的长期权益部分账面价值减记至零为限，继续确认投资损失，除已确认投资损失外，投资合同或协议中约定仍应承担的损失，确认为预计负债。

借：投资收益

贷：长期应收款

48. 未实现融资收益

（1）出租人融资租赁产生的应收租赁款，在租赁期开始日。

借：长期应收款

未担保余值

营业外支出（差额在借方）

贷：融资租赁资产

营业外收入（差额在贷方）

银行存款

未实现融资收益

（2）采用实际利率法按期计算确定的融资收入。

借：未实现融资收益

贷：租赁收入

（3）采用递延方式分期收款、实质上具有融资性质的销售商品或提供劳务等经营活动产生的长期应收款，满足收入确认条件。涉及增值税的，还应进行相应的处理。

借：长期应收款

贷：主营业务收入

未实现融资收益（差额）

（4）采用实际利率法按期计算确定的利息收入。

借：未实现融资收益

贷：财务费用

49. 存出资本保证金

核算企业（保险）按规定比例缴存的资本保证金。

借：存出资本保证金

　　贷：银行存款

50. 固定资产

（1）购入（含以分期付款方式购入）不需要安装的固定资产。

借：固定资产

　　贷：银行存款/长期应付款

（2）购入（含以分期付款方式购入）需要安装的固定资产。

借：在建工程

　　贷：银行存款/长期应付款

（3）购入固定资产超过正常信用条件延期支付价款，实质上具有融资性质的。

借：固定资产/在建工程

　　未确认融资费用

　　贷：长期应付款

（4）自行建造固定资产完成竣工决算，或购入需要安装的固定资产安装完成。

借：固定资产

　　贷：在建工程

（5）融资租入固定资产。

借：固定资产/在建工程

　　未确认融资费用（差额）

　　贷：长期应付款

　　　　银行存款

（6）取得投资者投入的固定资产。

借：固定资产

　　贷：实收资本

　　　　资本公积

（7）盘盈固定资产。

借：固定资产

　　贷：待处理财产损溢—待处理非流动资产损溢

（8）固定资产进行改扩建。

借：在建工程

　　累计折旧

　　贷：固定资产

（9）出售、报废、毁损、对外投资等原因处置固定资产。

借：固定资产清理

累计折旧

贷：固定资产

（10）盘亏固定资产。

借：待处理财产损溢—待处理非流动资产损溢

累计折旧

贷：固定资产

51. 累计折旧

（1）按月计提固定资产的折旧费。

借：制造费用/管理费用/销售费用/研发支出/其他业务成本

贷：累计折旧

（2）固定资产进行改扩建。

借：在建工程

累计折旧

贷：固定资产

（3）出售、报废、毁损、对外投资等原因处置固定资产。

借：固定资产清理

累计折旧

贷：固定资产

（4）盘亏固定资产。

借：待处理财产损溢—待处理非流动资产损溢

累计折旧

贷：固定资产

52. 固定资产减值准备

资产负债表日，固定资产发生减值的。处置固定资产还应同时结转减值准备。

借：资产减值损失

贷：固定资产减值准备

53. 在建工程

（1）企业在建工程发生的管理费、征地费、可行性研究费、临时设施费、公证费、监理费及应负担的税费。

借：在建工程—待摊支出

贷：银行存款

（2）企业发包的在建工程。

借：在建工程（进度款）

贷：银行存款/预付账款

（3）将设备交付建造承包商建造安装时。

借：在建工程—在安装设备

　　贷：工程物资

（4）工程完成时，按合同规定补付的工程款。

借：在建工程

　　贷：银行存款

（5）自营在建工程领用工程物资、原材料或库存商品。

借：在建工程

　　贷：工程物资/原材料/库存商品

（6）在建工程应负担的职工薪酬。

借：在建工程

　　贷：应付职工薪酬

（7）辅助生产部门为工程提供的水、电、设备安装、修理、运输等劳务。

借：在建工程

　　贷：生产成本—辅助生产成本

（8）在建工程发生的借款费用满足借款费用资本化条件的。

借：在建工程

　　贷：长期借款/应付利息

（9）在建工程进行负荷联合试车发生的费用。

借：在建工程—待摊支出

　　贷：银行存款/原材料

（10）试车形成的产品或副产品对外销售或转为库存商品。

借：银行存款/库存商品

　　贷：在建工程—待摊支出

（11）在建工程达到预定可使用状态。

借：在建工程—某工程

　　固定资产（结转成本）

　　贷：在建工程—待摊支出

　　　　在建工程—某工程（结转成本）

（12）在建工程已领出的剩余物资应办理退库手续。

借：工程物资

　　贷：在建工程

（13）建设期间发生的工程物资盘亏、报废及毁损净损失。盘盈或处置净收益做相反的分录。

借：在建工程

贷：工程物资

（14）由于自然灾害等原因造成的在建工程报废或毁损减去残料价值和过失人或保险公司等赔偿后的净损失。

借：营业外支出—非常损失

贷：在建工程—建筑工程或安装工程

（15）企业（石油天然气开采）在油气勘探过程中发生的各项钻井勘探支出。

借：油气勘探支出

贷：银行存款/应付职工薪酬

（16）属于发现探明经济可采储量的钻井勘探支出。

借：油气资产

贷：油气勘探支出

（17）属于未发现探明经济可采储量的钻井勘探支出。

借：勘探费用

贷：油气勘探支出

（18）企业（石油天然气开采）在油气开发过程中发生的各项相关支出。

借：油气开发支出

贷：银行存款/应付职工薪酬

（19）开发工程达到预定使用状态时。

借：油气资产

贷：油气开发成本

54. 工程物资

（1）购入为工程准备的物资。

借：工程物资

贷：银行存款/其他应付款

（2）工程领用工程物资。剩余退库时作相反的分录。

借：在建工程

贷：工程物资

（3）工程完工后剩余的工程物资转作存货。

借：原材料

贷：工程物资

55. 固定资产清理

（1）企业因出售、报废、毁损、对外投资、非货币性资产交换、债务重组等转出的固定资产。

借：固定资产清理

　　累计折旧

　　贷：固定资产

（2）清理过程中应支付的相关税费及其他费用。

借：固定资产清理

　　贷：银行存款/应交税费

（3）收回出售固定资产的价款、残料价值和变价收入等处置收入。

借：银行存款/原材料

　　贷：固定资产清理

（4）应由保险公司或过失人赔偿的损失。

借：其他应收款

　　贷：固定资产清理

（5）固定资产清理完成后，属于生产经营期间正常的处理损失。

借：营业外支出—处置非流动资产损失

　　贷：固定资产清理

（6）属于自然灾害等原因造成的损失。

借：营业外支出—非常损失

　　贷：固定资产清理

（7）如为贷方余额。

借：固定资产清理

　　贷：营业外收入

56. 未担保余值

（1）出租人融资租赁产生的应收租赁款，在租赁期开始日。

借：长期应收款

　　未担保余值

　　贷：融资租赁资产

　　　　银行存款

　　　　未实现融资收益（差额）

（2）租赁期限届满，承租人行使了优惠购买选择权的，企业（租赁）按收到承租人支付的购买价款。

借：银行存款

　　贷：长期应收款

（3）当（2）存在未担保余值时。

借：租赁收入

贷：未担保余值

（4）承租人未行使优惠购买选择权，企业（租赁）收到承租人交还租赁资产，存在未担保余值的。

借：融资租赁资产

贷：未担保余值

（5）当（4）存在担保余值时。

借：融资租赁资产

贷：长期应收款

（6）资产负债表日，确定未担保余值发生减值。

借：资产减值损失

贷：未担保余值减值准备

（7）未担保余值价值恢复时。

借：未担保余值减值准备

贷：资产减值准备

57. 生产性生物资产

（1）外购的生产性生物资产。

借：生产性生物资产

贷：银行存款

（2）自行营造的林木类生产性生物资产、自行繁殖的产畜和役畜。

借：生产性生物资产—未成熟生产性生物资产

贷：银行存款

（3）天然起源的生产性生物资产。

借：生产性生物资产

贷：营业外收入

（4）育肥畜转为产畜或役畜。

借：生产性生物资产

贷：消耗性生物资产

（5）产畜和役畜淘汰为育肥畜。

借：消耗性生物资产

生产性生物资产累计折旧

贷：生产性生物资产

（6）未成熟生产性生物资产达到预定生产经营目的时。

借：生产性生物资产—成熟生产性生物资产

贷：生产性生物资产—未成熟生产性生物资产

（7）择伐、间伐和抚育更新等生产性采伐而补植林木类生产性生物资产发生的后续支出。

借：生产性生物资产

　　贷：银行存款

（8）生产性生物资产达到预定生产经营目的后发生的管护、饲养费用等后续支出。

借：管理费用

　　贷：银行存款

（9）处置生产性生物质产。

借：银行存款

　　生产性生物资产累计折旧

　　营业外支出—处置非流动资产损失（差额在借方）

　　贷：生产性生物资产

　　　　营业外收入—处置非流动资产利得（差额在贷方）

58. 生产性生物资产累计折旧

（1）按月计提成熟生产性生物资产的折旧。

借：农业生产成本/管理费用

　　贷：生产性生物资产累计折旧

（2）出售、报废、毁损、对外投资等原因处置生产性生物资产。

借：银行存款

　　贷：生产性生物资产累计折旧

　　　　生产性生物资产

　　　　营业外收入—处置非流动资产处置净收益

59. 公益性生物资产

（1）企业外购的公益性生物资产、自行营造的公益性生物资产、按郁闭前发生的必要支出，择伐、间伐或抚育更新等生产性采伐而补植林木类公益性生物资产发生的后续支出。

借：公益性生物资产

　　贷：银行存款

（2）天然气源的公益性生物资产，应按名义金额。

借：公益性生物资产

　　贷：营业外收入

（3）林木类公益性生物资产郁闭后发生的管护费用等其他后续支出。

借：管理费用

　　贷：银行存款

（4）消耗性生物资产、生产性生物资产转为公益性生物资产。

借：公益性生物资产

　　生产性生物资产累计折旧

　　贷：消耗性生物资产/生产性生物资产

60. 油气资产

（1）企业购入油气资产（含申请取得矿区权益）的成本。

借：油气资产

　　贷：银行存款/应付票据/其他应付款

　　　　应付票据

　　　　其他应付款

（2）自行建造的油气资源资产，在油气勘探、开发工程达到预定可使用状态时。

借：油气资产

　　贷：油气勘探支出/油气开发支出

（3）油气资产存在弃置义务时。

借：油气资产（现值）

　　贷：预计负债

（4）油气资产存在弃置义务，在油气资产使用寿命内的各期应负担的利息费用。

借：财务费用

　　贷：预计负债

（5）处置油气资产，应按该项油气资产的账面价值。

借：油气资产清理

　　累计折耗

　　贷：油气资产

61. 累计折耗

（1）企业按期（月）计提油气资产的折耗。

借：生产成本

　　贷：累计折耗

（2）处置油气资产时，同时结转油气资产累计折耗。

借：油气资产清理

　　累计折耗

　　贷：油气资产

62. 无形资产

（1）企业外购无形资产。

借：无形资产（成本）

　　贷：银行存款

（2）自行开发的无形资产，支出资本化。

借：无形资产

　　贷：研发支出

（3）无形资产预期不能为企业带来经济利益的。

借：累计摊销

　　营业外支出（差额）

　　贷：无形资产

（4）处置无形资产。

借：银行存款

　　累计摊销

　　营业外支出—处置非流动资产损失（差额在借方）

　　贷：应交税费/银行存款

　　　　营业外收入—处置非流动资产利得（差额在贷方）

　　　　无形资产

（5）收到投资者投入的无形资产。

借：无形资产

　　贷：实收资本

　　　　资本公积

（6）将无形资产对外投资。

借：长期股权投资

　　累计摊销

　　贷：无形资产

　　　　应交税费

　　　　营业外收入—非流动资产处置净收益

63. 累计摊销

按期计提无形资产的摊销。

借：管理费用/其他业务成本

　　贷：累计摊销

　　　　营业外收入—非流动资产处置净收益

64. 无形资产减值准备

资产负债表日，无形资产发生减值的。

借：资产减值损失

贷：无形资产减值准备

65. 商誉

非同一控制下企业合并中确定的商誉价值。

借：商誉

贷：长期股权投资

66. 长期待摊费用

（1）已提足折旧的固定资产的改建支出、经营租入固定资产的改建支出、固定资产的大修理支出、开办费和其他长期待摊费用。

借：长期待摊费用

贷：银行存款/原材料

（2）按月摊销长期待摊费用。

借：制造费用/管理费用

贷：长期待摊费用

67. 递延所得税资产

（1）资产负债表日，企业确认的递延所得税资产。

借：递延所得税资产

贷：所得税费用—递延所得税费用

（2）资产负债表日递延所得税资产的应有余额大于其账面余额时。资产负债表日递延所得税资产的应有余额小于其账面余额时，做相反的分录。

借：递延所得税资产

贷：所得税费用—递延所得税费用

（3）企业合并中取得资产、负债的入账价值与其计税基础不同形成可抵扣暂时性差异的，应于购买日确认递延所得税资产。

借：递延所得税资产

贷：商誉

（4）与直接计入所有者权益的交易或事项相关的递延所得税资产。

借：递延所得税资产

贷：资本公积—其他资本公积

（5）资产负债表日，预计未来期间很可能无法获得足够的应纳税所得额用以抵扣可抵扣暂时性差异的。

借：所得税费用—递延所得税费用

资本公积—其他资本公积

贷：递延所得税资产

68. 独立账户资产

（1）向独立账户划入资金。

借：独立账户资产—银行存款及现金

贷：独立账户负债

（2）独立账户进行投资。

借：独立账户资产—债券/独立账户资产—股票

贷：独立账户资产—银行存款及现金

（3）对独立账户投资进行估值，按估值增值的。估值减值得做相反的会计分录。

借：独立账户资产

贷：独立账户负债

（4）按照独立账户计提的保险费。

借：银行存款

独立账户负债

贷：保费收入

独立账户资产—银行存款及现金

（5）对独立账户计提账户管理费。

借：银行存款

独立账户负债

贷：手续费及佣金收入

独立账户资产—银行存款及现金

（6）支付独立账户资产。

借：独立账户负债

贷：独立账户资产—银行存款及现金

69. 待处理财产损溢

（1）盘盈的各种材料、产成品、商品、现金。

借：原材料/库存商品/库存现金/消耗性生物资产

贷：待处理财产损溢

（2）盘亏、毁损的各种材料、产成品、商品、现金。

借：待处理财产损溢

贷：原材料/库存商品/消耗性生物资产/固定资产

（3）盘亏、毁损的各项资产，按管理权限报经批准后处理。

借：原材料（残值）
　　其他应收款（赔偿）
　　管理费用/营业外支出（差额）
　　贷：待处理财产损溢

（4）盘盈的除固定资产外的其他财产。

借：待处理财产损溢
　　贷：管理费用/营业外收入

（5）盘盈固定资产。

借：固定资产
　　贷：待处理财产损溢

（6）盘亏固定资产。

借：待处理财产损溢
　　累计折旧
　　贷：固定资产

（7）盘亏非流动资产，可收回部分保险赔偿或过失人赔偿，其余确认为损失。

借：其他应收款
　　营业外支出
　　贷：待处理财产损溢

（8）盘盈非流动资产，确认为收入。

借：待处理财产损溢
　　贷：营业外收入

二、负债类

1. 短期借款

（1）借款。

借：银行存款
　　贷：短期借款

（2）偿还借款。

借：短期借款
　　贷：银行存款

（3）资产负债表日，计算借款利息费用。

借：财务费用/利息支出
　　贷：银行存款/应付利息

（4）银行承兑汇票到期，小企业无力支付票款。

借：应付票据

　　贷：短期借款

（5）持未到期的商业汇票向银行贴现，银行有追索权情况。

借：银行存款

　　财务费用—利息费用

　　贷：短期借款

2. 存入保证金

（1）企业（金融）收到客户存入的各种保证金，如信用证保证金、承兑汇票保证金、保函保证金、担保保证金等。

借：银行存款/存放中央银行款项/应付分保账款

　　贷：存入保证金

（2）向客户归还保证金。

借：存入保证金

　　贷：银行存款/存放中央银行款项/应付分保账款

（3）资产负债表日计算确定的存入保证金利息费用。

借：财务费用/利息支出

　　贷：银行存款/存放中央银行款项

3. 拆入资金

（1）核算企业（金融）从境内、境外金融机构拆入的款项。

借：银行存款/存放中央银行款项（实收金额）

　　贷：拆入资金

（2）归还拆入资金。

借：拆入资金

　　贷：银行存款/存放中央银行款项

（3）资产负债表日，计算确定拆入资金的利息费用。

借：利息支出

　　贷：应付利息

4. 向中央银行借款

（1）核算企业（银行）向中央银行借入的款项。

借：存放中央银行款项（实收金）

　　贷：向中央银行借款

（2）归还借款。

借：向中央银行借款

　　贷：存放中央银行款项

（3）资产负债表日，计算确定向中央银行借款的利息费用。

借：利息支出

贷：应付利息

5. 吸收存款

（1）企业收到可会存入的款项。

借：存放中央银行款项（实收金）

贷：吸收存款—本金

吸收存款—利息调整

（2）资产负债表日，应按摊余成本和实际利率计算确定的存入资金的利息费用。实际利率与合同利率差异较小的，也可以采用合同利率计算确定利息费用。

借：利息支出

贷：应付利息

吸收存款—利息调整（差额，有可能在借方）

（3）支付的存入资金利息。

借：应付利息

贷：吸收存款

（4）支付的存款本金。

借：吸收存款—本金

利息支出

贷：存放中央银行款项/库存现金

吸收存款—利息调整

6. 同业存放

（1）核算企业（银行）吸收的境内、境外金融机构的存款。

借：存放中央银行款项

贷：同业存放

（2）减少境内、境外金融机构的存款。

借：同业存放

贷：存放中央银行款项

7. 贴现负债

（1）企业持贴现票据向其他金融机构转贴现。

借：存放中央银行款项（实收金）

贷：贴现负债—面值

贴现负债—利息调整

（2）资产负债表日，计算确定的利息费用。

借：利息支出

　　贷：贴现负债—利息调整

（3）贴现票据到期，应按贴现票据的票面金额。存在利息调整的，也应同时结转。

借：贴现负债—面值

　　利息支出

　　贷：存放中央银行款项

8. 交易性金融负债

（1）核算企业承担的交易性金融负债的公允价值，以及企业持有的直接指定为以公允价值计量且其变动计入当期损益的金融负债。

借：银行存款/存放中央银行款项/结算备付金

　　投资收益

　　贷：交易性金融负债—本金

（2）资产负债表日，交易性金融负债票面利率所计算的利息。

借：投资收益

　　贷：应收利息

（3）资产负债表日，交易性金融负债的公允价值高于其账面余额的差额。公允价值低于其账面余额的差额做相反的会计分录。

借：公允价值变动损益

　　贷：交易性金融负债—公允价值变动

（4）处置交易性金融负债。

借：交易性金融负债

　　公允价值变动损益（变动额，可能在贷方）

　　贷：银行存款/存放中央银行款项/结算备付金

　　　　投资收益（差额，可能在借方）

9. 卖出回购金融资产款

（1）企业根据回购协议卖出票据、证券、贷款等金融资产。

借：银行存款/存放中央银行款项/结算备付金

　　贷：卖出回购金融资产款

（2）资产负债表日，计算确定的卖出回购金融资产款的利息。

借：利息支出

　　贷：应付利息

（3）回购日。

借：卖出回购金融资产款
　　应付利息
　　利息支出（差额）
　　贷：银行存款/存放中央银行款项/结算备付金

10. 应付票据

（1）开出、承兑商业汇票或以承兑商业汇票抵付货款、应付账款。

借：材料采购/在途物资/库存商品
　　应交税费—应交增值税（进项税额）
　　贷：应付票据

（2）支付银行承兑汇票的手续费。

借：财务费用
　　贷：银行存款

（3）支付票款。

借：应付票据
　　贷：银行存款

（4）银行承兑汇票到期，企业无力支付票款。

借：应付票据（面值）
　　贷：短期借款

11. 应付账款

（1）购入物资、商品等验收入库，货款尚未支付。

借：材料采购/在途物资/原材料/库存商品
　　贷：应付账款

（2）接受供应单位提供劳务而发生的应付未付款项。

借：生产成本/管理费用
　　贷：应付账款

（3）偿付应付账款。

借：应付账款
　　贷：银行存款

（4）以低于重组债务账面价值的款项清偿债务。

借：应付账款
　　贷：银行存款
　　　　营业外收入—债务重组利得

（5）以非现金资产清偿债务。

借：应付账款

贷：主营业务收入/其他业务收入/固定资产清理/无形资产/长期股权投资

应交税费/银行存款

营业外收入—债务重组利得

（6）抵债资产为存货时。还需要同时结转成本。

借：主营业务成本/其他业务成本

贷：库存商品

（7）抵债资产为固定资产、无形资产等。

借：营业外收入—处置非流动资产利得（差额在借方）

贷：营业外支出—处置非流动资产损失（差额在贷方）

（8）抵债资产为可供出售金融资产、持有至到期投资、长期股权投资等公允价值与账面价值差额计入投资收益以债务转为资本。

借：应付账款

贷：实收资本/股本/资本公积—资本溢价或股本溢价

营业外收入—债务重组利得

（9）以修改其他债务条件进行清偿。

借：应付账款

贷：营业外收入—债务重组利得

12. 预收账款

（1）向购货单位预收的款项。

借：银行存款

贷：预收账款

（2）销售收入实现时。

借：预收账款

贷：主营业务收入

应交税费—应交增值税（销项税额）

（3）企业（保险）收到预收的保费。

借：银行存款/库存现金

贷：预收账款

（4）确认保费收入。

借：预收账款

贷：保费收入

（5）从事再保险业务转销预售的赔款。

借：预收账款

　　贷：应收分保账款

13. 应付职工薪酬

（1）生产部门（提供劳务）人员的职工薪酬。

借：生产成本/制造费用/劳务成本

　　贷：应付职工薪酬—应付职工工资

（2）由在建工程负担的职工薪酬。

借：在建工程

　　贷：应付职工薪酬—应付职工工资

（3）由无形资产开发项目负担的职工薪酬。

借：研发支出

　　贷：应付职工薪酬—应付职工工资

（4）管理部门人员的职工薪酬。

借：管理费用

　　贷：应付职工薪酬—应付职工工资

（5）销售部门人员的职工薪酬。

借：销售费用

　　贷：应付职工薪酬—应付职工工资

（6）企业以其自产产品发放给职工作为职工薪酬。

借：管理费用/生产成本/制造费用

　　贷：应付职工薪酬—应付职工工资

（7）无偿向职工提供住房等固定资产的使用。

借：管理费用/生产成本/制造费用

　　贷：应付职工薪酬

借：应付职工薪酬

　　贷：累计折旧

（8）租赁住房等资产供职工无偿使用。

借：管理费用/生产成本/制造费用

　　贷：应付职工薪酬

（9）因解除与职工的劳动关系给予的补偿。

借：管理费用

　　贷：应付职工薪酬

（10）企业以现金与职工结算的股份支付，在等待期内每个资产负债表日。

借：管理费用/生产成本/制造费用

贷：应付职工薪酬

（11）在可行权日后。

借：公允价值变动损益（变动额，可能在贷方）

贷：应付职工薪酬（可能在借方）

（12）企业（外商）按规定从净利润中提取的职工奖励及福利基金。

借：利润分配—提取的职工奖励及福利基金

贷：应付职工薪酬

（13）向职工支付工资、奖金、津贴、福利费等，从应付职工薪酬中扣还的各项款项（代垫的家属药费、个人所得税等）等。

借：应付职工薪酬

贷：银行存款/库存现金/其他应收款/应交税费—应交个人所得税

（14）支付工会经费和职工教育经费用于公户活动和职工培训。

借：应付职工薪酬

贷：银行存款

（15）按照国家规定缴纳社会保险费和住房公积金。

借：应付职工薪酬

贷：银行存款

（16）企业以其自产产品发放给职工（同时结转成本）。

借：应付职工薪酬

贷：主营业务收入

（17）支付租赁住房等资产供职工无偿使用法身的租金。

借：应付职工薪酬

贷：银行存款

（18）企业以现金与职工结算的股份，在行权日。

借：应付职工薪酬

贷：银行存款/库存现金

（19）企业因解除与职工的劳动关系给予的补偿。

借：应付职工薪酬

贷：银行存款/库存现金

14. 应交税费—应交增值税—进项税

（1）一般纳税人购进货物、加工修理修配劳务、服务、无形资产或不动产。

借：材料采购/在途物资/原材料/库存商品/生产成本/无形资产/固定资产/管理费用

应交税费—应交增值税（进项税额）

贷：应付账款/应付票据/银行存款

（2）发生退货的，如原增值税专用发票已做认证，应根据税务机关开具的红字增值税专用发票做相反的会计分录。

借：应付账款/应付票据/银行存款

贷：材料采购/在途物资/原材料/库存商品/生产成本/无形资产/固定资产/管理费用

应交税费—应交增值税（进项税额）

（3）一般纳税人自2016年5月1日后取得并按固定资产核算的不动产或者2016年5月1日后取得的不动产在建工程，其进项税额按现行增值税制度规定自取得之日起分2年从销项税额中抵。

借：固定资产/在建工程

应交税费—应交增值税（进项税额）

应交税费—待抵扣进项税额

贷：应付账款/应付票据/银行存款

（4）尚未抵扣的进项税额待以后期间允许抵扣时。

借：应交税费—应交增值税（进项税额）

贷：应交税费—待抵扣进项税额

（5）原不得抵扣且未抵扣进项税额的固定资产、无形资产等，因改变用途等用于允许抵扣进项税额的应税项目的。

借：应交税费—应交增值税（进项税额）

贷：固定资产/无形资产

15. 应交税费—应交增值税—已交税金

企业缴纳当月应交的增值税。

借：应交税费—应交增值税（已交税金）

贷：银行存款

16. 应交税费—应交增值税—转出未交增值税

月度终了，企业应当将当月应交未交或多交的增值税自“应交增值税”明细科目转入“未交增值税”明细科目。

借：应交税费—应交增值税（转出未交增值税）

贷：应交税费—未交增值税

17. 应交税费—应交增值税—减免税款

（1）当期直接减免的增值税。

借：应交税金—应交增值税（减免税款）

贷：营业外收入—政府补助等

（2）按现行增值税制度规定，企业初次购买增值税税控系统专用设备支付的费用以及缴纳的技术维护费允许在增值税应纳税额中全额抵减。

借：应交税费—应交增值税（减免税款）

　　贷：管理费用

18. 应交税费—应交增值税—销项税额

（1）企业销售货物、加工修理修配劳务、服务、无形资产或不动产。

借：应收账款/应收票据/银行存款

　　贷：主营业务收入/其他业务收入/固定资产清理/工程结算

　　　　应交税费—应交增值税（销项税额）

（2）发生销售退回的，应根据按规定开具的红字增值税专用发票做相反的会计分录。

借：应交税费—应交增值税（销项税额）

　　主营业务收入/其他业务收入/固定资产清理/工程结算

　　贷：应收账款/应收票据/银行存款

（3）按照国家统一的会计制度确认收入或利得的时点早于按照增值税制度确认增值税纳税义务发生时点的，应将相关销项税额计入“应交税费—待转销项税额”科目，待实际发生纳税义务时再转入“应交税费—应交增值税（销项税额）”。

借：应交税费—待转销项税额

　　贷：应交税费—应交增值税（销项税额）

（4）企业发生税法上视同销售的行为，应当按照企业会计准则制度相关规定进行相应的会计处理，并按照现行增值税制度规定计算的销项税额（或采用简易计税方法计算的应纳增值税额），（小规模纳税人应计入“应交税费—应交增值税”科目）。

借：应付职工薪酬/利润分配

　　贷：应交税费—应交增值税（销项税额）

（5）在建工程使用本企业的产品或商品。

借：在建工程

　　贷：库存商品

　　　　应交税费—应交增值税（销项税额）

19. 应交税费—应交增值税—出口退税

（1）未实行“免、抵、退”办法的一般纳税人出口货物按规定退税的，按规定计算的应收出口退税额。

借：应收出口退税款

　　贷：应交税费—应交增值税（出口退税）

（2）实行“免、抵、退”办法的一般纳税人出口货物，按规定计算的当期出口货物的进项税抵减内销产品的应纳税额。

借：应交税费—应交增值税（出口抵减内销产品应纳税额）

　　贷：应交税费—应交增值税（出口退税）

（3）实行“免、抵、退”办法的一般纳税人出口货物，在规定期限内，内销产品的应纳税额不足以抵减出口货物的进项税额，不足部分按有关税法规定给予退税的，应在实际收到退税款时。

借：银行存款

　　贷：应交税费—应交增值税（出口退税）

20. 应交税费—应交增值税—进项税额转出

（1）一般纳税人购进货物、加工修理修配劳务、服务、无形资产或不动产，用于简易计税方法计税项目、免征增值税项目、集体福利或个人消费等，其进项税额按照现行增值税制度规定不得从销项税额中抵扣的，经税务机关认证后。

借：材料采购/在途物资/原材料/库存商品/生产成本/无形资产/固定资产/管理费用

　　贷：应交税费—应交增值税（进项税额转出）

（2）未实行“免、抵、退”办法的一般纳税人出口货物，退税额低于购进时取得的增值税专用发票上的增值税额的差额时，或实行“免、抵、退”办法的一般纳税人出口货物，在货物出口销售后结转产品销售成本时，按规定计算的退税额低于购进时取得的增值税专用发票上的增值税额的差额。

借：主营业务成本

　　贷：应交税费—应交增值税（进项税额转出）

（3）因发生非正常损失或改变用途等，原已计入进项税额、待抵扣进项税额或待认证进项税额，但按现行增值税制度规定不得从销项税额中抵扣。

借：待处理财产损溢/应付职工薪酬/固定资产/无形资产

　　贷：应交税费—应交增值税（进项税额转出）

（4）纳入营改增试点当月月初，原增值税一般纳税人应按不得从销售服务、无形资产或不动产的销项税额中抵扣的增值税留抵税额。

借：应交税费—增值税留抵税额

　　贷：应交税费—应交增值税（进项税额转出）

21. 应交税费—应交增值税—出口抵减内销产品应纳税额

实行“免、抵、退”办法的一般纳税人出口货物，按规定计算的当期出口货物的进项税抵减内销产品的应纳税额。

借：应交税费—应交增值税（出口抵减内销产品应纳税额）

贷：应交税费—应交增值税（出口退税）

22. 应交税费—应交增值税—转出多交增值税

（1）月度终了，企业应当将当月应交未交或多交的增值税自“应交增值税”明细科目转入“未交增值税”明细科目。对于当月应交未交的增值税。

借：应交税费—应交增值税（转出未交增值税）

贷：应交税费—未交增值税

（2）对于当月多缴的增值税。

借：应交税费—未交增值税

贷：应交税费—应交增值税（转出多交增值税）

23. 应交税费—销项税额抵减

（1）企业发生相关成本费用允许扣减销售额。按现行增值税制度规定企业发生相关成本费用允许扣减销售额的。

借：主营业务成本/存货/工程施工

贷：应付账款/应付票据/银行存款

（2）待取得合规增值税扣税凭证且发生纳税义务。

借：应交税费—应交增值税（销项税额抵减）

贷：主营业务成本/存货/工程施工

24. 应交税费—未交增值税

（1）月度终了，企业应当将当月应交未交或多交的增值税自“应交增值税”明细科目转入“未交增值税”明细科目。对于当月应交未交的增值税。

借：应交税费—应交增值税（转出未交增值税）

贷：应交税费—未交增值税

（2）对于当月多缴的增值税。

借：应交税费—未交增值税

贷：应交税费—应交增值税（转出多交增值税）

（3）企业交纳以前期间未交的增值税。

借：应交税费—未交增值税

贷：银行存款

25. 应交税费—应交消费税

（1）需要缴纳消费税的物资。

借：营业税金及附加

贷：应交税费—应交消费税

（2）将应缴纳消费税的产品用于在建工程、非生产机构。

借：在建工程/管理费用

贷：应交税费—应交消费税

（3）需要交纳消费税的委托加工物资（受托加工或翻新改制金银首饰除外），受托方代收代缴税款。

借：应收账款/银行存款

贷：应交税费—应交消费税

（4）小企业因受托加工或翻新改制金银首饰按照税法规定应交纳的消费税，向委托方交货时。

借：营业税金及附加

贷：应交税费—应交消费税

（5）委托加工物资收回后用于连续生产，按照税法规定准予抵扣的。

借：应交税费—应交消费税

贷：应付账款/银行存款

（6）金银首饰批发、零售业务的小企业将金银首饰用于馈赠、赞助。

借：营业外支出

贷：应交税费—应交消费税

（7）金银首饰批发、零售业务的小企业将金银首饰用于广告。

借：销售费用

贷：应交税费—应交消费税

（8）金银首饰批发、零售业务的小企业将金银首饰用于职工福利、奖励。

借：应付职工薪酬

贷：应交税费—应交消费税

（9）需要交纳消费税的进口物资，其交纳的消费税应计入该项物资的成本。

借：材料采购/在途物资/库存商品/固定资产

贷：应交税费—应交消费税

26. 应交税费—应交营业税

（1）销售商品按照税法规定应缴纳的资源税。

借：营业税金及附加

贷：应交税费—应交资源税

（2）自产自用的物资应缴纳的资源税。

借：生产成本

贷：应交税费—应交资源税

（3）收购未税矿产品，代扣代缴的资源税。

借：材料采购/在途物资
　　贷：银行存款
　　　　应交税费—应交资源税

（4）外购液体盐加工固体盐，允许抵扣的资源税。

借：应交税费—应交资源税
　　材料采购/在途物资/原材料
　　贷：银行存款/应付账款

（5）缴纳资源税。

借：应交税费—应交资源税
　　贷：银行存款

27. 应交税费—资源税

（1）企业销售应税产品在月底，企业计提外销售应纳资源税产品应纳的资源税时。

借：产品销售税金及附加
　　贷：应交税金—应交资源税

（2）企业按规定实际缴纳资源税税款时。

借：应交税金—应交资源税
　　贷：银行存款

（3）对企业自产自用应税产品，其应纳资源税的会计处理与销售应税产品会计处理有所不同，即其应缴纳的税金不计入产品销售税金，而是计入产品的生产成本。

借：生产成本/制造费用
　　贷：应交税金—应交资源税

（4）企业按规定实际缴纳资源税应纳税款时。

借：应交税金—应交资源税
　　贷：银行存款

（5）为加强资源税的征管，税法对税源小、零散、不定期开采、易漏税等情况，由收购未税矿产品的单位在收购时代扣代缴资源税。企业在收购未税矿产品时。

借：材料采购
　　贷：现金/银行存款

（6）按代扣代缴的资源税税额。

借：材料采购
　　贷：应交税金—应交资源税

（7）企业按规定缴纳代扣的资源税时。

借：应交税金—应交资源税

贷：银行存款

（8）按照税法规定，纳税人以外购的液体盐加工固体盐，其加工固体盐所耗用的液体盐的已纳税额准予扣除。企业在购入液体盐时。

借：应交税金—应交资源税

材料采购

贷：银行存款

（9）液体盐加工成固体盐出售时，按计算出的固体盐应交缴的资源税。

借：产品销售税金及附加

贷：应交税金—应交资源税

（10）定缴纳税金时，应按销售固体盐应纳资源税税额抵扣液体盐已纳资源税税额后的余额。

借：应交税金—应交资源税

贷：银行存款

（11）按照规定，纳税人以 1 日、3 日、5 日、10 日或者 15 日为一期纳税的，自期满之日起 5 日内预缴税款，于次月 1 日起 10 日内申报纳税并结算上月税款。纳税人与税务机关结算上月税款时，对于少缴的税款。

借：应交税金—应交资源税

贷：银行存款

（12）缴的税款，按规定可于下月退回或者抵缴。实际退回税款时。

借：银行存款

贷：应交税金—应交资源税

28. 应交税费—应交企业所得税

（1）应缴的企业所得税。

借：所得税费用

贷：应交税费—应交企业所得税

（2）缴纳企业所得税。

借：应交税费—应交企业所得税

贷：银行存款

29. 应交税费—应交土地增值税

（1）转让土地使用权应交纳的土地增值税，土地使用权与地上建筑物及其附着物一并在“固定资产”科目核算时。

借：固定资产清理

贷：应交税费—应交土地增值税

（2）转让土地使用权应缴纳的土地增值税，土地使用权在“无形资产”科目核算时。

借：银行存款

累计摊销

贷：应交税费—应交土地增值税

无形资产

营业外收入

（3）房地产开发经营企业销售房地产应缴纳的土地增值税。

借：营业税金及附加

贷：应交税费—应交土地增值税

（4）缴纳土地增值税。

借：应交税费—应交土地增值税

贷：银行存款

30. 应交税费—应交城市维护建设税

（1）应交的城市维护建设税。

借：营业税金及附加

贷：应交税费—应交城市维护建设税

（2）缴纳城市维护建设税。

借：应交税费—应交城市维护建设税

贷：银行存款

31. 应交税费—应交房产税

（1）企业按照规定应缴纳的房产税。

借：营业税金及附加

贷：应交税费—应交房产税

（2）交纳的房产税。

借：应交税费—应交房产税

贷：银行存款等

32. 应交城镇土地使用税

（1）企业按照规定应缴纳的城镇土地使用税。

借：营业税金及附加

贷：应交税费—应交城镇土地使用税

（2）交纳的城镇土地使用税贷记银行存款等科目。

借：应交税费—应交城市城镇使用税

贷：银行存款等

33. 应交税费—应交车船使用税
（1）企业按规定计算应缴的车船使用税。
借：营业税金及附加
　　贷：应交税费—应交车船使用税
（2）缴纳的车船使用税。
借：应交税费—应交车船使用税
　　贷：银行存款等
34. 应交税费—应交个人所得税
（1）企业按规定计算的应代扣代缴的职工个人所得税。
借：应付职工薪酬
　　贷：应交税费—应交个人所得税
（2）缴纳的个人所得税。
借：应交税费—应交个人所得税
　　贷：银行存款等
35. 教育费附加
（1）教育费附加是按增值税额的3%提取的提取时。
借：主营业务税金及附加
　　贷：应交税金—教育费附加
（2）月底结转时。
借：本年利润
　　贷：主营业务税金及附加
（3）缴纳时。
借：应交税金—教育费附加
　　贷：银行存款
36. 地方教育费附加
（1）应交的地方教育附加费。
借：营业税金及附加
　　贷：应交税费—应交地方教育附加费
（2）交纳地方教育附加费。
借：应交税费—应交地方教育附加费
　　贷：银行存款
37. 矿产资源补偿费
（1）小企业按照规定应交纳的矿产资源补偿费。

借：营业税金及附加

　　贷：应交税费—应交矿产资源补偿费

（2）交纳的矿产资源补偿费。

借：应交税费—应交矿产资源补偿费

　　贷：银行存款

38. 排污费

（1）小企业按照规定应缴纳的排污费。

借：营业税金及附加

　　贷：应交税费—应交排污费

（2）缴纳的排污费。

借：应交税费—应交排污费

　　贷：银行存款等

39. 印花税

（1）企业按照规定应缴纳的印花税。

借：营业税金及附加

　　贷：应交税费—应交印花税

（2）缴纳的印花税。

借：应交税费—应交印花税

　　贷：银行存款等

40. 预交增值税

（1）企业预缴增值税时。

借：应交税费—预交增值税

　　贷：银行存款

（2）月末，企业应将“预交增值税”明细科目余额转入“未交增值税”明细科目。

借：应交税费—未交增值税

　　贷：应交税费—预交增值税

41. 应交税费—待抵扣进项税额

（1）一般纳税人自 2016 年 5 月 1 日后取得并按固定资产核算的不动产或者 2016 年 5 月 1 日后取得的不动产在建工程，其进项税额按现行增值税制度规定自取得之日起分 2 年从销项税额中抵扣。

借：固定资产/在建工程

　　应交税费—应交增值税（进项税额）

　　应交税费—待抵扣进项税额

　　贷：应付账款/应付票据/银行存款

（2）尚未抵扣的进项税额待以后期间允许抵扣时。

借：应交税费—应交增值税（进项税额）

　　贷：应交税费—待抵扣进项税额

（3）因发生非正常损失或改变用途等，原已计入进项税额、待抵扣进项税额或待认证进项税额，但按现行增值税制度规定不得从销项税额中抵扣的。

借：待处理财产损溢/应付职工薪酬/固定资产/无形资产

　　贷：应交税费—待抵扣进项税额

（4）一般纳税人购进时已全额计提进项税额的货物或服务等转用于不动产在建工程的，对于结转以后期间的进项税额。

借：应交税费—待抵扣进项税额

　　贷：应交税费—应交增值税（进项税额转出）

42. 应交税费—待认证进项税额

（1）一般纳税人购进货物、加工修理修配劳务、服务、无形资产或不动产。

借：材料采购/在途物资/原材料/库存商品/生产成本/无形资产/固定资产/管理费用

　　应交税费—待认证进项税额

　　贷：应付账款/应付票据/银行存款

（2）发生退货的，如原增值税专用发票未做认证，应将发票退回并做相反的会计分录。

借：应付账款/应付票据/银行存款

　　贷：材料采购/在途物资/原材料/库存商品/生产成本/无形资产/固定资产/管理费用

　　　　应交税费—待认证进项税额

（3）一般纳税人购进货物、加工修理修配劳务、服务、无形资产或不动产，用于简易计税方法计税项目、免征增值税项目、集体福利或个人消费等，其进项税额按照现行增值税制度规定不得从销项税额中抵扣的，取得增值税专用发票时。

借：材料采购/在途物资/原材料/库存商品/生产成本/无形资产/固定资产/管理费用

　　应交税费—待认证进项税额

　　贷：应付账款/应付票据/银行存款

（4）因发生非正常损失或改变用途等，原已计入进项税额、待抵扣进项税额或待认证进项税额，但按现行增值税制度规定不得从销项税额中抵扣。

借：待处理财产损溢/应付职工薪酬/固定资产/无形资产

　　贷：应交税费—待认证进项税额

43. 应交税费—待转销项税额

（1）按照国家统一的会计制度确认收入或利得的时点早于按照增值税制度确认增

值税纳税义务发生时点的。

借：应收账款/应收票据

贷：主营业务收入/其他业务收入/固定资产清理/工程结算

应交税费—待转销项税额

（2）待实际发生纳税义务时再转入“应交税费—应交增值税（销项税额）”或“应交税费—简易计税”科目。

借：应交税费—待转销项税额/应交税费—简易计税

贷：应交税费—应交增值税（销项税额）

（3）企业营业税改征增值税前已确认收入，已经计提营业税且未缴纳的，在达到增值税纳税义务时点时。

借：主营业务收入

贷：应交税费—待转销项税额

44. 应交税费—增值税留抵税额

（1）纳入营改增试点当月月初，原增值税一般纳税人应按不得从销售服务、无形资产不动产的销项税额中抵扣的增值税留抵税额。

借：应交税费—增值税留抵税额

贷：应交税费—应交增值税（进项税额转出）

（2）待以后期间允许抵扣时，按允许抵扣的金额。

借：应交税费—应交增值税（进项税额）

贷：应交税费—增值税留抵税额

45. 应交税费—简易计税

（1）企业销售货物、加工修理修配劳务、服务、无形资产或不动产。

借：应收账款/应收票据/银行存款

贷：主营业务收入/其他业务收入/固定资产清理/工程结算

应交税费—简易计税

（2）按照国家统一的会计制度确认收入或利得的时点早于按照增值税制度确认增值税纳税义务发生时点。

借：应交税费—待转销项税额

贷：应交税费—简易计税

（3）企业发生税法上视同销售的行为，应当按照企业会计准则制度相关规定进行相应的会计处理，并按照现行增值税制度规定计算的销项税额（或采用简易计税方法计算的应纳增值税额）。

借：应付职工薪酬/利润分配

贷：应交税费—简易计税

（4）按现行增值税制度规定企业发生相关成本费用允许扣减销售额的，发生成本费用时。

借：主营业务收入/存货/工程施工

贷：应付账款/应付票据/银行存款

（5）待取得合规增值税扣税凭证且纳税义务发生时。

借：应交税费—简易计税

贷：主营业务成本/存货/工程施工

46. 应交税费—转让金融商品应交增值税

（1）金融商品实际转让月末，如产生转让收益。如产生转让损失，则作相反的会计分录。

借：投资收益

贷：应交税费—转让金融商品应交增值税

（2）缴纳增值税时。

借：应交税费—转让金融商品应交增值税

贷：银行存款

（3）年末，本科目如有借方余额。

借：投资收益

贷：应交税费—转让金融商品应交增值税

47. 应交税费—代扣代缴增值税

（1）境内一般纳税人购进服务、无形资产或不动产，按应计入相关成本费用或资产的金额。

借：生产成本/无形资产/固定资产/管理费用

应交税费—进项税额

贷：应付账款/应付票据/银行存款

应交税费—代扣代交增值税

（2）实际缴纳代扣代缴增值税时。

借：应交税费—代扣代缴增值税

贷：银行存款

48. 应付利息

（1）资产负债表日。

借：利息支出/在建工程/财务费用/研发支出

贷：应付利息

长期借款—利息调整/吸收存款—利息调整（差额，可能在借方）

（2）按照合同约定应支付的利息费用，在应付利息日。

借：应付利息

　　贷：银行存款

49. 应付股利

（1）企业根据股东大会或类似机构审议批准的利润分配方案。

借：利润分配

　　贷：应付股利

（2）实际支付现金股利或利润。

借：应付股利

　　贷：银行存款

50. 其他应付款

（1）支付的其他各种应付、暂收款项。

借：管理费用

　　贷：其他应付款

（2）支付的其他各种应付、暂付款项。

借：其他应付款

　　贷：银行存款

（3）无法支付的其他应付款。

借：其他应付款

　　贷：营业外收入

（4）企业采用售后回购方式融入资金的。

借：银行存款

　　贷：其他应付款

（5）回购价格与原销售价格之间的差额，应在售后回购期间内按期计提利息费用。

借：财务费用

　　贷：其他应付款

（6）按照合同约定购回该项商品等时。

借：其他应付款

　　贷：银行存款

51. 应付保单红利

（1）企业按原保险合同约定计提应支付的保单红利。

借：保单红利支出

　　贷：应付保单红利

（2）向投保人支付的保单红利。

借：应付保单红利

　　贷：库存现金/银行存款

52. 应付分保账款

（1）再保险分出人在确认原保险合同保费收入的当期，或对于超额赔款再保险等非比例再保险合同。

借：分出保费

　　贷：应付分保账款

（2）再保险分出人在原保险合同提前解除的当期。

借：应付分保账款

　　贷：分出保费

（3）再保险分出人发出分保业务账单时。

借：应付分保账款

　　贷：存入保证金

（4）再保险分出人按账单标明的返还上期扣存分保保证金。

借：存入保证金

　　贷：应付分保账款

（5）按期计算的存入分保保证金利息。

借：利息支出

　　贷：应付分保账款

（6）再保险接受人在确认分保费收入的当期。

借：分保费用

　　贷：应付分保账款

（7）再保险接受人收到分保业务账单时。按调整减少额做相反的会计分录。

借：分保费用

　　贷：应付分保账款

（8）再保险接受人计算确定应向再保险分出人支付纯益手续费的。

借：分保费用

　　贷：应付分保账款

（9）再保险接受人收到分保业务账单的当期。

借：赔付支出

　　贷：应付分保账款

（10）再保险分出人、再保险接受人结算分保账款时。

借：应付分保账款
　　贷：应收分保账款
　　　　银行存款

53. 代理买卖证券款

（1）收到客户交来的款项（客户提取存款作相反的会计分录）。

借：银行存款—客户
　　贷：代理买卖证券款

（2）接受客户委托，买入证券成交总额大于卖出证券成交总额。

借：代理买卖证券款
　　贷：结算备付金/银行存款

（3）接受客户委托，卖出证券成交总额大于买入证券成交总额的，应按买卖证券成交价的差额减去代扣代缴的相关税费和应向客户收取的佣金等后的余额。

借：结算备付金—客户/银行存款
　　贷：代理买卖证券款

（4）代理客户认购新股，收到客户交来的认购款项。

借：银行存款—客户
　　贷：代理买卖证券款

（5）将款项划付证券交易所。

借：结算备用金—客户
　　贷：银行存款—客户

（6）客户办理申购手续，按实际支付的金额。

借：代理买卖证券款
　　贷：结算备付金—客户

（7）证券交易所完成中签认定工作，将未中签资金退还给客户时。

借：结算备付金—客户
　　贷：代理买卖证券款

（8）企业将未中签的款项划回，借记“银行存款”科目，贷记“结算备付金”科目。

借：银行存款—客户
　　贷：结算备用金—客户

（9）企业将未中签的款项退还给客户。

借：代理买卖证券款
　　贷：银行存款—客户

（10）代理客户办理配股业务，采用当日向证券交易所交纳配股款的，当客户提出配股要求时。

借：代理买卖证券款

贷：结算备付金—客户/其他应付款

(11) 采用定期向证券交易所交纳配股款的。

借：代理买卖证券款

贷：其他应收款

(12) 与证券交易所清算配股款。

借：其他应收款—应付客户配股款

贷：结算备付金—客户

54. 代理承销证券款

(1) 与证券交易所交割清算，按实际收到的金额。

借：结算备付金

贷：代理承销证券款

(2) 承销期结束，将承销证券款项交付委托单位并收取承销手续费。

借：代理承销证券款

贷：手续费及佣金收入

银行存款

(3) 承销期结束后未售出证券、采用余额承购包销方式承销证券的。

借：交易性金融资产/可供出售金融资产

贷：代理承销证券款

55. 代理兑付证券款

(1) 企业（证券、银行等）兑付记名证券，收到委托单位的兑付资金。兑付无记名证券的，还应通过“代理兑付证券”科目核算。

借：银行存款

贷：代理兑付证券款

(2) 收到客户交来的证券。

借：代理兑付证券款

贷：库存现金/银行存款

(3) 收取代理兑付证券手续费收入，向委托单位单独收取的。

借：应收手续费及佣金

贷：手续费及佣金收入

(4) 手续费与兑付款一并汇入的，在收到款项时。

借：结算备付金

贷：代理兑付证券款

其他应付款—预收代理兑付证券手续费

（5）兑付证券业务完成后确认手续费收入。

借：其他应付款—预收代理兑付证券手续费

　　贷：手续费及佣金收入

56. 代理业务负债

（1）企业收到的代理业务款项。

借：银行存款/存放中央银行款项/吸收存款

　　贷：代理业务负债

（2）定期或在合同到期与委托客户进行结算。

借：代理业务资产—已实现未结算损益

　　贷：代理业务负债

　　　　手续费及佣金收入

（3）按规定划转、核销或退还代理业务资金。

借：代理业务负债

　　贷：银行存款/存放中央银行款项/吸收存款

（4）收到受托代销商品。

借：受托代理商品

　　贷：受托代销商品款

（5）售出受托代销商品。

借：银行存款/应收账款

　　贷：受托代销商品

（6）计算代销手续费等收入。

借：受托代销商品款

　　贷：其他业务收入

（7）结清代销商品款时。

借：受托代销商品款

　　贷：银行存款

57. 递延收益

（1）企业收到或应收的与资产相关的政府补助。

借：银行存款/其他应收款

　　贷：递延收益

（2）在相关资产的使用寿命内平均分配递延收益。

借：递延收益

　　贷：营业外收入

（3）与收益相关的政府补助，用于补偿企业以后期间相关费用或损失。

借：银行存款/其他应收款

贷：递延收益

（4）在发生相关费用或损失的未来期间的补偿金额。

借：递延收益

贷：营业外收入

（5）用于补偿企业已发生的相关费用或损失。

借：银行存款/其他应收款

贷：营业外收入

58. 长期借款

（1）企业借入长期借款。

借：银行存款

贷：长期借款—本金

长期借款—利息调整（差额）

（2）资产负债表日的摊余成本和实际利率计算确定的长期借款的利息费用。

借：在建工程/制造费用/财务费用/研发支出

贷：应付利息

长期借款—利息调整（差额）

（3）归还的长期借款本金。

借：长期借款—本金

长期借款—利息调整（可能在贷方）

贷：银行存款

在建工程/制造费用/财务费用/研发支出（余额，可能在借方）

59. 应付债券

（1）企业发行债券。

借：银行存款

贷：应付债券—可转换公司债券—面值

应付债券—利息调整

（2）发行的可转换公司债券。

借：银行存款

贷：应付债券—面值

资本公积

应付债券—利息调整（差额，可能在借方）

（3）资产负债表日，对于分期付息、一次还本的债券。

借：在建工程/制造费用/财务费用/研发支出

贷：应付利息

应付债券—利息调整（差额，可能在借方）

（4）对于一次还本付息的债券，应于资产负债表日按摊余成本和实际利率计算确定的债券利息费用。

借：在建工程/制造费用/财务费用/研发支出

贷：应付债券—应计利息

应付债券—利息调整

（5）长期债券到期，支付债券本息。

借：应付债券—应计利息/应付利息应付债券—面值

应付债券—利息调整（可能在贷方）

贷：在建工程/制造费用/财务费用/研发支出（可能在借方）

（6）可转换公司债券持有人行使转换权利，将其持有的债券转换为股票。

借：应付债券—可转换公司债券—面值

应付债券—利息调整

资本公积—其他资本公积

贷：股本

资本公积—股本溢价

银行存款

60. 未到期责任准备金

（1）当期企业确认原保费收入、分保费收入。

借：提取未到期责任准备金

贷：未到期责任准备金

（2）资产负债表日。

借：未到期责任准备金

贷：提取未到期责任准备金

（3）原保险合同提前解除。

借：未到期责任准备金

贷：提取未到期责任准备金

61. 保险责任准备金

（1）企业确认寿险保费收入、当期投保人发生非寿险保险合同约定的保险事故、对保险责任准备金进行充足测试。

借：提取保险责任准备金

贷：保险责任准备金

（2）当期原保险合同保险人确定支付赔付款项金额或实际发生理赔费用、当期再保险接受人收到分保业务账单。

借：保险责任准备金

贷：提取保险责任准备金

（3）寿险原保险合同提前解除。

借：保险责任准备金

贷：提取保险责任准备金

62. 保户储金

（1）企业收到投保人交纳的储金。

借：银行存款/库存现金

贷：保户储金

（2）向投保人支付储金。

借：保户储金

贷：银行存款/库存现金

63. 独立账户负债

（1）向独立账户划入资金。

借：独立账户资产

贷：独立账户负债

（2）对独立账户投资进行估值，估值增值（估值减值的做相反的会计分录）。

借：独立账户资产

贷：独立账户负债

（3）按照独立账户计提的保险费。

借：银行存款

独立账户负债

贷：保费收入

独立账户资产

（4）对独立账户计提账户管理费。

借：银行存款

独立账户负债

贷：手续费及佣金收入

独立账户资产

（5）支付独立账户资产。

借：独立账户负债

贷：独立账户资产

64. 长期应付款

（1）融资租入固定资产，在租赁期开始日。

借：固定资产/在建工程

　　未确认融资费用（差额）

　　贷：长期应付款

　　　　银行存款

（2）按期支付的租金。

借：长期应付款

　　贷：银行存款

（3）购入有关资产超过正常信用条件延期支付价款、实质上具有融资性质的。

借：固定资产/在建工程

　　未确认融资费用（差额）

　　贷：长期应付款

（4）按期支付的价款。

借：长期应付款

　　贷：银行存款

65. 未确认融资费用

（1）企业融资租入的固定资产，在租赁期开始日。

借：固定资产/在建工程

　　未确认融资费用（差额）

　　贷：长期应付款

　　　　银行存款

（2）采用实际利率法分期摊销未确认融资费用。

借：财务费用/在建工程

　　贷：未确认融资费用

（3）购入有关资产超过正常信用条件延期支付价款、实质上具有融资性质。

借：固定资产/在建工程

　　未确认融资费用（差额）

　　贷：长期应付款

（4）采用实际利率法分期摊销未确认融资费用。

借：在建工程/财务费用

　　贷：未确认融资费用

66. 专项应付款

（1）企业收到或应收的资本性拨款。

借：银行存款

贷：专项应付款

（2）将专项或特定用途的拨款用于工程项目。

借：在建工程

贷：银行存款/应付职工薪酬

（3）将专项或特定用途的拨款用于工程项目，工程项目完工形成长期资产的部分。

借：专项应付款

贷：资本公积—资本溢价

（4）将专项或特定用途的拨款用于工程项目，对未形成长期资产需要核销的部分。

借：专项应付款

贷：在建工程

（5）将专项或特定用途的拨款用于工程项目，拨款结余需要返还的。

借：专项应付款

贷：银行存款

（6）上述资本溢价转增实收资本或股本。

借：资本公积—资本溢价

贷：实收资本/股本

67. 预计负债

（1）企业由对外提供担保、未决诉讼、重组义务产生的预计负债。

借：营业外支出

贷：预计负债

（2）由产品质量保证产生的预计负债。

借：销售费用

贷：预计负债

（3）由资产弃置义务产生的预计负债。

借：固定资产/油气资产

贷：预计负债

（4）在固定资产或油气资产的使用寿命内，计算确定各期应负担的利息费用。

借：财务费用

贷：预计负债

（5）实际清偿或冲减的预计负债。

借：预计负债

贷：银行存款

（6）根据确凿证据需要对已确认的预计负债进行调整的，调整增加的预计负债（调整减少的预计负债做相反的会计分录）。

借：营业外支出/销售费用/固定资产/油气资产/财务费用

　　贷：预计负债

68. 递延所得税负债

（1）资产负债表日，企业确认的递延所得税负债。

借：所得税费用—递延所得税费用

　　贷：递延所得税负债

（2）资产负债表日递延所得税负债的应有余额大于其账面余额的（资产负债表日递延所得税负债的应有余额小于其账面余额的做相反的会计分录）。

借：所得税费用—递延所得税费用

　　贷：递延所得税负债

（3）与直接计入所有者权益的交易或事项相关的递延所得税负债。

借：资本公积—其他资本公积

　　贷：递延所得税负债

（4）企业合并中取得资产、负债的入账价值与其计税基础不同形成应纳税的暂时性差异的，应于购买日确认递延所得税负债，同时调整商誉。

借：商誉

　　贷：递延所得税负债

三、共同类

1. 清算资金往来

（1）同城票据清算业务提出借方凭证。

借：清算资金往来

　　贷：其他应付款

（2）发生退票。

借：其他应付款

　　贷：清算资金往来

（3）已过退票时间未发生退票。

借：其他应付款

　　贷：吸收存款

（4）提出贷方凭证；发生退票做相反的会计分录。

借：吸收存款

　　贷：清算资金往来

（5）提入借方凭证，提入凭证正确无误的。

借：吸收存款

　　贷：清算资金往来

（6）因误提他行凭证等原因不能入账的。

借：其他应收款

　　贷：清算资金往来

（7）再提出时。

借：清算资金往来

　　贷：其他应收款

（8）提入贷方凭证，提入凭证正确无误的。

借：清算资金往来

　　贷：吸收存款

（9）因误提他行票据等原因不能入账的。

借：清算资金往来

　　贷：其他应付款

（10）退票或再提出时。

借：其他应收款

　　贷：清算资金往来

（11）将提出凭证和提入凭证计算轧差后为应收差额的（如为应付差额作相反的会计分录）。

借：存放中央银行款项

　　贷：清算资金往来

（12）发生的其他清算业务，收到的清算资金（划付清算资金时作相反的会计分录）。

借：存放中央银行款项

　　贷：清算资金往来

2. 货币兑换

（1）企业发生的外币交易仅涉及货币性项目的。

借：货币性项目科目（借或贷）

　　贷：货币兑换（借或贷）

（2）期末，应将所有以外币表示的本科目余额按期末汇率折算为记账本位币金额，折算后的记账本位币金额与本科目（记账本位币）余额进行比较，为贷方差额的（为借方差额的做相反的会计分录）。

借：货币兑换—记账本位币

　　贷：汇兑损益

3. 衍生工具

（1）企业取得衍生工具。

借：衍生工具（公允价值）

投资收益

贷：银行存款/存放中央银行款项

（2）资产负债表日，衍生工具的公允价值高于其账面余额的差额（公允价值低于其账面余额的差额做相反的会计分录）。

借：衍生工具

贷：公允价值变动损益

（3）终止确认的衍生工具，应当比照“交易性金融资产”“交易性金融负债”等科目的相关规定进行处理。

4. 套期工具

（1）企业将已确认的衍生工具等金融资产或金融负债指定为套期工具的。

借：套期工具（借或贷）

贷：衍生工具（借或贷）

（2）资产负债表日，对于有效套期；套期工具产生损失做相反的会计分录。

借：套期工具

贷：公允价值变动损益

资本公积—其他资本公积

（3）金融资产或金融负债不再作为套期工具核算。

借：衍生工具（借或贷）

贷：套期工具（借或贷）

5. 被套期项目

（1）企业将已确认的资产或负债指定为被套期项目。已计提跌价准备或减值准备的，还应同时结转跌价准备或减值准备。

借：被套期项目（借或贷）

贷：库存商品/长期借款/持有至到期投资（借或贷）

（2）资产负债表日，对于有效套期；被套期项目产生损失做相反的会计分录。

借：被套期项目

贷：公允价值变动损益

资本公积

（3）资产或负债不再作为被套期项目核算的。

借：库存商品/长期借款/持有至到期投资（借或贷）

贷：被套期项目（借或贷）

四、权益类

1. 实收资本

（1）收到投资者的出资。

借：银行存款/其他应收款/固定资产/无形资产/长期股权投资

　　贷：实收资本

　　　　资本公积

（2）股东大会批准的利润分配方案中分配的股票股利，办理增资手续后。

借：利润分配

　　贷：实收资本

（3）经股东大会或类似机构决议，用资本公积转增资本。

借：资本公积

　　贷：实收资本

（4）可转换公司债券持有人行使转换权利，将其持有的债券转换为股票。

借：应付债券—可转换公司债券（面值）

　　应付债券—可转换公司债券（利息调整）

　　资本公积—其他资本公积

　　贷：实收资本

　　　　资本公积—股本溢价（差额）

　　　　银行存款

（5）企业将重组债务转为资本。

借：应付账款

　　贷：实收资本

　　　　资本公积—资本溢价/资本公积—股本溢价

　　　　营业外收入—债务重组利得

（6）以权益结算的股份支付换取职工或其他方提供服务的，在行权日。

借：资本公积—其他资本公积

　　贷：实收资本

（7）企业按法定程序报经批准减少注册资本的。

借：实收资本

　　贷：库存现金/银行存款

（8）股份有限公司采用收购本公司股票方式减资的。

借：实收资本
资本公积—股本溢价
盈余公积
利润分配—未分配利润
贷：库存股

（9）购回股票支付的价款低于面值总额的。

借：实收资本
贷：库存股
资本公积—股本溢价

（10）企业（中外合作经营）根据合同规定在合作期间归还投资者的投资。

借：实收资本—已归还投资
利润分配—利润归还投资
贷：银行存款
盈余公积—利润归还投资

（11）中外合作经营清算。

借：实收资本
资本公积
盈余公积
利润分配—未分配利润
贷：实收资本—已归还投资
银行存款

2. 资本公积

（1）企业接受投资者投入的资本、可转换公司债券持有人行使转换权利、将债务转为资本等形成的资本公积。

借：银行存款/其他应收款/固定资产/无形资产/应付债券/持有至到期投资
贷：实收资本/股本
资本公积—资本溢价/资本公积—股本溢价

（2）与发行权益性证券直接相关的手续费、佣金等交易费用。

借：资本公积—股本溢价
贷：银行存款

（3）同一控制下控股合并形成的长期股权投资。

借：长期股权投资
应收股利
盈余公积

利润分配—未分配利润

贷：应收账款/长期应收款/银行存款/固定资产/无形资产

资本公积—资本溢价/资本公积—股本溢价

（4）长期股权投资采用权益法核算的，在持股比例不变的情况下，被投资单位除净损益以外所有者权益的其他变动，企业按持股比例计算应享有的份额。

借：长期股权投资—其他权益变动（借或贷）

贷：资本公积—其他资本公积（借或贷）

（5）处置采用权益法核算的长期股权投资，还应结转原记入资本公积的相关金额。

借：资本公积—其他资本公积（借或贷）

贷：投资收益（借或贷）

（6）以权益结算的股份支付换取职工或其他方提供服务的。

借：管理费用

贷：资本公积—其他资本公积

（7）在行权日，应按实际行权的权益工具数量计算确定的金额，借记本科目（其他资本公积），按计入实收资本或股本的金额，贷记“实收资本”或“股本”科目，按其差额，贷记本科目（资本溢价或股本溢价）。

借：资本公积—其他资本公积

贷：实收资本/股本

资本公积—资本溢价/资本公积—股本溢价

（8）自用房地产或存货转换为采用公允价值模式计量的投资性房地产，按照“投资性房地产”科目的相关规定进行处理，相应调整资本公积。

借：投资性房地产

贷：资本公积

（9）将持有至到期投资重分类为可供出售金融资产，或将可供出售金融资产重分类为持有至到期投资的，按照“持有至到期投资”“可供出售金融资产”等科目的相关规定进行处理，相应调整资本公积。

借：持有至到期投资

贷：可供出售金融资产

资本公积

（10）将可供出售金融资产重分类为采用成本或摊余成本计量的金融资产的，对于原记入资本公积的相关金额，还应分别不同情况进行处理：有固定到期日的；没有固定到期日的。

借：资本公积—其他资本公积（借或贷）

贷：投资收益（借或贷）

（11）股份有限公司采用收购本公司股票方式减资的。

借：股本

　　资本公积

　　盈余公积

　　利润分配—未分配利润

　　贷：库存股

（12）购回股票支付的价款低于面值总额的。

借：股本

　　贷：库存股

　　　　资本公积—股本溢价

（13）资产负债表日，满足运用套期会计方法条件的现金流量套期和境外经营净投资套期产生的利得或损失，属于有效套期的。

借：有关科目（借或贷）

　　贷：资本公积—其他资本公积（借或贷）

（14）属于无效套期的。

借：有关科目（借或贷）

　　贷：公允价值变动损益（借或贷）

（15）根据有关规定减少注册资本。

借：实收资本

　　资本公积

　　贷：银行存款/库存现金

3. 其他权益工具—优先股

（1）发行的金融工具归类为债务工具并以摊余成本计量的。

借：银行存款

　　应付债券—优先股（利息调整）（差额，可能在贷方）

　　贷：应付债券—优先股（面值）

（2）发行的金融工具归类为权益工具的。

借：银行存款

　　贷：其他权益工具—优先股

（3）分类为权益工具的金融工具，在存续期间分派的股利。

借：利润分配—应付优先股股利

　　贷：应付股利—优先股股利

（4）发行的金融工具为复合金融工具的。

借：银行存款

应付债券—优先股（利息调整）（差额，可能在贷方）

贷：其他权益工具—优先股

（5）原归类为权益工具的金融工具重分类为金融负债的，在重分类日。

借：其他权益工具—优先股

应付债券—优先股（利息调整）（差额在借方）

贷：应付债券—优先股（面值）

资本公积—资本溢价/资本公积－股本溢价

（6）原归类为金融负债的金融工具重分类为权益工具的，在重分类日。

借：应付债券—优先股（面值）

应付债券—优先股（利息调整）（可能在贷方）

贷：其他权益工具—优先股

（7）按合同条款约定赎回所发行的除普通股以外的分类为权益工具的金融工具。

借：库存股—其他权益工具（赎回价）

贷：银行存款

（8）注销所购回的金融工具。

借：其他权益工具

资本公积—资本溢价/资本公积－股本溢价（差额，可能在贷方）

贷：库存股—其他权益工具

（9）按合同条款约定赎回所发行的除普通股以外的分类为金融负债的金融工具。

借：应付债券

贷：银行存款/存放中央银行款

财务费用（差额，可能在借方）

4. 其他权益工具—永续债

（1）发行的金融工具归类为债务工具并以摊余成本计量的。

借：银行存款

应付债券—永续债（利息调整）（差额，可能在贷方）

贷：应付债券—永续债（面值）

（2）发行的金融工具归类为权益工具的。

借：银行存款

贷：其他权益工具—永续债

（3）分类为权益工具的金融工具，在存续期间分派的股利。

借：利润分配—应付永续债利息

贷：应付股利—永续债利息

(4) 发行的金融工具为复合金融工具的。

借：银行存款

　　应付债券—永续债（利息调整）（差额，可能在贷方）

　　贷：应付债券—永续债（面值）

　　　　其他权益工具—永续债

(5) 原归类为权益工具的金融工具重分类为金融负债的，在重分类日。

借：其他权益工具—永续债

　　应付债券—永续债（利息调整）（差额在借方）

　　贷：应付债券—永续债（面值）

　　　　资本公积—资本溢价/资本公积—股本溢价

(6) 原归类为金融负债的金融工具重分类为权益工具的，在重分类日。

借：应付债券—永续债（面值）

　　应付债券—永续债（利息调整）（可能在贷方）

　　贷：其他权益工具—永续债

(7) 按合同条款约定赎回所发行的除普通股以外的分类为权益工具的金融工具。

借：库存股—其他权益工具（赎回价）

　　贷：银行存款

(8) 注销所购回的金融工具。

借：其他权益工具

　　资本公积—资本溢价/资本公积—股本溢价（差额，可能在贷方）

　　贷：库存股—其他权益工具

(9) 按合同条款约定赎回所发行的除普通股以外的分类为金融负债的金融工具。

借：应付债券

　　贷：银行存款/存放中央银行款

　　　　财务费用（差额，可能在借方）

5. 其他综合收益

(1) 可供出售金融资产公允价值变动利得。损失做相反分录。

借：可供出售金融资产—公允价值变动

　　贷：其他综合收益

(2) 可供出售的外币非货币性项目的汇兑差额损失。收益做相反会计分录。

借：其他综合收益

　　贷：可供出售金融资产

(3) 将持有至到期投资重分类为可供出售金融资产。

借：可供出售金融资产（金融资产的公允价值）

贷：持有到期投资

其他综合收益（差额，可能在借方）

（4）被投资单位其他综合收益变动，投资方按持股比例计算应享有的份额。减少则作相反分录。

借：长期股权投资—其他综合收益

贷：其他综合收益

（5）将作为存货的房地产转为采用公允价值计量的投资性房地产，公允价值大于账面价值。

借：投资性房地产—成本（转换日的公允价值）

贷：开发产品

其他综合收益（差额）

（6）将自用房地产转化为采用公允价值计量的投资性房地产，公允价值大于账面价值。

借：投资性房地产—成本（转换日的公允价值）

累计折旧

贷：固定资产

其他综合收益（差额）

（7）处置转换的投资性房地产。

借：其他综合收益

贷：其他业务成本

6. 盈余公积—法定盈余公积

（1）按照公司法规定提取法定公积金。

借：利润分配—提取法定盈余公积

贷：盈余公积—法定盈余公积

（2）外商投资企业按规定提取的储备基金、企业发展基金、职工奖励及福利基金。

借：利润分配—提取的储备基金、企业发展基金、职工奖励及福利基金

贷：盈余公积—提取的储备基金、企业发展基金

应付职工薪酬

（3）经股东大会或类似机构决议，用盈余公积弥补亏损或转增资本。

借：盈余公积

贷：利润分配—盈余公积补亏/实收资本/股本

（4）经股东大会决议，用盈余公积派送新股。

借：盈余公积

贷：股本

（5）中外合作经营根据合同规定在合作期间归还投资者的投资。

借：实收资本—已归还投资

利润分配—利润归还投资

贷：银行存款

盈余公积—利润归还投资

7. 盈余公积—任意盈余公积

（1）按照公司法规定提取任意公积金。

借：利润分配—提取任意盈余公积

贷：盈余公积—任意盈余公积

（2）外商投资企业按规定提取的储备基金、企业发展基金、职工奖励及福利基金。

借：利润分配—提取的储备基金、企业发展基金、职工奖励及福利基金

贷：盈余公积—提取的储备基金、企业发展基金

应付职工薪酬

（3）经股东大会或类似机构决议，用盈余公积弥补亏损或转增资本。

借：盈余公积

贷：利润分配—盈余公积补亏/实收资本/股本

（4）经股东大会决议，用盈余公积派送新股。

借：盈余公积

贷：股本

（5）中外合作经营根据合同规定在合作期间归还投资者的投资。

借：实收资本—已归还投资

利润分配—利润归还投资

贷：银行存款

盈余公积—利润归还投资

8. 法定公益金

提取法定公益金

借：利润分配—提取法定公益金

贷：盈余公积—法定公益金

9. 一般风险准备

（1）企业提取的一般风险准备。

借：利润分配—提取一般风险准备

贷：一般风险准备

（2）用一般风险准备弥补亏损。

借：一般风险准备

　　贷：利润分配——一般风险准备补亏

10. 本年利润

（1）结转损益。

A. 借：主营业务收入

　　　投资收益

　　　营业外收入

　　　其他业务收入

　　　公允价值变动损益

　　　贷：本年利润

B. 借：本年利润

　　　贷：主营业务成本

　　　　　其他业务成本

　　　　　营业税金及附加

　　　　　销售费用

　　　　　管理费用

　　　　　财务费用

　　　　　营业外支出

　　　　　所得税费用

（2）年度终了，本年收入和支出相抵后结出的本年实现的净利润（净亏损做相反的会计分录）。

借：本年利润

　　贷：利润分配—未分配利润

11. 利润分配—其他转入

企业用盈余公积弥补亏损。

借：盈余公积

　　贷：利润分配—其他转入

12. 利润分配—提取法定盈余公积

按照公司法规定提取法定公积金。

借：利润分配—提取法定盈余公积

　　贷：盈余公积—法定盈余公积

13. 利润分配—提取职工奖励及福利基金

按照规定提取职工奖励及福利基金。

借：利润分配—提取职工奖励及福利基金

　　贷：应付职工薪酬

14. 利润分配—提取任意盈余公积

按照公司法规定提取任意公积金。

借：利润分配—提取任意盈余公积

　　贷：盈余公积—任意盈余公积

15. 利润分配—应付利润

根据有关规定分配给投资者的利润。

借：利润分配—应付股利

　　贷：应付股利

16. 利润分配—未分配利润

（1）将本年实现的净利润，自“本年利润”科目转入“利润分配”科目。

借：本年利润

　　贷：利润分配—未分配利润

（2）将“利润分配”科目所属明细科目（应付利润等）的余额转入“利润分配”科目明细科目（未分配利润）。

借：利润分配—未分配利润

　　贷：利润分配—应付股利

　　　　利润分配—提取法定盈余公积

　　　　利润分配—提取任意盈余公积

　　　　利润分配—提取法定公益金

　　　　利润分配—提取职工奖励及福利基金

17. 专项储备

（1）提取安全生产费。

借：生产成本/制造费用

　　贷：盈余公积—专项储备

（2）使用提取的安全生产费。

借：盈余公积—专项储备

　　贷：银行存款

18. 库存股

（1）企业减少注册资本而收购本公司股份。

借：库存股

　　贷：银行存款

（2）奖励本公司职工而收购本公司股份。

借：库存股
　　贷：银行存款

（3）将收购的股份奖励给本公司职工属于以权益结算的股份支付。

借：银行存款
　　资本公积—其他资本公积
　　贷：资本公积—资本溢价（差额，可能在借方）
　　　　库存股

（4）股东因对股东大会作出的公司合并、分立决议持有异议而要求企业收购本公司股份。

借：库存股
　　贷：银行存款

（5）转让库存股。

借：银行存款
　　盈余公积
　　利润分配—未分配利润
　　资本公积—股本溢价
　　贷：库存股
　　　　资本公积—股本溢价（差额，可能在借方）

（6）注销库存股。

借：股本
　　资本公积—股本溢价
　　盈余公积
　　利润分配—未分配利润
　　贷：库存股

五、成本类

1. 生产成本

（1）企业发生各项直接生产成本。

借：生产成本—基本生产成本/生产成本—辅助生产成本
　　贷：原材料/库存现金/银行存款/应付职工薪酬/制造费用等

（2）各车间应负担的制造费用。

借：生产成本—基本生产成本/生产成本—辅助生产成本
　　贷：制造费用

（3）辅助生产车间为基本生产车间、企业管理部门和其他部门提供的劳务和产品，期末。

借：生产成本—基本生产成本/管理费用/销售费用/其他业务成本/在建工程

贷：生产成本—辅助生产成本

（4）已经生产完成并已验收入库的产成品以及入库的自制半成品，期末。

借：库存商品

贷：生产成本—基本生产成本

（5）生产性生物资产在产出产品过程中发生的各项费用。

借：农业生产成本

贷：库存现金/银行存款/原材料/应付职工薪酬/生产性生物资产累计折旧

（6）农业生产过程中发生的应由农产品、消耗性生物资产、生产性生物资产和公益性生产物资共同负担的费用。

借：农业生产成本—共同费用

贷：库存现金/银行存款/原材料/应付职工薪酬/农业生产成本

（7）期（月）末，按一定的分配标准对共同费用进行分配。

借：农业生产成本—农产品/消耗性生物资产/生产性生物资产/工艺性生物资产

贷：农业生产成本—共同费用

（8）生产性生物资产收获的农产品验收入库。

借：农产品

贷：生产成本—农产品

2. 制造费用

（1）生产车间发生的机物料消耗。

借：制造费用

贷：原材料

（2）生产车间管理人员的工资等职工薪酬。

借：制造费用

贷：应付职工薪酬

（3）生产车间计提的固定资产折旧费。

借：制造费用

贷：累计折旧

（4）生产车间支付的办公费、水电费等。

借：制造费用

贷：银行存款

（5）发生季节性和修理期间的停工损失。

借：制造费用

贷：原材料/银行存款/应付职工薪酬

（6）经过1年期以上的制造才能达到预定可销售状态的产品在制造完成之前发生的借款利息。

借：制造费用

贷：应付利息

（7）将制造费用分配计入有关的成本核算对象。

借：生产成本—基本生产成本/生产成本—辅助生产成本/劳务成本

贷：制造费用

（8）季节性生产企业制造费用全年实际发生额与分配额的差额（实际发生额小于分配额的差额做相反的会计分录）。

借：生产成本—基本生产成本

贷：生产成本

3. 劳务成本

（1）企业发生的各项劳务成本。

借：劳务成本

贷：银行存款

应付职工薪酬

原材料

（2）建造承包商对外单位、专项工程等提供机械作业（包括运输设备）的成本。

借：劳务成本

贷：机械作业

（3）结转劳务的成本。

借：主营业务成本/其他业务成本

贷：劳务成本

4. 研发支出

（1）自行研究开发无形资产发生的研发支出。

借：研发支出—资本化支出/研发支出—费用化支出

贷：原材料/银行存款/应付职工薪酬/应付利息

（2）研究开发项目达到预定用途形成无形资产。

借：无形资产

贷：研发支出—资本化支出

（3）月末，将费用化支出金额转入“管理费用”科目。

借：管理费用

　　贷：研发支出—费用化支出

5. 工程施工

（1）企业进行合同建造时发生的人工费、材料费、机械使用费以及施工现场材料的二次搬运费、生产工具和用具使用费、检验试验费、临时设施折旧费等其他直接费用。

借：工程施工（合同成本）

　　贷：应付职工薪酬/原材料等

（2）施工、生产单位管理人员职工薪酬、财产保险费、工程保修费、固定资产折旧费等间接费用。

借：工程施工（间接费用）

　　贷：累计折旧/银行存款

（3）月末，将间接费用分配计入有关合同成本。

借：工程施工（合同成本）

　　贷：工程施工（间接费用）

（4）确认合同收入、合同费用时。

借：主营业务成本

　　贷：主营业务收入

　　　　工程施工（合同毛利）（差额，可能在借方）

（5）合同完工时。

借：工程结算

　　贷：工程施工

6. 工程结算

（1）企业向业主办理工程价款结算。

借：应收账款

　　贷：工程结算

（2）合同完工时，应将本科目余额与相关工程施工合同的“工程施工”科目对冲。

借：工程结算

　　贷：工程施工

7. 机械作业

（1）企业发生的机械作业支出。

借：机械作业

　　贷：原材料/应付职工薪酬/累计折旧

（2）月末，企业及其内部独立核算的施工单位、机械站和运输队为本企业承包的工程进行机械化施工和运输作业的成本，应转入承包工程的成本。

借：工程施工

贷：机械作业

（3）对外单位、专项工程等提供机械作业（含运输设备）的成本。

借：劳务成本

贷：机械作业

六、损益类

1. 主营业务收入

（1）销售商品或提供劳务实现的收入。

借：银行存款/应收账款/应收票据

贷：应交税费—应交增值税（销项税额）

主营业务收入

（2）采用递延方式分期收款、具有融资性质的销售商品或提供劳务满足收入确认条件的。

借：长期应收款

贷：主营业务收入（折现值）

未实现融资收益（差额）

（3）以库存商品进行非货币性资产交换（非货币性资产交换具有商业实质且公允价值能够可靠计量）、债务重组的。

借：固定资产/存货

贷：主营业务收入

（4）本期（月）发生的销售退回或销售折让。

借：主营业务收入

应交税费—应交增值税（销项税额）

贷：银行存款/应收账款

（5）确认建造合同收入。

借：主营业务成本

工程施工—合同毛利

贷：主营业务收入

（6）期末，应将本科目结转至本年利润。

借：主营业务收入

贷：本年利润

2. 利息收入

（1）资产负债表日，企业应按合同利率计算确定的应收未收利息。

借：应收利息

　　贷：利息收入

　　贷款—利息调整（差额，可能在借方）

（2）期末，应将本科目结转至本年利润。

借：利息收入

　　贷：本年

3. 手续费及佣金收入

（1）企业确认的手续费及佣金收入。

借：应收手续费及佣金

　　代理承销证券款

　　贷：手续费及佣金收入

（2）实际收到手续费及佣金。

借：存放中央银行款项/银行存款/结算备用金/吸收存款

　　贷：应收手续费及佣金

（3）期末，应将本科目结转至本年利润。

借：手续费及佣金收入

　　贷：本年利润

4. 保费收入

（1）企业确认的原保险合同保费收入。

借：应收保费/预收保费/银行存款/库存现金

　　贷：保费收入

（2）非寿险原保险合同提前解除的，按原保险合同约定计算确定的应退还投保人的金额。

借：保费收入

　　贷：银行存款/库存现金

（3）确认的再保险合同分保费收入。

借：应收分保账款

　　贷：保费收入

（4）收到分保业务账单，按账单标明的金额对分保费收入进行调整；调整减少额做相反的会计分录。

借：应收分保账款

　　贷：保费收入

（5）期末，应将本科目结转至本年利润。

借：保费收入

贷：本年利润

5. 租赁收入

（1）企业确认的租赁收入。

借：未实现融资收益

应收账款

贷：租赁收入

（2）取得或有租金。

借：银行存款

贷：租赁收入

（3）期末，应将本科目结转至本年利润。

借：租赁收入

贷：本年利润

6. 其他业务收入

（1）企业确认的其他业务收入。

借：银行存款/其他应收款

贷：其他业务收入

（2）期末，应将本科目结转至本年利润。

借：其他业务收入

贷：本年利润

7. 汇兑损益

（1）采用统账制核算的，各外币货币性项目的外币期（月）末余额，应当按照期（月）末汇率折算为记账本位币金额（如为汇兑损失做相反的会计分录）。

借：有关科目

贷：汇兑损益

（2）采用分账制核算的，期（月）末将所有以外币表示的“货币兑换”科目余额按期（月）末汇率折算为记账本位币金额，折算后的记账本位币金额与“货币兑换—记账本位币”科目余额进行比较，为贷方差额的（为借方差额的做相反的会计分录）。

借：货币兑换—记账本位币

贷：汇兑损益

（3）期末，应将本科目结转至本年利润。

借：本年利润（可能在贷方）

贷：汇兑损益（可能在借方）

8. 公允价值变动损益

（1）资产负债表日，企业交易性金融资产的公允价值高于其账面余额的差额；公允价值低于其账面余额的差额做相反的会计分录。

借：交易性金融资产—公允价值变动

　　贷：公允价值变动损益

（2）出售交易性金融资产时，实际收到的金额。

借：存放中央银行款项/银行存款

　　贷：交易性金融资产

　　　　投资收益（差额，可能在借方）

同时

借：公允价值变动损益（借或贷）

　　贷：投资收益（借或贷）

（3）资产负债表日，交易性金融负债的公允价值高于其账面余额的差额（公允价值低于其账面余额的差额做相反的会计分录）。

借：公允价值变动损益

　　贷：交易性金融负债

（4）处置交易性金融负债，该金融负债的账面余额。

借：交易性金融资产负债

　　贷：银行存款/存放中央银行款项/结算备付金

　　　　投资收益（差额，可能在借方）

同时

借：公允价值变动损益（借或贷）

　　贷：投资收益（借或贷）

（5）采用公允价值模式计量投资性房地产的，资产负债表日，投资性房地产的公允价值高于其账面余额的差额（公允价值低于其账面余额的差额做相反的会计分录）。

借：投资性房地产—公允价值变动

　　贷：公允价值变动损益

（6）资产负债表日，衍生工具的公允价值高于其账面余额的差额（公允价值低于其账面余额的差额做相反的会计分录）。

借：衍生工具

　　贷：公允价值变动损益

（7）资产负债表日，对于有效套期，套期工具产生的利得（套期工具产生损失做相反的会计分录）。

借：套期工具

贷：公允价值变动损益

资本公积

（8）资产负债表日，对于有效套期，被套期项目产生的利得（被套期项目产生损失做相反的会计分录）。

借：被套期项目

贷：公允价值变动损益

资本公积

（9）期末，应将本科目结转至本年利润。

借：本年利润（可能在贷方）

贷：公允价值变动损益（可能在借方）

9. 投资收益

（1）长期股权投资采用成本法核算的。

借：应收股利

贷：投资收益

（2）属于被投资单位在取得本企业投资前实现净利润的分配额，应作为投资成本收回。

借：应收股利

贷：长期股权投资

（3）长期股权投资采用权益法核算的盈余，被投资单位发生净亏损做相反的会计分录，但以本科目的账面价值减记至零为限。

借：长期股权投资—损益调整

贷：投资收益

同时应结转原计入资本公积的相关金额

借：资本公积—其他资本公积（借或贷）

贷：投资收益（借或贷）

（4）处置长期股权投资时，已计提减值准备的，还应同时结转减值准备。

借：银行存款

贷：长期股权投资

应收股利

投资收益（差额，可能在借方）

（5）处置采用权益法核算的长期股权投资，除上述规定外，还应结转原记入资本公积的相关金额。

借：资本公积—其他资本公积

贷：投资收益

（6）出售交易性金融资产。

借：银行存款/存放中央银行款项/结算备付金

贷：交易性金融资产

公允价值变动损益

投资收益

（7）出售交易性金融资产，将原计入该金融资产的公允价值变动转出。

借：公允价值变动损益

贷：投资收益

（8）资产负债表日，持有至到期投资为分期付息、一次还本债券投资的。

借：应收利息

持有至到期投资—利息调整

贷：投资收益

（9）出售持有至到期投资；已计提减值准备的，还应同时结转减值准备。

借：银行存款/存放中央银行款项/结算备付金

贷：持有至到期投资

投资收益

（10）资产负债表日，可供出售债券为分期付息、一次还本债券投资的按票面利率计算确定的应收未收利息。

借：应收利息

可供出售金融资产—利息调整

贷：投资收益

（11）可供出售债券为一次还本付息债券投资的资产负债表日按票面利率计算确定的应收未收利息。

借：可供出售金融资产—应计利息

可供出售金融资产—利息调整

贷：投资收益

（12）出售可供出售的金融资产。

借：银行存款/存放中央银行款项

贷：可供出售金融资产

资本公积

投资收益

（13）处置交易性金融负债。

借：交易性金融负债

　　贷：银行存款/存放中央银行款项/结算备付金

　　　　投资收益

（14）处置交易性金融负债。

借：公允价值变动损益

　　贷：投资收益

（15）期末，应将本科目结转至本年利润。

借：投资收益

　　贷：本年利润

10. 摊回保险责任准备金

（1）企业在提取原保险合同保险责任准备金的当期。

借：应收分保合同准备金

　　贷：摊回保险责任准备金

（2）对原保险合同保险责任准备金进行充足性测试补提保险责任准备金。

借：应收分保合同准备金

　　贷：摊回保险责任准备金

（3）在确定支付赔付款项金额或实际发生理赔费用而冲减原保险合同相应保险责任准备金余额的当期。

借：摊回保险责任准备金

　　贷：应收分保合同准备金

（4）在寿险原保险合同提前解除而转销相关寿险责任准备金、长期健康险责任准备金余额的当期。

借：摊回保险责任准备金

　　贷：应收分保合同准备金

11. 摊回赔付支出

（1）企业在确定支付赔付款项金额或实际发生理赔费用而确认原保险合同赔付成本的当期。

借：应收分保账款

　　贷：摊回赔付支出

（2）在因取得和处置损余物资、确认和收到应收代位追偿款等而调整原保险合同赔付成本的当期。

借：应收分保账款（借或贷）

　　贷：摊回赔付支出（借或贷）

（3）对于超额赔款再保险等非比例再保险合同，计算确定应向再保险接受人摊回的赔付成本的。

借：应收分保账款

　　贷：摊回赔付支出

（4）期末，应将本科目结转至本年利润。

借：摊回赔付支出

　　贷：本年利润

12. 摊回分保费用

（1）企业在确认原保险合同保费收入的当期。

借：应收分保账款

　　贷：摊回分保费用

（2）计算确定应向再保险接受人收取的纯益手续费的。

借：应收分保账款

　　贷：摊回分保费用

（3）在原保险合同提前解除的当期。

借：摊回分保费用

　　贷：应收分保账款

（4）期末，应将本科目结转至本年利润。

借：摊回分保费用

　　贷：本年利润

13. 营业外收入

（1）确认处置非流动资产利得、非货币性资产交换利得、债务重组利得。

借：固定资产清理/无形资产/原材料/库存商品/应付账款

　　贷：营业外收入

（2）确认的政府补助利得。

借：银行存款/递延收益

　　贷：营业外收入

（3）期末，应将本科目结转至本年利润。

借：营业外收入

　　贷：本年利润

14. 主营业务成本

（1）期（月）末，根据本月销售各种商品或提供各种劳务实际成本，计算应结转的主营业务成本。

借：主营业务成本

　　贷：库存商品/劳务成本

（2）本期发生的销售退回，如已结转成本。

借：库存商品

贷：主营业务成本

（3）确认建造合同收入。

借：主营业务成本

工程施工—合同毛利

贷：主营业务收入

（4）期末，应将本科目结转至本年利润。

借：本年利润

贷：主营业务成本

15. 其他业务成本

（1）企业发生的其他业务成本。

借：其他业务成本

贷：原材料/周转材料/累计折旧/累计摊销/银行存款/应付职工薪酬

（2）期末，应将本科目结转至本年利润。

借：本年利润

贷：其他业务成本

16. 营业税金及附加

（1）企业按规定计算确定的与经营活动有关的税费。

借：税金及附加

贷：应交税费

（2）期末，应将本科目结转至本年利润。

借：本年利润

贷：营业税金及附加

17. 利息支出

（1）资产负债表日，企业摊余成本和实际利率计算确定的利息费用金额。

借：利息支出

贷：应付利息

吸收存款—利息调整（差额，可能在借方）

（2）期末，应将本科目结转至本年利润。

借：本年利润

贷：利息支出

18. 手续费及佣金支出

（1）企业发生的与其经营活动相关的手续费、佣金等支出。

借：手续费及佣金支出

　　贷：银行存款/存放中央银行款项/存放同业/库存现金/应付手续费及佣金

（2）期末，应将本科目结转至本年利润。

借：本年利润

　　贷：收费及佣金支出

19. 提取未到期责任准备金

（1）企业在确认原保费收入、分保费收入的当期，保险精算确定的未到期责任准备金。

借：提取未到期责任准备金

　　贷：未到期责任准备金

（2）资产负债表日，保险精算重新计算确定的未到期责任准备金与已确认的未到期责任准备金的差额。

借：未到期责任准备金

　　贷：提取未到期责任准备金

（3）原保险合同提前解除的相关未到期责任准备金余额。

借：未到期责任准备金

　　贷：提取未到期责任准备金

（4）在确认非寿险原保险合同保费收入的当期，相关再保险合同约定计算确定的相关应收分保未到期责任准备金金额。

借：应收分保合同准备金

　　贷：提取未到期责任准备金

（5）资产负债表日，调整原保险合同未到期责任准备金余额的相关再保险合同约定计算确定的应收分保未到期责任准备金的调整金额。

借：提取未到期责任准备金

　　贷：应收分保合同准备金

（6）期末，应将本科目结转至本年利润。

借：本年利润

　　贷：提取未到期责任准备金

20. 提取保险责任准备金

（1）企业确认寿险保费收入。

借：提取保险责任准备金

　　贷：保险责任准备金

（2）投保人发生非寿险保险合同约定的保险事故当期，企业保险精算确定的未决赔款准备金。

借：提取保险责任准备金

　　贷：保险责任准备金

（3）对保险责任准备金进行充足性测试，补提的保险责任准备金。

借：提取保险责任准备金

　　贷：保险责任准备金

（4）原保险合同保险人确定支付赔付款项金额或实际发生理赔费用的当期，冲减的相应保险责任准备金余额。

借：保险责任准备金

　　贷：提取保险责任准备金

（5）再保险接受人收到分保业务账单的当期，分保保险责任准备金的相应冲减金额。

借：保险责任准备金

　　贷：提取保险责任准备金

（6）寿险原保险合同提前解除的，相关寿险责任准备金、长期健康险责任准备金余额。

借：保险责任准备金

　　贷：提取保险责任准备金

（7）期末，应将本科目结转至本年利润。

借：本年利润

　　贷：提取保险责任准备金

21. 赔付支出

（1）企业在确定支付赔付款项金额或实际发生理赔费用的当期。

借：赔付支出

　　贷：银行存款/库存现金

（2）承担赔付保险金责任后应当确认的代位追偿款。

借：应收代位追偿款

　　贷：赔付支出

（3）收到应收代位追偿款时。

借：库存现金/银行存款

　　赔付支出（差额，可能在借方）

　　贷：应收代位追偿款

（4）承担赔偿保险金责任后取得的损余物资。

借：损余物资

　　贷：赔付支出

（5）处置损余物资。

借：库存现金/银行存款

　　贷：损余物资

　　　　赔付支出（差额，可能在借方）

（6）再保险接受人收到分保业务账单的当期，账单标明的分保赔付款项金额。

借：赔付支出

　　贷：应付分保账款

（7）期末，应将本科目结转至本年利润。

借：本年利润

　　贷：保费支出

22. 保单红利支出

（1）企业按原保险合同约定计提应支付的保单红利。

借：保单红利支出

　　贷：应付保单红利

（2）期末，应将本科目结转至本年利润。

借：本年利润

　　贷：保单红利支出

23. 退保金

（1）企业寿险原保险合同提前解除的。

借：退保金

　　贷：库存现金/银行存款

（2）期末，应将本科目结转至本年利润。

借：本年利润

　　贷：退保金

24. 分出保费

（1）企业在确认原保险合同保费收入的当期，再保险合同约定计算确定的分出保费金额。

借：分出保费

　　贷：应付分保账款

（2）在原保险合同提前解除的当期，再保险合同约定计算确定的分出保费的调整金额。

借：应付分保账款

　　贷：分出保费

（3）对于超额赔款再保险等非比例再保险合同，再保险合同约定计算确定的分出保费金额。

借：分出保费

贷：应付分保账款

（4）调整分出保费时。

借：分出保费（可能在贷方）

贷：应付分保账款（可能在借方）

（5）期末，应将本科目结转至本年利润。

借：本年利润

贷：分出保费

25. 分保费用

（1）企业在确认分保费收入的当期。

借：分保费用

贷：应付分保账款

（2）收到分保业务账单，账单标明的金额对分保费用进行调整。

借：分保费用（可能在贷方）

贷：应付分保账款（可能在借方）

（3）计算确定应向再保险分出人支付的纯益手续费的再保险合同约定计算确定的纯益手续费。

借：分保费用

贷：应付分保账款

（4）期末，应将本科目结转至本年利润。

借：本年利润

贷：分保费用

26. 销售费用—销售人员职工薪酬

发生的为销售本企业商品而专设的销售机构的职工薪酬。

借：销售费用—销售人员职工薪酬

贷：银行存款/应付职工薪酬

27. 销售费用—业务招待费

发生的为销售本企业商品而专设的销售机构的业务费。

借：销售费用—业务招待费

贷：库存现金/银行存款

28. 销售费用—修理费

商品维修费。

借：销售费用—商品维修费

　　贷：库存现金/银行存款/应付账款

29. 销售费用—办公费

企业在销售商品过程中发生的办公费。

借：销售费用—办公费

　　贷：库存现金/银行存款

30. 销售费用—水电费

企业在销售商品过程中发生的水电费。

借：销售费用—水电费

　　贷：库存现金/银行存款

31. 销售费用—差旅费

企业在销售商品过程中发生的差旅费。

借：销售费用—差旅费

　　贷：库存现金/银行存款

32. 销售费用—折旧费

企业在销售商品过程中发生的折旧费。

借：销售费用—折旧费

　　贷：累计折旧

33. 销售费用—摊销费

企业在销售商品过程中发生的摊销费。

借：销售费用—摊销费

　　贷：库存现金/银行存款

34. 销售费用—展览费

企业在销售商品过程中发生的展览费

借：销售费用—展览费

　　贷：库存现金/银行存款

35. 销售费用—商品维修费

商品维修费。

借：销售费用—商品维修费

　　贷：库存现金/银行存款/应付账款

36. 销售费用—运输费

运输费。

借：销售费用—运输费

　　贷：库存现金/银行存款/应付账款

37. 销售费用—装卸费

装卸费。

借：销售费用—装卸费

　　贷：库存现金/银行存款/应付账款

38. 销售费用—包装费

包装费。

借：销售费用—包装费

　　贷：库存现金/银行存款/应付账款

39. 销售费用—保险费

保险费。

借：销售费用—保险费

　　贷：库存现金/银行存款/应付账款

40. 销售费用—广告费

广告费。

借：销售费用—广告费

　　贷：库存现金/银行存款/应付账款

41. 销售费用—业务宣传费

业务宣传费。

借：销售费用—业务宣传费

　　贷：库存现金/银行存款/应付账款

42. 管理费用—管理人员职工薪酬

行政管理部门人员的职工薪酬。

借：管理费用—管理人员职工薪酬

　　贷：库存现金/银行存款/应付职工薪

43. 管理费用—业务招待费

发生的业务招待费。

借：管理费用—业务招待费

　　贷：库存现金/银行存款/应付账款

44. 管理费用—办公费

行政管理部门发生的办公费。

借：管理费用—办公费

　　贷：库存现金/银行存款/应付账款

45. 管理费用—水电费

行政管理部门发生的水电费。

借：管理费用—水电费

　　贷：库存现金/银行存款

46. 管理费用—差旅费

行政管理部门发生的差旅费。

借：管理费用—差旅费

　　贷：库存现金/银行存款/应付账款

47. 管理费用—折旧费

行政管理部门计提的固定资产折旧费。

借：管理费用—折旧费

　　贷：累计折旧

48. 管理费用—摊销费

长期待摊费用摊销。

借：管理费用—摊销费

　　贷：长期待摊费用

49. 管理费用—开办费

筹建期间内发生的开办费。

借：管理费用—开办费

　　贷：库存现金/银行存款/应付账款

50. 管理费用—研究费用

自行研究无形资产发生的研究费用。

借：管理费用—研究费用

　　贷：研发支出

51. 管理费用—咨询费

发生的咨询费。

借：管理费用—咨询费

　　贷：银行存款

52. 财务费用—利息费用

（1）支付利息。

借：财务费用—利息费用

　　贷：银行存款

（2）吸收存款，分期付息到期还本的长期借款、企业债券等应支付的利息。

借：财务费用—利息费用

　　贷：应付利息

（3）票据贴现的贴息。

借：银行存款

财务费用—利息费用

贷：应收票据

（4）发生的利息收入。

借：银行存款

贷：财务费用—利息费用

53. 财务费用—手续费

发生的银行相关手续费。

借：财务费用—银行手续费

贷：银行存款

54. 财务费用—汇兑损益

（1）发生的汇兑损失。

借：财务费用—汇兑损失

贷：银行存款

（2）发生的汇兑收益。

借：银行存款

贷：财务费用—汇兑收益

55. 财务费用—现金折扣

（1）享受的现金折扣。

借：银行存款

贷：财务费用—现金折扣

（2）冲减现金折扣。

借：财务费用—现金折扣

贷：银行存款

56. 勘探费用

（1）企业油气勘探过程中发生的各项非钻井勘探支出。

借：勘探费用

贷：银行存款

累计折旧

应付职工薪酬

（2）油气勘探过程中发生的各项钻井勘探支出中属于未发现探明经济可采储量的钻井勘探支出。

借：勘探费用

贷：油气勘探支出

（3）期末，应将本科目结转至本年利润。

借：本年利润

　　贷：勘探费用

57. 资产减值损失

（1）企业的应收款项、存货、长期股权投资、持有至到期投资、固定资产、无形资产、贷款等资产发生减值的。

借：资产减值损失

　　贷：坏账准备/存货跌价准备/长期股权投资减值准备/持有至到期投资减值准备/固定资产减值准备/无形资产减值准备/贷款损失准备

（2）企业计提坏账准备、存货跌价准备、持有至到期投资减值准备、贷款损失准备等，相关资产的价值又得以恢复的。

借：坏账准备/存货跌价准备/长期股权投资减值准备/持有至到期投资减值准备/固定资产减值准备/无形资产减值准备/贷款损失准备

　　贷：资产减值损失

58. 营业外支出—非流动资产处置净损失

（1）确认非流动资产处置净损失。

借：营业外支出—非流动资产处置损失

　　贷：固定资产清理/无形资产

　　　　营业外支出—非货币性资产交换损失

（2）确认非货币性资产交换损失。

借：营业外支出—非货币性资产交换损失

　　贷：固定资产/无形资产/库存商品

59. 营业外支出—捐赠支出

捐赠支出。

借：营业外支出—捐赠支出

　　贷：库存商品

　　　　应交税费—应交增值税（销项税额）

60. 营业外支出—盘亏损失

盘亏、毁损的资产发生的净损失，按管理权限报经批准。

借：营业外支出—盘亏损失

　　贷：待处理财产损溢—待处理流动资产损益/待处理财产损溢—待处理非流动资产损益

61. 营业外支出—坏账损失

实际发生坏账损失。

借：营业外支出—坏账损失

贷：应收账款/预付账款/其他应收款

62. 营业外支出—存货毁损报废损失

确认存货的毁损报废损失。

借：营业外支出—存货毁损报废损失

贷：待处理财产损失—待处理非流动资产损失。

63. 营业外支出—无法收回的长期债券投资损失

确定实际发生的长期债券投资损失。

借：银行存款

贷：长期债券投资

营业外支出—无法收回的长期债券投资损失

64. 营业外支出—无法收回的长期股权投资损失

确定实际发生的长期股权投资损失。

借：银行存款

贷：长期股权投资

营业外支出—无法收回的长期股权投资损失

65. 营业外支出—自然灾害等不可抗力因素造成的损失

对于因客观因素（如自然灾害等）造成的损失，在扣除保险公司赔偿后计入营业外支出的净损失。

借：营业外支出—自然灾害等不可抗力因素造成的损失

贷：待处理财产损溢—待处理流动资产损溢

66. 营业外支出—税收滞纳金

支付的税收滞纳金。

借：营业外支出—税收滞纳金

贷：银行存款

67. 营业外支出—罚款支出

支付的罚款支出。

借：营业外支出—罚款支出

贷：银行存款

68. 所得税费用

（1）资产负债表日，按照税法规定计提当期应交的所得税。

借：所得税费用（当期）

贷：应交税费—应交所得税

（2）资产负债表日，递延所得税资产的应有余额大于“递延所得税资产”科目余额的差额（递延所得税资产的应有余额小于“递延所得税资产”科目余额的差额做相反的会计分录）。

借：递延所得税资产

　　贷：所得税费用—递延所得税费用

　　　　资本公积—其他资本公积

（3）资产负债表日，递延所得税负债的应有余额大于“递延所得税负债”科目余额的差额（递延所得税负债的应有余额小于“递延所得税负债”科目余额的差额做相反的会计分录）。

借：所得税费用

　　资本公积—其他资本公积

　　贷：递延所得税负债

（4）期末结转本科目到本年利润。

借：本年利润

　　贷：所得税费用

69. 以前年度损益调整

（1）企业调整增加以前年度利润或减少以前年度亏损。

借：有关科目

　　贷：以前年度损益调整

（2）调整减少以前年度利润或增加以前年度亏损。

借：以前年度损益调整

　　贷：有关科目

（3）由于以前年度损益调整增加的所得税费用（由于以前年度损益调整减少的所得税费用做相反的会计分录）。

借：以前年度损益调整

　　贷：应交税费—应交所得税

（4）经上述调整后，应将本科目的余额转入“利润分配—未分配利润”科目。本科目如为贷方余额（如为借方余额做相反的会计分录）。

借：以前年度损益调整

　　贷：利润分配—未分配利润

参考文献

［1］成玉祥主编．财务会计分岗核算［M］．成都：电子科技大学出版社，2019.

［2］朱学义，李兴尧，朱亮峰，仲旦彦编著．会计岗位实务训练［M］．北京：机械工业出版社，2016.

［3］王昕，刘玉梅主编．会计业务核算［M］．北京：北京理工大学出版社，2018.

［4］徐艳清，胡兴民，张艳丽主编．财务篇会计岗位技能实训第2版［M］．北京：对外经济贸易大学出版社，2013.

［5］杨雄主编．小企业会计实务 第2版［M］．北京：北京理工大学出版社，2017.

［6］隋秀娟，何丽，徐晓静主编．会计岗位综合实训［M］．上海：上海财经大学出版社，2016.

［7］尚晓娜编著．存货核算岗位实用技能与技巧［M］．北京：中国时代经济出版社，2014.

［8］杨学伦．浅论企业对存货的核算与管理［J］．中国经贸，2020（08）：98－99.

［9］孙洪果．企业加强存货计价核算与管理的研究［J］．中国乡镇企业会计，2014（06）：141－142.

［10］张金辉编著．存货管理与会计核算一点通［M］．北京：中国宇航出版社，2013.

［11］叶昆鑫，管晓，叶陈毅，等．美的集团当前存货管理实践困境及策略思考［J］．国际商务财会，2020（12）：10－16，21.

［12］刘淑华．存货的舞弊形式及其审计［J］．审计与理财，2018（10）：21－23.

［13］叶凡，叶钦华，黄世忠．存货舞弊的识别与应对——基于康美药业的案例分析［J］．财务与会计，2021（13）：48－52.

［14］岳友强．企业固定资产核算管理中存在的问题及措施［J］．知识经济，2019（12）：73－75.

［15］余珠梅．企业固定资产管理全流程改进策略研究［J］．当代会计，2021（21）：25－27.

［16］郭晶．医院固定资产会计核算中的问题及对策探讨［J］ 财讯，2022

(20)：24－26.

［17］吉利．新时期企业固定资产管理与核算探讨［J］．会计师，2022（01）：38－39.

［18］龚健，张倩．浅谈固定资产的虚增舞弊方式及审计方法［J］．经济研究导刊，2019（15）：114－115.

［19］王珏，王若彤，陆曦诞，等．成本核算管理的变迁与启示［J］．中国集体经济，2020（05）：143－145.

［20］陶霞．企业财务成本核算管理目标探析［J］．商场现代化，2014（33）：253.

［21］原尚著．成本核算岗位实用技能与技巧［M］．北京：中国时代经济出版社，2013.

［22］蔡青，赵春林，慕兵．对企业成本费用管理的几点思考［J］．中国市场，2007（17）：64.

［23］张萍．财务成本费用核算的策略分析［J］．时代金融，2021（08）：67－69.

［24］黄建飞．成本会计 第2版［M］．北京：北京理工大学出版社，2017.

［25］周远莽．往来结算实务［M］．北京：中国财政经济出版社，1992.

［26］胡金辉，杨淑琴．往来账常见问题与审计方法［J］．审计与理财，2012（10）：25－26.

［27］刘毅英．浅析企业债权债务的管理［J］．中外企业家，2015（10）：168－168.

［28］许光美．国有企业债权债务管理的思考［J］．中国乡镇企业会计，2021（05）：124－125.

［29］中级会计实务［M］．财政部会计资格评价中心．经济科学出版社．2020.

［30］中级财务会计［M］．林钢．中国人民大学出版社．2015.

［31］王秀华，李璐．主营业务收入账户的会计错弊与查账技巧［J］．度假旅游，2018（11）：17.

［32］张娟，徐传鑫．财务报表舞弊手段及其审计防范——基于广义销售业务舞弊手段［J］．山东纺织经济，2018（06）：34－37.

［33］谷静．企业税收筹划的涉税风险与规避研究［J］．时代经贸，2020（06）：78－79. DOI：10. 19463/j. cnki. sdjm. 2020. 06. 035.

［34］何乐．高新技术企业的税务筹划研究［D］．北京交通大学，2017.

［35］王文清，叶全华，王辉．小规模纳税人免征增值税优惠政策解析［J］．中国税务，2019（03）：61－62. DOI：10. 19376/j. cnki. cn11－1178/f. 2019. 03. 023.

［36］毕文杰，邵亚蕾．我国个人所得税纳税筹划问题及对策研究［J］．纳税，2018，12（24）：23.

［37］王亭亭．“营改增”背景下电信企业纳税筹划策略研究［D］．西安科技大学，2017.

［38］叶英．集团企业税收筹划［D］．西南财经大学，2013.

［39］胡曙泳．税负平衡点分析在增值税税务筹划中的应用研究［J］．纳税，2019，13（15）：58+63.

［40］庞颖．论外贸企业出口退税风险管控［J］．现代商业，2015（02）：123-124. DOI：10.14097/j.cnki.5392/2015.02.065.

［41］关磊，高桂萍．论我国增值税税收筹划［J］．安阳工学院学报，2013，12（05）：40-42. DOI：10.19329/j.cnki.1673-2928.2013.05.013.

［42］进城落户人员税收优惠政策［N］．黄冈日报，2019-08-02（004）.

［43］郭新蕾．绿色视角下ZSP煤电企业纳税筹划的研究［D］．华东交通大学，2020. DOI：10.27147/d.cnki.ghdju.2020.000056.

［44］刘志博．浅析企业所得税税前扣除纳税筹划［J］．中国集体经济，2014（25）：97-98.

［45］吴新颖．财务BP在企业管理中的应用与研究［J］．商场现代化，2020（07）：163-164.

［46］刘莉．浅析BP财务在实际工作中的运用［J］．中国集体经济，2022（28）：124-127.

［47］邹莎莎．试论财务BP在企业管理中的应用价值［J］．商场现代化，2022（21）：183-185.

［48］刘梦婷．中国制造业数字化财务转型实践研究［D］．导师：张龙平；乔冠芳．中南财经政法大学，2020.

［49］张晓华．国有企业财务会计数字化转型现存问题与对策探究［J］．西部财会，2023（06）：25-27.

［50］秦娇．数字化背景下RPA在会计中的应用研究［J］．当代会计，2022（11）：118-120.

［51］张庆龙．下一代财务 数字化与智能化［M］．北京：中国财政经济出版社，2021.

［52］钟璟鑫，李博然．基于RPA流程自动化机器人技术的供应链管理的效率提升［J］．广西电业，2022（Z1）：57-60.

［53］魏为．人工智能与RPA在会计岗位中的运用——以A公司应收模块为例［J］．财会学习，2023（06）：155-157.

［54］张艳玲．财务会计与管理会计的RPA融合路径与方法［J］．全国流通经济，2021（31）：187-189.

［55］欧阳涵婷．网络环境下财务会计中存在的问题及对策研究［J］．中国国际财经（中英文），2018（07）：69.

［56］赖应豪．网络环境下会计舞弊防范与治理研究［J］．合作经济与科技，2018（09）：138－140.

［57］屈艳梅．网络环境下会计舞弊及其控制分析［J］．金融经济，2018（16）：208－209.